관세무역정책

이남구 · 이기웅

머리말

Preface

한국무역은 1964년 1억 달러 수출을 계기로, 무역규모가 1976년 100억 달러, 1988년 1000억 달러, 2005년 5000억 달러를 달성하고, 2011년 무역1조 달러 달성에 이어 2012년에도 무역규모 1조 달러를 초과 달성함으로써 이태리를 재치고 세계 무역8대강국의 진입이라는 무역사적위업을 실현하였다. 그러나 한국경제는 무역구조면에서 석유제품, 반도체, 일반기계, 자동차, 석유화학 등 5개 품목이 총 수출의 50%이상을 점하는 편중된 수출구조를 갖고 있으며, 1인당 GDP도 2007년 2만 달러 수준을 달성한 이후 6년 간 23000달러대에 머무는 부진함을 보이고 있다. 선진국의 경우 1인당 GDP가 3만 달러 수준에 도달하는데 일본5년(1987-1992), 독일5년(1990-1995), 영국7년(1996-2003), 미국9년(1988-1997)이 소요되었다.

따라서 한국경제가 1인당 GDP4만 달러 수준, 무역규모 2조 달러 달성이라는 명실상부한 선진국 도약을 위해서는 신성장동력의 창출, 무역구조의 고도화와 다양화, 서비스 산업의 경쟁력강화, R&D고급인력 창출, 사회교육 시스템의 선진화 등 주요 정책과제를 안고 있다.

미국 뉴욕대학의 D.Altman교수는 그의 저서 「Outrageous Fortune」에서 한국사회의 도전과제는 혁신과 기업가정신의 부족, 지적재산권보호의 취약성, 대기업편중 경제구조를 지적하고 한국이 현재 상태대로 간다면 일본의 경기침체를 답습하게 될 것이라고 경고하고 있다.

한편, 프랑스의 미래학자 J.Attali는 앞으로 아시아지역에서 EU와 같은 통합된 경제공동체가 탄생될 경우 일본과 중국이 중심이 될 것이라고 보면서도, 그 때의 수도는 동경이나 북경이 아닌 서울이 될 것이라고 의미심장한 전망을 내놓고 있다. 그것은 경상남북도크기(30,529㎢)와 1천만 명의 인구를 가진 초콜릿과 와플의 나라 벨기에 수도 브뤼셀이 EU, WTO, NATO등 130여개의 국제기구본부들이 들어선 유렵연합의 수도로 변신한 것에서 그 시사점을 찾을 수 있을 것 같다.

그것은 중국과 일본 사이에 낀 한국처럼 벨기에도 독일, 영국, 프랑스에 둘러 쌓

여있고, 독일의 침략과 주변강국의 지리적 약점을 극복하고 1944년 관세 동맹을 시작으로 유럽통합의 중재자, 촉진자 역할을 성공적으로 수행한 역사적 산 증거이다.

결국 한국이 지향해야할 아시아 중심국가의 역할과 1인당 GDP4만 달러, 무역규모 2조 달러의 통일된 선진복지국가의 실현을 위해서는 한국사회의 발전패러다임을 인간성(humanity)이 살아 숨 쉬는 즉 인간의 얼굴을 담은 따뜻한 창조경제사회(humart society)로 발전시켜야 할 것이다. 그것은 사회주의 환상과 자본주의 폐해를 극복할 수 있는 선 순환적 한국 경제의 발전 모델 즉 성장과 형평이 조화를 이루는 한국형 창조경제사회를 지속적으로 발전시켜나가는 열정적 노력이 요구된다.

위와 같은 한국경제 및 무역의 발전사적 가치인식하에 관세무역정책은 제1부 관세정책 제2부 무역정책으로 나누어 이론적·정책적·실증적 연구영역을 중심으로 집필되었다. 제1부 관세정책분야에서는 1.관세법의 목적 2.관세의 과세요건 3.부과징수 4.관세채권의 확보 5.납세의무의 소멸 6.납세의무의 완화 7.납세자의 권리 8.불복청구 9.운송수단과 보세무역 10.통관과 벌칙을 중점적으로 논술하였고, 제2부 무역정책 분야에서는 11.무역정책의 정치경제학 12.산업정책과 보호무역 13.경제발전과 무역정책 14.지역경제통합과 무역정책 15.국제환경문제와 무역정책 16.국제통상협상과 무역정책 17.WTO체제와 FTA정책 18.한국의 선진무역정책을 중점적으로 논술함으로써 총2부 18개장으로 구성되었다.

본서의 근간은 저자가 십 수 년 간 발표한 연구논문 및 저서와 강의노트에 기초하고 국내외 주요연구기관에서 발표된 전문가들의 연구보고서와 논문 등 연구 자료에 힘입은바 크며 이들 관계연구기관의 전문가들에게 감사한 마을을 전한다. 아무쪼록 본서가 관세 및 무역정책에 관심 있는 대학생, 관세사계 기업계에 유용한 자료로 활용되기를 바라며, 아울러 동학제현의 따뜻한 지도편달을 기대한다.

끝으로 본서의 집필과정에서 자료정리와 워드작업 등 수고해준 국제통상학과의 김진형, 김용재 조교와 서은실 학생에게 고마운 마음을 전하며, 아울러 본서의 출판기회를 주신 두남의 전두표사장님과 이승구상무님, 편집부 여러분에게 감사의 인사를 드리는 바이다.

2013년 9월

저자

차례

제1부 관세정책

제1장 관세법의 목적 ······ 15

1.1 관세법의 목적 ······ 15

1.2 법적용의 원칙 ······ 19

1.3 기간과 기한 ······ 19

제2장 관세의 과세요건 ······ 23

2.1 과세물건 ······ 23

2.2 납세의무자 ······ 25

2.3 과세표준 ······ 28

2.4 세율 및 품목분류 ······ 35

2.5 탄력관세의 의의 및 기능 ······ 37

2.6 덤핑방지관세 ······ 39

2.7 상계관세 ······ 48

2.8 보복관세 ······ 51

2.9 긴급관세 ······ 52

2.10 특정국물품 긴급관세 ······ 53

2.11 농림축산물에 대한 특별긴급관세 ······ 55

2.12 조정관세 ······ 57
2.13 할당관세 ······ 58
2.14 계절관세 ······ 60
2.15 편익관세 ······ 60
2.16 협정관세 ······ 61
2.17 간이세율 ······ 64
2.18 합의에 의한 세율과 용도세율의 적용 ······ 66
2.19 품목분류 ······ 67

제3장 부과와 징수 ······ 71
3.1 신고납부방식 ······ 71
3.2 부과고지방식 ······ 77
3.3 가산금 ······ 80
3.4 가산세 ······ 81

제4장 관세채권의 확보 ······ 85
4.1 관세징수의 우선 ······ 85
4.2 관세의 담보제도 ······ 86

제5장 납세의무의 소멸 ······ 95
5.1 납세의무의 소멸 등 ······ 95
5.2 관세의 납부. 충당. 부과취소 ······ 96
5.3 관세부과의 제척기간 ······ 97
5.4 관세징수권의 소멸시효 ······ 99

제6장 납세의무의 완화 ······ 103

6.1 관세의 감면제도 ······ 103

6.2 무조건 감면 ······ 106

6.3 조건부 감면 ······ 118

6.4 관세 감면의 사후관리 ······ 132

6.5 관세의 분할납부 ······ 137

6.6 관세법상 환급제도 ······ 142

제7장 납세자의 권리 ······ 151

7.1 개요 ······ 151

7.2 납세자 권리 헌장 교부 받을 권리 ······ 151

7.3 통합조사의 원칙 ······ 152

7.4 관세조사 대상자 선정 ······ 153

7.5 관세조사권 남용 금지 ······ 154

7.6 관세조사의 경우 조력을 받을 권리 ······ 155

7.7 성실성을 추정받을 권리 ······ 155

7.8 관세조사의 사전통지와 연기신청 ······ 156

7.9 관세조사의 결과통지 ······ 158

7.10 비밀유지 ······ 159

7.11 고액·상습체납자 명단공개 ······ 160

7.12 정보의 제공 ······ 161

7.13 과세전 적부심사 ······ 162

제8장 불복청구 ……165

8.1 행정심판제도 ……165

8.2 감사원 심사청구 ……171

8.3 이의신청 ……173

8.4 심판청구 ……174

제9장 운송수단과 보세구역 ……177

9.1 개항 ……177

9.2 선박과 항공기 ……178

9.3 물품의 하역 ……182

9.4 재해 기타 부득이한 사유로 인한 면책 등 ……185

9.5 외국무역선의 내항선으로의 전환 등 ……185

9.6 차량 ……186

9.7 보세제도 ……190

9.8 보세구역제도 ……191

9.9 지정보세구역 ……199

9.10 특허보세구역 ……202

9.11 보세창고 ……209

9.12 보세공장 ……210

9.13 보세전시장 ……213

9.14 보세건설장 ……214

9.15 보세판매장 ……215

9.16 종합보세구역 ……216

9.17 유치 및 예치 ……220

9.18 장치기간 경과물품의 매각 ……221

9.19 보세운송 ……225

제10장 통관과 벌칙 ……229

10.1 통관요건 ……229

10.2 원산지의 확인 등 ……230

10.3 통관의 제한 ……236

10.4 보세구역 반입명령 ……238

10.5 통관의 예외 ……239

10.6 통관 후 유통이력 관리 ……240

10.7 수출·수입 및 반송 ……241

10.8 벌칙 ……247

제 2 부 무역정책

제11장 무역정책의 정치경제학 ……255

11.1 무역정책의 특성 및 목표 ……255

11.2 무역정책의 이론배경 ……258

11.3 소득분배와 무역정책 ……268

제12장 산업정책과 보호무역론 ……271

12.1 보호무역론의 전개 ……271

12.2 전통적 산업정책옹호론 ……287

12.3 현대적 산업정책옹호론 ……292

제13장 경제발전과 무역정책 ……299

13.1 무역지향적 구조변동 ……299

13.2 전략적 무역정책 ……303

13.3 합의적 국제분업 ……309

제14장 지역경제통합과 무역정책 ……313

14.1 경제통합의 전개과정 및 과제 ……313

14.2 경제통합의 경제효과 ……319

14.3 지역경제통합의 실태 ……325

제15장 국제환경문제와 무역정책 ……349

15.1 국제환경문제의 의의 ……349

15.2 국제 분업과 공해수출 ……351

15.3 환경규제와 무역장벽 ……358

15.4 환경보전과 무역정책목표 ……363

제16장 국제통상협상과 무역정책 ……369

16.1 국제협상과 무역협정 ……369

16.2 통상정책의 목표와 관리 ……375

16.3 국제통상협상의 유형과 특성 ……384

16.4 국제통상협상의 주요사례 ……397

제17장 WTO 체재와 FTA 정책 ……407

17.1 WTO 체제와 New Round 과제 ……408

17.2 FTA 정책의 추진 배경 및 과제 ……423

17.3 한국의 FTA 추진 현황과 과제 ··· 438

第18장 한국의 선진무역정책 ··· 475

18.1 국제 경제 환경의 변화 ··· 475

18.2 선진무역정책의 과제 ··· 483

18.3 선진무역정책의 추진전략 ··· 502

참고문헌 ··· 513

찾아보기 ··· 515

제 1 부 관세정책

– 처음처럼 –

신영복 교수. 2007

처음으로 하늘을 만나는 어린새처럼
처음으로 땅을 밟는 새싹처럼
우리는 하루가 저무는 저녁에도
마치 아이처럼, 새봄처럼, 처음처럼
언제나 새날을 시작하고 있다.
산다는 것은 수많은 처음을 만들어가는
끊임없는 시작이다.

제1장 관세법의 목적
제2장 관세의 과세요건
제3장 부과와 징수
제4장 관세채권의 확보
제5장 납세의무의 소멸
제6장 납세의무의 완화
제7장 납세자의 권리
제8장 불복청구
제9장 운송수단과 보세구역
제10장 통관과 벌칙

제1장 관세법의 목적

1.1 관세법의 목적

1. 관세법의 목적

이 법은 관세의 부과 · 징수 및 수출입물품의 통관을 적정하게 하고 관세수입을 확보함으로써 국민경제의 발전에 이바지함을 목적으로 한다.

2. 관세법의 성격

1) 조세법적 성격

관세법은 세법으로 관세의 부과 징수, 환급, 감면 등에 관해 규정하고 징수의 확보를 위해 보세제도, 운송수단에 대한 규제 처벌 등을 규정하고 있다.

2) 통관법적 성격

관세법은 국민경제의 발전과 관세수입 확보의 수단으로서 "수출입물품의 통관을 적정하게 하여"라고 규정한 것으로 보아 관세법이 통관법적인 성격을 가지고 있음을 알 수 있다.

3) 형사법적 성격

관세법 제11장 벌칙과 제12장 조사와 처분에 관해 규정하고 있으며 이를 관세형법이라 한다. 관세형법이란 관세징수와 통관의 적정을 확보하기 위한 수단으로서 내국세 분야의 처벌법규인 '조세범처벌법'이나 일반형사법규인 '형법' 및 '형사소송법'과는 별도로 관세법에 대한 처벌 법규를 관세법에 규정하고 있다.

4) 국제법의 수용적 성격

관세행정에 관한 국제조약으로서 국제간의 통일적 규정을 정한 국제적 규정을 관세법에 포괄적으로 수용하고 있다

5) 통칙법적 성격

관세법은 관세에 관한 기본적인 사항 및 공통적인 사항을 규정하는 통칙법의 성격을 가진다. 내국세는 통칙법으로서 '국세기본법'이 있으나, 관세법은 일부 준용조항을 제외하고는 국세기본법을 적용하지 않고 관세법에 별도로 기본적이고 공통적인 사항을 규정함으로써 통칙법적인 지위를 가지고 있다.

6) 쟁송절차법적 성격

관세법은 관세행정처분에 의해 권리나 이익을 침해당한 자가 피해를 구제받을 수 있도록 쟁송절차에 관해 규정하고 있다.

3. 용어의 정의

이 법에서 사용하는 용어의 뜻은 다음과 같다.

1) 수입

"수입"이란 외국물품을 우리나라에 반입(보세구역을 경유하는 것은 보세구역으로부터 반입하는 것을 말한다)하거나 우리나라에서 소비 또는 사용하는 것(우리나라의 운송수단 안에서의 소비 또는 사용을 포함하며, 제239조 각 호의 어느 하나에 해당하는 소비 또는 사용은 제외한다)을 말한다.

2) 수출

"수출"이란 내국물품을 외국으로 반출하는 것을 말한다.

3) 반송

"반송"이란 국내에 도착한 외국물품이 수입통관절차를 거치지 아니하고 다시

외국으로 반출되는 것을 말한다.

4) 외국물품

"외국물품"이란 다음 각 목의 어느 하나에 해당하는 물품을 말한다.

가. 외국으로부터 우리나라에 도착한 물품[외국의 선박 등이 공해(공해, 외국의 영해가 아닌 경제수역을 포함한다. 이하 같다)에서 채집하거나 포획한 수산물 등을 포함한다]으로서 제241조제1항에 따른 수입의 신고(이하 "수입신고"라 한다)가 수리(受理)되기 전의 것

나. 제241조제1항에 따른 수출의 신고(이하 "수출신고"라 한다)가 수리된 물품

5) 내국물품

"내국물품"이란 다음 각 목의 어느 하나에 해당하는 물품을 말한다.

가. 우리나라에 있는 물품으로서 외국물품이 아닌 것

나. 우리나라의 선박 등이 공해에서 채집하거나 포획한 수산물 등

다. 제244조제1항에 따른 입항전수입신고(이하 "입항전수입신고"라 한다)가 수리된 물품

라. 제252조에 따른 수입신고수리전 반출승인을 받아 반출된 물품

마. 제253조제1항에 따른 수입신고전 즉시반출신고를 하고 반출된 물품

6) 외국무역선

"외국무역선"이란 무역을 위하여 우리나라와 외국 간을 운항하는 선박을 말한다.

7) 외국무역기

"외국무역기"란 무역을 위하여 우리나라와 외국 간을 운항하는 항공기를 말한다.

8) 내항선

"내항선(內航船)"이란 국내에서만 운항하는 선박을 말한다.

9) 내항기

"내항기(內航機)"란 국내에서만 운항하는 항공기를 말한다.

10) 선용품

“선용품(船用品)”이란 음료, 식품, 연료, 소모품, 밧줄, 수리용 예비부분품 및 부속품, 집기, 그 밖에 이와 유사한 물품으로서 해당 선박에서만 사용되는 것을 말한다.

11) 기용품

“기용품(機用品)”이란 선용품에 준하는 물품으로서 해당 항공기에서만 사용되는 것을 말한다.

12) 차량용품

“차량용품”이란 선용품에 준하는 물품으로서 해당 차량에서만 사용되는 것을 말한다.

13) 통관

“통관(通關)”이란 이 법에 따른 절차를 이행하여 물품을 수출·수입 또는 반송하는 것을 말한다.

14) 환적

“환적(換積)”이란 동일한 세관의 관할구역에서 입국 또는 입항하는 운송수단에서 출국 또는 출항하는 운송수단으로 물품을 옮겨 싣는 것을 말한다.

15) 복합환적

“복합환적(複合換積)”이란 입국 또는 입항하는 운송수단의 물품을 다른 세관의 관할구역으로 운송하여 출국 또는 출항하는 운송수단으로 옮겨 싣는 것을 말한다.

16) 운영인

“운영인”이란 다음 각 목의 어느 하나에 해당하는 자를 말한다.

가. 제174조제1항에 따라 특허보세구역의 설치·운영에 관한 특허를 받은 자

나. 제198조제1항에 따라 종합보세사업장의 설치·운영에 관한 신고를 한 자

1.2 법적용의 원칙

1. 법해석의 기준과 소급과세의 금지

이 법을 해석하고 적용할 때에는 과세의 형평과 해당 조항의 합목적성에 비추어 납세자의 재산권을 부당하게 침해하지 아니하도록 하여야 한다.

이 법의 해석이나 관세행정의 관행이 일반적으로 납세자에게 받아들여진 후에는 그 해석이나 관행에 따른 행위 또는 계산은 정당한 것으로 보며, 새로운 해석이나 관행에 따라 소급하여 과세되지 아니한다.

기준에 맞는 이 법의 해석에 관한 사항은「국세기본법」제18조의2에 따른 국세예규심사위원회에서 심의할 수 있다.

이 법의 해석에 관한 질의회신의 처리 절차 및 방법 등에 관하여 필요한 사항은 대통령령으로 정한다.

2. 신의성실

납세자가 그 의무를 이행할 때에는 신의에 따라 성실하게 하여야 한다. 세관공무원이 그 직무를 수행할 때에도 또한 같다.

1.3 기간과 기한

1. 기간과 기한

기간이란 일정시점에서 다른 일정시점까지의 시간을 말하며, 기한이란 미리 정해놓은 특정시기를 말한다.

2. 기간 및 기한의 계산

이 법에 따른 기간을 계산할 때 제252조에 따른 수입신고수리전 반출승인을 받은 경우에는 그 승인일을 수입신고의 수리일로 보며, 이 법에 따른 기간의 계산은 이 법에 특별한 규정이 있는 것을 제외하고는 「민법」에 따른다.

이 법에 따른 기한이 공휴일(「근로자의 날 제정에 관한 법률」에 따른 근로자의 날과 토요일을 포함한다) 또는 대통령령으로 정하는 날에 해당하는 경우에는 그 다음 날을 기한으로 하며, 국가관세종합정보망 또는 전산처리설비가 대통령령으로 정하는 장애로 가동이 정지되어 이 법에 따른 기한까지 이 법에 따른 신고, 신청, 승인, 허가, 수리, 교부, 통지, 통고, 납부 등을 할 수 없게 되는 경우에는 그 장애가 복구된 날의 다음 날을 기한으로 한다.

3. 관세의 납부기한

관세의 납부기한은 이 법에서 달리 규정하는 경우를 제외하고는 다음 각 호의 구분에 따른다.

① 제38조제1항에 따른 납세신고를 한 경우: 납세신고 수리일부터 15일 이내
② 제39조제3항에 따른 납세고지를 한 경우: 납세고지를 받은 날부터 15일 이내
③ 제253조제1항에 따른 수입신고전 즉시반출신고를 한 경우: 수입신고일부터 15일 이내

4. 월별납부

1) 의의

납세의무자는 일반적인 납부기한 규정에도 불구하고 수입신고가 수리되기 전에 해당 세액을 납부할 수 있다.

세관장은 납세실적 등을 고려하여 관세청장이 정하는 요건을 갖춘 성실납세자가 대통령령으로 정하는 바에 따라 신청을 할 때에는 납부기한이 동일한 달에 속하는 세액에 대하여는 그 기한이 속하는 달의 말일까지 한꺼번에 납부하게 할 수 있다.

2) 월별납부의 승인 등

(1) 승인신청 및 승인

납부기한이 동일한 달에 속하는 세액을 월별로 일괄하여 납부(이하 “월별납부”라 한다)하고자 하는 자는 납세실적 및 수출입실적에 관한 서류 등 관세청장이 정하는 서류를 갖추어 세관장에게 월별납부의 승인을 신청하여야 한다. 승인을 갱신하려는 자는 서류를 갖추어 그 유효기간 만료일 1개월 전까지 승인갱신 신청을 하여야 한다.

세관장은 월별납부의 승인을 신청한 자가 관세청장이 정하는 요건을 갖춘 경우에는 세액의 월별납부를 승인하여야 한다. 이 경우 승인의 유효기간은 승인일부터 그 후 2년이 되는 날이 속하는 달의 마지막 날까지로 한다.

(2) 담보제공

세관장은 월별납부의 대상으로 납세신고된 세액에 대하여 필요하다고 인정하는 때에는 법 제24조에 규정된 담보를 제공하게 할 수 있다.

3) 월별납부의 승인취소

(1) 취소사유

세관장은 납세의무자가 다음 각호의 1에 해당하게 된 때에는 월별납부의 승인을 취소할 수 있다. 이 경우 세관장은 월별납부의 대상으로 납세신고된 세액에 대하여는 15일 이내의 납부기한을 정하여 납세고지하여야 한다.

① 관세를 납부기한이 경과한 날부터 15일 이내에 납부하지 아니하는 경우
② 월별납부를 승인받은 납세의무자가 법 제9조제3항의 규정에 의한 관세청장이 정한 요건을 갖추지 못하게 되는 경우
③ 사업의 폐업, 경영상의 중대한 위기, 파산선고 및 법인의 해산 등의 사유로 월별납부를 유지하기 어렵다고 세관장이 인정하는 경우

(2) 납세고지

세관장은 월별납부의 대상으로 납세신고되 세액에 대하여는 15일 이내의 납부기한을 정하여 납세고지하여야 한다.

5. 천재지변 등으로 인한 기한의 연장

세관장은 천재지변이나 그 밖에 대통령령으로 정하는 사유로 이 법에 따른 신고, 신청, 청구, 그 밖의 서류의 제출, 통지, 납부 또는 징수를 정하여진 기한까지 할 수 없다고 인정되는 경우에는 1년을 넘지 아니하는 기간을 정하여 대통령령으로 정하는 바에 따라 그 기한을 연장할 수 있다.

제2장 관세의 과세요건

납세의무의 성립이란 과세채권 채무관계의 성립을 말한다. 관세채권 채무관계는 항상 국가가 채권자이고, 납세의무자가 채무자인 관계이다. 관세채권 채무관계는 관세법이 규정하고있는 여러 가지 과세요건을 충족하는 사실이 발생하면 성립한다. 이러한 관세채권 채무관계를 성립시키는 과세요건으로는 ①과세물건 ②납세의무자 ③과세표준 ④세율이 있다.

2.1 과세물건

1. 과세물건

과세물건이라 함은 관세의 객체 또는 과세대상을 말한다. 법 제14조에는 "수입물품에는 관세를 부과한다"고 규정하고 있다.

2. 과세물건의 확정시기

1) 일반수입물품

관세는 수입신고(입항전수입신고를 포함한다.)를 하는 때의 물품의 성질과 그 수량에 따라 부과한다.

보세공장에서 제조된 물품을 수입하는 경우 법 제186조에 따른 사용신고전에 미리 세관장에게 해당 물품의 원료인 외국물품에 대한 과세의 적용을 신청한 경우에는 법 제16조에도 불구하고 법 제186조에 따른 사용신고를 할 때의 그 원료의 성질 및 수량에 의하여 관세를 부과한다.

2) 과세물건 확정시기의 예외

다만, 다음 각 호의 어느 하나에 해당하는 물품에 대하여는 각 해당 호에 규정된 때의 물품의 성질과 그 수량에 따라 부과한다.

① 제143조제4항(제151조제2항에 따라 준용되는 경우를 포함한다)에 따라 관세를 징수하는 물품: 하역을 허가받은 때
② 제158조제5항에 따라 관세를 징수하는 물품: 보세구역 밖에서 하는 보수작업을 승인받은 때
③ 제160조제2항에 따라 관세를 징수하는 물품: 해당 물품이 멸실되거나 폐기된 때
④ 제187조제6항(제195조제2항과 제202조제3항에 따라 준용되는 경우를 포함한다)에 따라 관세를 징수하는 물품: 보세공장 외 작업, 보세건설장 외 작업 또는 종합보세구역 외 작업을 허가받거나 신고한 때
⑤ 제217조에 따라 관세를 징수하는 물품: 보세운송을 신고하거나 승인받은 때
⑥ 수입신고가 수리되기 전에 소비하거나 사용하는 물품(제239조에 따라 소비 또는 사용을 수입으로 보지 아니하는 물품은 제외한다): 해당 물품을 소비하거나 사용한 때
⑦ 제253조제1항에 따른 수입신고전 즉시반출신고를 하고 반출한 물품: 수입신고전 즉시반출신고를 한 때
⑧ 우편으로 수입되는 물품(제258조제2항에 해당하는 우편물은 제외한다): 제256조에 따른 통관우체국(이하 "통관우체국"이라 한다)에 도착한 때
⑨ 도난물품 또는 분실물품: 해당 물품이 도난되거나 분실된 때
⑩ 이 법에 따라 매각되는 물품: 해당 물품이 매각된 때
⑪ 수입신고를 하지 아니하고 수입된 물품(제1호부터 제10호까지에 규정된 것은 제외한다): 수입된 때

2.2 납세의무자

납세의무자란 관세의 세액을 납부할 법률상의 의무를 부담하는 자를 말한다. 관세채권 채무관계에 있어서의 관세채무자라고도 한다. 관세의 납세의무자는 물품이 수입되는 방법에 따라 정상수입신고에 의해 수입되는 물품에 대한 원칙적 납세의무자와 정상적인 수입신고에 의하지 않고 수입되는 물품에 대한 특별 납세의무자가 있다. 이러한 원칙적 납세의무자와 특별 납세의무자를 본래의 납세의무자라고 하며, 관세의 징수를 위해 본래의 납세의무자 외의 자에게 납세의무를 지우게 되어 납세의무가 확장되는 확장된 납세의무자가 있다.

1. 본래의 납세의무자

1) 원칙적 납세의무자

수입신고를 한 물품인 경우에는 그 물품을 수입한 화주가 원칙적인 납세의무자가 된다. 다만, 화주가 불분명할 때에는 다음 각 목의 어느 하나에 해당하는 자를 말한다.

가. 수입을 위탁받아 수입업체가 대행수입한 물품인 경우: 그 물품의 수입을 위탁한 자

나. 수입을 위탁받아 수입업체가 대행수입한 물품이 아닌 경우: 대통령령으로 정하는 상업서류에 적힌 수하인(受荷人)

다. 수입물품을 수입신고 전에 양도한 경우: 그 양수인

2) 특별납세의무자

정상적인 수입신고에 의해 수입되는 물품이 아닌 특별한 경우의 납세자를 특별납세의무자라 한다. 이러한 경우 다음에 해당되는 자가 납세의무자가 된다.

① 외국물품인 선(기)용품과 외국무역선(기) 안에서 판매할 물품이 하역허가의 내용대로 운송수단에 적재되지 않아 관세를 징수하는 물품인 경우에는 하역허가를 받은 자

② 보수작업을 승인받고 보세구역 밖에서 보수작업을 하는 경우에 지정기한 내

미반입하여 관세를 징수하는 물품인 경우에는 보세구역 밖에서 하는 보수작업을 승인받은 자

③ 보세구역에 장치된 외국물품이 멸실되거나 폐기된 때에 관세를 징수하는 물품인 경우에는 운영인 또는 보관인

④ 보세공장, 보세건설장, 종합보세구역외 작업시 지정기간의 경과로 관세를 징수하는 물품인 경우에는 보세공장 외 작업, 보세건설장 외 작업 또는 종합보세구역 외 작업을 허가받거나 신고한 자

⑤ 보세운송의 신고 또는 승인을 받은 물품이 지정된 기간 안에 목적지에 도착되지 않아 관세를 징수하는 경우 보세운송을 신고하였거나 승인을 받은 자

⑥ 수입신고가 수리되기 전에 소비하거나 사용하는 물품(제239조에 따라 소비 또는 사용을 수입으로 보지 아니하는 물품은 제외한다)인 경우에는 그 소비자 또는 사용자

⑦ 제253조제4항에 따라 관세를 징수하는 물품인 경우에는 해당 물품을 즉시 반출한 자

⑧ 우편으로 수입되는 물품인 경우에는 그 수취인

⑨ 도난물품이나 분실물품인 경우에는 다음 각 목에 규정된 자

가. 보세구역의 장치물품(藏置物品): 그 운영인 또는 제172조제2항에 따른 화물관리인(이하 "화물관리인"이라 한다)

나. 보세운송물품: 보세운송을 신고하거나 승인을 받은 자

다. 그 밖의 물품: 그 보관인 또는 취급인

⑩ 이 법 또는 다른 법률에 따라 따로 납세의무자로 규정된 자

⑪ 상기 외의 물품인 경우에는 그 소유자 또는 점유자

3) 납세의무의 경합

원칙적인 납세의무자인 수입물품의 화주 또는 연대납세의무자인 신고인과 상기한 특별납세의무자가 경합할 때에는 특별납세의무자가 납세의무자가 된다.

2. 확장된 납세의무자

납세의무를 이행하여야 할 자가 이행하지 않을 경우 본래적 납세의무자와 특수한 관계에 있는 자가 관세를 납부할 의무를 지게 하는 것으로서 확장된 납세의무

자라 한다.

1) 관세법상 연대납세의무자

(1) 신고인

수입신고가 수리된 물품 또는 제252조에 따른 수입신고수리전 반출승인을 받아 반출된 물품에 대하여 납부하였거나 납부하여야 할 관세액에 미치지 못하는 경우 해당 물품을 수입한 화주의 주소 및 거소가 분명하지 아니하거나 수입신고인이 화주를 명백히 하지 못하는 경우에는 그 신고인이 해당 물품을 수입한 화주와 연대하여 해당 관세를 납부하여야 한다.

(2) 분합납부승인을 받은 법인

관세의 분할납부를 승인받은 법인이 합병 분할 또는 분할합병된 경우에는 합병 분할 또는 분할합병 후에 존속하거나 합병 분할 또는 분할합병으로 설립된 법인이 연대하여 관세를 납부하여야 한다.

2) 납세보증자

관세법 또는 다른 법령, 조약, 협약 등에 따라 관세의 납부를 보증한 자는 보증액의 범위에서 납세의무를 진다.

3) 제2차 납세의무자

「국세기본법」 제38조부터 제41조까지의 규정에 따른 제2차 납세의무자는 관세의 담보로 제공된 것이 없고 납세의무자와 관세의 납부를 보증한 자가 납세의무를 이행하지 아니하는 경우에 납세의무를 진다.

4) 물적 납세의무자

납세의무자(관세의 납부를 보증한 자와 제2차 납세의무자를 포함한다. 이하 이 조에서 같다)가 관세·가산금·가산세 및 체납처분비를 체납한 경우 그 납세의무자에게 「국세기본법」 제42조제2항에 따른 양도담보재산이 있을 때에는 그 납세의무자의 다른 재산에 대하여 체납처분을 집행하여도 징수하여야 하는 금액에 미치지 못한 경우에만 「국세징수법」 제13조를 준용하여 그 양도담보재산으로써 납세의무자의 관세·가산금·가산세 및 체납처분비를 징수할 수 있다. 다만, 그 관세의 납세신고일(제39조에 따라 부과고지하는 경우에는 그 납세고지서의 발송일을 말한다) 전에 담보의 목적이 된 양도담보재산에 대하여는 그러하지 아니하다.

2.3 과세표준

1. 가격신고 등

1) 의의

관세의 납세의무자는 수입신고를 할 때 대통령령으로 정하는 바에 따라 세관장에게 해당 물품의 가격에 대한 신고(이하 "가격신고"라 한다)를 하여야 한다. 다만, 통관의 능률을 높이기 위하여 필요하다고 인정되는 경우에는 대통령령으로 정하는 바에 따라 물품의 수입신고를 하기 전에 가격신고를 할 수 있다.

가격신고를 할 때에는 대통령령으로 정하는 바에 따라 과세가격의 결정에 관계되는 자료(이하 "과세자료"라 한다)를 제출하여야 한다.

과세가격을 결정하기가 곤란하지 아니하다고 인정하여 기획재정부령으로 정하는 물품에 대하여는 가격신고를 생략할 수 있다.

2) 잠정가격의 신고 등

납세의무자는 가격신고를 할 때 신고하여야 할 가격이 확정되지 아니한 경우로서 대통령령으로 정하는 경우에는 잠정가격으로 가격신고를 할 수 있다. 이 경우 신고의 방법과 그 밖에 필요한 사항은 대통령령으로 정한다.

납세의무자는 잠정가격으로 가격신고를 하였을 때에는 대통령령으로 정하는 기간 내에 해당 물품의 확정된 가격을 세관장에게 신고하여야 하며, 세관장은 납세의무자가 기간 내에 확정된 가격을 신고하지 아니하는 경우에는 해당 물품에 적용될 가격을 확정할 수 있다.

세관장은 확정된 가격을 신고받거나 직접 가격을 확정하였을 때에는 대통령령으로 정하는 바에 따라 잠정가격을 기초로 신고납부한 세액과 확정된 가격에 따른 세액의 차액을 징수하거나 환급하여야 한다.

3) 가격조사 보고 등

기획재정부장관 또는 관세청장은 과세가격을 결정하기 위하여 필요하다고 인정되는 경우에는 수출입업자, 경제단체 또는 그 밖의 관계인에게 과세가격 결정에 필요한 자료를 제출할 것을 요청할 수 있다. 이 경우 그 요청을 받은 자는 정당한 사유가 없으면 이에 따라야 한다.

관세청장은 다음 각 호의 어느 하나에 해당하는 경우 국민 생활에 긴요한 물품으로서 국내물품과 비교 가능한 수입물품의 평균 신고가격이나 반입 수량에 관한 자료를 대통령령으로 정하는 바에 따라 집계하여 공표할 수 있다.

① 원활한 물자수급을 위하여 특정물품의 수입을 촉진시킬 필요가 있는 경우
② 수입물품의 국내가격을 안정시킬 필요가 있는 경우

2. 과세가격 결정의 원칙(제1방법)

1) 의의

수입물품의 과세가격은 우리나라에 수출하기 위하여 판매되는 물품에 대하여 구매자가 실제로 지급하였거나 지급하여야 할 가격에 법정가산요소를 더하여 조정한 거래가격으로 한다. 다만, 법정가산요소를 더할 때에는 객관적이고 수량화할 수 있는 자료에 근거하여야 하며, 이러한 자료가 없는 경우에는 이 조에 규정된 방법으로 과세가격을 결정하지 아니하고 제31조부터 제35조까지에 규정된 방법으로 과세가격을 결정한다.

2) 법정 가산요소

법정가산요소는 다음과 같다.

① 구매자가 부담하는 수수료와 중개료. 다만, 구매수수료는 제외한다.
② 해당 수입물품과 동일체로 취급되는 용기의 비용과 해당 수입물품의 포장에 드는 노무비와 자재비로서 구매자가 부담하는 비용
③ 구매자가 해당 수입물품의 생산 및 수출거래를 위하여 대통령령으로 정하는 물품 및 용역을 무료 또는 인하된 가격격으로 직접 또는 간접으로 공급한 경우에는 그 물품 및 용역의 가격 또는 인하차액을 해당 수입물품의 총생산량 등 대통령령으로 정하는 요소를 고려하여 적절히 배분한 금액

④ 특허권, 실용신안권, 디자인권, 상표권 및 이와 유사한 권리를 사용하는 대가로 지급하는 것으로서 대통령령으로 정하는 바에 따라 산출된 금액
⑤ 해당 수입물품을 수입한 후 전매·처분 또는 사용하여 생긴 수익금액 중 판매자에게 직접 또는 간접으로 귀속되는 금액
⑥ 수입항(輸入港)까지의 운임·보험료와 그 밖에 운송과 관련되는 비용으로서 대통령령으로 정하는 바에 따라 결정된 금액. 다만, 기획재정부령으로 정하는 수입물품의 경우에는 이의 전부 또는 일부를 제외할 수 있다.

3) 실제지급금액

(1) 의의

"구매자가 실제로 지급하였거나 지급하여야 할 가격"이란 해당 수입물품의 대가로서 구매자가 지급하였거나 지급하여야 할 총금액을 말하며, 구매자가 해당 수입물품의 대가와 판매자의 채무를 상계(相計)하는 금액, 구매자가 판매자의 채무를 변제하는 금액, 그 밖의 간접적인 지급액을 포함한다. 다만, 구매자가 지급하였거나 지급하여야 할 총금액에서 법정공제요소의 어느 하나에 해당하는 금액을 명백히 구분할 수 있을 때에는 그 금액을 뺀 금액을 말한다.

(2) 그 밖의 간접적인 지급액

법 제30조제2항 각 호 외의 부분 본문에 따른 "그 밖의 간접적인 지급액"에는 다음 각 호의 금액이 포함되는 것으로 한다.

① 판매자의 요청으로 수입물품의 대가 중 전부 또는 일부를 제3자에게 지급하는 경우 그 지급금액
② 구매자가 해당 수입물품의 거래조건으로 판매자 또는 제3자가 수행하여야 하는 하자보증을 대신하고 그에 해당하는 금액을 할인받았거나 하자보증비 중 전부 또는 일부를 별도로 지급하는 경우 해당 금액
③ 수입물품의 거래조건으로 구매자가 지급하는 외국훈련비 또는 외국교육비
④ 그 밖에 일반적으로 판매자가 부담하는 금융비용 등을 구매자가 지급하는 경우 그 지급금액

(3) 법정공제요소

구매자가 지급하였거나 지급하여야 할 총금액에서 다음 각 호의 어느 하나에 해

당하는 금액을 명백히 구분할 수 있을 때에는 그 금액을 뺀 금액을 말한다.

① 수입 후에 하는 해당 수입물품의 건설, 설치, 조립, 정비, 유지 또는 해당 수입물품에 관한 기술지원에 필요한 비용
② 수입항에 도착한 후 해당 수입물품을 운송하는 데에 필요한 운임·보험료와 그 밖에 운송과 관련되는 비용
③ 우리나라에서 해당 수입물품에 부과된 관세 등의 세금과 그 밖의 공과금
④ 연불조건(延拂條件)의 수입인 경우에는 해당 수입물품에 대한 연불이자

3. 거래가격 적용배제

다음 각 호의 어느 하나에 해당하는 경우에는 거래가격을 해당 물품의 과세가격으로 하지 아니하고 제31조부터 제35조까지에 규정된 방법으로 과세가격을 결정한다. 이 경우 세관장은 다음 각 호의 어느 하나에 해당하는 것으로 판단하는 근거를 납세의무자에게 미리 서면으로 통보하여 의견을 제시할 기회를 주어야 한다.

① 해당 물품의 처분 또는 사용에 제한이 있는 경우. 다만, 대통령령으로 정하는 경우에는 그러하지 아니하다.
② 해당 물품에 대한 거래의 성립 또는 가격의 결정이 금액으로 계산할 수 없는 조건 또는 사정에 따라 영향을 받은 경우
③ 해당 물품을 수입한 후에 전매·처분 또는 사용하여 생긴 수익의 일부가 판매자에게 직접 또는 간접으로 귀속되는 경우. 다만, 제1항에 따라 적절히 조정할 수 있는 경우는 제외한다.
④ 구매자와 판매자 간에 대통령령으로 정하는 특수관계(이하 "특수관계"라 한다)가 있어 그 특수관계가 해당 물품의 가격에 영향을 미친 경우
⑤ 납세의무자의 신고가격에 대한 세관장의 합리적 의심에 대한 납세의무자의 입증불이행의 경우

4. 동종·동질물품의 거래가격을 기초로 한 과세가격의 결정(제2방법)

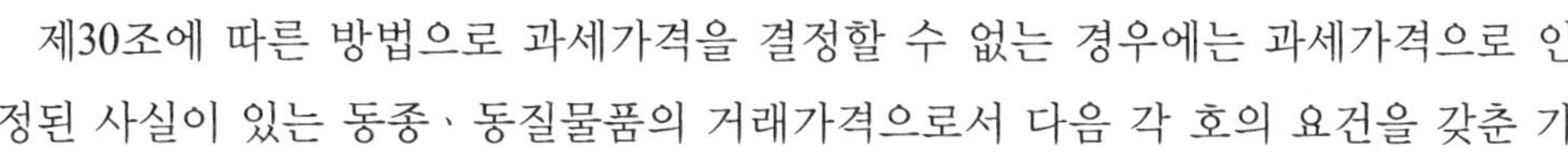

제30조에 따른 방법으로 과세가격을 결정할 수 없는 경우에는 과세가격으로 인정된 사실이 있는 동종·동질물품의 거래가격으로서 다음 각 호의 요건을 갖춘 가격을 기초로 하여 과세가격을 결정한다.

① 과세가격을 결정하려는 해당 물품의 생산국에서 생산된 것으로서 해당 물품의 선적일(船積日)에 선적되거나 해당 물품의 선적일을 전후하여 가격에 영향을 미치는 시장조건이나 상관행(商慣行)에 변동이 없는 기간 중에 선적되어 우리나라에 수입된 것일 것
② 거래 단계, 거래 수량, 운송 거리, 운송 형태 등이 해당 물품과 같아야 하며, 두 물품 간에 차이가 있는 경우에는 그에 따른 가격차이를 조정한 가격일 것

과세가격으로 인정된 사실이 있는 동종ㆍ동질물품의 거래가격이라 하더라도 그 가격의 정확성과 진실성을 의심할만한 합리적인 사유가 있는 경우 그 가격은 과세가격 결정의 기초자료에서 제외한다.

동종ㆍ동질물품의 거래가격이 둘 이상 있는 경우에는 생산자, 거래 시기, 거래 단계, 거래 수량 등(이하 "거래내용 등"이라 한다)이 해당 물품과 가장 유사한 것에 해당하는 물품의 가격을 기초로 하고, 거래내용 등이 같은 물품이 둘 이상이 있고 그 가격도 둘 이상이 있는 경우에는 가장 낮은 가격을 기초로 하여 과세가격을 결정한다.

5. 유사물품의 거래가격을 기초로 한 과세가격의 결정(제3방법)

제30조와 제31조에 따른 방법으로 과세가격을 결정할 수 없을 때에는 과세가격으로 인정된 사실이 있는 유사물품의 거래가격으로서 제31조제1항 각 호의 요건을 갖춘 가격을 기초로 하여 과세가격을 결정한다.

과세가격으로 인정된 사실이 있는 유사물품의 거래가격이라 하더라도 그 가격의 정확성과 진실성을 의심할만한 합리적인 사유가 있는 경우 그 가격은 과세가격 결정의 기초자료에서 제외한다.

유사물품의 거래가격이 둘 이상이 있는 경우에는 거래내용 등이 해당 물품과 가장 유사한 것에 해당하는 물품의 가격을 기초로 하고, 거래내용 등이 같은 물품이 둘 이상이 있고 그 가격도 둘 이상이 있는 경우에는 가장 낮은 가격을 기초로 하여 과세가격을 결정한다.

6. 국내판매가격을 기초로 한 과세가격의 결정(제4방법)

제30조부터 제32조까지에 규정된 방법으로 과세가격을 결정할 수 없을 때에는 제1호의 금액에서 제2호부터 제4호까지의 금액을 뺀 가격을 과세가격으로 한다. 다만, 납세의무자가 요청하면 제34조에 따라 과세가격을 결정하되 제34조에 따라 결정할 수 없는 경우에는 이 조, 제35조의 순서에 따라 과세가격을 결정한다.

① 해당 물품, 동종·동질물품 또는 유사물품이 수입된 것과 동일한 상태로 해당 물품의 수입신고일 또는 수입신고일과 거의 동시에 특수관계가 없는 자에게 가장 많은 수량으로 국내에서 판매되는 단위가격을 기초로 하여 산출한 금액

② 국내판매와 관련하여 통상적으로 지급하였거나 지급하여야 할 것으로 합의된 수수료 또는 동종·동류의 수입물품이 국내에서 판매되는 때에 통상적으로 부가되는 이윤 및 일반경비에 해당하는 금액

③ 수입항에 도착한 후 국내에서 발생한 통상의 운임·보험료와 그 밖의 관련 비용

④ 해당 물품의 수입 및 국내판매와 관련하여 납부하였거나 납부하여야 하는 조세와 그 밖의 공과금

해당 물품, 동종·동질물품 또는 유사물품이 수입된 것과 동일한 상태로 국내에서 판매되는 사례가 없는 경우 납세의무자가 요청할 때에는 해당 물품이 국내에서 가공된 후 특수관계가 없는 자에게 가장 많은 수량으로 판매되는 단위가격을 기초로 하여 산출된 금액에서 다음 각 호의 금액을 뺀 가격을 과세가격으로 한다.

① 제1항제2호부터 제4호까지의 금액

② 국내 가공에 따른 부가가치

7. 산정가격을 기초로 한 과세가격의 결정(제5방법)

제30조부터 제33조까지에 규정된 방법으로 과세가격을 결정할 수 없을 때에는 다음 각 호의 금액을 합한 가격을 기초로 하여 과세가격을 결정한다.

① 해당 물품의 생산에 사용된 원자재 비용 및 조립이나 그 밖의 가공에 드는 비용 또는 그 가격

② 수출국 내에서 해당 물품과 동종·동류의 물품의 생산자가 우리나라에 수출하기 위하여 판매할 때 통상적으로 반영하는 이윤 및 일반 경비에 해당하는 금액
③ 해당 물품의 수입항까지의 운임·보험료와 그 밖에 운송과 관련된 비용으로서 제30조제1항제6호에 따라 결정된 금액

납세의무자가 제1항 각 호의 금액을 확인하는데 필요한 자료를 제출하지 않은 경우에는 제1항을 적용하지 않을 수 있다.

8. 합리적 기준에 따른 과세가격의 결정(제6방법)

제30조부터 제34조까지에 규정된 방법으로 과세가격을 결정할 수 없을 때에는 대통령령으로 정하는 바에 따라 제30조부터 제34조까지에 규정된 원칙과 부합되는 합리적인 기준에 따라 과세가격을 결정한다.

9. 과세가격 결정방법의 사전심사

제38조제1항에 따라 납세신고를 하여야 하는 자는 과세가격 결정과 관련하여 다음 각 호의 사항에 관하여 의문이 있을 때에는 가격신고를 하기 전에 대통령령으로 정하는 바에 따라 관세청장에게 미리 심사하여 줄 것을 신청할 수 있다.
① 제30조제1항 각 호에 규정된 금액 또는 같은 조 제2항에 따라 해당 수입물품의 대가로서 구매자가 실제로 지급하였거나 지급하여야 할 가격을 산정할 때 더하거나 빼야 할 금액
② 제30조제3항 각 호에 해당하는지 여부
③ 특수관계가 있는 자들 간에 거래되는 물품의 과세가격 결정방법

제1항에 따른 신청을 받은 관세청장은 대통령령으로 정하는 기간 이내에 과세가격의 결정방법을 심사한 후 그 결과를 신청인에게 통보하여야 하며, 세관장은 관세의 납세의무자가 통보된 과세가격의 결정방법에 따라 납세신고를 한 경우 대통령령으로 정하는 요건을 갖추었을 때에는 그 결정방법에 따라 과세가격을 결정하여야 한다.

10. 관세의 부과 등을 위한 정보제공

관세청장 또는 세관장은 과세가격의 결정·조정 및 관세의 부과·징수를 위하여 필요한 경우에는 국세청장, 지방국세청장 또는 관할 세무서장에게 대통령령으로 정하는 정보 또는 자료를 요청할 수 있다. 이 경우 요청을 받은 기관은 정당한 사유가 없으면 요청에 따라야 한다.

11. 특수관계자 수입물품 과세자료 제출

세관장은 제38조제2항에 따른 세액심사시 특수관계에 있는 자가 수입하는 물품의 과세가격의 적정성을 심사하기 위하여 해당 특수관계자에게 과세자료를 제출할 것을 요구할 수 있다. 이 경우 자료의 제출범위, 제출방법 등은 대통령령으로 정한다.

자료제출을 요구받은 자는 자료제출을 요구받은 날부터 60일 이내에 해당 자료를 제출하여야 한다. 다만, 대통령령으로 정하는 부득이한 사유로 제출기한의 연장을 신청하는 경우에는 세관장은 한 차례만 60일까지 연장할 수 있다.

2.4 세율 및 품목분류

1. 세율의 종류

법 제14조에 따라 수입물품에 부과되는 관세의 세율은 다음 각 호와 같다.

① 기본세율

② 잠정세율

③ 제51조부터 제67조까지, 제67조의2 및 제68조부터 제77조까지의 규정에 따라 대통령령 또는 기획재정부령으로 정하는 세율

2. 기본세율과 잠정세율

기본세율은 국회에서 제정되며, 통상적으로 수입물품에 적용되는 세율을 말한다. 잠정세율은 관세법 별표 관세율표에 기본세율과 함께 표기되어 있는 것으로서 일시적으로 기본세율을 적용할 수 없는 사유가 있을 때 잠정적으로 적용하기 위한 세율이다.

제51조부터 제67조까지, 제67조의2 및 제68조부터 제77조까지의 규정에 따라 대통령령 또는 기획재정부령으로 정하는 세율 : 덤핑방지관세, 상계관세, 보복관세, 긴급관세, 특정국물품 긴급관세, 농림축산물에 대한 특별긴급관세, 조정관세, 할당관세, 계절관세, 국제협력관세, 편익관세, 일반특혜관세가 있다.

3. 세율 적용의 우선순위

기본세율과 잠정세율은 별표 관세율표에 따르되, 잠정세율을 기본세율에 우선하여 적용한다.

제49조제3호의 세율은 다음 각 호의 순서에 따라 별표 관세율표의 세율에 우선하여 적용한다.

1. 제51조, 제57조, 제63조, 제65조, 제67조의2 및 제68조에 따른 세율
2. 제73조 및 제74조에 따른 세율
3. 제69조, 제71조 및 제72조에 따른 세율
4. 제76조에 따른 세율

제2항에도 불구하고 제2항제2호의 세율은 기본세율, 잠정세율, 제2항제3호 및 제4호의 세율보다 낮은 경우에만 우선하여 적용하고, 제2항제3호의 세율 중 제71조에 따른 세율은 제2항제4호의 세율보다 낮은 경우에만 우선하여 적용한다. 다만, 제73조에 따라 국제기구와의 관세에 관한 협상에서 국내외의 가격차에 상당하는 율로 양허(讓許)하거나 국내시장 개방과 함께 기본세율보다 높은 세율로 양허한 농림축산물 중 대통령령으로 정하는 물품에 대하여 양허한 세율(시장접근물량에 대한 양허세율을 포함한다)은 기본세율 및 잠정세율에 우선하여 적용한다.

별표 관세율표 중 잠정세율을 적용받는 물품에 대하여는 대통령령으로 정하는 바에 따라 그 물품의 전부 또는 일부에 대하여 잠정세율의 적용을 정지하거나 기본세율과의 세율차를 좁히도록 잠정세율을 올리거나 내릴 수 있다.

제49조제3호에 따른 세율을 적용할 때 별표 관세율표 중 종량세인 경우에는 해당 세율에 상당하는 금액을 적용한다.

▷▶ 세율적용순서

순위	내용	비고
1순위	덤핑방지(제51조), 상계(57조), 보복(제63조), 긴급(65조), 특정국물품긴급(제67조의2), 농림축산물특별긴급(제68조)	관세율의 높낮이에 관계없이 최우선 적용
2순위	국제협력(제73조), 편익(제74조) : WTO협정 양허관세, 방콕협정 양허관세, UNCTAD개도국간 양허관세 특정국과의 협상에 의한 양허관세 *농림축산물 양허관세(제50조3항 단서)	3·4·5·6 순위 세율보다 낮은 경우에만 적용
3순위	조정(제69조), 할당(제71조), 계절(제72조)	할당관세는 4순위 세율보다 낮은 경우에 우선 적용
4순위	일반특혜관세(제76조)	
5순위	잠정세율(제49조 제1호)	
6순위	기본세율(제49조 제2호)	

2.5 탄력관세의 의의 및 기능

1. 의의

관세율은 조세법률주의에 의거 국회의 심의 의결을 거쳐 결정 또는 변경되는 것이 원칙이나, 탄력관세제도란 법률에 의거 일정한 범위 안에서 관세율의 변경권을 행정부에 위임하여 관세율을 탄력적으로 변경함으로써 급격하게 변동하는 국내외적 경제여건 변화에 신축성 있게 대응하기 위한 제도

2. 탄력관세의 기능

(1) 국내산업의 보호

외국상품의 수입량 증가 또는 저가수입 등에 탄력적으로 대응할 수 있다

(2) 물가 안정

국제원재료가격 급등 등으로 인해 수입가격이 상승하는 경우 관세율을 인하함으로써 수입을 촉진

(3) 주요자원의 안정적 확보

관세율 조정으로 해외자원을 일정적인 수준으로 안정적으로 확보하는 것은 물론 국내자원의 활용도도 높일 수 있다

(4) 세율의 불균형 시정

(5) 법률의 경직성 탈피

(6) 대외관계개선

관세상의 편익을 제공하여 대외관계를 우호적으로 유지

3. 탄력관세의 종류

(1) 불공정무역으로 인한 산업피해 구제위한 탄력관세 : 덤핑방지관세, 상계관세, 보복관세

(2) 공정무역으로 인한 산업피해 구제위한 탄력관세 : 긴급관세, 특정국물품긴급관세, 농림축산물에대한 특별긴급관세, 조정관세, 할당관세, 계절관세

(3) 대외관계개선 등 : 편익관세

2.6 덤핑방지관세

1. 의의

덤핑수입으로 인한 동종의 상품을 생산하는 국내산업에 실질적인 피해 등이 있음이 판명되고, 국내산업을 보호할 필요가 있는 경우에 당해 물품의 정상가격과 덤핑가격의 차액에 상당하는 금액 이하의 관세를 기본관세에 추가하여 부과하는 관세로서 관세상의 조치를 통해 덤핑이라는 불공정 행위를 시정하는데 그 목적이 있다.

2. 덤핑방지관세의 특징

① 산업구제 효과가 크다.
② 제도 운용 과정에서 자의성이 개입될 가능성이 높다.
③ 덤핑수출한 국가의 해당기업에 선별적으로 적용된다.
④ 덤핑 자체가 불공정 무역행위이므로 덤핑방지 조치로써 정당화 된다.
⑤ 반덤핑제소가 있거나 그 움직임만 있어도 당해 상품의 수출이 크게 위축된다.

3. 덤핑방지관세의 부과요건

(1) 덤핑수입

외국 물품이 정상가격 이하로 수입되어야 한다.

(2) 실질적 피해 등의 조사 · 확인

덤핑수입으로 인해 국내산업이 실질적으로 피해를 받거나 받을 우려가 있거나 또는 국내산업 발전이 실질적으로 지연된 사실이 조사를 통하여 확인되어야 한다

(3) 국내산업의 보호 필요성

피해를 받거나 받을 우려가 있는 국내산업을 보호할 필요성이 있어야 한다

(4) 부과요청

주무부장관 또는 국내산업에 이해관계가 있는 자로서 요청적격자의 요청이 있어야 한다

4. 덤핑방지관세의 부과절차

(1) 부과요청

- 실질적 피해 등을 받은 국내산업에 이해관계가 있는 자 또는
- 당해 산업을 관장하는 주무부장관은 기획재정부장관에게 덤핑방지관세의 부과를 요청할 수 있으며,
- 이 요청은 무역위원회에 대한 덤핑방지관세의 부과에 필요한 조사신청으로 갈음한다.
  ① 국내산업의 범위 : 정상가격 이하로 수입되는 물품과 동종물품의 국내생산사업의 전부 또는 국내총생산량의 상당부분을 점하는 국내생산산업
  ② '국내산업에 이해관계가 있는 자'의 의미
  실질적 피해 등을 받은 국내산업에 속하는 국내생산자와 이들을 구성원으로 하거나 이익을 대변하는 법인 · 단체(협회 · 조합) 및 개인을 말한다

(2) 조사개시결정

무역위원회는 조사신청을 받은 경우 덤핑사실과 실질적인 피해 등의 사실에 관한 조사의 개시여부를 결정하여 조사신청을 받은 날부터 2월 이내에 그 결과와 조사대상물품, 조사대상기간 및 조사대상 공급자 등의 사항을 기획재정부장관에게 통보하여야 한다.

(3) 통지 및 관보게재

무역위원회는 조사개시 결정을 한 때에는 그 결정일부터 10일 이내에 조사개시의 결정에 관한 사항을 조사신청자, 당해 물품의 공급국 정부 및 공급자 기타 이해관계인에게 통지하고, 관보에 게재하여야 한다.

(4) 예비조사

무역위원회는 조사개시의 결정에 관한 사항이 관보에 게재된 날부터 3월 이내에 예비조사를 하여 그 결과를 기획재정부장관에게 제출하여야 한다

(5) 잠정조치 필요여부 결정

기획재정부장관은 예비조사결과가 제출된 날부터 1월 이내(필요하다고 인정되는 경우 20일 범위내 결정기간 연장 가능)

(6) 본조사

무역위원회는 예비조사결과 제출한 날의 다음날부터 본조사 개시, 본조사개시일부터 3월 이내에 기획재정부장관에게 결과 제출

(7) 본조사결과 긍정판정이 있는 경우 덤핑방지관세 부과

기획재정부장관은 관보게재일부터 1년 이내에 부과조치를 하여야 한다(특별한 사유가 있다고 인정되는 때에는 관보게재일부터 18월 이내에 부과조치 할 수 있다).

(8) 재심사 요청

이해관계인이나 당해산업을 관장하는 주무부 장관은

- 덤핑방지관세 또는 약속의 시행일부터 1년이 경과된 날 이후,
- 덤핑방지관세 또는 약속의 효력이 상실되는 날 6월 이전에 재심사를 요청할 수 있다.

(9) 재심사 조사결과 제출

무역위원회는 재심사 개시일부터 6월 안에 결과를 기획재정부장관에게 제출하여야 한다.

(10) 재심사 결과에 따른 조치

기획재정부장관은 조사결과를 제출받은 날부터 1월이내(20일 연장 가능)에 재심사 결과에 따라 덤핑방지관세의 부과. 약속의 내용변경, 환급 등 필요한 조치를 할 수 있다.

5. 실질적 피해 등의 판정

(1) 실질적 피해 등의 판정 근거

무역위원회는 실질적 피해 등의 사실을 조사·판정하는 때에는 다음의 사항을 포함한 실질적 증거에 근거하여야 한다.

① 덤핑물품의 수입물량

② 덤핑물품의 가격

③ 덤핑차액의 정도

④ 국내산업의 생산량. 가동률, 재고, 판매량, 시장점유율, 가격, 이윤, 생산성, 투자수익, 현금수지 등

⑤ 덤핑물품의 수입물량 및 덤핑물품의 가격이 국내산업에 미치는 실재적 또는 잠재적 영향

(2) 실질적 피해 등의 '우려' 판정

실질적인 피해 등을 조사·판정하는 경우 실질적 피해 등을 받을 우려가 있는지에 관한 판정은 다음의 사항을 포함한 사실에 근거를 두어야 하며, 덤핑물품으로 인한 피해는 명백히 예견되고 급박한 것이어야 한다.

① 실질적인 수입증가의 가능성을 나타내는 덤핑물품의 현저한 증가율

② 우리나라에 덤핑수출을 증가시킬 수 있는 생산능력의 실질적 증가

③ 덤핑물품의 가격이 동종물품의 가격을 하락 또는 억제시킬 수 있는지 여부 및 추가적인 수입수요의 증대 가능성

④ 덤핑물품의 재고 및 동종물품의 재고상태

6. 잠정조치 (법 제53조)

(1) 의의

기획재정부장관은 덤핑방지관세의 부과여부를 결정하기 위하여 조사가 개시된 경우로서 다음에 해당하는 경우에는 조사기간 중에 발생하는 피해를 방지하기 위하여 당해 조사가 종결되기 전이라도 대통령령이 정하는 바에 의하여 그 물품과

공급자 또는 공급국 및 기간을 정하여 잠정적으로 추계된 덤핑차액에 상당하는 금액이하의 잠정덤핑방지관세를 추가하여 부과할 것을 명하거나 담보의 제공을 명하는 조치를 할 수 있다.

① 당해 물품에 대한 덤핑사실 및 그로 인한 실질적 피해 등의 사실이 있다고 추정되는 충분한 증거가 있는 경우
② 약속을 위반하거나 약속의 이행에 관한 자료제출 요구 및 제출자료의 검증허용 요구에 불응한 경우로서 이용가능한 최선의 정보가 있는 경우

(2) 담보제공 명령시 담보의 종류 및 담보액

담보제공 명령에 의해 제공되는 담보는 금전, 국채 또는 지방채, 세관장이 인정하는 유가증권, 납세보증보험증권, 세과장이 인정하는 보증인의 납세보증서로서 잠정덤핑방지관세액에 상당하는 금액이어야 한다.

(3) 잠정조치의 적용

잠정조치는 예비조사결과 덤핑사실 및 그로 인한 실질적 피해 등의 사실이 있다고 추정되는 충분한 증거가 있다고 판정된 경우로서 당해 조사의 개시 후 최소한 60일이 경과된 날 이후부터 적용할 수 있다.

(4) 잠정조치의 적용기간

잠정조치의 적용기간은 4월 이내로 하여야 한다. 다만, 당해물품의 무역에 있어서 중요한 비중을 차지하는 공급자가 요청하는 경우에는 그 적용기간을 6월 까지 연장할 수 있다.

(5) 잠정덤핑방지관세의 환급 및 담보해제

다음에 해당하는 경우에는 납부된 잠정덤핑방지관세를 환급하거나 제공된 담보를 해제하여야 한다.

① 잠정조치를 한 물품에 대한 덤핑방지관세의 부과요청이 철회되어 조사가 종결된 경우
② 잠정조치를 한 물품에 대한 덤핑방지관세의 부과여부가 결정된 경우
③ 제54조의 규정에 의한 약속이 수락된 경우

(6) 잠정덤빙방지관세액의 정산

다음에 해당하는 경우

- 덤핑방지관세액이 잠정덤핑방지관세액을 초과하는 때에는 그 차액을 징수하지 아니하며,
- 덤핑방지관세액이 잠정덤핑방지관세액에 미달되는 때에는 그 차액을 환급하여야 한다.
  - ① 약속이 덤핑과 그로 인한 산업피해에 대한조사결과 당해 물품에 대한 덤핑사실 및 그로 인한 실질적 피해등의 사실이 있는 것으로 판정된 이후에 수락된 경우
  - ② 덤핑방지관세를 소급하여 부과하는 경우

7. 약속의 수락 · 제의

(1) 의의

덤핑방지관세의 부과여부를 결정하기 위한 예비조사결과 당해 물품에 대한 덤핑과 그로 인한 실질적 피해등의 사실이 있는 것으로 판정된 경우 당해물품의 수출자 또는 기획재정부장관은 대통령령이 정하는 바에 의하여 덤핑으로 인한 피해가 제거될 정도의 가격수정이나 덤핑수출의 중지에 관한 약속을 제의할 수 있다.

(2) 약속의 수락 및 제의

① 수출자의 가격수정 · 수출중지 약속의 제의

제의한 약속의 내용이 즉시로 가격을 수정하거나 약속일부터 6월 이내에 덤핑수출을 중지하는 것인 때에는 기획재정부장관은 그 약속을 수락할 수 있다.

다만, 동 약속의 이행을 확보하는 것이 곤란하다고 인정되는 경우로서 기획재정부령이 정하는 경우에는 그러하지 아니하다.

② 기획재정부장관의 약속의 제의

기획재정부장관은 필요하다고 인정되는 때에는 약속을 수출자를 지정하여 제의할 수 있다.

(3) 약속의 수락 · 제의 시기

기획재정부장관은 예비조사결과 덤핑사실 및 그로 인한 실질적 피해등의 사실이 있다고 추정되는 충분한 증거가 있다고 판정하기 전에는 약속의 수락이나 약속의 제의를 할 수 없다.

(4) 약속수락의 효력 (조사중지 또는 종결)

약속이 수락된 경우 기획재정부장관은 잠정조치 또는 덤핑방지관세의 부과없이 조사가 중지 또는 종결되도록 하여야 한다.

다만, 기획재정부장관이 필요하다고 인정하거나 수출자가 조사를 계속하여 줄 것을 요청한 때에는 그 조사를 계속할 수 있다.

(5) 약속의 위반

수출자가 수락된 약속을 이행하지 아니한 경우 기획재정부장관은 이용 가능한 최선의 정보에 의하여 잠정조치를 실시하는 등 덤핑방지를 위한 신속한 조치를 취할 수 있다.

(6) 약속의 효력 소멸

기획재정부장관이 필요하다고 인정하거나 수출자가 조사를 계속하여 줄 것을 요청하여 조사를 계속한 결과 실질적 피해등의 사실이 없거나 덤핑차액이 없는 것으로 확인한 때에는 당해 약속의 효력은 소멸된 것으로 본다.

디만, 실질적 피해 등의 사실이 없거나 덤핑차액이 없는 원인이 약속으로 인한 것으로 판단되는 때에는 기획재정부장관은 적정한 기간을 정하여 약속을 계속 이행하게 할 수 있으며, 수출자가 그 약속의 이행을 거부하는 때에는 이용가능한 최선의 정보에 의하여 잠정조치를 실시하는 등 덤핑방지를 위한 신속한 조치를 취할 수 있다.

(7) 약속의 효력기간 : 적용시한을 따로 정하는 경우를 제외하고 약속의 시행일부터 5년

8. 덤핑방지관세의 부과

(1) 의의

기획재정부장관은 관보게재일부터 1년 이내에 덤핑방지관세의 부과조치를 하여야 한다. 다만, 특별한 사유가 있다고 인정되는 때에는 관보게재일부터 18월 이내에 덤핑방지관세의 부과조치를 할 수 있다.

(2) 부과방법

덤핑방지관세는 공급자 또는 공급국별로 덤핑방지관세율 또는 기준수입가격을 정하여 부과한다.

다만, 정당한 사유없이 자료를 제출하지 아니하거나 당해 자료의 공개를 거부하는 경우 및 기타의 사유로 조사 또는 자료의 검증이 곤란한 공급자에 대하여는 단일 덤핑방지관세율 또는 단일 기준수입가격을 정하여 부과할 수 있다.

① 정률세의 방법으로 부과하는 경우

다음의 산식에 의하여 산정된 덤핑률의 범위안에서 결정한 율을 과세가격에 곱하여 산출한 금액

$$\text{덤핑률} = \frac{\text{조정된정상가격} - \text{조정된덤핑가격}}{\text{과세가격}} \times 100$$

② 기준수입가격의 방법으로 부과하는 경우

기준수입가격에서 과세가격을 차감하여 산출한 금액을 추가부과 한다. 기준수입가격은 조정된 공급국의 정상가격에 수입관련비용을 가산한 범위 안에서 결정한다.

③ 조사대상으로 선정되지 않은 공급자의 경우

조사대상으로 선정되지 아니한 공급자에 대하여는 조사대상으로 선정된 공급자의 덤핑방지관세율 또는 기준수입가격을 기획재정부령이 정하는 바에 따라 가중평균한 덤핑방지관세율 또는 기준수입가격에 의하여 덤핑방지관세를 부과한다.

다만, 조사대상기간 중에 수출을 한 자로서 조사대상으로 선정되지 아니한 자중 필요자료를 제출한 자에 대하여는 일반적인 방법을 적용한다.

이 규정에 의하여 가중평균 덤핑방지관세율 또는 기준수입가격을 산정함에 있어서 공급자가 다수인 때에는 공급자별 수출량에 따라 가중치를 둘 수 있다.

이 경우 다음의 어느 하나에 해당하는 공급자는 산정대상에서 제외한다.

(a) 덤핑차액이 없거나 덤핑가격대비 덤핑차액이 100분의 2 미만인 공급자

(b) 영 제64조제5항에 따라 이용가능한 자료 등을 사용하여 덤핑차액 등을 산정한 공급자

④ 신규공급자의 경우

공급국을 지정하여 덤핑방지관세를 부과하는 경우 조사대상기간 이후에 수출하는 당해 공급국의 신규공급자가 덤핑방지관세가 부과되는 공급자와 특수관계에 있는 때에는 그 공급자에 대한 덤핑방지관세율 또는 기준수입가격을 적용하여 덤핑방지관세를 부과한다.

다만, 신규공급자가 특수관계에 있지 아니하다고 증명하는 경우에는 조사를 통하여 별도의 덤핑방지관세율 또는 기준수입가격을 정하여 부과할 수 있다. 이 경우 기획재정부령이 정하는 바에 따라 기존 조사대상자에 대한 조사방법 및 조사절차 등과 달리할 수 있다.

9. 덤핑방지관세의 부과시기 및 소급부과

(1) 부과시기

덤핑방지관세의 부과와 잠정조치는 각각의 조치일 이후 수입되는 물품에 대하여 적용된다.

다만, 잠정조치가 적용된 물품에 있어서 국제협약에서 달리 정하는 경우 기타 대통령령이 정하는 경우에는 그 물품에 대하여도 덤핑방지관세를 부과할 수 있다. (소급부과)

(2) 덤핑방지관세의 소급부과 (잠정조치 적용물품에 대한 덤핑방지관세의 부과)

잠정조치가 적용된 물품으로서 덤핑방지관세가 부과되는 물품은 다음과 같다.

① 잠정조치가 적용된 기간동안 수입된 물품

- 실질적 피해 등이 있다고 최종판정이 내려진 경우 또는

- 실질적인 피해 등의 우려가 있다는 최종판정이 내려졌으나 잠정조치가 없었다면 실질적인 피해 등이 있다는 최종판정이 내려졌을 것으로 인정되는 경우

② 잠정조치를 적용한 날부터 90일전 이후에 수입된 물품

- 비교적 단기간내에 대량 수입되어 발생되는 실질적 피해등의 재발을 방지하기 위하여 덤핑방지관세를 소급하여 부과할 필요가 있는 경우로서 당해 물품이 과거에 덤핑되어 실질적 피해등을 입힌 사실이 있었던 경우 또는 수입자가 덤핑사실과 그로 인한 실질적 피해등의 사실을 알았거나 알 수 있었을 경우에는
- 약속을 위반하여 잠정조치가 적용된 물품의 수입으로 인한 실질적 피해등의 사실이 인정되는 경우. 이 경우 약속위반일 이전에 수입된 물품을 제외한다.

③ 기타 국제협약에서 정하는 바에 따라 기획재정부장관이 정하는 기간에 수입된 물품

10. 덤핑방지조치의 유효기간

- 덤핑방지관세부과 · 수락된 약속은 시행일부터 5년이 지나면 효력을 상실한다.
- 재심사결과에 따른 변경된 조건은 그 시행일부터 5년이 지나면 효력을 상실한다.

2.7 상계관세

1. 의의 (부과요건)

WTO 보조금 상계조치 협정에 근거하여 외국에서 제조 · 생산 또는 수출에 관하여 직접 · 간접으로 보조금 또는 장려금을 받은 물품의 수입으로 인하여 국내산업이 실질적인 피해를 받거나 받을 우려가 있는 경우 또는 국내산업의 발전이 실질적으로 지연된 경우, 이러한 사항들이 조사를 통하여 확인되고 당해 국내산업을

보호할 필요가 있다고 인정되는 경우 기획재정부령으로 그 물품과 수출자 또는 수출국을 지정하여 당해 물품에 대하여 보조금 등의 금액 이하의 관세를 추가하여 부과할 수 있다

2. 상계관세 부과의 문제점

외국정부의 정책을 문제삼고 있는 것이므로 통상마찰의 가능성이 크며, 기업의 입장에서 외국정부의 보조금 지급관행에 대한 정확한 자료입수가 어려워 제소가 곤란하다. 또한 보조금 등을 지급받은 물품과 덤핑물품은 둘 다 부당하게 가격이 인하되어 수입되는 것이므로 반덤핑제소를 통하여 소기의 목적을 달성하기도 한다.

3. 보조금 등

(1) 보조금 등(보조금 또는 장려금)의 정의

정부 · 공공기관 등의 재정지원 등에 의항 혜택 중 특정성이 있는 것을 말한다

다만, 특정성은 있으나 연구 · 지역개발 및 환경관련 보조금 등으로서 국제협약에서 인정하고 있는 보조금 또는 장려금은 제외한다.

(2) 보조금 등의 금액 인정 기준

국제협약에서 달리 정하지 아니하는 한 보조금 등의 금액이 당해 물품가격대비 100분의 1이상인 경우, 상계관세를 발동할 수 있는 보조금 등으로 본다.

(3) 특정성

다음에 해당하는 경우 특정성이 있는 것으로 본다.

① 보조금 등이 일부 기업 등에 대하여 제한적으로 지급되는 경우
② 보조금 등이 제한된 수의 기업 등에 의하여 사용되어지는 경우
③ 보조금 등이 특정한 지역에 한정되어 지급되는 경우
④ 기타 국제협약에서 인정하고 있는 특정성의 기준에 부합되는 경우

(4) 보조금 등의 금액

보조금 등의 금액은 수혜자가 실제로 받는 혜택을 기준으로 하여 다음에 따라

계산한다.

① 지분참여의 경우 : 당해 지분참여와 통상적인 투자와의 차이에 의하여 발생하는 금액 상당액

② 대출의 경우 : 당해 대출금리에 의하여 지불하는 금액과 시장금리에 의하여 지불하는 금액과의 차액 상당액

③ 대출보증의 경우 : 당해 대출에 대하여 지불하는 금액과 대출보증이 없을 경우 비교 가능한 상업적 차입에 대하여 지불하여야 하는 금액과의 차액 상당액

④ 재화 · 용역의 공급 또는 구매의 경우 : 당해 가격과 시장가격과의 차이에 의하여 발생하는 금액 상당액

⑤ 기타 국제협약에서 인정하고 있는 기준에 의한 금액

4. 상계관세의 산정

상계관세를 부과하는 경우 상계관세는 다음의 산식에 의하여 산정된 보조금율의 범위 안에서 결정한 율을 과세가격에 곱하여 산출한다.

$$\text{보조금율} = \frac{\text{보조금등의금액}}{\text{과세가격}} \times 100$$

5. 약속의 제의

상계관세의 부과여부를 결정하기 위한 예비조사결과 보조금 등의 지급과 그로 인한 실질적 피해 등의 사실이 있는 것으로 판정된 경우 당해 물품의 수출국정부 또는 기획재정부장관은 당해 물품에 대한 보조금 등을 철폐 또는 삭감하거나 보조금 등의 국내산업에 대한 피해효과를 제거하기 위한 적절한 조치에 관한 약속을 제의할 수 있으며, 당해 물품의 수출자는 수출국정부의 동의를 얻어 보조금 등의 국내산업에 대한 피해효과가 제거될 수 있을 정도로 가격을 수정하겠다는 약속을 제의할 수 있다.

6. 잠정조치

(1) 의의

보조금 등의 지급으로 인해 조사기간중에 발생하는 국내산업의 피해를 방지하기 위해 조사가 종결되기 전이라도 잠정적으로 취하는 상계조치

(2) 사유

① 예비조사결과 긍정판결이 내려진 경우
② 수락한 약속의 위반 등의 경우 이용가능한 최선의 정보가 있는 경우

(3) 부과방법 등

잠정상계관세 부과 또는 관세상당액의 담보제공 조치를 하며, 부과대상은 잠정조치일 이후 수입되는 분에 한하며 4월이내의 부과기간을 갖는다. 그 밖의 덤핑방지관세의 잠정조치 규정을 준용한다.

2.8 보복관세

1. 의의

교역상대국의 부당한 대우나 제재조치를 견제하고, 자국의 이익을 보호하기 위한 제도이다. 우리나라의 수출물품・선박・항공기 등에 불리한 대우를 하는 국가로부터 수입되는 물품에 대하여 관세를 할증 부과 할 수 있으며, 기존 관세에 추가부과하는 것이 아닌 새로운 관세를 보복관세로 부과한다.

2. 부과대상

교역상대국이 우리나라의 수출물품 등에 대하여 관세 또는 무역에 관한 국제협정이나 양자간의 협정 등에 규정된 우리나라의 권익을 부인하거나 제한하는 경우 기타 우리나라에 대하여 부당 또는 차별적인 조치를 하는 경우로써 우리나라의 무

역이익이 침해되는 때에는 그 나라로부터 수입되는 물품에 대하여 피해상당액의 범위안에서 관세를 부과할 수 있다

3. 보복관세의 부과에 관한 사전협의

기획재경부장관은 보복관세를 부과함에 있어서 필요하다고 인정되는 때에는 관련국제기구 또는 당사국과 미리 협의할 수 있다. 보복관세가 공격적인 관세이므로 사전에 협의 할 수 있도록 하여 불필요한 무역마찰을 막기 위함이다.

2.9 긴급관세

1. 의의

특정물품의 수입증가로 인하여 동종물품 또는 직접적인 경쟁관계에 있는 물품을 생산하는 국내산업이 심각한 피해를 받거나 받을 우려가 있음이 조사를 통하여 확인되고, 당해 국내산업을 보호할 필요가 있다고 인정되는 때에는 당해 물품에 대하여 심각한 피해 등을 방지하거나 치유하고 조정을 촉진하기 위하여 필요한 범위 안에서 관세를 추가하여 부과할 수 있다.

2. 긴급관세의 부과

(1) 부과여부 검토

당해 국내산업의 보호 필요성, 국제통상관계, 긴급관세 부과에 따른 보상수준 및 국민경제 전반에 미치는 영향 등을 검토하여 부과여부 및 그 내용을 결정한다.

부과여부 및 그 내용은 무역위원회의 부과건의가 접수된 날로부터 1월 이내에 결정하여야 한다. 다만, 주요 이해당사국과 긴급관세 부과에 관한 협의 등을 위하여 소요된 기간은 이에 포함되지 아니한다.

(2) 부과기간

긴급관세의 부과는 부과조치 결정 시행일 이후 수입되는 물품에 한하여 적용한다.

긴급관세의 부과기간은 4년을 초과할 수 없다. 재심사의 결과에 따라 부과기간을 연장하는 때에는 잠정긴급관세의 부과기간, 긴급관세의 부과기간과 대외무역법의 수입수량제한 등의 적용기간 및 그 연장기간을 포함한 총 적용기간은 8년을 초과할 수 없다.

(3) 이해당사국과의 협의

기획재경부장관은 긴급관세를 부과하는 때에는 이해당사국과 긴급관세부과의 부정적 효과에 대한 적절한 무역보상방법에 관한 협의를 할 수 있다.

3. 잠정긴급관세

긴급관세의 부과여부를 결정하기 위한 조사가 개시된 물품 또는 불공정무역행위 조사 및 잠정조치가 건의된 물품에 대하여 조사기간 중에 발생하는 심각한 피해 등을 방지하지 아니할 경우 회복하기 어려운 피해를 초래하거나 초래할 우려가 있다고 판단될 때에는 조사가 종결되기 전에 피해의 구제를 위하여 필요한 범위내에서 잠정긴급관세를 추가하여 부과할 수 있다

2.10 특정국물품 긴급관세

1. 의의

국제조약 또는 일반적인 국제법규에 의하여 허용되는 한도 내에서 대통령령이 정하는 국가를 원산지로 하는 물품(특정국물품)이 국내시장을 교란할 중대한 원인이 되는 등 그 사실 여부가 조사를 통하여 확인된 때에는 피해를 구제하거나 방지하기 위하여 필요한 범위안에서 특정국물품긴급관세를 추가하여 부과할 수 있다

2. 도입배경

2001년 중국의 WTO 가입시 가입조건의 하나로 중국산 물품에 대하여 한시적인 수입제한조치를 허용한 중국과 WTO 회원국 간의 합의사항을 국내법 체계에 수용

3. 부과대상 국가 및 적용시한

- 중화인민공화국(홍콩 및 마카오를 제외)
- 중화인민공화국을 원산지로 하는 물품에 부과되는 특정국물품긴급관세는 2013년 12월 10일까지 수입신고되는 물품에 한하여 적용한다.

4. 특정국물품긴급관세 부과 사유

(1) 당해 물품의 수입증가가 국내시장의 교란 또는 교란우려의 중대한 원인이 되는 경우

(2) 세계무역기구 회원국이 당해 물품의 수입증가에 대하여 자국의 피해를 구제하거나 방지하기 위하여 취한 조치로 인하여 중대한 무역전환이 발생하여 당해 물품이 우리나라로 수입되거나 수입될 우려가 있는 경우

5. 특정국물품 잠정긴급관세

(1) 특정국물품 잠정긴급관세의 부과

- 특정국물품긴급관세의 부과여부를 결정하기 위한 조사가 개시된 물품에 대하여
- 조사기간중에 발생하는 국내시장의 교란을 방지하지 아니하는 경우 회복하기 어려운 피해가 초래되거나 초래될 우려가 있다고 판단되는 때에는
- 조사가 종결되기 전에 피해를 구제하거나 방지하기 위하여 필요한 범위 안에서 특정국물품잠정긴급관세를 200일의 범위 이내에서 부과할 수 있다.

6. 부과의 중지

특정국물품긴급관세 부과의 원인이 된 세계무역기구회원국의 조치가 종료된 때에는 동 종료일부터 30일 이내에 특정국물품긴급관세 부과를 중지하여야 한다.

2.11 농림축산물에 대한 특별긴급관세

1. 의의

관세법상 국제협력관세 규정(제73조)에 의하여 국내외가격차에 상당한 율로 양허한 농림축산물의 수입물량이 급증하거나 수입가격이 하락하는 때에는 대통령령이 정하는 바에 의하여 양허한 세율을 초과하여 관세("특별긴급관세")를 부과할 수 있다.

2. 특별긴급관세의 부과방법

특별긴급관세를 부과할 수 있는 경우는 다음과 같다. 다만, 각호의 모두에 해당하는 경우에는 기획재정부령이 정하는 바에 따라 그중 하나를 선택하여 적용할 수 있다.

(1) 물량기준 부과

당해 연도 수입량이 기준발동물량을 초과하는 경우

(2) 가격기준 부과

원화로 환산한 운임 및 보험료를 포함한 당해 물품의 수입가격이 1988년부터 1990년까지의 평균수입가격("기준가격")의 100분의 10을 초과하여 하락하는 경우

3. 물량기준 부과

(1) 기준발동물량

기준발동물량은 자료입수가 가능한 최근 3년간의 평균수입량에 다음 각호의 구분에 의한 계수("기준발동계수")를 곱한 것과 자료입수가 가능한 최근 연도의 당해 품목 국내소비량의 그 전년도대비 변화량을 합한 물량("기준발동물량")으로 한다.

다만, 기준발동물량이 최근 3년간 평균수입량의 100분의 105미만인 경우에는 기준발동물량을 최근3년간 평균수입량의 100분의 105로 한다.

(2) 부과사유 및 범위

당해 연도 수입량이 기준발동물량을 초과하는 경우 국내외가격차에 상당한 율인 당해 양허세율에 그 양허세율의 3분의 1까지를 추가한 세율로 부과할 수 있으며 당해 연도 말까지 수입되는 분에 대하여서만 이를 적용한다.

4. 가격기준 부과

원화로 환산한 운임 및 보험료를 포함한 당해 물품의 수입가격이 기준가격의 100분의 10을 초과하여 하락하는 경우국내외가격차에 상당한 율인 당해 양허세율에 의한 관세에 다음에 의한 금액을 추가하여 부과할 수 있다.

다만, 수입량이 감소하는 때에는 기획재정부령이 정하는 바에 따라 가격기준 특별긴급관세는 이를 부과하지 아니할 수 있다.

5. 특별긴급관세 부과의 제한

(1) 계절성 물품

부패하기 쉽거나 계절성이 있는 물품에 대하여는 기준발동물량을 산정함에 있어서는 3년보다 짧은 기간을 적용하거나 기준가격을 산정시 다른 기간동안의 가격을 적용하는 등 당해 물품의 특성을 고려할 수 있다.

(2) 시장접근물량으로 수입되는 물품

국제기구와 관세에 관한 협상에서 양허된 시장접근물량으로 수입되는 물품은 특별긴급관세 부과대상에서 제외한다. 다만, 그 물품은 특별긴급관세의 부과를 위하여 수입량을 산정하는 때에는 이를 산입한다.

(3) 특별긴급관세 부과 전 계약체결되어 운송중인 물품

특별긴급관세가 부과되기 전에 계약이 체결되어 운송중에 있는 물품은 물량기준 특별긴급관세 부과대상에서 제외다만, 당해 물품은 다음 해에 물량기준 특별긴급관세를 부과하기 위하여 필요한 수입량에는 산입할 수 있다.

(4) 가격기준 특별긴급관세 부과시 수입량 감소

수입량이 감소하는 때에는 기획재정부령이 정하는 바에 따라 가격기준 특별긴급관세는 이를 부과하지 아니할 수 있다.

2.12 조정관세

1. 의의

정부의 수입자유화 정책이 시행되면서 나타날 수 있는 부작용을 관세정책면에서 시정 · 보완하기 위해 1984년 마련한 제도이다.

2. 부과대상

① 산업구조의 변동 등으로 물품간의 세율이 현저히 불균형하여 이를 시정할 필요가 있는 경우
② 국민보건 · 환경보전 · 소비자보호 등을 위하여 필요한 경우
③ 국내에서 개발된 물품에 대하여 일정기간 보호가 필요한 경우
④ 농림축수산물 등 국제경쟁력이 취약한 물품의 수입증가로 인하여 국내시장이 교란되거나 산업기반을 붕괴시킬 우려가 있어 이를 시정 또는 방지할 필

요가 있는 경우

3. 조정관세의 부과

① 100분의 100에서 당해 물품의 기본세율을 뺀 율을 기본세율에 가산한 율의 범위 안에서 관세를 부과할 수 있다.

② 농림축수산물 또는 이를 원재료로 하여 제조된 물품의 국내외 가격차가 당해 물품의 과세가격을 초과하는 때에는 국내외 가격차에 상당하는 율의 범위 안에서 관세를 부과할 수 있다.

③ 조정관세는 당해 국내산업의 보호 필요성, 국제통상관계, 국민경제 전반에 미치는 영향 등을 검토하여 부과여부 및 그 내용을 정한다.

4. 조정관세의 특징

① 모든 국가에 차별없이 적용되므로 국제법규에 반하지 않는다.

② 양허세율 비적용 품목에 대해 적용하므로 정부에서 관세율 변경이 용이하다.

③ 임의적·편의적 운영으로 국제기구 및 적용국가로부터 이의제기를 받고 있다.

2.13 할당관세

1. 의의

관세율 조작에 의하여 수입수량을 규제하는 제도로서, 특정물품의 수입에 대하여 일정한 수량의 쿼터를 설정하여 놓고, 그 수량 또는 금액만큼 수입되는 분에 대하여는 무세 내지 저세율을 적용하고 그 이상 수입되는 분에 대하여는 고세율을 적용하는 이중관세제도이다.

2. 할당관세의 부과

(1) 관세율의 인하

다음에 해당하는 때에는 100분의 40의 범위 안의 율을 기본세율에서 감하여 관세를 부과할 수 있다. 이 경우 필요하다고 인정되는 때에는 그 수량을 제한 할 수 있다.

① 원활한 물자수급 또는 산업의 경쟁력 강화를 위하여 특정물품의 수입을 촉진시킬 필요가 있는 경우

② 수입가격이 급등한 물품 또는 이를 원재료로 한 제품의 국내가격의 안정을 위하여 필요한 경우

③ 유사물품간의 세율이 현저히 불균형하여 이를 시정할 필요가 있는 경우

(2) 관세율의 인상

특정물품의 수입을 억제할 필요가 있는 때에는 일정한 수량을 초과하여 수입되는 분에 대하여 100분의 40의 범위 안의 율을 기본세율에 가산하여 관세를 부과할 수 있다.

다만, 농림축수산물의 경우에는 기본세율에 동종물품·유사물품 또는 대체물품의 국내외 가격차에 상당하는 율을 가산한 율의 범위 안에서 관세를 부과할 수 있다.

3. 수량의 할당

할당관세 규정에 의한 일정수량의 할당은 당해 수량의 범위 안에서 주무부장관 또는 그 위임을 받은 자의 추천으로 행한다.

다만, 기획재정부장관이 정하는 물품에 있어서는 수입신고 순위에 따르되, 일정수량에 달하는 날의 할당은 그날에 수입신고되는 분을 당해 수량에 비례하여 할당한다.

이규정에 의하여 주무부장관 또는 그 위임을 받은 자의 추천을 받은 자는 당해 추천서를 수입신고수리 전까지 세관장에게 제출하여야 한다.

2.14 계절관세

1. 의의

계절관세란 가격이 계절에 따라 현저하게 차이가 있는 물품으로서, 동종물품·유사물품 또는 대체물품의 수입으로 국내시장이 교란되거나 생산기반이 붕괴될 우려가 있는 경우 계절구분에 따라 관세율을 인상 또는 인하하여 부과하는 관세를 말한다.

2. 관세율의 인상 및 인하

(1) 인상 : 계절구분에 따라 당해 물품의 국내외 가격차에 상당하는 율의 범위안에서 기본세율보다 높게 관세를 부과하거나

(2) 인하 : 100분의 40의 범위 안의 율을 기본세율에서 감하여 관세를 부과할 수 있다.

2.15 편익관세

1. 의의

관세에 관한 조약에 의한 편익을 받지 아니하는 나라의 생산물로서 우리나라에 수입되는 물품에 대하여 이미 체결된 외국과의 조약에 의한 편익의 한도 안에서 관세에 관한 편익을 부여할 수 있다.

2. 적용대상

(1) 적용국가 : 이란, 베트남, 모타코 등 관세법 시행령 별표1에 규정된 국가

(2) 적용물품 : 편익관세 적용국가의 생산물 중 양허표에 규정되어 있다.

3. 적용순위

다음의 경우에는 당해 양허표에 규정된 세율보다 다음에 규정된 세율을 우선하여 적용한다.

① 법에 의한 세율이 당해 양허표에 규정된 세율보다 낮은 경우에는 법에 의한 세율. 다만, 농림축산물의 경우에는 당해 양허표에 규정된 세율을 기본세율 및 잠정세율에 우선하여 적용한다.

② 덤핑방지관세 · 상계관세 · 보복관세 · 긴급관세 · 농림축산물에대한 특별긴급관세 규정에 의하여 세율을 정하는 경우에는 그 세율

4. 적용정지

기획재정부장관은 다음에 해당하는 사유가 있는 때에는 국가 · 물품 및 기간을 지정하여 편익관세의 적용을 정지시킬 수 있다.

① 편익관세의 적용으로 국민경제에 중대한 영향이 초래되거나 초래될 우려가 있는 경우

② 기타 편익관세의 적용을 정지시켜야 할 긴급한 사태가 있는 경우

2.16 협정관세

1. 국제협력관세

(1) 의의

정부는 우리나라의 대외무역의 증진을 위하여 필요하다고 인정되는 때에는 특정국가 또는 국제기구와 관세에 관한 협상을 할 수 있다.

(2) 양허의 범위

협상을 수행함에 있어서 필요하다고 인정되는 때에는 관세를 양허할 수 있다.

다만, 특정국가와의 협상을 수행함에 있어서는 기본관세율의 100분의 50의 범위를 초과하여 관세를 양허할 수 없다.

(3) 양허의 철회 및 수정

정부는 외국에 있어서의 가격의 하락 기타 예상하지 못하였던 사정의 변화 또는 조약상 의무의 이행으로 인하여 특정물품의 수입이 증가됨으로써 이와 동종의 물품 또는 경쟁관계에 있는 물품을 생산하는 국내생산자에게 중대한 피해를 가져오거나 가져올 우려가 있다고 인정되는 때에는 다음의 조치를 할 수 있다.

① 양허의 철회 또는 수정

조약에 의하여 관세의 양허를 하고 있는 때에는 그 조약에 의하여 특정물품에 대한 양허를 철회 또는 수정하여 관세법에 의한 세율 또는 수정후의 세율에 의하여 관세를 부과하는 조치

② 보상조치

특정물품에 대하여 양허의 철회 또는 수정조치를 하고자 하거나 그 조치를 한 때에는 당해 조약에 의한 협의에 따라 그 물품외에 이미 양허한 물품의 관세율을 수정하거나 양허품목을 추가하여 새로 관세의 양허를 하고 수정 또는 양허한 후의 세율을 적용하는 조치.

이러한 보상조치는 필요한 범위에 한한다.

(3) 대항조치

정부는 외국에서 특정물품에 관한 양허의 철회·수정 기타의 조치를 하고자 하거나 그 조치를 한 경우 당해 조약에 의하여 대항조치를 할 수 있다고 인정되는 때에는 다음의 조치를 할 수 있다. 이 또한 필요한 범위에 한한다.

① 특정물품에 대하여 관세법에 의한 관세외에 그 물품의 과세가격상당액의 범위안에서 관세를 부과하는 조치
② 특정물품에 대하여 관세의 양허를 하고 있는 때에는 그 양허의 적용을 정지하고 관세법에 의한 세율의 범위안에서 관세를 부과하는 조치

(4) 양허 및 철회의 효력

① 조약에 의하여 우리나라가 양허한 품목에 대하여 그 양허를 철회한 때에는

당해 조약에 의하여 철회의 효력이 발생한 날부터 관세법에 의한 세율을 적용한다.

② 양허의 철회에 대한 보상으로 우리나라가 새로 양허한 품목에 관하여는 그 양허의 효력이 발생한 날부터 관세법에 의한 세율을 적용하지 아니한다.

2. 일반특혜관세(GSP)

(1) 의의

대통령령이 정하는 개발도상국가(특혜대상국)를 원산지로 하는 물품 중 대통령령이 정하는 물품(특혜대상물품)에 대하여는 기본세율보다 낮은 세율의 관세(일반특혜관세)를 부과할 수 있다.

(2) 특징

UNCTAD에서 남북문제 해결의 일환으로 실시되고 있으며, 범세계적이고 무차별적이며 수혜국에게 상호주의를 요구하지 않는다.

(3) 차등 부과

일반특혜관세를 부과함에 있어서 당해 특혜대상물품의 수입이 국내산업에 미치는 영향 등을 감안하여 그 물품에 적용되는 세율에 차등을 두거나 특혜대상물품의 수입수량 등을 한정할 수 있다.

(4) 최빈국 특혜우대

국제연합총회의 결의에 의한 최빈개발도상국 중 대통령령이 정하는 국가를 원산지로 하는 물품에 대하여는 다른 특혜대상국보다 우대하여 일반특혜관세를 부과할 수 있다.

(5) 적용정지

기획재정부장관은 특정한 특혜대상물품의 수입이 증가하여 이와 동종의 물품 또는 직접적인 경쟁관계에 있는 물품을 생산하는 국내산업에 중대한 피해를 주거나 줄 우려가 있는 등 일반특혜관세를 부과하는 것이 적당하지 아니하다고 판단되는 때에는 대통령령이 정하는 바에 의하여 당해 물품과 그 물품의 원산지인 국가를 지정하여 일반특혜관세의 적용을 정지할 수 있다.

(6) 적용배제

기획재정부장관은 다음의 사정을 감안하여 일반특혜관세를 부과하는 것이 적당하지 아니하다고 판단되는 때에는 대통령령이 정하는 바에 의하여 당해 국가를 지정하거나 당해 국가 및 물품을 지정하여 일반특혜관세의 적용을 배제할 수 있다.

① 특정한특혜대상국의 소득수준
② 우리나라의 총수입액중 특정한 특혜대상국으로부터의 수입액이 차지하는 비중
③ 특정한 특혜대상국의 특정한 특혜대상물품이 지니는 국제경쟁력의 정도
④ 기타의 사정

2.17 간이세율

1. 의의

여행자 휴대품 또는 우편물 등에 대해 관세, 임시수입부가세 및 내국세의 세율을 기초로 하여 정한 단일세율을 적용하여 과세의 간소화를 통한 국민의 편의를 도모하고 있는바 이때 적용되는 세율이 간이세율이다.

2. 적용대상

다음 각 호의 어느 하나에 해당하는 물품 중 대통령령으로 정하는 물품에 대하여는 다른 법령에도 불구하고 간이세율을 적용할 수 있다.

① 여행자 또는 외국을 오가는 운송수단의 승무원이 휴대하여 수입하는 물품
② 우편물. 다만, 수입신고를 하여야 하는 것은 제외한다.
③ 외국에서 선박 또는 항공기의 일부를 수리하거나 개체(改替)하기 위하여 사용된 물품
④ 탁송품 또는 별송품

3. 적용 제외대상

다음 각호의 물품에 대하여는 간이세율을 적용하지 아니한다.

① 관세율이 무세인 물품과 관세가 감면되는 물품

② 수출용원재료

③ 법 제11장의 범칙행위에 관련된 물품

④ 종량세가 적용되는 물품

⑤ 다음 각목의 1에 해당하는 물품으로서 관세청장이 정하는 물품

가. 상업용으로 인정되는 수량의 물품

나. 고가품

다. 당해 물품의 수입이 국내산업을 저해할 우려가 있는 물품

라. 법 제81조제4항의 규정에 의한 단일한 간이세율의 적용이 과세형평을 현저히 저해할 우려가 있는 물품

⑥ 화주가 수입신고를 할 때에 과세대상물품의 전부에 대하여 간이세율의 적용을 받지 아니할 것을 요청한 경우의 당해 물품

4. 적용대상물품의 과세가격 등

① 외국에서 선박, 항공기의 일부를 수리 또는 개체하기 위해 사용된 물품의 과세가격은 수리 또는 개체를 위하여 지급하는 외화가격으로 한다. 간이세율은 수입물품(제1항제3호의 경우에는 해당 선박 또는 해당 항공기를 말한다)에 대한 관세, 임시수입부가세 및 내국세의 세율을 기초로 하여 대통령령으로 정한다.

② 여행자 또는 외국에 왕래하는 운송수단의 승무원이 휴대하여 수입하는 물품으로서 그 총액이 대통령령으로 정하는 금액 이하인 물품에 대하여는 일반적으로 휴대하여 수입하는 물품의 관세, 임시수입부가세 및 내국세의 세율을 고려하여 제3항에 따른 세율을 단일한 세율로 할 수 있다.

2.18 합의에 의한 세율과 용도세율의 적용

1. 합의에 의한 세율

일괄하여 수입신고가 된 물품으로서 물품별 세율이 다른 물품에 대하여는 신고인의 신청에 따라 그 세율 중 가장 높은 세율을 적용할 수 있다.

합의에 의한 세율적용은 신고인의 신청에 의거하여 사전에 납세자와 합의한 것으로 심사청구와 심판청구 같은 행정상 쟁송을 할 수 없다.

2. 용도세율

1) 의의

하나의 물품이라도 그 물품의 용도에 따라 세율이 다른 경우가 있는 바, 용도에 따라 달리하는 세율 중 낮은 세율을 용도세율이라 한다.

2) 적용대상 및 절차

별표 관세율표나 제50조제4항, 제65조, 제67조의2, 제68조, 제70조부터 제73조까지 및 제76조에 따른 대통령령 또는 기획재정부령으로 용도에 따라 세율을 다르게 정하는 물품을 세율이 낮은 용도에 사용하려는 자는 대통령령으로 정하는 바에 따라 세관장의 승인을 받아야 한다. 다만, 물품의 성질과 형태가 그 용도 외의 다른 용도에 사용할 수 없는 경우에는 그러하지 아니하다.

3) 사후관리

⑴ 사후관리기간

낮은 세율(이하 "용도세율"이라 한다)이 적용된 물품은 그 수입신고의 수리일부터 3년의 범위에서 대통령령으로 정하는 기준에 따라 관세청장이 정하는 기간에는 해당 용도 외의 다른 용도에 사용하거나 양도할 수 없다. 다만, 다음 각 호의 어느 하나에 해당하는 경우에는 그러하지 아니하다.

① 대통령령으로 정하는 바에 따라 미리 세관장의 승인을 받은 경우

② 제1항 단서에 해당하는 경우

(2) 관세의 징수

사후관리기간에 해당 용도 외의 다른 용도에 사용하거나 그 용도 외의 다른 용도에 사용하려는 자에게 양도한 경우에는 해당 물품을 특정용도 외에 사용한 자 또는 그 양도인으로부터 해당 물품을 특정용도에 사용할 것을 요건으로 하지 아니하는 세율에 따라 계산한 관세액과 해당 용도세율에 따라 계산한 관세액의 차액에 상당하는 관세를 즉시 징수하며, 양도인으로부터 해당 관세를 징수할 수 없을 때에는 그 양수인으로부터 즉시 징수한다. 다만, 재해나 그 밖의 부득이한 사유로 멸실되었거나 미리 세관장의 승인을 받아 폐기한 경우에는 그러하지 아니하다.

2.19 품목분류

1. 품목분류표 등

1) 품목분류표의 고시

기획재정부장관은 「통일상품명 및 부호체계에 관한 국제협약」에 의하여 수출입물품의 신속한 통관, 통계파악 등을 위하여 협약 및 관세법 별표 관세율표를 기초로 하여 품목을 세분한 관세·통계통합품목분류표(“품목분류표”)를 고시할 수 있다.

2) 품목분류 변경고시(품목분류체계의 수정)

기획재정부장관은 관세협력이사회로부터 협약의 품목분류에 관한 권고 또는 결정이 있거나 새로운 상품이 개발되는 등 관세법 별표 관세율표와 “양허관세규정등”에 의한 품목분류 및 품목분류표를 변경할 필요가 있는 때에는 그 세율을 변경함이 없이 관세법 별표 관세율표와 양허관세규정등에 의한 품목분류 및 품목분류표를 변경고시할 수 있다.

3) 품목분류 변경사항의 수용

기획재정부장관은 관세협력이사회로부터 협약의 품목분류에 관한권고 또는 결정이 있어서 품목분류를 변경하는 때에는 협약에서 규정한 기한내에 관세법 별표 관세율표상의 품목분류 및 품목분류표에 이를 반영하여야 한다

2. 특정물품에 적용될 품목분류의 사전심사(법 제86조)

1) 의의

수출입물품의 품목분류에 의문이 있는 자는 수출입신고를 하기 전에 관세청장에게 당해 물품에 적용될 별표 관세율표상의 품목분류를 미리 심사하여 줄 것을 신청하고, 심사결과에 다라 수출입신고를 할 수 있다

2) 절차

⑴ 심사의 신청

물품을 수출입하고자 하는 자와 관세사·관세사법인 또는 통관취급법인(이하 "관세사등")은 수출입신고를 하기 전에 대통령령이 정하는 서류를 갖추어 관세청장에게 당해 물품에 적용될 별표관세율표상의 품목분류를 미리 심사하여 줄 것을 신청할 수 있다.

⑵ 결정 및 통지

사전신청을 받은 관세청장은 당해 물품에 적용될 품목분류를 심사하여 이를 신청인에게 통지하여야 한다. 다만, 제출자료의 미비 등으로 품목분류를 심사하기 곤란한 때에는 그 뜻을 통지하여야 한다.

관세청장은 품목분류를 심사하여 신청인에게 통지를 하는 때에는 그 내용을 통관예정세관장에게 통지하여야 한다. 이 경우 설명자료를 함께 송부하여야 한다

⑶ 품목분류의 고시

관세청장은 품목분류를 심사한 물품에 대하여는당해 물품에 적용될 품목분류와 품명·용도·규격 기타 필요한 사항을 고시 또는 공표하여야 한다.

당해 물품에 적용될 품목분류를 고시 또는 공표함이 부적당하다고 인정되는 물

품은 이를 고시 또는 공표하지 아니할 수 있다. 품목분류를 고시하지 아니한 물품에 대한 품목분류의 유효기간은 1년으로 한다.

3) 품목분류 사전심사의 효력

세관장은 수출입신고가 된 물품이 품목분류사전심사 결과 관세청장이 통지한 물품과 동일한 때에는 그 통지내용에 따라 품목분류를 적용하여야 한다.

4) 특정물품에 적용되는 품목분류의 변경 및 적용 (법87조)

(1) 의의

관세청장은 사전심사한 품목분류를 변경하여야 할 필요가 있거나 기타 관세청장이 직권으로 한 품목분류를 변경하여야 할 부득이한 사유가 생긴 때에는 당해 물품에 적용할 품목분류를 변경할 수 있다.

(2) 품목분류 변경 사유

- 관계법령의 개정에 따라 당해 물품의 품목분류가 변경된 경우
- 품목분류체계의 수정(법84조) 규정에 의하여 품목분류를 변경한 경우
- 신청인의 허위자료제출 등으로 품목분류에 중대한 착오가 생긴 경우
- 과학기술 또는 생산방법의 발달 등으로 인하여 상품의 주기능이 변하여 품목분류를 변경할 필요가 생긴 경우

(3) 변경사항의 고시 및 통지

관세청장은 품목분류를 변경한 때에는 그 내용을 고시하고, 변경 전에 품목분류 결과를 통지한 신청인에게는 그 내용을 통지하여야 한다.

(4) 변경고시의 적용

관세청장은 품목분류를 변경한 때에는 변경고시일부터 변경된 품목분류를 적용하여야 한다.

다만, 변경고시일부터 30일이 경과하기 전에 우리나라에 수출하기 위하여 선적된 물품에 대하여 변경 전의품목분류를 적용하는 것이 수입신고인에게 유리한 때에는 변경 전의 품목분류를 적용할 수 있다.

제3장 부과와 징수

관세는 과세채권이 확정되어야 납부 또는 징수할 수 있다. 관세채무의 확정은 관세채무관계의 일방당사자가 관세채무의 금액을 확인하는 것과 확인된 금액을 상대방 당사자에게 통지하는 2개의 방법으로 나누어진다. 확인 및 통지를 납세의무자가 하도록 하는 제도가 신고납부제도이고, 과세관청인 세관이 하도록 하는 제도가 부과과세제도이다.

신고납부제도는 원칙적인 방법으로서 납부하여야 할 세액을 납세의무자가 세관장에게 신고함으로써 관세채권 채무가 확정되는 것을 말하며, 신고한 세액에 잘못이 있을 때에 한하여 세관장의 행정처분에 의해 확정되는 방법을 말한다.

부과고지방법은 납부하여야 할 세액을 세관장의 행정처분에 의하여 확정되는 방법을 말한다.

3.1 신고납부방식

1. 신고납부

1) 의의

관세의 납세의무자가 수입신고를 할 때에 스스로 과세표준, 납부세액 등을 결정하여 납세신고하고 납부하는 방식, 신고납부에 대한 과세관청의 수령은 사실행위로서 불복대상이 되는 처분이 아니다.

2) 신고납부 대상

부과고지 대상물품을 제외한 "모든 수입물품"이다.

3) 납세신고

물품(부과고지 대상 제외)을 수입하고자 하는 자는 수입신고를 하는 때에 세관장에게 관세의 납부에 관한 신고(납세신고)를 하여야 한다.

4) 세액심사

(1) 원칙 : 수입신고 수리 후 세액심사(사후 세액심사)

세관장은 납세신고를 받은 때에는 수입신고서상의 기재사항과 관세법의 규정에 의한 확인사항 등을 심사하되, 신고한 세액에 대하여는 수입신고를 수리한 후에 이를 심사한다.

(2) 예외 : 수입신고 수리 전 세액심사(사전 세액심사)

신고한 세액에 대하여 관세채권의 확보가 곤란하거나, 수입신고를 수리한 후 세액심사를 하는 것이 부적당하다고 인정하는 다음의 경우에는 수입신고를 수리하기 전에 이를 심사한다. [감, 분, 체, 불, 가관]

① 법률 또는 조약에 의하여 관세 또는 내국세를 감면받고자 하는 물품
② 관세를 분할납부하고자 하는 물품
③ 관세를 체납하고 있는 자가 신고하는 물품 (체납액이 10만원 미만이거나 체납기간 7일 이내에 수입신고하는 경우를 제외)
④ 납세자의 성실성 등을 참작하여 관세청장이 정하는 기준에 해당하는 불성실 신고인이 신고하는 물품
⑤ 물품의 가격변동이 큰 물품 기타 수입신고수리후에 세액을 심사하는 것이 적합하지 아니하다고 인정하여 관세청장이 정하는 물품
※ 이 경우 감면 또는 분할납부의 적정 여부에 대한 심사는 수입신고 수리 전에 하고, 과세가격 및 세율 등에 대한 심사는 수입신고 수리 후에 한다.

(3) 기업자율심사

세관장은 납세실적 및 수입규모 등을 고려하여 관세청장이 정하는 요건을 갖춘 자가 신청하는 때에는 납세신고한 세액을 자체적으로 심사(자율심사)하게 할

수 있다. 이 경우 당해 납세의무자는 자율심사한 결과를 세관장에게 제출하여야 한다.

2. 세액의 변경

1) 세액의 정정

(1) 의의

납세의무자는 납세신고한 세액을 납부하기 전에 당해 세액에 과부족이 있는것을 안 때에는 납세신고한 세액을 정정할 수 있다.

(2) 납부기한

이 경우 납부기한은 당초의 납부기한(제9조의 규정에 의한 납부기한을 말한다)으로 한다.

(3) 자료제출

세액을 정정하고자 하는 자는 당해 납세신고와 관련된 서류를 세관장으로부터 교부받아 과세표준 및 세액등을 정정하고, 그 정정한 부분에 서명 또는 날인하여 세관장에게 제출하여야 한다.

2) 보정

(1) 의의

납세의무자는 신고납부한 세액이 부족하다는 것을 알게 되거나 세액산출의 기초가 되는 과세가격 또는 품목분류 등에 오류가 있는 것을 안 때에는 신고납부한 날부터 6개월 이내(보정기간)에 대통령령이 정하는 바에 따라 당해 세액의 보정을 세관장에게 신청할 수 있다.

(2) 보정통지 (통지에 의한 보정)

① 의의

세관장은 신고납부한 세액에 과부족이 있거나 세액산출의 기초가 되는 과세가격 또는 품목분류 등에 오류가 있는 것을 안 때에는 납세의무자에게 당해 보정기간에 보정을 신청하도록 통지할 수 있다.

이 경우 세액보정을 신청하고자 하는 납세의무자는 세관장에게 신청하여야 한다.

② 보정통지서 교부

세관장은 세액의 보정을 통지하는 경우에는 다음 각호의 사항을 기재한 보정통지서를 교부하여야 한다.

- 당해 물품의 수입신고번호와 품명 · 규격 및 수량
- 보정전 당해 물품의 품목분류 · 과세표준 · 세율 및 세액
- 보정후 당해 물품의 품목분류 · 과세표준 · 세율 및 세액
- 보정사유 및 보정기한
- 그 밖의 참고사항

(3) 납부기한

납세의무자가 세액의 보정을 신청한 경우에는 당해 보정신청을 한 날의 다음날까지 당해 관세를 납부하여야 한다.

(4) 이자의 가산

세관장은 세액을 보정한 결과 부족한 세액이 있는 때에는 납부기한 다음날부터 부족한 세액을 납부한 날까지의 기간과 금융기관의 정기예금에 대하여 적용하는 이자율을 감안하여 대통령령이 정하는 이율에 따라 계산한 금액을 가산하여 당해 부족세액을 징수하여야 한다.

다만, 다음 각 호의 어느 하나에 해당하는 경우에는 그러하지 아니하다.

① 제41조제4항에 따라 가산금 및 중가산금을 징수하지 아니하는 경우

- 국가 · 지방자치단체 · 지방자치단체조합이 직접 수입하는 물품
- 국가 · 지방자치단체 · 지방자치단체조합에 기증되는 물품
- 우편물(수입신고를 하여야 하는 것은 제외)

② 신고납부한 세액의 부족 등에 대하여 납세의무자에게 정당한 사유가 있는 경우

(5) 가산세 배제

세액을 보정한 결과 부족한 세액이 있는 경우 이에 대하여 가산세를 징수하지 아니한다.

3) 수정신고 및 경정

(1) 수정신고

납세의무자는 신고납부한 세액에 부족이 있는 때에는 대통령령이 정하는 바에 따라 수정신고(보정기간이 지난날부터 관세부과 제척기간이 끝나기 전까지로 한정한다.)를 할 수 있다.

이 경우 납세의무자는 수정신고한 날의 다음날까지 당해 관세를 납부하여야 한다.

(2) 경정청구

① **의의**

납세의무자는 신고납부한 세액이 과다한 것을 안 때에는 최초로 납세신고를 한 날부터 2년 이내에 신고한 세액의 경정을 세관장에게 청구할 수 있다.

이 경우 경정의 청구를 받은 세관장은 그 청구를 받은 날부터 2월 이내에 세액을 경정하거나 경정하여야 할 이유가 없다는 뜻을 청구한 자에게 통지하여야 한다.

② **후발적 경정청구**

납세의무자는 최초의 신고 또는 경정에서 과세표준 및 세액의 계산근거가 된 거래 또는 행위 등이 그에 관한 소송에 대한 판결(판결과 같은 효력을 가지는 화해나 그 밖의 행위를 포함한다)에 의하여 다른 것으로 확정되는 등 대통령령으로 정하는 사유가 발생하여 납부한 세액이 과다한 것을 알게 되었을 때에는 제2항 전단에 따른 기간에도 불구하고 그 사유가 발생한 것을 안 날부터 2개월 이내에 대통령령으로 정하는 바에 따라 납부한 세액의 경정을 세관장에게 청구할 수 있다.

③ **경정청구시 제출 서류**

경정의 청구를 하고자 하는 자는 다음 각호의 사항을 기재한 경정청구서를 세관장에게 제출하여야 한다.

- 당해 물품의 수입신고번호와 품명 · 규격 및 수량
- 경정전의 당해 물품의 품목분류 · 과세표준 · 세율 및 세액
- 경정후의 당해 물품의 품목분류 · 과세표준 · 세율 및 세액
- 경정사유 -기타 참고사항

④ **경정청구의 효과**

경정청구는 그 자체만으로 납세의무를 감액변동시키는 확정력을 가지는 것은 아니며, 일정기간 내에 과세관청이 경정 또는 결정을 하도록 하는 의무만을 지울 뿐이다. 과세관청의 거부 또는 부작위에 대해서는 처분성이 인정되어 행정쟁송이 가능하다.

(3) 수입물품의 과세가격 조정에 따른 경정

납세의무자는 「국제조세조정에 관한 법률」 제4조제1항에 따라 관할 지방국세청장 또는 세무서장이 해당 수입물품의 거래가격을 조정하여 과세표준 및 세액을 결정·경정 처분함에 따라 그 거래가격과 이 법에 따라 신고납부·경정한 세액의 산정기준이 된 과세가격 간 차이가 발생한 경우에는 그 결정·경정 처분이 있음을 안 날(처분의 통지를 받은 경우에는 그 받은 날)부터 2개월 또는 최초로 납세신고를 한 날부터 2년 내에 대통령령으로 정하는 바에 따라 세관장에게 세액의 경정을 청구할 수 있다.

경정청구를 받은 세관장은 대통령령으로 정하는 바에 따라 해당 수입물품의 거래가격 조정방법과 계산근거 등이 제30조부터 제35조까지의 규정에 적합하다고 인정하는 경우에는 세액을 경정할 수 있다.

세관장은 경정청구를 받은 날부터 2개월 내에 세액을 경정하거나 경정하여야 할 이유가 없다는 뜻을 청구인에게 통지하여야 하며, 세관장의 통지에 이의가 있는 청구인은 그 통지를 받은 날(2개월 내에 통지를 받지 못한 경우에는 2개월이 경과한 날)부터 30일 내에 기획재정부장관에게 국세의 정상가격과 관세의 과세가격 간의 조정을 신청할 수 있다. 이 경우 「국제조세조정에 관한 법률」 제10조의3을 준용한다.

세관장은 제2항에 따라 세액을 경정하기 위하여 필요한 경우에는 관할 지방국세청장 또는 세무서장과 협의할 수 있다.

(4) 세관장의 경정

① **의의**

세관장은 납세의무자가 신고납부한 세액, 납세신고한 세액 또는 경정청구한 세액을 심사한 결과 과부족이 있는 것을 안 때에는 그 세액을 경정하여야 한다.

② **경정통지서의 교부**

세관장은 세액을 경정하고자 하는 때에는 다음 각호의 사항을 기재한 경정통지서를 납세의무자에게 교부하여야 한다.

- 당해 물품의 수입신고번호와 품명 · 규격 및 수량
- 경정전의 당해 물품의 품목분류 · 과세표준 · 세율 및 세액
- 경정후의 당해 물품의 품목분류 · 과세표준 · 세율 및 세액
- 가산세액 -경정사유 -기타 참고사항

③ **납세고지**

경정을 하는 경우 이미 납부한 세액에 부족이 있거나 납부할 세액에 부족이 있는 경우에는 그 부족세액에 대하여 납세고지를 하여야 한다.

④ **재경정**

세관장은 경정을 한 후 그 세액에 과부족이 있는 것을 발견한 때에는 그 경정한 세액을 다시 경정한다.

4) 관세의 납부

(1) 납부기한

납세의무자는 납세신고가 수리된 날로부터 15일 이내에 당해 세액을 납부하여야 한다.

이 경우 납세의무자는 수입신고수리 전에도 당해 세액을 납부할 수 있다.

(2) 납부방법

관세의 납부는 세관으로부터 발행된 납세고지서에 의하여 은행을 방문하여 납부할 수 있으나, 관세계좌이체납부 및 신용카드에 의한 납부도 가능하다.

3.2 부과고지방식

세액을 처음부터 세관장이 결정하여 이를 고지하면, 납세의무자가 고지된 세액을 납기 내에 납부하는 방식을 말한다. 따라서 세관장은 납세의무자가 납부하여야

할 관세액을 조사 심사 등의 과정을 거쳐 결정한후 이를 납부할 것을 납세의무자에게 고지함으로써 관세액이 확정된다.

1. 부과고지 대상

다음에 해당하는 경우에는 신고납부규정에도 불구하고 세관장이 관세를 부과·징수한다

(1) 관세법 제16조 제1호 내지제6호 및 제8호 내지 제11호에 해당되어 관세를 징수하는 경우

(2) 보세건설장에서 건설된 시설로서 수입신고가 수리되기 전에 가동된 경우

(3) 보세구역(보세구역외 장치허가를 받은 장소를 포함한다)에 반입된 물품이 수입신고가 수리되기 전에 반출된 경우

(4) 납세의무자가 관세청장이 정하는 사유로 과세가격·관세율 등을 결정하기 곤란하여 부과고지를 요청하는 경우

(5) 수입신고 전 즉시 반출한 물품을 반출신고 후 10일내에 수입신고를 하지 아니하여 관세를 징수하는 경우

(6) 기타 납세신고가 부적당한 것으로서 기획재정부령이 정하는 경우

① 여행자 또는 승무원의 휴대품 및 별송품

② 우편물(법 제258조제2항에 해당하는 것을 제외한다)

③ 징수세액의 부족을 추징하는 경우

④ 조건부 감면세 물품의 용도 외 사용에 따른 추징

⑤ 세관장이 경정하고자 하는 물품

⑥ 분할납부고지 대상물품

2. 납세고지

1) 의의

납세고지란 확정된 관세채권에 대하여 과세관청이 납부기한을 정하여 그 이행을 청구하는 행위를 말한다. 세관장이 관세를 징수하고자 하는 때에는 납세의무자에게 납세고지를 하여야 한다.

2) 납세고지서의 교부 사유

세관장은 부과고지(법 제39조 제3항), 과다환급관세징수(법 제47조 제1항), 부정환급액징수(법 제270조 제5항 후단) 의 규정에 의하여 관세를 징수하고자 하는 때에는 세목·세액·납부장소 등을 기재한 납세고지서를 납세의무자에게 교부하여야 한다.

3) 관세의 현장수납

⑴ 다음 각호의 1에 해당하는 물품에 대한 관세는 그 물품을 검사한 공무원이 검사장소에서 수납할 수 있다.

① 여행자의 휴대품

②조난선박에 적재된 물품으로서 보세구역이 아닌 장소에 장치한 물품

⑵ 물품을 검사한 공무원이 관세를 수납하는 때에는 부득이한 사유가 있는 경우를 제외하고는 다른 공무원을 입회시켜야 하며, 출납공무원 아닌 공무원이 관세를 수납한 때에는 지체없이 출납공무원에게 인계하여야 한다. 출납공무원이 아닌 공무원이 선량한 관리자로서의 주의를 게을리하여 수납한 현금을 망실한 때에는 변상하여야 한다.

물품을 검사한 공무원이 관세를 수납하는 경우에는 그 공무원으로 하여금 말로써 고지하게 할 수 있다.

4) 납부기한

납세고지를 받은 자는 그 고지를 받은 날로부터 15일 이내에 당해 세액을 세관장에게 납부하여야 한다.

5) 징수금액의 최저한

세관장은 납세의무자가 납부하여야 하는 세액이 1만원 미만인 때에는 이를 징수하지 아니한다.

이 경우 당해 물품의 수입신고수리일을 그 납부일로 본다.

3.3 가산금

1. 의의

- 관세의 납부기한을 경과한 때에는 가산금을 징수
- 납부기한 내에 세액을 납부한 자와 납부를 지연한 자의 형평을 유지하기 위해 납부지연자로부터 징수하는 일종의 연체세이다.
- 납부기일 내에 납부하도록 하여 체납방지를 목적

2. 가산금의 부과

① 1차 가산금

관세를 납부기한까지 완납하지 아니하는 때에는 그 납부기한이 경과한 날부터 체납된 관세에 대하여 100분의 3에 상당하는 가산금을 징수한다.

② 중가산금

- 체납된 관세를 납부하지 아니하는 때에는
- 그 납부기한이 경과한 날부터 매 1월이 경과할 때마다 체납된 관세의 1,000분의 12에 상당하는 가산금(중가산금)을 제1항의 규정에 의한 가산금에 다시 가산하여 징수한다.
- 이 경우 중가산금을 가산하여 징수하는 기간은 60월을 초과하지 못한다.

③ 중가산금 적용제외

체납된 관세(세관장이 징수하는 내국세가 있는 때에는 그 금액을 포함한다)가 100만원 미만인 때에는 이를 적용하지 아니한다.

3. 가산금 적용 제외

(1) 가산금이 적용되지 않는 물품

① 국가 또는 지방자치단체(지방자치단체조합)가 직접 수입하는 물품

② 국가 또는 지방자치단체(지방자치단체 조합)에 기증되는 물품
③ 우편물 (수입신고를 하여야 하는 것은 제외)

(2) 금전담보 충당시

관세의 담보로 제공한 금전을 납부기한이 경과하여 관세에 충당하는 경우

3.4 가산세

1. 의의

- 가산세란 세법에서 규정하고 있는 성실의무를 위반한 자에 대하여 행정벌적 성격의 경제적 제재를 가하기 위하여 징수할 세액에 가산하여 징수하는 금액.
- 관세법상의 제반의무의 성실 이행 유도하는데 목적
- 관세법에 의한 가산세는 관세의 세목으로 한다(§320)

2. 신고납부 불성실 가산세(법 제42조)

(1) 의의

세관장은 '수정신고' 또는 '세액경정'의 규정에 의하여 부족한 관세액을 징수하는 때에는 가산세를 징수한다. 다만, 잠정가격신고를 기초로 납세신고를 하고 이에 해당하는 세액을 납부한 경우 등 대통령령이 정하는 경우에는 그러하지 아니하다.

(2) 가산세액

다음 각호의 금액을 합한 금액을 가산세로 징수한다.
① 당해 부족세액의 100분의 10
② 다음의 산식을 적용하여 계산한 금액

당해 부족세액 × 당초 납부기한의 다음날부터 수정신고일
또는 납세고지일까지의 기간 × 1일 10만분의 13의 율

(3) 가산세의 가중부과

① 의의

세관장은 납세자가 부당한 방법(납세자가 관세의 과세표준 또는 세액계산의 기초가 되는 사실의 전부 또는 일부를 은폐하거나 가장하는 것에 기초하여 관세의 과세표준 또는 세액의 신고의무를 위반하는 것으로서 대통령령으로 정하는 방법을 말한다)으로 과소신고한 경우에는 해당 부족세액의 100분의 40에 상당하는 금액과 상기 ②의 금액을 합한금액을 가산세로 징수한다.

② 부당한 방법

(a) 이중송품장 · 이중계약서 등 허위증명 또는 허위문서의 작성이나 수취
(b) 세액심사에 필요한 자료의 파기
(c) 관세부과의 근거가 되는 행위나 거래의 조작 · 은폐
(d) 그 밖에 관세를 포탈하거나 환급받기 위한 부정한 행위

(4) 신고납부 불성실 가산세를 부과하지 않는 경우

① 수입신고가 수리되기 전에 관세를 납부한 결과 부족세액이 발생한 경우로서 수입신고가 수리되기 전에 납세의무자가 당해 세액에 대하여 수정신고를 하거나 세관장이 경정하는 경우
② 잠정가격신고를 기초로 납세신고를 하고 이에 해당하는 세액을 납부한 경우. 다만, 납세의무자가 제출한 자료가 사실과 다름이 판명되어 추징의 사유가 발생한 경우에는 그러하지 아니하다.
③ 사전세액심사대상 물품중 감면대상 및 감면율을 잘못 적용하여 부족세액이 발생한 경우
④ 국가 또는 지방자치단체(지방자치단체조합)가 직접 수입하는 물품
⑤ 국가 또는 지방자치단체(지방자치단체 조합)에 기증되는 물품
⑥ 우편물 (수입신고를 하여야 하는 것은 제외)

3. 수입 · 반송 신고지연 가산세(법 제241조)

(1) 의의

수입 또는 반송을 하고자 하는물품을 지정장치장 또는 보세창고에 반입하거나

보세구역이 아닌 장소에 장치한 자는 그 반입일 또는 장치일부터 30일 이내에 수입 또는 반송 신고를 하여야 한다.

세관장은 기간내에 수입또는 반송의 신고를 하지 아니하는 때에는 당해 물품의 과세가격의 100분의 2에 상당하는 금액의 범위안에서 대통령령이 정하는 금액을 가산세로 징수한다.

(2) 가산세율

① 신고기한이 경과한 날부터 20일내에 신고를 한 때
: 당해 물품의 과세가격의 1천분의 5

② 신고기한이 경과한 날부터 50일내에 신고를 한 때
: 당해 물품의 과세가격의 1천분의 10

③ 신고기한이 경과한 날부터 80일내에 신고를 한 때
: 당해 물품의 과세가격의 1천분의 15

④ 이외의 경우 : 당해 물품의 과세가격의 1천분의 20

(3) 가산세액의 한도

가산액은 500만원을 초과할 수 없다.

(4) 보세운송 물품의 경우

신고기한이 경과한 후 보세운송된 물품에 대하여는 보세운송신고를 한 때를 기준으로 가산세율을 적용하며 그 세액은 수입 또는 반송신고를 하는 때에 징수한다.

(5) 전기 · 유류 등의 신고불이행 가산세

전기 · 유류 · 가스 · 용수를 그 물품의 특성으로 인하여 전선이나 배관 등 대통령령이 정하는 시설 또는 장치 등을 이용하여 수출 · 수입 또는 반송하는 자는 1개월을 단위로 하여 해당물품에 대한 사항을 대통령령이 정하는 바에 따라 다음 달 10일까지 신고하여야 한다.

이 경우 기간 내에 수출 · 수입 또는 반송의 신고를 하지 아니하는 때의 가산세 징수에 관하여 위의 가산세를 준용한다

4. 휴대품 · 이사물품 신고 불이행에 대한 가산세(법 제241조 제5항)

(1) 휴대품 신고 불이행 가산세

여행자 또는 승무원이 과세대상에 해당하는 휴대품을 신고하지 아니하여 과세하는 경우에는 당해 물품에 대하여 납부할 세액(관세 및 내국세를 포함한다) 100분의 30에 상당하는 금액을 가산세로 징수한다.

(2) 이사물품 신고 불이행 가산세

우리나라로 거주를 이전하기 위하여 입국하는 자가 입국하는 때에 수입하는 이사물품을 신고하지 아니하여 과세하는 경우에는 당해 물품에 대하여 납부할 세액(관세 및 내국세를 포함한다)의 100분의 20에 상당하는 금액을 가산세로 징수한다.

5. 재수출 불이행 가산세(법 제97조 내지 제98조)

(1) 의의

재수출 면세 또는 재수출 감면세의 규정에 의하여 관세 감면의 혜택을 받은 물품을 정해진 기간 내에 재수출 하지 아니한 경우 가산세를 부과한다.

(2) 가산세율

제세액의 100분의 20에 상당하는 금액을 가산세로 징수

(3) 재수출 불이행 가산세액의 한도

가산세액은 500만원을 초과할 수 없다

6. 즉시반출신고물품 수입신고 불이행에 대한 가산세(법 제253조)

즉시반출신고규정에 의하여 반출신고를 한 경우, 즉시반출신고를 한 날부터 10일 이내에 수입신고를 하여야 한다. 이 기간 내에 수입신고를 하지 않은 경우, 당해 물품에 대한 관세의 100분의 20에 상당하는 금액을 가산세로 징수한다

제4장 관세채권의 확보

수입신고가 수리됨에 따라 일단 물품이 반출되고 난 후 15일 이내 관세를 납부하지 않아서 관세를 징수할 사유가 발생한 때 또는 관세감면.분할납부승인물품 등 장래에 관세의 납부의무가 발생할지도 모르는 물품에 대하여 관세채권을 확보하기 위하여 관세법에서 관세채권 확보방법에 대한 근거규정을 두고 있다.

4.1 관세징수의 우선

1. 관세미납물품에 대한 우선

관세를 납부하여야 하는 물품에 대하여는 다른 조세 기타 공과금과 채권에 우선하여 그 관세를 징수한다.

2. 납세의무자의 일반재산에 대한 관세징수의 우선

국세징수의 예에 의하여 관세를 징수하는 경우 체납처분의 대상이 당해 관세를 납부하여야 하는 물품이 아닌 재산인 때에는 관세의 우선순위는 국세기본법에 의한 국세와 동일한 순위로 한다.

4.2 관세의 담보제도

납세담보제도란 관세채권을 확보하기 위하여 납세자 등으로부터 제공받은 물적 또는 인적담보를 말한다.

관세법상 납세담보제도란 국가가 담보물 위에 담보물권을 취득하고, 후에 납세의무자가 관세를 납부하지 않을 경우 그 담보물로써 관세채무를 변제하는 공법상의 제도

1. 담보의 종류

관세법에 따라 제공하는 담보의 종류는 다음과 같다.

① 금전
② 국채 또는 지방채
③ 세관장이 인정하는 유가증권
④ 납세보증보험증권
⑤ 토지
⑥ 보험에 든 등기 또는 등록된 건물·공장재단·광업재단·선박·항공기나 건설기계
⑦ 세관장이 인정하는 보증인의 납세보증서

④호 및 ⑦호에 따른 증권 및 보증서는 세관장의 요청이 있는 때에는 특정인이 납부하여야 하는 금액을 일정기일 이후에는 언제든지 세관장에게 지급한다는 내용의 것이어야 한다.

2. 담보물의 평가

1) 국채 또는 지방채, 세관장이 인정하는 유가증권

(1) 유가증권시장 또는 코스닥시장에 상장된 유가증권 중 매매사실이 있는것 : 담보로 제공하는 날의 전날에 공표된 최종시세가액

(2) 그 외의 유가증권 : 담보로 제공하는 날의 전날에 「상속세 및 증여세법 시행령」을 준용하여 계산한 가액

2) 토지 등의 담보물에 대한 평가

(1) 토지 또는 건물의 평가 : 「상속세 및 증여세법」 제61조를 준용하여 평가한 가액

(2) 공장재단・광업재단・선박・항공기 또는 건설기계 : 「부동산 가격공시 및 감정평가에 관한 법률」에 따른 감정평가업자의 평가액 또는 「지방세법」에 따른 시가표준액

3. 포괄담보 제공

1) 의의

납세의무자(관세의 납부를 보증한 자를 포함한다)는 관세법의 규정에 의하여 계속하여 담보를 제공하여야 하는 사유가 있는 때에는 관세청장이 정하는 바에 의하여 일정기간에 제공하여야 하는 담보를 포괄하여 미리 세관장에게 제공할 수 있다

2) 포괄담보의 신청 등

① 담보를 포괄하여 제공하고자 하는 자는 그 기간 및 담보의 최고액과 담보제공자의 전년도 수출입실적 및 예상수출입물량을 기재한 신청서를 세관장에게 제출하여야 한다.

② 담보를 포괄하여 제공할 수 있는 요건, 그 담보의 종류 기타 필요한 사항은 관세청장이 정한다.

4. 담보제공사유

1) 의의

관세담보의 제공에 따른 기업부담을 완화하기 위하여 관세담보제도를 원칙적으로 무담보방식으로 전환, 최초수입업자 및 관세법 위반업자 등에 대해서는 담보제

공을 하도록 하고 있다.

2) 담보제공사유

① 수입신고를 수리하는 경우
② 수입신고수리 전 반출승인을 얻어 물품을 반출하는 경우
③ 상표권 및 저작권을 침해한 물품에 대한 통관보류를 요청하는 경우 및 이에 대한 통관의 허용을 요청하는 경우
④ 환급특례법에 의하여 관세를 일괄납부 하고자 하는 경우
⑤ 월별납부에 대한 승인을 하는 경우
⑥ 덤핑방지관세 또는 상계관세에 대한 잠정조치를 하는 경우
⑦ 관세의 감면 또는 분할납부 승인을 받은 물품을 수입하는 경우
⑧ 천재지변 등의 사유로 납부기한의 연장조치를 하는 경우
⑨ 보세구역외 장치허가를 하는 경우
⑩ 보세운송 신고를 하거나 승인을 얻고자 하는 경우
⑪ 수입신고 전 반출신고를 하고 물품을 반출하는 경우

5. 담보제공의 면제

1) 담보제공 면제사유

① 관세의 감면, 징수기간의 연장이나 분할납부의 승인을 하는 때에 담보를 제공받지 아니하는 경우
② 관세청장이 정하는 바에 의하여 여행자의 휴대품을 납세고지와 동시에 검사현장에서의 반출을 승인한 경우
③ 담보를 제공하지 아니하여도 관세의 납부에 지장이 없다고 인정하여 대통령령으로 담보제공생략대상으로 정한 경우

담보제공생략대상은 다음의 물품을 말한다.

다만, (b)항 및 (c)항에 해당하는 자중 「관세법」의 위반, 불성실신고 등의 사유로 담보제공을 생략하는 것이 타당하지 아니하다고 관세청장이 인정하는 자가 수입하는 물품에 대하여는 담보를 제공하게 할 수 있다.

(a) 국가, 지방자치단체, 공기업, 지방공사 또는 지방공단이 수입하는 물품
(b) 학술연구용품의 감면 대상 기관 중 일부기관이 수입하는 물품
(c) 최근 2년간 「관세법」의 위반(관세청장이 법 제270조 · 법 제276조 및 법 제277조의 규정에 의한 처벌을 받은 자로서 재범의 우려가 없다고 인정하는 경우를 제외) 사실이 없는 수출입자 또는 신용평가기관으로부터 신용도가 높은 것으로 평가를 받은 자로서 관세청장이 정하는 자가 수입하는 물품
(d) 수출용원재료 등 수입물품의 성질, 반입사유 등을 고려할 때 관세채권확보에 지장이 없다고 관세청장이 인정하는 물품
(e) 이사하는 자의 직업, 납부할 세액 등을 고려할 때 관세채권확보에 지장이 없다고 관세청장이 정하여 고시하는 기준에 해당하는 자의 이사물품

2) 수입신고수리전 반출승인시

수입신고를 한 물품을 세관장의 수입신고 수리전에 당해 물품이 장치된 장소로부터 반출하고자 하는 자는 납부하여야 할 관세에 상당하는 담보를 제공하고 세관장의 승인을 얻어야 한다.

다만, 정부 또는 지방자치단체가 수입하거나 위의 담보제공면제사유에 해당하는 때에는 담보의 제공을 생략할 수 있다.

6. 담보의 제공절차 등

1) 담보제공서의 제출

관세의 담보를 제공하고자 하는 자는 담보의 종류 · 수량 · 금액 및 담보사유를 기재한 담보제공서를 세관장에게 제출하여야 한다.

2) 위임장 · 보증서 등 담보제공서 첨부서류

① 국채 또는 지방채를 담보로 제공하려는 자는 해당 채권에 관하여 모든 권리를 행사할 수 있는 자의 위임장을 담보제공서에 첨부하여야 한다.
② 유가증권을 담보로 제공하려는 자는 해당 증권발행자의 증권확인서와 해당 증권에 관한 모든 권리를 행사할 수 있는 자의 위임장을 담보제공서에 첨부하여야 한다.

③ 납세보증보험증권이나 세관장이 인정하는 보증인의 납세보증서를 담보로 제공하려는 자는 그 납세보증보험증권 또는 납세보증서를 담보제공서에 첨부하여야 한다. 이 경우 담보가 되는 보증 또는 보험의 기간은 해당담보를 필요로 하는 기간으로 하되, 납부기한이 확정되지 아니한 경우에는 관세청장이 정하는 기간으로 한다.

④ 토지, 건물 · 공장재단 · 광업재단 · 선박 · 항공기나 건설기계를 담보로 제공하려는 자는 저당권을 설정하는 데에 필요한 서류를 담보제공서에 첨부하여야 한다. 이 경우 세관장은 저당권의 설정을 위한 등기 또는 등록의 절차를 밟아야 한다.

⑤ 보험에 든 건물 · 공장재단 · 광업재단 · 선박 · 항공기나 건설기계를 담보로 제공하려는 자는 그 보험증권을 제출하여야 한다. 이 경우에 그 보험기간은 담보를 필요로 하는 기간에 30일 이상을 더한 것이어야 한다.

3) 담보의 금액

제공하고자 하는 담보의 금액은 납부하여야 하는 관세에 상당하는 금액이어야 한다. 다만, 그 관세가 확정되지 아니한 경우에는 관세청장이 정하는 금액으로 한다.

4) 납세고지 등

세관장은 다음에 해당하는 경우에는 법 제39조의 규정에 의한 납세고지를 할 수 있다.

① 관세의 담보를 제공하고자 하는 자가 담보액의 확정일부터 10일 이내에 담보를 제공하지 아니하는 경우

② 납세의무자가 수입신고후 10일 이내에 법 제248조제2항(수입신고수리시 담보제공)의 규정에 의한 담보를 제공하지 아니하는 경우

7. 담보의 관세충당

1) 의의

세관장은 담보를 제공한 납세의무자가 그 납부기한내에 당해 관세를 납부하지 아니하는 때에는 기획재정부령이 정하는 바에 의하여 그 담보를 당해 관세에 충당

할 수 있다. 이 경우 담보로 제공된 금전을 당해 관세에 충당하는 때에는 납부기한 경과 후에 충당하더라도 가산금을 부과하지 않는다

2) 충당방법

① 직접충당 : 금전담보
② 매각 : 국채 또는 지방채, 세관장이 인정하는 유가증권, 토지, 보험에 든 등기 또는 등록된 건물 · 공장재단 · 광업재단 · 선박 · 항공기와 건설기계
③ 보증인에게 담보한 관세에 상당하는 금액을 납부할 것을 즉시통보 : 납세보증보험증권, 세관장이 인정하는 보증인의 납세보증서

3) 담보물의 매각

① 세관장은 제공된 담보물을 매각하고자 하는때에는 담보제공자의 주소 · 성명 · 담보물의 종류 · 수량, 매각사유, 매각장소, 매각일시 기타 필요한 사항을 공고하여야 한다.
② 세관장은 납세의무자가 매각예정일 1일전까지 관세와 비용을 납부하는 때에는 담보물의 매각을 중지하여야 한다.

4) 잔금교부

① 세관장은 제1항의 규정에 의하여 담보를 관세에 충당하고 잔액이 있는 때에는 이를 담보를 제공한 자에게 교부하여야 하며, 교부할 수 없는 때에는 이를 공탁할 수 있다.
② 세관장은 관세의 납세의무자가 아닌 자가 관세의 납부를 보증한 경우그 담보로 관세에 충당하고 잔액이 있는 때에는 그 보증인에게 직접 잔액을 교부하여야 한다.

8. 담보 등이 없는 경우의 관세징수

1) 의의

담보제공이 없거나 징수한 금액에 부족이 있는 관세의 징수에 관하여는 관세법에 규정이 있는 것을 제외하고는 「국세기본법」 및 「국세징수법」의 예에 의한다.

2) 담보 등이 없는 경우

담보 등이 없는 경우란, 다음과 같은 경우로서 세관장이 납세고지 하여도 자진하여 납부하지 않는 경우를 말한다

① 관세의 감면 또는 분할납부 승인을 얻은 물품, 용도세율의 적용을 받은 물품에 대하여 세율적용 착오, 과세가격적용 착오 등을 사후발견하여 추징하는 경우

② 관세의 감면 또는 분할납부의 승인을 얻은 물품, 용도세율의 적용을 받은 물품으로서 사후관리 대상인 물품을 용도 외에 사용하거나 용도 외 사용할 자에게 양도한 경우

3) 체납처분비의 징수

세관장은 관세의 체납처분을 하는 때에는 재산의 압류·보관·운반 및 공매에 소요되는 비용에 상당하는 체납처분비를 징수할 수 있다.

4) 결손처분

담보 등이 없는 경우 국세징수법의 예에 의하여 체납처분을 하게 된다, 그러나 체납처분이 종결되고 체납액에 충당된 배분금액이 그 체납액에 부족한 때 또는 체납처분의 목적물인 총재산의 추산가액이 체납처분비에 충당하고 잔여가 생길 여지가 없을 때에는 결손처분을 내리게 된다.

9. 담보의 변경 및 해제

1) 담보의 변경(영 제12조)

① 관세의 담보를 제공한 자는 당해 담보물의 가격감소에 따라 세관장이 담보물의 증가 또는 변경을 통지한 때에는 지체없이 이를 이행하여야 한다.

② 관세의 담보를 제공한 자는 담보물, 보증은행, 보증보험회사, 은행지급보증에 의한 지급기일 또는 납세보증보험기간을 변경하고자 하는 때에는 세관장의 승인을 얻어야 한다.

2) 담보의 해제(법 제26조의2)

① 의의

세관장은 납세담보의 제공을 받은 관세・가산금과 체납처분비가 납부된 때에는 지체 없이 담보해제의 절차를 밟아야 한다.

② 담보의 해제신청(영 제13조)

제공된 담보를 해제받고자 하는 자는 담보의 종류・수량 및 금액, 담보제공연월일과 해제사유를 기재한 신청서에 해제사유를 증명하는 서류를 첨부하여 세관장에게 제출하여야 한다.

다만, 법 제327조에 따른 국가관세종합정보망의 전산처리설비를 이용하여 세관장이 관세의 사후납부사실 등 담보의 해제사유를 확인할 수 있는 경우에는 해당 사유를 증명하는 서류로서 관세청장이 정하여 고시하는 서류 등을 제출하지 아니할 수 있다.

제5장 납세의무의 소멸

5.1 납세의무의 소멸 등

1. 의의

납세의무의 소멸이란 특정요건의 충족으로 인하여 납부의 의무가 없어지는 것을 의미한다.

관세 · 가산금 또는 체납처분비를 납부하여야 하는 의무는 일정한 경우 소멸될 수 있다.

2. 납세의무의 소멸사유

관세 · 가산금 또는 체납처분비를 납부하여야 하는 의무는 다음에 해당되는 때에는 소멸한다.

(1) 관세를 납부하거나 관세에 충당한 때

(2) 관세부과가 취소된 때

(3) 관세를 부과할 수 있는 기간내에 관세가 부과되지 아니하고 그 기간이 만료된 때

(4) 관세징수권의 소멸시효가 완성된 때

5.2 관세의 납부. 충당. 부과취소

1. 관세의 납부

관세의 납부란 곧 관세채무의 이행이다. 납부기한 내에 자진 납부하는 것이 원칙이나, 납부가 불이행된 경우 납부독촉 또는 납부최고에 의해서도 관세의 납부가 가능하며, 어떠한 경우에도 납세의무는 소멸된다.

2. 관세충당

관세의 충당이란 납세의무자에 대한 세관장의 채무와 납부하여야 할 관세액을 상계하는 행정처분이다.

관세법상 충당의 종류는 다음과 같으며, 관세충당이 완료된 경우 납세의무는 소멸한다.

(1) 담보물의 충당

세관장은 담보를 제공한 납세의무자가 그 납부기한 내에 당해 관세를 납부하지 아니하는 때에는 담보물을 당해관세에 충당할 수 있다.

(2) 환급금의 충당

환급을 받을 자가 세관에 납부할 다른 관세 등이 있는 경우에는 당해 환급금에서 이를 충당할 수 있다.

(3) 보세구역 장치기간 경과 외국물품 매각금의 충당

세관장은 보세구역에 반입한 외국물품의 장치기간이 경과한 때에는 보세구역의 효율적 활용과 관세의 적기징수를 위하여 공고 후 절차에 따라 이를 매각할 수 있으며, 그 매각 대금으로 관세에 충당할 수 있다.

(4) 체납처분금의 충당

담보제공이 없거나 징수한 금액에 부족이 있는 관세의 징수에 관하여는 관세법에 규정이 있는 것을 제외하고는 국세기본법과 국세징수법의 예에 의한다. 즉 국세징수법에 의한 체납처분절차에 의거 납세의무자의 재산을 압류하여 매각한 대금을 관세에 충당할 수 있다.

3. 관세의 부과취소

관세의 부과에 단순한 흠이 있어 이를 취소한 경우 납세의무는 소멸한다.

취소처분은 이미 성립한 처분에 결함이 있어 그 처분의 법률상 효력을 당초에 소급하여 상실시키는 행정처분을 말한다.

5.3 관세부과의 제척기간

1. 관세부과권

이미 성립된 관세채권을 확인하는 과세권자의 권리이며, 형성권의 일종이다. 관세의 과세권자가 관세부과를 할 수 있는 법정기간 내에 관세부과권을 행사하지 않으면 납세의무는 소멸한다.

납세의무자의 법적안정성을 보장하기 위함이며, 권리관계를 조속히 확정시키기 위한 부과권의 존속기간이므로 징수권 소멸시효와는 달리 기간의 중단·정지가 인정되지 않는다.

2. 관세부과의 제척기간

(1) 원칙 : 관세는 당해관세를 부과할 수 있는 날부터 2년이 지난 후에는 부과할 수 없다.

(2) 예외

다음해당하는 경우에는 관세를 부과할 수 있는 날부터 5년이 지난 후에는 이를 부과할 수 없다.

① 부정한 방법으로 관세를 포탈하였거나 환급 또는 감면 받은 경우

② 가격신고를 하지 아니하였거나 과세가격의 일부를 신고하지 아니하여 납부

하여야 할 세액이 부족한 경우

3. 관세부과 제척기간의 기산일

(1) 원칙 : 수입신고한 날의 다음날을 관세를 부과할 수 있는 날로 한다.

(2) 예외

① 관세법 제16조 단서에 해당되는 경우 : 그 사실이 발생한 날의 다음날

② 의무불이행 등의 사유로 감면된 관세를 징수하는 경우 : 그 사유가 발생한 날의 다음날

③ 보세건설장에 반입된 외국물품의 경우 : 다음의 날 중 먼저 도래한 날의 다음날

(a) 건설공사완료보고를 한 날

(b) 특허기간(특허기간을 연장한 경우에는 연장기간)이 만료되는 날

④ 과다환급 또는 부정환급 등의 사유로 관세를 징수하는 경우 : 환급한 날의 다음날

4. 관세부과 제척기간 만료

(1) 제척기간 만료의 효과

제척기간이 만료되면 장래를 향하여 관세의 부과권이 소멸하며, 결정 · 경정결정 · 재경정결정 · 부과취소를 할 수 없다.

(2) 제척기간 만료의 특례

다음에 해당하는 때에는 제척기간 만료에도 불구하고 제1호부터 제4호까지의 결정 또는 판결이 확정되거나 회신을 받은 날부터 1년, 제5호에 따른 경정청구일 및 제6호에 따른 결정통지일로부터 2개월이 지나기 전까지는 당해 결정 판결 회신 또는 경정청구에 따라 경정이나 기타 필요한 처분 할 수 있다.

① 이의신청 · 심사청구 또는 심판청구에 대한결정이 있은 경우

② 「감사원법」에 의한 심사청구에 대한 결정이 있은 경우

③ 「행정소송법」에 의한 소송에 대한 판결이 있은 경우

④ 압수물품의 환부결정이 있은 경우

⑤ 법 제38조의3제2항 제3항 또는 제38조의4제1항에 따른 경정청구가 있는 경우

⑥ 법 제38조의4제4항에 따른 조정 신청에 대한 결정통지가 있는 경우

5.4 관세징수권의 소멸시효

1. 관세징수권

관세부과권에 의해 확인된 관세채권에 대해 납세고지·독촉·체납처분 등에 의해 그 이행을 청구·강제할 수 있는 권리로 청구권의 일종이다. 일정기간 동안 관세 징수권을 행사하지 않은 경우 시효가 완성되어 납세의무가 소멸한다.

시효제도란 일정사실상태가 장기간 계속된 경우 이와같은 상태가 진실의 권리관계와 합치하느냐의 여부를 묻지 않고 사실상태를 그대로 존중하여 법률생활의 안정을 가져오려는 것을 목적으로 하는 제도이다.

2. 관세징수권의 소멸시효

(1) 의의

관세의 징수권은 이를 행사할 수 있는 날부터 5년간 행사하지 아니하면 소멸시효가 완성된다.

(2) 관세징수권 소멸시효의 기산일

소멸시효의 기산일은 관세의 징수권을 행사할 수 있는 날로서, "납부기한이 완료된 날의 다음날"이 된다

① 신고납부하는 경우

수입신고가 수리된 날부터 15일이 경과한 날의 다음날

다만, 월별납부의 경우에는 그 납부기한이 경과한 날의 다음 날로 한다.

② 보정신청하여 납부하는 경우

부족세액에 대한 보정신청일의 다음날의 다음날

③ 수정신고하여 납부하는 경우

수정신고일의 다음날의 다음날

④ 부과고지하는 경우

납세고지를 받은 날부터 15일이 경과한 날의 다음날

⑤ 수입신고전 물품반출(즉시반출)의 경우

수입신고한 날부터 15일이 경과한 날의 다음날

⑥ 기타 법령에 의하여 납세고지하여 부과하는 경우

그 납부기한이 만료된 날의 다음날

3. 관세징수권의 소멸시효의 완성

(1) 소멸시효 완성의 효과

소멸시효가 완성되면 기산일에 소급하여 징수권이 소멸하며, 관세・가산금・체납처분비・이자에 대한 징수권이 함께 소멸한다.

(2) 소멸시효의 중단

권리의 행사로 볼 수 있는 사유가 발생하면 진행된 시효기간이 효력을 잃게 되는 것을 시효의 중단이라 한다 .

관세징수권의 소멸시효는 다음 사유로 인하여 중단되며, 중단사유가 없어지면 시효는 다시 처음부터 진행된다.

① 납세고지 ② 경정처분 ③ 납세독촉(납부최고 포함)
④ 통고처분 ⑤ 고발 ⑥ 공소제기
⑦ 교부청구 ⑧ 압류

(3) 소멸시효의 정지

권리자가 권리를 행사할 수 없는 사유가 발생하면 시효의 완성을 유예하는 것을 시효의 정지라 한다.

관세징수권의 소멸시효는 관세의 분할납부기간 · 징수유예기간 · 체납처분유예기간 또는 사해행위(詐害行爲)취소소송의 기간 중에는 진행하지 아니한다.

사해행위 취소소송으로 인한 시효정지의 효력은 소송이 각하 · 기각 또는 취하된 경우에는 효력이 없다.

4. 민법규정의 준용

관세징수권의 소멸시효에 관하여 이 법에 규정이 있는 것을 제외하고는 「민법」의 규정을 준용한다.

제6장 납세의무의 완화

관세법에는 납세의무 이행을 유도하기 위해 불성실 납세자에 대한 강력한 제재 방안을 두고 있는 반면, 국민경제를 활성화 하거나 사회문화적인 분야의 발전을 위하여, 또는 정책의 흐름을 보조하기 위하여 일정한 사유에 해당되는 경우 납세의무를 완화하는 방안을 마련해두고 있다.

- **세액조정을 통한 납세의무 완화**

  ① 관세의 감면

  ② 용도세율 적용

- **납부기한 조정을 통한 납세의무 완화**

  ① 분할납부

  ② 월별납부

  ③ 천재지변 등 기한 연장

6.1 관세의 감면제도

1. 의의

관세의 감면이란, 관세법 제14조에 의하여 일반적인 수입물품에 대하여 국가재정의 수입확보와 국내산업 보호를 위하여 관세를 부과하고 있는 것에 대한 예외로 특정한 국가정책 목적을 달성하기 위하여 일정한 요건을 갖춘 특별한 경우에 관세

의 일부 또는 전부를 면제해 주는 것을 말한다.

2. 관세감면제도의 목적(필요성) (용도세율, 분할납부 공통)

(1) 산업지원

- 경쟁관계 수입완제품에 대한 세부담 증가
- 생산에 소요되는 원자재의 세부담 완화

다만, 국내시장 경쟁에서의 부작용도 있으므로 필요한 경우 "국내제작이 곤란한 물품"일 것을 감면 요건으로 하기도 한다

(2) 국제관례 등의 존중을 위해

- 관세율 적용은 '물품' 중심이지만, 경우에 따라서는 물품을 수입하는 자의 신분 · 직업, 수입물품의 용도, 수입사유 등에 따라 관세를 징수하는 것이 합리적일 수 있음.
- 외교관 용품, 자선 · 구호용품, 여행자휴대품, 이사물품, 재수출 · 재수입 물품 등

(3) 사회 · 문화 등의 정책적 수요에 부응하기 위해 관세감면에 따른 소비자의 후생 증대

(4) 기본관세율 구조의 불균형 보완 (역관세 현상 시정)

- 양허관세의 증가 등으로 원자재 관세율이 완제품 관세율보다 높은 "역관세 현상" 발생
- 동일 가공단계에서도 세율수준에 격차가 발생 하는 "세율불균형 현상" 발생

3. 감면의 법적근거에 의한 분류

(1) 관세법에 의한 감면

(2) 조세특례제한법에 의한 감면

(3) 조약에 의한 감면

(4) 수입물품에 대한 내국세의 감면

4. 관세감면의 신청(영 112조)

관세법 기타 관세에 관한 법률 또는 조약에 의하여 관세의 감면을 받고자 하는 자는 당해 물품의 수입신고수리전, 부과고지에 의하여 관세를 징수하는 때에는 당해 납부고지를 받은 날부터 5일 이내에 또는 그밖에 수입신고수리전까지 감면신청서를 제출하지 못한 경우에는 해당 수입신고수리일부터 15일 이내(해당 물품이 보세구역에서 반출되지 아니한 경우로 한정한다.)에 다음 각호의 사항을 기재한 신청서를 세관장에게 제출하여야 한다.

다만, 관세청장이 정하는 경우에는 감면신청을 간이한 방법으로 하게 할 수 있다.

① 감면을 받고자 하는 자의 주소·성명 및 상호

② 사업의 종류(업종에 따라 감면하는 경우에는 구체적으로 기재하여야 한다)

③ 품명·규격·수량·가격·용도와 설치 및 사용장소

④ 감면의 법적 근거

⑤ 기타 참고사항

5. 관세경감률의 산정

(1) 관세의 경감

관세의 경감에 있어서 경감률의 산정은 실제로 적용되는 관세율을 기준으로한다.

다만, 덤핑방시관세, 상계관세, 보복관세, 긴급관세, 특정국물품긴급관세, 농림축산물에 대한 특별긴급관세의 세율은 제외한다.

(2) 관세의 면제

관세법 기타 법률·조약에 의해 관세를 면제하는 경우 면제되는 관세의 범위에 대하여 특별한 규정이 없는 때에는 덤핑방지관세, 상계관세, 보복관세, 긴급관세, 특정국물품긴급, 농림축산물에 대한 특별긴급관세의 세율은 면제되는 관세의 범위에 포함되지 아니한다.

6. 담보의 제공(재수출면세, 재수출 감면세의 경우)

세관장은 필요하다고 인정되는 때에는 관세를 감면받은 물품에 대하여 그 물품을 수입하는 때에 감면하는 관세액에 상당하는 담보를 제공하게 할 수 있다.

현행 제도상 재수출 면세, 재수출 감면세의 규정에 의해 감면받은 경우에만 담보를 제공하도록 하고 있다.

6.2 무조건 감면

1. 외교관용 물품 등의 면세

1) 의의

- 우리나라에 있는 외국의 대사관 · 공사관 등의 업무용품, 주한외국대사 · 공사 등과 그 사절 · 가족이 사용하는 물품, 정부와의 사업계약을 수행하기 위하여 외국계약자가 계약조건에 따라 수입하는 업무용품 등에 대하여는 외교관 우대 관례에 따라 수입시 관세를 면제한다
- 다만, 피아노, 선박 등 일정품목에 대해선 양수를 제한하고 있다

2) 면세 대상

① 우리나라에 있는 외국의 대사관 · 공사관 기타 이에 준하는 기관의 업무용품

② 우리나라에 주재하는 외국의 대사 · 공사 기타 이에 준하는 사절 및 그 가족이 사용하는 물품

③ 우리나라에 있는 외국의 영사관 기타 이에 준하는 기관의 업무용품

④ 우리나라에 있는 외국의 대사관 · 공사관 · 영사관 기타 이에 준하는 기관의 직원중 대통령령이 정하는 직원과 그 가족이 사용하는 물품

⑤ 정부와의 사업계약을 수행하기 위하여 외국계약자가 계약조건에 따라 수입하는 업무용품

⑥ 국제기구 또는 외국정부로부터 정부에 파견된 고문관 · 기술단원 및 면세업

무와 관련된 조약 등에 의하여 외교관에 준하는 대우를 받는 자로서 해당 업무를 관장하는 중앙행정기관의 장이 확인한 자가 사용하는 물품

3) 양수 제한 물품

외교관 물품 등의 면세 규정에 의해 관세를 면제받은 물품중 다음의 물품을 수입신고수리일부터 3년의 범위내에서 대통령령이 정하는 기준에 따라 관세청장이 정하는 기간내에 지정 용도외의 다른 용도에 사용하기 위하여 이를 양수할 수 없다.

다만, 대통령령이 정하는 바에 의하여 미리 세관장의 승인을 얻은 때에는 그러하지 아니하다.

① 자동차(삼륜자동차와 이륜자동차를 포함한다)

② 선박

③ 피아노

④ 전자오르간 및 파이프오르간

⑤ 엽총

4) 사후관리 (면제된 관세의 징수)

(1) 면제된 관세의 징수

양수제한 물품을 양수제한(수입신고수리일로부터 3년이내 관세청장이 정하는 기간)기간내에 지정용도외의 다른 용도에 사용하기 위하여 양수한 때에는 그 양수자로부터 면제된 관세를 즉시 징수한다.

(2) 손상감세규정 적용

관세법 기타 법률 또는 조약·협정 등에 의하여 관세의 감면을 받은 물품에 대하여 관세를 추징하는 경우 그 물품이 변질 또는 손상되거나 사용으로 인하여 당해 물품의 가치가 감소된 때에는 대통령령이 정하는 바에 의하여 그 관세를 경감할 수 있다.

2. 정부용품 등의 면세

1) 의의

정부 또는 지방자치단체에 기증된 물품, 군수품 · 국가원수 경호물품, 국가안전보장상 필요한 물품 및 환경보전을 위해 정부 또는 지자체가 수입하는 물품 등에 대하여는 관세를 면제한다. 공용물품의 안정적인 확보를 위하여 마련된 감면제도이다.

2) 면세 대상

① 국가기관 또는 지방자치단체에 기증된 물품으로서 공용으로 사용하는 물품. 다만, 기획재정부령이 정하는 물품을 제외한다.
② 정부가 외국으로부터 수입하는 군수품(정부의 위탁을 받아 정부외의 자가 수입하는 경우를 포함) 및 국가원수의 경호용으로 사용하는 물품.
다만, 기획재정부령이 정하는 물품을 제외한다.
③ 외국에 주둔하는 국군 또는 재외공관으로부터 반환된 공용품
④ 방송통신위원회가 국가안전보장상 긴요하다고 인정하여 수입하는 비상통신용 및 전파관리용 물품
⑤ 정부가 직접 수입하는 간행물, 음반, 녹음된 테이프, 녹화된 슬라이드, 촬영된 필름 기타 이와 유사한 물품 및 자료
⑥ 국가 또는 지방자치단체가 환경오염(소음 및 진동을 포함)의 측정 또는 분석을 위하여 수입하는 기계 · 기구중 기획재정부령이 정하는 물품
⑦ 상수도 수질의 측정 또는 그 보전 · 향상을 위하여 국가 또는 지방자치단체가 수입하는 물품으로서 기획재정부령이 정하는 물품
⑧ 국가정보원장 또는 그 위임을 받은 자가 국가안전보장목적의 수행상 긴요하다고 인정하여 수입하는 물품

3. 소액물품 등의 면세

1) 의의

거주자에게 수여되는 훈장 · 표창장이나 기록문서 기타의 서류, 상용견품 · 광고

용품 등 그 수입의 목적이 판매에 있지 않은 물품과 총과세가격이 일정금액 이하인 소액물품에 대하여 관세를 면세하는 제도이다.

2) 면세대상

(1) 우리나라의 거주자에게 수여된 훈장 · 기장 또는 이에 준하는 표창장 및 상패

(2) 기록문서 기타의 서류

(3) 상용견품 또는 광고용품으로서 기획재정부령이 정하는 물품

① 물품이 천공 또는 절단되었거나 통상적인 조건으로 판매할 수 없는 상태로 처리되어 견품으로 사용될 것으로 인정되는 물품

② 판매 또는 임대를 위한 물품의 상품목록 · 가격표 및 교역안내서등

③ 과세가격이 미화 250달러 이하인 물품으로서 견품으로 사용될 것으로 인정되는 물품

④ 물품의 형상 · 성질 및 성능으로 보아 견품으로 사용될 것으로 인정되는 물품

(4) 우리나라 거주자가 수취하는 소액물품으로서 기획재정부령이 정하는 물품

① 당해 물품의 총과세가격이 15만원 상당액 이하의 물품으로서 자가사용 물품으로 인정되는 것. 다만, 반복 또는 분할하여 수입되는 물품으로서 관세청장이 정하는 기준에 해당하는 것을 제외한다.

② 박람회 기타 이에 준하는 행사에 참가하는 자가 행사장 안에서 관람자에게 무상으로 제공하기 위하여 수입하는 물품.
다만, 관람자 1인당 제공량의 정상도착가격이 미화 5달러 상당액 이하의 것으로서 세관장이 타당하다고 인정하는 것에 한한다.

3) 소액물품 통관 관련 규정

(1) 간이세율 적용

(2) 소액물품 등의 면세

(3) 신고생략

(4) 간이신고

4. 여행자 휴대 · 이사물품 등의 면세

1) 의의

여행자 휴대품이나 별송품, 우리나라로 거주를 이전하는 자가 입국하는 때에 수입하는 이사물품 및 외국에 왕래하는 외국무역선(기)의 승무원이 휴대하여 수입하는 물품에 대하여는 관세를 면제한다.

여행자 또는 승무원이 통상적으로 휴대할 필요가 있는 신변장식용품 · 직업용구 등이나 우리나라에 입국하기 이전에 이미 사용하던 물품에 대하여 관세를 부과할 필요를 제거한 감면제도이다.

2) 면세대상

(1) 여행자의 휴대품 또는 별송품으로서 여행자의 입국사유 · 체재기간 · 직업 기타의 사정을 고려하여 기획재정부령이 정하는 기준에 따라 세관장이 타당하다고 인정하는 물품

① 여행자가 휴대하는 것이 통상적으로 필요하다고 인정하는 신변용품 및 신변장식품일 것

② 비거주자인 여행자가 반입하는 물품으로서 본인의 직업상 필요하다고 인정되는 직업용구일 것

③ 세관장이 반출 확인한 물품으로서 재반입되는 물품일 것

④ 물품의 성질 · 수량 · 가격 · 용도 등으로 보아 통상적으로 여행자의 휴대품 또는 별송품인 것으로 인정되는 물품일 것

(2) 우리나라로 거주를 이전하기 위하여 입국하는 자가 입국하는 때에 수입하는 이사물품으로서 거주이전의 사유, 거주기간, 직업, 가족수 기타의 사정을 고려하여 기획재정부령이 정하는 기준에 따라 세관장이 타당하다고 인정하는 물품

① 해당 물품의 성질 · 수량 · 용도 등으로 보아 통상적으로 가정용으로 인정되는 것으로서 우리나라에 입국하기 전에 3개월 이상 사용하였고 입국한 후에도 계속하여 사용할 것으로 인정되는 것

② 우리나라에 상주하여 취재하기 위하여 입국하는 외국국적의 기자가 최초로 입국할 때에 반입하는 취재용품으로서 문화체육관광부장관이 취재용임을 확인하는 물품일 것

③ 우리나라에서 수출된 물품(조립되지 아니한 물품으로서 법 별표 관세율표 상의 완성품에 해당하는 번호로 분류되어 수출된 것을 포함한다)이 반입된 경우로서 관세청장이 정하는 사용기준에 적합한 물품일 것
다만, 자동차(제3호에 해당하는 것은 제외한다), 선박, 항공기와 개당 과세가격이 200만원 이상인 보석・진주・별갑・산호・호박・상아 및 이를 사용한 제품은 제외한다.

④ 외국에 거주하던 우리나라 국민이 다른 외국으로 주거를 이전하면서 우리나라로 반입 (송부를 포함)하는 것으로 통상 가정용으로 3개월 이상 사용하던 것으로 인정되는 물품 일 것

(3) 외국무역선 또는 외국무역기의 승무원이 휴대하여 수입하는 물품으로서 항행일수・체재기간 기타의 사정을 고려하여 세관장이 타당하다고 인정하는 물품.

다만, 자동차(이륜자동차와 삼륜자동차를 포함한다)・선박・항공기 및 개당 과세가격 50만원 이상의 보석・진주・별갑・산호・호박 및 상아와 이를 사용한 제품은 제외한다.

3) 별송품과 이사물품의 범위

별송품과 이사물품중 별도로 수입하는 물품은 천재지변 등 부득이한 사유가 있는 때를 제외하고는 여행자 또는 입국자가 입국한 날부터 6월 이내에 도착한 것이어야 한다.

4) 휴대품・이사물품 신고불이행에 대한 가산세(§241)

(1) 휴대품 신고 불이행 가산세 (30%)

여행자가 과세대상 휴대품을 신고하지 아니하여 과세하는 경우 납부할 세액(관세 및 내국세 포함)의 30%에 상당하는 금액을 가산세로 징수

(2) 이사물품 신고 불이행 가산세 (20%)

우리나라로 거주를 이전하기 위하여 입국하는 자가 입국하는 때에, 수입하는 이사물품을 신고하지 아니하여 과세하는 경우 납부할 세액(관세 및 내국세 포함)의 20%에 상당하는 금액을 가산세로 징수

5. 재수입 면세

1). 의의

수입물품에 대해 원칙적으로 관세를 징수해야 하지만 수출되었다가 단기간내 재수입되거나 해외시험 및 연구목적으로 수출되었다가 다시 수입되는 등 그 재수입의 사유가 정당한 경우 이에 대한 관세를 면제할 수 있다.

2) 면세대상

(1) 우리나라에서 수출(보세가공수출을 포함한다)된 물품으로서 해외에서 제조·가공·수리 또는 사용되지 아니하고 수출신고수리일부터 2년 내에 다시 수입되는 물품.

(장기간에 걸쳐 사용할 수 있는 물품으로서 임대차·도급계약 등에 따라 해외에서 일시적으로 사용하기 위하여 수출된 물품 중 기획재정부령으로 정하는 물품이 사용된 경우와, 박람회·전시회·품평회, 그 밖에 이에 준하는 행사에 출품 또는 사용된 경우는 제외)

다만, 다음 각 목의 어느 하나에 해당하는 경우에는 관세를 면제하지 아니한다.

① 당해 물품 또는 원자재에 대하여 관세의 감면을 받은 경우

② 이 법 또는 「수출용원재료에 대한 관세 등 환급에 관한 특례법」에 의한 환급을 받은 경우

③ 보세가공 또는 장치기간경과물품을 재수출조건으로 매각함에 따라 관세가 부과되지 아니한 경우

(2) 수출물품의 용기로서 다시 수입하는 물품

(3) 해외시험 및 연구목적으로 수출된 후 다시 수입되는 물품

3) 재수입 면세 신청

재수입 면세 규정에 의하여 관세를 감면받고자 하는 자는 그 물품의 수출신고필증·반송신고필증 또는 이에 갈음할 서류를 세관장에게 제출하여야 한다.

다만, 세관장이 기타의 자료에 의하여 그 물품이 당해 규정에 해당하는 사실을 인정할 수 있는 경우에는 그러하지 아니하다.

4) 재수입 면세 제도의 정책적 목적

(1) 국내생산품 비과세

국내생산품이 수출되었다가 다시 수입되는 경우, 관세의 부과 취지에 부합하지 않으므로 우리나라에서 생산된 물품에 대하여는 재수입시 관세를 감면한다.

(2) 이중과세의 방지

국외산 물품이 우리나라에 수입되었다가 수출이 되고, 다시 단기간 내에 재수입되는 경우, 이전에 부과했던 관세 등을 다시 부과하지 않기 위해서이다.

다만, 최초수입시 관세감면을 받았거나 환급을 받는 경우 등에는 적용하지 아니한다

(3) 수출입물류의 합리적 지원

수출입 물품의 용기에 대한 면세로 컨테이너 등을 이용한 수출입물류를 합리적으로 지원하기 위해서이다.

(4) 해외시험 · 연구지원

해외 연구시설 등을 이용한 시험 및 연구를 지원하기 위함이다.

※ 해외임가공 물품 등의 감세와의 관계

- 해외임가공 물품 등의 감세 대상중 가공 · 수리 목적으로 수출하여 가공 · 수리 후 수입된 물품으로서 수출시와 수입시 HS10 단위가 일치하지 않는 경우
- 다음에 해당하는 경우엔 "재수입 면세" 대상물품으로 하여 관세를 면제할 수 있다
  ① 수율 · 성능 등이 저하되어 폐기된 물품을 수출하여 용융과정 등을 거쳐 재생한 후 다시 수입하는 경우
  ② 제품의 제작 일련번호 또는 제품의 특성으로 보아 수입물품이 우리나라에서 수출된 물품임을 세관장이 확인할 수 있는 물품인 경우

6. 손상감세

1) 의의 〈관세의 소비세적 성격에 기인한 제도〉

수입신고에 의하여 과세물건이 확정된 물품이 수입신고 수리전에 변질 또는 손상되거나, 관세의 감면을 받은 물품에 추징사유가 발생한 경우 당해 물품의 변질·손상 또는 사용으로 인한 가치 감소분을 공제한 후 과세하여 과세의 형평을 기하려는 제도이다.

실질과세원칙에 입각하여 가치 감소분을 공제한 후 과세하여 과세의 형평을 기하고 있다.

2) 감세 대상

① 수입신고한 물품이 수입신고가 수리되기 전에 변질 또는 손상된 때에는 대통령령이 정하는 바에 의하여 그 관세를 경감할 수 있다.

② 관세법 기타 법률 또는 조약·협정 등에 의하여 관세의 감면을 받은 물품에 대하여 관세를 추징하는 경우 그 물품이 변질 또는 손상되거나 사용으로 인하여 당해 물품의 가치가 감소된 때에
다만, 수출용원자재의 경우에는 당해 물품이 재해기타 부득이한 사유로 변질 또는 손상된 때에 한하여 그 관세를 경감할 수 있다.

3) 관세 경감액

손상감세에 의해 경감하는 관세액은 다음 각호의 관세액중 많은 금액으로 하며, 변질·손상 또는 사용으로 인한 가치감소의 산정기준은 관세청장이 정할 수 있다.

① 수입물품의 변질·손상 또는 사용으로 인한 가치의 감소에 따르는 가격의 저하분에 상응하는 관세액

② 수입물품의 관세액에서 그 변질·손상 또는 사용으로 인한 가치의 감소후의 성질 및 수량에 의하여 산출한 관세액을 공제한 차액

4) 손상감세와 과세물건 확정시기와의 관계

손상감세규정은 과세물건확정시기(§16)규정이 적용되지 않는 "수입신고시부터 수입신고수리전까지" 변질·손상분에 대하여 비과세 할 수 있는 근거규정

(1) 수입신고전에 변질 · 손상된 물품

- 과세물건확정시기 규정에 의해 수입신고 하는 때의 성질과 수량에 의해 관세를 부과
- 즉, 수입신고 전에 변질 · 손상분에 대해 과세하지 않음

(2) 수입신고 후 수입신고수리전 변질 · 손상된 물품

- 수입신고 후 관세액이 확정된 이후에 변질 · 손상된 경우 손상감세 규정에 의하여 변질 · 손상으로 인한 가치감소분을 공제한 후 관세를 부과
- 즉, 수입신고후 수입신고수리전 변질 · 손상부분에 대해서도 과세하지 않음

7. 해외임가공 물품 등의 감세

1) 의의

해외의 저렴한 임금을 이용하여 물품을 가공 · 수리하려는 국내기업을 지원하기 위한 제도다. 원재료 · 부분품을 수출하여 가공하여 수입하는 물품, 수리할 목적으로 수출한 물품이 다시 수입되는 경우 원재료 · 부분품 또는 수리물품의 수출신고가격에 수입물품의 관세율을 곱하여 산출한 금액을 경감하여 관세를 징수 한다.

2) 감세 대상

(1) 원재료 또는 부분품을 수출하여 관세율표 제85류 및 제90류중 제9006호에 해당하는 것으로 제조 · 가공한 물품

(2) 가공 또는 수리할 목적으로 수출한 물품으로서 가공 · 수리하기 위하여 수출된 물품과 가공 · 수리후 수입된 물품의 관세 · 통계통합품목분류표상 10단위의 품목번호가 일치하는 물품

〈-HS 10 단위가 일치하지 않는 물품의 경우〉

다음의 물품은 HS 10단위의 품목번호가 일치하지 아니하더라도 "재수입면세" 규정에 따라 관세를 경감할 수 있다.

① 수율 · 성능 등이 저하되어 폐기된 물품을 수출하여 용융과정 등을 거쳐 재생한 후 다시 수입하는 경우

② 제품의 제작일련번호 또는 제품의 특성으로 보아 수입물품이 우리나라에서 수출된 물품임을 세관장이 확인할 수 있는 물품인 경우

3) 관세 경감 제외 대상

① 해당 물품 또는 원자재에 대하여 관세의 감면을 받은 경우. 다만, 가공·수리 목적으로 수출한 물품의 경우는 제외한다.

② 관세법 또는 「수출용원재료에 대한 관세 등 환급에 관한 특례법」에 따른 환급을 받은 경우

③ 보세가공 또는 장치기간경과물품을 재수출조건으로 매각함에 따라 관세가 부과되지 아니한 경우

4) 관세경감액

(1) 해외임가공 수출 물품 : 수입물품의 제조·가공에 사용된 원재료 또는 부분품의 수출신고가격에 당해 수입물품에 적용되는 관세율을 곱한 금액

(2) 가공·수리목적 수출물품

- 가공·수리물품의 수출신고가격에 당해 수입물품에 적용되는 관세율을 곱한 금액.
- 다만, 수입물품이 매매계약상의 하자보수보증 기간(수입신고수리후 1년에 한한다)중에 하자가 발견되거나 고장이 발생하여 외국의 매도인 부담으로 가공 또는 수리하기 위하여 수출된 물품에 대하여는 수출신고가격, 수출물품의 양륙항까지의 운임·보험료와 가공 또는 수리후 물품의 선적항에서 국내 수입항까지의 운임·보험료를 합한 금액에 당해 수입물품에 적용되는 관세율을 곱한 금액으로 한다.

5) 가공·수리후 재수입하는 물품의 과세가격

가공·수리를 위하여 수출된 물품의 가격에 다음의 가격을 포함하여 과세가격을 결정한다

① 가공·수리국 까지의 운임 및 보험료

② 가공·수리국에서의 양하비, 가공업자·수리업자에게 인도하는데 소요된 기타의 제비용

③ 가공·수리에 소요된 비용

④ 가공 · 수리후 수리국 내에서 가공후 선적시까지 소요된 제비용
⑤ 가공 · 수리국의 수출항으로부터 최초수입항까지의 운임 · 보험료

6) 해외임가공 관세 감면신청

① 해외임가공 관세 감면을 받고자 하는 자는 관세감면신청 사항외에
- 수출국 및 적출지와 감면받고자 하는 관세액을 기재한 신청서에
- 제조인 · 가공인 또는 수리인이 발급한 제조 · 가공 또는 수리사실을 증명하는 서류와
- 당해 물품의 수출신고필증 또는 이에 갈음할 서류를 첨부하여 세관장에게 제출하여야 한다.

② 해외임가공 관세 감면을 받고자 하는 자는 그 물품의 수출신고필증 · 반송신고필증 또는 이에 갈음할 서류를 세관장에게 제출하여야 한다.
다만, 세관장이 기타의 자료에 의하여 그 물품이 당해 규정에 해당하는 사실을 인정할 수 있는 때에는 그러하지 아니하다.

7) 생산지원비용과의 관계

(1) 의의

- 생산지원비용이란, 구매자가 당해 물품의 생산 및 수출거래를 위하여 무료 또는 인하된 가격으로 직접 또는 간접으로 일정한 물품 및 용역을 공급하는 경우 그 가격 또는 인하차액을 말한다.
- 이는 과세가격 결정시 가산하여야 한다.

(2) 해외임가공 물품 과세가격 산정

구매자가 해외임가공시 생산지원비용에 해당하는 경우 그 가격 또는 인하차액만큼 과세가격에 가산하여야 하며 생산지원비용이 가산된 과세가격에 당해수입물품의 관세율을 적용하여 관세경감액을 산정하여야 한다.

우리나라에서 수출되었던 원부자재 등이 해외위탁 가공을 거쳐 수입되는 경우 원부자재 등의 가격이 무단으로 인하되거나 무료로 공급되어서는 안되며, 만약 그러한 경우 그 금액만큼을 수입시 과세가격에 가산하여 정상적인 가격으로 조정하는 것이다

(3) 생산지원 비용과 가산율 적용

생산지원비용을 받아 생산된 해외임가공 물품을 자주 수입하는 경우 수입시마다 가산하기 번거로우므로 "가산율" 제도를 이용할 수 있다.

6.3 조건부 감면

1. 세율불균형 물품의 면세

1) 의의

현행 관세율 체계는 원재료·부분품의 세율이 낮고 완제품 세율이 높은 경사관세구조가 일반적이다. 그러나 원재료·부분품의 세율이 완제품 세율보다 오히려 높은 역관세 현상이 발생하는 경우가 있다. 역관세 현상은 원재료·부분품의 수입을 억제하고 완제품의 수입을 유도하므로 이를 시정하기 위해 세율불균형물품의 면세 규정을 두고 있다.

이는 외화절약·국내고용확대 및 기술향상을 위함이다.

2) 면세대상

세율불균형을 시정하기 위하여 조세특례제한법에 따른 중소기업이 세관장이 지정하는 공장에서 다음의 물품을 제조 또는 수리하기 위하여 사용되는 부분품 및 원재료(수출한 후 외국에서 수리·가공되어 수입되는 부분품 및 원재료의 가공·수리분을 포함한다)중 기획재정부령이 정하는 물품에 대하여는 그 관세를 면제할 수 있다.

(1) 항공기(부분품을 포함한다)

항공기제조업자 또는 수리업자가 항공기와 그 부분품의 제조 또는 수리에 사용하기 위하여 수입하는 부분품 및 원재료

(2) 반도체 제조용 장비(부속기기를 포함한다)

장비제조업자 또는 수리업자가 반도체제조용 장비의 제조 또는 수리에 사용하기 위하여 수입하는 부분품 및 원재료중 지식경제부장관 또는 그가 지정하는 자가 추천하는 물품

3) 제조 · 수리공장의 지정 (지정공장제도)

(1) 의의

세율불균형 물품의 면세 규정을 적용받는 물품은 세관장이 지정하는 공장에서 제조 · 수리하여야 한다.

(2) 지정신청

제조 · 수리공장의 지정을 받고자 하는 자는 다음의 사항을 기재한 신청서에 사업계획서와 그 구역 및 부근의 도면을 첨부하여 세관장에게 제출하여야 한다.

① 당해 제조 · 수리공장의 명칭 · 소재지 · 구조 · 동수 및 평수
② 제조하는 제품의 품명과 그 원재료 및 부분품의 품명
③ 작업설비와 그 능력
④ 지정을 받고자 하는 기간

(3) 지정공장의 지정

신청을 받은 세관장은 그 감시 · 단속에 지장이 없다고 인정되는 때에는 3년의 범위내에서 기간을 정하여 제조 · 수리공장의 지정을 하여야 한다. 이 경우 지징기간은 관세청장이 정하는 바에 의하여 갱신할 수 있다.

(4) 지정의 특례 (항공기 일시적 수리의 경우)

세관장은 항공기의 수리가 일시적으로 행하여지는 공항내의 특정지역이 감시 · 단속에 지장이 없고, 세율불균형물품의 면세 관리 업무의 효율화를 위하여 필요하다고 인정되는 경우에는 당해 특정지역을 제조 · 수리공장으로 지정할 수 있다.

(5) 지정의 제한

관세법 제175조(운영인의 결격사유)에 해당하는 자는 제조 · 수리공장의 지정을 받을 수 없다.

(6) 보세공장외 작업허가 등의 일부규정 준용

2. 학술연구용품의 감면세

1) 의의

학교, 직업훈련원, 공공의료기관, 박물관 등에서 수입하거나 이들 단체에 기증되는 학술연구용품 등에 대하여는 학술진흥, 연구지원의 차원에서 관세를 감면하는 제도이다.

2) 감면대상

① 국가기관 · 지방자치단체 및 기획재정부령이 정하는 기관에서 사용할 학술연구용품 · 교육용품 및 실험실습용품으로서 기획재정부령이 정하는 물품

② 학교 · 공공의료기관 · 공공직업훈련원 · 박물관, 그 밖에 이에 준하는 기획재정부령으로 정하는 기관에서 학술연구용 · 교육용 · 훈련용 · 실험실습용 및 과학기술연구용으로 사용할 물품 중 기획재정부령으로 정하는 물품

③ 학교 · 공공의료기관 · 공공직업훈련원 · 박물관, 그 밖에 이에 준하는 기획재정부령으로 정하는 기관에서 사용할 학술연구용품 · 교육용품 · 훈련용품 · 실험실습용품 및 과학기술연구용품으로서 외국으로부터 기증되는 물품. 다만, 기획재정부령이 정하는 물품을 제외한다.

④ 기획재정부령이 정하는 자가 산업기술의 연구 · 개발에 사용하기 위하여 수입하는 물품으로서 기획재정부령이 정하는 물품

3) 감면율

관세의 감면율은 100분의 80으로 한다.

다만, 공공의료기관(국립암센터 및 국립중앙의료원은 제외) 및 학교부설의료기관에서 사용할 물품에 대한 관세의 감면율은 100분의 50으로 한다.

4) 사후관리

수입신고 수리일부터 2년 이내에 감면받은 용도 외의 다른 용도로 사용하거나 임대(양도)할 수 없다.

위반한 경우 다른 용도로 사용한자, 양도인(임대인), 양수인에게 감면된 관세를 즉시 징수한다. 손상감세 규정 적용한다.

5) 감면승계

「대·중소기업 상생협력 촉진에 관한 법률」 규정에 따른 수·위탁거래의 관계에 있는 기업에 양도할 수 있으며, 이 경우 용도외 사용 등에 의하여 징수할 관세를 감면할 수 있다.

다만, 이 법외의 법령·조약·협정 등에 의하여 그 감면된 관세를 징수하는 때에는 그러하지 아니하다.

3. 종교용품·자선용품·장애인용품 등의 면세

1) 의의

자선 또는 구호의 목적이나 재활의료를 위하여 사용되는 물품에 대하여 수급지원을 하기 위한 제도로서 사회복지적 성격을 지니고 있다.

2) 면세대상

① 교회·사원 등 종교단체의 예배용품 및 식전용품으로서 외국으로부터 기증되는 물품. 다만, 기획재정부령이 정하는 물품을 제외한다.(85류, 92류의 일부물품)

② 자선 또는 구호의 목적으로 기증되는 물품 및 기획재정부령이 정하는 자선·구호시설 또는 사회복지시설에 기증되는 물품으로서 당해용도에 직접 사용하는 물품. 다만, 기획재정부령이 정하는 물품을 제외한다.(자동차 등)

③ 국제적십자사·외국적십자사 및 기획재정부령이 정하는 국제기구가 국제평화봉사활동 또는 국제친선활동을 위하여 기증하는 물품

④ 시각·청각·언어의 장애인, 지체장애인, 만성신부전증환자, 희귀난치성질환자 등을 위한 용도로 특수하게 제작 또는 제조된 물품 중 기획재정부령이 정하는 물품

⑤ 「장애인복지법」 제58조의 규정에 의한 장애인복지시설 및 장애인의 재활의료를 목적으로 국가·지방자치단체 또는 사회복지법인이 운영하는 재활병·

의원에서 장애인의 진단및 치료를 위하여 사용하는 의료용구

3) 관세면제 신청

① 면세대상중 ①~③에 의하여 관세를 면제받고자 하는 자는 당해 기증사실을 증명하는 서류를 신청서에 첨부하여야 한다.

② 면세대상중 ①에 따라 관세를 면제받으려는 자는 해당 기증목적에 관하여 문화체육관광부장관의 확인을 받아야 한다.

③ 면세대상중 ②에 따라 관세를 면제받고자 하는 자가 국가 또는 지방자치단체 외의 자인 때에는 해당 시설 및 사업에 관하여 보건복지가족부장관이나 시장 또는 군수가 발급한 증명서 또는 그 사본을 신청서에 첨부하여야 한다.

④ 면세대상중 ③에 의하여 관세를 면제받고자 하는 자가 국가·지방자치단체 또는 대한적십자사외의 자인 때에는 당해 기증목적에 관하여 외교통상부장관의 확인을 받아야 한다.

⑤ 세관장은 당해 물품의 수량 또는 가격을 참작하는 경우 위의 확인 및 증명이 필요없다고 인정되는 때에는 이를 생략하게 할 수 있다.

4) 사후관리 : 수입신고 수리일부터 3년 이내의 범위내에서 관세청장이 정하는 기간내

4. 특정국물품의 면세 등

1) 의의

특정용도에 사용되는 물품으로서 다른 감면세 조항에 분류되지 않는 물품들을 모아서 규정하고 있다. 각종사회정책의 실현을 위한 조항이다.

2) 면세대상 (요약)

다음의 물품 등으로 기획재정부령이 정하는 물품

① 동식물의 번식·양식 및 종자개량을 위한 물품

② 박람회·국제경기대회 그 밖에 이에 준하는 행사에 사용하기 위하여 그 행사에 참가하는 자가 수입하는 물품

③ 핵사고 또는 방사능긴급사태시 그 복구지원 및 구호의 목적으로 외국으로부터 기증되는 물품
④ 우리나라 선박이 외국정부의 허가를 받아 외국의 영해에서 채집 또는 포획한 수산물(이를 원료로 하여 우리나라 선박에서 제조・가공한 것 포함)
⑤ 우리나라 선박이 외국의 선박과 협력하여 채집 또는 포획한 수산물로서 농림수산식품부장관이 추천하는 것
⑥ 농림수산식품부장관의 허가를 받은 자가 외국인과 합작하여 채집 또는 포획한 수산물중 농림수산식품부장관이 기획재정부장관과 협의하여 추천하는 것
⑦ 우리나라 선박 등에 의하여 채집 또는 포획된 수산물의 포장에 사용된 물품으로서 재사용이 불가능한 물품
⑧ 중소기업이 해외구매자의 주문에 따라 제작한 기계・기구가 당해 구매자가 요구한 규격 및 성능에 일치하는지 여부를 확인하기 위하여 행하는 시험생산에 소요되는 원재료
⑨ 우리나라를 방문하는 외국의 원수와 그 가족 및 수행원의 물품
⑩ 우리나라의 선박 기타 운송수단이 조난으로 인하여 해체된 경우 그 해체재 및 장비
⑪ 우리나라와 외국간에 건설될 교량・통신시설・해저통로 기타 이에 준하는 시설의 건설 또는 수리에 소요되는 물품
⑫ 우리나라 수출물품의 품질・규격・안전도 등이 수입국의 권한있는 기관이 정하는 조건에 적합한 것임을 표시하는 수출물품첩부용증표
⑬ 우리나라의 선박 또는 항공기가 해외에서 사고로 인하여 발생한 피해를 복구하기 위하여 외국의 보험회사 또는 외국의 가해자의 부담으로 행하는 수리부분에 해당하는 물품
⑭ 우리나라의 선박 또는 항공기가 매매계약상의 하자보수보증기간중에 외국에서 발생한 고장에 대하여 외국의 매도인의 부담으로 행하는 수리부분에 해당하는 물품
⑮ 국제올림픽・장애인올림픽・농아인올림픽 및 아시아운동경기・장애인아시아운동경기 종목에 해당하는 운동용구
⑯ 국립묘지의 건설・유지 또는 장식을 위한 자재와 국립묘지에 안장되는 자의 관・유골함 및 장례용 물품
⑰ 피상속인의 사망으로 인하여 국내에 주소를 둔 자에게 상속되는 피상속인의

신변용품

3) 면세신청

면제를 받고자 하는 경우 주무부처의 장등에게 확인 · 승인 등을 받아야 한다.

다만, 세관장이 당해 물품의 수량 · 가격을 참작하여 필요없다고 인정하는 때에는 이를 생략할 수 있다

4) 사후관리

(1) 사후관리 기간 및 내용

관세를 감면 받은 물품은 수입신고수리일부터 3년의 범위내에서 대통령령이 정하는 기준에 따라 관세청장이 정하는 기간내에는 감면받은 용도 외에 다른 용도로 사용하거나 양도(임대)할 수 없다. 위반한 경우 다른용도로 사용한자, 양도인(임대인), 양수인(임차인)으로부터 감면된 관세를 즉시징수 한다.

(2) 손상감세 규정 적용

(3) 감면승계

「대 · 중소기업 상생협력 촉진에 관한 법률」 규정에 따른 수 · 위탁거래의 관계에 있는 기업에 양도할 수 있으며, 이 경우 용도외 사용 등에 의하여 징수할 관세를 감면할 수 있다.

다만, 이 법외의 법령 · 조약 · 협정 등에 의하여 그 감면된 관세를 징수하는 때에는 그러하지 아니하다.

5. 환경오염 방지물품 등에 대한 감면세

1) 의의

오염물질의 배출을 방지 또는 처리, 공장자동화 기계 · 기구 및 방위산업용 물품등에 대하여 이들 용도에 사용하는 것을 조건으로 관세를 감면하는 제도이다.

2) 감면대상

다음에 해당하는 물품으로서 국내에서 제작하기 곤란한 물품이 수입되는 때에

는 그 관세를 감면할 수 있다.

(1) 환경오염 방지 물품 (30%, 2013년 12월 31일까지 수입신고되는 분에 한함)

① 오염물질(소음 및 진동을 포함한다)의 배출방지 또는 처리를 위하여 사용하는 기계·기구·시설·장비

② 폐기물처리(재활용의 경우를 포함한다)를 위하여 사용하는 기계·기구

(2) 공장자동화 물품 (30%, 중소제조업체가 수입신고하는 분에 한함)

기계·전자기술 또는 정보처리기술을 응용한 공장자동화기계·기구·설비(그 구성기기를 포함) 및 그 핵심부분품

(3) 방위산업에 소요되는 물품으로서 다음에 해당하는 것

① 방위산업에 소요되는 시설기계류 및 기초설비품

② 방위산업제품(경찰경비함정 및 이에 장착되는 물품을 포함한다)을 제조·가공·수리 또는 정비하기 위한 부분품 및 원재료

③ 방위산업제품(경찰경비함정 및 이에 장착되는 물품을 포함한다)의 연구·개발을 위한 시험분석용품 및 견품

(4) 항공기 출발과 도착, 항행의 안전 또는 승객의 안전에 필요한 기계·기구 및 그 부분품과 항공기 지상정비용 기계·기구 및 항공기 승무원 훈련용 장비

3) 감면율

(1) 환경오염 방지 물품

2013년 12월 31일까지 수입신고되는 분에 한하여 100분의 30

(2) 공장자동화 물품

2013년 12월 31일까지 수입신고되는 분에 한정하여 100분의 30.
다만, 중소제조업체가 수입하는 물품에 한한다.

4) 사후관리

(1) 사후관리 기간 및 내용

관세를 감면 받은 물품은 수입신고수리일부터 3년의 범위내에서 대통령령이 정하는 기준에 따라 관세청장이 정하는 기간내에는 감면받은 용도 외에 다른 용도로 사용하거나 양도(임대)할 수 없다. 위반한 경우 다른용도로 사용한자, 양도인(임대인), 양수인(임차인)으로부터 감면된 관세를 즉시징수 한다.

(2) 사후관리의 면제

오염물질 배출방지 또는 처리물품 중 자동차의 부분품

(3) 손상감세 규정 적용

(4) 감면승계

「대·중소기업 상생협력 촉진에 관한 법률」 규정에 따른 수·위탁거래의 관계에 있는 기업에 양도할 수 있으며, 이 경우 용도외 사용 등에 의하여 징수할 관세를 감면할 수 있다.

다만, 이 법외의 법령·조약·협정 등에 의하여 그 감면된 관세를 징수하는 때에는 그러하지 아니하다.

6. 재수출 면세

1) 의의

일시수입 물품에 대한 지원으로 우리나라에 수입된 특정물품이 단기간 내에 다시 수출될 것으로 예정되어 있는 경우, 재수출 이행을 조건으로 당해 물품이 수입되는 때에 관세를 면제할 수 있다. 국제협약 지원으로 ATA CARNET 협약, 교육과학기재 일시수입 협약, 포장용기 일시수입 협약 등 국가간 협약이 체결되어있다.

2) 재수출 면세 대상

수입신고수리일부터 다음의 기간내에 다시 수출하는 물품에 대하여는 그 관세를 면제할 수 있다.

(1) 1년의 범위내에서 대통령령이 정하는 기준에 따라 세관장이 정하는 기간내 재수출하는 물품

다만, 세관장은 부득이한 사유가 있다고 인정되는 때에는 1년의 범위 내에서 그 기간을 연장할 수 있다.

① 수출입 물품의 포장용품
② 일시입국자가 본인이 사용하고 재수출할 목적으로 수입하는 신변용품·작업용품·취재용품
③ 박람회·전시회 등 행사에 출품·사용하기 위해 수입하는 물품
④ 수리·검사·시험 등을 위한 자료 및 기구

(2) 1년을 초과하여 수출해야 할 부득이한 사유가 있는 물품으로 세관장이 정한 기간내에 수출하는 물품

① 수송기기의 하자를 보수하거나 이를 유지하기 위한 부분품
② 외국인 여행자가 연 1회 이상 항해조건으로 반입한 후 지방자치단체에서 보관·관리하는 요트(모터보트를 포함한다)

3) 재수출 면세 기간

세관장은 재수출면세기간을 정하고자 하는 때에는 다음의 기간을 재수출면세기간으로 한다.

이 경우 재수출면세물품이 행정당국에 의하여 압류된 경우에는 당해 압류기간은 재수출면세 기간에 산입하지 아니한다.

① 일시 입국하는 자가 본인이 사용하고 재수출할 목적으로 직접 휴대하여 수입하거나 별도로 수입하는 신변용품·취재용품 및 이와 유사한 물품의 경우
: 입국후 처음 출국하는 날까지의 기간
② 박람회·전시회·품평회 기타 이에 준하는 행사에 출품 또는 사용하기 위하여 수입하는 물품
: 박람회 등의 행사기간 종료일에 당해 물품을 재수출하는데 필요한 기일을 더한 기간
③ 가공 또는 수리를 위한 물품 및 그 재료
: 가공 또는 수리에 소요되는 것으로 인정되는 기간

④ 기타의 물품

: 당해 물품의 반입계약에 관한증빙서류에 의하여 확인되는 기간으로 하되, 반입계약에 관한 증빙서류에 의하여 확인할 수 없는 때에는 당해 물품의 성질 · 용도 · 수입자 · 내용연수 등을 고려하여 세관장이 정하는 기간

4) 사후관리

재수출 면세규정에 의해 관세를 면제 받은 물품을 "재수출 면세기간" 내에 수출하지 아니한 경우나 지정된 용도 외에 다른 용도에 사용하거나 다른 용도에 사용하고자 하는 자에게 양도한 경우에 수출하지 아니한 자, 용도 외에 사용한 자 또는 그 양도를 한 자로부터 면제된 관세를 즉시 징수하며, 양도인으로 징수할 수 없는 때에는 그 양수인에게 즉시징수 한다. 다만, 재해 기타 부득이한 사유로 멸실되었거나 미리 세관장의 승인을 얻어 폐기한 때에는 그러하지 아니하다.

5) 가산세의 징수

재수출 면세기간 내에 수출하지 아니한 때에는 500만원을 초과하지 아니하는 범위에서 당해 물품에 부과될 관세의 100분의 20에 상당하는 금액을 가산세로 징수한다.

6) 담보의 제공

세관장은 필요하다고 인정되는 때에는 재수출 면세물품에 대하여 그 물품을 수입하는 때에 감면하는 관세액(감면 추징에 따른 가산세는 제외)에 상당하는 담보를 제공하게 할 수 있다.

7. 재수출 감면세

1) 의의

임대차 · 도급계약의 이행과 관련하여 국내에서 일시적으로 사용하는 물품 중 내용연수로 보아 장기간에 걸쳐 사용할 수 있는 물품에 대하여 재수출 면세(§97) 규정에 의한 재수출면세 기간보다 연장된 재수출 기간을 설정하고, 재수출의 이행을 조건으로 관세를 경감할 수 있다.

"국제적 리스 산업을 합리적으로 지원"하기 위한 제도로서 선박을 나용하거나 공사용 기계 · 기구 등을 외국에서 빌려 사용할 때 활용된다.

2) 감면대상

장기간에 걸쳐 사용할 수 있는 물품으로서 그 수입이 임대차계약에 의하거나 도급계약의 이행과 관련하여 국내에서 일시적으로 사용하기 위하여 수입하는 물품 중 다음의 물품이 재수출기간 이내에 재수출되는 것에 대하여는 그 관세를 경감할 수 있다.

다만, 외국과의 조약 · 협정 등에 의하여 수입되는 때에는 상호조건에 따라 그 관세를 면제한다.

다음 각호의 요건을 갖춘 물품으로서 국내제작이 곤란함을 당해 물품의 생산에 관한 업무를 관장하는 중앙행정기관의 장 또는 그 위임을 받은 자가 확인하고 추천하는 기관 또는 기업이 수입하는 물품에 한한다.

① 「법인세법 시행규칙」 제15조의 규정에 의한 내용연수가 5년(금형의 경우에는 2년) 이상인 물품

② 개당 또는 셋트당 관세액이 500만원 이상인 물품

3) 재수출 기간

수입신고수리일부터 2년

장기간의 사용이 부득이한 물품으로서 기획재정부령이 정하는 것중 수입전에 세관장의 승인을 얻은 섯은 4년의 범위내에서 세관장이 정하는 기간

4) 감세율

① 재수출기간이 6월 이내인 경우
: 당해 물품에 대한 관세액의 100분의 85

② 재수출기간이 6월 초과 1년 이내인 경우
: 당해 물품에 대한 관세액의 100분의 70

③ 재수출기간이 1년 초과 2년 이내인 경우
: 당해 물품에 대한 관세액의 100분의 55

④ 재수출기간이 2년 초과 3년 이내인 경우
: 당해 물품에 대한 관세액의 100분의 40

⑤ 재수출기간이 3년 초과 4년 이내인 경우
: 당해 물품에 대한 관세액의 100분의 30

5) 사후관리

재수출기간내에 수출하지 아니한 경우, 지정된 용도외의 다른 용도에 사용하거나 당해 용도 외의 다른 용도에 사용하고자 하는 자에게 양도한 경우에 수출을 하지 아니한 자, 용도 외에 사용한자 또는 그 양도를 한 자로부터 경감된 관세를 즉시 징수하며, 양도인으로부터 당해 관세를 징수할 수 없는 때에는 그 양수인으로부터 징수한다.

다만, 재해 기타 부득이한 사유로 멸실되었거나 미리 세관장의 승인을 얻어 폐기한 때에는 그러하지 아니하다.

6) 가산세의 징수

재수출 면세기간 내에 수출하지 아니한 때에는 500만원을 초과하지 아니하는 범위에서 당해 물품에 부과될 관세의 100분의 20에 상당하는 금액을 가산세로 징수한다.

7) 담보의 제공

세관장은 필요하다고 인정되는 때에는 재수출 면세물품에 대하여 그 물품을 수입하는 때에 감면하는 관세액(감면 추징에 따른 가산세는 제외)에 상당하는 담보를 제공하게 할 수 있다.

8. 다른 법령 등에 의한 감면

1) 의의

관세의 감면에 대하여는 관세법 뿐만아니라 전문성을 가진 기타의 행정법에서 특례규정으로서 관세감면 규정을 둘 수 있다.

2) 다른 법령 등에 의한 관세감면 규정

(1) 조세특례제한법상 관세감면

(2) 조약 · 협정 등에 의한 관세감면

SOFA, 각종 차관협정, 항공협정 등에 의해 관세감면이 이루어지며, 상대국가가 제공한 감면수준과 동일한 수준으로 감면하는 "상호주의"가 적용된다

3) 사후관리

(1) 3년 이내에 용도외 사용 · 양도시 세관장 확인 필요

관세법외의 법령이나 조약 · 협정 등에 의하여 관세가 감면된 물품을 그 수입신고 수리일부터 3년내에 당해 법령이나 조약 · 협정 등에 규정된 용도외의 다른 용도에 사용하거나 당해 용도외의 다른 용도에 사용하고자 하는 자에게 양도하고자 하는 때에는 세관장의 확인을 받아야 한다.

다만, 당해 법령이나 조약 · 협정 등에 다른 용도에 사용하거나 다른 용도에 사용하고자 하는 자에게 양도한 때에 당해관세의 징수를 면제하는 규정이 있는 때에는 그러하지 아니하다.

(2) 용도외 사용 등의 확인 신청

위 규정에 의한 확인을 받고자 하는 자는 당해 물품의 관세감면의 근거가 되는 법령 · 조약 또는 협정 및 그 조항을 기재한 확인신청서에 동 법령 · 조약 또는 협정의 규정에 의하여 당해 물품의 용도외 사용 또는 양도에 필요한 요건을 갖춘 것임을 증빙하는 서류를 첨부하여 관할지 세관장에게 제출하여야 한다.

(3) 관세의 징수 (추징)

위의 규정에 의하여 세관장의 확인을 받아야 하는 물품에 대하여는 당해용도외 다른 용도에 사용한 자 또는 그 양도를 한 자로부터 감면된 관세를 즉시 징수하여야 하며, 양도인으로부터 징수할 수 없는 때에는 그 양수인으로부터 감면된 관세를 즉시 징수한다.

다만, 그 물품이 재해 기타 부득이한 사유로 멸실되었거나 미리 세관장의 승인을 얻어 폐기한 때에는 예외로 한다.

(4) 사후관리의 위탁

관세청장은 다른법령 등에 의한 관세의 감면에 대한 당해 조건의 이행을 확인하기 위하여 필요한 때에는 당해 법률 · 조약 등의 집행을 주관하는 부처의 장에게

사후관리를 위탁한다.

6.4 관세 감면의 사후관리

1. 의의

관세의 감면제도는 특정한 정책목적을 달성하기 위하여 운용되고 있으므로 관세감면의 혜택에 비례하는 사후적인 확인과 검사가 필요하다. 특히 조건부 감면 등의 경우 조건 이행 여부를 확인하고 일정기간 주의・감시하게 되는데 이를 사후관리라 한다.

2. 사후관리의 대상

(1) 조건부 감면세에 대한 사후관리(재수출면세・재수출 감면세 제외)

세율불균형물품의 면세, 학술연구용품의 감면세, 종교용품 등의 면세, 특정물품의 면세 등, 환경오염방지물품 등의 규정에 의하여 관세를 감면받은 물품은 수입신고수리일부터 3년의 범위내에서 관세청장이 정하는 기간내에는 그 감면받은 용도외의 다른 용도로 사용하거나 양도(임대를 포함)할 수 없다.

다만, 기획재정부령이 정하는 물품과 대통령령이 정하는 바에 의하여 미리 세관장의 승인을 얻은 물품의 경우에는 그러하지 아니하다.

(2) 재수출 면세・재수출 감면세에 대한 사후관리

재수출기간내에 수출하지 아니한 경우 지정된 용도외의 다른 용도에 사용하거나 당해 용도 외의 다른 용도에 사용하고자 하는 자에게 양도한 경우에 수출을 하지 아니한자, 용도 외에 사용한자 또는 그 양도를 한 자로부터 경감된 관세를 즉시 징수하며, 양도인으로부터 당해 관세를 징수할 수 없는 때에는 그 양수인으로부터 징수한다.

다만, 재해 기타 부득이한 사유로 멸실되었거나 미리 세관장의 승인을 얻어 폐기한 때에는 그러하지 아니하다.

(3) 외교관용물품 중 양수제한 물품

피아노, 자동차, 엽총 등 양수제한 물품을 수입신고 수리일부터 3년의 범위 내에서 관세청장이 정하는 기간 내에 다른 용도에 사용하기 위하여 양수할 수 없다.

이 규정을 위반한 경우 양수자로부터 면제된 관세를 즉시 징수한다.

(4) 다른 법령 등에 의한 감면 물품

관세법외의 법령·조약·협정 등에 의하여 관세가 감면된 물품을 그 수입신고 수리일부터 3년내에 당해 법령·조약·협정 등에 규정된 용도외의 다른 용도에 사용하거나, 다른 용도에 사용하고자 하는 자에게 양도하고자 하는 때에는 세관장의 확인을 받아야 한다.

이를 위반한 경우 다른 용도에 사용한 자·그 양도를 한 자로부터 감면된 관세를 즉시 징수하여야 하며, 양도인으로부터 징수할 수 없는 때에는 그 양수인으로부터 감면된 관세를 즉시 징수한다.

3. 감면물품의 용도외 사용 등에 대한 승인

(1) 용도외 사용 등 승인신청의 대상

사후관리 대상인 관세감면물품을 감면받은 용도 외의 다른 용도에 사용하거나 감면받은 용도 외의 다른 용도에 사용할 자에게 양도하기 위하여는 세관장의 승인을 얻어야 한다.

(2) 관세감면 물품의 멸실

사후관리 대상인 관세감면물품(외국관용물품 등 면세물품중 양수제한물품 제외)이 재해 기타 부득이한 사유로 인하여 멸실된 경우, 용도 외 사용하거나 용도 외의 다른 용도에 사용할 자에게 양도한 것으로 보지 않는다.

(3) 관세감면 물품의 폐기

사후관리 대상인 관세감면물품(외국관용물품 등 면세물품중 양수제한물품 제외)을 세관장의 승인을 얻어 폐기한 경우, 용도 외 사용하거나 용도 외의 다른 용도에 사용할 자에게 양도한 것으로 보지 않는다.

4. 감면의 승계(제103조 관세감면물품의 용도외 사용)

(1) 의의

관세감면물품을 용도외 사용하거나 용도외 사용할 자에게 양도하는 경우에도 추징하지 않고, 관세 감면의 효과를 유지시키는 제도로서 새로운 수입을 억제하고 국내자원의 효율적 사용 위해 승계하는 경우 사후관리기간은 당초의 수입신고 수리일부터 계산한다.

(2) 감면승계 대상

① 다른용도로 전용후에도 감면이 가능한 경우

법령·조약·협정 등에 의하여 관세를 감면받은 물품을 감면받은 용도외의 다른 용도에 사용하거나 감면받은 용도외의 다른 용도에 사용하고자 하는 자에게 양도하는 때 당해 물품을 다른 용도에 사용하는 자나, 당해 물품을 다른 용도에 사용하기 위하여 양수하는 자가 그 물품을 다른 용도에 사용하기 위하여 수입하는 경우 그 물품에 대하여 관세를 감면받을 수 있는 때에는 용도외 사용 등에 의하여 징수하여야 하는 관세를 감면할 수 있다.

② 계열화 중소기업에 대한 감면승계

학술연구용품의 감면세(§90), 특정물품의 면세 등(§93), 환경오염방지물품 등에 대한 감면세(§95), 재수출감면세(§98) 규정에 의하여 관세를 감면받은 물품은 「대·중소기업 상생협력 촉진에 관한 법률」 규정에 따른 수·위탁거래의 관계에 있는 기업에 양도할 수 있으며, 이 경우 용도외 사용 등에 의하여 징수할 관세를 감면할 수 있다.

(3) 감면승계의 제한

관세법외의 법령·조약·협정 등에 의하여 그 감면된 관세를 징수하는 때에는 그러하지 아니하다.

(4) 감면승계시의 사후관리기간의 계산

감면승계제도에 의해 관세의 감면을 받은 경우 그 사후관리기간은 당초의 수입신고수리일부터 계산한다.

(5) 감면신청 등

감면승계규정에 의해 관세의 감면을 받고자 하는 자는승인 또는 확인신청시에 다음의 사항을 기재한 신청서에 그 새로운 용도에 사용하기 위하여 수입하는 때에 관세의 감면을 받기 위하여 필요한 서류를 첨부하여 세관장에게 제출하여야 한다.

① 당해 물품의 품명 · 규격 · 수량 및 가격

② 당해 물품의 수입신고번호 · 수입신고수리 연월일 및 통관세관명

③ 당해 물품의 당초의 용도, 사업의 종류, 설치 또는 사용장소 및 관세감면의 법적 근거

④ 당해 물품의 새로운 용도, 사업의 종류, 설치 또는 사용장소 및 관세감면의 법적 근거

(6) 감면세액의 차액 징수

새로운 용도에 따라 감면되는 관세의 금액이 당초에 감면된 관세의 금액보다 적은 경우에는 그 차액에 해당하는 관세를 징수한다.

5. 시설대여업자에 대한 감면 등

(1) 「여신전문금융업법」의 규정에 의한 시설대여업자가 관세법의 규정에 의하여 관세가 감면되거나 분할납부되는 물품을 수입하는 때에는 제19조의 규정에 불구하고 대여시설이용자를 납세의무자로 하여 수입신고를 할 수 있다. 이 경우 납세의무자는 대여시설이용자가 된다.

(2) 위의 규정에 의하여 관세를 감면받거나 분할납부승인을 얻은 물품에 대하여 관세를 징수하는 경우 납세의무자인 대여시설이용자로부터 관세를 징수할 수 없는 때에는 시설대여업자로부터 이를 징수한다.

6. 사후관리의 면제

(1) 무조건 감면의 경우 사후관리가 없다(외교관 면세의 양수제한 물품 제외)

(2) 조건부 감면 중

① 세율불균형 물품의 감면세의 항공기 및 그 부분품

② 환경오염 방지 물품 등에 대한 감면세의 오염물질(소음 및 진동을 포함)의 배출방지 또는 처리를 위하여 사용하는 기계 · 기구 · 시설 · 장비 중 자동차의 부분품

7. 사후관리의 종결

(1) 사후관리 기간 만료시

(2) 감면물품 수출시

관세의 감면을 받은 물품을 세관장의 승인을 얻어 수출한 때에는 용도 외 사용으로 보지 아니하고 사후관리를 종결한다.

다만, 관세의 감면을 받은 물품을 가공 또는 수리 목적으로 수출한 후 다시 수입하거나, 해외시험 및 연구목적으로 수출한 후 다시 수입하여 재수입 면세 또는 해외임가공물품 등의 감세규정에 의한 감면을 받은 때에는 사후관리를 계속한다.

8. 감면관련 제재

(1) 부정감면죄 (징역 또는 벌금 제재)

부정한 방법으로 관세의 감면을 받거나 관세의 감면을 받은 물품에 대한 관세의 징수를 면탈한 자는 3년 이하의 징역 또는 감면받거나 면탈한 관세액의 5배 이하에 상당하는 벌금에 처한다.

(2) 벌금 제재

용도 외에 사용하거나 용도 외 사용할 자에게 양도한 경우 벌금 제재를 받는다

(3) 과태료 제재

관세감면물품을 동일 용도에 사용할 자에게 세관의 확인없이 무단양도 하거나. 필요한 서류의 제출을 이행하지 않은 경우 과태료 제재를 받는다.

6.5 관세의 분할납부

1. 의의

특정사업 · 시설의 목적을 달성하기 위해서나 그에 대한 지원을 하기 위해 또는 납세자에게 특별한 사유가 발생하여 관세를 일시에 전액 납부하는 것이 불합리하다고 인정되는 경우, 부과된 관세를 일정기간 동안 분할하여 납부하도록 하는 제도이다.

2. 분할납부 대상

(1) 천재지변 등의 사유 발생시 (1년)

세관장은 다음의 사유로 인하여 관세법의 규정에 의한 신고, 신청, 청구 기타 서류의 제출, 통지, 납부 또는 징수를 정하여진 기한까지 할 수 없다고 인정되는 때에는 1년을 초과하지 아니하는 기간을 정하여 관세를 분할하여 납부하게 할 수 있다.

① 천재지변
② 전쟁 · 화재 등 재해나, 도난으로 인하여 재산에 심한 손실을 입은 경우
③ 사업에 현저한 손실을 입은 경우
④ 사업이 중대한 위기에 처한 경우
⑤ 기타 세관장이 인정하는 경우

(2) 특정물품 수입시 (5년)

다음에 해당하는 물품이 수입되는 때에는 세관장은 기획재정부령이 정하는 바에 의하여 5년을 초과하지 아니하는 기간을 정하여 관세의 분할납부를 승인할 수 있다.

① 시설기계류 · 기초설비품 · 건설용재료 및 그 구조물과 공사용장비로서 기획재정부장관이 고시하는 물품.
다만, 기획재정부령이 정하는 업종에 소요되는 물품을 제외

(a) 관세율표에서 부분품으로 분류되지 아니할 것
(b) 관세법 기타 관세에 관한 법률 또는 조약에 의하여 관세를 감면받지 아니할 것
(c) 당해 관세액이 500만원 이상일 것. 다만, 중소기업이 수입하는 경우에는 100만원 이상일 것
(d) 관세법 제51조 내지 제72조의 규정(탄력관세)을 적용받는 물품이 아닐 것

② 정부 · 지방자치단체가, 학교 · 직업훈련원, 비영리법인, 의료기관 · 사회복지기관, 연구기관 등에서 수입하는 물품 중 기획재정부장관이 고시하는 물품
- 관세법 시행규칙 별표에 게기되어 있음
- 관세법 기타 관세에 관한 법률 또는 조약에 의하여 감면받지 아니한 것에 한함

③ 학교나 직업훈련원에서 수입하는 물품과 비영리법인이 공익사업을 위하여 수입하는 물품으로서 기획재정부령으로 정하는 물품

④ 의료기관 등 기획재정부령으로 정하는 사회복지기관 및 사회복지시설에서 수입하는 물품으로서 기획재정부장관이 고시하는 물품

⑤ 기획재정부령으로 정하는 기업부설연구소, 산업기술연구조합 및 비영리법인인 연구기관, 그밖에 이와 유사한 연구기관에서 수입하는 기술개발연구용품 및 실험실습용품으로서 기획재정부령이 고시하는 물품

⑥ 중소제조업체가 직접 사용하기 위하여 수입하는 물품
관세율표 제84류 · 제85류 및 제90류에 해당하는 물품으로서 다음의 요건을 갖추어야 한다.
(a) 관세법 기타 관세에 관한 법률 또는 조약에 의하여 관세의 감면을 받지 아니할 것
(b) 당해 관세액이 100만원 이상일 것
(c) 관세법 제51조 내지 제72조의 규정을 적용받는 물품이 아닐 것
(d) 국내에서 제작이 곤란한 물품으로서 당해 물품의 생산에 관한 사무를 관장하는 주무부처의 장 또는 그 위임을 받은 기관의 장이 확인한 것일 것

3. 분할납부의 승인신청 등

(1) 분할납부의 승인 신청 (세관장에게 신청서 제출)

① 천재지변 등의 사유발생시: 분할납부하고자 하는 납부기한 내에

② 특정물품 수입시 : 당해 물품의 수입신고시부터 수입신고수리전까지

그 물품의 품명・규격・수량・가격・용도・사용장소와 사업의 종류를 기재한 신청서를 세관장에게 제출하여야 한다.

(2) 담보제공

세관장은 분할납부 승인시 분할납부하는 관세액에 상당하는 담보를 제공하게 할 수 있다.

(3) 분할납부 가능 최저 관세액

수입신고 건당 관세액이 30만원 미만인 물품을 제외한다.

4. 분할납부 승인 얻은 법인의 신고의무

분할납부승인을 얻은법인이 합병・분할・분할합병 또는 해산하거나 파산선고를 받은 때 또는 관세의 분할납부승인을 얻은 자가 파산선고를 받은 때에는 제6항 내지 제8항의 규정에 의하여 그 관세를 납부하여야 하는 자는 지체없이 그 사유를 세관장에게 신고하여야 한다.

5. 분할납부 승인물품에 대한 과세

(1) 납세고지 및 납부

세관장은 관세의 분할납부를 승인한 때에는 납부기한별로 납세고지를 하여야 한다. 납세고지를 받은 자는 고지를 받은 날부터 15일 이내에 관세를 납부하여야 한다.

(2) 납세의무자

세의무자는 일반적인 경우와 같으므로 원칙적으로 화주가 된다. 그러나 분납이 완료되기까지 장시간이 소요되므로 특별사유 발생시 화주 이외의 자가 납세자가 될 수 있다.

① 양도한 때

관세의 분납승인을 얻은 물품을 동일한 용도에 사용하고자 하는 자에게 양도한 때에는 그 양수인이 관세를 납부, 다른 용도에 사용하고자 하는 자에게 양도한 때에는 그 양도인이 관세를 납부하여야 한다. 이 경우 양도인으로부터, 당해 관세를 징수할 수 없는 때에는 그 양수인으로부터 이를 징수한다.

② 법인이 합병·분할·분할합병한 때

분할납부승인을 얻은 법인이 합병·분할 또는 분할합병된 때에는 합병·분할·분할합병후 존속하거나 합병·분할·분할합병으로 인하여 설립된 법인이 연대하여 관세를 납부하여야 한다.

③ 파산선고를 받은 때

관세의 분할납부승인을 얻은 자가 파산선고를 받은 때에는 그 파산관재인이 관세를 납부하여야 한다.

④ 법인이 해산한 때

관세의 분할납부승인을 얻은 법인이 해산한 때에는 그 청산인이 관세를 납부하여야 한다.

6. 사후관리

(1) 용도변경 또는 양도시 세관장 승인

관세의 분할납부승인을 얻은 자가 당해 물품의 용도를 변경하거나 그 물품을 양도하고자 하는 때에는 미리세관장의 승인을 얻어야 한다.

(2) 즉시징수

다음에 해당하는 경우에는 납부하지 아니한 관세의 전액을 즉시 징수한다.

① 관세의 분할납부 승인을 얻은 물품을 분할납부 기간내에 당해 용도외의 다른 용도에 사용하거나 당해 용도외의 다른 용도에 사용하고자 하는 자에게 양도한 때
② 관세를 지정된 기한까지 납부하지 아니한 때.
다만, 관세청장이 부득이한 사유가 있다고 인정하는 경우를 제외한다.
③ 파산선고를 받은 때
④ 법인이 해산한 때

(3) 조건이행 확인 서류의 제출

분할납부의 승인을 받은 자는 당해 조건의 이행을 확인하는 데에 필요한 관세청장이 정하는 바에 따라 통관세관장 또는 관할지세관장에게 제출하여야 한다.

(4) 사후관리의 위탁

관세청장은 조건의 이행을 확인하기 위하여 필요한 때에는 대통령령이 정하는 바에 의하여 당해 물품의 사후관리에 관한 사항을 당해 업무를 주관하는 부처의 장에게 위탁할 수 있다.

7. 분할납부 승인물품의 반입 및 변경신고

(1) 물품의 반입

분할납부의 승인을 얻은 자는 설치 또는 사용할 장소에 당해물품을 수입신고수리일부터 1월내에 반입하여야 한다.

(2) 장부의 비치

설치 또는 사용할 장소에 물품을 반입한 자는 당해 장소에 물품관련사항을 기재한 장부를 비치하여야 한다.

(3) 변경신고

분할납부의 승인을 얻은 물품을 그 분할납부기간 만료 전에 그 설치 또는 사용장소를 변경하고자 하는 때에는 변경전의 관할지 세관장에게 설치 또는 사용장소 변경신고서를 제출하고, 제출일부터 1월내에 변경된 설치 또는 사용장소에 이를

반입하여야 한다.

다만, 재해 · 노사분규 등의 긴급한 사유로 자기소유의 국내의 다른 장소로 당해 물품의 설치 또는 사용장소를 변경하고자 하는 경우에는 관할지 세관장에게 신고하고, 변경된 설치 또는 사용장소에 반입한 후 1월 이내에 설치 또는 사용장소 변경신고서를 제출하여야 한다.

8. 내국세의 분할납부

내국세의 분할납부에 관하여 관세법에 준용규정이 없으므로 당해 세법에 분할납부 제도가 없는 한 관세에 준하여 분할납부 할 수 없다.

6.6 관세법상 환급제도

1. 개요

1) 관세 환급의 개념

세관에 이미 납부한 관세 · 가산금 · 가산세 · 체납처분비를 일정한 사유로 인하여 다시 되돌려 주는 것을 말하며, 세법상의 부당이득 조정제도이다.

2) 관세법상의 환급

① 관세환급금의 환급
② 계약내용과 상이한 물품에 대한 관세 환급
③ 지정보세구역 장치물품의 멸실 · 손상으로 인한 관세 환급
④ 종합보세구역 내 판매물품에 대한 관세환급

2. 관세법상 관세 환급

1) 관세환급금의 환급(법 제46조)

(1) 의의

세관장은 납세의무자가 관세·가산금·가산세 또는 체납처분비의 관세환급금의 환급을 청구하는 때에는 대통령령이 정하는 바에 의하여 지체없이 이를 환급금으로 결정하고 30일이내에 환급하여야 하며, 세관장이 확인한 관세환급금은 납세의무자의 청구가 없는 경우에도 이를 환급하여야 한다.

(2) 관세환급가산금(법 제48조)

① 의의

세관장은 관세환급금을 환급 또는 충당하는 때에는 대통령령으로 정하는 관세환급가산금 기산일부터 환급결정 또는 충당결정을 하는 날까지의 기간과 대통령령으로 정하는 이율에 따라 계산한 금액을 관세환급금에 더하여야 한다.

② **관세환급가산금의 적용 배제**

(a) 가산금이 적용되지 않는 경우

- 국가·지자체·지자체 조합이 직접수입하는 물품
- 국가·지자체·지자체 조합에 기증되는 물품
- 우편물(수입신고를 하여야 하는 것은 제외)

(b) 잠정가격 신고를 한 경우

잠정가격을 기초로 신고납부한 세액과 확정된 가격에 의한 세액과의 차액을 환급하는 경우 관세환급가산금을 지급하지 않는다.

2) 계약내용과 상이한 물품에 대한 관세환급(법 제106조)

(1) 의의

수입신고가 수리된 물품이 계약내용과 상이하고 수입신고 당시의 성질 또는 형태가 변경되지 아니한 경우 당해 물품이 수입신고수리일부터 1년 이내에 다음 각 호의 어느 하나에 해당하는 때에는 그 관세를 환급한다.

① 당해 물품이 외국으로부터 반입된 물품인 경우에는 보세구역(세관장의 허가

를 받은 보세구역 외 장소를 포함)에 반입하여 다시 수출한 때

② 당해 물품이 보세공장에서 생산된 경우에는 보세공장에 다시 반입한 때

(2) 일부수출 및 폐기시

① 세관장이 환급세액의 산출에 지장이 없다고 인정하여 승인을 한 경우 그 수입물품의 일부를 수출한 때에도 그 관세를 환급할 수 있다.

② 수입물품의 수출에 갈음하여 이를 폐기하는 것이 부득이하다고 인정하여 그 물품을 수입신고수리일부터 1년내에 보세구역에 반입하여 미리 세관장의 승인을 얻어 폐기한 때에는 그 관세를 환급한다.

(3) 부과의 취소

관세의 납부기한이 종료되기 전이거나 징수유예 중, 분할납부기간이 종료하지 아니하여 당해 물품에 대한 관세가 징수되지 아니한 때에는 세관장은 당해관세의 부과를 취소할 수 있다.

(4) 환급관세액

① 수출물품 또는 보세공장 반입물품

이미 납부한 관세의 전액으로 하며, 일부를 수출하거나 보세공장에 반입한 경우에는 일부물품에 해당하는 관세액으로 한다.

② 폐기물품

이미 납부한 관세액으로 한다. 다만, 폐기에 의해 생긴 잔존물에 대하여는 그 폐기한 때의 당해 잔존물의 성질 · 수량 · 가격에 의하여 부과될 관세액을 공제한 금액으로 한다.

3) 지정보세구역 장치물품의 멸실 · 손상으로 인한 관세의 환급(법 제106조)

(1) 의의

수입신고가 수리된 물품이 수입신고수리 후에도 계속 지정보세구역에 장치되어 있는 중에 재해로 인하여 멸실되거나 변질 또는 손상으로 인하여 그 가치가 떨어졌을 때에는 대통령령이 정하는 바에 의하여 그 관세의 전부 또는 일부를 환급할 수 있다.

(2) 입항전 수입신고 수리물품의 경우

입항전수입신고가 수리되고, 보세구역 등으로부터 반출되지 아니한 물품에 대하여는 당해 물품이 지정보세구역에 장치되었는지 여부에 관계없이 관세의 전부 또는 일부를 환급할 수 있다.

(3) 부과의 취소

해당 수입물품에 대한 관세의 납부기한이 종료되기 전이거나, 징수유예 중, 분할납부기간이 종료하지 아니하여 당해 물품에 대한 관세가 징수되지 아니한 때에는 세관장은 당해 관세의 부과를 취소할 수 있다.

(4) 환급금

① 멸실된 물품 : 이미 납부한 관세의 전액

② 변질 또는 손상된 물품

환급하는 금액은 다음의 두 금액 중 많은 것으로 한다

- 수입물품의 변질·손상으로 인한 가치의 감소에 따른 가격의 저하분에 상응하는 관세액
- 수입물품의 관세액에서 그 변질·손상으로 인한 가치의 감소 후의 성질 및 수량에 의하여 산출한 관세액을 공제한 차액

4) 종합보세구역 내 판매물품에 대한 관세 등의 환급

(1) 의의

외국인관광객 등이 종합보세구역에서 구입한 물품을 국외로 반출하는 경우에는 당해 물품을 구입할 때 납부한 관세 및 내국세 등을 환급받을 수 있다.

(2) 환급 적용대상

외국환거래법 제3조 규정에 의한 비거주자를 말한다. 다만, 다음의 자를 제외한다.

① 법인

② 국내에 주재하는 외교관(이에 준하는 외국공관원 포함)

③ 국내에 주재하는 국제연합군과 미국군의 장병 및 군무원

(3) 외국인관광객등에 대한 관세등의 환급

① 외국인관광객등이 종합보세구역에서 물품을 구매할 때에 부담한 관세 등을 환급 또는 송금받고자 하는 경우에는 출국하는 때에 출국항을 관할하는 세관장("출국항 관할세관장")에게 판매확인서와 구매물품을 함께 제시하여 확인을 받아야 한다.

② 출국항 관할세관장은 외국인관광객등이 제시한 판매확인서의 기재사항과 물품의 일치여부를 확인한후 판매확인서에 확인인을 날인하고, 외국인관광객등에게 이를 교부하거나 판매인에게 송부하여야 한다.

③ 외국인관광객등이 판매확인서를 교부받은 때에는 환급창구운영사업자에게 이를 제시하고 환급 또는 송금받을 수 있다. 다만, 판매인이 판매확인서를 송부받은 경우에는 그 송부받은 날부터 20일 이내에 외국인관광객 등이 종합보세구역에서 물품을 구매한 때 부담한 관세 등을 당해 외국인관광객 등에게 송금하여야 한다.

(4) 판매인에 대한 관세등의 환급 등

① 판매인은 종합보세구역에서 관세 및 내국세등이 포함된 가격으로 물품을 판매한후 다음 각호에 해당하는 경우에는 관세등을 환급받을 수 있다.

1. 외국인관광객등이 구매한 날부터 3월 이내에 물품을 국외로 반출한 사실이 확인되는 경우
2. 판매인이 환급창구운영사업자를 통하여 당해 관세등을 환급 또는 송금하거나 외국인관광객등에게 송금한 것이 확인되는 경우

② 환급금을 지급받은 판매인은 외국인관광객등에 대하여 환급 또는 송금한 사실과 관련된 증거서류를 5년간 보관하여야 한다.

(5) 환급창구운영사업자

관세청장은 외국인관광객등이 종합보세구역에서 물품을 구입한 때에 납부한 관세등을 판매인을 대리하여 환급 또는 송금하는 사업을 영위하는 자("환급창구운영사업자")를 지정하여 운영할 수 있다.

3. 환급절차

1) 환급의 신청

환급을 받고자 하는 자는 당해 물품의 품명·규격·수량·수입신고수리연월일·신고번호 및 환급사유와 환급받고자 하는 금액을 기재한 신청서를 세관장에게 제출하여야 한다.

2) 지급지시서 및 환급통지서의 송부

세관장은 환급금을 결정한 때에는 즉시 환급금 해당액을 환급받을 자에게 지급할 것을 내용으로 하는 지급지시서를 한국은행(국고대리점을 포함)에 송부하고, 그 환급받을 자에게 환급내용 및 방법 등을 기재한 환급통지서를 송부하여야 한다.

3) 환급금 이체

한국은행은 세관장으로부터 지급지시서를 송부받은 때에는 즉시 세관장의 당해연도 소관세입금중에서 환급에 필요한 금액을 세관장의 환급금지급계정에 이체하고 그 내용을 세관장에게 통지하여야 한다.

4) 환급금 지급

① 한국은행은 환급통지서를 제시받은 때에는 이를 세관장으로부터 송부받은 지급지시서와 대조·확인한 후 환급금을 지급하고 지급내용을 세관장에게 통지하여야 한다.

② 한국은행은 환급금을 지급하는 때에는 환급받을 자로 하여금 주민등록증 기타 신분증을 제시하도록 하여 그가 정당한 권리자인지를 확인하여야 한다.

5) 미지급금의 정리

① 한국은행은 세관장이 환급금지급계정에 이체된 금액으로부터 당해 회계연도의 환급통지서 발행금액중 다음 회계연도 1월 15일까지 지급하지 못한 환급금을 세관환급금지급미필이월계정에 이월하여 정리하여야 한다.

② 세관환급금지급미필이월계정에 이월한 금액중 환급통지서발행일부터 1년내에 지급하지 못한 금액은 그 기간이 만료한 날이 속하는 회계연도의 세입에

편입하여야 한다.

③ 환급받을 자가 환급통지서발행일부터 1년내에 환급금을 지급받지 못한 때에는 세관장에게 다시 환급절차를 밟을 것을 요구할 수 있으며, 세관장은 이를 조사·확인하여 그 지급에 필요한 조치를 하여야 한다.

6) 과다환급관세의 징수(법 제47조)

(1) 의의

세관장은 관세환급금의 환급에 있어서 그 환급액이 과다한 것을 알게 되었을 때에는 해당 관세환급금을 지급받은 자로부터 과다지급된 금액을 환급을 받은 자로부터 징수하여야 한다.

(2) 과다환급액 가산금액의 이자율

세관장은 과다환급액을 징수하는 때에는 과다환급한 날의 다음날부터 징수결정을 하는 날까지의 기간에 대하여 대통령령으로 정하는 이율에 따라 계산한 금액을 과다환급액에 더하여야 한다.

4. 기타 환급관련 규정

1) 충당(법 제46조 제2항)

세관장은 관세환급금을 환급하는 경우에 환급받을 자가 세관에 납부하여야 하는 관세 및 제세·가산금·가산세·체납처분비가 있는 때에는 환급하여야 하는 금액에서 이를 충당 할 수 있다. 세관장은 관세환급금을 충당한 때에는 그 사실을 권리자에게 통보하여야 한다. 다만, 권리자의 신청에 의하여 충당한 경우에는 그 통지를 생략한다.

2) 권리의 양도

납세의무자의 환급금에 관한 권리는 제3자에게 양도할 수 있다.

3) 내국세의 환급

수입물품에 대하여 세관장이 부과·징수하는 부가가치세, 지방소비세, 개별소비세, 주세, 교육세, 교통·에너지·환경세 및 농어촌특별세의 부과·징수·환급 등에관하여「국세기본법」·「국세징수법」·각내국세법의 규정과 이 법의 규정이 상충되는 때에는 이 법의 규정을 우선하여 적용한다.

4) 부정환급죄 적용

부정한 방법으로 관세의 환급을 받은자는 3년이하의 징역 또는 환급받은 세액의 5배 이하에 상당하는 벌금에 처한다.

5. 환급청구권

1) 의의

환급청구권이란 정부에 대하여 부당이득의 환수를 청구할 수 있는 권리이다. 환급청구권은 이를 행사할 수 있는 날부터 5년간 행사하지 아니하면 소멸시효가 완성된다.

2) 환급청구권을 행사할 수 있는 날(소멸시효의 기산일)

관세환급청구권을 행사할 수 있는 날은 다음의 날로 한다.

① 경정으로 인한 환급의 경우 : 경정결정일

② 착오납부 또는 이중납부로 인한 환급의 경우 : 그 납부일

③ 계약과 상이한 물품 등에 대한 환급의 경우 : 당해 물품의 수출신고수리일 또는 보세공장반입신고일

④ 종합보세구역에서 물품을 판매하는 자가 외국인관광객 등에게 판매한 물품에 대하여 환급받고자 하는 경우 : 환급에 필요한 서류의 제출일

⑤ 수입신고 또는 입항전 수입신고를 하고 관세를 납부한 후 신고가 취하 또는 각하된 경우 : 신고의 취하일 또는 각하일

⑥ 적법하게 납부한 후 법률의 개정으로 인하여 환급하는 경우 : 그 법률의 시행일

3) 환급청구권의 시효 중단

환급청구권의 행사로서 중단되며, 환급청구금액 중에서 일부가 지급된 경우에

는 미지급금에 대하여 그 일부가 지급된 날부터 다시 진행된다.

4) 민법의 준용

환급청구권의 소멸시효에 관하여 관세법의 규정이 있는 경우를 제외하고는 민법의 규정을 준용한다.

제 7 장 납세자의 권리

7.1 개요

납세자의 권리란 법에 의하여 보호되어지고 형수되어지는 납세자의 기본권으로서, 납세자가 조세절차법상의 적정성을 보장받을 권리로서 법 집행 절차의 투명성을 확보하고, 관세행정을 선진화하며, 납세자 중심의 재정민주화를 이루기 위해 관세법에서도 국세기본법의 관련규정을 수용하여 납세자의 권리에 대한 명시적인 규정을 마련하였다.

7.2 납세자 권리 헌장 교부 받을 권리

1. 의의

납세자권리헌장은 납세자 권리의 보호를 천명한 선언서이다. 이는 납세자에게 납세자권리헌장을 교부하여 납세자로 하여금 사전에 자신의 권리행사 범위에 대해 알수 있도록 하여 재정민주주의를 실현하는 데 그 목적이 있다.

2. 납세자권리헌장의 제정 및 고시

관세청장은 제111조 내지 제117조에 규정한 사항 기타 납세자의 권리보호에 관한 사항을 포함하는 납세자권리헌장을 제정하여 고시하여야 한다.

3. 납세자권리헌장의 교부

(1) 교부시기

세관공무원은 다음에 해당하는 때에는 납세자권리헌장의 내용이 수록된 문서를 납세자에게 교부하여야 한다.

① 관세포탈, 부정감면 또는 부정환급(환급특례법의 부정환급을 포함)에 대한 범칙사건을 조사하는 경우
② 관세의 결정 또는 경정을 위한 조사 등 부과처분을 위하여 납세자를 방문하여 조사하는 경우
③ 징수권의 확보를 위하여 압류를 하는 경우
④ 보세판매장에 대한 조사를 하는 경우

(2) 교부생략

세관공무원은 긴급히 납세자를 체포・압수・수색하거나 현행범인 납세자가 도주할 우려가 있는 등 조사목적을 달성할 수 없다고 인정되는 때에는 납세자권리헌장을 교부하지 아니할 수 있다.

7.3 통합조사의 원칙

1. 의의

세관공무원은 특정한 분야만을 조사할 필요가 있는 등 대통령령으로 정하는 경우를 제외하고는 신고납부세액과 이 법 및 다른 법령에서 정하는 수출입 관련 의무 이행과 관련하여 그 권한에 속하는 사항을 통합하여 조사하는 것을 원칙으로 한다.

2. 통합조사의 예외

법 제110조의2에서 "특정한 분야만을 조사할 필요가 있는 등 대통령령으로 정

하는 경우"란 다음 각 호의 어느 하나에 해당하는 경우를 말한다.

① 세금탈루 혐의, 수출입 관련 의무위반 혐의, 수출입업자 등의 업종·규모 등을 고려하여 특정 사안만을 조사할 필요가 있는 경우

② 조세채권의 확보 등을 위하여 긴급히 조사할 필요가 있는 경우

③ 그 밖에 조사의 효율성, 납세자의 편의 등을 고려하여 특정 분야만을 조사할 필요가 있는 경우로서 기획재정부령으로 정하는 경우

7.4 관세조사 대상자 선정

1. 의의

관세조사는 대상자를 선정하여 조사하여야 하며 세관장이 부과고지를 하는 경우에도 관세조사를 할 수 있다. 관세조사 대상자를 선정하여 조사하는 경우 정기선정에 따른 조사가 원칙이며 예외적인 경우에는 수시선정에 따라 조사할 수 있다.

2. 관세조사 대상자 선정에 따른 조사

(1) 정기선정

세관장은 다음 각 호의 어느 하나에 해당하는 경우에 정기적으로 신고의 적정성을 검증하기 위하여 대상을 선정(이하 "정기선정"이라 한다)하여 조사를 할 수 있다. 이 경우 세관장은 객관적 기준에 따라 공정하게 그 대상을 선정하여야 한다.

1. 관세청장이 수출입업자의 신고 내용에 대하여 정기적으로 성실도를 분석한 결과 불성실 혐의가 있다고 인정하는 경우
2. 최근 4년 이상 조사를 받지 아니한 납세자에 대하여 업종, 규모 등을 고려하여 대통령령으로 정하는 바에 따라 신고 내용이 적정한지를 검증할 필요가 있는 경우
3. 무작위추출방식으로 표본조사를 하려는 경우

(2) 정기선정 제외

세관장은 최근 2년간 수출입신고 실적이 일정금액 이하인 경우 등 대통령령으로 정하는 요건을 충족하는 자에 대해서는 제1항에 따른 조사를 하지 아니할 수 있다. 다만, 객관적인 증거자료에 의하여 과소 신고한 것이 명백한 경우에는 그러하지 아니하다.

(3) 수시선정

세관장은 정기선정에 의한 조사 외에 다음 각 호의 어느 하나에 해당하는 경우에는 조사를 할 수 있다.

① 납세자가 이 법에서 정하는 신고·신청, 과세자료의 제출 등의 납세협력의무를 이행하지 아니한 경우
② 수출입업자에 대한 구체적인 탈세제보 등이 있는 경우
③ 신고내용에 탈세나 오류의 혐의를 인정할 만한 자료가 있는 경우

3. 부과고지를 위한 관세조사

세관장은 제39조제1항에 따라 부과고지를 하는 경우 과세표준과 세액을 결정하기 위한 조사를 할 수 있다.

7.5 관세조사권 남용 금지

1. 조사권 남용 금지

세관공무원은 적정하고 공평한 과세를 실현하고 통관의 적법성을 보장하기 위하여 필요한 최소한의 범위에서 관세조사를 하여야 하며 다른 목적 등을 위하여 조사권을 남용하여서는 아니 된다.

2. 중복조사의 금지

세관공무원은 다음 각 호의 어느 하나에 해당하는 경우를 제외하고는 해당 사안에 대하여 이미 조사받은 자를 다시 조사할 수 없다.

① 관세포탈 등의 혐의를 인정할 만한 명백한 자료가 있는 경우
② 이미 조사받은 자의 거래상대방을 조사할 필요가 있는 경우
③ 이 법에 따른 이의신청 · 심사청구 또는 심판청구가 이유 있다고 인정되어 내려진 필요한 처분의 결정에 따라 조사하는 경우
④ 그 밖에 탈세혐의가 있는 자에 대한 일제조사 등 대통령령으로 정하는 경우

7.6 관세조사의 경우 조력을 받을 권리

납세자는 제110조제2항 각 호의 어느 하나에 해당하여 세관공무원에게 조사를 받는 경우에 변호사 · 관세사나 그 밖에 관세에 관한 전문지식을 갖춘 사람으로서 대통령령으로 정하는 사람으로 하여금 조사에 참여하게 하거나 의견을 진술하게 할 수 있다.

7.7 성실성을 추정받을 권리

1. 의의

세관공무원은 납세자가 이 법에 따른 신고 등의 의무를 이행하지 아니한 경우 또는 납세자에게 구체적인 관세포탈 등의 혐의가 있는 경우 등 대통령령으로 정하는 경우를 제외하고는 납세자가 성실하며 납세자가 제출한 신고서 등이 진실한 것으로 추정하여야 한다.

2. 성실성 추정의 제외

다음의 경우에는 성실성 추정을 제외한다

① 납세자가 법에서 정하는 신고 및 신청, 과세자료의 제출 등의 납세협력의무를 이행하지 아니한 경우

② 납세자에 대한 구체적인 탈세정보가 있는 경우

③ 신고내용에 탈루나 오류의 혐의를 인정할 만한 명백한 자료가 있는 경우

④ 납세자의 신고내용이 관세청장이 정한 기준과 비교하여 불성실하다고 인정되는 경우

3. 제한여부

제1항은 세관공무원이 납세자가 제출한 신고서 등의 내용에 관하여 질문을 하거나 신고한 물품에 대하여 확인을 하는 행위 등 대통령령으로 정하는 행위를 하는 것을 제한하지 아니한다.

7.8 관세조사의 사전통지와 연기신청

1. 관세조사의 사전통지

(1) 의의

세관공무원은 범칙조사·방문조사 등의 조사를 위하여 당해 장부·서류·전산처리장치 기타 물품 등을 조사하는 경우에는 조사를 받을 납세자(그 위임을 받은 자를 포함)에게 조사개시 7일전에 조사대상 및 조사사유 기타 사항을 문서로서 통지하여야 한다.

다만, 다음 각 호의 어느 하나에 해당하는 경우에는 그러하지 아니하다.

① 범칙사건에 대한 조사를 하는 경우

② 사전통지를 하는 경우 증거인멸 등으로 조사목적을 달성할 수 없는 경우

(2) 관세조사기간 등

조사기간은 조사대상자의 수출입 규모, 조사 인원 · 방법 · 범위 및 난이도 등을 종합적으로 고려하여 최소한이 되도록 하되, 방문하여 조사하는 경우에 그 조사기간은 20일 이내로 한다.

다만, 다음 각 호의 어느 하나에 해당하는 경우에는 20일 이내의 범위에서 조사기간을 연장할 수 있다. 이 경우 2회 이상 연장하는 경우에는 관세청장의 승인을 받아 각각 20일 이내에서 연장할 수 있다.

① 조사대상자가 장부 · 서류 등을 은닉하거나 그 제출을 지연 또는 거부하는 등 조사를 기피하는 행위가 명백한 경우

② 조사범위를 다른 품목이나 거래상대방 등으로 확대할 필요가 있는 경우

③ 천재지변이나 노동쟁의로 조사가 중단되는 경우

④ 제1호부터 제3호까지에 준하는 사유로 사실관계의 확인이나 증거 확보 등을 위하여 조사기간을 연장할 필요가 있는 경우

세관공무원은 납세자가 자료의 제출을 지연하는 등 다음 각 호의 어느 하나에 해당하는 사유로 조사를 진행하기 어려운 경우에는 조사를 중지할 수 있다. 이 경우 그 중지기간은 제1항 및 제2항의 조사기간 및 조사연장기간에 산입하지 아니한다.

① 납세자가 천재지변이나 제140조제1항에 따른 관세조사 연기신청 사유에 해당하는 사유가 있어 조사중지를 신청한 경우

② 납세자가 장부 · 서류 등을 은닉하거나 그 제출을 지연 또는 거부하는 등으로 인하여 조사를 정상적으로 진행하기 어려운 경우

③ 노동쟁의 등의 발생으로 관세조사를 정상적으로 진행하기 어려운 경우

④ 그 밖에 관세조사를 중지하여야 할 특별한 사유가 있는 경우로서 관세청장이 정하는 경우

세관공무원은 관세조사를 중지한 경우에는 그 중지사유가 소멸하면 즉시 조사를 재개하여야 한다. 다만, 관세채권의 확보 등 긴급히 조사를 재개하여야 할 필요가 있는 경우에는 그 중지사유가 소멸하기 전이라도 관세조사를 재개할 수 있다.

세관공무원은 조사기간을 연장, 중지 또는 재개하는 경우에는 그 사유, 기간 등을 문서로 통지하여야 한다.

2. 관세조사의 연기신청

법 제114조제2항에서 “대통령령으로 정하는 사유”란 다음 각 호의 어느 하나에 해당하는 경우를 말한다.

① 화재나 그 밖의 재해로 사업상 심한 어려움이 있는 경우
② 납세자 또는 그 위임을 받은 자의 질병, 장기출장 등으로 관세조사가 곤란하다고 판단되는 경우
③ 권한있는 기관에 의하여 장부 및 증빙서류가 압수 또는 영치된 경우
④ 그 밖에 제1호부터 제3호까지의 규정에 준하는 사유가 있는 경우

관세조사 연기를 신청받은 세관장은 연기신청 승인 여부를 결정하고 그 결과를 조사 개시 전까지 신청인에게 통지하여야 한다.

7.9 관세조사의 결과통지

세관공무원은 관세조사를 종료한 때에는 그 조사결과를 서면으로 납세자에게 통지하여야 한다. 다만, 다음의 경우에는 그러하지 아니하다.

① 납세자에게 통고처분을 하는 경우
② 범칙사건을 고발하는 경우
③ 폐업한 경우
④ 납세자의 주소 및 거소가 불명하거나 기타의 사유로 통지를 하기 곤란하다고 인정되는 경우

7.10 비밀유지

1. 의의

세관공무원은 납세자가 이 법이 정한 납세의무를 이행하기 위하여 제출한 자료나 관세의 부과 · 징수 또는 통관을 목적으로 업무상 취득한 자료 등(과세정보)을 타인에게 제공 또는 누설하거나 사용목적외의 용도로 사용하여서는 아니된다.

2. 과세정보의 제공

다음의 경우에는 그 사용목적에 맞는 범위안에서 납세자의 과세정보를 제공할 수 있다.

① 국가기관이 관세에 관한 쟁송 또는 관세범의 소추목적을 위하여 과세정보를 요구하는 경우
② 법원의 제출명령 또는 법관이 발부한 영장에 의하여 과세정보를 요구하는 경우
③ 세관공무원 상호간에 관세의 부과 · 징수 · 통관 또는 질문 · 검사상의 필요에 의하여 과세정보를 요구하는 경우
④ 다른 법률의 규정에 의하여 과세정보를 요구하는 경우

3. 과세정보 요구방법

① 과세정보의 제공을 요구하는 자는 문서에 의하여 해당 세관장에게 이를 요구하여야 한다.
② 세관공무원은 규정에 위반하여 과세정보의 제공을 요구하는 때에는 이를 거부하여야 한다.

4. 비밀유지

과세정보를 알게 된 자는 이를 타인에게 제공 또는 누설하거나 그 목적외의 용도로 사용하여서는 아니된다.

5. 공무원 의제

이 조의 규정에 의하여 과세정보를 제공받아 알게 된 자중 공무원이 아닌 자는 「형법」 기타법률에 의한 벌칙의 적용에 있어서는 이를 공무원으로 본다.

7.11 고액 · 상습체납자 명단공개

1. 의의

제116조에도 불구하고 관세청장은 체납발생일부터 1년이 지난 관세 및 내국세 등(결손처분한 것으로서 징수권 소멸시효가 완성되지 아니한 관세 및 내국세 등을 포함한다. 이하 이 조에서 "체납관세등"이라 한다)이 5억원 이상인 체납자에 대하여는 그 인적사항과 체납액 등을 공개할 수 있다.

2. 명단공개 제외 대상

다만, 체납관세등에 대하여 이의신청 · 심사청구 등 불복청구가 진행 중이거나 체납액의 일정금액 이상을 납부한 경우 등 대통령령으로 정하는 사유에 해당하는 경우에는 그러하지 아니하다.

① 체납관세 등에 대하여 이의신청 · 심사청구 등 불복청구 중에 있는 경우
② 체납액의 100분의 30이상을 납부한 경우
③ 채무자 회생 및 파산에 관한 법률」 제243조에 따른 회생계획인가의 결정에 따라 체납된 세금의 징수를 유예받고 그 유예기간 중에 있거나 체납된 세금을 회생계획의 납부일정에 따라 납부하고 있는 경우
④ 재산상황, 미성년자 해당여부 및 그 밖의 사정 등을 고려할 때 관세정보공개심의위원회가 공개할 실익이 없거나 공개하는 것이 부적절하다고 인정하는 경우

3. 관세정보공개심의 위원회

체납자의 인적사항 · 체납액 등에 대한 공개여부를 심의 또는 재심의하기 위하여 관세청에 관세정보공개심의위원회를 둔다.

4. 명단공개 방법

① 통지 및 소명기회 부여

관세청장은 위원회의 심의를 거친 공개대상예정자에게 체납자 명단공개 대상예정자임을 통지하여 소명의 기회를 부여하여야 한다.

② 재심의

관세청장은 위 규정에 따라 통지한 날부터 6개월이 경과한 때에 위원회로 하여금 체납액의 납부이행 등을 감안하여 체납자의 명단공개 여부를 재심의하게 한다.

③ 명단공개 방법

명단공개는 관보에 게재하거나 관세청장이 지정하는 정보통신망 또는 관할세관의 게시판에 게시하는 방법에 의한다.

④ 체납자의 명단공개 및 위원회의 구성 · 운영 등에 관하여 필요한 사항은 대통령령으로 정한다.

7.12 정보의 제공

세관공무원은 납세자가 납세자의 권리의 행사에 필요한 정보를 요구하는 경우 이를 신속하게 제공하여야 한다. 이 경우 세관공무원은 납세자가 요구한 정보와 관련되어 관세청장이 정하는 바에 의하여 납세자가 반드시 알아야 된다고 판단되는 기타정보도 함께 제공하여야 한다.

7.13 과세전 적부심사

1. 의의

과세전적부심사제도는 세관장이 부족세액을 징수하고자 하는 때에 미리 납세자에게 그 내용을 서면으로 통지하고, 납세자가 이에 대해 적법성 여부에 관한 심사를 청구할 수 있도록 한 제도로서, 사전적 구제제도의 성격을 가지고 있다.

2. 과세전 통지

(1) 의의

세관장은 경정 또는 부족세액 징수 규정에 의하여 납부세액이나 납부하여야 하는 세액에 부족한 금액을 징수하고자 하는 때에는 미리 납세의무자에게 그 내용을 서면으로 통지하여야 한다.

(2) 과세전 통지의 생략

다음에 해당하는 과세전 통지를 하지 아니한다

① 통지하고자 하는 날부터 3월 이내에 관세부과의 제척기간이 만료되는 경우
② 잠정가격신고물품에 대하여 납세의무자가 확정가격의 신고를 한 경우
③ 수입신고수리전에 세액심사를 하는 경우로서 그 결과에 따라 부족세액을 징수하는 경우
④ 감면물품 사후관리 규정에 의하여 감면된 관세를 징수하는 경우
⑤ 관세포탈죄로 고발되어 포탈세액을 징수하는 경우
⑥ 기타 관세의 징수가 곤란하게 되는 등 사전통지가 부적당한 경우로서 대통령령이 정하는 경우
 (a) 납부세액의 계산착오 등 명백한 오류에 의하여 부족하게 된 세액을 징수하는 경우
 (b) 감사원의 시정요구에 따라 징수하는 경우
 (c) 납세의무자가 부도 · 휴업 · 폐업 또는 파산한 경우

(d) 관세품목분류위원회의 의결에 따라 결정한 품목분류에 의하여 수출입물품에 적용할 세율이나 품목분류의 세번이 변경되어 부족한 세액을 징수하는 경우

3. 과세전 적부심사의 범위

(1) 세관장의 심사

납세의무자는 과세전 통지를 받은 때에는 그 통지를 받은 날부터 30일 이내에 기획재정부령이 정하는 세관장에게 통지내용에 대한 적법성 여부에 관한 심사("과세전적부심사")를 청구할 수 있다.

(2) 관세청장의 심사

관세청장에게 과세전적부심사를 청구할 수 있는 경우는 다음과 같다.

① 관세청장의 훈령·예규·고시 등과 관련하여 새로운 해석이 필요한 경우
② 관세청장의 업무감사결과 또는 업무지시에 따라 세액을 경정하거나 부족한 세액을 징수하는 경우
③ 관세평가분류원장과 중앙관세분석소장의 품목분류 및 유권해석에 따라 수출입물품에 적용할 세율이나 물품분류의 관세율표번호가 변경되어 세액을 경정하거나 부족한 세액을 징수하는 경우
④ 동일 납세의무자가 동일한 사안에 대하여 과세전적부심사를 청구하고자 하는 세관장이 2 이상인 경우

4. 과세전적부심사 절차

(1) 심사청구

납세의무자는 과세전 통지를 받은 때에는 그 통지를 받은 날부터 30일 이내에 세관장 또는 관세청장에게 심사를 청구할 수 있다

(2) 심사 및 결정

과세전적부심사의 청구를 받은 세관장 또는 관세청장은 청구를 받은 날부터 30

일 이내에 과세전적부심사위원회 또는 관세심사위원회의 심사를 거쳐 결정을 하고 그 결과를 청구인에게 통지하여야 한다.

(3) 과세전적부심사청구에 대한 결정 내용

① 청구가 이유없다고 인정되는 경우 : 채택하지 아니한다는 결정

② 청구가 이유있다고 인정되는 경우 : 채택한다는 결정. 다만, 청구의 일부가 이유있다고 인정되는 경우에는 일부를 채택하는 결정을 할 수 있다.

③ 청구기간을 경과하거나 보정기간내에 보정을 하지 아니하는 경우 : 심사하지 아니한다는 결정

제8장 불복청구

8.1 행정심판제도

1. 의의

행정심판이란 위법 또는 부당한 처분 그밖에 공권력의 행사 · 불행사 등으로 인한 국민의 권리 또는 이익의 침해를 구제하기 위한 행정기관에 의한 심판절차를 말한다.

2. 행정심판의 기능

(1) 자율적 행정통제

납세자의 불복청구에 대해 과세관청은 자신의 처분에 대한 반성의 기회를 가지며, 결정기관이 상급기관인 경우 하급기관의 업무를 감독하는 기능이 있다

(2) 전문지식의 활용

조세행정, 관세행정 등의 분야는 전문성이 요구되므로 전문적인 해당기관이 분쟁사안을 일차적으로 다루어 행정심판의 실효성과 정확성을 기대할 수 있다

(3) 소송경제의 보장

사법절차에 의한 분쟁해결은 당사자 간에 막대한 경제적 · 시간적 낭비를 가져온다. 행정심판의 경우 법적으로 결정기간이 규정되어 있는 등 사법절차 보다 간단하다.

(4) 권리구제의 확대

행정소송은 위법성을 심사할 수 있는데 비해 행정심판은 합목적성까지 심사할 수 있어 권리구제의 범위가 넓다

3. 관세법상의 행정심판

(1) 불복의 신청

관세법 기타 관세에 관한 법률 또는 조약에 의한 처분으로서 위법 또는 부당한 처분을 받거나 필요한 처분을 받지 못함으로써 권리 또는 이익의 침해를 당한 자는 심사청구 또는 심판청구를 하여 그 처분의 취소 또는 변경이나 필요한 처분을 청구할 수 있다.

다만, 그 처분이 관세청장이 조사결정 또는 처리하였거나 처리하였어야 할 것인 경우를 외하고는 그 처분에 대하여 심사청구 또는 심판청구에 앞서 이의신청을 할 수 있다.

감사원법에 의한 심사청구를 통해서도 침해당한 권익을 구제받을 수 있다

(2) 심사청구 등이 집행에 미치는 효력

이의신청 · 심사청구 또는 심판청구는 법령에 특별한 규정이 있는 경우를 제외하고는 당해 처분의 집행에 효력을 미치지 아니한다. (집행부정지 원칙)

다만, 당해 재결청이 필요하다고 인정하는 때에는 그 처분의 집행을 중지하게 하거나 중지할 수 있다.

4. 불복청구의 대상

(1) 청구대상

관세법 · 기타법률 · 조약에 의한 위법 · 부당한 처분 및 부작위로 인해 권익을 침해당한 경우에 이의신청 · 심사청구 · 심판청구를 할 수 있다.

(2) 불복청구 대상이 아닌 것

불복청구를 하기 위해서는 그 대상에 처분성이 존재하여야 하는데 다음의 처분

은 처분성이 없는 것으로 보아 불복청구 대상에서 제외한다.

① 이의신청 · 심사청구 또는 심판청구에 대한 처분.
다만, 이의신청에 대한 처분에 대하여 심사청구 또는 심판청구를 하는 경우를 제외한다.

② 관세법의 규정에 의한 통고처분

③ 감사원법의 규정에 의하여 심사청구를 한 처분이나 그 심사청구에 대한 처분

5. 불복청구인

(1) 직접적인 처분의 당사자

위법 · 부당한 처분을 받거나 필요한 처분을 받지 못하여 권리 · 이익의 침해를 받은자

(2) 이해관계인

① 제2차 납세의무자로서 납부통지서를 받은자

② 양도담보재산의 물적 납세의무를 지는 자로서 납부통지서를 받은 자

③ 납세보증인

④ 기타 기획재정부령이 정하는 자

(3) 대리인

① 이의신청인 · 심사청구인 또는 심판청구인은 변호사 또는 관세사를 대리인으로 선임할 수 있다.

② 대리인의 권한은 서면으로 증명하여야 한다.

③ 대리인은 본인을 위하여 청구에 관한 모든 행위를 할 수 있다. 다만, 청구의 취하는 특별한 위임을 받은 경우에 한한다.

④ 대리인을 해임한 때에는 그 뜻을 서면으로 당해 재결청에 신고하여야 한다.

6. 불복청구의 절차

(1) 불복청구기간

관세법상 행정심판제도의 불복의 청구는 다음의 기한내에 하여야 한다.

다만, 기한내에 우편으로 제출한 심사청구서가 청구기간을 경과하여 도달한 때에는 그 기간만료일에 적법한 청구가 있은 것으로 본다.

심사청구인이 제10조에 규정하는 사유(신고, 신청, 청구 기타 서류의 제출 및 통지에 관한 기한연장 사유에 한한다)로 인하여 기간내에 심사청구를 할 수 없는 때에는 그 사유가 소멸한 날부터 14일 이내에 심사청구를 할 수 있다. 이 경우 심사청구인은 그 기간내에 심사청구를 할 수 없었던 사유, 그 사유가 발생한 날 및 소멸한 날, 기타 필요한 사항을 기재한 문서를 함께 제출하여야 한다.

① 심사청구는 당해 처분이 있는 것을 안 날(처분의 통지를 받은 때에는 통지를 받은날을 말한다)부터 90일 이내에 제기하여야 한다.

② 이의신청을 거친 후 심사청구를 하고자 하는 때 : 이의신청에 대한 결정의 통지를 받은 날부터 90일 이내에 하여야 한다. 다만, 결정기간내에 결정의 통지를 받지 못하는 때에는 결정의 통지를 받기 전이라도 그 결정기간이 경과한 날부터 심사청구를 할 수 있다.

(2) 불복청구서의 제출처

① 이의신청 : 처분을 하였거나 하였어야 할 세관장

② 심사청구 : 관세청장 (처분을 하였거나 하였어야 할 세관장 경유)

③ 심판청구 : 국세심판원장 (처분을 하였거나 하였어야 할 세관장 경유)

④ 감사원법에 의한 심사청구 : 감사원장

(3) 심리

① 요건심리 : 형식적 요건에 대한 심리 (처분의 존재, 청구자의 자격, 기간요건 등)

② 본안심리 : 청구의 내용 심리

(4) 청구서의 보정

① 관세청장은 심사청구의 내용이나 절차가 이 절의 규정에 적합하지 아니하지만 보정할 수 있다고 인정되는 때에는 20일 이내의 기간을 정하여 보정할 것

을 요구할 수 있다.

② 보정할 사항이 경미한 때에는 직권으로 이를 보정할 수 있다.

③ 보정기간은 심사청구기간에 산입하지 아니한다.

7. 불복청구에 대한 결정

(1) 심사청구의 결정

심사청구가 있는 때에는 관세청장은 관세심사위원회의 심의를 거쳐 이를 결정하여야 한다.

(2) 관세심사위원회 심의를 생략하는 경우

① 심사청구기간을 경과한 경우

② 심사청구의 대상이 되는 처분이 존재하지 아니하는 경우

③ 당해 처분에 의하여 권리 또는 이익을 침해당하지 아니한 자가 심사청구를 제기한 경우

④ 심사청구의 대상이 되지 아니하는 처분에 대하여 심사청구가 제기된 경우

⑤ 보정기간내에 필요한 보정을 하지 아니한 경우

⑥ 심사청구의 대상이 되는 처분의 내용 · 쟁점 · 적용법령 등이 이미 관세심사위원회의 심의를 거쳐 결정된 사항과 동일한 경우

⑦ 기타 신속히 결정하여 상급심에서 심의를 받도록 하는 것이 권리구제에 도움이 된다고 판단되는 경우

(3) 관세심사위원회 회의의 비공개

관세심사위원회의 회의는 공개하지 아니한다.

다만, 관세심사위원회의 위원장이 필요하다고 인정하는 때에는 이를 공개할 수 있다.

(4) 결정 내용

심사청구에 대한 결정은 다음의 규정에 의한다.

① 청구를 각하하는 결정 : 심사청구가 기간이 경과한 후 제기되었거나 제기후 보정기간내에 필요한 보정을 하지 아니한 때

② 청구를 기각하는 결정 : 심사청구가 이유없다고 인정되는 때
③ 청구의 대상이 된 처분의 취소·경정 또는 필요한 처분의 결정 (인용) : 심사청구가 이유있다고 인정되는 때

(5) 결정기간

① 이의신청 : 신청을 받은 날부터 30일 이내
② 심사청구·심판청구 : 청구를 받은 날부터 90일 이내에 하여야 한다. 다만, 부득이한 사유가 있는때에는 그러하지 아니하다.
③ 감사원법에 의한 심사청구 : 청구를 받은 날부터 3월 이내

(6) 결정의 통지

불복청구에 대한 결정을 한 때에는 결정기간내에 그 이유를 기재한 결정서에 의하여 심사청구인에게 통지하여야 한다.

8. 불복방법의 통지

(1) 이의신청·심사청구 또는 심판청구의 재결청은 결정서에 다음 각호의 사항을 함께 기재하여야 한다.
  ① 이의신청의 경우에는 결정서를 받은 날부터 90일 이내에 심사청구 또는 심판청구를 제기할 수 있다는 뜻
  ② 심사청구 또는 심판청구의 경우에는 결정서를 받은 날부터 90일 이내에 행정소송을 제기할 수 있다는 뜻

(2) 재결청은 당해 신청 또는 청구에 대한 결정기간이 경과할 때까지 결정을 하지 못한 때 지체없이 신청인 또는 청구인에게 다음 사항을 서면으로 통지하여야 한다.
  ① 이의신청의 경우에는 결정의 통지를 받기전이라도 그 결정기간이 경과한 날부터 심사청구 또는 심판청구를 제기할 수 있다는 뜻
  ② 심사청구 또는 심판청구의 경우에는 결정의 통지를 받기 전이라도 그 결정기간이 경과한 날부터 행정소송의 제기를 할 수 있다는 뜻

9. 내국세 등에 대한 불복

수입물품에 부과하는 내국세 등의 부과 · 징수 · 감면 · 환급 등에 관한 세관장의 처분에 대하여 불복이 있는 자는 관세법에 규정된 이의신청 · 심사청구 · 심판청구를 할 수 있다.

10. 제척기간 만료의 특례

제척기간이 만료하였어도 이의신청 · 심사청구 · 심판청구에 대한 결정, 감사원법에 의한 심사청구에 대한 결정이 있은 경우 결정 · 판결이 확정된 날부터 1년이 경과하기 전까지는 당해 결정 · 판결에 따라 경정결정 기타 필요한 처분을 할 수 있다.

8.2 감사원 심사청구

1. 의의

감사원의 감시를 받는 자의 직무에 관한 처분 기타 행위에 관하여 이해관계가 있는 자는 감사원에 그 심사의 청구를 할 수 있다

2. 심사의 청구

① 감사원 심사청구는 감사원 규칙이 정하는 바에 의하여 청구취지와 이유를 기재한 심사청구서로서 하되, 청구의 원인이 되는 처분 기타 행위를 행한 기관의 장을 거쳐 이를 제출하여야 한다.

② 청구서를 접수한 관계기관의 장이 이를 1월 이내에 감사원에 송부하지 아니한 때에는 그 관계기관을 거치지 아니하고 감사원에 직접 심사를 청구할 수 있다.

3. 제척기간

이해관계인은 심사청구의 원인이 되는 행위가 있는 것을 안 날부터 90일, 그 행위가 있은 날부터 180일 이내에 심사의 청구를 하여야 한다. 이 기간은 불변기간으로 한다.

4. 심사청구의 심리

심사청구의 심리는 신사청구서 기타 관계기관이 제출한 문서에 의하여 행한다. 다만, 감사원은 필요하다고 인정할 때에는 심사청구자나 관계자에 대하여 자료의 제출 또는 의견의 진술을 요구하거나 필요한 조사를 할 수 있다.

5. 심사청구에 대한 결정

결정은 특별한 사유가 없는 한 그 청구를 수리한 날부터 3월 이내에 하여야 한다. 이 결정을 한 때에는 7일 이내에 심사청구자와 관계기관의 장에게 심사결정서 등본을 첨부하여 문서로서 각각 통지하여야 한다.

심사결정이 있은 사항에 대하여는 다시 심사를 청구할 수 없다(일사부재리).

다만, 각하한 사항에 대하여는 그러하지 아니하다.

① 청구요건 · 절차를 갖추지 못한 때 : 각하

② 심리결과 심사청구의 이유가 있다고 인정할 때 : 인용

③ 심사청구의 이유가 없다고 인정할 때 : 기각

6. 행정소송과의 관계

청구인은 심사청구 및 결정을 거친 행정기관의 장의 처분에 대하여는 당해 처분청을 당사자로 하여 당해 결정의 통지를 받은 날부터 90일 이내에 행정소송을 제기할 수 있다. 감사원 심사청구를 거친 경우에는 관세법에 의한 심사 · 심판청구를 거친 것으로 본다.

8.3 이의신청

1. 의의

이의신청은 관세법 기타 관세에 관한 법률 또는 조약에 의한 처분에 불복하여 그 처분을 한 세관장에게 그 처분의 재심사를 요구하는 제도로서 이의신청은 청구권자가 이의신청을 거치지 않고 바로 심사·심판청구를 할 수 있는 선택적 불복제도이며, 당해 처분을 한 세관장이 재결권자이다.

2. 청구대상

관세에 관한 세관장의 위법 또는 부당한 처분을 받거나 필요한 처분을 받지 못함으로써 권리 또는 이익의 침해를 당한 자는 그 처분 취소 또는 변경이나 필요한 처분을 청구할 수 있다.

다만, 다음의 사항은 이의신청의 대상이 되지 않는다.

① 관세청장의 처분

② 이의신청, 심사·심판청구에 대한 처분

③ 관세법에 의한 통고처분

④ 감사원법에 의한 심사청구를 한 처분이나 그 심사청구 결정에 대한 처분

3. 청구와 결정절차

(1) 청구기관

이의신청은 불복의 사유를 갖추어 당해 처분을 하였거나 하였어야 할 세관장에게 하여야 한다. 이 경우 제258조의 규정(우편물 통관에 대한 결정)에 의한 결정사항 또는 제259조제1항의 규정(세관장의 세액통지)에 의한 세액에 관한 이의신청은 당해결정사항 또는 세액에 관한 통지를 직접 우송한 우체국의 장에게 이의신청서를 제출함으로써 이를 행할 수 있고, 우체국의 장이 이의신청서를 접수한 때에 세관장이 접수한 것으로 본다.

(2) 청구기간

처분이 있은 것을 안날(처분통지를 받은 때에는 그 통지를 받은날)로부터 90일 이내에 청구하여야 한다.

(3) 결정 및 통지

세관장은 청구를 받은 날로부터 30일 이내에 사안에 따라 각하·기각·인용결정을 하여 신청인에게 통지하여야 한다.

(4) 재결에 대한 불복

이의신청 결정에 대하여 이의가 있을 때에는 결정서를 받은 날로부터 90일 이내에 관세청장에 심사청구 또는 심판청구를 하여야 한다. 그러나 이의신청일로부터 30일 이내에 결정통지를 받지 못한 때에는 그 날로부터 심사청구 또는 심판청구를 할 수 있다.

8.4 심판청구

1. 의의

심판청구는 전문 조세심판기관인 국세심판원장에게 처분의 취소 또는 변경이나 필요한 처분을 청구하는 행정심의 최종심이다.

2. 심판청구의 제기

(1) 청구대상

관세법 기타 관세에 관한 법률 또는 조약에 의한 처분으로서 위법 도는 부당한 처분을 받거나 필요한 처분을 받지 못함으로써 권리 또는 이익의 침해를 당한 자는 심판청구를 하여 그 처분의 취소 또는 변경이나 필요한 처분을 청구할 수 있다

(2) 청구기관

심판청구는 당해 처분을 하였거나 하였어야 할 세관장을 거쳐 국세심판원장에게 하여야 한다. 당해 청구서가 세관장에게 제출된 때에 심사청구가 있은 것으로 본다.

(3) 청구기간

처분이 있은 날 또는 처분이 있음을 안 날 로부터 90일 이내에 청구해야 한다.

3. 심판청구의 심리

행정심판의 심리는 구술심리 또는 서면심리로 한다. 심리는 당사자가 주장하지 아니한 사실에 대하여도 심리할 수 있다.

4. 심판청구의 결정

(1) 결정기관

국세심판원장이 심판청구를 받은 때에는 국세심판관회의의 심리를 거쳐 결정한다.

(2) 결정기간

심판청구를 받은 날로부터 90일 이내에 결정한다.

5. 결정통지

심판청구에 대한 결정을 한 대에는 결정기간 내에 그 이유를 기재한 결정서에 의하여 심판청구인에게 통지하여야 한다.

(1) 심판청구에 대한 결정을 한 경우

심판청구의 재결청은 결정서에 심판청구인이 그 결정서를 받은 날부터 90일 이내에 행정소송을 제기할 수 있다는 뜻을 함께 기재하여야 한다.

(2) 결정기간내에 결정을 하지 못한 경우

심판청구 재결청은 결정의 통지를 받기 전이라도 그 결정기간이 경과한 날부터 행정소송의 제기를 할 수 있다는 뜻을 지체없이 서면으로 통지하여야 한다.

	이의신청	심사청구	심판청구	감사원심사청구
절차요건	임의절차	셋 중 하나 선택청구가능, 중복청구 불가		
불복청구서 제출처	세관장	관세청장 (세관장 경유)	국세심판원장 (세관장 경유)	감사원장
심의 · 의결 기관	이의신청심의위원회	관세심사위원회	국세심판관회의 · 국세심판관합동회의	감사위원회
불복청구 기간	• 처분이 있는 것을 안 날부터 90일 이내 • 처분 통지를 받은 때에는 통지를 받은 날부터 90일 이내	<이의신청을 거치지 않은 경우 • 처분이 있는 것을 안 날부터 90일 이내 • 처분의 통지를 받은 때에는 통지를 받은 날부터 90일 이내 <이의신청을 거친 경우> • 이의신청에 대한 결정의 통지를 받은 날부터 90일 이내 • 결정기간 내에 결정의 통지를 받지 못한 때에는 결정기간이 경과한 날부터		• 행위가 있는 것을 안 날부터 90일 • 그 행위가 있은 날부터 180일 이내
결정기간	신청을 받은 날부터 30일 이내	청구를 받은 날부터 90일 이내		청구를 받은 날부터 3월 이내
행정소송 제기기간	불가능	통지를 받은 날부터 90일 이내		
집행부정지 원칙	O	O	O	O
일사부재리	O	O	O	O

제9장 운송수단과 보세구역

9.1 개항

1. 개항

(1) 개항의 지정 등

① 개항(開港)은 대통령령으로 지정한다.

② 제1항에 따른 개항의 시설기준 등에 관하여 필요한 사항은 대통령령으로 정한다.

2. 개항 등의 출입

(1) 의의

외국무역선이나 외국무역기는 개항에 한정하여 운항할 수 있다.

다만, 대통령령으로 정하는 바에 따라 개항이 아닌 지역에 대한 출입의 허가를 받은 경우에는 그러하지 아니하다.

(2) 불개항의 출입

외국무역선의 선장이나 외국무역기의 기장은 상기 1.단서의 규정에 의한 허가를 받고자 하는 때에는 기획재정부령이 정하는 바에 따라 허가수수료를 납부하여야 한다.

개항이 아닌 지역에 출입하기 위하여 내야 하는 수수료는 다음 표와 같다. 이 경우 수수료의 총액은 50만원을 초과하지 못한다.

구분	기준 횟수	적용 무게 기준	수수료
외국무역선	1회	해당 선박의 순톤수 1톤	100원
외국무역기	1회	해당 항공기의 자체무게 1톤	1천2백원

9.2 선박과 항공기

1. 입출항절차

1) 입항절차(법 제135조)

(1) 입항보고

외국무역선이나 외국무역기가 개항(제134조제1항 단서에 따라 출입허가를 받은 지역을 포함한다. 이하 같다)에 입항하였을 때에는 선장이나 기장은 대통령령으로 정하는 사항이 적힌 선용품 또는 기용품의 목록, 여객명부, 승무원명부, 승무원 휴대품목록과 적하목록을 첨부하여 지체 없이 세관장에게 입항보고를 하여야 하며, 외국무역선은 선박국적증서와 최종 출발항의 출항면장(出港免狀)이나 이를 갈음할 서류를 제시하여야 한다. 다만, 세관장은 감시·단속에 지장이 없다고 인정될 때에는 선용품 또는 기용품의 목록이나 승무원 휴대품목록의 첨부를 생략하게 할 수 있다.

(2) 입항 전 적하목록 등의 제출

세관장은 신속한 입항 및 통관절차의 이행과 효율적인 감시·단속을 위하여 필요할 때에는 관세청장이 정하는 바에 따라 입항하는 해당 선박 또는 항공기가 소속된 선박회사 또는 항공사(그 업무를 대행하는 자를 포함한다. 이하 같다)로 하여금 제1항에 따른 여객명부·적하목록 등을 입항하기 전에 제출하게 할 수 있다.

2) 출항절차(법 제136조)

외국무역선이나 외국무역기가 개항을 출항하려면 선장이나 기장은 출항하기 전에 세관장에게 출항허가를 받아야 한다.

선장이나 기장은 제1항에 따른 출항허가를 받으려면 그 개항에서 적재한 물품의 목록을 제출하여야 한다. 다만, 세관장이 출항절차를 신속하게 진행하기 위하여 필요하다고 인정하여 출항허가 후 7일의 범위에서 따로 기간을 정하는 경우에는 그 기간 내에 그 목록을 제출할 수 있다.

3) 간이 입출항절차(법 제137조)

(1) 입항 후 24시간 내 출항시

외국무역선이나 외국무역기가 개항에 입항하여 물품(선용품 또는 기용품과 승무원의 휴대품은 제외한다)을 하역하지 아니하고 입항한 때부터 24시간 이내에 출항하는 경우 세관장은 제135조에 따른 적하목록, 선용품 또는 기용품의 목록, 여객명부, 승무원명부, 승무원 휴대품목록 또는 제136조에 따른 적재물품의 목록의 제출을 생략하게 할 수 있다.

(2) 다른 개항으로의 재입항시

세관장은 외국무역선이나 외국무역기가 개항에 입항하여 제135조에 따른 절차를 마친 후 다시 우리나라의 다른 개항에 입항할 때에는 제1항을 준용하여 서류제출의 생략 등 간소한 절차로 입출항하게 할 수 있다.

2. 승객 예약자료의 요청

1) 의의

세관장은 다음 각 호의 어느 하나에 해당하는 업무를 수행하기 위하여 필요한 경우 제135조에 따라 입항하거나 제136조에 따라 출항하는 선박 또는 항공기가 소속된 선박회사 또는 항공사가 운영하는 예약정보시스템의 승객예약자료(이하 이 조에서 "승객예약자료"라 한다)를 정보통신망을 통하여 열람하거나 기획재정부령으로 정하는 시한 내에 제출하여 줄 것을 선박회사 또는 항공사에 요청할 수 있다. 이 경우 해당 선박회사 또는 항공사는 이에 따라야 한다.

① 제234조에 따른 수출입금지물품을 수출입한 자 또는 수출입하려는 자에 대한 검사업무
② 제241조제1항 · 제2항을 위반한 자 또는 제241조제1항 · 제2항을 위반하여 다음 각 목의 어느 하나의 물품을 수출입하거나 반송하려는 자에 대한 검사업무
가. 「마약류관리에 관한 법률」에 따른 마약류
나. 「총포 · 도검 · 화약류 등 단속법」에 따른 총포 · 도검 · 화약류 · 분사기 · 전자충격기 및 석궁

2) 열람 등이 가능한 승객예약자료

세관장이 제1항에 따라 열람이나 제출을 요청할 수 있는 승객예약자료는 다음 각 호의 자료로 한정한다.

① 국적, 성명, 생년월일, 여권번호 및 예약번호
② 주소 및 전화번호
③ 예약 및 탑승수속 시점
④ 항공권 또는 승선표의 번호 · 발권일 · 발권도시 및 대금결제방법
⑤ 여행경로 및 여행사
⑥ 동반탑승자 및 좌석번호
⑦ 수하물 자료
⑧ 항공사 또는 선박회사의 회원으로 가입한 경우 그 회원번호 및 등급과 승객 주문정보

3) 자료를 열람할 수 있는 자

제1항에 따라 제공받은 승객예약자료를 열람할 수 있는 사람은 관세청장이 지정하는 세관공무원으로 한정한다.

4) 목적 외 사용제한 등

세관공무원은 직무상 알게 된 승객예약자료를 누설 또는 권한 없이 처리하거나 타인이 이용하도록 제공하는 등 부당한 목적을 위하여 사용하여서는 아니 된다.

제공받은 승객예약자료의 열람방법, 보존기한 등에 관하여 필요한 사항은 대통령령으로 정한다.

5) 승객예약자료의 열람 등(영 제158조의2)

(1) 열람방법

세관장은 법 제137조의2제1항에 따라 제공받은 승객예약자료(이하 이 조에서 "승객예약자료"라 한다)를 열람할 수 있는 세관공무원(법 제137조의2제3항에 따라 지정받은 자를 말한다. 이하 이 조에서 같다)에게 관세청장이 정하는 바에 따라 개인식별 고유번호를 부여하는 등의 조치를 하여 권한 없는 자가 승객예약자료를 열람하는 것을 방지하여야 한다.

(2) 구분관리

세관장은 승객이 입항 또는 출항한 날(이하 이 조에서 "입·출항일"이라 한다)부터 1월이 경과한 때에는 해당승객의 승객예약자료를 다른 승객의 승객예약자료(승객의 입·출항일부터 1월이 경과하지 아니한 승객예약자료를 말한다)와 구분하여 관리하여야 한다.

(3) 보존기간

세관장은 제2항에 따라 구분하여 관리하는 승객예약자료(이하 이 조에서 "보존승객예약자료"라 한다)를 해당승객의 입·출항일부터 기산하여 3년간 보존할 수 있다. 다만, 다음 각 호의 어느 하나에 해당하는 자에 대한 보존승객예약자료는 5년간 보존할 수 있다.

① 법 제234조를 위반하여 수출입금지물품을 수출입한 자 또는 수출입하려고 하였던 자로서 관세청장이나 세관장의 통고처분을 받거나 벌금형 이상의 형의 선고를 받은 사실이 있는 자

② 법 제241조제1항·제2항을 위반하였거나 법 제241조제1항·제2항을 위반하여 다음 각 목의 어느 하나의 물품을 수출입 또는 반송하려고 하였던 자로서 관세청장이나 세관장의 통고처분을 받거나 벌금형 이상의 형의 선고를 받은 사실이 있는 자

가. 「마약류 관리에 관한 법률」에 따른 마약류

나. 「총포·도검·화약류 등 단속법」에 따른 총포·도검·화약류·전자충격기 및 석궁

③ 수사기관 등으로부터 제공받은 정보나 세관장이 수집한 정보 등에 근거하여 다음 각 목의 어느 하나에 해당하는 행위를 할 우려가 있다고 인정되는 자로

서 관세청장이 정하는 기준에 해당하는 자

가. 법 제234조를 위반하여 수출입금지물품을 수출입하는 행위

나. 법 제241조제1항 또는 제2항을 위반하여 다음의 어느 하나의 물품을 수출입 또는 반송하는 행위

ⓐ 「마약류 관리에 관한 법률」에 따른 마약류

ⓑ 「총포 · 도검 · 화약류 등 단속법」에 따른 총포 · 도검 · 화약류 · 전자충격기 및 석궁

(4) 보존승객예약자료 열람

세관공무원은 보존승객예약자료를 열람하려는 때에는 관세청장이 정하는 바에 따라 미리 세관장의 승인을 얻어야 한다.

9.3 물품의 하역

1. 물품의 하역(법 제140조)

1) 하역의 시기

외국무역선이나 외국무역기는 제135조에 따른 입항절차를 마친 후가 아니면 물품을 하역하거나 환적할 수 없다. 다만, 세관장의 허가를 받은 경우에는 그러하지 아니하다.

2) 하역의 절차

외국무역선이나 외국무역기에 물품을 하역하거나 환적하려면 세관장에게 신고하고 현장에서 세관공무원의 확인을 받아야 한다. 다만, 세관공무원이 확인할 필요가 없다고 인정하는 경우에는 그러하지 아니하다.

3) 통로 등의 제한

세관장은 감시 · 단속을 위하여 필요할 때에는 제2항에 따라 물품을 하역하는

장소 및 통로(이하 “하역통로”라 한다)와 기간을 제한할 수 있다.

4) 운송수단자격에 따른 적재물품

외국무역선이나 외국무역기에는 내국물품을 적재할 수 없으며, 내항선이나 내항기에는 외국물품을 적재할 수 없다. 다만, 세관장의 허가를 받았을 때에는 그러하지 아니하다.

2. 외국물품의 일시양륙 등(법 제141조)

다음 각 호의 어느 하나에 해당하는 행위를 하려면 세관장에게 신고를 하고, 현장에서 세관공무원의 확인을 받아야 한다. 다만, 관세청장이 감시·단속에 지장이 없다고 인정하여 따로 정하는 경우에는 간소한 방법으로 신고 또는 확인하거나 이를 생략하게 할 수 있다.

① 외국물품을 운송수단으로부터 일시적으로 육지에 내려 놓으려는 경우
② 해당 운송수단의 여객·승무원 또는 운전자가 아닌 자가 타려는 경우
③ 외국물품을 적재한 운송수단에서 다른 운송수단으로 물품을 환적 또는 복합환적하거나 사람을 이동시키는 경우

3. 항외하역

1) 세관장의 허가

외국무역선이 개항의 바깥에서 물품을 하역하거나 환적하려는 경우에는 선장은 세관장의 허가를 받아야 한다.

2) 허가수수료

선장은 제1항에 따른 허가를 받으려면 기획재정부령으로 정하는 바에 따라 허가수수료를 납부하여야 한다.

4. 선용품 및 기용품의 하역 등(법 제143조)

1) 세관장의 허가

다음 각 호의 어느 하나에 해당하는 물품을 외국무역선 또는 외국무역기에 하역하거나 환적하려면 세관장의 허가를 받아야 한다.

① 선용품 또는 기용품

② 외국무역선 또는 외국무역기 안에서 판매하는 물품

2) 외국물품의 적재

제1항 각 호의 어느 하나에 해당하는 물품이 외국으로부터 우리나라에 도착한 외국물품일 때에는 보세구역으로부터 외국무역선 또는 외국무역기에 적재하는 경우에만 그 외국물품을 그대로 적재할 수 있다.

3) 선(기)용품 등의 범위

제1항 각 호에 따른 물품의 종류와 수량은 선박이나 항공기의 종류, 톤수 또는 무게, 항행일수 또는 운행일수, 여객과 승무원의 수 등을 고려하여 세관장이 타당하다고 인정하는 범위이어야 한다.

4) 관세의 징수

제2항에 따른 외국물품인 선용품 또는 기용품과 외국무역선 또는 외국무역기 안에서 판매할 물품이 제1항에 따른 하역허가의 내용대로 운송수단에 적재되지 아니한 경우에는 해당 허가를 받은 자로부터 즉시 그 관세를 징수한다. 다만, 다음 각 호의 어느 하나에 해당하는 경우에는 그러하지 아니하다.

① 세관장이 지정한 기간 내에 그 물품이 다시 보세구역에 반입된 경우

② 재해나 그 밖의 부득이한 사유로 멸실된 경우

③ 미리 세관장의 승인을 받고 폐기한 경우

9.4 재해 기타 부득이한 사유로 인한 면책 등

1. 재해 기타 부득이한 사유로 인한 면책(법 제138조)

① 제134조부터 제137조까지 및 제140조부터 제143조까지의 규정은 재해나 그 밖의 부득이한 사유에 의한 경우에는 적용하지 아니한다.

② 제1항의 경우 선장이나 기장은 지체 없이 그 이유를 세관공무원이나 국가경찰공무원(세관공무원이 없는 경우로 한정한다)에게 신고하여야 한다.

③ 제2항에 따른 신고를 받은 국가경찰공무원은 지체 없이 그 내용을 세관공무원에게 통보하여야 한다.

④ 선장이나 기장은 재해나 그 밖의 부득이한 사유가 종료되었을 때에는 지체 없이 세관장에게 그 경과를 보고하여야 한다.

2. 외국기착의 보고(법 제139조)

재해나 그 밖의 부득이한 사유로 내항선이나 내항기가 외국에 기착(寄着)하고 우리나라로 되돌아왔을 때에는 선장이나 기장은 지체 없이 그 사실을 세관장에게 보고하여야 하며, 외국에서 적재한 물품이 있을 때에는 그 목록을 제출하여야 한다.

9.5 외국무역선의 내항선으로의 전환 등

1. 외국무역선의 내항선으로의 전환 등(법 제144조)

외국무역선 또는 외국무역기를 내항선 또는 내항기로 전환하거나, 내항선 또는 내항기를 외국무역선 또는 외국무역기로 전환하려면 선장이나 기장은 세관장의 승인을 받아야 한다.

2. 선장 등의 직무대행자(법 제145조)

선장이나 기장이 하여야 할 직무를 대행하는 자에게도 제134조제2항, 제135조제1항, 제136조, 제138조제2항 · 제4항, 제139조, 제142조 및 제144조를 적용한다.

3. 그 밖의 선박 또는 항공기(법 제146조)

다음 각 호의 어느 하나에 해당하는 선박이나 항공기는 외국무역선이나 외국무역기에 관한 규정을 준용한다. 다만, 대통령령으로 정하는 선박 및 항공기에 대하여는 그러하지 아니하다.

① 외국무역선 또는 외국무역기 외의 선박이나 항공기로서 외국에 운항하는 선박 또는 항공기

② 외국을 왕래하는 여행자와 제241조제2항제1호의 물품을 전용으로 운송하기 위하여 국내에서만 운항하는 항공기(이하 “환승전용내항기”라 한다)

제1항에도 불구하고 환승전용내항기에 대해서는 제143조제2항은 적용하지 아니하며 효율적인 통관 및 감시 · 단속을 위하여 필요한 사항은 대통령령으로 따로 정할 수 있다.

4. 국경하천을 운항하는 선박(법 제147조)

국경하천만을 운항하는 내국선박에 대하여는 외국무역선에 관한 규정을 적용하지 아니한다.

9.6 차량

관세법에서 규제하는 차량은 국경을 출입하는 차량에 한한다. 그리고 국경을 출입하는 차량은 철도차량과 철도차량이 아닌 것으로 구분하는데 선박, 차량 또는 항공기가 아닌 운송수단은 철도차량이 아닌 차량으로 본다. 우리나라는 현재 남북이 분단되어 있으므로 인접국경이 없다. 그러나, 남북통일에 대비하여 관세법에서

는 인접국경을 출입하는 차량에 관한 규정을 두고 있다.

1. 관세통로 등(법 제148조)

1) 경유와 정차의무

국경을 출입하는 차량(이하 "국경출입차량"이라 한다)은 관세통로를 경유하여야 하며, 통관역이나 통관장에 정차하여야 한다.

2) 지정

제1항에 따른 관세통로는 육상국경(陸上國境)으로부터 통관역에 이르는 철도와 육상국경으로부터 통관장에 이르는 육로 또는 수로 중에서 세관장이 지정한다.

통관역은 국외와 연결되고 국경에 근접한 철도역 중에서 관세청장이 지정한다.

통관장은 관세통로에 접속한 장소 중에서 세관장이 지정한다.

2. 국경출입차량의 도착절차(법 제149조)

1) 목록제출 및 도착보고

국경출입차량이 통관역이나 통관장에 도착하면 통관역장이나 도로차량(선박·철도차량 또는 항공기가 아닌 운송수단을 말한다. 이하 같다)의 운전자는 차량용품목록·여객명부·승무원명부 및 승무원 휴대품목록과 관세청장이 정하는 적하목록을 첨부하여 지체 없이 세관장에게 도착보고를 하여야 하며, 최종 출발지의 출발허가서 또는 이를 갈음하는 서류를 제시하여야 한다. 다만, 세관장은 감시·단속에 지장이 없다고 인정될 때에는 차량용품목록이나 승무원 휴대품목록의 첨부를 생략하게 할 수 있다.

2) 도착 전 목록 등 제출

세관장은 신속한 입국 및 통관절차의 이행과 효율적인 감시·단속을 위하여 필요한 경우에는 관세청장이 정하는 바에 따라 도착하는 해당 차량이 소속된 회사(그 업무를 대행하는 자를 포함한다. 이하 같다)로 하여금 제1항에 따른 여객명부 · 적하목록 등을 도착하기 전에 제출하게 할 수 있다.

3) 반복운송 도로차량

제1항에도 불구하고 대통령령으로 정하는 물품을 일정 기간에 일정량으로 나누어 반복적으로 운송하는 데에 사용되는 도로차량의 운전자는 제152조제2항에 따라 사증(査證)을 받는 것으로 도착보고를 대신할 수 있다. 다만, 최종 도착보고의 경우는 제외한다.

제3항에 따라 사증을 받는 것으로 도착보고를 대신하는 도로차량의 운전자는 최종 도착보고를 할 때에 제1항에 따른 서류를 한꺼번에 제출하여야 한다.

3. 국경출입차량의 출발절차(법 제150조)

1) 출발절차

국경출입차량이 통관역이나 통관장을 출발하려면 통관역장이나 도로차량의 운전자는 출발하기 전에 세관장에게 출발보고를 하고 출발허가를 받아야 한다.

통관역장이나 도로차량의 운전자는 제1항에 따른 허가를 받으려면 그 통관역 또는 통관장에서 적재한 물품의 목록을 제출하여야 한다.

2) 반복운송 도로차량

제1항에도 불구하고 대통령령으로 정하는 물품을 일정 기간에 일정량으로 나누어 반복적으로 운송하는 데에 사용되는 도로차량의 운전자는 제152조제2항에 따라 사증을 받는 것으로 출발보고 및 출발허가를 대신할 수 있다. 다만, 최초 출발보고와 최초 출발허가의 경우는 제외한다.

제3항에 따른 도로차량을 운행하려는 자는 기획재정부령으로 정하는 바에 따라 미리 세관장에게 신고하여야 한다.

4. 물품의 하역 등(법 제151조)

1) 세관장 신고

통관역이나 통관장에서 외국물품을 차량에 하역하려는 자는 세관장에게 신고를 하고, 현장에서 세관공무원의 확인을 받아야 한다. 다만, 세관공무원이 확인할 필요가 없다고 인정할 때에는 그러하지 아니하다.

2) 차량용품 등의 환적 등

차량용품과 국경출입차량 안에서 판매할 물품을 해당 차량에 하역하거나 환적하는 경우에는 제143조를 준용한다.

5. 국경출입차량의 국내운행차량으로의 전환 등(법 제151조의2)

국경출입차량을 국내에서만 운행하는 차량(이하 "국내운행차량"이라 한다)으로 전환하거나 국내운행차량을 국경출입차량으로 전환하려는 경우에는 통관역장 또는 도로차량의 운전자는 세관장의 승인을 받아야 한다. 다만, 기획재정부령으로 정하는 차량의 경우에는 그러하지 아니하다.

6. 도로차량의 국경출입(법 제152조)

1) 출입증명

국경을 출입하려는 도로차량의 운전자는 해당 도로차량이 국경을 출입할 수 있음을 증명하는 서류를 세관장으로부터 발급받아야 한다.

2) 사증

국경을 출입하는 도로차량의 운전자는 출입할 때마다 제1항에 따른 서류를 세관공무원에게 제시하고 사증을 받아야 한다. 이 경우 전자적인 방법으로 서류의 제시 및 사증 발급을 대신할 수 있다.

3) 수수료

제2항에 따른 사증을 받으려는 자는 기획재정부령으로 정하는 바에 따라 수수료를 납부하여야 한다. 다만, 기획재정부령으로 정하는 차량은 수수료를 면제한다.

9.7 보세제도

관세법은 관세의 부과.징수 및 수출입물품의 통관을 적정하게 하고 관세수입을 확보함으로써 국민경제의 발전에 이바지함을 목적으로 한다. 이러한 관세법의 목적을 달성하기 위하여 수출입 통관물품을 세관장이 효율적으로 관리할 필요가 있다. 이를 위해 관세법에서는 보세제도를 두고 있으며, 통관물품을 집중하여 반입하도록 감시와 관리의 효율성을 도모하는 동시에 수출지원 등의 효과를 기대하고자 보세구역제도를 두고 있으며, 통관절차의 효율화 및 세관의 업무분산 등의 효과를 기대하고자 보세운송제도를 두고 있다. 보세제도는 보세구역제도와 보세운송제도로 나눌 수 있다.

1. 보세제도의 기능

1) 관세채권의 확보

보세구역에 있는 화물은 세관관리하에 두어 수입신고수리전이나 관세의 납부 또는 담보제공이 없이는 보세구역을 벗어나지 못하게 하여 관세채권을 확보하여, 운송통로나 기간을 정하여 부정유출 등을 방지하고 있다.

2) 통관업무의 효율화

보세구역은 세관의 감시와 단속이 용이한 일정한 장소만을 지정. 특허하고 모든 수입통관물품을 이곳에 집중적으로 반입시켜서 세관장에게 관세징수, 수출입허가사항 확인이라는 통관절차를 효율적으로 달성할 수 있도록 할 수 있다.

3) 수출 및 산업지원

보세구역은 외국물품을 보세상태로 반입하여 관세납부, 수입신고수리 등을 받지 않고도 보세구역에서 제조, 가공하여 외국에 반출할 수 있도록 함으로써 가공무역의 진흥 등 수출지원에 이용되는 보세공장이 있고, 외국물품 그대로 사용하여 산업시설을 신속히 건설할 수 있는 보세건설장이 있어 국내산업건설과 발전을 지원하고 있다.

4) 통관질서의 확립

무신고수출입의 방지, 관련법령의 규제사항 이행여부를 확인한다.

9.8 보세구역제도

1. 보세구역의 종류(법 제154조)

보세구역은 지정보세구역 · 특허보세구역 및 종합보세구역으로 구분하고, 지정보세구역은 지정장치장 및 세관검사장으로 구분하며, 특허보세구역은 보세창고 · 보세공장 · 보세전시장 · 보세건설장 및 보세판매장으로 구분한다.

2. 물품의 장치

1) 물품의 장치

외국물품과 제221조제1항에 따른 내국운송의 신고를 하려는 내국물품은 보세구역이 아닌 장소에 장치할 수 없다. 다만, 다음 각 호의 어느 하나에 해당하는 물품은 그러하지 아니하다.

① 제241조제1항에 따른 수출신고가 수리된 물품
② 크기 또는 무게의 과다나 그 밖의 사유로 보세구역에 장치하기 곤란하거나 부적당한 물품
③ 재해나 그 밖의 부득이한 사유로 임시로 장치한 물품

④ 검역물품
⑤ 압수물품
⑥ 우편물품

2) 보세구역 외 장치허가

① 세관장 허가

제155조제1항제2호에 해당하는 물품을 보세구역이 아닌 장소에 장치하려는 자는 세관장의 허가를 받아야 한다.

② 담보제공 등

세관장은 외국물품에 대하여 제1항의 허가를 하려는 때에는 그 물품의 관세에 상당하는 담보의 제공, 필요한 시설의 설치 등을 명할 수 있다.

③ 허가수수료

제1항에 따른 허가를 받으려는 자는 기획재정부령으로 정하는 금액과 방법 등에 따라 수수료를 납부하여야 한다.

3) 보세구역 장치물품의 제한

① 법 제154조의 규정에 의한 보세구역(이하 "보세구역"이라 한다)에는 인화질 또는 폭발성의 물품을 장치하지 못한다.
② 보세창고에는 부패할 염려가 있는 물품 또는 살아있는 동물이나 식물을 장치하지 못한다.
③ 제1항 및 제2항의 규정은 당해 물품을 장치하기 위하여 특수한 설비를 한 보세구역에 관하여는 이를 적용하지 아니한다.

3. 물품의 반출입(법 제157조)

1) 반출입신고

보세구역에 물품을 반입하거나 반출하려는 자는 대통령령으로 정하는 바에 따라 세관장에게 신고하여야 한다.

2) 물품의 검사

제1항에 따라 보세구역에 물품을 반입하거나 반출하려는 경우에는 세관장은 세관공무원을 참여시킬 수 있으며, 세관공무원은 해당 물품을 검사할 수 있다.

3) 반입물품의 종류제한

세관장은 보세구역에 반입할 수 있는 물품의 종류를 제한할 수 있다.

4. 수입신고수리물품의 반출(법 제157조의2)

관세청장이 정하는 보세구역에 반입되어 수입신고가 수리된 물품의 화주 또는 반입자는 제177조에도 불구하고 그 수입신고 수리일부터 15일 이내에 해당 물품을 보세구역으로부터 반출하여야 한다. 다만, 외국물품을 장치하는 데에 방해가 되지 아니하는 것으로 인정되어 세관장으로부터 해당 반출기간의 연장승인을 받았을 때에는 그러하지 아니하다.

5. 보수작업(법 제158조)

1) 의의

보세구역에 장치된 물품은 그 현상을 유지하기 위하여 필요한 보수작업과 그 성질을 변하지 아니하게 하는 범위에서 포장을 바꾸거나 구분·분할·합병을 하기나 그 밖의 비슷한 보수작업을 할 수 있다. 이 경우 보세구역에서의 보수작업이 곤란하다고 세관장이 인정할 때에는 기간과 장소를 지정받아 보세구역 밖에서 보수작업을 할 수 있다.

2) 세관장 승인

보수작업을 하려는 자는 세관장의 승인을 받아야 한다.

3) 보수작업의 장소

보수작업은 물품이 장치된 보세구역 안에서 하는 것이 원칙이다. 다만 보세구역에서의 보수작업이 곤란하다고 세관장이 인정할 때에는 기간과 장소를 지정받아

보세구역 밖에서 보수작업을 할 수 있다.

4) 외국물품 의제

보수작업으로 외국물품에 부가된 내국물품은 외국물품으로 본다.

5) 외국물품 사용금지

외국물품은 수입될 물품의 보수작업의 재료로 사용할 수 없다.

6) 보수작업의 한계

보수작업의 허용범위는 다음 각호에 한하며, 관세법 제50조 제1항의 규정에 의한 별표 관세율표(HSK 10단위)의 변화를 가져오는 것은 보수작업으로 인정할 수 없다. 다만 수출 또는 반송과정에서 부패, 변질의 우려가 있는 경우 등 세관장이 타당하다고 인정하는 경우에는 그러하지 아니하다.

① 물품의 보존을 위해 필요한 작업(부패, 손상 등을 방지하기 위한 보존작업 등)
② 물품의 상품성 향상을 위한 개수작업(포장개선, 라벨표시, 단순절단 등)
③ 선적을 위한 준비작업(선별, 분류, 용기변경 등)
④ 단순한 조립작업(간단한 셋팅, 완제품의 특성을 가진 구성요소의 조립 등)
⑤ 제1호 내지 제4호와 유사한 작업

6. 해체 절단 등의 작업(법 제159조)

1) 의의

보세구역에 장치된 물품에 대하여는 그 원형을 변경하거나 해체·절단 등의 작업을 할 수 있다.

2) 세관장 허가

제1항에 따른 작업을 하려는 자는 세관장의 허가를 받아야 한다.

세관장은 수입신고한 물품에 대하여 필요하다고 인정될 때에는 화주 또는 그 위임을 받은 자에게 제1항에 따른 작업을 명할 수 있다.

3) 대상

해체 절단 등의 작업을 할 수 있는 물품의 종류는 관세청장이 정한다.

보세구역에 장치된 수입물품 중 원형을 변경하거나 해체절단 등의 작업을 할 수 있는 물품은 다음 각 호의 1로 한다.

① 해체용 선박

② 각종 설 중 세관장이 원형변경, 해체, 절단 등의 작업이 필요하다고 인정하는 물품

③ 세관장이 진정화작업이 필요하다고 인정하는 물품

4) 작업완료시

작업을 완료한 때에는 다음 각호의 사항을 기재한 보고서를 세관장에게 제출하여 그 확인을 받아야 한다.

① 작업후의 물품의 품명 · 규격 · 수량 및 가격

② 작업개시 및 종료연월일

③ 작업상황에 관한 검정기관의 증명서(세관장이 특히 지정하는 경우에 한한다)

④ 기타 참고사항

7. 장치물품의 폐기(법 제16조)

1) 세관장 승인

부패 · 손상되거나 그 밖의 사유로 보세구역에 장치된 물품을 폐기하려는 자는 세관장의 승인을 받아야 한다.

2) 관세의 징수

① 보세구역에 장치된 외국물품이 멸실되거나 폐기되었을 때에는 그 운영인이나 보관인으로부터 즉시 그 관세를 징수한다. 다만, 재해나 그 밖의 부득이한 사유로 멸실된 때와 미리 세관장의 승인을 받아 폐기한 때에는 예외로 한다.

② 제1항에 따른 승인을 받은 외국물품 중 폐기 후에 남아 있는 부분에 대하여는 폐기 후의 성질과 수량에 따라 관세를 부과한다.

3) 장치물품의 폐기명령

(1) 의의

세관장은 제1항에도 불구하고 보세구역에 장치된 물품 중 다음 각 호의 어느 하나에 해당하는 것은 화주, 반입자, 화주 또는 반입자의 위임을 받은 자나 「국세기본법」 제38조부터 제41조까지의 규정에 따른 제2차 납세의무자(이하 "화주등"이라 한다)에게 이를 반송 또는 폐기할 것을 명하거나 화주등에게 통고한 후 폐기할 수 있다. 다만, 급박하여 통고할 여유가 없는 경우에는 폐기한 후 즉시 통고하여야 한다.

① 사람의 생명이나 재산에 해를 끼칠 우려가 있는 물품
② 부패하거나 변질된 물품
③ 유효기간이 지난 물품
④ 상품가치가 없어진 물품
⑤ 제1호부터 제4호까지에 준하는 물품으로서 관세청장이 정하는 물품

(2) 폐기공고

제4항에 따른 통고를 할 때 화주등의 주소나 거소를 알 수 없거나 그 밖의 사유로 통고할 수 없는 경우에는 공고로써 이를 갈음할 수 있다.

(3) 폐기비용

제1항과 제4항에 따라 세관장이 물품을 폐기하거나 화주등이 물품을 폐기 또는 반송한 경우 그 비용은 화주등이 부담한다.

8. 견본품반출(법 제161조)

1) 세관장 허가

보세구역에 장치된 외국물품의 전부 또는 일부를 견본품으로 반출하려는 자는 세관장의 허가를 받아야 한다.

2) 직권채취

세관공무원은 보세구역에 반입된 물품에 대하여 검사상 필요하면 그 물품의 일

부를 견본품으로 채취할 수 있다.

3) 수입신고수리의 의제

제2항에 따라 채취된 물품이 사용 · 소비된 경우에는 수입신고를 하여 관세를 납부하고 수리된 것으로 본다.

9. 보세구역의 자율관리(법 제164조 및 제165조)

1) 보세구역의 자율관리(법 제164조)

(1) 의의

보세구역 중 물품의 관리 및 세관감시에 지장이 없다고 인정하여 관세청장이 정하는 바에 따라 세관장이 지정하는 보세구역(이하 "자율관리보세구역"이라 한다)에 장치한 물품은 제157조에 따른 세관공무원의 참여와 이 법에 따른 절차 중 관세청장이 정하는 절차를 생략한다.

(2) 지정신청

보세구역의 화물관리인이나 운영인은 자율관리보세구역의 지정을 받으려면 세관장에게 지정을 신청하여야 한다.

(3) 보세사 채용

제2항에 따라 자율관리보세구역의 지정을 신청하려는 자는 해당 보세구역에 장치된 물품을 관리하는 사람(이하 "보세사"라 한다)을 채용하여야 한다.

(4) 지정

세관장은 제2항에 따른 지정신청을 받은 경우 해당 보세구역의 위치와 시설상태 등을 확인하여 제1항에 따른 자율관리보세구역으로 적합하다고 인정될 때에는 해당 보세구역을 자율관리보세구역으로 지정할 수 있다.

(5) 장부기록

제4항에 따라 자율관리보세구역의 지정을 받은 자는 물품의 반출입 상황을 장

부에 기록하여야 한다.

⑹ 지정취소

세관장은 자율관리보세구역의 지정을 받은 자가 이 법에 따른 의무를 위반하거나 세관감시에 지장이 있다고 인정되는 사유가 발생한 경우에는 제4항에 따른 지정을 취소할 수 있다.

2) 보세사의 자격 등(법 제165조)

⑴ 보세사의 자격

보세사는 제175조제1호부터 제7호까지의 어느 하나에 해당하지 아니하는 사람으로서 다음 각 호의 어느 하나에 해당하는 사람이어야 한다. >

① 일반직공무원으로서 5년 이상 관세행정에 종사한 경력이 있는 사람
② 3년 이상 보세화물의 관리업무에 종사한 경력이 있는 사람으로서 보세화물의 관리업무에 관한 전형에 합격한 사람

⑵ 등록

제1항의 자격을 갖춘 사람이 보세사로 근무하려면 해당 보세구역을 관할하는 세관장에게 등록하여야 한다.

⑶ 등록의 취소 등

세관장은 제2항의 등록을 한 사람이 다음 각 호의 어느 하나에 해당하는 경우에는 등록의 취소, 6개월 이내의 업무정지 또는 그 밖에 필요한 조치를 할 수 있다. 다만, 제1호 및 제2호에 해당하면 등록을 취소하여야 한다.

① 제175조제1호부터 제7호까지의 어느 하나에 해당하게 된 경우
② 사망한 경우
③ 법이나 이 법에 따른 명령을 위반한 경우

⑷ 보세사의 직무 등

보세사의 직무 및 등록절차와 그 밖에 필요한 사항은 대통령령으로 정한다.

보세사의 직무는 다음 각 호와 같다.

① 보세화물 및 내국물품의 반입 또는 반출에 대한 입회 및 확인

② 보세구역안에 장치된 물품의 관리 및 취급에 대한 입회 및 확인
③ 보세구역출입문의 개폐 및 열쇠관리의 감독
④ 보세구역의 출입자관리에 대한 감독
⑤ 견품의 반출 및 회수
⑥ 기타 보세화물의 관리를 위하여 필요한 업무로서 관세청장이 정하는 업무

법 제165조제2항에 따라 보세사로 등록하려는 자는 등록신청서를 세관장에게 제출하여야 한다. 세관장은 제2항의 규정에 의한 신청을 한 자가 법 제165조제1항의 요건을 갖춘 경우에는 보세사등록증을 교부하여야 한다. 보세사는 관세청장이 정하는 바에 의하여 그 업무수행에 필요한 교육을 받아야 한다.

관세청장은 법 제165조제1항제2호에 따른 보세화물의 관리업무에 관한 전형을 실시할 때에는 그 전형의 일시, 장소, 방법 및 그 밖에 필요한 사항을 전형 시행일 90일 전까지 공고하여야 한다.

9.9 지정보세구역

1. 통칙

1) 의의

지정보세구역이란 통관을 하고자 하는 물품을 일시장치 또는 검사를 하기 위한 보세구역으로 국가, 지방자치단체, 공항 또는 항만시설을 관리하는 법인이 소유 또는 관리하는 토지, 건물 기타의 시설 중에서 세관장이 지정하는 구역을 말한다.

2) 지정보세구역의 지정

세관장은 다음 각 호의 어느 하나에 해당하는 자가 소유하거나 관리하는 토지·건물 또는 그 밖의 시설(이하 이 관에서 “토지등”이라 한다)을 지정보세구역으로 지정할 수 있다.

① 국가

② 지방자치단체

③ 공항시설 또는 항만시설을 관리하는 법인

세관장은 해당 세관장이 관리하지 아니하는 토지등을 지정보세구역으로 지정하려면 해당 토지 등의 소유자나 관리자의 동의를 받아야 한다. 이 경우 세관장은 임차료 등을 지급할 수 있다.

3) 지정보세구역의 지정취소

세관장은 수출입물량이 감소하거나 그 밖의 사유로 지정보세구역의 전부 또는 일부를 보세구역으로 존속시킬 필요가 없어졌다고 인정될 때에는 그 지정을 취소하여야 한다.

4) 지정보세구역의 처분

지정보세구역의 지정을 받은 토지 등의 소유자나 관리자는 다음 각 호의 어느 하나에 해당하는 행위를 하려면 미리 세관장과 협의하여야 한다. 세관장은 제1항에 따른 협의에 대하여 정당한 이유 없이 이를 거부하여서는 아니 된다.

다만, 해당 행위가 지정보세구역으로서의 사용에 지장을 주지 아니하거나 지정보세구역으로 지정된 토지등의 소유자가 국가 또는 지방자치단체인 경우에는 그러하지 아니하다.

① 해당 토지등의 양도, 교환, 임대 또는 그 밖의 처분이나 그 용도의 변경

② 해당 토지에 대한 공사나 해당 토지 안에 건물 또는 그 밖의 시설의 신축

③ 해당 건물 또는 그 밖의 시설의 개축·이전·철거나 그 밖의 공사

2. 지정장치장

1) 의의(법 제169조)

지정장치장은 통관을 하려는 물품을 일시 장치하기 위한 장소로서 세관장이 지정하는 구역으로 한다.

2) 장치기간

지정장치장에 물품을 장치하는 기간은 6개월의 범위에서 관세청장이 정한다. 다

만, 관세청장이 정하는 기준에 따라 세관장은 3개월의 범위에서 그 기간을 연장할 수 있다.

3) 물품에 대한 보관책임

(1) 보관의 책임

지정장치장에 반입한 물품은 화주 또는 반입자가 그 보관의 책임을 진다.

(2) 화물관리인의 지정

세관장은 지정장치장의 질서유지와 화물의 안전관리를 위하여 필요하다고 인정할 때에는 화주를 갈음하여 보관의 책임을 지는 화물관리인을 지정할 수 있다. 다만, 세관장이 관리하는 시설이 아닌 경우에는 세관장은 해당 시설의 소유자나 관리자와 협의하여 화물관리인을 지정하여야 한다.

화물관리인 지정의 유효기간은 5년 이내로 한다.

(3) 화물관리인의 지정취소

세관장은 다음 각 호의 어느 하나에 해당하는 사유가 발생한 경우에는 화물관리인의 지정을 취소할 수 있다. 이 경우 제1항제3호에 해당하는 자에 대한 지정을 취소할 때에는 해당 시설의 소유자 또는 관리자에게 미리 그 사실을 통보하여야 한다.

① 거짓이나 그 밖의 부정한 방법으로 지정을 받은 경우
② 화물관리인이 법 제175조 각 호의 어느 하나에 해당하는 경우
③ 화물관리인이 세관장 또는 해당 시설의 소유자·관리자와 맺은 화물관리업무에 관한 약정을 위반하여 해당 지정장치장의 질서유지 및 화물의 안전관리에 중대한 지장을 초래하는 경우
④ 화물관리인이 그 지정의 취소를 요청하는 경우

세관장은 제1항제1호부터 제3호까지의 규정에 따라 화물관리인의 지정을 취소하려는 경우에는 청문을 하여야 한다.

(4) 비용의 징수

지정장치장의 화물관리인은 화물관리에 필요한 비용(제323조에 따른 세관설비 사용료를 포함한다)을 화주로부터 징수할 수 있다. 다만, 그 요율에 대하여는 세관

장의 승인을 받아야 한다.

지정장치장의 화물관리인은 징수한 비용 중 세관설비 사용료에 해당하는 금액을 세관장에게 납부하여야 한다.

(5) 세관장의 화물관리

세관장은 불가피한 사유로 화물관리인을 지정할 수 없을 때에는 화주를 대신하여 직접 화물관리를 할 수 있다. 이 경우 제3항에 따른 화물관리에 필요한 비용을 화주로부터 징수할 수 있다.

(6) 세부사항

화물관리인의 지정기준, 지정절차, 지정의 유효기간, 재지정 및 지정 취소 등에 필요한 사항은 대통령령으로 정한다.

3. 세관검사장

1) 의의

세관검사장은 통관하려는 물품을 검사하기 위한 장소로서 세관장이 지정하는 지역으로 한다.

2) 반입물품 검사

세관장은 관세청장이 정하는 바에 따라 검사를 받을 물품의 전부 또는 일부를 세관검사장에 반입하여 검사할 수 있다.

3) 비용부담

세관검사장에 반입되는 물품의 채취·운반 등에 필요한 비용은 화주가 부담한다.

9.10 특허보세구역

특허보세구역이란 사인의 신청에 의해 주로 사인의 토지, 시설 등에 대하여 세관장이 보세구역으로 특허한 장소를 말한다.

특허보세구역은 외국물품이나 통관하려는 물품의 장치, 가공, 전시, 건설, 판매 등의 목적에 따라 보세창고, 보세공장, 보세건설장, 보세전시장, 보세판매장으로 구분된다.

1. 특허보세구역의 설치 · 운영에 관한 특허

1) 의의

특허보세구역을 설치 · 운영하려는 자는 세관장의 특허를 받아야 한다. 기존의 특허를 갱신하려는 경우에도 또한 같다.

특허보세구역의 설치 · 운영에 관한 특허를 받으려는 자, 특허보세구역을 설치 · 운영하는 자, 이미 받은 특허를 갱신하려는 자는 기획재정부령으로 정하는 바에 따라 수수료를 납부하여야 한다.

특허를 받을 수 있는 요건은 보세구역의 종류별로 대통령령으로 정하는 기준에 따라 관세청장이 정한다.

2) 특허보세구역의 설치,운영의 특허의 기준

특허보세구역의 설치 · 운영에 관한 특허를 받을 수 있는 요건은 다음과 같다.

① 체납된 관세 및 내국세가 없을 것
② 법 제175조 각호의 결격사유가 없을 것
③ 위험물품을 장치 · 제조 · 전시 또는 판매하는 경우에는 위험물품의 종류에 따라 관계행정기관의 장의 허가 또는 승인 등을 받을 것
④ 관세청장이 정하는 바에 따라 보세화물의 보관 · 판매 및 관리에 필요한 자본금 · 수출입규모 · 구매수요 · 장치면적 등에 관한 요건을 갖출 것

*** 운영인의 결격사유(법 제175조)**

다음 각 호의 어느 하나에 해당하는 자는 특허보세구역을 설치・운영할 수 없다.

① 미성년자

② 금치산자와 한정치산자

③ 파산선고를 받고 복권되지 아니한 자

④ 이 법을 위반하여 징역형의 실형을 선고받고 그 집행이 끝나거나(집행이 끝난 것으로 보는 경우를 포함한다) 면제된 후 2년이 지나지 아니한 자

⑤ 이 법을 위반하여 징역형의 집행유예를 선고받고 그 유예기간 중에 있는 자

⑥ 이 법에 따라 특허보세구역의 설치・운영에 관한 특허가 취소된 후 2년이 지나지 아니한 자

⑦ 제269조부터 제271조까지, 제274조, 제275조의2 또는 제275조의3에 따라 벌금형 또는 통고처분을 받은 자로서 그 벌금형을 선고받거나 통고처분을 이행한 후 2년이 지나지 아니한 자. 다만, 제279조에 따라 처벌된 개인 또는 법인은 제외한다.

⑧ 제2호부터 제7호까지에 해당하는 자를 임원(해당 보세구역의 운영업무를 직접 담당하거나 이를 감독하는 자로 한정한다)으로 하는 법인

2. 특허기간

1) 특허기간

특허보세구역의 특허기간은 10년 이내로 한다.

특허보세구역(보세전시장 및 보세건설장을 제외한다)의 특허기간은 10년의 범위내에서 신청인이 신청한 기간으로 한다. 다만, 관세청장은 보세구역의 합리적 운영을 위하여 필요한 경우에는 신청인이 신청한 기간과 달리 특허기간을 정할 수 있다.

2) 보세전시장 및 보세건설장

보세전시장과 보세건설장의 특허기간은 다음 각 호의 구분에 따른다. 다만, 세관장은 전시목적을 달성하거나 공사를 진척하기 위하여 부득이하다고 인정할 만한 사유가 있을 때에는 그 기간을 연장할 수 있다.

① 보세전시장: 해당 박람회 등의 기간을 고려하여 세관장이 정하는 기간
② 보세건설장: 해당 건설공사의 기간을 고려하여 세관장이 정하는 기간

3. 장치기간(법 제177조)

1) 장치기간

특허보세구역에 물품을 장치하는 기간은 다음 각 호의 구분에 따른다.

(1) 보세창고: 다음 각 목의 어느 하나에서 정하는 기간

① 외국물품(다목에 해당하는 물품은 제외한다): 1년의 범위에서 관세청장이 정하는 기간. 다만, 세관장이 필요하다고 인정하는 경우에는 1년의 범위에서 그 기간을 연장할 수 있다.
② 내국물품(다목에 해당하는 물품은 제외한다): 1년의 범위에서 관세청장이 정하는 기간
③ 정부비축용물품, 정부와의 계약이행을 위하여 비축하는 방위산업용물품, 장기간 비축이 필요한 수출용원재료와 수출품보수용 물품으로서 세관장이 인정하는 물품, 국제물류의 촉진을 위하여 관세청장이 정하는 물품: 비축에 필요한 기간

(2) 그 밖의 특허보세구역: 해당 특허보세구역의 특허기간

2) 반출명령

세관장은 물품관리에 필요하다고 인정될 때에는 제1항제1호의 기간에도 운영인에게 그 물품의 반출을 명할 수 있다.

4. 반입정지 등과 특허의 취소(법 제178조)

1) 반입정지

세관장은 특허보세구역의 운영인이 다음 각 호의 어느 하나에 해당하는 경우에는 관세청장이 정하는 바에 따라 6개월의 범위에서 해당 특허보세구역에의 물품

반입 또는 보세건설 · 보세판매 · 보세전시 등(이하 이 조에서 "물품반입등"이라 한다)을 정지시킬 수 있다.

① 장치물품에 대한 관세를 납부할 자금능력이 없다고 인정되는 경우
② 본인이나 그 사용인이 이 법 또는 이 법에 따른 명령을 위반한 경우
③ 해당 시설의 미비 등으로 특허보세구역의 설치 목적을 달성하기 곤란하다고 인정되는 경우

2) 반입정지 등을 갈음하는 과징금

(1) 의의

세관장은 제1항에 따른 물품반입등의 정지처분이 그 이용자에게 심한 불편을 주거나 공익을 해칠 우려가 있는 경우에는 특허보세구역의 운영인에게 물품반입 등의 정지처분을 갈음하여 해당 특허보세구역 운영에 따른 매출액의 100분의 3 이하의 과징금을 부과할 수 있다. 이 경우 매출액 산정, 과징금의 금액, 과징금의 납부기한 등에 관하여 필요한 사항은 대통령령으로 정한다.

(2) 과징금의 산정

법 제178조제3항에 따라 부과하는 과징금의 금액은 제1호의 기간에 제2호의 금액을 곱하여 산정한다.

① 기간: 법 제178조제1항에 따라 산정한 물품반입 등의 정지 일수(1개월은 30일을 기준으로 한다)
② 1일당 과징금 금액: 해당 특허보세구역 운영에 따른 연간 매출액의 6천분의 1

연간매출액은 다음 각 호의 구분에 따라 산정한다.

① 특허보세구역의 운영인이 해당 사업연도 개시일 이전에 특허보세구역의 운영을 시작한 경우: 직전 3개 사업연도의 평균 매출액(특허보세구역의 운영을 시작한 날부터 직전 사업연도 종료일까지의 기간이 3년 미만인 경우에는 그 시작일부터 그 종료일까지의 매출액을 연평균 매출액으로 환산한 금액)
② 특허보세구역의 운영인이 해당 사업연도에 특허보세구역 운영을 시작한 경우: 특허보세구역의 운영을 시작한 날부터 반입정지 등의 처분사유가 발생한 날까지의 매출액을 연매출액으로 환산한 금액

(3) 과징금의 가중 또는 경감

세관장은 산정된 과징금 금액의 4분의 1의 범위에서 사업규모, 위반행위의 정도 및 위반횟수 등을 고려하여 그 금액을 가중하거나 감경할 수 있다. 다만, 과징금을 가중하는 경우에는 과징금 총액이 제2항에 따라 산정된 연간매출액의 100분의 3을 초과할 수 없다.

(4) 과징금의 부과 및 납부

① 납부통지

세관장은 과징금 부과시 위반행위의 종별과 과징금 금액을 명시하여 납부할 것을 서면이나 전자문서로 통지하여야 한다.

② 납부기한

과징금 납부통지를 받은 자는 납부통지일부터 20일 이내에 납부하여야 한다. 다만, 천재지변 등의 사유로 인하여 그 기간내에 과징금을 납부할 수 없는 때에는 그 사유가 소멸한 날부터 7일 이내에 이를 납부하여야 한다.

③ 수납기관의 의무

과징금의 납부를 받은 수납기관은 영수증을 납부자에게 서면으로 교부하거나 전자문서로 송부하여야 하며, 과징금을 수납한 때에는 그 사실을 세관장에게 서면 또는 전자문서로 지체없이 통지하여야 한다.

④ 분할납부

과징금은 이를 분할하여 납부할 수 없다.

3) 특허의 취소

세관장은 특허보세구역의 운영인이 다음 각 호의 어느 하나에 해당하는 경우에는 그 특허를 취소할 수 있다. 다만, 제1호 및 제2호에 해당하는 경우에는 특허를 취소하여야 한다.

① 거짓이나 그 밖의 부정한 방법으로 특허를 받은 경우
② 제175조 각 호의 어느 하나에 해당하게 된 경우
③ 1년 이내에 3회 이상 물품반입 등의 정지처분(제3항에 따른 과징금 부과처분을 포함한다)을 받은 경우

④ 1년 이상 물품의 반입실적이 없어서 세관장이 특허보세구역의 설치 목적을 달성하기 곤란하다고 인정하는 경우

5. 특허의 효력상실 및 승계(법 제179조 및 제182조)

1) 특허의 상실사유

특허보세구역의 설치 · 운영에 관한 특허는 다음 각 호의 어느 하나에 해당하면 그 효력을 상실한다.

① 운영인이 특허보세구역을 운영하지 아니하게 된 경우
② 운영인이 해산하거나 사망한 경우
③ 특허기간이 만료한 경우
④ 특허가 취소된 경우

2) 보고의무

제1항제1호 및 제2호의 경우에는 운영인, 그 상속인, 청산법인 또는 합병 · 분할 · 분할합병 후 존속하거나 합병 · 분할 · 분할합병으로 설립된 법인(이하 "승계법인"이라 한다)은 지체 없이 세관장에게 그 사실을 보고하여야 한다.

3) 상속인 등의 신고의무

특허보세구역의 설치 · 운영에 관한 특허를 받은 자가 사망하거나 해산한 경우 상속인 또는 승계법인이 계속하여 그 특허보세구역을 운영하려면 피상속인 또는 피승계법인이 사망하거나 해산한 날부터 30일 이내에 제174조제3항에 따른 요건을 갖추어 대통령령으로 정하는 바에 따라 세관장에게 신고하여야 한다.

4) 특허의 승계

상속인 또는 승계법인이 제3항에 따른 신고를 하였을 때에는 피상속인 또는 피승계법인이 사망하거나 해산한 날부터 신고를 한 날까지의 기간에 있어서 피상속인 또는 피승계법인의 특허보세구역의 설치 · 운영에 관한 특허는 상속인 또는 승계법인에 대한 특허로 본다.

5) 특허의 효력상실시 조치 등

특허보세구역의 설치·운영에 관한 특허의 효력이 상실되었을 때에는 운영인이나 그 상속인은 해당 특허보세구역에 있는 외국물품을 지체 없이 다른 보세구역으로 반출하여야 한다.

특허보세구역의 설치·운영에 관한 특허의 효력이 상실되었을 때에는 해당 특허보세구역에 있는 외국물품의 종류와 수량 등을 고려하여 6개월의 범위에서 세관장이 지정하는 기간 동안 그 구역은 특허보세구역으로 보며, 운영인이나 그 상속인에 대하여는 해당 구역과 장치물품에 관하여 특허보세구역의 설치·운영에 관한 특허가 있는 것으로 본다.

6. 특허보세구역의 설치 운영에 관한 감독 등(법 제180조)

세관장은 특허보세구역의 운영인을 감독하며, 특허보세구역의 운영인에게 그 설치·운영에 관한 보고를 명하거나 세관공무원에게 특허보세구역의 운영상황을 검사하게 할 수 있다. 또한 특허보세구역의 운영에 필요한 시설·기계 및 기구의 설치를 명할 수 있다.

제157조에 따라 특허보세구역에 반입된 물품이 해당 특허보세구역의 설치 목적에 합당하지 아니한 경우에는 세관장은 해당 물품을 다른 보세구역으로 반출할 것을 명할 수 있다.

9.11 보세창고

1. 개요

보세창고에는 외국물품이나 통관을 하려는 물품을 장치한다.

보세창고는 물품을 장치하는 장소이다. 따라서 외국물품을 이용하여 제조 가공하거나 건설 등의 작업을 할 수 없으며, 전시 판매 등도 할 수 없다.

2. 내국물품의 장치 등

운영인은 미리 세관장에게 신고를 하고 제1항에 따른 물품의 장치에 방해되지 아니하는 범위에서 보세창고에 내국물품을 장치할 수 있다. 다만, 동일한 보세창고에 장치되어 있는 동안 수입신고가 수리된 물품은 신고 없이 계속하여 장치할 수 있다.

운영인은 보세창고에 1년(제2항 단서에 따른 물품은 6개월) 이상 계속하여 제2항에서 규정한 내국물품만을 장치하려면 세관장의 승인을 받아야 한다.

승인을 받은 보세창고에 내국물품만을 장치하는 기간에는 제161조와 제177조를 적용하지 아니한다.

3. 장치기간이 지난 내국물품

제183조제2항에 따른 내국물품으로서 장치기간이 지난 물품은 그 기간이 지난 후 10일 내에 그 운영인의 책임으로 반출하여야 한다.

제183조제3항에 따라 승인받은 내국물품도 그 승인기간이 지난 경우에는 제1항과 같다.

9.12 보세공장

보세공장에서는 외국물품을 원료 또는 재료로 하거나 외국물품과 내국물품을 원료 또는 재료로 하여 제조·가공하거나 그 밖에 이와 비슷한 작업을 할 수 있다.

보세공장은 크게 수출용 보세공장과 내수용 보세공장이 있다. 수출용 보세공장은 외국물품 또는 내국물품을 원재료로 하여 수출하는 물품을 제조 가공하거나 수리 기타 이와 유사한 작업을 하는 보세공장을 말한다. 반면 내수용 보세공장은 수입할 물품을 제조 가공하는 것을 목적으로 하는 보세공장을 말하며, 제조 가공 후 이를 수입통관하여 국내에서 사용하는 것이다.

1. 보세작업

1) 사용신고 등

운영인은 보세공장에 반입된 물품을 그 사용 전에 세관장에게 사용신고를 하여야 한다. 이 경우 세관공무원은 그 물품을 검사할 수 있다.

사용신고를 한 외국물품이 제226조에 따라 허가·승인·표시 또는 그 밖의 조건을 갖출 필요가 있는 것일 때에는 해당 조건을 갖춘 것임을 증명하여야 한다.

2) 보세공장원재료의 범위

법 제185조의 규정에 의하여 보세공장에서 보세작업을 하기 위하여 반입되는 원료 또는 재료(이하 "보세공장원재료"라 한다)는 다음 각호의 1에 해당하는 것을 말한다.

① 당해 보세공장에서 생산하는 제품에 물리적 또는 화학적으로 결합되는 물품
② 당해 보세공장에서 생산하는 제품을 제조·가공하거나 이와 비슷한 공정에 투입되어 소모되는 물품. 다만, 기계·기구 등의 작동 및 유지를 위한 물품 등 제품의 생산에 간접적으로 투입되어 소모되는 물품을 제외한다.
③ 당해 보세공장에서 생산하는 제품의 포장용품

보세공장원재료는 당해 보세공장에서 생산하는 제품에 소요되는 수량(이하 "원자재소요량"이라 한다)을 객관적으로 계산할 수 있는 물품이어야 한다.

2. 보세작업의 제한

1) 작업제한

보세공장에서는 세관장의 허가를 받지 아니하고는 내국물품만을 원료로 하거나 재료로 하여 제조·가공하거나 그 밖에 이와 비슷한 작업을 할 수 없다.

2) 업종의 제한

보세공장 중 수입하는 물품을 제조·가공하는 것을 목적으로 하는 보세공장의

업종은 기획재정부령으로 정하는 바에 따라 제한할 수 있다.

3. 보세공장 외 작업허가(법 제187조)

1) 의의

세관장은 가공무역이나 국내산업의 진흥을 위하여 필요한 경우에는 대통령령으로 정하는 바에 따라 기간, 장소, 물품 등을 정하여 해당 보세공장 외에서 제185조 제1항에 따른 작업을 허가할 수 있다. 이에 따른 허가를 한 경우 세관공무원은 해당 물품이 보세공장에서 반출될 때에 이를 검사할 수 있다.

2) 보세공장의 의제

허가를 받아 지정된 장소(이하 "공장외작업장"이라 한다)에 반입된 외국물품은 지정된 기간이 만료될 때까지는 보세공장에 있는 것으로 본다.

3) 관세의 징수

지정된 기간이 지난 경우 해당 공장외작업장에 허가된 외국물품이나 그 제품이 있을 때에는 해당 물품의 허가를 받은 보세공장의 운영인으로부터 그 관세를 즉시 징수한다.

4. 보세공장에서 수입하는 물품의 과세방법

1) 제품과세

(1) 의의

외국물품이나 외국물품과 내국물품을 원료로 하거나 재료로 하여 작업을 하는 경우 그로써 생긴 물품은 외국으로부터 우리나라에 도착한 물품으로 본다.

관세액 = 제품가격 × 제품세율

(2) 혼용승인을 받은 경우

대통령령으로 정하는 바에 따라 세관장의 승인을 받고 외국물품과 내국물품을 혼용하는 경우에는 그로써 생긴 제품 중 해당 외국물품의 수량 또는 가격에 상응하는 것은 외국으로부터 우리나라에 도착한 물품으로 본다.

관세액=제품가격×(수입원재료가격/수입원재료가격+국산원재료가격)×제품세율

2) 원료과세

(1) 의의

보세공장에서 제조된 물품을 수입하는 경우 제186조에 따른 사용신고 전에 미리 세관장에게 해당 물품의 원료인 외국물품에 대한 과세의 적용을 신청한 경우에는 제16조에도 불구하고 제186조에 따른 사용신고를 할 때의 그 원료의 성질 및 수량에 따라 관세를 부과한다.

(2) 원료과세 적용신청

세관장은 대통령령으로 정하는 기준에 해당하는 보세공장에 대하여는 1년의 범위에서 원료별, 제품별 또는 보세공장 전체에 대하여 제1항에 따른 신청을 하게 할 수 있다.

9.13 보세전시장

1. 개요

보세전시장에서는 박람회, 전람회, 견본품 전시회 등의 운영을 위하여 외국물품을 장치·전시하거나 사용할 수 있다.

2. 장치제한 등

세관장은 필요하다고 인정되는 때에는 보세전시장안의 장치물품에 대하여 장치할 장소를 제한하거나 그 사용사항을 조사하거나 운영인으로 하여금 필요한 보고를 하게 할 수 있다.

보세전시장에 장치된 판매용 외국물품은 수입신고가 수리되기 전에는 이를 사용하지 못한다. 또한 보세전시장에 장치된 전시용 외국물품을 현장에서 직매하는 경우 수입신고가 수리되기 전에는 이를 인도하여서는 아니된다.

9.14 보세건설장

보세건설장에서는 산업시설의 건설에 사용되는 외국물품인 기계류 설비품이나 공사용 장비를 장치 · 사용하여 해당 건설공사를 할 수 있다.

1. 보세작업

1) 사용전 수입신고

운영인은 보세건설장에 외국물품을 반입하였을 때에는 사용 전에 해당 물품에 대하여 수입신고를 하고 세관공무원의 검사를 받아야 한다. 다만, 세관공무원이 검사가 필요 없다고 인정하는 경우에는 검사를 하지 아니할 수 있다.

2) 건설공사 완료보고

보세건설장의 운영인은 법 제192조의 규정에 의한 수입신고를 한 물품을 사용한 건설공사가 완료된 때에는 지체없이 이를 세관장에게 보고하여야 한다.

3) 보세건설물품의 가동제한

운영인은 보세건설장에서 건설된 시설을 제248조에 따른 수입신고가 수리되기 전에 가동하여서는 아니 된다.

4) 반입물품의 장치제한

세관장은 보세건설장에 반입된 외국물품에 대하여 필요하다고 인정될 때에는 보세건설장 안에서 그 물품을 장치할 장소를 제한하거나 그 사용상황에 관하여 운영인으로 하여금 보고하게 할 수 있다.

2. 보세건설장외 작업허가

세관장은 보세작업상 필요하다고 인정될 때에는 대통령령으로 정하는 바에 따라 기간, 장소, 물품 등을 정하여 해당 보세건설장 외에서의 보세작업을 허가할 수 있다.

보세건설장 외에서의 보세작업 허가에 관하여는 제187조제3항부터 제6항까지의 규정을 준용한다.

9.15 보세판매장

1. 개요

보세판매장에서는 외국으로 반출하거나 제88조제1항제1호부터 제4호까지에 따라 관세의 면제를 받을 수 있는 자가 사용하는 것을 조건으로 외국물품을 판매할 수 있다.

2. 세관관리

세관장은 보세판매장에서 판매할 수 있는 물품의 종류, 수량, 장치 장소 등을 제한할 수 있다. 보세판매장에서 판매하는 물품의 반입, 반출, 인도, 관리에 필요한 사항은 대통령령으로 정한다.

3. 보세판매장의 관리 등

보세판매장의 운영인은 보세판매장에서 물품을 판매하는 때에는 판매사항 · 구매자인적사항 기타 필요한 사항을 관세청장이 정하는 바에 따라 기록 · 유지하여야 한다.

관세청장은 보세판매장에서의 판매방법, 구매자에 대한 인도방법 등을 정할 수 있다.

보세판매장의 운영인이 외국으로 출국하는 내국인에게 보세판매장의 물품을 판매하는 때에는 관세청장이 정하는 금액 한도안에서 판매하여야 한다.

세관장은 연 2회 이상 보세화물의 반출입량 · 판매량 · 외국반출현황 · 재고량 등을 파악하기 위하여 보세판매장에 대한 조사를 실시할 수 있다.

관세청장은 보세화물이 보세판매장에서 불법적으로 반출되지 아니하도록 하기 위하여 반입 · 반출의 절차 기타 필요한 사항을 정할 수 있다.

9.16 종합보세구역

종합보세구역은 특허보세구역에서 수행되는 기능을 복합적으로 수행할 수 있도록 지정된 지역을 말한다. 종합보세구역에서는 보세창고, 보세공장, 보세전시장, 보세건설장 또는 보세판매장의 기능 중 둘이상의 기능(이하 “종합보세기능”이라 한다)을 수행할 수 있다.

1. 종합보세구역의 지정

1) 지정

관세청장은 직권으로 또는 관계 중앙행정기관의 장이나 지방자치단체의 장, 그 밖에 종합보세구역을 운영하려는 자(이하 “지정요청자”라 한다)의 요청에 따라 무역진흥에의 기여 정도, 외국물품의 반입 · 반출 물량 등을 고려하여 일정한 지역을 종합보세구역으로 지정할 수 있다. 관세청장은 직권으로 종합보세구역을 지정하고자 하는 때에는 관계중앙행정기관의 장 또는 지방자치단체의 장과 협의하여야 한다.

2) 지정대상

법 제197조에 따른 종합보세구역(이하 "종합보세구역"이라 한다)은 다음 각 호의 어느 하나에 해당하는 지역으로서 관세청장이 종합보세구역으로 지정할 필요가 있다고 인정하는 지역을 그 지정대상으로 한다.

① 「외국인투자촉진법」에 의한 외국인투자지역
② 「산업입지 및 개발에 관한 법률」에 의한 산업단지
③ 「유통산업발전법」에 의한 공동집배송센터
④ 「물류시설의 개발 및 운영에 관한 법률」에 따른 물류단지
⑤ 기타 종합보세구역으로 지정됨으로써 외국인투자촉진·수출증대 또는 물류촉진 등의 효과가 있을 것으로 예상되는 지역

3) 예정지의 지정

관세청장은 지정요청자의 요청에 의하여 종합보세기능의 수행이 예정되는 지역을 종합보세구역예정지역(이하 "예정지역"이라 한다)으로 지정할 수 있다.

예정지역의 지정기간은 3년 이내로 한다. 다만, 관세청장은 당해 예정지역에 대한 개발계획의 변경 등으로 인하여 지정기간의 연장이 불가피하다고 인정되는 때에는 3년의 범위내에서 연장할 수 있다.

관세청장은 예정지역의 개발이 완료된 후 제214조의 규정에 따라 지정요청자의 요청에 의하여 종합보세구역으로 지정할 수 있다.

2. 종합보세사업장의 설치·운영에 관한 신고 등

종합보세구역에서 종합보세기능을 수행하려는 자는 그 기능을 정하여 세관장에게 종합보세사업장의 설치·운영에 관한 신고를 하여야 한다. 다만, 제175조 각 호의 어느 하나에 해당하는 자는 제1항에 따른 종합보세사업장의 설치·운영에 관한 신고를 할 수 없다.

종합보세사업장의 운영인은 그가 수행하는 종합보세기능을 변경하려면 세관장에게 이를 신고하여야 한다. 신고의 절차 등에 관하여 필요한 사항은 대통령령으

로 정한다.

3. 무종합보세구역의 물품의 반입 · 반출 등

종합보세구역에 물품을 반입하거나 반출하려는 자는 대통령령으로 정하는 바에 따라 세관장에게 신고하여야 한다.

종합보세구역에 반입·반출되는 물품이 내국물품인 경우에는 기획재정부령으로 정하는 바에 따라 제1항에 따른 신고를 생략하거나 간소한 방법으로 반입·반출하게 할 수 있다.

4. 종합보세구역의 판매물품에 대한 관세 등의 환급

1) 의의

외국인 관광객 등 대통령령으로 정하는 자가 종합보세구역에서 구입한 물품을 국외로 반출하는 경우에는 해당 물품을 구입할 때 납부한 관세 및 내국세등을 환급받을 수 있다.

2) 외국인관광객 등의 범위

"외국인 관광객 등 대통령령으로 정하는 자"란 「외국환거래법」 제3조에 따른 비거주자(이하 "외국인관광객등"이라 한다)를 말한다. 다만, 다음 각 호의 자를 제외한다.

① 법인
② 국내에 주재하는 외교관(이에 준하는 외국공관원을 포함한다)
③ 국내에 주재하는 국제연합군과 미국군의 장병 및 군무원

3) 종합보세구역에서의 물품의 판매 등

종합보세구역에서 법 제199조의2의 규정에 의하여 외국인관광객등에게 물품을 판매하는 자(이하 "판매인"이라 한다)는 관세청장이 정하는 바에 따라 판매물품에 대한 수입신고 및 신고납부를 하여야 한다.

판매인은 제1항의 규정에 의한 수입신고가 수리된 경우에는 구매자에게 당해

물품을 인도하되, 국외반출할 목적으로 구매한 외국인관광객등에게 판매한 경우에는 물품판매확인서(이하 "판매확인서"라 한다)를 교부하여야 한다.

관세청장은 종합보세구역의 위치 및 규모 등을 고려하여 판매하는 물품의 종류 및 수량 등을 제한할 수 있다.

5. 운영인의 물품관리 및 설비유지

1) 운영인의 물품관리 등

운영인은 종합보세구역에 반입된 물품을 종합보세기능별로 구분하여 관리하여야 한다.

세관장은 종합보세구역에 장치된 물품 중 제208조제1항 단서에 해당되는 물품은 같은 조에 따라 매각할 수 있다.

운영인은 종합보세구역에 반입된 물품을 종합보세구역 안에서 이동·사용 또는 처분을 할 때에는 장부 또는 전산처리장치를 이용하여 그 기록을 유지하여야 한다. 이 경우 기획재정부령으로 정하는 물품은 미리 세관장에게 신고하여야 한다.

제3항에 따른 기록의 방법과 절차 등에 관하여 필요한 사항은 관세청장이 정한다.

2) 설비의 유지의무 등

운영인은 대통령령으로 정하는 바에 따라 종합보세기능의 수행에 필요한 시설 및 장비 등을 유지하여야 한다.

종합보세구역에 장치된 물품에 대하여 보수작업을 하거나 종합보세구역 밖에서 보세작업을 하려는 자는 대통령령으로 정하는 바에 따라 세관장에게 신고하여야 한다.

제2항에 따라 작업을 하는 경우의 반출검사 등에 관하여는 제187조를 준용한다.

6. 종합보세구역의 지정취소와 기능중지

1) 지정취소

관세청장은 종합보세구역에 반입·반출되는 물량이 감소하거나 그 밖에 대통령령령으로 정하는 사유로 종합보세구역을 존속시킬 필요가 없다고 인정될 때에는 종합보세구역의 지정을 취소할 수 있다. "대통령령으로 정하는 사유"란 다음 각 호의 경우를 말한다.

① 종합보세구역의 지정요청자가 지정취소를 요청한 경우
② 종합보세구역의 지정요건이 소멸한 경우

2) 기능중지

세관장은 종합보세사업장의 운영인이 다음 각 호의 어느 하나에 해당하는 경우에는 6개월의 범위에서 운영인의 종합보세기능의 수행을 중지시킬 수 있다.

① 제175조 각 호의 어느 하나에 해당하게 된 경우
② 운영인이 수행하는 종합보세기능과 관련하여 반입·반출되는 물량이 감소하거나 그 밖에 대통령령으로 정하는 사유가 발생한 경우

"대통령령으로 정하는 사유"란 다음 각 호의 경우를 말한다.

① 1년동안 계속하여 외국물품의 반입·반출실적이 없는 경우
② 운영인이 법 제202조제1항에 따른 설비유지의무를 위반한 경우

9.17 유치 및 예치

1. 의의

다음 각 호의 어느 하나에 해당하는 물품으로서 제226조에 따라 필요한 허가·승인·표시 또는 그 밖의 조건이 갖추어지지 아니한 것은 세관장이 이를 유치할 수 있다.

① 여행자의 휴대품
② 우리나라와 외국 간을 왕래하는 운송수단에 종사하는 승무원의 휴대품

제1항에 따라 유치한 물품은 해당 사유가 해소되었거나 반송하는 경우에만 유치를 해제한다. 제1항 각 호의 어느 하나에 해당하는 물품으로서 수입할 의사가

없는 물품은 세관장에게 신고하여 일시 예치시킬 수 있다.

2. 유치 및 예치 물품의 보관

제206조에 따라 유치하거나 예치한 물품은 세관장이 관리하는 장소에 보관한다. 다만, 세관장이 필요하다고 인정할 때에는 그러하지 아니하다.

제206조에 따라 유치하거나 예치한 물품에 관하여는 제160조제4항부터 제6항까지, 제170조 및 제208조부터 제212조까지의 규정을 준용한다.

세관장은 유치되거나 예치된 물품의 원활한 통관을 위하여 필요하다고 인정될 때에는 제2항에 따라 준용되는 제209조에도 불구하고 관세청장이 정하는 바에 따라 해당 물품을 유치하거나 예치할 때에 유치기간 또는 예치기간 내에 수출·수입 또는 반송하지 아니하면 매각한다는 뜻을 통고할 수 있다.

9.18 장치기간 경과물품의 매각

1. 매각대상 및 매각절차

1) 의의

세관장은 보세구역에 반입한 외국물품의 장치기간이 지나면 그 사실을 공고한 후 해당 물품을 매각할 수 있다. 다만, 다음 각 호의 어느 하나에 해당하는 물품은 기간이 지나기 전이라도 공고한 후 매각할 수 있다.

① 살아 있는 동식물

② 부패하거나 부패할 우려가 있는 것

③ 창고나 다른 외국물품에 해를 끼칠 우려가 있는 것

④ 기간이 지나면 사용할 수 없게 되거나 상품가치가 현저히 떨어질 우려가 있는 것

⑤ 관세청장이 정하는 물품 중 화주가 요청하는 것

장치기간이 지난 물품이 제1항 각 호의 어느 하나에 해당하는 물품으로서 급박하여 공고할 여유가 없을 때에는 매각한 후 공고할 수 있다.

2) 질권자 및 유치권자

매각된 물품의 질권자나 유치권자는 다른 법령에도 불구하고 그 물품을 매수인에게 인도하여야 한다.

3) 매각대행기관 등

세관장은 제1항에 따른 매각을 할 때 다음 각 호의 어느 하나에 해당하는 경우에는 대통령령으로 정하는 기관(이하 이 절에서 “매각대행기관”이라 한다)에 이를 대행하게 할 수 있다.

① 신속한 매각을 위하여 사이버몰(컴퓨터 등과 정보통신설비를 이용하여 재화 등을 거래할 수 있도록 설정된 가상의 영업장을 말한다) 등에서 전자문서를 통하여 매각하려는 경우
② 매각에 전문지식이 필요한 경우
③ 그 밖에 특수한 사정이 있어 직접 매각하기에 적당하지 아니하다고 인정되는 경우

매각대행기관이 매각을 대행하는 경우(제211조제6항에 따라 매각대금의 잔금처리를 대행하는 경우를 포함한다)에는 매각대행기관의 장을 세관장으로 본다.

세관장은 제4항에 따라 매각대행기관이 매각을 대행하는 경우에는 매각대행에 따른 실비 등을 고려하여 기획재정부령으로 정하는 바에 따라 수수료를 지급할 수 있다.

제4항에 따라 매각대행기관이 매각을 대행하는 경우 「형법」이나 그 밖의 법률에 따른 벌칙을 적용할 때에는 매각대행기관의 임직원을 세관공무원으로 본다.

제4항에 따라 매각대행기관이 대행하는 매각에 필요한 사항은 대통령령으로 정한다.

2. 통고

세관장은 제208조제1항에 따라 장치기간경과물품을 매각하려면 그 화주등에게

통고일부터 1개월 내에 해당 물품을 수출 · 수입 또는 반송할 것을 통고하여야 한다.

화주 등이 분명하지 아니하거나 그 소재가 분명하지 아니하여 제1항에 따른 통고를 할 수 없을 때에는 공고로 이를 갈음할 수 있다.

3. 매각공고

세관장은 매각할 때에는 매각 물건, 매각 수량, 매각 예정가격 등을 매각 시작 10일 전에 공고하여야 한다.

4. 매각방법

1) 의의

제208조에 따른 매각은 일반경쟁입찰 · 지명경쟁입찰 · 수의계약 · 경매 및 위탁판매의 방법으로 하여야 한다.

2) 경쟁입찰

경쟁입찰의 방법으로 매각하려는 경우 매각되지 아니하였을 때에는 5일 이상의 간격을 두어 다시 입찰에 붙일 수 있으며 그 예정가격은 최초 예정가격의 100분의 10 이내의 금액을 입찰에 붙일 때마다 줄일 수 있다. 이 경우에 줄어들 예정가격 이상의 금액을 제시하는 응찰자가 있을 때에는 대통령령으로 정하는 바에 따라 그 응찰자가 제시하는 금액으로 수의계약을 할 수 있다.

3) 경매 또는 수의계약

다음 각 호의 어느 하나에 해당하는 경우에는 경매나 수의계약으로 매각할 수 있다.

① 제2항에 따라 2회 이상 경쟁입찰에 붙여도 매각되지 아니한 경우
② 부패 · 손상 · 변질 등의 우려가 현저한 물품으로서 즉시 매각하지 아니하면 상품가치가 저하할 우려가 있는 경우
③ 물품의 매각예정가격이 50만원미만인 경우
④ 경쟁입찰의 방법으로 매각하는 것이 공익에 반하는 경우

4) 위탁판매

경매 또는 수의계약의 방법으로도 매각되지 아니한 물품과 다음 각 호의 어느 하나에 해당하는 물품중에서 관세청장이 신속한 매각이 필요하다고 인정하여 위탁판매대상으로 지정한 물품을 그 대상으로 한다.

① 부패하거나 부패의 우려가 있는 물품

② 기간경과로 사용할 수 없게 되거나 상품가치가 현저히 감소할 우려가 있는 물품

③ 공매하는 경우 매각의 효율성이 저하되거나 공매에 전문지식이 필요하여 직접 공매하기에 부적합한 물품

5) 과세가격의 산출

매각된 물품에 대한 과세가격은 제30조부터 제35조까지의 규정에도 불구하고 제2항에 따른 최초 예정가격을 기초로 하여 과세가격을 산출한다.

매각할 물품의 예정가격의 산출방법과 위탁판매에 관한 사항은 대통령령으로 정하고, 경매절차에 관하여는 「국세징수법」을 준용한다.

6) 조건부 매각

법 제210조의 규정에 의하여 매각한 물품으로 다음 각호의 1에 해당하는 물품은 수출하거나 외화를 받고 판매하는 것을 조건으로 매각한다. 다만, 제2호의 물품으로서 관세청장이 필요하다고 인정하는 물품은 주무부장관 또는 주무부장관이 지정하는 기관의 장과 협의하여 수입하는 것을 조건으로 판매할 수 있다.

① 법률에 의하여 수입이 금지된 물품

② 기타 관세청장이 지정하는 물품

5. 잔금 처리

세관장은 제210조에 따른 매각대금을 그 매각비용, 관세, 각종 세금의 순으로 충당하고, 잔금이 있을 때에는 이를 화주에게 교부한다.

제208조에 따라 매각하는 물품의 질권자나 유치권자는 해당 물품을 매각한 날부터 1개월 이내에 그 권리를 증명하는 서류를 세관장에게 제출하여야 한다.

세관장은 제208조에 따라 매각된 물품의 질권자나 유치권자가 있을 때에는 그

잔금을 화주에게 교부하기 전에 그 질권이나 유치권에 의하여 담보된 채권의 금액을 질권자나 유치권자에게 교부한다. 질권자나 유치권자에게 공매대금의 잔금을 교부하는 경우 그 잔금액이 질권이나 유치권에 의하여 담보된 채권액보다 적고 교부받을 권리자가 2인 이상인 경우에는 세관장은 「민법」이나 그 밖의 법령에 따라 배분할 순위와 금액을 정하여 배분하여야 한다.

6. 잔금 처리

세관장은 제210조에 따른 방법으로도 매각되지 아니한 물품에 대하여는 그 물품의 화주 등에게 장치 장소로부터 지체 없이 반출할 것을 통고하여야 한다.

제1항의 통고일부터 1개월 내에 해당 물품이 반출되지 아니하는 경우에는 소유권을 포기한 것으로 보고 이를 국고에 귀속시킬 수 있다.

9.19 보세운송

보세운송이란 외국물품을 보세상태로 국내에서 운송하는 것을 말한다. 이는 수출입물품에 대하여 경비절감과 절차의 간소화 등 업체의 편의를 도모해주기 위한 제도이다.

이러한 보세운송제도는 수입화주에 대한 편의 제공과 특허보세구역, 종합보세구역, 자유무역지역의 운영지원의 기능을 한다.

1. 보세운송의 구간

외국물품은 다음 각 호의 장소 간에 한정하여 외국물품 그대로 운송할 수 있다. 다만, 제248조에 따라 수출신고가 수리된 물품은 해당 물품이 장치된 장소에서 다음 각 호의 장소로 운송할 수 있다.

① 개항

② 보세구역

③ 제156조에 따라 허가된 장소

④ 세관관서

⑤ 통관역

⑥ 통관장

⑦ 통관우체국

2. 보세운송의 신고 및 승인

보세운송을 하려는 자는 관세청장이 정하는 바에 따라 세관장에게 보세운송의 신고를 하여야 한다. 다만, 물품의 감시 등을 위하여 필요하다고 인정하여 대통령령으로 정하는 경우에는 세관장의 승인을 받아야 한다.

3. 보세운송의 신고인

제213조제2항에 따른 신고 또는 승인신청은 다음 각 호의 어느 하나에 해당하는 자의 명의로 하여야 한다.

① 화주

② 관세사등

③ 보세운송을 업(業)으로 하는 자(이하 "보세운송업자"라 한다)

4. 보세운송 보고

제213조제2항에 따라 보세운송의 신고를 하거나 승인을 받은 자는 해당 물품이 운송 목적지에 도착하였을 때에는 관세청장이 정하는 바에 따라 도착지의 세관장에게 보고하여야 한다.

5. 보세운송통로

세관장은 보세운송물품의 감시·단속을 위하여 필요하다고 인정될 때에는 관세청장이 정하는 바에 따라 운송통로를 제한할 수 있다.

보세운송은 관세청장이 정하는 기간 내에 끝내야 한다. 다만, 세관장은 재해나 그 밖의 부득이한 사유로 필요하다고 인정될 때에는 그 기간을 연장할 수 있다.

6. 보세운송기간 경과 시의 징수

제213조제2항에 따라 신고를 하거나 승인을 받아 보세운송하는 외국물품이 지정된 기간 내에 목적지에 도착하지 아니한 경우에는 즉시 그 관세를 징수한다. 다만, 해당 물품이 재해나 그 밖의 부득이한 사유로 망실되었거나 미리 세관장의 승인을 받아 그 물품을 폐기하였을 때에는 그러하지 아니하다.

7. 조난물품의 운송

재해나 그 밖의 부득이한 사유로 선박 또는 항공기로부터 내려진 외국물품은 그 물품이 있는 장소로부터 제213조제1항 각 호의 장소로 운송될 수 있다.

제1항에 따라 외국물품을 운송하려는 자는 제213조제2항에 따른 승인을 받아야 한다. 다만, 긴급한 경우에는 세관공무원이나 국가경찰공무원(세관공무원이 없는 경우로 한정한다)에게 신고하여야 한다. 신고를 받은 국가경찰공무원은 지체 없이 그 내용을 세관공무원에게 통보하여야 한다.

제10장 통관과 벌칙

10.1 통관요건

1. 허가 승인 등의 증명 및 확인

수출입을 할 때 법령에서 정하는 바에 따라 허가·승인·표시 또는 그 밖의 조건을 갖출 필요가 있는 물품은 세관장에게 그 허가·승인·표시 또는 그 밖의 조건을 갖춘 것임을 증명하여야 한다.

통관을 할 때 구비조건에 대한 세관장의 확인이 필요한 수출입물품에 대하여는 다른 법령에도 불구하고 그 물품과 확인방법, 확인절차, 그 밖에 필요한 사항을 대통령령으로 정하는 바에 따라 미리 공고하여야 한다.

2. 의무이행의 요구

세관장은 다른 법령에 따라 수입 후 특정한 용도로 사용하여야 하는 등의 의무가 부가되어 있는 물품에 대하여는 문서로써 해당 의무를 이행할 것을 요구할 수 있다.

의무의 이행을 요구받은 자는 대통령령으로 정하는 특별한 사유가 없으면 해당 물품에 대하여 부가된 의무를 이행하여야 한다.

3. 통관표지

세관장은 관세 보전을 위하여 필요하다고 인정할 때에는 대통령령으로 정하는 바에 따라 수입하는 물품에 통관표지를 첨부할 것을 명할 수 있다.

10.2 원산지의 확인 등

원산지는 해당 물품이 성장했거나 생산, 제조 가공된 국가를 말한다. 원산지규정이란 상품의 원산지국가를 결정하기 위하여 적용하는 각종 법률, 규칙 및 일반적으로 적용되는 행정적 결정으로서 그 적용목적에 따라 통상 특혜규정과 비특혜규정으로 분류하고 있다.

1. 원산지의 결정기준

1) 일반물품의 원산지 확인기준

(1) 의의

이 법, 조약, 협정 등에 따른 관세의 부과 · 징수, 수출입물품의 통관, 제233조제2항의 확인요청에 따른 조사 등을 위하여 원산지를 확인할 때에는 다음 각 호의 어느 하나에 해당하는 나라를 원산지로 한다.

① 해당 물품의 전부를 생산 · 가공 · 제조한 나라

② 해당 물품이 2개국 이상에 걸쳐 생산 · 가공 또는 제조된 경우에는 그 물품의 본질적 특성을 부여하기에 충분한 정도의 실질적인 생산 · 가공 · 제조 과정이 최종적으로 수행된 나라

(2) 원산지 결정기준

① 완전생산기준

법 제229조제1항제1호의 규정에 의하여 원산지를 인정하는 물품은 다음 각호와 같다.

ⓐ 당해 국가의 영역에서 생산된 광산물과 식물성 생산물

ⓑ 당해 국가의 영역에서 번식 또는 사육된 산 동물과 이들로부터 채취한 물품

ⓒ 당해 국가의 영역에서의 수렵 또는 어로로 채집 또는 포획한 물품

ⓓ 당해 국가의 선박에 의하여 채집 또는 포획한 어획물 기타의 물품

ⓔ 당해 국가에서의 제조 · 가공의 공정 중에 발생한 부스러기

ⓕ 당해 국가 또는 그 선박에서 제1호 내지 제5호의 물품을 원재료로 하여 제조 · 가공한 물품

② 실질적 변형기준

법 제229조제1항제2호의 규정에 의하여 2개국 이상에 걸쳐 생산 · 가공 또는 제조(이하 이 조에서 "생산"이라 한다)된 물품의 원산지는 당해 물품의 생산과정에 사용되는 물품의 관세통계통합품목분류표상 6단위 품목번호와 다른 6단위 품목번호의 물품을 최종적으로 생산한 국가로 한다.

관세청장은 제2항의 규정에 의하여 6단위 품목번호의 변경만으로 법 제229조제1항제2호의 규정에 의한 본질적 특성을 부여하기에 충분한 정도의 실질적인 생산과정을 거친 것으로 인정하기 곤란한 품목에 대하여는 주요공정 · 부가가치 등을 고려하여 품목별로 원산지기준을 따로 정할 수 있다.

다만 다음에 해당하는 작업이 수행된 국가는 제2항의 규정에 의한 원산지로 인정하지 아니한다.

① 운송 또는 보세구역장치중에 있는 물품의 보존을 위하여 필요한 작업

② 판매를 위한 물품의 포장개선 또는 상표표시 등 상품성 향상을 위한 개수작업

③ 단순한 선별 · 구분 · 절단 또는 세척작업

④ 재포장 또는 단순한 조립작업

⑤ 물품의 특성이 변하지 아니하는 범위안에서의 원산지가 다른 물품과의 혼합작업

⑥ 가축의 도축작업

2) 특수물품의 원산지결정기준

촬영된 영화용 필름, 부속품 · 예비부분품 및 공구와 포장용품은 다음 각 호의 구분에 따라 원산지를 인정한다.

① 촬영된 영화용 필름은 그 제작자가 속하는 국가

② 기계·기구·장치 또는 차량에 사용되는 부속품·예비부분품 및 공구로서 기계·기구·장치 또는 차량과 함께 수입되어 동시에 판매되고 그 종류 및 수량으로 보아 통상 부속품·예비부분품 및 공구라고 인정되는 물품은 당해 기계·기구 또는 차량의 원산지

③ 포장용품은 그 내용물품의 원산지. 다만, 영 제98조에 따른 관세·통계통합 품목분류표상 포장용품과 내용품을 각각 별개의 품목번호로 하고 있는 경우에는 그러하지 아니한다.

3) 직접운송원칙

법 제229조에 따라 원산지를 결정할 때 해당 물품이 원산지가 아닌 국가를 경유하지 아니하고 직접 우리나라에 운송·반입된 물품인 경우에만 그 원산지로 인정한다. 다만, 다음 각 호의 어느 하나에 해당하는 물품인 경우에는 우리나라에 직접 반입한 것으로 본다.

① 다음 각 목의 요건을 모두 충족하는 물품일 것

가. 지리적 또는 운송상의 이유로 단순 경유한 것

나. 원산지가 아닌 국가에서 관세당국의 통제하에 보세구역에 장치된 것

다. 원산지가 아닌 국가에서 하역, 재선적 또는 그 밖에 정상 상태를 유지하기 위하여 요구되는 작업 외의 추가적인 작업을 하지 아니한 것

② 박람회·전시회 및 그 밖에 이에 준하는 행사에 전시하기 위하여 원산지가 아닌 국가로 수출되어 해당 국가 관세당국의 통제하에 전시목적에 사용된 후 우리나라로 수출된 물품일 것

2. 통관제한 등

1) 원산지 허위표시물품 등의 통관제한

세관장은 법령에 따라 원산지를 표시하여야 하는 물품이 다음 각 호의 어느 하나에 해당하는 경우에는 해당 물품의 통관을 허용하여서는 아니 된다. 다만, 그 위반사항이 경미한 경우에는 이를 보완·정정하도록 한 후 통관을 허용할 수 있다.

① 원산지 표시가 법령에서 정하는 기준과 방법에 부합되지 아니하게 표시된 경우

② 원산지 표시가 부정한 방법으로 사실과 다르게 표시된 경우

③ 원산지 표시가 되어 있지 아니한 경우

2) 품질 등 허위 오인 표시물품의 통관 제한

세관장은 물품의 품질, 내용, 제조 방법, 용도, 수량(이하 이 조에서 "품질등"이라 한다)을 사실과 다르게 표시한 물품 또는 품질등을 오인(誤認)할 수 있도록 표시하거나 오인할 수 있는 표지를 부착한 물품으로서 「부정경쟁방지 및 영업비밀보호에 관한 법률」, 「식품위생법」, 「산업표준화법」 등 품질등의 표시에 관한 법령을 위반한 물품에 대하여는 통관을 허용하여서는 아니 된다.

3) 환적물품 등에 대한 유치

세관장은 제141조에 따라 일시적으로 육지에 내려지거나 다른 운송수단으로 환적 또는 복합환적되는 외국물품 중 원산지를 우리나라로 허위 표시한 물품은 유치할 수 있다. 유치하는 외국물품은 세관장이 관리하는 장소에 보관하여야 한다. 다만, 세관장이 필요하다고 인정할 때에는 그러하지 아니하다.

세관장은 외국물품을 유치할 때에는 그 사실을 그 물품의 화주나 그 위임을 받은 자에게 통지하여야 하며, 통지를 할 때에는 이행기간을 정하여 원산지 표시의 수정 등 필요한 조치를 명할 수 있다. 이 경우 지정한 이행기간 내에 명령을 이행하지 아니하면 매각한다는 뜻을 함께 통지하여야 한다.

세관장은 명령이 이행된 경우에는 제1항에 따른 물품의 유치를 즉시 해제하여야 하며, 명령이 이행되지 아니한 경우에는 이를 매각할 수 있다. 이 경우 매각 방법 및 절차에 관하여는 제160조제4항부터 제6항까지 및 제210조를 준용한다.

3. 원산지증명서 등(법 제232조)

1) 원산지증명서 제출 등

이 법, 조약, 협정 등에 따라 원산지 확인이 필요한 물품을 수입하는 자는 해당 물품의 원산지를 증명하는 서류(이하 "원산지증명서"라 한다)를 제출하여야 한다. 다만, 대통령령으로 정하는 물품의 경우에는 그러하지 아니하다.

세관장은 제1항에 따라 원산지 확인이 필요한 물품을 수입하는 자가 원산지증명서를 제출하지 아니하는 경우에는 이 법, 조약, 협정 등에 따른 관세율을 적용할 때 일반특혜관세·국제협력관세 또는 편익관세를 배제하는 등 관세의 편익을 적용하지 아니할 수 있다.

세관장은 원산지 확인이 필요한 물품을 수입한 자로 하여금 제출받은 원산지증명서의 내용을 확인하기 위하여 필요한 자료(이하 "원산지증명서확인자료"라 한다)를 제출하게 할 수 있다. 이 경우 원산지 확인이 필요한 물품을 수입한 자가 정당한 사유 없이 원산지증명서확인자료를 제출하지 아니할 때에는 세관장은 수입신고 시 제출받은 원산지증명서의 내용을 인정하지 아니할 수 있다.

2) 원산지증명서의 발급 등

이 법, 조약, 협정 등에 따라 관세를 양허받을 수 있는 물품의 수출자가 원산지증명서의 발급을 요청하는 경우에는 세관장이나 그 밖에 원산지증명서를 발급할 권한이 있는 기관은 그 수출자에게 원산지증명서를 발급하여야 한다.

세관장은 발급된 원산지증명서의 내용을 확인하기 위하여 필요하다고 인정되는 경우에는 다음 각 호의 자로 하여금 원산지증명서확인자료(대통령령으로 정하는 자료로 한정한다)를 제출하게 할 수 있다. 이 경우 자료의 제출기간은 20일 이상으로서 기획재정부령으로 정하는 기간 이내로 한다.

1. 원산지증명서를 발급받은 자
2. 원산지증명서를 발급한 자
3. 그 밖에 대통령령으로 정하는 자

4. 원산지 등에 대한 사전확인

1) 의의

원산지확인이 필요한 물품을 수입하는 자는 관세청장에게 다음 각호의 1에 해당하는 사항에 대하여 당해 물품의 수입신고를 하기 전에 미리 확인 또는 심사(이하 "사전확인"이라 한다)하여 줄 것을 신청할 수 있다.

① 법 제229조의 규정에 따른 원산지 확인기준의 충족여부

② 조약 또는 협정 등의 체결로 인하여 관련법령에서 특정물품에 대한 원산지 확인기준을 달리 정하고 있는 경우에 당해 법령에 따른 원산지 확인기준의 충족여부

③ 제1호 및 제2호의 원산지 확인기준의 충족여부를 결정하기 위한 기초가 되는 사항으로서 관세청장이 정하는 사항

④ 그 밖에 관세청장이 원산지에 따른 관세의 적용과 관련하여 필요하다고 정하는 사항

2) 사전확인서의 교부

사전확인의 신청을 받은 경우 관세청장은 60일 이내에 이를 확인하여 그 결과를 기재한 서류(이하 "사전확인서"라 한다)를 신청인에게 교부하여야 한다. 다만, 제출자료의 미비 등으로 인하여 사전확인이 곤란한 경우에는 그 사유를 신청인에게 통지하여야 한다.

3) 관세의 경감 등

세관장은 수입신고된 물품 및 원산지증명서의 내용이 사전확인서상의 내용과 동일하다고 인정되는 때에는 특별한 사유가 없는 한 사전확인서의 내용에 따라 관세의 경감 등을 적용하여야 한다.

4) 이의제기

사전확인의 결과를 통지받은 자(제236조의3제1항에 따른 사전확인서의 내용변경 통지를 받은 자를 포함한다)는 그 통지내용에 이의를 제기하려는 경우 그 결과를 통지받은 날부터 30일 이내에 신청서에 이의제기 내용을 확인할 수 있는 자료를 첨부하여 관세청장에게 제출하여야 한다.

5) 사전확인서 내용의 변경

관세청장은 사전확인서의 근거가 되는 사실관계 또는 상황이 변경된 경우에는 사전확인서의 내용을 변경할 수 있다. 이 경우 관세청장은 신청인에게 그 변경내용을 통지하여야 한다. 사전확인서의 내용을 변경한 경우에는 그 변경일후에 수입신고되는 물품에 대하여 변경된 내용을 적용한다. 다만, 사전확인서의 내용변경이 자료제출누락 또는 허위자료제출 등 신청인의 귀책사유로 인한 때에는 당해 사전확인과 관련하여 그 변경일전에 수입신고된 물품에 대하여도 소급하여 변경된 내용을 적용한다.

10.3 통관의 제한

1. 수출입의 금지

다음 각 호의 어느 하나에 해당하는 물품은 수출하거나 수입할 수 없다.

① 헌법질서를 문란하게 하거나 공공의 안녕질서 또는 풍속을 해치는 서적 · 간행물 · 도화, 영화 · 음반 · 비디오물 · 조각물 또는 그 밖에 이에 준하는 물품

② 정부의 기밀을 누설하거나 첩보활동에 사용되는 물품

③ 화폐 · 채권이나 그 밖의 유가증권의 위조품 · 변조품 또는 모조품

2. 지식재산권 보호

1) 의의

다음 각 호의 어느 하나에 해당하는 지식재산권을 침해하는 물품은 수출하거나 수입할 수 없다.

① 「상표법」에 따라 설정등록된 상표권

② 「저작권법」에 따른 저작권과 저작인접권(이하 "저작권등"이라 한다)

③ 「식물신품종 보호법」에 따라 설정등록된 품종보호권

④ 「농산물품질관리법」 또는 「수산물품질관리법」에 따라 등록되거나 조약 · 협정 등에 따라 보호대상으로 지정된 지리적표시권 또는 지리적표시(이하 "지리적표시권등"이라 한다)

⑤ 「특허법」에 따라 설정등록된 특허권

⑥ 「디자인보호법」에 따라 설정등록된 디자인권

2) 지시재산권 신고

관세청장은 제1항 각 호에 따른 지식재산권을 침해하는 물품을 효율적으로 단속하기 위하여 필요한 경우에는 해당 지식재산권을 관계 법령에 따라 등록 또는 설정등록한 자 등으로 하여금 해당 지식재산권에 관한 사항을 신고하게 할 수 있다.

3) 수출입신고 등 통보

세관장은 다음 각 호의 어느 하나에 해당하는 물품이 제2항에 따라 신고된 지식재산권을 침해하였다고 인정될 때에는 그 지식재산권을 신고한 자에게 해당 물품의 수출입, 환적, 복합환적, 보세구역 반입, 보세운송 또는 제141조제1호에 따른 일시양륙의 신고(이하 이 조에서 "수출입신고등"이라 한다) 사실을 통보하여야 한다. 이 경우 통보를 받은 자는 세관장에게 담보를 제공하고 해당 물품의 통관 보류나 유치를 요청할 수 있다.

① 수출입신고된 물품
② 환적 또는 복합환적 신고된 물품
③ 보세구역에 반입신고된 물품
④ 보세운송신고된 물품
⑤ 제141조제1호에 따라 일시양륙이 신고된 물품

지식재산권을 보호받으려는 자는 세관장에게 담보를 제공하고 해당 물품의 통관 보류나 유치를 요청할 수 있다.

4) 통관보류 또는 유치 등

요청을 받은 세관장은 특별한 사유가 없으면 해당 물품의 통관을 보류하거나 유치하여야 한다. 다만, 수출입신고등을 한 자가 담보를 제공하고 통관 또는 유치 해제를 요청하는 경우에는 다음 각 호의 물품을 제외하고는 해당 물품의 통관을 허용하거나 유치를 해제할 수 있다.

① 위조하거나 유사한 상표를 부착하여 제1항제1호에 따른 상표권을 침해하는 물품
② 불법복제된 물품으로서 저작권등을 침해하는 물품
③ 같거나 유사한 품종명칭을 사용하여 제1항제3호에 따른 품종보호권을 침해하는 물품
④ 위조하거나 유사한 지리적표시를 사용하여 지리적표시권등을 침해하는 물품
⑤ 특허로 설정등록된 발명을 사용하여 제1항제5호에 따른 특허권을 침해하는 물품
⑥ 같거나 유사한 디자인을 사용하여 제1항제6호에 따른 디자인권을 침해하는 물품

5) 직권에 의한 통관보류나 유치

세관장은 물품이 지식재산권을 침해하였음이 명백한 경우에는 대통령령으로 정하는 바에 따라 직권으로 해당 물품의 통관을 보류하거나 해당 물품을 유치할 수 있다. 이 경우 세관장은 해당 물품의 수출입신고등을 한 자에게 그 사실을 즉시 통보하여야 한다.

10.4 보세구역 반입명령

1) 의의

관세청장이나 세관장은 다음 각 호의 어느 하나에 해당하는 물품으로서 이 법에 따른 의무사항을 위반하거나 국민보건 등을 해칠 우려가 있는 물품은 대통령령으로 정하는 바에 따라 이를 보세구역으로 반입할 것을 명할 수 있다.

① 수출신고가 수리되어 외국으로 반출되기 전에 있는 물품

② 수입신고가 수리되어 반출된 물품

반입명령을 받은 자는 해당 물품을 지정받은 보세구역으로 반입하여야 한다.

2) 대상물품

관세청장 또는 세관장은 수출입신고가 수리된 물품이 다음 각 호의 어느 하나에 해당하는 경우에는 법 제238조제1항에 따라 해당 물품을 보세구역으로 반입할 것을 명할 수 있다. 다만, 해당 물품이 수출입신고가 수리된 후 3개월이 지났거나 관련 법령에 따라 관계행정기관의 장의 시정조치가 있는 경우에는 그러하지 아니하다.

① 법 제227조에 따른 의무를 이행하지 아니한 경우

② 법 제230조에 따른 원산지 표시가 적법하게 표시되지 아니하였거나 수출입신고 수리 당시와 다르게 표시되어 있는 경우

③ 지식재산권을 침해한 경우

3) 반입절차

관세청장 또는 세관장이 제1항의 규정에 의하여 반입명령을 하는 경우에는 반

입대상물품, 반입할 보세구역, 반입사유와 반입기한을 기재한 명령서를 화주 또는 수출입신고자에게 송달하여야 한다.

관세청장 또는 세관장은 명령서를 받을 자의 주소 또는 거소가 불분명한 때에는 관세청 또는 세관의 게시판 및 기타 적당한 장소에 반입명령사항을 공시할 수 있다. 이 경우 공시한 날부터 2주일이 경과한 때에는 명령서를 받을 자에게 반입명령서가 송달된 것으로 본다.

반입명령서를 받은 자는 관세청장 또는 세관장이 정한 기한내에 명령서에 기재된 물품을 지정받은 보세구역에 반입하여야 한다. 다만, 반입기한내에 반입하기 곤란한 사유가 있는 경우에는 관세청장 또는 세관장의 승인을 얻어 반입기한을 연장할 수 있다.

4) 반입물품의 처리

세관장은 반입된 물품에 대하여 명령을 받은 자에게 그 물품을 반송 또는 폐기할 것을 명하거나 보완 또는 정정후 반출하게 할 수 있다. 이 경우 반송 또는 폐기에 소요되는 비용은 명령을 받은 자가 이를 부담한다.

반입된 물품이 반송 또는 폐기된 경우에는 당초의 수출입신고수리는 취소된 것으로 보며, 반송 또는 폐기된 물품에 대하여는 법 제46조 및 법 제48조의 규정을 준용한다.

관세청장은 보세구역 반입명령의 적정한 시행을 위하여 필요한 반입보세구역, 반입기한, 반입절차, 수출입신고필증의 관리방법 등에 관한 세부기준을 정할 수 있다.

10.5 통관의 예외

1. 수입으로 보지 아니하는 소비 또는 사용

외국물품의 소비나 사용이 다음 각 호의 어느 하나에 해당하는 경우에는 이를 수입으로 보지 아니한다.

① 선용품·기용품 또는 차량용품을 운송수단 안에서 그 용도에 따라 소비하거

나 사용하는 경우

② 선용품 · 기용품 또는 차량용품을 관세청장이 정하는 지정보세구역에서 「출입국관리법」에 따라 출국심사를 마치거나 우리나라에 입국하지 아니하고 우리나라를 경유하여 제3국으로 출발하려는 자에게 제공하여 그 용도에 따라 소비하거나 사용하는 경우

③ 여행자가 휴대품을 운송수단 또는 관세통로에서 소비하거나 사용하는 경우

④ 이 법에서 인정하는 바에 따라 소비하거나 사용하는 경우

2. 수출입의 의제

다음 각 호의 어느 하나에 해당하는 외국물품은 이 법에 따라 적법하게 수입된 것으로 보고 관세 등을 따로 징수하지 아니한다.

① 체신관서가 수취인에게 내준 우편물

② 이 법에 따라 매각된 물품

③ 이 법에 따라 몰수된 물품

④ 제269조, 제272조, 제273조 또는 제274조제1항제1호에 해당하여 이 법에 따른 통고처분으로 납부된 물품

⑤ 법령에 따라 국고에 귀속된 물품

⑥ 제282조제3항에 따라 몰수를 갈음하여 추징된 물품

체신관서가 외국으로 발송한 우편물은 이 법에 따라 적법하게 수출되거나 반송된 것으로 본다.

10.6 통관 후 유통이력 관리

1. 통관 후 유통이력신고

외국물품을 수입하는 자와 수입물품을 국내에서 거래하는 자(소비자에 대한 판매를 주된 영업으로 하는 사업자는 제외한다)는 사회안전 또는 국민보건을 해칠 우려가 현저한 물품 등으로서 관세청장이 지정하는 물품(이하 “유통이력 신고물

품"이라 한다)에 대한 유통단계별 거래명세(이하 "유통이력"이라 한다)를 관세청장에게 신고하여야 한다.

2. 장부기록 및 보관의무

유통이력 신고의 의무가 있는 자(이하 "유통이력 신고의무자"라 한다)는 유통이력을 장부에 기록(전자적 기록방식을 포함한다)하고, 그 자료를 거래일부터 1년간 보관하여야 한다.

3. 유통이력조사

관세청장은 제240조의2를 시행하기 위하여 필요하다고 인정할 때에는 세관공무원으로 하여금 유통이력 신고의무자의 사업장에 출입하여 영업 관계의 장부나 서류를 열람하여 조사하게 할 수 있다.

유통이력 신고의무자는 정당한 사유 없이 제1항에 따른 조사를 거부 · 방해 또는 기피하여서는 아니 되며, 조사를 하는 세관공무원은 신분을 확인할 수 있는 증표를 지니고 이를 관계인에게 보여 주어야 한다.

10.7 수출 · 수입 및 반송

1. 수출 · 수입 또는 반송의 신고

물품을 수출 · 수입 또는 반송하려면 해당 물품의 품명 · 규격 · 수량 및 가격과 그 밖에 대통령령으로 정하는 사항을 세관장에게 신고하여야 한다.

다만, 다음 각 호의 어느 하나에 해당하는 물품은 대통령령으로 정하는 바에 따라 신고를 생략하게 하거나 관세청장이 정하는 간소한 방법으로 신고하게 할 수 있다.

① 휴대품 · 탁송품 또는 별송품

② 우편물

③ 제91조부터 제94조까지, 제96조 및 제97조제1항에 따라 관세가 면제되는 물품
④ 국제운송을 위한 컨테이너(별표 관세율표 중 기본세율이 무세인 것으로 한정한다)

1) 수입 또는 반송신고기간

수입하거나 반송하려는 물품을 지정장치장 또는 보세창고에 반입하거나 보세구역이 아닌 장소에 장치한 자는 그 반입일 또는 장치일부터 30일 이내(제243조제1항에 해당하는 물품은 관세청장이 정하는 바에 따라 반송신고를 할 수 있는 날부터 30일 이내)에 제1항에 따른 신고를 하여야 한다.

2) 가산세

세관장은 대통령령으로 정하는 물품을 수입하거나 반송하는 자가 제3항에 따른 기간 내에 수입 또는 반송의 신고를 하지 아니한 경우에는 해당 물품 과세가격의 100분의 2에 상당하는 금액의 범위에서 대통령령으로 정하는 금액을 가산세로 징수한다.

세관장은 다음 각 호의 어느 하나에 해당하는 경우에는 해당 물품에 대하여 납부할 세액(관세 및 내국세를 포함한다)의 100분의 20(제1호의 경우에는 100분의 30)에 상당하는 금액을 가산세로 징수한다.

① 여행자나 승무원이 제2항제1호에 해당하는 휴대품(제96조제1호 및 제3호에 해당하는 물품은 제외한다)을 신고하지 아니하여 과세하는 경우
② 우리나라로 거주를 이전하기 위하여 입국하는 자가 입국할 때에 수입하는 이사물품(제96조제2호에 해당하는 물품은 제외한다)을 신고하지 아니하여 과세하는 경우

3) 연속공급물품의 신고기간

전기 · 유류 등 대통령령으로 정하는 물품을 그 물품의 특성으로 인하여 전선이나 배관 등 대통령령으로 정하는 시설 또는 장치 등을 이용하여 수출 · 수입 또는 반송하는 자는 1개월을 단위로 하여 해당 물품에 대한 제1항의 사항을 대통령령으로 정하는 바에 따라 다음 달 10일까지 신고하여야 한다. 이 경우 기간 내에 수출 · 수입 또는 반송의 신고를 하지 아니하는 경우의 가산세 징수에 관하여는 제4항을 준용한다.

4) 입항전 수입신고

수입하려는 물품의 신속한 통관이 필요할 때에는 대통령령으로 정하는 바에 따라 해당 물품을 적재한 선박이나 항공기가 입항하기 전에 수입신고를 할 수 있다. 이 경우 입항전수입신고가 된 물품은 우리나라에 도착한 것으로 본다.

세관장은 입항전 수입신고를 한 물품에 대하여 제246조에 따른 물품검사의 실시를 결정하였을 때에는 수입신고를 한 자에게 이를 통보하여야 한다. 검사대상으로 결정된 물품은 수입신고를 한 세관의 관할 보세구역(보세구역이 아닌 장소에 장치하는 경우 그 장소를 포함한다)에 반입되어야 한다. 다만, 세관장이 적재상태에서 검사가 가능하다고 인정하는 물품은 해당 물품을 적재한 선박이나 항공기에서 검사할 수 있다. 검사대상으로 결정되지 아니한 물품은 입항 전에 그 수입신고를 수리할 수 있다.

2. 통관절차의 특례

통관절차의 특례는 대체로 수입통관의 절차적 특례로 규정되어 있다. 수입에 따른 관세의 적정과세, 물품의 현물일치 여부 등의 목적도 중요하나 특수한 상황, 상호조건 등의 사유로 인해 일반통관절차의 특례로 별도로 제도가 필요하기 때문에 특례적인 제도가 마련되어 있다.

1) 수입신고수리 전 반출

수입신고를 한 물품을 제248조에 따른 세관장의 수리 전에 해당 불품이 상치된 장소로부터 반출하려는 자는 납부하여야 할 관세에 상당하는 담보를 제공하고 세관장의 승인을 받아야 한다. 다만, 정부 또는 지방자치단체가 수입하거나 담보를 제공하지 아니하여도 관세의 납부에 지장이 없다고 인정하여 대통령령으로 정하는 물품에 대하여는 담보의 제공을 생략할 수 있다.

2) 수입신고전 물품반출

수입하려는 물품을 수입신고 전에 운송수단, 관세통로, 하역통로 또는 이 법에 따른 장치 장소로부터 즉시 반출하려는 자는 대통령령으로 정하는 바에 따라 세관장에게 즉시반출신고를 하여야 한다. 이 경우 세관장은 납부하여야 하는 관세에 상당하는 담보를 제공하게 할 수 있다.

즉시반출을 할 수 있는 자 또는 물품은 대통령령으로 정하는 바에 따라 세관장이 지정한다.

즉시반출신고를 하고 반출을 하는 자는 즉시반출신고를 한 날부터 10일 이내에 제241조에 따른 수입신고를 하여야 하며, 세관장은 반출을 한 자가 기간 내에 수입신고를 하지 아니하는 경우에는 관세를 부과 · 징수한다. 이 경우 해당 물품에 대한 관세의 100분의 20에 상당하는 금액을 가산세로 징수하고, 제2항에 따른 지정을 취소할 수 있다.

3) 전자상거래물품 등의 특별통관

관세청장은 전자문서로 거래되는 수출입물품에 대하여 대통령령으로 정하는 바에 따라 수출입신고 · 물품검사 등 통관에 필요한 사항을 따로 정할 수 있다.

4) 탁송품의 특별통관

탁송품으로서 기획재정부령으로 정하는 금액 이하의 물품은 운송업자(제222조제1항제6호에 따라 관세청장 또는 세관장에게 등록한 자를 말한다. 이하 "탁송품 운송업자"라 한다)가 다음 각 호에 해당하는 사항이 적힌 목록(이하 "통관목록"이라 한다)을 세관장에게 제출함으로써 제241조제1항에 따른 수입신고를 생략할 수 있다.

① 물품의 송하인 및 수하인의 성명, 주소, 국가

② 물품의 품명, 수량, 중량 및 가격

③ 탁송품의 통관목록에 관한 것으로 기획재정부령으로 정하는 사항

탁송품 운송업자는 통관목록을 사실과 다르게 제출하여서는 아니 된다. 세관장은 탁송품 운송업자가 이를 위반하여 통관목록을 사실과 다르게 제출하거나 이 법에 따라 통관이 제한되는 물품을 국내에 반입하는 경우에는 통관절차의 적용을 배제할 수 있다.

관세청장 또는 세관장은 탁송품에 대하여 세관공무원으로 하여금 검사하게 하여야 하며, 탁송품의 통관목록의 제출시한, 물품의 검사 등에 필요한 사항은 관세청장이 정하여 고시한다.

세관장은 관세청장이 정하는 절차에 따라 별도로 정한 지정장치장에서 탁송품을 통관하여야 한다. 다만, 세관장은 탁송품에 대한 감시 · 단속에 지장이 없다고

인정하는 경우 탁송품을 해당 탁송품 운송업자가 운영하는 보세창고 또는 시설(「자유무역지역의 지정 및 운영에 관한 법률」 제11조에 따라 입주허가를 받아 입주한 업체가 해당 자유무역지역에서 운영하는 시설에 한정한다)에서 통관할 수 있다.

5) 상호주의에 따른 통관절차 간소화

국제무역 및 교류를 증진하고 국가 간의 협력을 촉진하기 위하여 우리나라에 대하여 통관절차의 편익을 제공하는 국가에서 수입되는 물품에 대하여는 상호 조건에 따라 대통령령으로 정하는 바에 따라 간이한 통관절차를 적용할 수 있다.

6) 수출입 안전관리 우수 공인업체

관세청장은 수출입물품의 제조 · 운송 · 보관 또는 통관 등 무역과 관련된 자가 시설, 서류 관리, 직원 교육 등에서 대통령령으로 정하는 안전관리 기준을 충족하는 경우 수출입 안전관리 우수업체로 공인할 수 있다.

수출입 안전관리 우수업체로 공인된 업체(이하 이 조에서 "수출입 안전관리 우수 공인업체"라 한다)에 대하여는 관세청장이 정하는 바에 따라 통관절차상의 혜택을 제공할 수 있다. 관세청장은 다른 국가의 수출입 안전관리 우수 공인업체에 대하여 상호 조건에 따라 제3항에 따른 통관절차상의 혜택을 제공할 수 있다.

다만, 관세청장은 수출입 안전관리 우수 공인업체가 다음 각 호의 어느 하나에 해당하는 경우에는 공인을 취소할 수 있다.

① 제1항에 따른 안전관리 기준을 충족하지 못하게 되는 경우
② 제2항에 따른 공인 심사요청을 거짓으로 한 경우

7) 국가 간 세관정보의 상호 교환 등

관세청장은 물품의 신속한 통관과 이 법을 위반한 물품의 반입을 방지하기 위하여 세계관세기구에서 정하는 수출입 신고항목 및 화물식별번호를 발급하거나 사용하게 할 수 있다.

관세청장은 세계관세기구에서 정하는 수출입 신고항목 및 화물식별번호 정보를 다른 국가와 상호 조건에 따라 교환할 수 있다.

3 우편물

1) 통관우체국 경유

수출・수입 또는 반송하려는 우편물(서신은 제외한다. 이하 같다)은 통관우체국을 경유하여야 한다. 통관우체국은 체신관서 중에서 관세청장이 지정한다.

2) 우편물의 검사

통관우체국의 장이 우편물을 접수하였을 때에는 세관장에게 우편물목록을 제출하고 해당 우편물에 대한 검사를 받아야 한다. 다만, 관세청장이 정하는 우편물은 검사를 생략할 수 있다.

3) 우편물 통관에 대한 결정

통관우체국의 장은 세관장이 우편물에 대하여 수출・수입 또는 반송을 할 수 없다고 결정하였을 때에는 그 우편물을 발송하거나 수취인에게 내줄 수 없다.

우편물이 「대외무역법」 제11조에 따른 수출입의 승인을 받은 것이거나 그 밖에 대통령령으로 정하는 기준에 해당하는 것일 때에는 해당 우편물의 수취인이나 발송인은 제241조에 따른 신고를 하여야 한다.

4) 우편물의 납세절차

제259조제2항에 따른 통지를 받은 자는 대통령령으로 정하는 바에 따라 해당 관세를 수입인지 또는 금전으로 납부하여야 한다.

체신관서는 관세를 징수하여야 하는 우편물은 관세를 징수하기 전에 수취인에게 내줄 수 없다.

5) 우편물의 반송

우편물에 대한 관세의 납세의무는 해당 우편물이 반송되면 소멸한다.

10.8 벌칙

1. 관세행정벌

관세법은 과세수입의 확보와 수출입통관의 적정이라는 관세행정목적 달성의 실효성을 보장하기 위해 각종의 명령, 금지 등의 규정을 두고 있다. 이를 위반하는 경우에는 처벌하도록 하고 있는바, 관세법상 의무위반에 대한 제재로서 과하는 처벌을 관세행정벌이라 한다. 행정벌이란 행정법상의 의무위반에 대해 일반통치권에 근거하여 과하는 제재이다.

관세행정벌은 관세행정형벌과 관세행정질서벌로 나눠진다. 관세행정형벌은 관세법상의 의무위반에 대한 제재로서 형법상 형명이 있는 형벌을 과하는 것을 말한다. 관세행정질서벌은 관세법상 의무위반에 대한 제재이지만 형법에 형명이 없는 벌, 즉 과태려를 과하는 경우로서 관세법 제277조가 이에 해당한다.

2. 형법 총칙에 대한 특례

1) 형법 적용의 일부배제

이 법에 따른 벌칙에 위반되는 행위를 한 자에게는 「형법」 제38조제1항제2호 중 벌금경합에 관한 제한가중규정을 적용하지 아니한다.

2) 양벌규정

(1) 의의

법인의 대표자나 법인 또는 개인의 대리인, 사용인, 그 밖의 종업원이 그 법인 또는 개인의 업무에 관하여 제11장에서 규정한 벌칙(제277조의 과태료는 제외한다)에 해당하는 위반행위를 하면 그 행위자를 벌하는 외에 그 법인 또는 개인에게도 해당 조문의 벌금형을 과(科)한다. 다만, 법인 또는 개인이 그 위반행위를 방지하기 위하여 해당 업무에 관하여 상당한 주의와 감독을 게을리하지 아니한 경우에는 그러하지 아니하다.

(2) 개인의 범위

개인은 다음 각 호의 어느 하나에 해당하는 사람으로 한정한다.

① 특허보세구역 또는 종합보세사업장의 운영인

② 수출(「수출용원재료에 대한 관세 등 환급에 관한 특례법」 제4조에 따른 수출 등을 포함한다)·수입 또는 운송을 업으로 하는 사람

③ 관세사

④ 개항 안에서 물품 및 용역의 공급을 업으로 하는 사람

⑤ 제327조의2제1항에 따른 국가관세종합정보망 운영사업자 및 제327조의3제3항에 따른 전자문서중계사업자

3) 몰수와 추징

(1) 의의

몰수란 범죄행위에 제공하였으나 범죄로 생긴 물건 등에 대한 사회적 유통을 억제하고 범죄로 인한 재산적 이익을 환수하기 위하여 그 소유권을 박탈하는 일종의 재산형이며, 주형에 부과하여 과하는 것이 원칙이나 예외적으로 몰수만으로 과할 수 있고 몰수 불능일 때에는 그 가액을 추징한다.

(2) 범죄물품의 몰수

수출입금지품목 수출입죄의 경우에는 그 물품을 몰수한다.

밀수출입죄, 밀수품취득죄 등의 경우에는 범인이 소유하거나 점유하는 그 물품을 몰수한다. 다만, 제269조제2항의 경우로서 다음 각 호의 어느 하나에 해당하는 물품은 몰수하지 아니할 수 있다.

① 제154조의 보세구역에 제157조에 따라 신고를 한 후 반입한 외국물품

② 제156조에 따라 세관장의 허가를 받아 보세구역이 아닌 장소에 장치한 외국물품

(3) 추징

몰수할 물품의 전부 또는 일부를 몰수할 수 없을 때에는 그 몰수할 수 없는 물품의 범칙 당시의 국내도매가격에 상당한 금액을 범인으로부터 추징한다. 다만, 제274조제1항제1호 중 제269조제2항의 물품을 감정한 자는 제외한다.

제279조의 개인 및 법인은 제1항부터 제3항까지의 규정을 적용할 때에는 이를

범인으로 본다.

3. 관세행정벌의 유형

1) 전자문서 위조 변조죄 등

제327조의4제1항을 위반하여 국가관세종합정보망이나 전자문서중계사업자의 전산처리설비에 기록된 전자문서 등 관련 정보를 위조 또는 변조하거나 위조 또는 변조된 정보를 행사한 자는 1년 이상 10년 이하의 징역 또는 1억원 이하의 벌금에 처한다.

2) 밀수출입죄

(1) 수출입금지물품 수출입죄

제234조 각 호의 물품을 수출하거나 수입한 자는 10년 이하의 징역 또는 2천만원 이하의 벌금에 처한다.

(2) 밀수입죄

다음 각 호의 어느 하나에 해당하는 자는 5년 이하의 징역 또는 관세액의 10배와 물품원가 중 높은 금액 이하에 상당하는 벌금에 처한다.

① 제241조제1항 · 제2항 또는 제244조제1항에 따른 신고를 하지 아니하고 물품을 수입한 자. 다만, 제253조제1항에 따른 반출신고를 한 자는 제외한다.

② 제241조제1항 · 제2항 또는 제244조제1항에 따른 신고를 하였으나 해당 수입물품과 다른 물품으로 신고하여 수입한 자

(3) 밀수출죄

다음 각 호의 어느 하나에 해당하는 자는 3년 이하의 징역 또는 물품원가 이하에 상당하는 벌금에 처한다.

① 제241조제1항 및 제2항에 따른 신고를 하지 아니하고 물품을 수출하거나 반송한 자

② 제241조제1항 및 제2항에 따른 신고를 하였으나 해당 수출물품 또는 반송물품과 다른 물품으로 신고하여 수출하거나 반송한 자

3) 관세포탈죄 등

(1) 관세포탈죄

제241조제1항 · 제2항 또는 제244조제1항에 따른 수입신고를 한 자 중 다음 각 호의 어느 하나에 해당하는 자는 3년 이하의 징역 또는 포탈한 관세액의 5배와 물품원가 중 높은 금액 이하에 상당하는 벌금에 처한다. 이 경우 제1호의 물품원가는 전체 물품 중 포탈한 세액의 전체 세액에 대한 비율에 해당하는 물품만의 원가로 한다.

① 세액결정에 영향을 미치기 위하여 과세가격 또는 관세율 등을 거짓으로 신고하거나 신고하지 아니하고 수입한 자

② 세액결정에 영향을 미치기 위하여 거짓으로 서류를 갖추어 제86조제1항에 따른 사전심사를 신청한 자

(2) 부정수입죄

① 법령에 따라 수입이 제한된 사항을 회피할 목적으로 부분품으로 수입하거나 주요 특성을 갖춘 미완성 · 불완전한 물품이나 완제품을 부분품으로 분할하여 수입한 자

② 제241조제1항 · 제2항 또는 제244조제1항에 따른 수입신고를 한 자 중 법령에 따라 수입에 필요한 허가 · 승인 · 추천 · 증명 또는 그 밖의 조건을 갖추지 아니하거나 부정한 방법으로 갖추어 수입한 자는 3년 이하의 징역 또는 3천만원 이하의 벌금에 처한다.

(3) 부정수출죄

제241조제1항 및 제2항에 따른 수출신고를 한 자 중 법령에 따라 수출에 필요한 허가 · 승인 · 추천 · 증명 또는 그 밖의 조건을 갖추지 아니하거나 부정한 방법으로 갖추어 수출한 자는 1년 이하의 징역 또는 2천만원 이하의 벌금에 처한다.

(4) 부정감면죄

부정한 방법으로 관세를 감면받거나 관세를 감면받은 물품에 대한 관세의 징수를 면탈한 자는 3년 이하의 징역에 처하거나, 감면받거나 면탈한 관세액의 5배 이하에 상당하는 벌금에 처한다.

(5) 부정환급죄

부정한 방법으로 관세를 환급받은 자는 3년 이하의 징역 또는 환급받은 세액의 5배 이하에 상당하는 벌금에 처한다. 이 경우 세관장은 부정한 방법으로 환급받은 세액을 즉시 징수한다.

(6) 밀수품의 취득죄 등

다음 각 호의 어느 하나에 해당되는 물품을 취득·양도·운반·보관 또는 알선하거나 감정한 자는 3년 이하의 징역 또는 물품원가 이하에 상당하는 벌금에 처한다.

① 제269조에 해당되는 물품

② 제270조제1항제3호, 같은 조 제2항 및 제3항에 해당되는 물품

미수범은 본죄에 준하여 처벌하며, 이러한 죄를 범할 목적으로 그 예비를 한 자는 본죄의 2분의 1을 감경하여 처벌한다.

4. 조사와 처분

1) 조사

(1) 개요

관세범에 관한 조사 처분은 세관공무원이 이를 행한다. 따라서 관세법에서는 관세범에 대한 조사 처분을 세관공무원에게 전담시킴으로써 범죄사실에 대한 증거의 확정을 정확하게 하여 침해된 국가재정권의 회복과 범인에 대한 처벌 등의 실효를 거두고 있다.

(2) 조사방법

세관공무원이 관세범이 있다고 인정할 때에는 범인, 범죄사실 및 증거를 조사하여야 한다. 관세범에 대한 조사방법은 임의조사와 강제조사로 구분할 수 있다.

관세법상 관세조사는 임의조사의 원칙을 가지고 있다. 임의조사는 강제력을 행사하지 않고 상대방의 동의나 승낙을 받아 임의적인 방법으로 조사하는 것을 말한다. 이에 반해 강제조사는 조사자의 일방적인 강제력에 의해 조사하는 것으로서 강제처분에 의한 관세범 조사의 방법을 말한다. 대표적으로 수색, 압수, 체포, 구속 등을 말한다.

세관공무원은 조사를 종료한 때에는 관세청장 또는 세관장에게 서면으로 그 결과를 보고하여야 하며, 보고를 하는 때에는 관계서류를 함께 제출하도록 되어 있다.

2) 처분

관세범에 대한 처분이란 관세청장 또는 세관장이 세관공무원으로부터 관세범 조사의 결과를 보고받고 사건을 처리하는 조치를 말한다. 이 경우 통고처분, 고발 및 압수물품의 반환으로 구분된다.

(1) 통고처분

통고처분이란 행정기관이 일정한 범죄에 대하여 조사를 하고 그 조사를 한 결과 그 범죄에 대한 확증을 얻었을 때에는 그 이유를 명시하고 벌금에 상당하는 금액, 몰수에 해당하는 물품 또는 추징금에 해당하는 금액을 납부할 것을 통고하는 행정처분을 말한다.

관세범인은 통고서를 송달받았을 때에는 그날부터 15일 이내에 이를 이행하여야 한다. 이 기간 내에 이행하지 아니하였을 때에는 관세청장이나 세관장은 즉시 고발하여야 한다. 다만 15일이 지난 후 고발이 되기 전에 관세범인이 통고처분을 이행한 경우에는 그러하지 아니하다.

(2) 고발

고발이란 관세청장 또는 세관자이 관세법의 규정에 의해 조사한 결과 관세범죄 사실을 형사상의 소를 제기하여 수행하여 줄 것을 요구하는 의사표시를 말한다.

관세청장이나 세관장은 다음 각 호의 어느 하나의 경우에는 제311조제1항에도 불구하고 즉시 고발하여야 한다.

① 관세범인이 통고를 이행할 수 있는 자금능력이 없다고 인정되는 경우
② 관세범인의 주소 및 거소가 분명하지 아니하거나 그 밖의 사유로 통고를 하기 곤란하다고 인정되는 경우

또한 관세청장이나 세관장은 범죄의 정상이 징역형에 처해질 것으로 인정될 때에는 통고처분에도 불구하고 즉시고발하여야 한다.

제2부 무역정책

- Auguries of innocence - William Blake

To see a world in a grain of sand,
And a Heaven in a wild flower,
Hold Infinity in the Palm of your hand,
And Eternity in an hour....

「순수를 꿈꾸며」

한 알의 모래 속에서 세계를 보고
한송이 들꽃에서 천국을 본다.
손바닥 안에 무한을 거머쥐고
순간 속에서 영원을 붙잡는다.

※윌리엄 블레이크 : 영국의 시인 · 화가 (1757-1827)

제11장 무역정책의 정치경제학
제12장 산업정책과 보호무역론
제13장 경제발전과 무역정책
제14장 지역경제통합과 무역정책
제15장 국제환경문제와 무역정책
제16장 국제통상협상과 무역정책
제17장 WTO체제와 FTA정책
제18장 한국의 선진무역정책

제 11 장 무역정책의 정치경제학

본장에서는 무역정책의 특성 및 목표를 개관하고, 정부가 정책결정을 하는 데 있어서 왜 경제학자의 비용·편익분석에 의존하지 않으면 안 되는가 하는 몇 가지 이유에 대해서 먼저 검토한다. 실제의 무역정책을 이해하는 데 있어서 우선 정부가 개입하지 않으면 안 되는 원인을 고려해야 한다. 다음 어떠한 상황에서 자유무역이 옹호될 수 있는가를 생각해본다.

11.1 무역정책의 특성 및 목표

무역정책은 경제정책의 일환으로서 국가가 경제정책의 어떤 목표, 즉 경제성장, 경제안정, 경제정의, 경제자유 등을 달성하기 위하여 1국의 대외경제활동(특히 무역)상에서 나타나는 모순을 극복하는 방책이다. 따라서 무역정책은 1국의 국경을 넘는 대외무역 거래를 그의 대상으로 하고, 그러한 무역거래상에서 야기될 경제적 모순을 계기로 하는 것이다. 이와 같은 모순을 극복하기 위해서는 때로는 개별적 경제주체(주로 무역업자)가 행하는 상품의 무역(수출입) 행위를 직접·간접으로 규제하기도 하고, 또는 조정 내지는 촉진시키기도 한다. 즉 모순극복의 방향으로 무역량의 다소에 따라 수출입을 촉진시키는 적극적인 면도 있고 억제하는 소극적인 면도 있으며, 입초인 경우에는 수입억제와 수출촉진을, 출초인 경우에는 그와 반대로 한다.[1)]

이와 같이 무역정책은 경제정책의 일환으로서 국민경제활동의 대외적인 측면을

1) 박병호, 무역정책론, 법문사, 1985, p.21.

나타내는 무역을 대상으로 하는 것으로, 국민경제의 대내적 활동면을 대상으로 하는 다른 경제정책과는 서로 다른 성격을 가진다. 이러한 점이 다른 경제정책과 차이가 나는 무역정책의 특성이라고 볼 수 있으며 그와 같은 관점에서 무역정책은 다음과 같은 세 가지 특성을 지니고 있다고 본다.

첫째는 무역정책이 1국의 정책인 이상 이러한 정책은 자주적으로 결정 되는 것이지만, 정책의 대상이 되는 무역이 무역거래 상대국과의 관계 여하로 이루어지는 것이므로, 정책결정에 즈음해서는 상대국의 존재와 수급의사도 고려되어야 하는 것이다. 이런 점에서 볼 때 일국의 주권이 미치는 범위 내에서 경제활동을 규제·조정할 수 있는 국내경제정책과는 달리, 무역정책은 일국의 주권이 미치지 못함으로써 경제활동의 규제와 조정을 가할 수 없는 무역거래 상대국의 존재를 감안하여 수행되어야 하는 것이다. 이러한 점이 모든 각각의 경제정책 중에서도 무역정책의 설정과 시행이 가장 어려운 이유가 된다.

둘째는 국민경제의 대외경제활동면을 나타내는 무역을 대상으로 하는 무역정책이 국민경제 전반에 미친다는 점에서 볼 때, 무역정책은 여타의 개별적 경제정책(국내산업정책)이 우선은 해당 부문에 대한 정책으로 국한되고 있는 점과 다른 것이다. 즉 무역정책은 본질적으로 종합성의 성격을 가진다. 실제로 여타의 제반 경제정책도 단순히 해당산업부문에 직접적인 영향을 미치고, 나아가 국민경제 전반에 영향력을 미치기 때문에 국민경제 전반에 관한 배려 하에서 각각의 정책이 책정되어야 함은 물론이다. 하지만 이와는 달리 무역정책은 그 정책에 의하여 바로 국내경제활동이 규정된다는 점에서 특이성을 지니는 것이다.

셋째는 다른 경제정책들과는 달리 무역정책은 국제수지의 균형을 유지 내지는 발전시켜야 한다는 과제를 안고 있다. 다른 경제정책들은 각 분야에 걸친 특정의 과제를 안고 있으며 이들의 효과는 종국에는 국민경제를 안정시키고 발전시키는 등의 목표달성에 있지만, 무역정책은 그러한 국민경제의 목표달성에 영향을 미칠 뿐만 아니라, 무역 자체의 문제인 국제수지의 균형과 발전의 문제도 지니고 있다.

한편 무역정책의 규범적 성격을 보면 무역이론과 무역정책간의 관계는 경제이론과 경제정책간의 상호관계와 비교할 수 있다. 무역이론은 실증적인 시각을 바탕으로 국가 간의 무역이 발생하는 원인, 무역을 통한 이득, 무역 및 비교우위의 결정요인 등 보다 객관적인 분석을 그 연구대상으로 하고 있다. 반면 무역정책은 이러한 이론적 기초위에 국제거래에 있어서 정부의 정책적 개입이 과연 국민경제나 특정경제 부문에 어떠한 효과를 가져오는가, 또는 국민경제에 바람직한 방향으로 대외거래를 유도하기 위하여 정부의 시장개입의 폭, 정도, 범위 및 대상을 어떻게 그리고 어느 수준에서 결정할 것인가 등과 관련을 갖는다.

따라서 객관적으로 최선이라고 할 수 있는 단 하나의 해답은 구할 수 없으며, 정책당국자는 여러 가지 선택에 직면하게 된다. 또 정책당국자는 어떤 구체적인 정책수단이나 정책조치들을 결정하는 과정에서, 사회적 견지에서 가장 바람직한 형태를 고려해야 함은 물론 다른 경제정책과의 연관효과도 고려해야 하므로 결국 자의적인 가치판단이 개입하게 된다. 한 예로 경제적 측면에만 국한시킬 때 정책당국이 구체적으로 정책수단을 선택하는 데 있어서 여러 경제목표의 실현을 동시에 고려하지 않으면 안 된다. 이때 정책당국이 판단하는 사회적 후생(W)은 고용(E), 가격안정(P), 국제수지의 개선(B), 성장(G) 그리고 소득 · 부의 분배(Y) 등에 대한 종합적인 평가($W=W(E,P,B,G,Y)$)에 의하여 결정된다.[2]

다음은 무역정책이 추구하는 정책목표에 대해서 살펴본다. 무역정책은 경제정책의 일환이므로 무역정책이 추구하는 정책목표는 경제정책의 목표의 실현과 관련을 갖는다. 일반적으로 경제학자들이 주장하는 경제정책의 주요 목표는 다음과 같다.[3]

첫째, 완전고용이다. 이는 단기목표로 주기적 실업의 감소, 장기목표는 구조적 및 마찰적 실업의 감소를 들고 있다.

둘째, 가격안정이다. 이는 인플레이션의 억제를 단기목표로 삼고 있다.

셋째, 국제수지의 개선이다. 이는 단기목표로 금 및 외환보유 보호, 장기목표는 수출입구조의 변화를 들고 있다.

넷째, 생산확장이다. 이는 장기적인 경제성장 촉진을 들고 있다.

다섯째, 생산요소배분의 개선이다. 이는 국내경쟁조건의 개선, 과당경쟁의 조정을 통한 자원낭비 및 무절제한 경쟁의 억제, 국내의 노동 및 자본의 이동성제고, 국제분업의 향상 등을 들고 있다.

여섯째, 기타 경제정책의 목표로 ① 소득 및 부의 재분배 개선, ② 특정지역 및 경제 · 산업부문의 보호, ③ 자원공급의 확보 등을 지적하고 있다.

무역정책 가운데 수입정책을 중심으로 이상의 경제목표와 연결시켜 생각하면 완전고용, 국제수지의 개선, 특정산업보호 및 특정자원 공급원의 확보를 이룩하려

2) 김세원, 무역정책, 무역경영사, 1988, p. 24.

3) Kirschen,E.S., *et al., Economic Policy in our Time*, North Holland, Amsterdam : 1969. Boulding, K.E., *Principles of Economic Policy*, Prentice-Hall, 1958. ch.11.

면 보다 제한적인 보호정책을, 그리고 가격안정, 국제수지흑자의 시정, 생산의 확장, 자원배분의 개선 및 국제분업의 향상을 추구하려고 한다면 자유주의적 무역정책을 실시하여야 할 것이다.

끝으로 무역정책의 역사적 추이를 개관한다. 근대무역정책은 18세기 고전학파에 의한 무역이론의 기초 구축에 따라 영국을 발상지로 하여 자유무역정책이 발전되었고, 그 반동으로서 19세기 미국의 해밀톤, 독일의 리스트의 보호론을 근거로 보호무역정책이 태동되었으며, 그 이후 오랫동안 무역정책분야는 자유무역정책론과 보호무역정책론의 2가지 유형으로 나뉘어 연구되었고 이론적 논쟁을 전개하여 왔다.

그러나 오늘날 자유무역주의 대 보호무역주의의 논쟁은 크게 완화된 감을 주고 있으며 그 어느 국가도 극단적인 보호무역주의나 완전한 자유무역주의를 추구하고 있지 못하다. 이는 외국무역이 자국경제에 가져오는 이익이 무시할 수 없을 정도로 커짐으로써 모든 국가의 대외의존도가 증대되었기 때문이라고 볼 수 있다.

11.2 무역정책의 이론배경

본장에서는 정부가 정책결정을 하는 데 있어서 왜 경제학자의 비용·편익 분석에 의존하지 않으면 안 되는가 하는 몇 가지 이유에 대해서 먼저 검토한다. 실제의 무역정책을 이해하는 데 있어서 우선 정부가 개입하지 않으면 안 되는 원인을 고려해야 한다. 다음 어떠한 상황에서 자유무역이 옹호될 수 있는가를 생각해본다.

1. 자유무역의 옹호론

이 세계에 완전한 자유무역국가는 존재하지 않는다. 도시국가인 홍콩은 관세와 수입할당이 없는 유일한 현대국가이다. 그러나 아담 스미스 시대부터 경제학자는 무역정책의 추구하는 이상으로서 자유무역을 주장하였다. 그와 같은 주장을 한 이유는 단순하지 않다. 국제무역이론은 자유무역이 생산과 소비의 왜곡을 제거하는 것만이 아니고 그 이상의 이익을 가져오는 것으로 생각한다. 결국 자유무역이 완벽한 정책은 아니라고 생각하는 경제학자들도 대부분은 자유무역을 보통 정부가 채용하는 정책 중에서 가장 바람직한 정책이라고 생각한다.

(1) 자유무역의 효율성

효율성의 관점에서 자유무역을 옹호하는 논의는 관세의 비용 · 편익 분석을 단순히 역으로 생각하면 된다. [그림 11-1]은 외국의 수출가격에 영향을 주지 않는 소국의 경우에 대한 기본논의를 보여준다. 관세는 생산자와 소비자의 경제적 인센티브를 왜곡시킴으로써 그림에서 2개의 삼각형 면적으로 나타내는 손실을 발생시킨다. 반대로 자유무역으로의 이행은 그와 같은 왜곡을 제거시키고 그 국가의 후생을 증가시킨다.

미국의 경우 국민소득에 대한 보호비용의 비중은 0.26%로 상당히 낮은 데 비해서 브라질은 9.5%, 파키스탄은 6.2%로 크게 높은 등 국가들 간에 큰 차이를 보이고 있다. 그와 같은 상황은 다음 두 가지 내용을 반영하는 것으로 볼 수 있다.

첫째, 미국은 다른 국가에 비해서 상대적으로 무역의존도가 낮다는 것이다.

둘째, 몇 가지 중요한 예외를 제외하고는 미국의 무역은 상당히 자유롭다는 것이다. 미국과 대조적으로 엄격한 관세와 수입할당을 적용하고 있는 소국의 경우는 그와 같은 무역정책에 의해서 발생되는 왜곡 때문에 잠재적 국민소득의 10%에 달하는 손실을 가져오는 것으로 추정되고 있다.[4)]

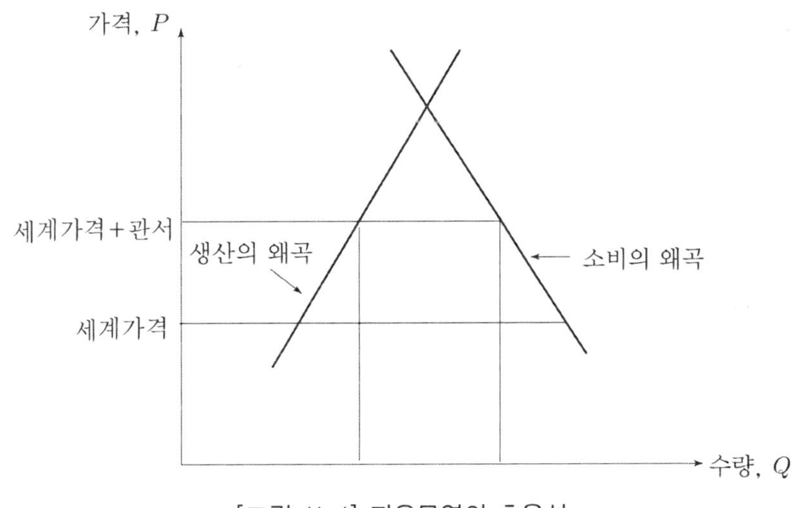

[그림 11-1] 자유무역의 효율성

4) Krugman. P. R. and Obstfeld. M., *International Economics : Theory and Policy*, Scott Foresman and Company, 1988, p.244.

(2) 자유무역의 추가이익

경제학자 중에는 몇 가지 경우 자유무역에 의한 이익이 상당히 크며 <표 11-1>에 나타난 계산에는 자유무역이익의 전체 모습이 나타나 있지 않다고 보는 견해도 있다. 다수 경제학자는 일반적으로 소국, 특히 개도국에 있어서 종래의 비용·편익 분석에서 파악되지 않은 자유무역의 이익이 존재한다고 주장한다. 자유무역에 대한 추가적 이익의 한 예로서 규모의 경제성에 관계된 것도 있다.

〈표 11-1〉 주요국의 보호의 비용 (국민소득대비:%)

국 가 명	비 율
브 라 질(1966)	9.5
파키스탄(1963)	6.2
멕 시 코(1960)	2.5
미 국(1983)	0.26

자료 : Bela Balassa, The Structure of Protection in Developing Countries, Baltimore :the Jones Hopkins Press, 1971 ; and David. G. Tarr and Morkre, Aggregate Costs to the United States of Tariffs and Quotas on Imports, Washington, D.C. : Federal Trade Commission, 1984.

보호된 시장은 생산을 국제적으로 차단시킬 뿐 아니라 경쟁을 저하시키고, 이윤을 인상시킴에 의해서 과다한 기업을 보호산업에 진출시키는 효과가 있다. 소규모 국내시장에 참여기업이 급증함에 따라서 개개 기업의 생산규모는 비효율적으로 된다. 보호가 어떻게 비효율적인 생산규모를 가져오는가 하는 좋은 예는 수입제한에 의해 육성된 아르헨티나 자동차산업의 경우가 있다. 효율적 규모의 자동차 조립공장은 연간 8만대~20만대의 자동차를 생산한다. 그러나 1964년 아르헨티나의 자동차산업은 16만 6천대를 생산하는 데 13개의 기업이 참여하였다. 어느 경제학자는 기업의 과잉참여에 대한 억제의 필요성과 과잉참여에 의해서 야기되는 생산의 비효율적인 규모문제는 표준적인 비용·편익 분석으로는 산출될 수 없는 자유무역의 옹호근거라고 주장한다.

자유무역은 학습과 기술혁신의 기회를 보다 많이 제공한다는 것이다. 그와 같은 자유무역옹호론은 많은 경우 수량화될 수 없다. 그러나 최근 캐나다 경제학자 R. Harris와 D. Cox는 캐나다의 보다 효율적인 생산규모에서 생기는 이익을 고려해서 미국과의 자유무역시 발생하는 캐나다 이익의 수량화를 시도하였다. 그들은 캐나다의 실질소득은 미국과의 자유무역에 의해서 8.6% 상승되는 것으로 추정하였으며, 그 수치는 규모경제를 고려하지 않은 추정치의 약 3배에 달하는 것이다. 만약 자유무역의 추가이익이 일부 경제학자가 생각하는 것과 같이 크다고 하면, 관세, 수입할당, 수출보조금 등과 같은 무역왜곡비용은 종래의 비용·편익 분석의 추정치보다 크게 된다.

(3) 자유무역의 정치적 옹호론

자유무역에 대한 정치적 논의는 실제적으로 자유무역옹호론이 바람직하다는 측면이 반영되고 있다. 미국의 경우 무역정책에 대한 경제학자의 논의는 국가의 비용·편익이라는 관점에서보다는 특별한 이해관계에 있는 정치관계에 의해서 지배된다고 보고 있다.

경제학자는 이론적으로는 어떠한 관세와 수출보조금도 국가의 후생을 향상시킨다고는 볼 수 없다고 주장하나, 실제적으로는 무역에 세련된 개입정책을 실행하는 정부기관은 자주 이익단체의 미끼가 되고 정치적으로 영향력 있는 부문에 소득을 재분배시키는 것과 같은 정책수단으로 대체시키고 있다. 만약 위의 논의가 옳다고 하면 자유무역은 순수경제학에서 고려될 수 있는 최상의 정책은 아니더라도 예외없이 자유무역이 옹호되는 이유인지도 모른다. 이상의 논의 대부분은 국제경제학자들의 표준적인 견해이며, 다음과 같이 세 가지로 집약시킬 수 있다.

첫째, 전통적인 방법에 의해 계산된 자유무역으로부터의 괴리비용은 막대하다.

둘째, 자유무역의 이익은 보호주의 정책비용보다 더욱 크다.

셋째, 공교롭게도 자유무역에서 괴리되는 정책을 시행하려는 시도는 정치적 과정을 통해서 번복된다. 그러나 자유무역으로부터의 괴리를 주장하는 논의 가운데도 학문적으로 훌륭한 점이 있고 그것을 검토할 충분한 가치도 있다.

2. 자유무역의 반대론

관세와 수입할당, 그 외의 무역정책수단의 대부분은 주로 특정 이익단체의 소득을 보호하기 위해서 실시된다. 그러나 정치가들은 자주 그와 같은 정책은 국민전체의 이익을 위해서 실시한다고 주장한다. 그러나 그들의 주장이 때로는 옳은 경우도 있다. 경제학자는 대부분의 경우 자유무역으로부터의 괴리는 국민후생을 저하시킨다고 주장하나 실제의 경우 때로는 적극적인 무역정책이 국민전체의 후생을 증대시킬 수 있음을 이론적으로 시사하고 있다.

(1) 교역조건과 관세옹호론

자유무역으로부터의 괴리를 주장하는 하나의 논의는 비용・편익 분석에 의해서 직접 도출된다. 외국의 수출가격에 영향을 줄 수 있는 대국의 경우 관세는 결국 수입가격을 인하시켜 교역조건을 유리하게 함으로써 이익을 얻을 수 있다. 그와 같은 이익은 관세가 생산과 소비의 유인을 왜곡시킴으로써 발생되는 비용과 비교하지 않으면 안 된다. 그 경우 관세에 의한 교역조건의 개선에서 생기는 이익이 생산과 소비의 왜곡비용보다 크게 되어 교역조건의 유리화에 의한 관세옹호론이 대두된다.

[그림 11-2]에서와 같이 저율관세의 경우 일국의 후생은 자유무역의 경우보다 크다. 그러나 관세율이 상승됨에 따라서 최종적으로는 비용이 이익보다 급상승하게 되고 국민후생과 관세와의 관계를 나타내는 곡선은 하락하게 된다.

그림의 t_p와 같이 무역을 완전히 금지시키는 금지관세율에서는 자유무역의 경우보다 일국의 후생수준은 낮게 된다. 또한 t_p 이상으로 관세율이 인상되면 아무런 효과도 나타나지 않고 곡선은 수평이 된다. 그림에서 관세율 t_0에 대응하는 곡선상의 한 점에서 국민후생은 최대화 된다. 국민후생을 최대화시키는 관세율을 최적관세라고 하는데, 최적관세율은 항상 정(+)이 되나 모든 수입을 금지시키는 금지적 관세율(t_p)보다는 아래쪽에 있다.

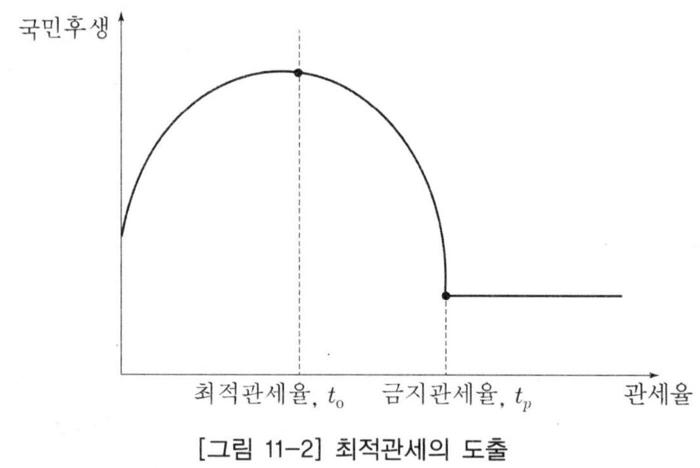

[그림 11-2] 최적관세의 도출

한편, 교역조건의 논의는 수출부문에 대해서는 어떤 정책시사점이 있는 것인가. 수출보조금은 교역조건을 악화시키고, 그 결과 국민후생수준을 확실히 하락시키는데 수출부문에 있어서 최적정책은 부(-)의 보조금이다. 즉, 수출보조금은 외국의 수출가격을 상승시키는 수출에 대한 과세이며 최적관세와 마찬가지로 최적수출세는 항상 정(+)이 되나 금지수출세보다는 저수준이다.

예컨대 사우디아라비아와 다른 석유수출국은 석유수출에 과세하는 정책으로 다른 국가에 대한 석유가격을 인상시키게 되었다. 1980년대 중반에는 석유가격이 하락되었지만 자유무역으로 되었을 경우 사우디아라비아의 상황이 호전되었을 것으로 판단하는 것은 곤란하다. 그러나 최적관세에 의한 자유무역 반대론에는 몇 가지 중요한 한계가 있다.

대부분 소국의 경우는 세계의 수입과 수출가격에 영향을 미칠 수 없기 때문에 교역조건의 이론은 실제로 그다지 유용하지 못하다. 미국과 같은 대국의 경우 문제는 교역조건에 관한 이론이 다른 국가의 희생 하에서 이익을 획득하는 국가의 독점력을 행사하는 것을 옹호하는 논의가 된다. 그와 같은 교역조건에 근거한 자유무역반대론은 학문적으로는 일면 타당성도 있으나 그 유용성에 관해서는 의문시되고 있다. 실제로 그 논의는 정부가 무역정책을 정당화하기 위해서 사용하기보다는 경제학자의 이론적 명제로서 강조되는 경우가 많다.

(2) 시장실패와 자유무역반대론

교역조건의 문제를 고려하지 않으면 자유무역옹호론의 이론적 근거는 소비자잉여와 생산자잉여의 개념을 이용한 비용 · 편익 분석이 된다. 그러나 많은 경제학자는 그 개념, 특히 생산자잉여의 개념은 비용과 편익을 정확히 계산할 수 없다는 반론을 제기하고 그에 입각해서 자유무역의 반대론을 전개하고 있다. 왜 생산자잉여는 생산에서 얻은 편익을 정확히 계측할 수 없다고 보는 것인가. 그 이유로서는 어느 부문에서 고용된 노동이 실업 또는 위장실업의 가능성이 있다든가, 또는 생산자원이 보수가 높은 부문으로 신속히 이동하는 것을 저해하는 자본시장 및 노동시장의 결함, 특히 최신산업, 즉 기술혁신이 진행되고 있는 산업으로부터 생기는 기술유출(spill-over) 등이 발생되기 때문이다. 그와 같은 것을 일컬어서 국내시장의 실패라고 부른다. 그와 같은 예는 노동시장의 경우 수요와 공급이 균형되지 않거나, 자본시장이 자원을 효율적으로 배분하지 못하든가 하는 경우와 같이 국내시장이 정확한 기능을 하지 못하는 때에 나타난다.

예컨대 어느 상품의 생산은 경제전체의 기술수준을 향상시키는 경험을 얻게 되나 그 상품을 생산하는 기업은 이익을 회수할 수가 없기 때문에 생산량을 결정하는 데 있어서 편익을 고려하지 않는다. 그 경우에는 생산자잉여로서는 파악할 수 없는 한계사회편익이 추가생산으로부터 발생한다. 그 한계사회편익은 관세와 여타 무역정책을 정당화시키는 근거로서 이용된다. [그림 11-3]은 국내시장의 실패를 근거로 한 자유무역의 반대론을 설명하고 있다.

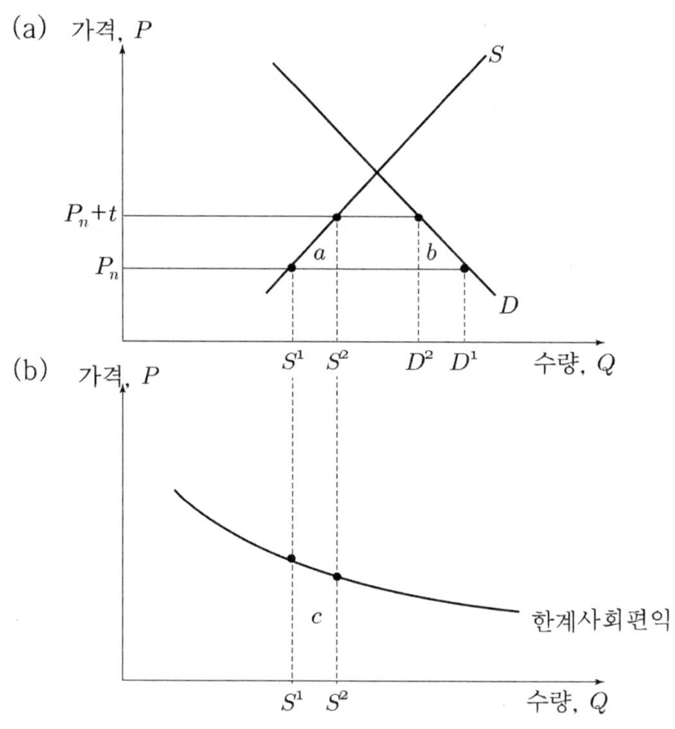

[그림 11-3] 국내시장의 실패를 근거로 한 관세옹호

[그림 11-3(a)]는 소국(교역조건효과 제외 경우)의 경우 관세에 대한 전통적인 비용·편익 분석을 나타내고 있다. [그림 11-3(b)]는 생산자잉여의 계산에서는 고려되지 않는 생산에서 얻을 수 있는 한계편익을 나타내고 있다. [그림 11-3(a)]에서는 국내가격을 P_W에서 P_W+t로 인상시키는 관세효과를 보여주고 있다. 그 경우 생산은 S^1에서 S^2로 증가되고 a로 표시된 구역의 생산왜곡이 발생한다. 소비의 경우는 D^1에서 D^2로 감소되고 b로 표시된 구역의 소비왜곡이 발생한다. 만약 소비자잉여와 생산자잉여만을 고려한다면 관세의 비용은 편익을 상회할 것이다.

[그림 11-3(b)]에서는 관세가 자유무역보다 선호하는 정책이 될 경우 관세의 추가적인 예상편익을 나타내고 있다. 생산의 증가는 c로 표시되는 한계사회편익곡

선 S^1S^2의 아랫부분에 나타나는 사회편익을 얻게 된다. 만약 관세율이 충분히 낮으면 c의 면적은 항상 $a+b$의 면적보다 크고, 따라서 자유무역의 경우보다 높은 사회적 후생을 가져오는 사회적 후생최대화관세율이 존재하는 것을 의미한다.

국내시장의 실패를 근거로 한 자유무역반대론은 경제학의 차선이론으로 알려져 있다. 보다 일반적 개념의 특수한 경우이다. 그 이론은 만약 당해 시장 이외의 모든 시장이 올바르게 기능한다면 그 시장에 있어서 비개입정책은 바람직한 것으로 본다. 가령 그렇게 되면 어느 한 시장에서 인센티브를 왜곡하는 정부개입은 다른 시장에서 시장실패에 의한 효과를 상쇄시킴으로써 실제로는 후생을 증가시킬 가능성도 있다. 예컨대 노동시장이 정당한 기능을 하지 못함으로써 완전고용이 달성되지 못하는 경우에는 완전고용경제에 바람직하지 못한 노동집약산업을 보호하는 정책을 선호하게 될지도 모른다. 그것은 임금을 보다 신축성 있게 함으로써 노동시장을 개선하는 것이 보다 바람직하다고 하는 것으로, 어떤 이유에서 그것이 실현되지 않으면 다른 시장에 개입하는 것이 그 문제를 경감시키는 차선의 방법이라고 생각하기 때문이다.

경제학자가 차선의 이론을 무역정책에 적용할 때 그들은 어느 경제의 국내 시장기능의 불완전성을 대외적 경제관계에의 개입을 정당화하는 것으로 주장한다. 그 논의는 국제무역은 문제의 원인이 아니라는 것을 인정하는 것으로 무역정책은 적어도 문제의 부분적 해결을 가능케 하는 점을 시사하고 있다.

(3) 시장실패문제의 비판

시장실패를 근거로 한 보호무역이론이 처음 제기되었을 때는 그 논의가 자유무역옹호론의 상당부분을 전복시킬 것으로 생각하였다. 도대체 누가 현실경제에 있어서 시장실패가 존재하지 않는다고 주장할 수 있는가. 특히 저개발국의 경우 시장실패는 무수히 존재하고 있다. 예컨대 대부분 개도국에서 산업간, 도시와 농촌간의 커다란 임금격차가 만연하고 있다. 선진국의 경우도 시장이 충분한 기능을 하지 못하고 있다는 증거가 개도국과 같이 명료하지는 않으나 기술혁신기업이 그들의 기술혁신에 대한 전체 보수를 획득할 수 없는 것과 같은 시장실패의 사례를 쉽게 찾아볼 수 있다.

국민후생의 증가를 가능케 하는 정부개입이 존재하는 상황에서 우리는 어떻게 자유무역을 옹호할 수 있는가. 자유무역을 옹호하는 논리는 두 가지가 있다. 하나는 국내시장의 실패는 국내시장에 의해서 해결할 수 있다는 주장과, 다른 하나는 경제학자는 어떠한 경우에도 처방전을 쓸 정도로 충분히 시장실패를 진단할 수 없다는 주장이다. 국내시장에 있어 시장의 실패는 국제무역정책으로서가 아니고 국내정책의 변경이 필요하다고 하는 견해는 계측 불가능한 한계사회편익을 고려하여 수정을 가한 비용·편익 분석에 의한 논의로 설명될 수 있다. 앞의 [그림 11-3]에서 시사하고 있는 것은 관세는 생산과 소비의 왜곡을 발생시키나 사회적 편익을 낳는 추가적 생산을 가져옴으로써 후생을 증가시킨다는 것이다. 그러나 만약 동일량의 생산증가가 관세가 아닌 생산보조금에 의해서 달성되었다면 소비자가격을 상승시키지 않고 소비의 손실부분 b를 제거할 수 있을 것이다.

즉, 생산보조금은 특정의 경제활동에 직접 대응함으로써 관세부과에서 생기는 부차적인 비용을 부분적으로 회피할 수 있다. 위의 예는 시장의 실패를 분석하는데 있어서 일반적 원칙을 설명해 주고 있다. 즉, 간접적 정책은 경제의 다른 부문에서 예상되지 않는 왜곡을 발생시키기 때문에 시장실패는 가능한 한 직접적으로 대처하는 것이 바람직하다는 것이다. 따라서 국내시장의 실패에 의해서 정당화되는 무역정책은 최고의 효율적인 정책은 될 수 없다. 따라서 무역정책은 항상 최선책이 아니고 차선책이 되는 것이다.

그와 같은 지적은 무역정책의 입안자에게는 중요한 의미를 갖는다. 즉, 제안된 무역정책은 항상 정책적으로 해결이 요구되는 동일문제를 위하여 고려되는 순수한 국내정책과 비교하게 된다. 만약 국내정책이 비용이 높고, 바람직하지 못한 부작용을 갖는 경우에도 무역정책은 거의 확실히 국내정책 이상으로 선호되지 않는다. 예컨대 미국은 자동차에 대한 수입할당을 자동차산업 노동자의 고용을 확보하기 위해서 필요하다는 이유로 지지한다. 그러나 수입할당을 옹호하는 사람들은 미국의 노동시장은 신축성이 결여되어 자동차산업의 노동자가 임금삭감으로 동산업에 잔류하거나, 다른 부문에서 고용을 확보하는 것은 곤란하다고 주장한다. 그래서 자동차선업의 노동자를 고용하는 기업에 보조금을 지원하는 순수한 국내정책으로 고용문제를 해결하려고 한다. 그러나 그와 같은 정책은 강력한 정치적 반대에 부딪치게 된다.

그 이유의 하나는 보호정책으로 현재의 고용수준을 유지하기 위해서는 거액의 보조금지출이 필요하고 그것은 연방정부의 재정적자를 악화시키든가 또는 증세를 필요로 하기 때문이다. 더욱이 자동차선업의 노동자는 전체 제조업 중에서 가장 임금이 높기 때문에 일반인들은 그들에게 보조금을 지원하는 것을 확실히 반대할 것이다. 자동차산업의 노동자에 대한 고용보조금이 의회를 통과하리라고 기대할 수 없다. 그러나 수입수량규제의 피해는 더욱 크다. 수입수량규제는 동일규모의 고용을 창출하는데 소비자의 선택에도 왜곡을 야기시키기 때문이다. 보조금과의 유일한 차이점은 수입수량규제는 정부지출로 되지 않고 고상품가격의 형태로 이루어지는데, 그 피해는 명백하지 않다는 것이다.

국내시장의 실패를 근거로 한 보호정책의 정당화를 비판하는 사람들은 자유무역으로부터 괴리되는 정책의 대부분은 그 정책에 의한 편익이 비용을 상회하기 때문이 아니고 일반인들이 실질비용을 이해하지 못하기 때문에 실시되는 전형적이 경우라고 주장한다.

무역정책의 비용과 그에 대응한 국내정책비용을 비교하는 것은 그와 같은 비용이 어느 정도 큰 것인가에 주목하기 때문에 유용한 방법이다. 자유무역을 옹호하는 또 하나의 견해는 시장실패를 파악하는 것은 보통 곤란하기 때문에 적절한 정책에 확신을 갖기는 어렵다는 것이다. 예컨대 어느 개도국의 도시에 실업이 존재하는 경우를 생각해보자. 무엇이 적절한 정책인가.

하나의 가설은 그 도시의 산업을 보호하기 위한 관세부과는 실업자를 생산적인 고용에 유치함으로써 관세에 의한 비용을 상쇄시킬 정도의 사회적 편익을 가져온다는 것이다. 그러나 다른 가설은 그 보호정책은 대규모 도시에 과도한 인구이동을 촉진시킴으로써 실제로는 실업을 증대시킨다고 주장한다. 위의 두 가설 가운데 어느 쪽이 타당한 것인가를 판단하기는 어렵다. 경제이론이 정상적으로 기능하는 시장구조의 경우는 많은 사실을 설명할 수 있으나 비정상적으로 기능하는 시장구조에 대해서는 설명할 수 있는 사실이 거의 없다. 시장이 정상적으로 기능하지 못하는 이유는 많으며, 어떤 차선의 정책이 선택될 것인가 하는 것은 시장실패의 세부적 메카니즘에 의존된다.

이와 같이 적절한 차선의 무역정책을 구명하는 것이 어렵다는 사실은 정치적으로 자유무역 옹호론을 강화시킨다. 만약 무역정책의 전문가가 어떤 정책이 자유무역으로부터 괴리될 수 있는가에 관해서 확신을 갖지 못하고, 그들 동료들의 합의도 얻을 수 없게 되면 무역정책은 국민의 후생을 무시하고 특별이익에 관련된 정치단체에 의해서 지배되어버리게 된다. 만약 시장의 실패가 그 정도로 심각하지 않으면 자유무역으로 경사되는 것은 보다 신축성 있는 접근을 포함해서 판도라상자를 여는 것보다도 더 호감이 가는 정책이 된다. 그러나 그것은 경제학의 관점보다는 정치학의 관점에 의한 판단이다. 결국 우리들은 경제이론이 교조적으로 옹호된다고 비판하지만 새로운 인식이 필요한 것은 경제이론은 자유무역에 대한 교조적인 옹호를 하지 않는다는 점이다.

11.3 소득분배와 무역정책

이제까지는 국민후생에 초점을 맞추어 자유무역의 반대론과 자유무역 옹호론을 설명하였다. 여기에서 국민후생과 어느 특정그룹의 후생을 구별하는 것은 문제점을 명확하게 할뿐만 하니라 무역정책을 권장하는 사람들이 보통 무역정책을 국가전체에 이익을 준다고 주장하는 데 적당하다. 그러나 무역정책에 관한 현실정치를 보면 국민후생의 관점보다는 거기에서 정치목적에 불완전하게 반영되는 개인의 욕구가 존재할 뿐이다.

앞의 논의는 관세와 여타 무역정책은 보통 국내생산자와 소비자의 후생에 대해서 반대의 효과를 갖는다는 점을 시사한다. 정부가 어떻게 무역정책을 결정하는가를 하나의 이론으로 설명하기는 어려우나 다음과 같은 몇 가지 중요한 가설을 제시할 수 있을 것이다.

1. 가중된 사회적 후생

무역정책에 대한 한 견해에 의하면 정부는 암묵적으로 소규모의 편익에도 서로 다른 그룹에 대한 상이한 평가를 갖고 있다는 것이다. 즉, 어느 한 그룹은 다른 그룹보다도 중요시되고 그 결과 자유무역으로부터의 괴리는 중요시되는 그들의 소득분배목적을 달성하게 된다는 것이다. 그것을 가중된 사회적 후생이라고 부를 수 있다. 미국과 같은 선진국의 정부정책은 자국의 저임금 노동자를 우대하고 있다. 많은 개도국과 호주와 같이 천연자원이 풍부한 공업국의 경우 정부는 일관되게 농업부문의 권익보다는 도시의 노동자를 우대하는 경향을 보인다. 그와 같은 견해는 우리들의 분석에 아주 근소한 수정을 가함으로써 무역정책의 정치역학을 고려할 수 있게 되어 아주 매력적으로 된다. 그러나 그 자체는 실제 무역정책의 많은 측면을 설명하는데 충분하지 못하다.

2. 보수적 사회후생

무역정책의 단기적 변화를 보는 것이 유용하다고 보는 견해는 누가 이익을 보고 손실을 입는가에 관계없이 정부는 소득분배를 크게 변화키는 것에 대해서 신경을 쓰지 않는다고 보는 보수적 사회후생의 주장이다. 만약 수입경쟁이 어떤 산업의 생산자에 피해를 줄 위험성이 있으면 그들이 보통 공공정책에 의해서 우대를 받는 그룹인가 여부에 관계없이 보호를 받을 가능성이 높다. 따라서 보수적 사회후생의 논의가 흥미 있는 것은 그것이 일시적으로 적용된 무역정책이 어떻게 항구적 무역정책으로 되는가를 설명하는데 유용하기 때문이다.

라틴아메리카 공업화의 경우를 생각해본다. 1930년 대부분의 라틴아메리카 제국은 세계불황으로 야기된 국제수지문제에 대처하기 위한 긴급조치로서 수입수량할당과 관세정책을 도입하였다. 그와 같은 보호장벽은 수입대체제를 생산하는 국내기업을 출현시켰다. 제2차 세계대전 기간에 도입된 수입제한은 1940년대 중반까지 계속 실시되었다. 자유무역으로의 복귀가 가능한 시점에서도 수입대체산업에 대량의 자본이 투입되고, 또한 다수의 노동자가 고용되었기 때문에 수입제한의 철폐는 정치적으로 고려할 수 없는 상황이 되었다. 그와 같은 무역제한은 아직도 많은 라틴아메리카 제국에서 여전히 실시되고 있다. 보수적 사회후생에서 발생되는 보호의 비가역성은 종종 자유무역의 옹호론의 근거로서 이용된다. 설령 일시적 관세가 바람직한 경우에도 항구적 기득권익을 조성하는 위험성은 피하는 것이 좋다는 것이다.

3. 집단행동

대부분의 무역정책은 그것이 창출하는 편익에 대해서 일반국민에게 커다란 비용을 초래한다. 그와 같이 분명히 불합리한 정책이 어떻게 실현되는가. 그에 대한 빈번하게 제시되는 대답은 경제학자 M. Olson의 유명한 통찰에서 도출된다.[5] Olson의 통찰은 정치적 행동 또는 집단행동은 그룹전체를 위해서인지는 모르지만, 보통 그룹구성원 개인을 위한 것은 아니라는 견해이다. 만약 이익단체가 소수이든가 잘 조직되어 있으면 정치적 영향력을 미치는 것은 가능하게 된다. 미국의 경우 설탕의 수입할당은 소비자에 12억 6,600만 달러의 손실을 가져온 데 대해서 생산

5) Olson, M., *The Logic of Collective Action*, Cambridge, Harvard University Press, 1965.

자와 정부는 7억 8,300만 달러의 이익을 얻는데 불과함으로써 바람직한 무역거래로 볼 수 없다. 그러나 소비자의 손해는 1인당으로 보면 5달러 미만이다. 또한 대부분의 설탕은 직접 수입되기보다는 다른 식품의 재료로 수입됨으로써 5달러의 손해에 신경을 쓰는 소비자는 거의 없다. 실제로 미국의 유권자 가운데는 극히 일부만이 설탕의 수입할당이 존재하고 그 수입할당이 그들의 생활비를 인상시킨다는 사실을 알고 있을 뿐이다.

그와는 대조적으로 설탕생산자는 수입할당이 그들의 이해관계에 얼마나 중요한가 하는 것을 잘 인식하고 있다. 수입할당은 한 개인의 설탕생산자 입장에서는 충분히 수만달러 혹은 수십만달러의 가치가 있기 때문이다. 더욱이 설탕생산자는 집단적으로 의회의원과 공작을 하기도 하고 정치자금을 모금할 수 있는 능력도 갖춘 잘 조직된 집단이다. 따라서 어떤 방식으로 측정을 해도 비용이 편익을 상회하는 정책이 정치적으로는 거의 이의를 제기하지 않는다는 사실은 그렇게 놀랄만한 일이 아니다. 집단의 정치적 행동문제를 강조하는 견해는 설령 비용·편익 계산에 의해서 보호가 바람직하지 않더라도 보호로부터 이익을 받는 그룹이 일반적으로 정치적으로 우대된다고 생각되는 단체가 아니라도 무역정책은 보통 소규모로 잘 조직화된 그룹을 우대하게 된다는 주장이다.

제 12 장 산업정책과 보호무역론

12.1 보호무역론의 전개

1. 보호무역론의 근거

자유무역은 일국뿐만 아니라 세계 전체의 입장에서도 희소자원의 최적배분을 달성하고 경제이익(후생수준)을 향상시킨다. 따라서 국가가 간섭하는 보호무역과 비교해서 자유무역은 약간의 유보조건을 전제로 하면 경쟁시장의 제력이 생산, 소득, 고용을 최대한 확대시키고, 또한 성장을 촉진시켜 사람들의 생활수준을 향상시키고 기업 및 산업의 생산능률과 기술진보를 자극한다. 여기에서 자유무역의 유보조건으로 중요한 것은 ① 국내적으로나 국제적으로 시장경쟁을 유효하게 실현시키는 경제여건에 독점과 과점 등의 경쟁저해요인이 존재하지 않는다는 것, ② 시장가격의 신축석 소정이 방해되지 않고 그에 따라서 요소자원(특히, 노동)이 국내시장에서 자유로이 이동할 수 있고, ③ 생산 및 소비에 대한 외부효과(정의 경우는 사회간접자본, 부의 경우는 환경오염 등)가 일체 존재하지 않는다는 것 등이다.

엄밀히 말하면 국내적으로나 국제적으로(교환, 생산, 소비 등 구조상의 특징을 나타냄) 경제여건이 고전적 조건을 충족시키는 경우 경쟁적 메카니즘에 의해 달성되는 시장균형은 Pareto최적이 된다. 따라서 그 경우 일국 내지 세계 전체의 어느 한 사람의 후생상태(효용 · 이윤)를 감소시키지 않는 한 다른 사람의 후생상태를 증가시키는 것은 불가능하다는 의미에서 자원배분은 최적이 된다. 더욱이 자원의 초기부존을 필요에 따라서 이전시키는 것을 전제로 할 때 어떠한 소득분배하에서 파레토최적의 자원배분이 경쟁균형가격 메카니즘에 의해서 유지될 수 있다. 그것이 자유무역을 전제로 한 세계적 경쟁균형에 대한 후생경제학의 기본명제이다.

그와 같은 자유무역의 성과에 대한 높은 평가에도 불구하고 현재 많은 국가들이 보호무역정책을 계속 추구하고 있는 이유는 무엇인가. 그 이론적 근거는 도대체 어디에 있는 것인가. 그 단순하고 정당한 대답의 하나는 현실의 경제여건에서는 국내적으로나 국제적으로 자유무역의 성과를 창출하는데 필요한 전제가 기본적으로 결여되고 있다고 하는 점으로 귀결된다. 실제로 자유무역의 유보조건으로 지적한 경제여건에 대한 그와 같은 경쟁시장의 불완전성에 직면해서 정부는 자유무역에 대응한 최적개입의 무역정책(optimal trade intervention)을 행한다.[1)]

타국의 희생에 의해서 일국의 이익이 증대되는 가능성의 하나로서(보복조치는 무시됨) 일방적으로 자국의 독점적 입장을 최대한 이용해서 교역조건의 개선을 도모하는 최적관세론이 있고, 그것이 이론적으로도 유력시되고 있다. 그러나 Meade도 지적한 바와 같이 선진국간에 그와 같은 수단에 의해서 일국이 소득재분배를 유리하게 추진하는 것은 이론적이나 정책상으로 한계가 있고 세계 전체의 이익증진에도 상반된다. 즉, 제1차 및 제2차 석유위기 이후 OPEC이 취한 일방적 Cartel정책은 석유수출세의 인상으로 볼 수 있기 때문에 그것은 최적관세정책의 현실적 대응책으로 생각할 수 있다. OPEC의 그와 같은 카르텔정책이 장기간 계속된 것은 1980년대의 경험을 통해서 보았다.

또 하나의 근거로서 자유무역에 기초한 경제적 효과는 별도의 비경제적 가치(non-economic merits)를 적극적으로 추구하기 위하여 보호무역정책을 추진한다는 입장이다. 그와 같은 국내산업의 최적다양성의 보호는 역사적으로도 또는 현실의 정치적 관점에서도 유력한 근거를 제공한다. 다만 현실의 보호무역정책에 있어서 그와 같은 경제적 또는 비경제적인 두 개의 입장이 구분되어 인식되고 있지 않을 뿐이다. 사실상 보호무역의 유일의 정당한 근거로서 오래전부터 자유무역론자에 의해서 인정되고 있는 유치산업보호론에서 조차도 그 두 개의 고찰이 혼재되어 있다. 다음 보호무역론에 대한 경제적 근거와 비경제적 근거를 구분하여 좀 더 자세히 살펴본다.

(1) 보호무역의 경제적 근거

일국 정부에 의한 자유무역의 간섭을 정당화하는 근거로서 정학적 균형상태하의 3가지 경제조건에 대응해서 다음 세 가지 경우를 생각할 수 있다. 즉,

---

1) Meade, J. E., *Trade and Welfare ; The Theory of International Economics Policy*, vol.2, Oxford : Oxford University Press, 1955 ch. Ⅸ.

① 불완전경쟁균형의 경우 : 시장경제의 균형을 성립시키는 조건이 충족되지 않고, 규모의 경제, 평균비용의 체감 등으로 시장에서 불완전경쟁이 지배하는 결과로 자유무역에 대한 후생경제학의 명제가 그대로 적용되지 못하는 경우이다.

② 불완전고용균형의 경우 : 노동 등 생산요소의 자유이동이 보장되지 않고 임금 등 요소시장에서 가격이 경직적으로 되어 노동 및 기타 생산요소의 완전고용이 성립되지 않는 경우이다.

③ 시장실패의 경우 : 생산 및 소비의 외부성이 존재하여 시장에 있어 사적 경제계산이 진정한 사회적 기회비용을 반영하는 것에 실패한 결과로 시장의 경쟁균형에 대한 후생경제학의 고전적 명제가 타당하지 못하게 되는 경우이다.

이상의 어느 경우에도 경제의 최적조건의 달성을 방해하기 때문에 관세, 보조금, 기타 보호적 수단을 사용하는 차선책(second best)을 추구하는 이론이 정당화된다. 그러나 그 정책적 적용은 극히 제한된 것이기 때문에 현실적 타당성에 관한 의문의 여지는 많다.

한편 자원배분의 과정과는 별도로 공정한 소득분배라는 고려에서 보호무역이 주장되는 경우도 있다. 그러나 그 논의의 기초에는 소득분배에 대한 특정의 가치판단(예컨대, 농업생산자의 소득수준향상 등)이 전제되고 있기 때문에 그와 같은 가치판단에 대한 타당성평가를 제거하고 경제적 관점에서만 그와 같은 부류의 보호무역논의를 정당화시키는 것은 곤란하다. 국내의 특정산업의 이익, 또는 거기에 고용되는 생산요소의 보수를 적정하게 유지하려는 목적으로 정부가 자유무역에 제한을 가하는 것은 관세정책에서의 수입제한 조치를 포함해서 가장 설득력이 결여되어 있다는 점에 대해서 경제학자들 간에 견해가 일치되고 있다.

그와 같은 보호정책은 국내적으로나 국제적으로 반드시 자원의 유효이용을 전반적으로 저해하는 왜곡효과를 가져온다는 것과, 정책적으로는 피보호산업 및 생산요소의 기술혁신과 생산성향상에 대한 자극유인을 약화시키므로 무역제한보다는 우월한 직접적인 국내의 소득 재분배정책이 유용하다는 것이다. 시간적 요소가 중요한 의미를 갖는 동학적 자원배분의 관점에서는 다음 세 가지 보호무역옹호론이 지적되고 있다.

④ 유치산업보호론 : 출발점에서 경제여건의 불비로 장래의 일정시점 까지 자유무역을 제한함으로써 국제적으로 비교우위가 결여된 현재의 유치산업을 보

호한다. 보호기간의 경과와 함께 이미 지적한 논점(①~③)이 극복되어 유치산업이 비교우위조건을 확립하고 보호의 사회적 비용을 월등히 초과하는 사회적 이익을 장래 산출하는 산업으로 육성한다는 것이 그 논의의 기본전제이다.2)

고전적 유치산업보호론의 취약점은 이론적으로는 그 논의에서 불가결한 전제가 확실하다는 보장이 있으면(그렇지 않고는 유치산업의 유리한 육성은 의심스럽다) 그와 같은 이익목표가 유망한 투자기회를 사기업이 묵인하는 것만이 아니고 국가에 의한 특별한 보호조치가 없어도 시장기구의 작용으로 산업의 발전이 자주 촉진된다는 것이다. 상기의 기본전제인 긍정적 장래기대순이익을 최대로 하는 것이야말로 시장에 있어서 사기업의 투자활동의 기본전제에 불과하다. 따라서 그와 같은 투자활동이 자동적으로 촉진되는 이유로서 다음 세 가지를 고려할 수 있다.

① 자유로운 시장 기구에 대한 고유의 기업가능력이 미달되든가, ② 장기적 투자활동을 가능케 하는 자본시장이 불완전하든가, ③ 외부효과가 장기투자의 회임기간 및 생산과정에서 현저하여 기대순이익의 사적 할인율을 비정상적으로 왜곡하든가 또는 시장실패로 유사한 결과가 발생하는 경우이다. 그들 이유의 어느 경우도 자유무역에의 간섭이 정당화되는 근거는 결여되고 있다. ① 및 ②의 경우에는 특정산업의 보호가 아니고 자유로운 사기업제도를 활성화 시키는 전반적인 시장경제의 발전이 긴급한 과제이고, 보호무역정책은 단지 타성의 온상이 될 가능성이 크다. ③의 동학적 외부성에 대해서는 극히 제한된 범위에서 이론적 타당성이 있으나 그 실천적 의의는 비교적 작다고 할 수 있다.

⑤ 완전고용과 국제수지균형의 유지 : 보호무역을 강화하고 수출촉진, 수입억제조치에 의해서 국내균형(완전고용과 고율성장)과 국제균형(경상수지의 개선)을 동시에 달성하는 정책은 단기적 효과를 얻을 수 있음을 부인할 수 없다. 그러나 그와 같은 신중상주의 고용창출은 실업의 수출에 의해서 근린궁핍화정책으로 전환될 위험성도 있다. 따라서 거시적 고용과 성장의 확대하는 장기적 관점에서는 명백히 한계가 있고 보호무역의 근거로서 정당화되기는 어렵다. 이 경우 타당한 정책은 환율을 고려한 적절한 거시정책에 의거해야한

2) Kraus, M. B., *The New Protectionism ; The Welfare State and International Trade*, London : Brasil Bluckwell, 1979.

다. 관세, 수출보조금 등의 보호무역정책은 특정 수출산업 또는 수입대체산업을 선별적으로 보호한다. 그에 대해서 적절한 환율을 고려한 거시정책은 국내의 모든 산업 및 소비자에게 필요한 대외조정을 촉진시키는 효과를 가져온다는 점을 주의할 필요가 있다.

⑥ 쇠퇴산업의 조정지원 : 외국으로부터의 균형파괴적 요인(해외의 급속한 기술혁신과 외국수요의 급격한 감소로 인한 수출 감축 및 수입급증 등)의 충격이 막대하기 때문에 국내경제에 상당기간 불균형이 존속하고, 바람직한 균형회복에 요구되는 산업구조의 조정비용이 과대하다고 정부당국에 의해 판단되는 경우 자유무역에 대한 어떤 간섭이(관세, 수입제한 등) 일시적으로 필요하게 된다. 여기에서 산업조정의 코스트는 대규모의 자원재분배(구조적 개편)를 실현하기 위한 기업, 노동자, 기타 쇠퇴산업에 장기간 고용되는 생산요소, 지역 등이 전환됨으로써 부담되는 비용이다.

국내 산업이 비교우위를 상실하고 수입이 급증하는 경우 선진국의 섬유산업과 의류산업에서 전형적으로 볼 수 있는 바와 같이 유치산업과는 정반대의 노후화산업에 대해서 전환과정의 일정기간 비용부담을 경감시키는 지원조치가 정치적으로 요구되는 것은 자연스러운 과정이고 많은 역사적 경험을 가지고 있다. 특히 Gray는 자원배분의 유효한 이용을 특별히 강조하고 있다.

유의할 점은 그와 같은 불균형의 조정은 경제의 발전과정에서 부단히 야기되는 문제이고, 그 원인이 해외로부터의 원인 여부를 특별히 구별하는 경제적 근거는 설득력이 결여되고 있다는 것이다. 아무튼 내외의 균형파괴요인에 의해서 국내산업조정이 요구되는 경우 자유무역에의 직접간섭을 경제적 측면에서 정당화시키는 것은 곤란하다. 피해산업의 쇠퇴가 경제적 논리에 비추어 명백히 되는 경우 전환의 과도기에 있어서 조정지원이 어떻게 행해지는가는 긴급한 정책과제에 불과하다.

이상의 ④, ⑤, ⑥의 경우 어느 것도 시간의 요소가 경제의 조정과정에서 지배적 영향력을 가지게 되고 국내산업(유치산업, 수입경쟁산업 또는 수출산업, 쇠퇴산업)의 보호가 일시적으로 요구되는 점에서 ①, ②, ③의 경우의 영속적 보호조치의 필요성과 근본적으로 상이하다. 더욱이 어떤 경우에도 보호정책의 수단으로서 관세, 수입제한 등에 의해서 국내수요자를 국제시장에서 어느 정도 차단시키고 또는 가격체계를 왜곡시키는 정책에 비해서 보호가 필요한 산업에 대해서 직접지원(보조금, 세제 및 금융상의 우대조치 등) 및 노동자의 직접구제(실업대책, 직업전환제도, 기능재교육 등)의 정책조치가 국민경제의 후생을 최대화 한다는 최적성기준에 비추어 볼 때 우월하다고 볼 수 있다.

(2) 보호무역의 비경제적 근거

보호무역의 비경제적 옹호론은 보호무역의 비경제적 이익이 경제원리에 근거한 비용을 초과하는 경우를 의미하고 다음 두 가지의 유력한 근거로서 지적되고 있다.

⑦ 방위산업의 보호 : 국방상의 이유에서 국제적 비교우위원리에 입각한 자유무역에 대한 간섭이 정당화되고 많은 국가에서 군수방위산업에 대한 보호정책이 실시되고 있다. 다만, 방위산업의 범주는 국가와 시대에 따라서 크게 상이하고 정책당국의 군사적 안전보장에 대한 재량권(가치판단)에 결정적으로 좌우되기 때문에 경제적 선택(비용, 편익의 경제계산)이 크지 못한 것이 보통이다. 국방을 위해서 군수산업을 특정수준으로 안정적으로 유지시키는 요구는 보다 일반적으로 일국 전체의 입장에서 공공재공급의 최적수준을 결정하는 문제의 특수 경우로서 이해될 수 있다. 따라서 공공재의 한 구성요소로서 방위산업을 어느 정도 국가가 보유할 것인가 하는 문제는 국민전체의 정치적 결정에 의존하는 경우가 많다.

⑧ 가치산업의 최적다양화 : 일국 또는 단일 독립된 공동체의 기반을 유지한다는 견지에서 소비자, 생산자의 경제계산을 초월해서 필요로 되는 가치산업(merit industry)의 일정규모 유지와 최적다양화를 달성하기 위해서 자유무역에 대한 간섭이 자주 이루어진다. 여기에서 가치산업이라는 것은 일국내의 소비자 주체에 대해서 공공적 견제에서 특정의 선호패턴을 정부가 강제화한다고 하는 가치재 및 서비스(전형적으로 의무교육, 의료, 위생검사, 마약금지 등) 개념을 국제여건에서 국내산업에 전용시킨 것이다. 가치산업은 일국의 존립에 있어 필수불가결한 산업(essential industries)이라고 부를 수도 있을 것이다.

정치적으로만이 아니고 경제적으로도 자립하는 것이 그 기본적 동기이다. 가치산업의 대표적인 것으로 많은 국가에서 일정규모의 농업생산을 들고 있다. 방위산업은 넓은 의미에서 가치산업의 범주에 포함시킬 수도 있음을 유의할 필요가 있다. 일국의 산업구성에 있어서 최적다양화라고 하는 견해는 수익성과 위험성을 달리하는 자산에 대한 개인의 최적자산선택과 유사한 발상이다. 어쨌든 가치산업의 최적구성(범위, 규모, 분포)이라고 하는 보호주의 견해는 정치적 가치판단을 중심으로 해서 거기에 사회적 · 문화적 가치기준을 근거로 하는 것이다. 그것이 일국의 장기적 경제원리와 항상 모순되는 것만은 아니다. 특히 국제여건의 현재 및 장래에 대한 일국(국민, 정부)의 상황판단 및 전망의 불확실성에 의해서 현저히 영향을 받게 되는 경우, 국민경제 전체의 장기이익과 기회비용을 산정하는 경우에 가치산업 유지의 기회비용이 크게 되어도 그 안전자산으로서의 정치 · 경제적 매력(유용성)은 증대됨에 틀림없다. 더욱이 가치산업의 보호 가운데는 이상 지적한 정학적 가치기준과는 별도로 장래 성장산업의 기술혁신을 가져온다는 동학적 가치기준에 의해서 정책당국이 적극적으로 지원하는 경우도 포함시킬 수 있다. 다만, 그 경우의 가치는 일국 고유의 것이기보다는 어느 국가의 입장에서도 타당한 경제적 순이익만이 아니고 경쟁적 시장기구가 그것을 어느 정도 자본화시킬 수 있는가에 유의할 필요가 있다.

그러나 일국이 민족주의적인 정치, 사회, 문화면의 가치판단을 과도하게 우선 시켜 가치산업의 범주를 자의적으로 확대하고 그 보호를 강화할 때는 그것에 거의 비례해서 세계 전체로서 자원배분의 왜곡을 초래한다는 점을 유의해야 한다. 비교우위원리에 근거한 자유무역에 의해 거시적 자원배분의 효율을 높이고 세계전체 사람들의 생활수준을 향상시킬 가능성이 정치적 국경에서 고유하게 주장되는 가치원리의 추구를 위하여 어느 정도 희생되는가는 보호무역의 기회비용을 정치적 가치판단의 주어진 조건으로 보고 신중히 산정하는 것이 경제학자의 입상에서 도전적 연구 과제라고 할 수 있다.

이상의 ①~⑧에서 검토한 보호무역의 옹호론 가운데 자유무역에 대한 간섭이 후생경제학의 최적이론의 관점에서 정책적으로 적절하다고 판단되는 것은 거의 없다. 보호무역옹호의 경제적 근거는 전혀 설득력이 결여되고 있다. 다만 비경제적 근거로 지적된 방위산업 및 가치산업의 최적다양화가 국제정치 · 경제 및 사회 · 문화면의 안정성유지라고 하는 관점에서 보호무역정책을 어느 정도 정당화시키는 것에 불과하다. 보호무역정책에 관한 그와 같은 결론은 단기 · 장기를 불문하고 경제이론에서 당연한 귀결이며, 자유무역에의 간섭을 정당화하는 것은 경제이론과는 다른 어떤 정치적 가치기준 등이 불가피한 요소로 되고 있다.

선진국간에 1950년에서 1970년까지는 우여곡절을 겪으면서 무역 및 대외투자의 자유화가 일관된 정책기조로 추진되어 왔고 그것은 세계경제발전에 크게 기여하였다. 특히 1960년대는 자유무역의 절정기로 그와 같은 역사적 성과는 우리들의 후생경제학적 가치판단과 그 이론적 분석을 경쟁적으로 지지하고 있다고 풀이된다. 그러나 1970년대와 1980년대에 걸쳐 세계의 자유무역은 보호무역에 오염되어 회색지대(gray zone)에 들어가게 되었다.

2. 유치산업보호론의 평가

무역정책에 있어 정부의 관세부과에 의한 자유무역에 대한 적극적 간섭이 정당화되는 경우로서 유치산업보호론과 최적관세론이 있다. 그 두 논의에는 많은 상위점이 있으나 이론적으로 유치산업보호론은 자국만이 아니고 세계 전체에 대한 자원의 최적배분달성이라는 세계주의적 입장(cosmopolitanism)에서 후생증가의 가능성이 강조되고 있다. 그와는 대조적으로 최적관세론은 자국이 독점적 지위를 이용해서 오로지 타국의 희생하에 자국의 이익을 추가한다는 민족주의적 입장(nationalism)에서 유치산업의 보호정책과 결정적으로 차이가 난다.

국제적으로 상호 의존관계가 긴밀하게 되어감으로써 의도적으로 타국의 희생에 의해서 자국의 이익을 도모하는 최적관세정책은 역사적으로나 실질적으로 그다지 큰 의의를 갖고 있지 못함은 분명하다. 그럼에도 불구하고 최적관세에 대해서는 주로 후생경제학 입장에서 상세한 이론분석이 이루어지고 있다. 그와 반대로 유치산업에 대해서는 역사적으로나 실질적으로 그 중요성에도 불구하고 이론적 및 실질적 검토가 만족하게 이루어지고 있다고 보기는 어렵다. 예컨대, 현재 후생경제학의 표준저서인 Graaf의 저서에서도 최적관세에 대해서는 상세히 논술하고 있으나 유치산업에 대해서는 “보호를 위한 유치산업론은 국내생산에 있어 외부경제의 존재, 특히 시간을 통해서 작용하는 것에 기초하고 있다”라고 몇 줄 정도 언급하고 있을 뿐이다.[3)] 그 점은 Samuelson의 대표적인 교과서인 Economics에서도 유치산업보호에 대한 관세논의가 ‘신흥경제론’과 합쳐서 1면 정도 서술하고 있을 뿐이다.[4)]

여기에서는 유치산업보호론이 무역정책에서 점하는 실천적 의의를 고전파이론

3) Graaf, J. V., *Theoretical Welfare Economics*, London : Cambridge University Press, 1957, ch.9. Foreign Trade.

4) Samuelson, P. A., *Economics*, 11th. ed., NewYork : McGraw-Hill, 1980.

을 중심으로 살펴본다. 그를 위해서 Mill-Bastable에서부터 Meade-Kemp 및 근년의 Johnson에 이르기까지 경제적 근거에 기초한 유치산업보호론의 내용을 살펴보고 그 문제점도 검토해 본다.

Mill에서 시작된 고전파 유치산업보호론에서 보호정당화의 경제적 근거로 국민경제의 기초가 되는 경제여건(생산함수, 자본, 노동, 경제자원, 지적자원 등 생산자원의 부존상황의 특징을 나타냄)이 시간함수로 구조적으로 변화하는 것을 강조한다. 일국의 현재 경제여건은 특정산업의 입장에서 불리해도 생산활동을 개시하여 계속적으로 조업규모를 확대하면 시간의 경과와 함께 장래시점에서 당해산업이 국제적 관점에서 유리하게 되도록 질적으로 변화한다. 현재 국제적으로 비교우위를 갖지 못한 유치산업을 장래의 일정시점까지 자유무역을 제한하여 보호하면 보호기간의 경과와 함께 경제여건의 불비가 극복되고 비교우위산업으로 육성된다. 그러나 그 유망유치산업은 보호기간의 사회적 비용을 초과하는 사회적 이익을 장래 산출하는 산업으로 육성하는 것이 기본전제가 된다.

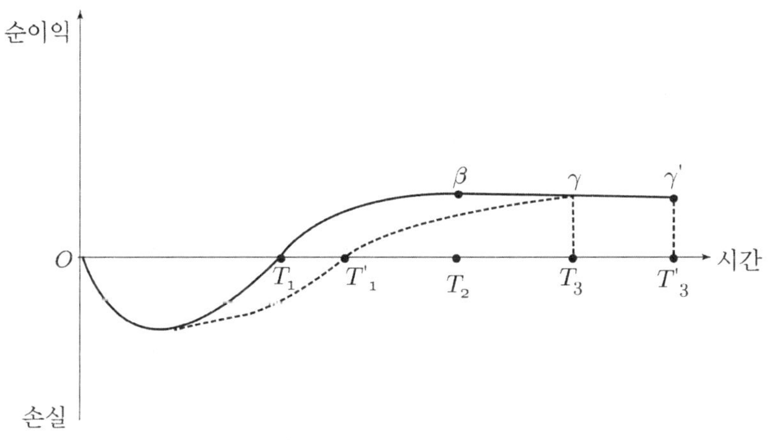

[그림 12-1] 유치산업의 사회적 순이익곡선

이상의 유치산업보호론을 단순화해서 [그림 12-1]을 이용해서 설명할 수 있다. 그림에서 횡축은 시간을 표시하고, 종축은 특정산업의 매기의 순이익을 나타낸다. 출발시점 T_0에서부터 일정기간 그 산업은 손실(부의 순이익)을 입게 되나 일정시점 T_1에 도달하면 순이익은 영으로 되고 그 채산시점 이후는 자립이 가능하게 된다. 그 후 시간의 경과와 함께 그 특정산업은 순조롭게 발전되고 순이익은 매기 계속 체증되고 T_2시점 이후에는 그 산업의 정상이윤은 국내 다른 산업에 필적하는 수준에 도달하게 된다. 유치산업이 자립 가능한 시점 T_1을 Mill은 시험(Test)합격점이라고 보고 그 기간을 자립가능보호기간이라고 부른다. Mill- Test에서는 유치산업보호에 있어서 자립가능시한 T_1(또는 T_2)은 유한하다고 하는 확실성이 필수조건으로 지적되고 있다.[5)]

그러나 Bastable이 적절히 지적한 바와 같이 자립 가능한 유치산업은 보호기간의 사회적 비용(곡선 $T_0\alpha T_1$과 시간 축으로 둘러싸인 면적으로 표시)을 초과하는 사회적 이익을 자유무역개시 후 산출한다는 보장이 있지 않으면 안 된다. 그 산업이 순수이익곡선 $T_1\beta\gamma$를 따라 생산활동을 계속하는 경우 보호비용을 초과하는 사회적 이익(곡선 $T_1\beta\gamma$와 시간 축으로 둘러싸인 면적으로 표시)을 나타내는 시점 T_3가 확실히 보장되면 유치산업의 육성은 유효하다고 간주한다. 그 기한 T_3는 Bastable-Test에 합격한다는 의미에서 Bastable의 유효육성기한이라고 부른다.

물론 시점 T_1까지의 산업의 손실액은 관세부과에 의한 보호결과 그 전액이 보상된다. 따라서 시점 T_1 이후 기간에는 보호관세가 철폐되어 자유무역이 이루어지지 않으면 안 된다.

이와 같이 고전파 유치산업보호론은 Mill, Bastable을 비롯해서 Marshall, Tausig 등 신고전파의 자유무역옹호론자에서도 어디까지나 자유무역의 일반원칙에 대한 예외로서 인정되었을 뿐이다. Mill-Bastable의 이론은 Meade에 이어 Kemp에 의해서 도전받게 되었다. 만약 Mill-Bastable Test에 합격한다는 확실한 보장이 제시되면 그와 같은 유리한 투자기회는 사적 기업에 의해서 한계점까지 개발될 뿐이고 보호가 요구되는 당초의 손실은 그와 같은 투자의 초기 지출에 상당하고 그것은 일정기한(Bastable의 유효육성기한)의 순이익의 총화에 의해서 충분히 보상되고 더 한층 정의 이윤을 산출하는 것이 가능하다. 따라서 관세를 포함한 정부의 보호정책은 전혀 불필요한 것이 된다. 실제로 장래 기대순이익의 현재 할인가치를 최대로 하는 것이 사적 기업에 의한 투자행동의 기본원칙이 되기 때문이다. 그와 같은 산업발전이 시장에서 자동적으로 성립되지 않는다면 그것은 다음 세 가지 요인의 어느 하나 때문인 것으로 볼 수 있다. 즉, ① 시장기구의 경쟁원리를 실현시키는 기업가정신(entrepreneurship)의 결여, ② 장기투자가 합리적으로 용이하게 이루어지지 못하는 자본시장의 미발달, ③ 장기투자의 동태과정에서 외부경제의 효과가

5) Mill, J. S., *Principles of Political Economy*, ed. by Ashley, W. J.,(1st.ed. 1848), London : Longman, Green and Co., 1909.

현저한 결과로 사적 기대수익률이 사회적 기대수익률에 비해서 훨씬 낮은 경우이다.

그러나 Meade, Kemp를 비롯해서 많은 경제학자들이 지적한 바와 같이 ① 및 ②의 사항은 자유무역에의 간섭을 정당화하는 이유로 될 수 없다. 실제로 ① 및 ②의 경우에는 자유롭게 시장기구를 운용하기 위한 유효한 정책이 우선 요구된다. 그를 위해서는 경쟁촉진정책, 국내자본 및 신용시장의 충실화, 외국의 직접투자 이용을 포함한 다수의 정책수단에 의해서 휴면상태에 있는 잠재적 국내자원이용을 활성화시키고 유효하게 이용하는 것이 중요하다. 그 경우 보호무역은 유치기업, 유치노동 또는 유치시장의 육성에 거의 기여하지 못하고 오히려 반대로 온실효과(green house effect)를 영속화시키는 경우가 많다. ③의 동학적 외부경제는 전형적으로 신흥국에서 산업을 신규로 개발하는 경우 투자 및 생산에 실제 참가하는 경영자 또는 노동자가 새로운 생산과정에서 시간의 경과와 함께 기술, 숙련, 기능, 지식 등 인적 자본을 서서히 축적시킴에 따라 자주 발생된다.

그와 같은 인적 자본의 투자가 기업측면에서 의도적으로(예컨대 기업 내 교육투자의 형태로) 행하여지는 경우에는 그 인적 투자수익의 대가를 직접 회수하든가 또는 임금이나 급여 등의 확보에 의해서 외부경제효과는 충분히 내부화된다. 그러나 동학적 외부경제효과가 적절하게 금액환산으로 합리적으로 내부화하는 것이 곤란하다.

이 상황을 [그림12-1]에 의해서 설명해본다. 이제 그 산업의 순이익곡선 $T_0\alpha T_1\beta\gamma$를 새로운 사회적 순이익곡선으로 보고 거기에서 각 기업 전체가 내부화할 수 없는 외부경제효과의 금액표시분을 공제하고, 사적 순이익곡선이 이론적으로 산출된다고 가정한다. 그 사적 순이익곡선은 $T_0\alpha\delta T^*_{1\gamma}$의 점선으로 표시된다. 따라서 예컨대 시점 T_1에서 사회적 관점에서 경상순이익은 영이나 사적 기업전체로서는 내부화되지 않은 외부경제효과 금액표시로 δT_1(수직거리)으로 되기 때문에 여전히 자립이 불가능하다. 그림에서 사회적 관점에서 자립가능시점은 T_1으로 표시된다. 또한 사회적 순이익곡선과 사적 곡선과의 수직차로 표시되는 외부경제효과는 전형적으로 노동자의 학습곡선으로서 최초에는 체증하고 일정기간이 경과하면 서서히 체감되고 최후에는 그와 같은 효과가 영으로 되는 것을 상정하고 있다.

동학적 외부경제조치가 명백히 인식되는 경우에는 사적 투자의 기본원리를 사적 순이익곡선($T_0\alpha\delta T_1^*\gamma\gamma^*$)에 적용할 수 있는데, 시점 T_3^*에서 사적 투자비용의 손실($T_0\alpha\delta T_1^*$와 시간 축으로 둘러싸인 면적)을 바로 커버하는 총이윤($T_1^*\gamma\gamma^* T_3^*$와 시간 축으로 둘러싸인 면적)을 얻는 것이 가능하기 때문에 그 산업은 정부 개입 없이도 시장에서 활동개시 가능성이 충분하다. 그러나 사회적 곡선 $\alpha T_1\beta\gamma$와 사적 곡선 $\alpha\delta T_1^*\gamma$로 둘러싸인 부분의 면적에 상당하는 외부경제효과는 그 산업의 최적 투자규모결정의 계산에서 제외되기 때문에 그와 같은 사적 시장의 투자결정이 사회적 최적(Pareto 최적)을 보장하지 않는 것은 분명하다. 보다 정확히 말하면 잠재적 시장이 활성화되지 않는 한 위에서 설명한 ① 및 ②의 이유에서 차선책이 요구되기 때문에 동학적 외부성에 의해서 생기는 차선의 세계라고 할 수 있다. 그 경우에는 정학적 외부성의 경우와 마찬가지로 일반적으로 시장의 실패가 발생한다.

Meade-Kemp의 유치산업보호론의 핵심은 차선책으로서 그와 같은 동학적 외부성에 의한 자원배분의 왜곡(구체적으로 불충분한 산업투자)을 보호관세에 의해서 시정하는 것이다. 다만, Meade와 Kemp가 적절히 지적한 바와 같이 그와 같은 동학적 외부경제효과를 시정하는 수단으로서 보호관세가 최적이라는 보장은 없고 동학적 외부경제를 창출하는 것이 기대되는 산업에 직접보조금(또는 직접적인 기업노동자에 대한 교육, 기술지도, 연구실험, 파이롯트계획 등의 지원)을 지원하는 것이 바람직하다는 것이 경제학자들의 일치된 견해이다.

Johnson에 의하면 기업의 투자 및 생산활동이 결합생산물(또는 부산물)로 새로운 지식을 산출하는 경우 그 신지식이 특정기업에 체화된 특정지식과 다른 기업에 의해서 특정 경제주체에 체화되지 않은 일반지식과는 구별하는 것이 필요하다고 지적하였다. 새로운 기업활동의 생산과정에서 산출된 신지식이 전자의 경우에는 보통 사유재의 성격을 갖고 사적 전유물로서 배타적 이용이 가능하다. 그에 대해서 후자의 경우에는 신지식이 그와 같은 사적 전유물로 이용되는 것이 쉽지 않고 보통 공공재로서 고유의 성질을 갖는다. 따라서 공공재에 있어서도 신지식은 사적 전유물로 되는 것은 불가능하고 그 편익은 사회전체로서 균등 이용되는 것이 가능하다.

한편, Haberler는 일찍이 투자가는 투자의 과실을 전부 자기 것으로 할 자신도 없다고 말하고 기능을 가진 노동자가 다른 경쟁자의 좋은 조건에 의해 유인되면 모처럼 육성된 과실은 투자가의 몫이 되지 못한다. 그것은 노동이라는 기업가에 의해서 사적 전유물로 되지 않는 생산요소의 질적 개선이 이루어지는 한 예이다.

그와 같은 생산요소의 질적 개선은 기업가의 투자계산에는 포함되지 않는다. Haberler는 그것을 외부경제로 보고 더욱이 노동의 질의 개선은 일반적으로 보호관세에 의해 수입품의 국내생산과 동시에 행하는 결과 기업의 기술진보가 생산가능곡선을 확대시키는 경우를 도식적으로 설명하고 있다.

다만, Haberler는 보호관세가 항상 외부경제를 가져오지 않는 한 외부불경제를 가져올 가능성도 있다고 보았으나 어느 쪽이 가능성이 더 높은가에 대해서는 언급하지 않고 있다. 실제로 Mill, Marshall, Tausig으로부터 Pigou, Viner 등 유수 경제학자가 유치산업보호론은 인정하나 실증연구를 행한 Marshall과 Tausig 등은 그 이론의 적용범위, 특히 합리적 적용의 기초에 대해서는 회의적인 것으로 Haberler는 지적하고 있다.

3. 유치산업보호론의 문제점

종래의 유치산업보호론은 어떠한 조건이 충족되는 경우에 일 국내에서 특정 산업의 보호 · 육성이 정당화되는가 하는 관점에서부터 그와 같은 정당화를 위한 조건을 충족시키는 가능한 경우를 구명하는 데 주력하였다. 따라서 유치산업보호론은 후생경제학적 명제가 있음에도 불구하고 일반적 명제의 형태로 명시적으로 서술되었다. 확실히 Bastable이 유치산업보호론에 대한 검토의 결론으로 지적한 바와 같이 산업보호에 대한 정당한 근거는 어디까지나 관념적인 것이고, 적절한 보호정책의 실용례로 될 수 없는 것인지도 모른다. 그러나 현실의 무역정책에서 점하는 유치산업보호론의 실전적 중요성을 생각할 때보다 일반적 관점에서 그 문제를 정식화하는 것이 의의가 있을 것이다. 종래의 유치산업보호론을 검토하는 데는 다음과 같은 세 가지 구성요건을 갖고 있음을 알 수 있다.

첫째, 일국의 정부가 어떠한 정책수단을 취하는가를 불문하고 자유무역에 간섭하여 국내의 특정산업을 보호 · 육성하는 것이다. 여기에서 그 산업의 국내생산을 보호한다는 것이 중요하다(이것을 조건 A라고 함).

둘째, 산업의 보호육성기간은 아무리 장기이더라도 유한하다는 것이 전제된다. 여기에서 산업의 유치성은 한시적 보호에 의해서 확실히 극복되고, 국제시장에서의 경쟁력을 갖춘 산업으로 성장하는 것이 필수조건이다(이것은 조건 B라고 함).

셋째, 그와 같은 산업육성을 위한 정부의 간섭정책은 자유무역 하에서 자원배분과 비교해서 어떠한 사회적 평가기준에 비추어 보아도 후생상 우위에 있는 자원배분을 가져온다. 전형적으로 정부에 의한 유치산업보호는 파레토최적의 자본배분 향상을 가져오는 것이 필수불가결한 조건이다(이것을 조건 C라고 함).

따라서 특정의 경우(이것은 조건 S로 표시함)의 유치산업보호론은 본래 다음과 같은 명제로 설명된다. 즉, "만약 S가 두 개의 조건 A 및 B를 충족시킨다면 조건 C도 충족하게 된다." 이것은 S조건의 경우 유치산업보호론의 명제라고 할 수 있다. 특정한 경우로서, 예컨대 고전적 Mill-Bastable의 사례를 S조건에 대입시킬 때 그 명제가 성립되지 않음은 이미 보았다. 조건 A 및 조건 C에 있어서 정부의 보호정책수단(예컨대, 관세형태)을 명시적으로 나타내면 그 명제는 보다 실천적 의의를 갖게 된다.

후생경제학의 이론적 관점에서는 조건 C에 있어서 파레토개선보다도 강한 조건으로 파레토최적을 요구한 반면 Meade-Kemp와 Johnson의 사례에서 수입관세 형태의 보호정책의 경우 위의 유치산업보호 명제가 성립되지 않음도 이미 보았다. 일국의 유치산업보호의 경제적 근거는 세계 전체의 자원의 효율성을 제고시키는 것이라고 명시적으로 강조하는 사람이 많다. 실제 파레토의 개선조건은 단지 일국의 입장에서만이 아니고 세계 전체의 관점에서 보아도 적절하다. 그러나 그 이론적 입장에도 다음과 같은 몇 가지 점에서 정책적용면의 곤란이 있음을 부인할 수 없다.

① 세계 전체를 하나의 정치·경제단위로 평가하는 경우 특정산업 또는 그 생산물이 어디에서 생산되는가 하는 생산체제의 국적은 무의미하게 된다. 미국이나 독일과 같은 연방제국가에서 각 지역에 관세, 기타 보호조치에 의해서 시장가격을 왜곡시켜 특정지역의 유치산업을 보호하는 것이 어느 정도 국민경제적 의의가 있는 것인가. 따라서 세계경제에 있어 정치적 단위를 무시해 버리면 종래의 유치산업보호론에서 조건 A, 즉 국내산업생산의 보호육성이라는 요건은 무의미하게 된다. 실제로 생산요소의 이동이 완전히 자유화되는 경우(공동시장의 경우)에도 유치산업보호의 어떤 근거를 발견하는 것은 어렵다.

특정지역의 유치산업보호는 자원배분보다는 소득분배의 관점에서 고려되는 경우가 많다. 공동시장의 단계가 되어 자본 및 경영자원의 이동이 완전히 자유롭게 이루어지는 세계에서는, 특히 공산품에 대한 산업이 특정지역(국가)이 다른 지역(국가)보다 비교우위의 외부효과를 창출하고, 생산기술면에서 사회적 유리성을 가져오는 것을 기대하는 것은 아마도 임기응변적이라고 할 수 있을 것이다. 더욱이 다국적기업이 생산자원의 부존상황을 일국의 정치적 영역에서 해방시키는 것은 의의가 크다. 특히 그것은 세계적 자원배분의 효율성이라는 관점에서 보면 더욱 의의가 크다.

② 그와 같은 특정산업에 있어서 기술혁신은 자본주의 경제의 경우 부단히 이루어지는 것이고 정책당국의 계획적인 보호・육성이 자유경쟁시장의 인센티브보다 우위의 효과를 가져온다는 연역적 이유는 되지 못한다.

유치산업보호가 세계주의적 관점에서 이루어지는 것은 바람직하더라도 동학적 경제여건에서 특정 기초산업에 대한 기술혁신의 일시적 보호를 요구하는 근거가 결여된다. 따라서 일시적 보호가(특히, 연구투자지원 등에 의해서) 특정지역의 산업이 기술혁신을 가져온다는 이론적 타당성을 부정하지는 않으나 지리적 요인의 경우와 마찬가지로 시간적 요인에 대해서도 그 가능성을 인정하는 것이라 말할 수는 없다. 그런 의미에서 종래의 유치산업보호론(조건 B), 즉 한시적 보호가 특정지역(국가)의 산업능률을 확실히 향상시킨다는 조건도 세계주의적 관점에서는 의의를 상실할 가능성이 크다.

③ 잠재적 파레토개선의 가능성을 적극적으로 개발하여 파레토최적을 실현하는 것에서 유치산업보호론의 경제적 근거를 구하는 것은 일국의 시장실패에 대해서 정부가 시장개입으로 파레토최적의 자원배분을 실현하는 것과 동일한 가치가 있다. 그러나 국제적 관점에서 시장실패에 대한 정부개입을 적용하는 경우 국내적 경우와 다른 정치적인 많은 어려움이 따르게 된다. 그 하나는 외부성의 인지가능성 문제이다. 도대체 누가 어떤 자격과 능력으로 그와 같은 외부성의 존재를 사전에 인지하고 그 시정책으로 보호정책수단을 선택하고, 또한 그 보호정책수단이 성공한다고 보장할 수 있을 것인가. 중요한 문제는 그와 같은 동학적 외부성에 관련된 인지, 수난선택, 효과가 확실히 사전에 인지되지 않으면 안 된다는 것이다. 그 경우 선진국의 사례가 사후적으로 참고가 된다는 보장도 없다. 또한 현재의 정치구조에서 그와 같은 문제를 결정하는 공공기관이나 실천적 주체도 존재하지 않음도 분명하다.

일국의 경우에는 민주주의 정치제도 하에서 입법 및 행정당국에 의해서 그와 같은 사전적 정책이 결정되고 그에 대한 국민의 승인이 전제로 된다. 그 경우 주의를 요하는 것은 시장실패의 개선을 시도하는 정책당국이 파레토개선에 항상 성공한다는 보장은 없다는 점이다. 오히려 관료현명론의 폐해로 정부실패(Government failure)의 가능성을 부인할 수 없고, 그것은 자유무역과 보호무역의 역사적 경험에 비추어 볼 때 정부실패가 시장실패를 능가하고 있는 것은 아닌가. 그 사실은 국제적 공공기관이 존재하지 않는 현실정치구조하에서 더욱 타당하다고 말할 수 있을 것이다. 그와 같은 관점에서 보면 종래의 유치산업보호론에서(조건 C), 즉 공적 개입은 파레토개선의 자원배분을 가져온다는 요건도 세계주의적 측면에서는 이론적으로나 실천적으로 기대할 수 없는 것이라고 볼 수 있다.

④ 종래의 유치산업보론은 주로 소국의 가정에 기초해서 이루어졌다. 따라서 어느 소국의 유치산업이 세계의 성숙산업과 동일수준이 되어도 그 영향은 무시할 수 있는 것으로 암묵적으로 전제되어 있다. 그러나 유치산업이 단순히 수입대체산업에 머무르지 않고 국제경쟁시장에서 비교우위지위를 획득해서 수출산업으로 육성·발전되는 경우, 그것이 세계무역에 대한 영향을 무시하는 것은 비현실적인 것이다. 실제로 최근 일본과 아시아, 중남미의 신흥 공업국은 섬유, 조선, 철강, 전자, 자동차 등의 산업분야에서 구미 선진제국의 국제경쟁력을 압도하고 있기 때문에 선진제국은 국내산업의 구조조정이라는 심각한 문제를 야기시키고 있다. 일반적으로 후발공업국이 선발공업국과의 기술낙후를 만회할 경우 기술진보가 급속한 산업에 있어서 후발국의 성숙단계에서 선진국의 성숙산업의 기술적 우위성을 능가할 가능성이 높다.

⑤ 종래의 유치산업보호론에서는 한시보호의 기간이 그렇게 길지 않고, 따라서 보호기간에 보호이익을 향유하는 사람들의 효용함수는 불변이라고 전제하고 있다. 그러나 보호기간이 10년을 넘는 장기의 경우에는(그 경우가 많음) 보호비용을 부담하는 현재 세대와 이익을 향유하게 되는 장래세대간에 불공평이 생길 가능성을 도외시할 수 없다.

실제로 그와 같은 평가의 주체가 대폭 변하는 경우 파레토 최적기준은 이 시점의 자원배분에 그대로 적용하는 것은 적절하지 못하다. 현재 세대는 장래세대 대신에 자원배분, 소득배분 등을 평가하는 것이 가능하다. 그 반대의 경우는 시간의 불가역성 때문에 불가능하다. 그런 의미에서 이 시점에 걸친 평가에 어떤 영속적 주체를 가정하는 것은 자연스럽고 보통 국가가 그와 같은 입장을 대표하는 것이 전제되어야 한다.

12.2 전통적 산업정책옹호론

한 국가는 어떻게 경제성장을 가속화시키는 것이 가능한가. 그 하나의 가능성은 정부가 산업정책을 실시하고 장래 경제성장에 중요하다고 판단하는 산업부문에 자원을 투입하는 것이다. 본 절에서는 선진국의 산업정책의 유리성과 산업정책의 적절한 형태에 관한 논의를 엄밀한 경제 분석에 기초하지 않은 전통적인 산업정책을 중심으로 검토한다. 그리고 다음 절에서 경제분석에 기초한 선진국의 산업정책의 경험을 살펴본다.

산업정책은 정부가 장래 경제성장에 중요하다고 판단하는 특정 산업부문에 자원투입을 추진하는 정책이다. 그것은 다른 산업부문에서의 자원유출을 의미하는 것으로, 산업정책은 다른 산업부문의 희생에 의해서 국내경제의 어느 특정부문을 지원하게 된다. 따라서 그와 같은 산업정책의 정당성은 어떻게 다른 부문의 희생에 의해서 추진되는 부문을 선별하는가 하는 선택기준에 좌우된다. 정부가 어느 산업부문을 지원하는가 하는 문제와 어느 산업부문이 성장되는가 하는 문제를 혼동하지 않는 것이 중요하다. 시장경제에서는 자연스러운 시장기능에 의해서 어느 산업부문은 성장하고 또 어떤 산업부문은 쇠퇴하게 된다.

유효한 산업정책을 수립하는데 정부는 장래의 산업을 결정하는 이상의 그 무엇을 하지 않으면 안 된다. 정부는 어느 산업이 시장메카니즘에 위임하였을 때보다도 더욱 급속하게 확대 또는 축소되는가 하는 보다 곤란한 질문에 응답하지 않으면 안 된다. 예컨대 외국의 비교우위는 철강이니 자동차와 같은 전통적인 굴뚝산업으로부터 컴퓨터와 생명공학과 같은 새로운 하이테크분야로 이전되고 있다고 볼 수 있다. 그러나 그 관찰결과는 노동이나 투자는 시장인센티브에 의해 새로운 분야로 이동되는데 정부가 자원을 적극적으로 새로운 분야로의 이동을 촉진시키는 것은 시사하지는 않는다. 자원이동을 촉진시키는 적극적인 정부계획을 정당화시키기 위해서는 어떠한 이유로 자원이동이 지체되는가를 구명하지 않으면 안 된다. 즉, 시장실패에 대한 정부개입의 정당화가 필요하다.

현재 성행하고 있는 산업정책옹호론은 보통 시장실패라고 하는 형태에 의존되는 것만은 아니다. 그 대신 그 논의는 정부의 지원이 바람직한 산업을 발견하는 실행 가능한 기준을 나타내준다. 특히 미국의 경우 산업정책을 지지하는 사람들은 미국정부는 ① 노동자 1인당 성장가능성이 있는 산업, ② 다른 산업에 연간효과가 큰 산업, ③ 장래에 성장가능성이 있는 산업, ④ 외국정부의 산업정책대상이 되고 있는 산업의 성장을 지원하는 것이어야 한다고 주장한다. 표면적으로 그와 같은 주장은 타당한 것같이 보이나 엄밀한 분석을 하면 그 논의는 결함을 갖고 있음을 알 수 있다. 위의 산업정책의 옹호논의들에 대해서 좀 더 구체적으로 살펴본다.

1. 고부가가치산업의 육성

어느 산업의 부가가치는 그 산업의 생산물가치와 다른 산업으로부터 구입한 투입물가치의 차이다. 전체 산업의 부가가치 총계가 일국의 국민소득이 된다. 1인당 부가가치는 산업에 따라 크게 상이하다. 많은 논평가들은 일국은 생산구조가 노동자 1인당 부가가치가 높은 산업으로의 전환을 통해서 국민소득의 증가가 가능하다고 설명한다. 그 논의의 문제점은 왜 어느 산업부문이 다른 산업부문보다 노동자 1인당 부가가치가 높은가를 검토하지 않는 데 있다. 논평가들은 고부가가치산업이 저부가가치산업에 비해서 보다 높은 임금을 지불하고, 또는 보다 높은 이윤을 산출하지 않으면 안 된다고 생각하고 있다. 그렇다고 하면 노동과 자본은 정부의 특별한 지원 없이도 고부가가치 부문으로 이동하는 인센티브를 갖게 된다. 실제로 노동자 1인당 부가가치가 높다는 것은 일반적으로 노동자 1인당 중간투입물이 많다는 것을 반영한다. 고부가가치부문은 대부분 석유화학과 같은 자본집약적 산업이다. 그와 같은 산업은 노동자 1인당 부가가치는 매우 높은 자본비용으로 조달되고 노동임금 또는 이윤율은 다른 산업에 비해서 현저히 상이하다는 이유는 되지 못한다. 한편 고부가가치는 고수준의 훈련이나 기술과 같은 고도의 인적자본을 반영하는 경우도 있다.

여기에서 고부가가치부문은 노동자 1인당의 자본투입량이 큰 부문이라고 가정한다. 그 경우에는 어느 국가가 그와 같은 산업부문을 확대시킴으로써 국민소득을 증대시키는 것이 가능하다. 만약 어느 국가가 그와 같은 자본축적을 이루었다면 그 국가는 보다 풍요하게 되는 동시에 생산구조를 노동집약적 부문에서 자본집약적 부문으로 전환시키게 된다. 그러나 그 전환은 자연스러운 시장메카니즘에 의해 달성되는 것으로 어떤 특별한 정책을 필요로 하지 않는다. 정부는 저축과 투자를 촉진시킴으로써 자본축적을 하고 그 결과 생산구조를 자본재부문으로 자동적으로 변화시킬 수 있을지도 모른다. 그러나 저축을 장려하는 것이 산업정책은 아니다. 산업정책은 주어진 자본조건하에서 자본집약적 산업의 성장을 보조금 등을 제공함으로써 의도적으로 촉진시킨다. 그와 같은 산업정책은 국가의 후생을 향상시키게 되는가.

시장실패를 개선하지 않으면 그와 같은 정책은 국가후생을 향상시키지 못할 것이다. 시장실패가 존재하지 않으면 당초의 자원배분은 이미 최적수준이 달성되고 정부에 의한 자원의 재배분의 효율을 향상시키지 못한다.

만약 어느 국가가 자본집약산업에 보조금을 제공한다면 어떤 일이 발생되는가. 다른 조건이 일정하다면 자본 1단위당 노동자수는 노동집약부문에 비해서 자본집약부문이 적다. 따라서 그 경제의 자본집약부문으로의 자본이동은 처음에는 고용을 감소시킬 것이다. 또한 노동임금의 상대적 저하는 자본을 노동으로 대체・촉진시킴으로써 실업은 결국 해소될 수 있을 것인가. 최초에 발생되는 실업의 증가는 산업정책의 기대되는 효과는 아니다.

2. 유망산업의 지원

산업정책의 논의에서 반복되어 제시되는 문제는 다른 산업과의 연관효과와 장래의 성장가능성이 있는 산업에 특별히 지원해야 한다는 견해이다. 먼저 산업의 연관효과문제를 살펴본다. 그 견해는 중간재를 생산하는 산업의 확대는 그 산업이 생산하는 재화를 사용하는 관련 산업의 성장을 통해서 경제효과를 승수적으로 확대시킬 수 있다는 논리에 근거하고 있다. 예컨대 일국의 철강 산업의 투자에 대한 보조금은 저가격의 철강공급을 가능케 함으로써 조선과 자동차산업과 같은 철강을 사용하는 모든 관련 산업의 발전을 촉진시키게 된다. 산업산 연관효과에 기초한 논의는 다수의 산업부문에 사용 가능한 중간재생산이 가계에 만족을 주는 소비재생산에 비해서 보다 중요한 경제활동이라고 생각하는 데 근거하고 있다. 즉, 철강이나 반도체의 생산자는 완구나 칫솔의 생산자보다 무엇인가 중요한 일을 하고 있다고 하는 사고방식을 버리기는 어렵다.

그러나 그런 경우에도 시장실패가 존재하지 않으면 중간재생산에 대한 자원배분이 과소하게 행해진다고 예상하는 것은 근거가 없다. 경제학의 기본명제의 하나는 경쟁시장에서는 어떤 투입물이라도 그 수입은 한계생산물의 가치와 동일하게 된다는 원리이다. 따라서 한계개념으로 보면 1달러의 가치를 갖는 자본서비스는 그것이 투입된 산업이 철강, 자동차, 조선 또는 다른 어떤 산업이라도 그 부문의 생산에 1달러의 가치를 부가한다. 도한 철강에 있어서 1달러의 가치는 다른 어떤 재화의 가치에 있어서도 1달러의 가치가 된다.

산업간 연관효과에 기초한 이론은 정부는 민간시장에 의해서 초래되는 것보다도 많은 투자를 자동차나 조선에 비해서 철강에 투입한다는 것이다. 그와 같은 정책은 국민소득을 증가시키는가. 시장실패가 없다면 국민소득은 증가되지 않을 것이다. 1달러의 자본서비스를 자동차로부터 철강으로 이동시킨다면 자동차의 가치는 1달러 미만이 되나, 철강의 가치는 1달러 이상이 된다. 추가적으로 생산된 철강은 자동차의 생산을 본래 수준까지 증가시키나 그 이상 수준을 초과하지 않는다. 즉, 최초의 자원배분은 최적이고 더 이상 자원배분을 향상시킬 수 없다는 사실만을 확인시켜 줄뿐이다.

다음 논의는 산업정책은 장래의 성장가능성이 높은 산업에 자원을 배분시키기 위한 목적이 있다는 것이다. 기술혁신, 수요패턴의 변화, 비교우위의 변화 등이 산업의 성장률에 영향을 미치는 것은 의문의 여지가 없다. 그리고 자주 어느 산업이 가장 급속한 발전을 하는가를 예측하는 것은 가능하다. 정부는 승자의 선택을 행하고 노동과 자본을 가장 성장가능성이 높은 산업부문에 이동을 촉진시킬 수 있는가. 그와 같은 경우에도 대답은 정상기능을 하고 있는 시장은 정부의 그와 같은 역할을 필요로 하지 않는다는 것이다. 투자기업과 출세를 목표로 하는 노동자는 이미 유망산업을 선택한다. 만약 정부가 민간보다 승자를 선택하는 데 우월하다면 정부는 시장에 위임하는 경우보다 더 좋은 결과를 산출할 수 있을 것이다. 바꾸어 말하면 만약 모든 사람이 어느 산업이 급속한 성장을 하는가를 알고 있다면 자본 및 노동은 정부의 특별한 지원 없이도 그와 같은 산업부문으로 이동하게 된다는 것이다. 시장실패가 존재하지 않는다면 그와 같은 산업부문으로의 자원이동을 위한 추가적 유인을 주는데 실패하고 자원이동은 과대하게 된다.

정부가 항상 성장부문을 지원할 수 있다는 논의는 민간부문의 장래 성장 가능성을 과소평가하는 것과 마찬가지다. 그 논의는 유치산업보호론과 유사한 것이다. 유치산업보호론은 그 논의를 정당화시키는 시장실패의 존재를 명확하게 하는 근거가 되지 못한다는 강한 비판을 받고 있다. 선진국의 시장은 보다 효율적인 기능을 한다고 간주함으로써 선진국의 경우 그와 같은 비판을 보다 심하게 받고 있다.

3. 타국산업정책에의 대응

전통적 산업정책옹호의 인기 있는 기준으로 방어적 수단으로서의 산업정책에 대한 견해이다. 다른 국가가 어느 산업을 지원함으로써 한 국가의 산업이 위축된다고 가정하자. 그러면 그 국가도 산업지원을 함으로써 그 문제에 대처할 수 있을 것인가. 그 논의의 문제점을 알아보기 위하여 서로 다른 시나리오를 생각해보자.

예컨대, 중국이 섬유제품과 같은 상품생산을 효율적으로 할 수 있게 된 결과 세계시장에서 섬유제품가격이 하락한다고 하자. 한국의 적절한 대응은 어떤 것인가. 그것은 한국이 비교우위의 전환으로 자원을 섬유부문에서 다른 산업부문으로 이전시킴으로써 대응할 수 있을 것이다. 더욱이 섬유제품의 상대 가격 하락은 변화를 촉진하는 원인을 제공함으로써 시장은 그 조정을 자동적으로 행하게 된다. 한국에 어떤 시장실패도 존재하지 않는다면 조정을 정지하든가 또는 조정을 가속화시키는 어떤 특별한 정책은 필요로 하지 않는다.

산업정책의 문제로 되돌아가서 비교우위의 전환 없이 중국이 섬유생산을 지원함으로써 섬유제품의 가격을 인하시킨다고 하자. 그와 같은 경우 한국은 어떠한 대응을 할 것인가. 한국의 입장에서 보면 섬유제품가격이 외국기술의 변화에 의해서 인하되나, 외국보조금에 의해 인하되나 아무런 차이가 없다. 그와 같은 경우에도 한국이 후생을 극대화하기 위해서는 자원을 섬유산업으로부터 다른 산업으로 이전시키는 것이다. 소맥이나 옥수수를 생산하려고 생각하는 농민은 그것의 상대가격을 알기만 하면 충분하고, 그 가격은 자연적 시장메카니즘에 의해서 결정되고, 정부의 가격지지정책에 의해서 결정되는 것은 아니다. 물론 타국이 어느 산업부문을 산업정책의 대상으로 선택하는 것은 그것만으로 정부개입을 필요로 하는 시장실패가 초래된다는 것은 아니다. 방어적 이유에 의한 산업정책옹호론은 어느 부문이 지원 대상으로 되는가에 대한 타국의 판단을 수용하는 것을 의미한다.

이상에서 우리는 전통적 논의에 입각한 산업정책의 기준에 영향을 미치는 요인들을 검토하였다. 그들 기준은 전체로서는 매력적이나 면밀한 경제 분석으로는 많은 문제가 있다. 만약 산업정책을 주장하는 사람들이 그 논의보다도 적절한 논의를 대신할 수 없다면 어떤 이유에서 사려 깊은 사람들은 산업정책을 고려할 수 있는가. 그 물음에 대해서 다음과 같은 대답이 가능하다. 즉, 그 대답은 현실적으로 되는 것이다. 그와 같은 생각은 경제학자들을 납득시킬 수 없을지 모르나 실제의 정책결정에 있어서는 영향력을 갖게 된다. 따라서 현실적으로 산업정책이 어떻게 적용되는가를 검토하는 것이 중요하다.

12.3 현대적 산업정책옹호론

최근 선진국경제를 연구하는 학자는 선진국의 산업정책에 대해서 의미 있고 또한 그 존재가 인정되는 두 종류의 시장실패를 확인한 바 있다. 하나는 선진국의 하이테크산업에 있어서 어느 기업에 의한 발명이 다른 기업에 이익을 제공하나 그 발명에 대한 보수는 회수할 수 없는 경우이다. 다른 하나는 시장집중도가 높은 산업에 독점이윤이 존재하는 경우이다. 이 두 가지 문제를 좀 더 자세히 살펴본다.

1. 기술과 외부성

앞 절에서는 전통적 산업정책의 논의에서 지식에 대한 보수를 회수하는 것이 곤란하기 때문에 발생하는 시장실패의 가능성을 보았다. 만약 어느 산업의 한 기업이 다른 기업에서 비용을 지불하지 않고 사용할 수 있는 기술을 개발하였다면 그 산업은 실제로 그 기업에 아무런 이익을 가져오지 않는 지식의 한계사회편익을 동시에 생산한 것이 된다. 그와 같은 외부성(당해 기업 이외의 기업에 이익을 주는 것)이 중요하다는 것을 입증하는 경우에는 그 산업을 지원하는 정당한 이유가 존재한다. 추상적으로 그 논의는 개도국의 유치산업보호론과 같은 것을 선진국의 성장산업에 적용하는 것이 된다.

그러나 선진국의 경우 지식의 발명이 여러 측면에서 기업의 중요문제로 되는 산업이 존재하는데 그 논의는 특별한 의미를 갖는다. 하이테크산업이라고 부르는 컴퓨터, 전자, 항공 및 우주산업 등이 그 범주에 포함된다. 하이테크산업의 경우 기업은 연구개발투자를 하고 경험을 축적하기 위한 신제품이나 신 공정개발에 대한 초기투자의 손실을 감수하게 되고, 또한 기술개발을 위해서 자원을 투입한다. 물론 그와 같은 활동은 대부분의 기업에서 이루어지는 것으로 하이테크산업과 다른 산업과의 차이는 명확하지 않다. 그러나 그와 같은 산업간 활동수준의 차이는 명백한 것으로 기업활동에 있어 지식투자가 중요한 위치를 점하는 하이테크산업에 대해서 연구하는 것은 의미가 있다.

산업정책에서 중요한 것은 기업은 지식투자에서 생기는 이익의 일부는 회수할 수 있으나 이익 전부를 회수할 수는 없다는 것이다. 그 이익의 일부는 개발기업의 아이디어와 기술을 모방한 다른 기업의 몫이 된다. 예컨대 전자산업에서 경쟁기업이 제조한 상품이 어떻게 기능하고, 또한 어떻게 제조되는가를 이해하기 위하여 그 상품을 해체하는 일은 빈번히 일어난다. 그와 같은 활동을 분해공학(reverse engineering)이라고 부른다. 특허법은 기술 개발자를 충분히 보호하지 못하는데 자유경제에 있어 하이테크기업은 기술을 개발하는 데 충분한 인센티브를 제공하지 못한다.

(1) 정부의 하이테크산업지원

한국정부는 하이테크산업을 지원할 것인가. 그와 같은 보조금이 정당화 될 가능성은 높으나 주의가 필요하다. 특히 적절한 분야를 산업정책의 대상으로 선택하는 정부능력과 계량적 측면의 중요성이라는 두 가지 점에 문제가 발생한다.

하이테크산업은 지식을 창출하므로 추가적 사회편익을 발생시키나 하이테크산업이 행하고 있는 대부분의 활동은 지식을 개발하는 것과 아무런 관계가 없다. 하이테크산업에 있어 자본 또는 비기술자의 고용에 대해 보조금을 제공할 이유는 없다. 한편 기술혁신이나 기술의 다른 부분에의 전파(spill-over)는 하이테크산업이 아니더라도 어느 정도 발생된다. 일반적 기준은 무역정책 및 산업정책의 목표(targeting)는 시장실패가 발생되는 경우에만 적용된다는 것이다. 따라서 기업의 이익을 회수할 수 없는 지식개발에 대해서 보조금을 제공하는 것과 같은 정책을 수행할 수 있다.

그와 같은 지식개발이 행하여진다고 생각되는 일련의 산업에 대한 보조금의 공여는 그 목적을 위해서 바람직한 수단이 된다. 그 대신에 정부는 독점산업과 관계없는 연구개발에 보조금을 공여할 수 있다. 여기시 문제되는 것은 정의의 문제이다. 어떻게 기업이 지식개발을 행하느냐 하는 문제에 대해서 엄밀한 정의가 되지 않으면 안 된다. 누가 종이절단기와 같은 제품의 연구개발에 실제로 공헌하는가. 또는 그것은 보조금을 획득하기 위하여 연구개발부의 예산에 포함시킬 것인가를 결정하는 문제 등이다. 또한 엄밀한 정의를 채택하는 것은 많은 획기적인 발명에 대해서 일반적으로 중요하다고 생각되는 소규모의 비관료적인 조직보다도 대규모로 자원배분이 행해지는 관료적 방법에 의해서 이루어지는 연구를 우대할 위험성도 갖고 있다.

(2) 외부경제의 중요성

하이테크산업의 적절한 보조금수준에 관한 문제는 실증적인 면에서 곤란한 문제로도 대두된다. 하이테크산업을 산업정책의 대상으로 볼 경우 기술의 타부분에의 유출은 정량적으로 어느 정도 중요한 것인가. 최적의 보조금을 10%, 20% 또는 100%중 어느 쪽으로 결정할 것인가. 그 중 어느 것도 좋다는 생각을 갖고 있지 못하다고 하는 것이 정직한 대답일 것이다. 외부경제에 기인하는 이익은 시장가격에 결부되지 않는 외부경제성격을 갖고 있어 외부경제를 측정하는 것이 곤란하다. 예의 하이테크산업에 의해 창출되는 외부경제는 크다는 것을 나타내도, 일국의 입장에서는 그러한 산업을 지원하는 요인은 제한되어 있다.

그 이유는 일국에서 창출된 기술에 대한 이익의 대부분은 실제로는 다른 기업에 의해서 회수되어 버릴지도 모르기 때문이다. 예컨대 벨기에 기업이 제철의 신기술을 개발해도 그 기술을 모방하는 기업의 대부분은 다른 유럽제국이나 미국 또는 일본 등에 존재하게 된다. 세계 각국 정부는 그 기술개발에 대한 보조금을 제공할 기회가 있다고 생각할지 모르나 벨기에 정부는 그렇게 생각하지 않을 수도 있다. 그와 같은 국가수준에서의 기술의 전유권 문제는 미국과 같은 대국이라면 타국에 비해서 그 정도로 심각한 문제가 아닐지 모르나 여전히 중요한 문제로 된다. 많은 비판이 있음에도 불구하고 기술의 타 부문에의 유출논의는 적극적인 산업정책을 학문적 관점에서 지지할 수 있는 최적의 경우이다.

2. 불완전경쟁과 전략적 무역정책

최근 산업정책을 옹호하는 새로운 논의가 이론적 관점에서 주목을 받고 있다. 그것은 미국의 J. Brander와 B. Spencer에 의해서 주창된 이론으로 완전경쟁이 존재하지 않는 경우 정부개입을 정당화하는 시장실패를 다루었다. 그들은 어느 산업에서나 효과적인 경쟁을 하는 경우는 아주 소수 기업에 불과하다고 지적하였다. 실제로 소수 기업밖에 존재하지 않는데도 완전경쟁을 가정하는 것은 타당하지 못하다는 것이다. 특히 그와 같은 상황에서 보통 초과이윤이 존재한다. 즉, 그와 같은 기업은 위험한 투자에 대해서 경제의 다른 부문 기업보다도 더 높은 이익을 얻을 수가 있다. 그와 같은 이익을 누가 획득하느냐에 따라서 국제경쟁이 발생한다. 스펜서와 브랜더는 그와 같은 경우 이론적으로는 정부는 Game rule의 변경에 의해서 그 초과이윤을 외국기업에서 국내기업으로 이전시키는 것이 가능하다는 것을 인식하였다. 가장 단순한 경우는 보조금의 공여로 외국 경쟁기업의 투자 또는 생산을 저지시킴으로써 국내기업이 보조금 이상의 이익을 얻는 것이 가능하다는 것이다. 예컨대, 그 기업이 외국에서만 판매하고 소비자의 영향을 배제시킨다면 외국 기업의 이익을 빼앗는 것은 보조금으로 타국의 희생에 자국의 국민소득을 증대시키는 것을 의미한다.

(1) 브랜더-스펜서 분석의 예시

브랜더-스펜서분석은 서로 다른 국가가 2개의 경쟁관계에 있는 기업을 등장시키는 간단한 예로 설명할 수 있다. 그 2개의 기업은 보잉사와 에어버스사라고 하고 2국은 미국과 유럽이라고 가정한다. 150인승의 항공기를 신제품으로 하고 두 기업은 모두 항공기를 제조하는 능력이 있다고 가정한다. 설명의 단순화를 위해서 각 기업은 150인승의 항공기를 제조할 것인가의 가부를 결정한다고 가정하자. <표 12-1>에서 두 기업의 이윤은 그 기업의 결정 여부에 의존하는 것을 나타내고 있다. 각 행은 보잉사의 결정에 대응한 것이고 각 열은 에어버스사의 결정에 대응한 수치이나 각 난에는 2개의 수치가 기재되어 있고 좌하의 수치는 보잉사의 이익을, 우상의 수치는 에어버스사의 이익을 표시하고 있다. 또한 <표 12-1>의 수치배경에는 다음과 같은 가정이 전제되고 있다.

〈표 12-1〉 보잉사와 에어버스사의 경쟁관계

보잉사 \ 에어버스사	생산함	생산하지 않음
생산함	-5 (보잉) / -5 (에어버스)	100 (보잉) / 0 (에어버스)
생산하지 않음	0 (보잉) / 100 (에어버스)	0 (보잉) / 0 (에어버스)

만약 1개 기업만이 항공기를 생산한다면 두 기업 모두 손실을 입게 된다. 어느 기업이 이익을 얻을 수 있을 것인가. 그것은 어느 기업이 최초로 생산을 개시하느냐와 관계된다. 가령 보잉사가 최초로 에어버스사보다 먼저 150인승의 항공기를 생산한다고 가정하자. 에어버스사의 입장에서는 진입유인이 존재하지 않는다. 그 경우 결과는 <표 12-1>에서 우상과 같이 되고 보잉사는 이익을 얻게 된다. 여기까지가 브랜더-스펜서이론의 요점이다. 그러나 유럽정부는 그 결과를 역전시키는 것이 가능하다. 유럽정부는 기업이 생산에 참여한다면 그 기업에 25의 보조금을 공여한다고 보자. 그 결과는 <표 12-2>에 나타나 있다. 그와 같은 상황에서는 보잉사

가 어떤 행동을 취한다 해도 에어버스사와 경쟁하지 않으면 안 되는데 만약 생산을 결정하는 경우에는 손실을 입게 되는 것을 볼 수 있다.

그리하여 보잉사의 생산참여는 저지된다. 실질적으로 유럽정부의 보조금은 보잉사의 선발기업으로서의 우위성을 상실케 하고 그 우위성을 에어버스사에 넘겨주게 된다. 최종결가는 <표 12-2>의 좌하의 상황으로 나타남으로써 균형이 유지된다. 결국 에어버스사는 유럽정부의 불과 25의 보조금에 의해 0이 아닌 125의 이익을 획득하게 된다. 즉, 보조금은 외국기업이 생산참여를 저지함으로써 보조금 이상의 이익을 가져다준다. 보조금은 보잉사가 아닌 에어버스사에 있어서 최초의 선두주자로서 향유할 수 있는 전략적 우위성을 제공받는 효과를 갖게 된다. 그와 같은 이유로 불완전경쟁을 근거로 한 산업정책옹호론은 자주 전략적 무역정책으로 불리어진다.6)

〈표 12-2〉 유럽의 에어버스사에 대한 보조금효과

보잉사 \ 에어버스사	생산함	생산하지 않음
생산함	20 / -5	0 / 100
생산하지 않음	125 / 0	0 / 0

(2) 브랜더-스펜서 분석의 문제점

앞의 가설적 예는 전략적 무역정책이 정부의 적극적 개입을 옹호하는 설득력 있는 경우를 보여주고 있음을 알 수 있다. 유럽정부에 의한 보조금은 외국경쟁기업의 희생 위에 유럽기업의 이익을 현저히 증대시킨다. 소비자의 이익을 고려하면 그 정책은 유럽 소비자의 효용을 증가시키고 그 반면 미국 소비자의 효용은 감소시킨다. 미국정부는 그 논의를 실천적으로 적용시킬 수는 없는 것인가.

실제로 전략적 관점에서의 무역정책에 대한 정당화는 많은 관심을 진작시켰으나 동시에 많은 비판도 받았다. 비판적인 사람들은 다음과 같이 주장한다. 그 이론을 실제로 적용하는 데는 많은 정보의 입수를 필요로 한다는 것이다. 또한 그와

6) Krugman, P. R. and Obstfeld, M., *International Economics ; Theory and Policy, Scott*, Foresman and Company, 1988, p.271.

같은 정책은 외국의 보복을 촉구하게 된다는 것이다. 무역정책과 산업정책이 밀접하게 연관되어 있는 국내정치구조는 그와 같은 미묘한 정책수단의 적용을 방해한다.

한편, 불충분한 정보문제는 다음 두 가지 측면을 갖고 있다. 첫째는 예의 산업만을 분리해서 다루는 것은 가능하나 어느 정도 신뢰성을 갖고 <표 12-1>의 각 난을 기입하는 것은 어렵다. 만약 정부가 거기에서 실수를 범한다면 보조금정책은 비용이 막대하게 소요되는 과오를 초래할지도 모른다. 그 점을 이해하기 위하여 실제 상황을 <표 12-3>으로 설명해본다. 각 난의 수치는 <표 12-1>에 비해서 그렇게 차이는 없으나 그 차이는 결정적인 결과를 가져온다.

〈표 12-3〉 유럽 및 미국의 두 기업간 경쟁

보잉사 \ 에어버스사	생산함	생산하지 않음
생산함	-20 5	0 125
생산하지 않음	100 0	0 0

<표 12-3>에서 보잉사는 기술면에서 우위성을 갖고 있다고 가정하고 예의 에어버스사가 생산에 참여해도 보잉사는 생산을 계속함으로써 이익을 볼 수 있다고 하자. 그러나 보잉사가 참여하면 에어버스사는 이익을 올릴 수 없게 된다. 보조금이 없는 경우 <표 12-3>에서의 결과는 우상과 같이 된다. 즉, 보잉사는 항공기를 생산하나 에어버스사는 생산을 하지 않게 된다. 그런데 전과 마찬가지로 유럽정부가 25의 보조금을 공여한다고 가장하면 그것은 에어버스사가 생산을 개시하는데 충분한 인센티브가 된다. 그 경우 두 기업의 손실과 이익은 <표 12-4>와 같이 나타난다. 그 결과는 두 기업 모두 생산을 하게 된다. 즉, 표에서 좌상의 난과 같은 결과가 된다. 그 경우 에어버스사는 25의 보조금을 공여 받지만 겨우 5의 이익을 취득하는 것에 불과하다. 즉, 여기에서 보조금이 그 금액 이상의 이익을 가져온다는 앞의 결과가 전복되는 것이다. 그와 같은 차이의 이유는 이번에는 유럽의 보조금이 보잉사의 생산참여를 저지하지 못하였기 때문이다. 어떻게 보면 위의 두 경우는 매우 유사하나 한 경우는 보조금이 바람직하다고 생각되고, 다른 경우는 보조금은 바람직하지 못하다고 생각되는 차이를 나타낸다.

전략적 무역정책의 일반적 성격은 문제 상황을 정확하게 판단하는 정책의 시비에 의존한다. 그와 같은 관점에서 일부 경제학자는 그 이론을 효과적으로 이용하는 데 충분한 정보를 입수할 수 있는지 여부에 대해서 의문을 제기하고 있다. 실제로 정보의 입수 필요성은 어느 산업을 다른 산업에서 분리시킬 수 없다는 사실 때문에 더욱 복잡하게 만든다. 만약 어느 산업에 대해서 보조금을 제공하였다면 다른 산업으로부터 자원유입을 촉진하여 그 자원코스트가 상승하게 된다. 따라서 어느 산업에 속하는 한 기업에 대해서 전략적 우위성을 부여하게 되는 정책도 다른 부문에 대해서는 전략적 열위성을 부여하게 될 가능성이 크다. 그 정책이 정당화되는가의 여부를 결정하기 위해서 정부는 상호 배치되는 효과를 가지고 있다고 해도 그것만으로는 불충분하다. 정부는 그 산업간의 자원사용에 대해 경합관계를 갖고 있는 다른 산업에 대해서도 동일한 정보를 갖고 있지 않으면 안 된다.

〈표 12-4〉 유럽의 에어버스사에 대한 보조금효과

보잉사 \ 에어버스사	생산함	생산하지 않음
생산함	5 (에어버스사) / 5 (보잉사)	0 (에어버스사) / 125 (보잉사)
생산하지 않음	125 (에어버스사) / 0 (보잉사)	0 (에어버스사) / 0 (보잉사)

만약 여기에서 논의된 전략적 무역정책이 그와 같은 비판에 대답할 수 있다고 해도 외국의 보복문제에 직면하지 않으면 안 된다. 그 문제는 기본적으로 관세를 사용하여 교역조건을 개선시키는 경우에 발생되는 문제와 동일하다. 전략적 무역정책은 다른 국가의 희생에 기초해서 자국의 후생을 증가 시키는 근린궁핍화정책인 것이다. 따라서 그 정책은 모든 사람들의 후생상태를 악화시키는 무역전쟁의 위험성을 내포하고 있다.

제 13 장 경제발전과 무역정책

경제발전과 무역정책의 문제를 다루는데 있어 小島清 교수는 두 가지 기준을 설정하고 있다. 즉, 첫 번째 기준은 생산되어 시장에 출하되는 수입품을 구입하는 때는 모든 제한조치를 철폐하고 자유화하는 것이 바람직하다는 것이다. 두 번째 기준은 일국의 경제발전을 최대한 실현하기 위하여 제생산조건, 비교생산비, 산업구조와 수출입구조의 개선 및 조정과 그것을 촉진하는 정부개입도 유효하다고 지적한다. 이 두가지 기준은 일국의 경제발전이 상위목표이고 무역은 그것을 지원하고 촉진하는 하위목표가 된다고 생각할 수 있다. 그러나 경제구조변동을 바람직한 방향으로 실현시키는 데는 곤란한 문제도 발생된다. 본 장에서는 경제발전과 무역정책문제를 이론적·실증적 분석을 통해서 고찰한다.

13.1 무역지향적 구조변동

자본축적의 진전에 따라 비교우위산업(현재적 또는 잠재적)을 확대하는 방향으로 산업구조를 고도화하는 경우, 즉 순무역지향적인 경우를 적극적 구조조정(positive adjustment)이라고 부른다. 그 경우에는 자본축적과 무역이익의 상승효과를 가져와 경제발전을 가속화시킨다. 그와는 반대로 자본축적의 진전에 따라 비교열위산업을 확대하는 방향으로 나갈 경우, 즉 역무역지향적인 경우에는 소극적 구조조정(negative adjustment)이라고 부른다. 그 경우에는 자본축적의 양의 효과는 무역이익의 감소라는 부의 효과와 상충이 발생하고 경제발전은 적극적 구조조정의 경우에 비해서 감속하게 된다.[1)]

1. 기술혁신과 외국직접투자

지금까지는 우리가 정의한 자본일반의 부존량 k의 증가를 자본축적이라 부르고 그것을 경제발전의 원동력으로 보았다. 다음에서는 특정산업의 자본증가(예컨대, k_y의 증가)가 일어나는 경우를 보자. 그 국가의 Y산업만이 기술혁신이 발생한다. 또는 그 국가의 Y산업에 외국직접투자가 유치되어 그 산업의 생산함수가 개선된다. 그런 변화가 특정산업의 경우에 발생되는 특정산업의 구조변동을 살펴보기로 한다. 그렇게 되면 2국에서 각 재의 생산함수가 동일하다고 하는 이제까지의 가정은 포기해야 한다.

다음과 같은 모델을 염두에 두고 생각해본다. Y, Z 2재에의 자본과 노동의 총배분비율은 양국에서 동일하다($K/L=k/l$). 그러나 Ⅰ국은 Z산업에 있어서(Ⅱ국에 비해서) 비교우위의 생산함수를 가지고 있고, 반대로 Ⅱ국은 Y산업에(Ⅰ국에 비해서) 비교우위의 생산함수를 갖는다고 하자. 관련된 생산함수는 양국에서 차이가 나기 때문에 Ⅰ국은 Z재생산에서, Ⅱ국은 Y재생산에서 각각 비교우위를 갖게 된다. 그와 같은 비교우위를 기초로 Y, Z의 2재간의 무역균형이 달성된다. 여기에서 Ⅱ국의 특정산업의 구조변동에는 두 가지 경우를 고려한다. 첫째, 그 국가(현재적, 잠재적)가 비교우위를 갖는 Y산업에만 구조변동이 일어나는 경우이다. 그것은 순무역지향적 구조변동이다. 잠재적 비교우위라는 것은 세계가격보다 저렴하게 생산할 수 있는 적정유치산업을 신장시키는 것이다. 둘째, 그 국가가 비교열위를 가진 Z산업에 구조변동이 일어나는 경우이다. 즉, 역무역지향적 구조변동의 경우이다. 그것은 세계가격보다도 저렴하게 생산할 수 없는 불실유치산업과 쇠퇴산업의 보호라는 경우가 해당된다.

2. 순무역지향적 구조변동

순무역지향적 구조변동의 경우는 [그림 13-1(a)]에 도시되어 있다. 고찰의 출발점인 Ⅱ국의 생산가능곡선은 tt'곡선이고, q점에서 생산하고 c점에서 소비하며 두 점의 차만큼 Y재를 수출하고 Z재를 수입한다. 기울기 cq의 교역조건에서 무역은 균형을 이룬다. 여기에서 효용가능곡선이라는 새로운 개념을 도입하자.[2] qc라는

1) 小島淸, 「應用國際經濟學」, 文眞堂, 1992, pp.238~239 참고.

2) Bhagwati, J., *The Theory and Practice of Commercial Policy : Departures from Unified Exchange*

vector는 그 교역조건하에서 q점과 c점의 수평거리만큼의 Y재를 수출하고 그 대신 수직거리 만큼의 Z재를 수입한다고 하는 무역오퍼곡선을 의미한다. 그러한 무역을 행하면 c점의 효용이 달성될 수 있다. 그 무역오퍼곡선은 교역곡선은 교역조건의 변화에 따라 교역조건선과 생산가능곡선이 접하는 점에서 q점이 결정되고 교역조건선과 소비무차별곡선의 1개의 접점에서 c점이 결정되기 때문에 각 교역조건에 대응해서 오퍼곡선도 변화된다. 또한 도달 가능한 효용수준도 변화된다. 교역조건의 변화에 따라 변하는 c점의 궤적을 도시한 $1ct$라고 하는 점선을 효용가능곡선이라고 한다.

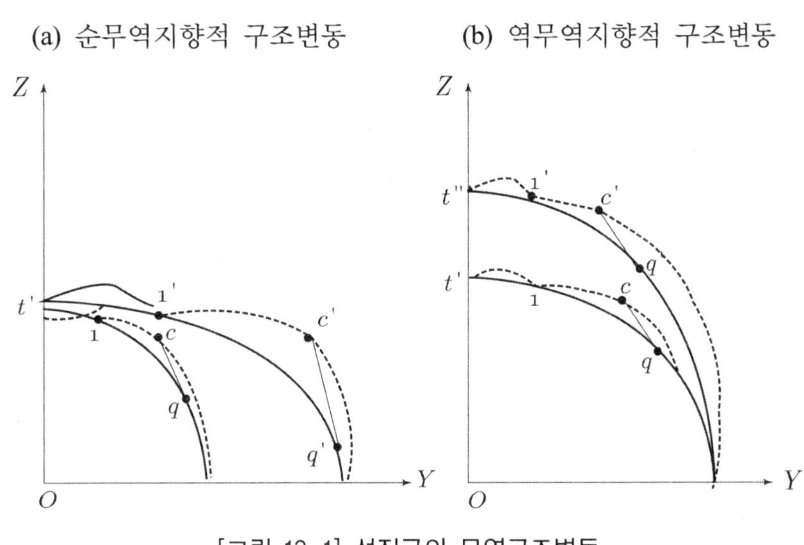

[그림 13-1] 선진국의 무역구조변동

따라서 생산가능곡선과 효용가능곡선과의 격차가 효용이라고 하는 척도로 측정되어 무역이익을 나타내는 셈이다. 자급자족상태의 점 1에서는 무역은 영이고, 그 점은 동시에 도달가능한 소비점이 된다. 효용가능곡선상에서 점 1로부터 점 c로, 더욱 우방향으로 이동할수록 효용(후생)수준은 증대된다. 반대로 점 1의 접선보다도 교역조건이 완만하게(Z재 가격은 높음) 되면 무역패턴을 역전시켜 Z재를 수출하고 Y재를 수입하는 것이 유리하게 된다.

그러나 그때의 효용가능곡선은 점선의 $t'1$곡선이 되고 매우 근소한 무역이익밖에 얻을 수 없음을 나타낸다. 그런데 Y재생산에 있어서 자본 k_Y의 증가(예컨대,

---

Rates, Princeton University, 1968, p.8.

비교우위의 생산방법도입)가 있다고 하자. 생산가능곡선은 $t't$로부터 $t't''$에로 Y재 쪽으로 상방으로 확대된다. 그 확대분이 규모에 대한 수확체증 또는 규모경제 이익이 된다. 자급자족상태에서의 생산량=소비량의 균형점은 점 $1'$에서 이루어진다(그 점에서 재가격비율이 구조변동전의 자급자족시의 그것과 동일함). 국제교역조건이 전과 동일한 $q'c'$의 기울기로 된다면 두 점의 수평거리에 해당하는 Y재를 수출하고, 그 대신 두 점의 수직거리에 상당하는 Z재를 수입함으로써 무역균형이 달성된다. 그 무역량은 구조변동 전보다 수출 및 수입이 모두 확대되어 무역확대효과를 가져온다. 이제 q점과 q'점을 연결한 선(그 연장선을 포함)을 립진스키선이라고 부른다.[3)]

교역조건이 변화됨에 따라 생산점 q'와 소비점 c', 그리고 무역오퍼곡선도 변하는데 c'점의 궤적은 $1'c't''$로 되는 점선의 새로운 효용가능곡선을 도출하게 된다. 그리하여 생산가능곡선이 상방으로 이동되어 생산이익(생산측의 구조변동효과)과 동시에 그것에 플러스되어 무역이익을 얻게 된다. 순무역지향적 구조변동의 경우는 생산이익과 무역이익이 상승효과(reinforcing effect)를 가져오게 된다.

3. 역무역지향적 구조변동

[그림 13-1(b)]를 이용하여 설명해본다. 변동된 상황을 [그림 13-1(a)의 경우와 같다. 그 국가는 비교열위재인 Z재산업에 자본 k_Z을 증가시킨다고 하자. 그 경우 생산가능곡선은 Z재 쪽으로 상방 확대되고 따라서 생산이익이 발생하게 된다. 효용가능곡선은 점선의 $1'c't$곡선으로 된다. 따라서 교역조건이 구조변동 전과 동일하다고 하면 그 국가는 q'점과 c'점의 수평거리분만큼의 Y재를 수출하고, 그 대신 수직거리분 만큼의 Z재를 수입하여 무역균형을 달성한다. 그 무역량은 구조변동 전의 양보다(점 q와 점 c간의 거리) 적게 되어 무역축소효과를 가져온다. 즉, 역무역지향효과를 가져온다. 생산측의 변화는 q점에서 q'점으로 이동하나(립진스키명제), 그것은 비교우위에 있는 Y재의 생산량을 감소시키고, 반대로 비교열위에 있는 Z재의 생산량을 증가시키게 된다. 그 때문에 Y재의 수출은 감소하고 Z재의 수입도 감소된다. 그리하여 역무역지향적 구조변동은 비교열위인 Z재산업에서 생산효율을 야기시켜 생산이익을 가져오게 되나, 무역량은 축소되고 무역이익도 구

3) Rybczynski, T. M., "Factor Endowment and Relative Commodity Prices," *Economica*, vol. 22. November, 1955.

조변동 전보다 감소한다. 즉, 생산이익과 무역이익과의 상반효과(swaping effect)가 발생된다.

이 경우 교역조건이 전과 동일하여도 축소된 그 국가의 Y재의 수출, Z재의 수입이라는 무역패턴은 계속된다. 그런데 교역조건이 Y재에 불리하고 Z재에 유리하게 전환($q'c'$선의 기울기가 도시한 것보다 완만하게 됨)된다고 하자. 그렇게 되면 그 국가의 Y재생산은 더욱 감소되고 수출도 감소되나, 반대로 Z재의 생산은 더욱 증가하고 수입은 감소된다. 그 극한에 이르면 자급자족상태의 점 $1'$에 도달한다. 그 경우 이익은 구조변동에 의한 생산이익만이 아니고 무역이익도 영으로 된다.

교역조건이 $1'$에서의 접선의 기울기보다 한층 Z재에 유리하게 되면 무역패턴의 역전이 발생된다. 그 국가는 이제까지와는 달리 Z재를 수출하고 Y재를 수입하게 된다. 그 경우 효용가능곡선은 점선 $t''1'$곡선이 된다. 즉, 무역이익은 아주 근소하게 되고 그것은 구조변동 전의 무역이익(생산이익은 포함되지 않음)보다도 대폭 작게 된다.

요컨대, 잠재적인 비교우위산업에 있어 생산효율과 구조변동을 일으키는 순무역지향적 구조변동이 생산효과 외에 무역이익도 추가되어 보다 높은 효용수준을 달성시킨다는, 즉 경제발전을 가속화시킨다는 결론을 내릴 수 있다. 그뿐만 아니라 순무역지향적 구조변동에 의해서 경제발전이 가속화 되면 소득 수준이 향상되고 그만큼 저축여유가 증대되어 자본축적률도 가속화된다. 그리하여 경제발전의 선순환이 이루어진다.

그 반면 이제까지 자본축적의 속도가 동일하다고 비교한 역무역시향적 구조변동에서는 그 자본축적 자체가 부로 되어 경제발전의 악순환에 빠질 위험성도 충분히 있다.

13.2 전략적 무역정책

1. 전략적 무역정책의 의의

일반적으로 경제학이나 국제무역론에서 기업의 생산비가 체증하는 것을 전제로 이론을 전개하여 왔다. 생산량(공급량, 판매량)을 증가시킴에 따라 비용은 체증되고 예상판매가격과 생산비가 일치되는 수준까지 생산하고 거기에서 균형이 성립된다. 만약 그 점을 초과하면 생산비가 판매가격을 상회하고 기업으로서는 손해를 보게 된다. 즉, 비용체증이 경쟁의 방지책으로 되고 경쟁적 균형을 성립시킨다. 그런데 실제로 기업에 있어서는 최적규모모델이 시사하는 바와 같이 보다 대규모의 우위생산법을 갖춘 공장을 소유함으로써 보다 큰 규모의 경제(economies of scale)를 실현한다. 그에 따라 최적생산규모점에서의 최소생산비는 1회에 한하여 현저히 저하된다. 또한 그의 기술적 조건과 수요의 크기, 산업조직 및 시장조건에 의해 좌우된다. 그것이 규모의 경제 또는 규모의 수확체증현상이다. 실제로 기업의 경우 그와 같은 보다 우위의 최적생산규모의 실현을 위해서 치열한 경쟁을 한다.

또 하나는 수요가 큰 신제품을 생산하는 경쟁도 치열하다. 후자는 생산방법 α의 구제품을 그보다 우위의 생산방법 β의 신제품으로 대체하면 이론적으로는 전자의 생산방법에서 후자의 생산방법으로의 혁신과 동일한 것으로 다룬다. 그러나 그와 같은 현상을 이론적으로 다루는 데는 매우 곤란한 문제가 따른다. 그것은 경제이론이나 국제무역이론의 혁신을 필요로 한다. 시장(혹은 가격)기구에 의해서 완전경쟁균형을 전제로 한 이제까지의 경제학의 주류에는 어떤 대안이 없다. 따라서, 다음과 같은 두 가지 어려운 문제가 제기된다.

첫째, 기술적으로 최적생산규모를 누가(어느 국가의 어느 기업이) 어느 정도 실현시키느냐 하는 문제이다. 신생산방법이나 신제품에서 그 기술을 여하히 창출하느냐가 우선 문제된다. 예컨대 철강생산의 기술적 최적생산규모는 연산 500만톤 내지 700만톤 규모라고 한다. 그것이 실현되면 규모의 경제가 실현되어 생산비가 현저히 저하되고 따라서 소비자의 후생은 향상하게 된다. 그러나 국민경제규모가 소국인 경우 그와 같은 최적생산규모를 유지할 수가 없다. 그러나 수출시장의 개척이 가능하게 되면 그와 같은 소국의 경우도 최적생산 규모를 확립할 수 있다.

그런데 어떤 방법(device) 및 합의(agreement)에 의해 A국이 X재의 생산에 특화하여 규모의 경제를 실현하고, 그 대신 B국은 Y재의 생산에 특화하여 동일한 규모의 경제를 실현하는 것이 가능하지 않을까. 그것을 小島淸 교수는 합의적 국제분업원리라고 부르고 있다. 그것은 종래의 국제분업원리와는 큰 차이를 보이고 있다. 종래에는 어떤 결정요인(예컨대, 요소부존비율)의 국제적 격차로부터 비교생산비 차이가 발생하여 그것이 지시하는 방향으로 자유무역을 하면 상호 이익을 얻는다는 것이 무역이론의 주장이었다. 그런데 규모의 경제를 도입한 새로운 이론은 출발점에서 비교생산비 차이는 존재하지 않아도 좋다는 것이다. 상호 합의에 의해서 특화분야의 분담이 결정되면 상호 규모경제를 실현하고, 상호 X재, Y재, Z재의 저가구입이 가능하게 된다는 것이다. 최대의 생산비 차이는 상호 특화의 결과 사후적으로 발생된다. 비교생산비차로부터 생기는 이익을 목적으로 무역하는 것이 아니고, 규모경제의 상호 실현을 목표로 새로운 무역을 고려하게 된다는 것이다.

둘째, 최적생산규모의 최소생산비에 도달하는 데 있어 생산비체감 과정에서 발생되는 문제이다. 그 생산비체감 과정에서 신기술을 창출하는 기업은 독점가격을 부과하여(monopoly pricing) 유리하게 된다. 또한 타기업의 시장진입을 저지하는 행동을 취하게 된다. 즉, 불완전경쟁에 빠지게 된다. 그것은 이른바 다국적 기업이 생성되고 발전하는 것은 내부화이론(theory of internalization)이 명시하는 바와 같이 독점렌트의 확보책과 깊이 관련되고 있다. 체감생산비 과정은 독점이나 불완전경쟁이라는 시장실패(market failure)를 야기시킨다.

구체적으로는 독점이윤을 발생시킨다. 자국의 A기업과 외국의 B기업간에 독점이윤을 빼앗기 위하여 투쟁한다. 시장의 실패가 존재하는 경우에는 국민경제의 전체이익(social benefit)이 최대화되도록 정부가 개입해도 좋다. 그것이 바로 산업정책이 주장하는 지배적 견해이다. 거기에서 정부가 관세, 쿼터 또는 생산보조금 등의 무역정책을 발동하면 독점렌트의 획득이 자국측에 유리한 방향으로 전개된다. 그것이 1980년에 Krugman이 전개한 전략적 무역정책(strategic trade policy)이론의 요체이다.

전략적이라는 용어에는 상대방에 대해서 자신이 대응방안을 강구하는 것을 의미한다. 또는 자신에 맞게 상대방의 대응을 변화시킨나는 의미도 포힘되이있다. 즉, 전략적이라는 것은 상대를 고려해서 협상과 상술을 전개하는 논리이다. 그러나 전략적 무역정책이 새삼 문제되는 것은 규모의 경제 또는 체감생산비산업과 관련된 새로운 문제가 제기되기 때문이다. 사실 미국, 일본, EU간에 야기되고 있는 하이테크산업의 경쟁과 마찰은 가장 대표적인 전략적 무역정책의 문제라고 할 수 있다. 또한 우루과이라운드(UR)에서 미국이 제기하고 있는 새로운 문제들, 즉 서비스무역, 지적재산권보호, 직접투자와 관련된 무역조치 등은 모두 미국의 새로운 전략적 무역정책의 관점에서 주장하고 있는 것으로 볼 수 있다. 다음에서 그와 같은 전략적 무역정책을 도입하게 된 배경을 국제분업의 결정요인의 역사적 변천과정을 통해서 조명해 본다.

2. 국제분업결정요인의 변화

1800년을 전후하여 50~100년에 걸쳐 영국은 산업혁명을 수행하여 근대적 공업국가로 발돋움하였다. 그에 따라 영국은 공산품을 수출하는 세계무역의 센터로 되고, 한편에서는 영국이 필요로 하는 원료(면화)와 식량(소맥)을 수출하는 농업제국(미국, 캐나다, 호주 등)과의 상호 보완적인 국제분업이 가능하게 되었다. 더욱이 영국의 자유무역체제가 확립됨에 따라서 세계무역도 크게 확대되었다. 여기에서 국제분업의 결정요인에 대한 변천을 ① L-N형 분업, ② L-K형 분업, ③ L-S형 분업의 3가지로 구분하여 살펴본다.

(1) L–N형 분업

여기에서는 19세기형 무역을 L-N형 분업이라고 부른다. 그것은 원료, 식량과 같은 투입재와 그것을 사용해서 생산된 제품과 교환되기 때문에 수직무역(vertical trade)이라고도 부른다. 그 경우는 비옥한 토지, 특산물에 적합한 기후, 지하자원과 같은 자연적 요인 N이 비교우위의 결정요인으로서 중요한 역할을 담당하게 된다. 본원적 생산요소인 노동(L)의 생산성은 각국에서 노동의 질(기교, 숙련 등)의 차를 말한다. 거기에서는 각국에서 자연적 요인의 상위에 따라서 크게 좌우되고 그것이 비교생산비차를 발생시킨다. 상징적으로 말하면 면화, 소맥 대 의류라는 수직무역이 발생한다. 그와 같은 상황을 배경으로 도출된 것이 Ricardo의 비교생산비설이다.

L-N형 분업은 다음과 같은 특성을 가지고 있는 것으로 요약할 수 있다.

① 그다지 쉽게 변하지 않는 자연적 요인의 상위를 근거로 하기 때문에 분업은 안정적이고 영속적인 특성을 갖는다.

② 말하자면 선진공업국은 더욱 공업화가 추진되지만, 주변제국은 언제까지나 1차산품의 공급국으로 머무르게 된다. 즉, 수직무역구조의 경직화를 야기시킨다.

③ 선·후진국 양측은 상호 보완적이기 때문에 어느 단계까지는 무역의 확대를 통해서 경제성장의 세계적 전파라고 하는 선순환을 가져온다. 즉, 공업국의 경제성장은 원료, 식량의 수입증대를 필요로 하고, 그것이 주변국의 경제성장을 유발하고, 그것이 다시 중심국의 수요증대로 나타나 조화적·상호 촉진적 경제발전을 가져온다. 그러한 몇 가지 이유 때문에 영국에 이어 미국, 독일, 일본 등은 공업화를 추진하게 되었고 그 이론적 근거는 유치산업보호론

이 제공하였다. 공업화가 유리하다는 주요한 이유는 다음과 같다. 즉,

첫째, 소득수준이 향상되어 수요가 증가하는 경우 소득탄력성은 공산품에 대해 크고 1차산품에 대해서는 작다. 더욱이 합성공업의 발전으로 천연 1차산품의 수요가 감소되기 때문에 교역조건은 1차산품에 불리하게 되는 경향을 갖게 된다.

둘째, 자연적 요인과 상대적 희소성 때문에 1차산업은 수확체감에 빠지기 쉽다. 기후에 좌우되어 생산비와 가격의 대폭변동을 초래하기 쉽다. 그것을 극복하기 위한 기술진보는 공업부문에 비해서 1차산업에서는 상대적으로 적게 이루어진다. 그렇기 때문에 1차산품 생산국의 소득수준은 공업국에 비해서 낮게 된다.

셋째, 공업화의 사회적 파급효과(spill-over effect)는 크다. 일국이 근대화를 위해서는 국방목적을 별도로 하더라도 어느 정도 공업을 유지하는 것이 불가결하다.

(2) L-K형 분업

공업화는 자본축적에 의해서 가능하게 된다. 그것이 헥셔-오린이 제창한 요소부존이론(factor proportion theory)이다. 그 이론의 요점은 다음과 같다.

이제 Ⅰ국이 Ⅱ국보다 자본풍부국이라고 본다. 즉,

$$(K/L)_{\mathrm{I}} > (K/L)_{\mathrm{II}} \qquad (13 \cdot 1)$$

그 경우 보통 Ⅰ국쪽이 고임금이 된다. 즉,

$$(W/R)_{\mathrm{I}} > (W/R)_{\mathrm{II}} \qquad (13 \cdot 2)$$

X재, Y재 각각의 생산함수는 양국이 동일하나 X재가 Y재보다 항상 노동집약적이라고 본다. 즉,

$$K_Y/L_Y > K_X/L_X \qquad (13 \cdot 3)$$

그렇게 되면 Ⅰ국에 풍부하게 부존되어 상대가격요소가격이 저렴한 자본을 상대적으로 보다 많이 사용되는 자본집약재 Y가 보다 저렴하게 생산될 수 있다. 즉,

$$(P_Y/P_X)_{\mathrm{I}} < (P_Y/P_X)_{\mathrm{II}} \qquad (13 \cdot 4)$$

이상이 헥셔-오린 이론의 구조이다. X재, Y재가 모두 공산품이라면 공산품 상호간에 수평무역(horizontal trade)이 발생된다. L-K형 분업은 다음과 같은 특성을 가진 것으로 정리할 수 있다. 즉,

① 가변적인 노동과 자본의 상대비율차를 기초로 하기 때문에 국제분업은 불안

정하고 일시적 비교우위밖에 보증되지 않으며 본질적으로 시소게임에 빠지는 성격을 갖는다. 그 점이 안정적인 L-N형 분업과 크게 다른 점이다.

② 2국은 X, Y 2재를 모두 생산한다. 즉, 불완전특화의 상태로 된다. 수요량에 대한 생산량의 차액을 수출하게 된다. 따라서 근소한 보호조치(수입관세 등)에 의해서 수입을 제한하고 무역 분쟁이 발생되기 쉽다.

③ K/L비율(또는 W/R비율)의 양국 간의 차에 의해서 비교생산비차가 발생한다. 다만, 후발국의 추격에 의해서 K/L비율이 양국에 동일하게 되면 비교생산비차는 소멸된다. 사실 전후 EC제국과 일본, 미국 간의 상황은 19세기에 비해서 유사한 공업국이 되었다.

(13・2) (13・3)식에서 볼 수 있는 바와 같이 다른 조건이 불변인 한 2재의 요소집약도의 차이가 클수록 보다 큰 비교생산비차(13・4)가 발생한다. 반대로 2재의 요소집약도가 동일하게 되면 비교생산비차는 발생되지 않는다. 그런데 실제로 전후 생산함수(따라서 요소집약도)가 유사한 동일산업내의 세부품목에서 수출과 수입이 증가되었는데 그것이 산업내무역(intra-industry trade)이라는 새로운 국제분업패턴이다.

(3) L-S형 분업

다음은 비교생산비차가 없는 경우에도 무역을 하는 것이 좋다고 하는 새로운 국제분업의 결정요인을 모색할 필요가 있다. 비교생산비차가 있기 때문에 그것이 지시하는 방향으로 국제분업을 하는 것이 유익하다고 주장하는 Ricardo 이론이나 헥셔-오린 이론과는 별도로 신이론이 필요하게 되었는데 그것이 L-S(scale economy)형 분업이론이다.

즉, 보다 대규모의 우위의 생산방법으로 이행하거나 신제품을 창출(그 양자를 기술혁신(innovation)이라고 일괄해서 부름)함으로써 규모경제이익을 실현시키는 것을 목표로 하는 새로운 국제분업패턴이다. 小島清 교수의 합의적 국제분업론이 그 대표적인 예의다. 미국에서는 1980년에 Krugman에 의해서 전략적무역정책론이 주창되었고 일본의 小島清은 1966년의 논문에서 EEC의 정당성에 관한 검토에서 착상을 얻어 합의적 국제분업이론을 전개하였다. 이 두 이론 모두 신국제분업이론이라 볼 수 있으며, 특히 신이론은 최근 NAFTA 등 지역무역협정과 같은 경제통합의 합리성에 관한 분석에도 적용되고 있다.

13.3 합의적 국제분업

1. 신제품경쟁

[그림 13-2(b)]에서 신제품 *X*재에 대해서 자국(Ⅱ국)기업(복수)이 내외 수요에 알맞게 적응하는 최적규모의 생산방법을 개발하고 자유경쟁에 의해서 낮은 가격으로 시장에 공급하는 것은 사회적 공헌이다. 그 경우 자국이 단일기업에 의해서 독점적으로 공급하는 것을 배제하지 않으면 안 된다. 오히려 동일규모의 복수기업 간의 경쟁, 즉 균일한 정상이윤을 실현시키는 경쟁에 의해서 그와 같은 상황에 도달하게 된다. 그것은 자국기업(복수)이 *X*재산업의 신제품경쟁에서 승자(winner)가 되는 것이라고 말한다. 그 경우 외국(Ⅰ국)기업(산업)은 패자(loser)로 되기 때문에 외국은 자체 생산을 중지하고 모두 Ⅱ국에서 수입하는 편이 좋다. 그것은 최초의 국내생산보다도 훨씬 저렴한 가격으로 대량의 *X*재를 구입할 수 있다고 하는 자유무역의 이익을 얻을 수 있기 때문이다. 그것이 신제품경쟁에 있어서의 하나의 결론이 된다.

다만 그 무역(Ⅱ국의 *X*재수출)이 양국에 모두 이익을 가져오기 위하여는 다음 두 가지의 조건이 필요하다. 첫째, 경쟁의 승자가 신제품의 적정규모생산(내외수요에 부합됨)을 설정하는 것이다. 그것은 어느 정도 기술적 규모경제에 의존한다. 둘째, 독점(또는 과점)가격의 부과가 배제되고 자유경쟁이 경쟁의 기초가 되어야 한다. 독점, 과점, 기업의 내부화, 결탁 등과 같은 시장지배력(market power)이 산업조직의 문제와 관련된다.

경쟁의 패자인 Ⅰ국의 기업은 패자부활전에 도전하게 될지도 모른다. 불완전경쟁론자에 의해서 그와 같은 경쟁모델이 제시되고 있다. 예컨대 전략적 시장진입저지행동이론과 같은 것이다. Ⅱ국이 비교우위생산을 개시하는 것은 확실한 위협이다. Ⅰ국이 Ⅱ국에 승리하기 위해서는 후자를 상회하는 한층 우위의 생산방법을 개발하고 한층 대규모의 최적생산설비를 갖추지 않으면 안 된다. 그렇게 되면 Ⅰ국과 Ⅱ국을 합한 과잉생산능력으로 동족상잔의 모순에 빠지게 된다. Ⅰ국이 그렇게 하기 때문에 Ⅱ국이 더욱 대규모의 최적생산설비를 갖추면, 말하자면 보복적 투입을 하게 되면 악순환이 더욱 심각하게 된다. 드디어 양국간의 무역은 영으로 되고 당연히 무의미한 신제품경쟁이 된다. 신제품의 개발과 최적규모 생산에 대해서 보조금이 투입되면 보조금전쟁을 유발시킬 뿐이다. 그것은 최적관세론에서 설명한 관세보복의 악순환과 같은 논리가 된다. 그와 같은 전략적 시장진입저지론의 오류는 Krugman이 지적한 바와 같이 독점이윤을 탈취한다는 관점에서 논의될 수 있다.

(a) Ⅰ국 Y재의 생산 · 수출

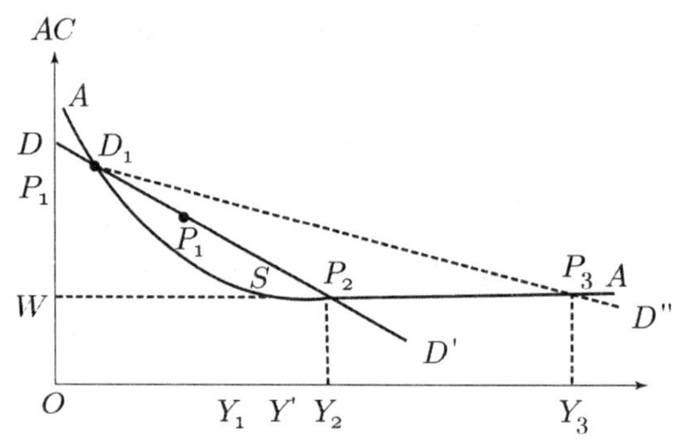

(b) Ⅱ국 X재의 생산 · 수출

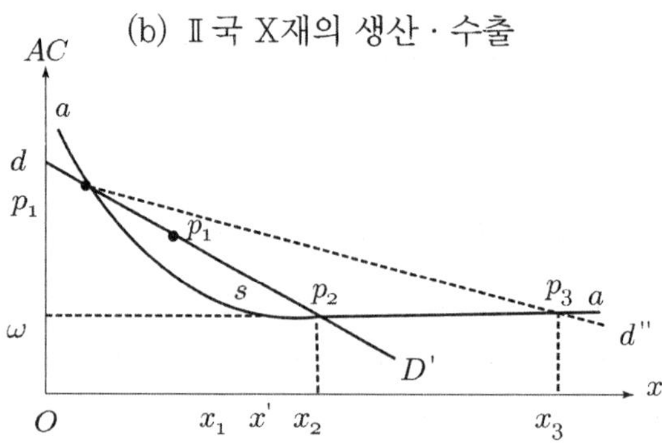

[그림 13-2] 2재모델 합의적 국제분업의 경우 생산 및 수출

2. 2재모델의 이행

X재의 한재에 국한해서 고찰해본다. 경쟁의 승자와 패자를 구분하여 Ⅰ국은 X재의 생산에 완전특화하여 국내시장에 공급할 뿐 아니라 수출을 하는데 대해서 타국은 생산을 포기하고 수입만 하는 것으로 본다. 타국의 자유무역(수입)이 양국에 X재의 대량, 저렴공급이라는 사회적 편익의 극대화를 가져온다. 그럼에도 불구하고 승자와 패자라고 하는 석연치 않은 뒷맛을 남기게 된다. 그렇지만 X재와 동등한 하나의 Y재가 존재하는 것에 착안해서 2국2재의 분석으로 전환하면 상황은 일

변하게 된다.

예컨대, IC라고 해도 많은 종류가 있고 Ⅱ국(일본)은 가전용 IC(그것은 X재로 봄)에 있어서 비교우위를 갖고, Ⅰ국(미국)은 마이크로프로세서용 IC(그것을 Y재로 봄)에서 비교우위를 나타내서 가국은 제품개발보다 비교우위 생산방법으로 이행을 도모하게 된다.

[그림 13-2(a)]에서 Y재시장을 추가시킨 것이다. 그렇게 되면 Ⅰ국이 X재생산에 대해서 Ⅱ국에 전체 생산을 일임한다. 반대로 Ⅱ국은 Y재생산에 대해서 Ⅰ국에 전체 생산을 일임하게 된다. 그것이 小島淸이 주장하는 합의적 국제분업이론이다. 그것은 바꾸어 말하면 Ⅰ국은 X재 국내수요(시장)를 Ⅱ국에 개방하여 제공하고, 반대로 Ⅱ국은 Y재 국내수요(시장)를 Ⅰ국에 개방하여 제공함으로써 성립된다. 즉, 시장의 상호 제공을 필요로 한다.

그러나 어느 국가가 어떤 재의 생산에 완전특화할 것인가를 결정하는 데는 곤란이 따른다. 거기에는 어떤 합의(agreement)가 필요한 것이다. 그와 같은 분업의 결정은 단순히 우연에 의거할지도 모른다. 그러나 전술한 바와 같이 Ⅰ국이 X재를 생산한다고 하면 Ⅱ국을 상회하는 우위의 생산방법으로 공급 할 수도 있을 것이다. 또한 Ⅰ국이 X재만이 아니고 Y재의 생산을 독점할지도 모르며 그와 같은 것은 불가능하지도 않다. 그렇지만 상호간 완전특화하고, 상호 규모경제를 실현하는 것이 상호 유리하게 된다는 것은 명백한 사실이다. 그 사실을 자각하게 되면 상호 완전특화라고 하는 국제분업의 합의는 성립될 것이다.

그러나 예컨대, Ⅱ국(일본)이 X재(메모리 IC)와 Y재(로켓 IC)를 모두 독점적으로 특화생산하게 될지도 모르며, 그러한 우려는 실제로 존재한다. 그러나 그렇게 되지 않는다고 생각되며 그 이유는 최적규모생산을 실현 하는데는 충분히 큰 국내시장이 필요하기 때문이다. [그림 13-2(b)]에서 보는 바와 같이 Ox^*라고 하는 최적규모생산량 이하의 확실한 수요가 그 X재에 대해서 Ⅱ국에 존재하지 않으면 안되기 때문이다. 그와 같은 확실한 시장이 존재하기 때문에 기업은 우위생산방법에 의한 최적규모생산으로 이행하게 되는 것이다. 거꾸로 [그림 13-2(a)]에서 Ⅰ국의 Y재에 대해서도 마찬가지로 OY^* 이하의 국내시장의 존재가 필요하다. 요컨대 각국은 상호 어느 정도 상이한 대량수요품 또는 대표적 수요품의 생산에 특화해서 최적규모생산을 달성하고, 또한 강한 국제경쟁력을 가지고 수출도 하게 된다고 볼 수 있다.

3. 수출의 후생이익

여기에서는 체증생산비를 가정하는 전통적 무역이론과의 상위문제를 살펴본다. 전통적 무역이론에서는 약국의 자급자족상태에서 산출되는 비교생산비의 차이에 따라 Ⅱ국의 경우 X재를 수출하고 Y재를 수입하는 분업방향으로 국제무역패턴이 결정된다. 그에 대해서 체감생산비하의 신국제분업론에서는 국제분업을 결정하는 시점에서의 비교생산비는 불명확하다. 또한 그 시점에서 비교생산비차가 발생되지 않더라도 국제분업을 개시하는 편이 좋다는 것으로 그 점이 큰 상위점으로 지적될 수 있다.

말하자면 자급자족상태하에서의 각국의 2재의 생산비율(비교생산비)은 이론적으로 가정되는 것이나 실제로는 불명확한 것이다. 한편 모두 신제품인 X, Y 2재에 있어서 특히 상대국은 생산이 개시되지 않은 상태에서 비교생산비 등이 불명이라는 것은 큰 상위점이라고는 볼 수 없다. 보다 중요한 상위점은 체증생산비 또는 체감생산비라고 하는 문제이다. 전통적 무역이론에서는 체증생산비를 가정하고 있는데 자국이 Y재의 수출을 확대하면 공급비용은 높아지고 국제가격과 일치되는 수준까지 생산량이 증가되어 균형이 이루어진다. 그렇기 때문에 수출하는 것 또는 수출이 증가되는 것은 그 재화의 소비자잉여를 감소시키는 것이 된다.

합의적 국제분업의 경우는 [그림 13-2(a)]에서와 같이 체감생산비를 가정하여 내외판매를 증가함에 따라 공급가격은 저하된다. 따라서 수출을 개시하여 수출이 증가되면 소비자잉여는 전통적 이론의 경우와는 반대로 증대된다(그것은 [그림 13-2(a)]에서 삼각형 DWP_2로 된다). 또한 상대 수입국의 소비자잉여도 증가된다. 즉, 체감생산비(규모경제)는 세계의 소비자잉여(소비자후생)를 증대시키는 데 기여한다.

결론적으로 규모의 경제로 얻을 수 있는 생산비가 체감되는 2재에 관해서 X재는 자국의 완전특화생산에 맡기고 그 대신 Y재는 상대국의 완전특화생산에 일임시키는 합의적 국제분업을 개시하는 것이 양국 모두에 이익을 가져온다는 것이다. 즉, 수출가능재의 저렴 · 대량생산이 자국의 소비자잉여를 증가 시킬 뿐 아니라 상대수입국의 소비자잉여도 증대시켜 주기 때문이다. 물론 상대국에 완전특화생산을 일임한 재화의 상호 수입은 자유무역으로 하는 것이 바람직하다.

제 14 장 지역경제통합과 무역정책

14.1 경제통합의 전개과정 및 과제

1. 경제통합의 전개과정

국제경제학 연구의 오랜 역사 가운데서 경제통합이론은 비교적 최근에 개척되었고 또한 많은 논쟁을 가져온 분야이다. Ricardo가 비교생산비설(1817)을 주장하여 국제경제학 발전의 불후의 이정표를 세운 것이 19세기초이고, Viner가 관세동맹의 문제(1950)의 개척적 연구를 발표하여 경제통합의 분석에 확고한 이론적 및 실증적 구조의 기초를 제시한 것이 불과 60여년 전의 일이다.

고전파경제학에 기초한 리카아도의 비교생산비설은 신고전파경제학에 의해서 계승되고 비교우위론으로서 일반화된 국제무역이론으로 부동의 위치를 차지하고 있다. 비교우위론이 역사적으로 자유무역이론 및 정책의 발전에 기본적 역할을 수행한 것은 주지의 사실이다. 비교우위론에 기초한 자유무역이 전후 GATT체에의 기본이념으로서 세계무역사에 미증유의 발전을 가져온 것은 물론이다. 1950년에서 1960년대에 걸쳐 관세동맹의 이론적 연구는 고양되었는데 그 배경에는 1957년 Rome조약을 기점으로 순조롭게 발전된 유럽경제공동체(EEC)의 성공에 크게 자극되었다.

EEC는 경제통합의 원형으로서 관세동맹의 형태로 점차 발전되었으나, 한편 당초 영국을 중심으로 결성된 유럽자유무역연합(EFTA)이 EEC와 병행하여 발족됨에 따라(1960) 많은 경제학자들은 유럽의 경제통합에 대한 정책적・이론적 연구에 몰두하게 되었다. 그와 같은 정책적 연구풍토를 배경으로 경제학자들은 경제통합의 실질적 효과에 대한 계량적 실증연구에 관심을 기울이게 되었다. 그와 같은 실증적 연구의 대부분은 Viner가 제시한 기본명제인 관세동맹의 무역창출효과와 무역전환효과가 이론구조의 중심을 형성하였다.

관세동맹을 포함한 지역경제통합의 모델은 최혜국대우원칙을 기본으로 한 무차별 다자간 무역체제내에서 차별적 특혜협정이라는 예외규정의 특징을 갖게 되었다. 즉, 지역경제통합의 본질은 통합권역내에서는 완전한 자유무역정책을 실시하고 통합권역외의 지역에 대해서는 보호무역정책을 실시하는 지역 차별적 메카니즘을 가지고 있다. 그것은 보편적인 자유무역 메카니즘과 근본적으로 대립된다.

그러나 관세동맹이 결성된 출발점의 국제무역환경이 어떠하였느냐에 따라서 그와 같은 지역차별적 경제통합의 형태가 상이하다는 점에 유의할 필요가 있다. 예컨대, 유럽경제공동체는 세계전체가 관세, 기타의 무역장벽에 완전히 지배되고 자유무역을 실현한다는 것은 도저히 불가능한 준엄한 국제무역환경 가운데서 어떻게든 무역장벽을 제거시켜 유럽공동체 역내만에서라도 자유무역을 회복시키려고 하는 적극적인 개선의도에서 출발한 것이 명백하다. Meade(1955년)가 지적한 바와 같이 어느 경제정책을 평가하는 경우 우리는 두 가지 상이한 평가기준을 생각하지 않으면 안 된다. 첫째는 문제점 이외의 잔여부분에 있어서 모든 최적조건(예컨대 완전경쟁하에서 요구되는 조건)이 충족 되어야 한다고 하는 가정을 인정하는 것이고, 그것을 Meade는 차선의 평가기준(a second-best criterion)이라고 불렀다.[1)]

관세동맹과 기타 경제통합을 평가하는 경우에는 정확히 그와 같은 차선의 평가기준이 적용된다고 생각할 수 있다. 실제로 관세동맹의 경제분석은 1950~1960년대 규범적 경제이론에 있어서 차선의 일반이론과 보조를 맞추어 연구가 진행되었다. Viner(1950년)의 업적을 중심으로 한 Meade(1955년), Lipsey(1957, 1960년), Scitovsky (1958년), Johnson(1960년), Cooper와 Massel (1965년), Vanek(1962, 1965년) 등 많은 경제학자들간에 논쟁을 가져온 관세동맹의 경제분석은, 1970년대 이후 특히 이론적 연구에 있어서는 거의 정체상태에 빠졌다. 1970년대는 저개발국을 대상으로 한 일반특혜관세제도(1971년)가 GATT에 의해서 인정되고, 한편 EFTA의 주축 가맹국인 영국의 EC가입(1973년)을 둘러싼 정책논쟁이 이루어졌으나 경제학자간에 금태환 정지를 계기로 변동환율제도의 이행(1973년)이 결정적으로 되고, GATT-IMF체제의 일대변혁이 이루어졌다. 이어 제1차 석유위기(1973년)가 발생되는 등 세계경제환경의 급속한 변화로 세계 주요국은 보호주의 강화방향으로 선회하였다.

1980년대에 들어와서는 동경라운드(1973~79) 협상에도 불구하고 1970년대의 보

1) Meade, J.E., *The Theory of Customs Union, Amsterdam:North Holland*, 1995.

호주의 추세는 계속 강화되고 쇠퇴할 기미는 보이지 않았다. 선진국무역의 경우 미국, EC, 일본을 둘러싼 무역마찰은 거의 일상다반사로 되었다. 또한 선진공업국의 신흥공업국에 대한 무역규제도 더욱 강화되었다. 세계적으로 GATT체제를 기반으로 한 자유무역주의는 확실히 겨울의 시대로 접어들었다.

위와 같은 GATT체제의 활동이 정체된 배경은 최근 지역경제통합의 강화 및 확대가 유럽 및 북미지역 등에서 확실히 전개된 요인이 되었다. 확대 EC 가맹 12개국은 1992년에 현행관세동맹(EEC조약 제9조)에서 본래 목표한 단일 공동시장을 확립하고(동 제2조), 더욱이 부분적으로 경제동맹요소를 포함한 범유럽권 경제통합체로서의 전환을 계속 추진하고 있다. 즉, EC는 EFTA를 포함해서 동구까지 통합의 구성원으로서 확대시키는 유럽경제지역(EEA)를 형성하는 목표를 추진하고 있다.

한편 미국은 일찍이 이스라엘과 자유무역협정(1985년)을 체결하고, 캐나다와도 1987년 미・캐나다 자유무역협정을 체결한데 이어 1991년에는 멕시코와도 자유무역협정을 체결함으로써 이른바 북미자유무역협정(NAFTA)을 1994년 1월부터 실현하게 되었다. NAFTA도 장기적으로 남미지역까지 회원국을 확대하는 범미주경제지역(AEA)의 형성을 추진목표로 하고 있다. 미국은 한편으로는 GATT의 다자간협상(UR)을 추진하면서 다른 한편으로는 NAFTA와 같은 이국간협상을 병행해서 추진하는 통상정책을 전개하고 있다.

1990년대에 들어와서 세계 각 지역간 경제교류가 더욱 긴밀화되고 운수, 통신, 정보, 인적 교류 등과 금융, 대외투자, 자본제휴 등 기업활동이 국경을 초월하여 가속화 되고 있다. 또한 세계 각국의 생활양식과 경제수준이 향상되고 커뮤니케이션의 긴밀화가 현저히 이루어지고 있다. 그러한 세계경제의 지구촌화(globalization)가 전례 없이 긴밀화되는 가운데 현재 지역경제통합의 확대가 계속 이루어지고 있다. EC, 미국, 캐나다 등은 지역통합의 강화가 오히려 GATT체제를 보강하는 것으로 보호주의 요새를 공고히 할 의향은 없다고 대외적으로 공표하고 있으나 지역경제통합의 강화는 시장경제의 세계주의에 모순되는 방향이 아닌가 하는 우려를 불식시킬 수 없다.

2. 경제통합의 분석과제

경제통합의 형태는 기본적으로 어떠한 환경(정치・경제)에서 누가(주체), 무엇을(대상 · 기능), 어떻게(규정 · 방법) 통합하느냐에 따라서 여러 종류로 구분된다. 역사적으로 가장 중요한 경제통합의 형태는 복수의 주권국가가 독립적으로 지배하는 각각의 국민경제를 단일경제지역으로 통합하여 역외지역을 역내지역과 차별화해서 자유시장 메카니즘의 기능을 수행하는 것이다. 전형적 경제통합은 GATT의 무차별주의원칙(GATT 제1조 일반적 최혜국주의)에 저촉되는 것은 분명하다. 따라서 GATT체제에 입각해서 경제통합은 무조건 인정되지 않는다.

GATT 제24조는 경제통합이 충족시켜야 할 세 가지 제약조건을 명시하고 있다. 첫째, 관세와 기타의 제한적 무역규제는 통합지역간에 실질적으로 모든 지역에 대해서 철폐할 것, 둘째 통합역외지역에 대한 통합 후의 규제가 통합전의 수준보다 심하게 강화되지 않아야 할 것, 셋째, 통합의 경과조치(계획 · 일정 등)에 대한 합리적 계획이 첨부되어야 한다고 GATT는 규정하고 있다.

위의 GATT기준에 비추어, 예컨대 일부 상품에 대해서 이국간에 관세철폐등의 무역협정을 체결하는 것은(미 · 캐나다 자동차협정, 미 · 일 반도체협정) GATT의 자유무역지역규정에 부합되지 않는다. 또한 경제통합결성 후 예컨대 원산지규정에 대해서 부품현지조달률(local content)을 인상시키는 조치는 무역제한조치의 강화로서 허용되지 않는다. 더욱이 확정된 통합시스템을 역내의 어떤 이유로 해서 역외지역과 협의하지 않고 일방적으로 강화하는 것은 문제가 된다.

경제통합은 본질적으로 지역차별무역협정의 특수한 형태로 생각할 수 있으나 통합역내에 있어서는 무차별의 자유무역이 이루어지기 때문에 통합시장의 자유화 정도에 따라 다음 4가지 형태로 구분된다.

제1단계는 통합지역내에 무역가능재에 대한 관세, 기타 무역장벽은 모두 철폐하고 상품의 단일시장을 형성하는 경우이다. 그것을 자유무역지역(free trade area)이라고 부르며, EFTA와 NAFTA 등이 이 범주에 포함된다. 자유무역지역의 경우 가맹국의 역외관세는 각국의 자율권에 일임하나 경제통합의 제2단계로서 가맹국이 공동으로 대외공동관세를 설정하는 경우는 관세동맹(customs union)이 결성된다. EC는 1966년에 관세동맹을 실현하였다. 관세동맹의 경우 공동관세수입을 가맹국간에 어떻게 배분되는가를 결정하는 문제에 대한 합의가 필요하다.

시장통합의 대상이 상품에 국한되지 않고 노동, 자본, 기타의 생산요소까지 포함되는 경우는 경제통합의 제3단계로서 공동시장(common market)이라고 부른다. EC는 1992년에 관세동맹을 공동시장단계로 전환시키는 목표를 실현하였다. 또한 공동시장 경제권의 가맹국이 재정정책, 금융정책, 산업정책, 농업정책, 소득정책,

환경정책 등에 관해 공동입장에서 정책협력을 초월한 통일 정책을 실현하는 경우는 경제통합의 제4단계로서 경제동맹(economic union)이라고 부른다. 그러나 경제통합의 진행단계는 EC의 30여년 통합역사에서 나타나는 바와 같이 반드시 제1단계에서 제4단계로 진행되는 것은 아니다. 실제로 관세동맹의 단계에서 일부 경제정책의 통합화가 이행되는 것은 필요조건이다. EC의 공동농업정책과 유럽통화제도의 성립이 그 사실을 입증해주고 있다.

더욱이 세계의 정치적 국경에 따라 존재하는 모든 경제면의 장애와 차별을 제거하는 통합단계도 생각할 수 있는데, 그것을 초국가적 통합(supper-national integration) 또는 경제적 세계주의(economic cosmopolitanism)통합이라고 부른다. 경제통맹의 패턴으로서는 정책통합의 방향, 시행을 위한 강제력의 범위, 통합의 안정성 등의 정도에 따라서 완만한 주권국가의 연합조직 형태에서 중앙집권적 의사결정기구를 제도화한 연방형태에 이르기까지 여러 가지 통합가능성을 나타낸다. 경제동맹은 18세기의 미합중국(1776년), 19세기의 독일관세동맹, 일본의 명치유신(1871) 등 역사적으로 여러 가지 풍부한 사례를 유산으로 가지고 있다. 실제로 근대 중상주의 국가의 성립 기초는 경제동맹의 정치적 완성이 중요한 역할을 수행하였다고 Machlup(1977)과 Robertson(1972년)은 지적하고 있다.[2)]

시장경제권가는 대조적으로 최근 러시아, 동구, 중국을 포함한 사회주의 경제권에서도 의사결정의 중앙집권 만능주의로부터 지방 및 산업, 기업 등의 분권화 메카니즘으로의 전환이 진행되고 있다. 즉, 그들은 종래의 독립적 국가관리중심의 통제형 경제로부터 외국과의 자본협력 또는 직접투자를 적극적으로 허용하는 형태로 세계시장에의 재편입을 목표로 통합화(consolidation)를 추신하는 경향이 현저하다. 중앙계획경제권이 경제활동의 자유화와 대외무역의 개방화의 실현으로 시장기능의 확대를 목표로 하고 있는 데 대해서, 시장경제권에서는 공공정책의 협조와 제도적 통합화의 의의가 강조되고 있는 것은 역사의 아이러니라고 보지 않을 수 없다. 그러나 Tinbergen은 전자는 소극적 통합(negative integration)이고, 후자는 적극적 통합(positive integration)이라고 부른 경제통합의 대표적인 두 개 방향 내지는 형태를 제시하고 있다.[3)]

---

2) Machlup, F., A *History of Thought on Economic Integration*, London : Macmillan, 1977, ch.5, ch.6 참고.

3) Tinbergen, J., *International Economic Integration*, 2nd ed(1st ed. 1954), Amsterdam : North Holland, 1965.

역사적으로는 중상주의 보호무역으로부터 자유무역주의로 이행기간에 소극적 통합을 볼 수 있다. 도식적으로 말하면 무역규제의 철폐에 의한 시장통합의 심화 내지는 충실화가 소극적 통합이고, 다른 한편 지역경제의 통합과 대규모 시장권의 확대와 그를 위한 제도적 개선과 새로운 초국가적 수준의 기구창설 등이 적극적 통합이라고 볼 수 있을 것이다.

경제의 계획화, 통제화가 크게 확장되었던 20세기 전반과는 대조적으로 최근에는 소련을 포함한 사회주의 경제권과 개발도상국권에 있어서 계획경제의 자유화가 지역통합과 병행해서 세계적 조류로 나타나고 있다. 20세기 후반을(특히, 최후의 20년) 역사가들이 어떻게 평가할 것인가는 매우 흥미있는 일이다. 일반적으로 경제통합의 주요 목적은 통합지역내의 규모에 상응하는 최적 생산방법을 적용하고, 희소자원의 유효배분과 효율적 분업이익을 통해서 통합지역내의 잠재력을 역내경제발전에 최대로 활용하는 것이다. 통합역내에 단일 시장을 확대하고, 역외지역에는 관세를 포함한 무역장벽을 지속하는 것은 관세동맹의 경우 고전적 수단이다.

계획경제권에 있어서 경제통합은 통합방법에 관한 한 시장경제권과는 전혀 상이하다. 시장경제권에 있어서 주요한 통합방법은 시장메카니즘을 이용해서 최적생산, 최적소비, 최적공급정책을 실현하는 것이다. 생산물의 일물일가원칙 또는 생산요소가격의 균등화가 성립되는 범위가 바로 시장통합의 척도라고 할 수 있다. 그와는 대조적으로 계획경제권에 있어서는 그와 같은 시장의 신호(signal)는 무시하고 계획당국자의 계획조정, 특히 국가무역에 관한 정합성에 통합의 역점을 두고 있다. 그와 같은 통합수단의 경우는 필연적으로 정치적 배려가 최우선이 되는 것이다.

그러면 도대체 경제통합의 목적을 달성하는 수단으로서 관세동맹(또는 자유무역지역)이 최적수단인가. 만약 최적의 수단이 아니라면 경제통합의 목적과 수단의 정합성을 제고시키는 데 그것은 어느 정도 유효한가. 더욱이 통합역내의 경제조건(소비자 및 생산자이익, 교역조건, 경제성장)의 개선은 역외의 경제조건에 어떤 희생(비용)을 초래하는 것인가. 통합가맹국간의 이익이 증진될 때, 그 배분은 어떻게 행하여지는가. 경제통합은 가맹국, 통합지역전체, 나아가서는 세계전체의 이익에 어떠한 영향을 미치는가. 이와 같은 문제를 연구하는 것이 경제통합에 대한 경제분석의 주요 과제이다.

14.2 경제통합의 경제효과

경제통합의 고전적 모델로서 관세동맹의 경제효과를 정태적 효과와 동태적 효과를 구분하여 살펴본다. 관세동맹은 1930~40년대 세계무역이 고율관세와 경제블록으로 인하여 암울한 시기에 일부 국가를 결속시켜 상호 관세를 철폐하고 가맹국간에 자유무역을 촉진하는 것을 목표로 하였기 때문에 많은 자유무역주의자들의 환영을 받았다. 관세동맹의 결과로 관세에 의해 보호된 국내생산은 가맹국 가운데 최저비용의 생산국에서의 수입으로 대체되었다. 그와 같은 무역증대를 Viner는 무역창출효과라고 부르고 관세동맹이 가져오는 양의 효과라고 평가하였다.

그러나 관세동맹은 역외국에 대해서는 여전히 일정한 고율관세를 유지하기 때문에 세계의 최저비용 생산국으로부터의 수입은 관세를 포함한 수입가격이 가맹국의 최저비용을 상회하기 때문에 수입선은 세계 최대의 효율적인 생산국에서 관세동맹국의 최대 효율적 생산국으로 전환되는데 Viner는 그것을 무역전환효과라고 부르고 관세동맹의 부의 효과로 평가하였다. 관세동맹은 저비용국가(비가맹국)에서 상대적으로 고비용국가(가맹국)로 무역을 전환시키게 된다. Viner는 처음으로 관세동맹이 세계적 관점에서 부의 효과를 가져올 가능성을 명확하게 구명하였다. 즉, Viner는 관세동맹의 자원배분효과를 평가하는 경우 무역창출효과와 무역전환효과를 비교하여 그 차이인 순효과를 검토하지 않으면 안 된다는 설득력 있는 이론을 전개하였다. Viner의 획기적인 고찰은 차별적 보호주의에 기초한 무역전환이 존재하는 한 관세동맹의 결성은 자유무역의 방향으로 진전하는 것이 분명하나 그 자체가 무조건 세계 전체의 자원배분을 개선한다는 보장은 없다는 점을 시사하고 있다.4) 다음에서 관세동맹의 정태효과와 동태효과를 구분하여 살펴본다.

1. 정태적 경제효과

Viner의 연구에서는 관세동맹이 가져오는 무역창출 및 무역전환이라는 생산효과에 한정하고 있으나 보다 일반적인 가격탄력적인 수요함수를 도입하여 바이너의 분석결과를 소비효과에까지 확장시킨 것은 Meade(1996년), Lipsey(1957년),

4) Viner, J., The *Customs Union Isues*, New york : Camegie Endowment for International Peace, 1950

Johnson(1960년)의 공헌이 크다. 다음 관세동맹의 생산 및 소비효과를 [그림 14-1]을 이용해서 설명해본다. 설명을 용이하게 하기 위해서 단순한 부분균형분석을 이용한다. 어느 재화의 생산에 관계된 3개국의 생산비는 A국(자국)이 가장 높고, B국(관세동맹가입국)의 생산비는 A국보다는 낮으나 세계의 최저비용국인 C국(비가맹국)의 생산비보다는 높다고 가정한다.

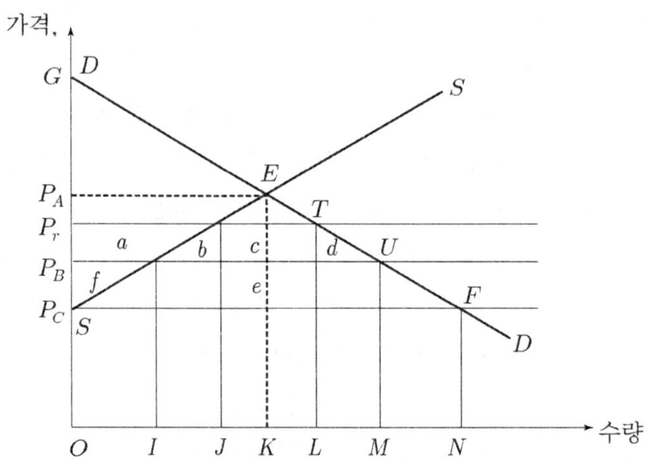

E : 자급자족(폐쇄경제) 下의 균형점
F : 자유무역(자유무역하의 완전개방제) 下의 균형점
T : 관세 $P_C - P_r$ 를 포함한 균형점
U : 관세동맹후의 균형점
DD : A국의 수요곡선
SS : A국의 공급곡선
SO_A : A국의 자급자족 균형가격(생산비)
OP_B : B국의 일정 생산비
OP_C : C국의 세계최저 생산비

[그림 14-1] A국의 경우 관세동맹의 생산 · 소비효과

그림에서 생산비는 종축에서 P_A, P_B, P_C로 표시되어 있다. DD는 A국의 수요곡선, SS는 A국의 비용체증을 전제한 공급곡선이다. 한편 세계시장에서 A국은 소국이라고 가정하고, B국, C국의 생산비와 공급가격은 각각 P_B, P_C로 고정되어 있는 경우를 가정한다. 폐쇄경제(도는 수입이 영으로 될 정도의 고율관세)의 경우 균형점은 E에서 결정되고 A국의 수요는 전부 국내생산 OK로(E점에 대응하는 횡축의 수량) 충족되고 그때 국내가격은 P_A로 된다.

완전한 자유무역의 경우 균형은 F점에서 결정되고, A국의 국내생산은 영으로 되고, A국의 총수요는 C국에서 수입 ON으로 충족되고, 국내가격은 국제가격 P_C와 일치한다. 그런데 A국이 어떤 이유로(유치산업보호, 공업화, 국내수지개선 등) 관세 P_CP_T를 부과하는 경우 균형점은 점 T로 결정되고, 국내가격은 P_T의 수준으로 상승된다. 그 결과 국내수요는 OL로 감소되나 국내생산은 OJ로 되고, 잔여수요는 C국에서의 수입 JL에 의해서 조달된다.

보호관세의 도입에 의해서 소비자잉여는 자유무역의 경우(삼각형 GEP_C부분)에 비해서 감소한다(삼각형 GTP_T의 부분). P_TT를 상한으로 하는 공급곡선 SS의 위쪽 부분($a+f$로부터 이루어지는 삼각형)에 생산자잉여가 발생한다. 또한 정부는 관세(P_CP_T)에 수입량(JL)을 곱한 액의 관세수입(사각형 $c+e$)을 취득하게 된다. 따라서 소비자잉여의 감소분(P_TTFP_C)으로부터 생산자잉여와 정부의 관세수입부분($a+f+c+e$)을 차감한 나머지가 A국 전체로서 경제후생면의 순손실(관세의 보호비용)이 된다. 이상은 자유무역과 비교한 관세도입 경우의 후생변화이나 관세동맹의 논의는 그 관세를 포함한 균형점에서 출발한다.

지금 A국과 B국이 관세동맹을 체결하고 C국이 제외되는 경우 관세는 가맹국 B국에서는 적용되지 않고 비가맹국 C국에서만 적용된다. 그 결과 무관세의 B국의 가격 P_B는 관세포함 국제가격 P_T보다 낮게 되고, 관세동맹 후의 A국의 균형점은 U에서 결정된다. A국의 가격수준이 P_B로 하락하는 경우 수요는 OM으로 증가되고, 국내생산은 OJ에서 OI로 감소되기 때문에 수입은 JL에서 IM으로 증가한다. 국내생산이 B국의 수입으로 대체되는 부분(생산효과IJ)과 국내수요의 증가부분(소비효과 LM)이 B국에서의 수입으로 조달되는 부분의 합계가 관세동맹의 무역창출효과가 된다.

한편, 세계의 최고효율생산국 C국으로부터 A국의 수입(JL)은 가맹국 B국에서의 수입(IM)으로 대체되어 무역전환효과가 발생한다. A국의 입장에서 관세동맹의 후생변화는 소비자잉여의 증가($P_TTUP_B=a+b+c+d$)에서 생산자잉여의 감소(사다리꼴 부분)와 정부의 관세수입감소(사각형 $c+e$)를 차감한 부분($b+d-e$)으로 측정된다. 빗금친 b의 삼각형 부분은 무역창출에 의한 양의 생산효과이고, 빗금친 d의 삼각형 부분은 무역창출에 의한 양의 소비효과에 의거한 후생수준의 상승이다. e의 사각형 부분은 관세동맹 전의 정부의 관세수입이 B국에 생산자잉여의 증가형태로 A국이 상실하는 후생수준의 저하를 나타낸다. 관세동맹이 A국에 미치는 후생상의 순효과$(b+d-e)$가 전체로서 플러스가 되는가 마이너스가 되는가는 선험적으로 아무 것도 말할 수 없다.

다음 관세동맹의 무역창출효과에 유리한 조건을 검토해본다. Viner가 적절히 지적한 바와 같이 관세동맹의 자원배분상의 효과에 대해서는 개별경우의 특수조건에 좌우되므로 일반적 평가는 한계가 있으나 그런 점을 감안하여 관세동맹의 형성이 무역창출효과에 유리하게 되는 몇 가지 조건을 정리해보면 다음과 같다.

첫째, 관세가맹국의 수가 많고 그 규모가 클수록 보다 저비용의 생산국이 포함될 가능성이 높고 무역창출효과가 무역전환효과를 상회할 가능성이 높다. 극단적인 경우로서는 세계 모든 국가가 포함된 관세동맹(완전한 자유무역의 세계)의 경우 무역창출효과만이 발생하고 무역전환효과는 전무할 것이다. 그것은 분명히 최선의 사례이다.

둘째, 관세동맹 전의 관세율이 높을수록 자유무역을 왜곡하는 정도가 크기 때문에 관세동맹 후의 무역창출효과가 클 것이다.

셋째, 가맹국 가운데 최저비용국 B국과 세계 전체로서 최저비용 비가맹국 C국의 생산비격차가 작을수록 관세동맹 후 A국의 가격은 낮게 되고, 손실되는 관세수입의 음의 효과도 작으며 양의 효과는 크게 된다.

넷째, 관세동맹 가맹국간에 산업구조면에서 중복되는 부분이 크고, 상호 대체성이 강한 재화를 생산하여 동맹국간의 경합성(또는 대체성)이 클수록 역내에서 효율성이 높은 국가에 특화(효율적 분업)가 촉진될 것이므로 무역창출효과가 크게 된다. 그 반면 가맹국간에 산업구조면의 중복부분이 작고 동맹국 경제간에 보완성이 클수록 무역전환효과가 크게 될 것이다. 그 이유는 경제보완성이 큰 국가간에는 역내에서 보호되는 각국 산업이 세계 전체로서 효율적인 생산국(비가맹국)을 밀어내고 관세동맹내의 시장을 배타적으로 지배할 가능성이 높기 때문이다. 그 점을 이론적으로 명확하게 구명한 것이 Viner의 공헌이고 관세동맹에 관한 바이너의 역설이다.

다섯째, 관세동맹국간에 산업구조면의 중복 정도가 일정하다면 가맹국간의 생산비격차가 클수록 고비용국의 국내생산은 저비용가맹국에서의 수입으로 대체되기 때문에 무역창출효과는 크게 된다.

Viner가 제시한 관세동맹의 역설(지역차별적 자유무역이 산출되는 무역전환효과)을 그 후 바로 후생경제학의 광범한 구조내에서 차선의 일반이론(the general theory of second best)의 한 사례로서 고찰되었다. 차선의 일반이론의 내용은 최적

조건이 모두 충족된다고 하는 유토피아적 경제환경의 세계를 떠나서, 일부 최적조건의 충족은 그 자체가 적절한 방향으로 개선된다고 하여도 전체로서 최적성의 개선(Pareto의 개선)에 유도된다는 보장은 없다는 내용이다.

한편, Kemp와 Wan(1976)은 관세동맹의 결성이 역외국의 경제후생을 저하시키지 않고 파레토개선을 가져온다는 명제를 이익의 재분배가 비용을 수반하지 않고 무제한으로 행해진다고 하는 비현실적 가정에 기초해서 도입하고 있다. 그 문제를 살펴보자. 관세동맹을 체결한 A, B 양국은 동맹 후 대외공동 관세를 적절히 선별함으로써 동맹 전 C국과의 무역이 A, B양국의 동맹 후의 전체무역과 정확히 균형이 된다는 것을 알 수 있다. 따라서 C국의 동맹 후의 경제후생은 변화되지 않는다. 한편 A, B 양국의 자원은 동맹 후도 동맹전과 마찬가지로 이용되거나 더욱 개선될 여지가 있다. 따라서 A, B 양국은 생산과 소비에 대한 Pareto개선의 가능성을 갖는다. 그 논의의 최대 문제점은 이익의 재분배가 비용을 수반하지 않는다고 가정해도 전제되고 있는 균형이 과연 존재하는가 또는 어떤 조건하에서 그 존재가 가능한가에 대한 명확한 검증이 없다는 것이다.

그 명제에 의하면 바이너이론의 무역전환에 수반된 역외국에의 음의 효과는 무역창출에 의하여 산출되는 관세동맹국 전체의 이익에 의해서 보상되고 또한 더 많은 이익의 잉여가 발생된다. 따라서 이론적으로는 어떤 관세동맹도 필요한 보상의 조정이 가능하다고 전제하여 세계 전체의 이익증진(파레토개선)에 기여한다. 그 결과 관세동맹의 부분집합이 세계 전체로 확대되고 세계 규모로 자유무역이 실현될 때까지 파레토개선의 과정은 계속된다. 바꾸어 말하면 Viner가 제기한 관세동맹의 역설은 국제적 보상원리를 적절히 이용함으로써 적어도 이론적 측면에서는 문제가 해소될 수 있을 것이다.

한편, Mundel(1964)은 Viner의 연구를 계속 진전시켜 관세동맹이 교역조건에 어떠한 영향을 미치는가를 명확히 하였다. 일반적으로 관세동맹국의 수요가 비동맹국의 수출에 대해서 큰 비중을 점할 때에는(소국의 가정은 타당치 않음) 무역전환효과가 클수록 동맹 후의 수요감소는 가격하락을 가져오기 때문에 동맹국측의 교역조건은 개선된다. 그 경우에는 관세동맹의 이익은 비가맹국의 희생 위에서 성립되는 이상 세계 전체의 입장에서 이익이 역외국에 주는 손실보다 크다는 보증은 없다.

교역조건의 분석에는 일반균형모델의 이용이 불가결하나 여기서는 관세동맹의 규모가 크고 가맹국이 전체로서 세계무역에서 유력한 지위를 점하고 있는 경우 동맹전체로서 대외공동관세를 적당히 조정하는(독점력행사에 의한 최적관세의 부과) 가능성도 무시할 수 없다는 것으로 마무리한다.

2. 동태적 경제효과

Scitovsky(1958년)와 Balassa(1961년) 등 많은 경제학자는 EC의 경제통합에 대해서 자원배분효과보다는 경테통합에 의해 달성될 수 있는 동태적 효과의 개선을 평가기준으로 중요시하고 있다. Balassa의 표현에 의하면 전자는 기존의 경제요건(생산효율, 기술, 투자 등)에 기초해서 달성되는 효율성이나, 후자는 여건으로서 경제조건 자체를 변화시킴으로써 새로운 효율성의 범위를 확대시키는 것으로 기대하고 있다. 시간과 관련해서 말하면 동태적 효율성은 장기적 관점에서 경제효율의 혁신으로의 위치를 갖게 된다. Corden(1974)은 그것을 규모이익(scale economies)과 일치하는 것으로 시간의 이익(time economies)이라고 비유적으로 불렀다.

동태적 효율성이라는 기준은 경제학자에 따라서 우선순위와 경제적 근거에 대하여 큰 차이가 있으나 대체로 다음 4가지 점이 중요하다고 지적되고 있다. 즉,

첫째, 경제통합에 의해서 발생되는 시장확대는 기업에 규모의 경제성을 활용하는 기회를 부여한다. 그것은 국제적 규모의 경제성이라고(Ethier, 1983) 부르는 것으로 소국의 경제통합의 유력한 논거가 되고 있다.

둘째, 경제통합은 가맹국의 시장경쟁을 자극하고 일국내의 과점적 휴면산업에 냉수샤워를 부여한다. 단지 그것이 통합역내에서 증기목욕효과로 전환되지 않는다는 보증은 없다.

셋째, 기업의 입장에서 무역장애제거에 의해서 장래 시장의 확대가 확실히 기대될 때 불확실성 요인이 감소되면, 경제통합은 투자증대와 경제성장을 가속화시키는 동기를 부여한다. 경제통합에 의해서 역내보다는 오히려 역외에서 직접투자효과가 크게 될지도 모른다.

넷째, 경제통합은 연구개발투자의 활성화(자금pool의 대규모화, 분업화, 공공화 등)를 통해서 기술혁신과 생산성향상을 촉진한다. 그 반면 독점기업의 시장지배력이 통합역내에서 강화될 경우에는 기술혁신의 속도를 저하시킬 가능성도 있다.

경제통합이 그와 같은 효과를 촉진하는 데 어느 정도 유효한가는 국내경제나 국제경제에 있어서 선험적으로 불명확하다. 동태적 효율성이라는 관점에서 경제통합의 유효성 여부는 Kindleberger가 지적한 바와 같이 신념의 유무에 귀착되는 것

은 아닌지 모른다.

최근 국제무역이론 분야에서 불완전 경쟁요인에 다시 관심을 가지고 경제통합에 관해서도 생산물의 차별화에 수반된 산업내 수평무역의 비중증대가 중요시되고 있다. 따라서 전통적인 동종생산물의 무역전환보다는 대체재간의 무역전환이나 보완재간의 무역창출 등이 경제통합에 의해서 야기되는 무역패턴의 수정으로 논의되고 있다.

14.3 지역경제통합의 실태

1. 지역경제통합의 개관

세계경제는 1985년 발표된 EC의 시장통합백서와 그에 따른 단일구주의정서를 계기로 지역통합의 움직임이 다시 활성화되고 구체화되기 시작하였다. 1993년 1월에는 EC의 시장통합이 완성되고 북미자유무역협정(NAFTA)도 1994년 1월에 발효되고, 또한 아시아자유무역지역(AFTA)도 1993년 1월부터 역내 관세를 인하하는 등 활발한 통합움직임을 보이고 있다. <표 14-1>에서 최근 세계 주요지역통합의 실태를 잘 나타내고 있다. 그와 같은 사실은 지역통합의 방향이 90년대에 들어와 새로운 단계로 접어든 것을 시사하는 것이다. 지역 통합에 참가하는 국가들이 세계경제에서 점하는 비중이 크기 때문에 금후 지역통합의 효과가 세계경제에 미치는 영향은 더욱 증대될 것으로 예상된다. 여기에서 세계 주요한 지역통합의 움직임을 지역별로 나누어 살펴본다.

2. 주요 지역경제통합의 현황

1) EU의 현황

〈표 14-1〉 세계의 주요 지역통합 현황

<table>
<tr><th colspan="2"></th><th>명칭</th><th>종류 설립연도</th><th>주요참가국(참가국수)</th><th>인구
(백만90년)</th><th>명목GDP
(10억불90년)</th></tr>
<tr><td rowspan="8">선진국간 지역통합</td><td rowspan="3">유럽</td><td>EC(유럽공동체)</td><td>58년
68년관세동맹
93년공동시장</td><td>독일, 프랑스, 이테리, 네덜란드, 벨기에, 룩셈브르크, 그리스, 덴마크, 영국, 아일랜드, 스페인, 포르투갈(12개국)</td><td>327</td><td>6,027</td></tr>
<tr><td>EFTA(유럽자유무역연합)</td><td>자유무역협정
60년</td><td>스위스, 오스트리아, 스웨댄, 핀란드, 노르웨이, 아이슬란드, 리벤스타인(7개국)</td><td>33</td><td>861</td></tr>
<tr><td>EEA(유럽경제지역)</td><td>자유무역협정
94년출범</td><td>EC 및 EFTA(합계 19개국)</td><td>359</td><td>6,888</td></tr>
<tr><td>미국</td><td>NAFTA(북미자유무역협정)</td><td>자유무역협정
94년발효</td><td>미국, 캐나다, 멕시코(3개국)</td><td>363</td><td>6,116</td></tr>
<tr><td>오세아니아</td><td>ANZCERTA
(호주·뉴질랜드경제긴밀화협정)</td><td>자유무역협정
83년</td><td>호주, 뉴질랜드(2개국)</td><td>20</td><td>338</td></tr>
<tr><td rowspan="2">기타</td><td>EC·이스라엘자유무역협정</td><td>자유무역협정
75년</td><td>EC, 이스라엘(13개국)</td><td>331</td><td>6,072</td></tr>
<tr><td>미국·이스라엘
자유무역협정</td><td>자유무역협정
85년</td><td>미국, 이스라엘(2개국)</td><td>255</td><td>5,568</td></tr>
<tr><td colspan="6"></td></tr>
<tr><td colspan="2" rowspan="2">선진국과 발전도상국간의 지역통합</td><td>로마협정</td><td>편무적자유무역협정
76년(제1차)</td><td>EC 및 ACP제국(69개국)</td><td>-</td><td>-</td></tr>
<tr><td>미국의
무역투자협정</td><td>자유무역협정
90년, 91년</td><td>미국, 대중남미제국, 카리브제국, 싱가포르, 호주(선진국) 등</td><td>-</td><td>-</td></tr>
<tr><td rowspan="4">발전도상국간</td><td>유럽</td><td>GEFTA(중부유럽자유무역협정)</td><td>자유무역협정
93년</td><td>폴란드, 체코, 슬로바키아, 헝가리(4개국)</td><td>64</td><td>142</td></tr>
<tr><td rowspan="3">아시아</td><td>AFTA
ASEAN
(자유무역권)</td><td>자유무역협정
93년</td><td>싱가포르, 말레이시아, 인도네시아, 필리핀, 태국, 브루나이(6개국)</td><td>318</td><td>311</td></tr>
<tr><td>SAARC(남아시아지역협력연합)</td><td>지역협력
85년</td><td>인도, 파키스탄, 방글라데시, 스리랑카, 네팔, 부탄, 몰디브(8개국)</td><td>1,111</td><td>372</td></tr>
<tr><td>ECO(경제협력기구)</td><td>자유무역협정
85년</td><td>인도, 터키, 파키스탄, 구소련, 이슬람계 공화국5개국(92년에</td><td>233(구회원국-3개국)</td><td>686(구회원국-3개국)</td></tr>
</table>

				참가)(8개국)		
의 지역 통합	중남미	ALADI(중남미 통합연합)	자유무역협정 81년	멕시코, 콜럼비아, 베네수엘라, 아르헨티나, 브라질, 칠레, 페루, 파라과이, 우루과이, 볼리비아, 에콰도르(11개국)	383	670
		MERCOSUR (남미공동시장)	자유무역협정 91년조인	브라질, 파라과이, 우루과이, 아르헨티나(4개국)	190	492
		ANCOM(안데스공동시장)	관세동맹 91년조인	콜럼비아, 에콰도르, 페루, 베네수엘라, 볼리비아(5개국)	93	131
	아프리카	ECOWAS (서아프리카 제국경제공동체)	관세동맹 75년	나이지리아, 가나, 기니아 등 (16개국)	90	39
		PTA(동부·남부아프리카 특혜무역지역)	자유무역협정 84년	짐바브웨, 브룬디, 수단, 케냐 등 (20개국)	248	61
		SADC(남아프리카 개발공동체)	관세동맹 79년SADCC로 발족 92년 조인	잠비아, 탄자니아, 모잠비크, 앙골라, 짐바브웨, 말라위 등 (10개국)	82	27

자료 : 日本 通商省 編, 通商白書, 1993년판.
주 : 위 표에 기재된 이외에도 라틴아메리카와 아프리카 중심의 지역통합이 다수 존재함.

(1) EU의 추진현황

EU는 현존하는 지역무역협정 중 가장 먼저 시작되어 가장 완전한 형태의 통합을 이루어 나감으로써 지역통합의 효시가 되고 있다. EU통합은 크게 통합의 심화(deepening)와 통합의 확내(widening) 과정으로 나누어 살펴볼 수 있다.

첫째, EU통합의 심화과정은 유럽단일의정서(Single European Act : SEA)에 의한 역내시장의 완성과 마스트리히트조약에 근거한 경제·통화동맹(EMU)의 추진, 공동 외교·안보정책, 내무·사법분야의 협력강화를 위한 노력 등을 포함한다.

역내시장의 완성은 역내시장통합백서(White Paper)에 의거하여 1992년 말까지 회원국간 상존하고 있는 장벽을 물리적·기술적·재정적인 장벽으로 구분하여 이를 제거하고, EU내에서 상품, 자본, 사람 및 서비스교역의 자유이동이 가능한 완전한 공동시장을 형성하는 것을 말한다. 이 계획은 로마조약 체결 이후 13년 이내에 완성하기로 규정한 정신에 기초하여 그 동안 미진하였던 비관세장벽의 철폐를 통해 EEC조약을 완성하기 위한 것이다.

한편, EU는 1993년 1월 역내단일시장을 출범시킨 이후에도, 1993년 11월에 발효된 마스트리히트조약에 근거하여 EU통합을 더욱 심화시켰다. 마스트리히트조약의 주요 골자는 우선 1999년 1월까지 EU중앙은행의 설립을 통해 단일 통화를 채택하고, 다음으로 공동 외교 · 안보정책의 실시로 EU대외정책의 통일성 및 일관성을 제고시킬 뿐 아니라 대외적인 위상을 제고하며, 끝으로 내무 · 사법분야에서의 협력 강화 등을 통해서 정치 · 경제공동체를 형성해 가는 것이다.

추진성과를 살펴보면 다음과 같다. 역내시장 완성계획은 당초 채택하기로 한 282개의 지침제안을 1995년 270개로 통폐합하여 실행하고 있다. EU집행위의 평가에 의하면, 역내공동시장 출범 이래 상품의 자유이동은 원활히 이행되고 있으나 사람, 서비스 및 자본의 자유이동은 상대적으로 미진한 것으로 평가되고 있다.

한편, 모두 3단계로 나누어 1990년 7월부터 추진되고 있는 유럽통화동맹(EMU)은 유럽통화기구(EMI)의 설립에 이어, 단일통화 단계에 이르렀다. EU는 1998년 초에 1997년까지의 경제성과를 기준으로 EMU최종단계로 진입할 국가를 선정하였고, 늦어도 2002년 1월 EURO화로 명명된 단일통화를 도입하고, 2002년 7월까지 EMU를 완성할 계획이다.

EU의 확대과정은 모두 4차에 걸친 회원국수의 확대와 EFTA국과의 EEA협정의 체결 및 동유럽 국가와의 준회원국 협정의 체결에 이어서 이들 국가의 EU가입추진 등으로 나누어 살펴볼 수 있다.

EU는 1957년 출범 당시 프랑스, 독일, 이탈리아, 베네룩스 3국 등 6개국이 로마조약을 체결한 데 이어 1973년 영국, 덴마크, 아일랜드 3국이 가입하고, 1981년 그리스의 가입, 1986년 스페인과 포르투갈의 가입이 이루어졌다. 또한 1995년 1월부터 EFTA 국가 가운데 스웨덴, 핀란드, 오스트리아가 새로운 회원국으로 정식 가입하게 되어 EU 회원국수는 12개에서 15개국으로 늘어났다.

한편 EU는 1993년부터 EFTA 5개국과 EEA협정이 발효됨에 따라 양 지역간에 상품, 서비스, 자본 및 사람의 자유이동이 이루어지고 있다. 바야흐로 유럽은 국경이 사라진 '하나의 유럽시대'로 이행해 가고 있다. EU의 경제 · 지리적 영역확대는 시장경제체제로 이행해 가는 동구권 국가로까지 확산되고 있다. 특히 EU는 헝가리, 폴란드, 체코, 슬로바키아, 루마니아 및 불가리아에 이어 1995년 6월 리투아니아, 라트비아, 에스토니아 등 발트 3국과도 장차 EU 가입을 전제로 한 준회원국협정(Association Agreement)을 체결하여 양지역간 자유무역을 실현해 가고 있다. 이 밖에도 터키, 몰타, 키프로스가 EU가입을 신청한 상태며, 광역유럽경제권 구축을 위한 EU의 노력은 지속될 것이다.

EU통합의 목적은 단일통화의 도입을 통해서 역내공동시장을 형성함으로써 경제적인 측면에서 규모의 경제 실현을 통해 역내기업의 경쟁력을 강화하고, 미국과 일본에 비해서 낙후된 EU의 경제를 재활성화시키고, 정치·외교적인 면에서는 공동 외교·안보정책을 통해서 국제사회에서 과거 유럽이 누렸던 지위를 복원한다는 것이다. 경제통합단계에서 볼 때, EU는 공동시장의 단계와 완전 경제통합단계가 혼재된 단계에 이르고 있다.

1958년 EU출범 이후 EU의 역내수입이 총수입에서 차지하는 비중이 계속해서 증가하여 역내국간의 무역의존도가 증대되고 있다. EU는 1993년 1월 단일시장 출범으로 상품뿐만 아니라 노동, 자본, 서비스의 자유이동이 가능해짐에 따라 무역장벽이 완전히 제거되었고, 규모의 경제, 경쟁촉진 등으로 역내 후생증대는 물론, 경제의 효율성도 크게 증대되었다.

Emerson의 연구에 의하면 EU통합의 미시경제적인 평가에 대해서는 적어도 GDP의 2.5% 증대가 이루어질 것이라고 분석하였다. 또한 OECD는 EU의 경우 회원국 증대에 따른 역내교역 비중의 증대에도 불구하고 무역전환효과보다는 무역창출효과가 더 크게 나타나 제3국과의 공산품교역이 증대된 것으로 평가하고 있다. 즉, 일부 산업부문의 보호주의조치에도 불구하고 EU는 역내비관세장벽의 제거 및 규제해제로 제3국에 대한 무역도 보다 자유화되고 있다. 이외에 투자가 1980년대 중반 이후 크게 증대되었으며, 경제적인 후생도 증대된 것으로 분석되고 있다.

EU는 앞으로는 역내시장의 완성을 위하여 관련 법·제도의 투명성제고, 무역 및 기술장벽의 제거 등 기존의 단일시장 추진성과를 기정 사실화하는 한편, 소비자보호, 중소기업지원, 범유럽 네트워크의 건설 등 역내시장의 원활한 운영을 위한 지원정책을 시행해 갈 전망이어서 통합의 효과가 지속적으로 나타날 것이다.

이와 같은 EU통합이 국제경제관계에 미치는 영향은 EU가 역내교역장벽을 제거하고 국경 없는 하나의 역내 단일시장을 형성하여 내부경제의 효율성을 높이고 대외적으로는 결집된 힘을 바탕으로 세계경제에서 주도권을 행사하려는 데에 있기 때문에 상당히 크다고 할 수 있다. 이미 EU는 딜론라운드부터 하나의 협상주체로 등장하고 있으며, UR협상과정에서 보았듯이 통합과정에서 늘어난 시장력을 바탕으로 협상력을 제고시켜 다자간 의사결정에 상당한 영향력을 미치고 있다.

(2) EU의 주요 공동정책

(가) 재정정책

1958년 EEC가 발족된 이후 각 가맹국들은 통화동맹 내지 공동통화정책을 위한 협력을 도모하지 않고는 유럽통합에 한계가 있음을 인식해 왔다. 그러한 인식은 1960년대 말 프랑화의 평가절하와 마르크화의 평가절상을 경험하면서 더욱 분명하게 되었다. 역내통화 상호간의 환시세불안은 공동농산물정책의 유지를 위태롭게 하고 역내 자본이동의 저해요인으로 작용하는 등 EU통합의 장애요인으로 부각됨에 따라 1970년대 이후 유럽각국은 경제통화동맹에 대한 관심과 노력을 기울이기 시작했던 것이다.

그리하여 1970년대 초반부터는 역내의 환율안정을 목표로 하는 통합협력이 취해지기 시작했으며, 그 결과 나타난 것이 1970년대 중반의 snake제도 및 공동float제도이며, 이 제도를 기초로 하여 1979년에 유럽통화제도(Euro-pean Monetary System: EMS)가 발족되었다.

유럽통화제도는 환율안정으로 성장과 투자의 촉진, 완전고용의 달성, 회원국의 경제조화, 지역간 불균형시정 등을 목표로 한다. 유럽통화제도는 회원국 통화의 중심환율 역할을 하는 유럽통화단위(ECU)와 함께 환율조정장치(ERM)를 설치하였으며 환율이 불안정한 국가를 지원하기 위해 중·단기 신용제도를 도입하였다.

유럽 각국은 각각 다른 화폐와 통화단위를 사용함에 따라 공통기준을 갖는 결제수단이 필요하였다. 1950년에는 유럽결제동맹(EPU)이 설치된 후 IMF가 SDR을 결제수단으로 사용하자 유럽도 독자적인 유럽결제단위를 창설하였다. 1979년 유럽통화제도가 실시되면서 유럽결제단위(EUA)는 유럽통화단위(ECU)로 명칭을 변경하였다.

ECU는 공동체의 세입과 세출관리를 위한 세출관리를 위한 결제단위로 창설되었으나 SDR과 달리 광범위한 기능을 갖고 있으며 정부기관 이외에 민가의 사용도 확대 되고 있다. 그러나 유럽중앙은행이 설치되기까지 유럽통화단위를 보증하는 법적 장치나 공급량을 조절하는 기능이 없고 독자적인 통화로서 시중에 유통되지 않는다. 환율조정장치(ERM)는 유럽통화제도의 핵심적 요소로서 각 회원국은 자국환율을 ECU기본환율로부터 상하 2.25% 범위내에서만 조정할 수 있도록 하였다. 경제·통화동맹(EMU) 계획은 1991년 마스트리히트 정상회담에서 확정되었고, 마스트리히트조약에서 입법화되었다.

EU의 조세정책은 국민경제에서 차지하는 중요성은 아직 크지는 않다. 재정규모가 차지하는 비중이 적으며, EU는 회원국으로부터 이전된 재정자금을 위임집행하고 있는 것에 불과하다. 그러나 장기적으로 볼 때 EU의 재정정책은 조세정책의 중요성이 증대될 것으로 보인다. 왜냐하면 역내시장의 통합완성, 통화통합의 꾸준한 추진으로 거시경제정책의 단일화가 불가피하기 때문이다.

EU의 세제개혁은 간접세 중심으로 개편되었고, 국민경제의 역사 및 관행과 밀접한 관련이 있는 직접세는 보완적인 기능을 담당하는 쪽으로 추진되었다.

1992년 단일시장의 완성을 목표로 기술적 · 인위적 · 자연적 장벽을 해소하는 것을 골자로 하는 단일유럽의정서의 시행으로 회원국간 존재하는 조세장벽의 해소가 시도되었다. 이는 점진적 조세정책의 통합을 의미하는 것이며, 세제의 단일화보다는 국가간 세제의 조화(harmonization)에 중심을 두고 있다. 우선 개혁의 대상이 된 것은 간접세였다. 그것은 직접세가 정치적으로 민감한 이유도 있지만, 회원국간 간접세 차이야말로 국가간 상품이동에 관세의 역할과 동일하기 때문이다.

(나) 산업정책

EU의 공동산업정책(common industrial policy)은 1970년 EC위원회의 유럽공동체의 산업정책에 관한 보고서와 1973년 기술 및 산업정책에 관한 각서가 각각 EC이사회에 제출되면서부터 그 정책의 방향이 구체적으로 제시되기 시작하였다. 추진되어 온 산업정책의 방향은 정치적 통합기반의 구축, 경제확대 및 역외대기업으로부터의 기술적 자립을 확보하는 데 두어져 왔으며 이를 위해 EU규모의 기업육성, 역내기업의 재편성, 산업 및 고용구조의 재배치, 기타 법률 · 세제 · 금융조직의 통일을 도모한다는 정책요강을 수립해 두고 있다.

EU의 구조조정정책에는 각 회원국이 역내교역이나 경쟁을 왜곡시키는 보조금을 지급할 수 없도록 규정하고 있다. 또한 EU는 지역간 균형발전, 고용수준의 향상, 사회간접시설의 확충 등을 위해 광범위한 지원제도를 운영하고 있으며, 구조조정기금은 역내 고소득국이 저소득지역 및 집단에 대한 보조를 통해 회원국간 결속을 강화하는 한편 장기적으로 동구국가들이 EU에 가입하는 동기를 부여해 준다. 이러한 구조조정기금의 종류에는 농업지도기금, 지역개발기금, 어업지도기금, 사회기금, 결속기금 등이 있다. 개별기업의 입장에서도 개발도상국에 대한 투자는 저렴한 임금과 원자재를 이용할 수 있고, 선진국에 대한 투자는 기술과 경영기법의 습득, 현지화를 통한 소비자만족의 극대화, 투자국의 보호주의정책에 효율적으로 대응할 수 있게 된다.

EU는 중소기업의 중요성을 감안하여 1983년을 「유럽 중소기업의 해」로 지정한 데 이어 1985년 회원국 정상회의는 공동체 차원에서 중소기업 육성책을 추진하기로 하였으며, 1986년에는 중소기업 육성을 위한 행동계획을 채택하였으며, 2차계획(1993~1996)에 이어 3차계획(1997~2000)을 실시하고 있다. 집행위원회는 중소기업을 전담하는 총국을 두어 중소기업에 유리하도록 행정적·환경적 여건을 조성하고 있다. 공동산업정책의 주요 대상은 석탄·철강산업과 첨단산업부문인 정보처리, 항공, 통신산업이 대상이 되고 있으며 사무자동화, 공장자동화 관련산업도 현재 공동산업정책의 대상이 되고 있다.

(다) 농업정책

공동농업정책(Common Agriculture Policy : CAP)은 농산물 가격지지를 통해 생산의욕을 높이고 농민의 소득을 향상시키기 위해 1962년부터 실시되었다. 공동농업정책의 목표로는 농업생산성의 향상, 농어민의 적절한 생활수준보장, 농산물시장의 안정성유지, 식량공급의 안전성확보, 소비자가격의 적정성 유지로 규정하고 있다. 공동농업정책의 3대원칙으로는 ① 단일시장, ② 공동체우선, ③ 재정연대 등을 규정하고 있다.

단일시장원칙에 따라 역내에서 농산물 교역 시 관세 및 비관세장벽을 철폐하여 자유이동을 보장하고 단일가격과 공동품질기준을 적용해야 한다. 공동체우선 원칙은 역내 농산물을 보호하기 위해 역외로부터 수입되는 농산물은 관세와 수입과징금을 부과하고 농산물수출로 입은 손실은 보전해 준다. 재정연대원칙에 따라 공동농업정책에 소요되는 비용은 공동체가 부담하며 회원국은 직접적인 재정지원을 하지 않는다.

농업정책으로서 시장통일정책은 역내 관세 및 비관세장벽, 수량제한의 철폐 그리고 공동대외관세, 공동가격, 공동경쟁규칙의 설치를 의미하였다. 가격지지정책은 농업생산자의 소득을 보장하는 데 핵심이 있다. 구조개선정책은 두 정책수단과는 달리 경영규모의 확대 등 농장·생산구조의 개선, 시장구조의 개혁을 주된 목적으로 하고 있다.

공동농업정책은 CAP의 목표 제39조를 중심으로 보면 상당한 결실을 이루었다고 볼 수 있다. 즉, 생산성향상, 농어민의 소득증대, 시장안정, 농업구조개선 등의 목표들을 충분히 달성하였다. 그러나 공동농업정책은 정부의 과다한 개입으로 재정경직성, 농산물의 공급과잉문제, 예산상의 압박문제 등을 문제점으로 지적할 수 있다.

공동농업정책은 이런 문제점을 해결하고자 농업정책 개혁안을 내놓게 되었다. 1차 농업개혁안은 농촌의 근대화, 농업생산기술 향상, 산간 · 벽지를 포함한 농촌구조개선에 중점을 두었다. 2차 농업개혁안은 곡물 등 주요 농산물은 생산안정장치를 마련하여 품목별 생산이 일정한도를 초과하면 자동적으로 지지가격을 인하하고, 원당 · 우유 등 과잉공급되는 품목에 대해서는 지지가격의 3%를 공동책임 과징금으로 부과하였다. 이와 같은 EU의 공동농업정책은 UR협상을 성공시키는 계기를 마련하였는데, 그 동안 가격지지정책에서 소득정책으로 전환하였다.

(라) 공동기술정책

EU회원국간 산업 또는 기술에 대한 공동정책이 처음으로 채택된 것은 유럽석탄 · 철강공동체(ECSC) 결성 이후이다. ECSC의 목적은 석탄 · 철강산업에 대한 회원국의 경제주권을 인수받아 생산 · 판매에 대한 공동정책을 수립하기 위함이다. 그러나 ECSC는 석탄 및 철강이라는 부분적 경제통합이라는 점에서 본격적인 공동기술개발체제를 갖추지 못한 것으로 평가할 수 있다.

1986년 유럽단일의정서가 제정됨으로써 분산된 EU제국의 연구역량이 집중 될 수 있는 계기가 마련되었다. 유럽단일의정서는 집행위원회에서 제안되고 경제사회위원회의 심의를 거친 기술정책에 대한 프레임워크 프로그램에 대해서 각 회원국은 동의하도록 되어 있으며, 일단 채택된 프레임워크 프로그램을 구체적으로 실행하기 위한 재원의 조달, 연구과제의 분배 등 실천 프로젝트는 각료이사회 2/3의 찬성과 유럽의회의 심의를 통해 집행될 수 있도록 했다.

EU의 공동기술정책의 대표적인 것은 프레임워크 프로그램이다. 프레임워크 프로그램이란 EU가 향후 수년간 중점적으로 수행해 나갈 과학 · 기술의 대상 및 그 우선순위에 대한 계획을 말한다. 프레임워크 계획의 내용을 보면 중점 지원대상으로서 정보통신기술 · 생명공학 및 에너지분야가 핵심이 되고 있으며, 정보통신기술에 대한 특별한 배려에는 미 · 일에 비해 유럽제국이 현저히 낙후되어 있다는 인식이 깔려있다.

(마) 통상정책

EU는 공동통상정책의 대상으로 역외관세율의 조정, 관세와 무역에 관한 협정체결, 무역자유화, 수출정책, 반덤핑 및 상계관세 등 역외국으로부터의 수입에 대한 산업보호조치 등을 열거하고 있다.

1996년 EU는 역내기업의 수출활동을 지원하고 역외국의 시장개방을 촉진하기 위한 새로운 시장접근전략을 채택하였는데 종래까지 역내시장보호 차원의 소극적 방어자세에서 공격적 통상정책으로 방향전환을 시도하고 있다. EU는 경제발전과 고용창출을 위해서는 무역 및 투자증진이 관건이라는 인식 아래 역내기업의 해외활동에서 장애요인이 되는 역외국의 모든 관세 및 비관세 장벽을 데이터베이스로 구축하며, 역외국의 무역장벽이 규명되면 집행위원회는 이를 제거하기 위한 방안을 강구하고, EU집행위원회는 미국 USTR이 매년 발표하는 무역장벽보고서와 같이 역외국의 무역장벽 및 시장개방 조치내용을 담은 보고서를 발간하여 해당국의 주의를 환기시키는 조치를 주요 내용으로 하고 있다.

EU의 대외통상정책은 다분히 유럽지향적이며, 다른 어느 나라 또는 블록보다도 특혜무역협정이 많다. EFTA는 EU 최대의 교역상대국인데 EU의 대 EFTA 통상정책은 EEA협정에서 보듯이 상품교역의 자유화, 노동, 자본, 서비스의 자유이동을 허용하며, 또한 EU경쟁법의 EFTA지역에 적용하는 등 EU역외와 동등한 환경을 보장하는 데 중점을 두고 있다.

EU의 역외통상정책의 기조는 WTO체제하의 다자주의에 두면서 현안별로 쌍무주의를 취하고 있다. 우선 미국에 대해서는 항공산업보조금, 농업보조금, 정부조달, 시청각미디어산업 등에서 통상마찰을 보이고 있지만, 미국과의 무역수지가 비교적 균형을 이룬다는 점에서는 마찰의 정도는 심하지 않다. EU는 대일무역에서 큰 적자를 보이고 있는데 통상마찰의 쟁점으로서 일본의 과도한 무역흑자 외에도 일본의 전략적 산업정책, 정부발주공사에서 유럽기업차별, 일본기업의 대유럽투자의 문제점 등이 제기되고 있다.

EU는 수입제한적 통상정책을 채택하고 있는데, 상호주의원칙, 원산지규정, 반덤핑관세의 제정 등을 기본원칙으로 하고 있다. EU는 대외무역정책에 있어서 커다란 변화를 겪고 있는데, EU의 향후 통상정책은 다자적 무역자유화와 쌍무적 보호주의 사이의 중간자적 입장의 방향을 띨 것으로 기대되며, 안으로는 시장확대와 무역자유화를 추진하고, 밖으로는 방어적 성격을 띨 가능성이 커지고 있다.

(바) 환경정책

로마조약에서는 환경정책에 관한 규정이 전혀 없다. 그러나 환경문제에 대한 로마조약의 기본정신이 1972년 파리정상회의에서 구체화되었다. 공동체차원의 환경정책에 관한 법적 근거가 마련된 것은 1987년 구주시장단일화법(SEA)이 제정되면서부터라고 말할 수 있다. 환경이 여타의 모든 정책에 반영 되도록 하기 위해 제조업, 에너지산업, 농업, 운송업, 관광업 등을 중심으로 대화를 통한 산업의 자발적인 합의 또는 자율규제를 장려한다는 제5차 환경 실천계획이 1993~2000년을 계획기간으로 추진되고 있다.

환경정책의 기본원칙에는 환경정책이 개별회원국 차원에서보다는 EU차원에서 보다 효율적으로 수행될 수 있다는 논리에 근거하여 EU내에서 최소한의 지켜져야 할 환경기준을 제정, 이를 개별회원국으로 하여금 준수토록 한다는 보조성원칙(subsidiary principles)과, EU환경정책의 효율적인 추진을 위해 공해유발자가 제반비용을 부담하도록 함으로써 환경보호에 대한 기피현상을 방지하고 이에 따른 비용을 내부화시키자는 오염자부담원칙(polluters pays principles), 1983년부터 정립되어 오늘날에는 선진국 환경정책의 가장 기본이 되는 원칙으로 자리잡고 있는 예방원칙(preventive principles), 법적 효율성원칙(principles of legal efficiency) 및 환경목표달성을 위한 최소비용과 경제적 인센티브의 적절한 제고를 나타내는 경제적 효율성 및 최소비용원칙 등이 제시되어 있다.

2) NAFTA의 현황

(1) 미국의 지역주의정책

미국은 90년대에 와서 다자주의정책과 지역주의정책을 동시에 추구하고 있다. 90년대에 이전까지 미국은 GATT체제 출범당시 EU가 공동시장을 형성하는 것을 묵인하였으나, 미국의 정책적인 우선순위는 80년대까지도 무차별원칙에 의한 다자주의의 확산에 두어 왔다.

미국의 지역주의정책의 효시는 정치적 목적에 의해 체결된 미・이스라엘간의 자유무역협정(1985)을 지적할 수 있으나, 경제적 목적에서는 1987년에 체결된 미・매나다 자유무역협정을 들 수 있다. 그 후 미국은 1994년 캐나다, 멕시코와 함께 NAFTA를 발효시킴으로써 지역주의정책을 본격적으로 추진하기 시작하였다. 또한 미국은 NAFTA 추진으로 인해 성장잠재력이 큰 아・태지역 국가와의 유대관계가 약화될 것과 이들 국가간의 자유무역협정이 가속화될 것을 우려하여 APEC에도 주도적으로 참여하고 있다.

이와 함께 미국은 중남미국가와의 경제협력을 강화하고 APEC에 대한 지렛대로서 미주자유무역지대(FTAA : Free Trade Area of the Americas)의 형성제안을 적극

수용하여 왔다. 그러나 프랑스의 반대로 TAFTA 논의가 무산됨에 따라 범대서양 경제파트너십(TEP)을 위한 새로운 논의를 전개하고 있다. 또한 미국은 EU의 대아시아 접근을 견제하기 위해 ASEAN과 폭넓은 무역, 투자자유화를 위한 협의를 진행하는 등 지역주의 정책을 가속화시키고 있다.

미국의 대외정책이 90년대에 와서 다자주의정책으로부터 지역주의정책으로 편향하게 된 요인은 다음과 같다. 첫째, 미국은 지역주의정책을 통해서 다자간협상에 참여하는 무역상대국에 대한 개방을 유도하기 위한 지렛대로 이를 이용하고, 둘째, 미국이 GATT 또는 WTO체제와 경쟁적인 관계에서 다자주의가 미국의 의도대로 운영되지 않을 경우 지역주의를 통한 미국의 국익을 극대화하기 위한 전략의 하나로 간주된다. 그러나 보다 직접적인 동기는 80년대 중반부터 EU통합의 심화와 확대가 국제사회에서 EU의 위상을 제고시킴에 따라 세계무대에서 주도적인 역할을 담당하여 왔던 미국이 이에 대한 위협을 느끼는 동시에 지역통합에 있어서 긍정적인 모델로 EU통합을 평가한데 대한 미국 나름대로의 정책적인 대응전략이라 할 수 있다.[5)]

미국의 지역주의정책은 형태면에서 미·캐나다 자유무역협정에서 보듯이 쌍무적 자유무역지대 창설에서 점차 NAFTA의 경우에서와 같이 소수의 국가가 참여하는 소다자주의 형태로 발전하여 왔으며, 최근에는 APEC에서와 같이 보다 다수의 국가가 참여하는 준다자적 포괄적 형태로 발전해가고 있다.

또한 미국은 아시아, 중남미 지역국가 및 EU와도 동시에 협상력을 제고시키기 위한 전략의 하나로 이들 지역국가들과 무역·투자 자유화를 위한 협상을 동시에 벌리는 등 다수지역과의 협력강화를 위한 정책을 추구하고 있다. 미국의 지역주의 정책의 특징은 지금까지의 경제통합이 선·후진국을 막론하고 경제발전수준이 비슷한 국가들간에 이루어져 왔음에 반해, NAFTA의 경우에서와 같이 경제발전단계가 다른 선진국·개도국간에, 이스라엘과의 자유무역협정이나 칠레와의 FTAA 논의에서 보듯이 인접국가가 아닌 광범위한 지역에 속한 국가와 동시에 자유무역협정 논의가 추진되고 있는 점 등이다.

지금까지 미국이 체결한 지역무역협정은 ① 미·이스라엘간 FTA, 미·캐나다간 FTA에서 보듯이 쌍무적 형태와, ② 북미자유무역협정(NAFTA), 미주자유무역지대(FTAA) 및 대서양자유무역지대 논의 등 다자적 형태로 나누어 살펴볼 수 있다. 미국은 미·캐나다간 자유무역협정 체결 이후, 쌍무적인 형태보다는 다수의

5) Vincent Cable and avid Henderson(ed), *Trade Blocs?*, pp.2~3.

국가가 참여하는 다자적인 형태의 지역무역협정을 통해서 신속한 협상의 타결과 일괄적으로 광범위한 효과를 거두는 데에 전략적인 목표를 두고 있다.

(2) NATFA의 추진배경 및 특징

(가) NAFTA의 추진배경

북미자유무역협정(North America Free Trade Agreement : NAFTA)은 1989년 1월 1일부터 발효된 미국・캐나다 자유무역협정과 1990년 미국・멕시코 정상회담에서의 미국과 멕시코간의 자유무역협정(Free Trade Agreement : FTA)에 그 기반을 두고 있으며, 미국・캐나다・멕시코 3국에 의해 1992년 12월 17일에 정식 조인하고, 1994년 1월 1일부터 정식 발효되었다.

북미자유무역협정의 추진배경은 우선 미국의 국제적 위상약화를 들 수 있다. 1970년대 중반 이후 미국은 경기침체에 빠지게 되면서 세계경제의 강대국으로서의 입장이 약화되기 시작하였다. 상대적으로 경쟁국인 일본, EU, 그리고 아시아의 신흥공업국들이 두드러진 성장을 보이고, 동구권의 계속된 붕괴로 인해 세계 각국은 지역주의가 심화되기 시작했다.

이와 같은 세계경제의 흐름 속에서 미국은 지역주의에 대한 대응책이 필요하게 되었으며, 구체적인 논의는 1985년 미국・이스라엘 자유무역협정과 1989년의 미국・캐나다 자유무역협정으로 나타나기 시작하였다. 결국 계속된 자유무역협정 논의는 NAFTA의 발전으로까지 이어지게 되었다.

NAFTA는 경제규모면에서 EU를 능가할 뿐만 아니라, 미국이 남미공동시장(MERCOSUR) 및 카리브공동시장(CARICOM)과 쿠바, 아이티, 도미니카공화국을 제외한 중남미 31개국과 무역 및 투자에 대한 기본협정을 체결한 데 이어 중남미국가들과 2005년까지 전미주자유무역협정(FTAA : Free Trade Agreement of America) 체결을 촉진하고 있어, 장차 세계 최대의 경제권으로 확대될 것으로 예상되고 있다.

1994년 1월 발효된 NAFTA는 농산물 및 제조상품 등의 교역과 관련된 관세 및 비관세장벽의 철폐, 은행, 증권, 보험 등의 서비스시장 개방, 투자관련규정 철폐, 지적재산권보호 강화, 환경분야에서의 협조 등을 포함하는 자유무역협정이다. NAFTA는 협정발효 후 15년간에 걸쳐 북미 3국간의 관세 및 비관세장벽의 철폐를 계획하고 있으며, 그 외에도 노동과 환경 관련 조항이 포함되어 있다. NAFTA는 원산지규정을 강화하여 비회원국이 대 북미수출에서 무관세혜택을 누릴 수 있는 여지를 축소하였다.

북미 3국이 NAFTA를 추진하게 된 동기는 다음과 같다.

첫째, 미국은 멕시코 원유시장과 미디어 부문을 포함한 캐나다 시장접근을 목적으로 하고 있다. 그 동안 미국은 미・캐나다 자유무역협정에도 불구하고, 이 시장접근에 규제를 받아왔다. 특히 미국은 대 멕시코 직접투자를 통한 저렴한 노동력의 활용 등 미국의 국제경쟁력 향상을 목표로 하고 있다. 이외 정치적인 목적으로는 멕시코경제의 안정을 통한 중남미 경제・정치의 안정과 NAFTA의 체결로 EU, ASEAN 등과의 균형을 유지할 목적도 포함하고 있다.

둘째, 멕시코는 NAFTA의 가입을 시장개방정책의 주요 실천과제로 간주하여 NAFTA를 통한 비관세장벽의 철폐와 미국 통상정책의 단기적인 변화에 따른 부정적인 영향을 최소화하여 장기적으로 미국시장을 안정적으로 확보하는 데 목적을 두고 있다. 또한 멕시코는 NAFTA의 추진을 경제개혁의지지 및 산업구조의 고도화수단으로 간주하여, 이를 통해서 멕시코산업의 국제경쟁력을 향상시키는 동시에 장기적으로 대미의존도를 낮추려 하고 있다. 이와 함께 멕시코는 NAFTA를 통해 미국인 투자환경을 개선함으로써 일본과 유럽 등으로부터 투자를 유치하여 미국자본과 균형을 유지할 목적도 가지고 있다.

셋째, 캐나다는 미・멕시코간의 쌍무적인 자유무역협정이 체결될 경우 외국인투자와 대 캐나다교역이 멕시코로 전환될 것을 방지하기 위해 NAFTA에 참여하였다. 캐나다는 NAFTA를 통해 금융산업과 정부조달분야에서의 미국시장접근을 강화하고 멕시코시장으로의 접근을 목적으로 하고 있다. 또한 캐나다는 미국・캐나다 자유무역협정의 안정적인 보장을 통해 자국산업에 미칠 부정적인 영향을 방지하기 위해서도 NAFTA에 참여하였다.

그러나 NAFTA의 순항에는 많은 어려움이 예상되고 있다. 우선 멕시코의 사회간접자본 부족을 지적할 수 있다. 현재 미・멕시코 국경지역의 사회간접자본 확충에만 160억 달러가 소요될 것으로 예상되고 있어 민간부문의 적극적인 참여 없이는 이의 해결이 불가능한 실정이다. 다음으로는 멕시코의 숙련 노동력 부족이다. 멕시코 근로자의 교육・훈련에는 막대한 예산이 필요한 것으로 평가되고 있다. 끝으로 미국・캐나다・멕시코간의 기술격차문제를 들 수 있다. 특히 멕시코는 기업의 98%가 중소기업이어서 연구개발투자가 극히 부진한 실정이다. 이에 따라 멕시코 생산설비의 노후화, 제품개발과 관련한 지식부족 및 품질관리문제가 심각하다. 멕시코의 GDP대비 연구개발 투자비율은 미국의 경우에 비해 크게 낮아 산업경쟁기반이 매우 취약한 실정이다.

이 밖에도 1994년 1월부터 1개의 관세환급범주가 폐지된 후 2001년까지 추가로 3개의 관세환급범주가 폐지될 예정에 따라 캐나다, 멕시코로부터 부품 등을 수입하여 가공 후 재수출하는 미국기업이 피해를 입거나 입을 수 있다는 평가가 있어 이러한 문제의 효과적인 해결이 향후 NAFTA의 원활한 이행에 또 다른 변수로 작용하고 있다.

(나) NAFTA의 특징

EU와 NAFTA의 차이점을 살펴보면, EU는 경제발전 정도가 비슷한 국가들이 수평적 분업을 통해 시장확대를 추구하는 경제통합형태인 데 반하여, NAFTA는 경제수준의 격차가 있는 국가들이 생산요소의 상호보완적 결합을 통해 산업경쟁력 제고를 추구하는 경제통합형태이다.

즉, 미국, 캐나다, 멕시코 3국이 모두 경상수지 적자 및 대외부채로 어려움을 겪고 있어서 수출지향적인 성장전략을 추진하여야만 하는 상황에서 NAFTA는 이들 3국간의 무역증진을 도모하는 목적도 있겠으나 궁극적으로는 산업분업 및 산업고도화를 통해 역외국에 대한 경쟁력향상에 보다 큰 목적이 있다.

한편, EU통합은 역내국간의 자본, 노동 등 생산요소의 자유로운 이동뿐만 아니라 금융 및 재정정책까지 단일화하려는 초국가적 중앙기구가 통제하는 경제통합인 데 반하여 NAFTA는 역내국간에 존재하는 무역장벽을 철폐함으로써 미국은 서비스 및 첨단산업, 캐나다는 자원관련산업, 멕시코는 노동집약산업에 특화함으로써 산업간 협력을 통한 경쟁력제고를 이룰 수 있는 상호보완적인 결합형태라 할 수 있다.

또한 EU통합은 역외국에 대해 공동관세를 부과하는 등 통일된 대외통상정책을 추구하는데 반하여 NAFTA는 역외국에 대한 통상협상 및 관세제도 시행에 있어서 각각 독립성을 유지함으로써 각국의 실리를 최대한 신축적으로 추구할 수 있다는 점에서 양경제통합간의 성격이 다르다.

(3) NAFTA의 주요 내용

NAFTA의 주요 내용을 살펴보면 관세 및 비관세장벽 철폐와 같은 주요 골격은 잠정안의 내용을 그대로 유지하고 있으며, 노동, 환경, 긴급수입제한조치 등에 관한 보완협정내용은 미국경제에 미치는 영향을 최소화하는 방향으로 신설되거나 기본협정의 내용을 수정한 것이다.

〈표 14-2〉 NAFTA의 주요 내용

분 야	주 요 내 용
관세장벽	• 대다수 품목의 관세는 5~10년대, 수입민감품목의 관세는 15년내 철폐 • 섬유 및 의류제품의 관세는 최장 10년내 철폐 • 자동차의 관세는 5~20년내 철폐
비관세장벽	• 수입쿼터, 수입허가제 등의 비관세장벽 철폐 • 멕시코산 섬유 및 의류제품에 대한 미국의 수입쿼터 즉시 철폐 • 자동차에 대한 멕시코의 수입제한제도 즉시 철폐
원산지규정	• 자동차산업 현지조달비율 62.5%로 강화(미 · 캐 FTA : 50%) • 섬유 및 의류제품에 대한 엄격한 원산지 적용
투자 및 서비스교역	• 통신, 은행 및 증권, 보험, 육상운송업 등 서비스시장 개방 ㅍ투자승인시 부과되고 있는 멕시코의 수출이행요건 폐지
지적재산권	• 특허권, 저작권, 상표권 등 지적재산권 보호 강화

3) APEC의 현황

(1) APEC의 추진배경 및 특징

(가) APEC의 추진배경

1960년대 초부터 고도성장을 지속함으로써 세계경제의 새로운 세력으로 부상하고 있는 아 · 태지역에서는 경제협력체 구성에 대한 구체적인 논의가 1980년대 후반에 와서 본격화되었다. 이에 따라 이 지역에서는 그 동안 이지역 국가들 간 거시경제정책을 중심으로 하는 경제정책의 협조 움직임도 활발하지 못하였다.

80년대 아 · 태지역에서의 경제협력체 구상은 1988년 일본의 나카소네 수상이 OECD 형태의 태평양경제문화협의회의를 제안한 데 이어, 미국의 슐츠 국무장관이 OECD형 또는 G7 형태의 태평양공동렵력체를 제안하였고, 호주의 호크 수상이 1989년 아 · 태 경제장관회의의 주선과 미 상원의원 크렌스턴의 태평양국가간의 연례정상회담을 제의하는 등 여러 가지 형태로 전개되어 왔다.

이러한 논의를 바탕으로 아 · 태지역에서는 80년대 말부터 아 · 태경제협력체(APEC : Asia Pacific Economic Cooperation)에 대한 논의가 본격적으로 추진되는 한편, 아시안 국가들만의 아세안자유무역지대(AFTA : ASEAN Free Trade Area)와 북미국가들의 북미자유무역협정(NAFTA : North American Free Trade Agreement) 등 소지역협력체가 자리잡고 있다. 또한 말레이시아가 제안한 동아시아경제협의체(EAEC : East Asia Economic Caucus) 구상과 대만이 제안한 대만, 홍콩, 중국을 연결하는 소위 광역중국경제공동체(Greater Chinese Economic Community) 구상도 활발한 추진 움직임을 보이고 있다.

또한 아시아지역에서는 특정지역 개발중심의 지역경제권에 대한 논의가 활발히 이루어지고 있다. 환동해경제권, 환황해경제권, 중국 3성과 대만 · 홍콩이 참여하는 화남경제권, 태국 · 인도네시아 · 미얀마 등이 참여하는 인도차이나경제권, 싱가포르 · 말레이시아 · 인도네시아 등이 참여하는 성장의 3각지대 등이 대표적인 지역경제권으로 지적되고 있다.

〈표 14-3〉 아 · 태지역의 주요 경제협력 추진현황

	NAFTA	ASEAN	APEC	EAEC
참 가	미국, 멕시코, 캐나다	ASEAN	미국, 일본, 중국, NICs, ASEAN, 미얀마, 베트남	일본, 중국, NICs, ASEAN, 미얀마, 베트남
추진 경과	92.8. 협상안 합의 94.1.부터 발효	91년초 태국제안 92.1부터 FTA추진	89년초 호주제안 89.11.이래 10차회담추진	90년말 말레이시아 제안
성 격	형후 15년 이내 자유무역권 형성, 교역장벽 철폐, 경쟁환경 조성, 투자기회 확대	93.3.기간 중 자유무역권 형성, 공동특혜관세, 비관세장벽철폐	무역진흥, 투자 및 기술이전 활성화, 인력개발협력 등 기능별 협력추진	국제협상시 공동 보조 역내국의 무역 및 경제협력 강화
전 망	자본, 기술, 노동 결합으로 국제경쟁력 강화, 원산지규정 강화 등 역외수출에 대한 차별	제한적 대상품목 및 예외인정으로 자유화 효과 미지수 회원국간 경쟁적 이해관계 상존	회원국간 다양한 이해관계로 협력방향 및 역할 불투명, 역내무역자유화 주요 과제로 부상	미국의 강력한 반대로성사여부 불투명, 경제블록 보다는 현 APEC 형태의 협력체 전망

아・태지역에서 모든 국가가 참여하여 공동의 이익을 증진하기 위하여 추진하는 지역무역협의체인 APEC 추진의 대・내외적인 배경은 다음과 같다.

첫째, APEC 추진은 대외적으로 80년대 후반 EU가 역내시장 통합을 본격적으로 추진하는 등 세계경제의 지역주의 확산, 동서냉전의 종식, 독일의 통일, 러시아와 동구의 시장경제체제로의 전환 모색, 중국경제의 개방정책 추진, 러시아의 태평양 구상의 필요성으로 나타났다.

둘째, 대내적으로는 1980년대 이후 태평양 연안국가들의 경제력부상과 역내 국가간 무역・투자의 상호의존도 심화 등이 지역협의체로 발전하는 계기를 마련하였다. 즉, 아・태지역 국가들은 상이한 경제발전단계로 인한 다양한 경제구조를 가지고 있으나, 이 지역의 경제적인 역동성을 바탕으로 역내무역 및 투자의 증가가 지역협의체로 발전하는 계기가 되었다.

APEC은 미국과 일본을 포함하여 아시아와 북미에서 18개국이 참여하는 아・태지역의 유일한 경제협력체이다.

(나) APEC의 특징

APEC은 EU나 NAFTA 등 세계경제의 지역주의가 빠르게 확산되는 과정에서 아시아・태평양 연안국들의 개별적・자발적 참여에 바탕을 두고 있다. APEC은 지난 20년 동안 아시아 지역경제의 역동성과 잠재력이 세계경제를 주도하고, 21세기에도 이 지역이 세계경제의 중심축 역할을 담당할 것이라는 전망 아래, 아시아국들이 협력의 대상으로 참여하고 있다. 세계경제에서 아시아는 점차 지리적 의미 이상의 전략적인 가치를 지니는 지역으로 부상하고 있다.

또한 APEC은 역내국가들이 시장주도적인 요인에 의하여 성장하여 왔기 때문에, EU의 경우에서와 같이 제도적인 통합이 없이도 역내국가들 간의 경제적인 측면에서 결속을 이루어 왔다. 또한 APEC 참여국들은 국가간 정치・경제・사회・문화적으로 다양한 이질성이 존재하고 있다. 대외정책면에서도 APEC에 참여하는 아시아국가들은 GATT체제 아래에서 수출지향적 성장정책을 성공적으로 추진하여 왔다.

APEC협력은 EU와 같이 경제・통화 및 외교・안보 등 모든 분야에서의 완전한 형태는 아니다. APEC협력은 지금까지 무역・투자의 자유화/원활화 및 경제・기술협력에 역점을 두고, 이를 달성하기 위하여 상호신뢰에 기초한 자유화추진, 자발적인 자유화 중요성 강조 및 공동조치 추진, WTO와 정합성을 유지하는 한편 개방적인 지역주의 유 지 및 발전을 위한 동반자계획을 통한 경제 · 기술협력의 추진을 모색하고 있다.

또한 APEC은 지금까지 EU의 경우에서와 같이 지역기구로 발전하는 과정에서 제도적인 가치의 창출보다는 회원국의 자발적인 참여에 의존하는 한편, 느슨한 형태로 발전하여 사안에 따라서는 상대적으로 의사결정에 상당한 어려움을 나타내고 있다.

(2) APEC의 현황과 성과

(가) APEC의 현황

APEC은 그 동안 10차례에 걸친 각료회담과 6차례에 걸친 정상회담을 통해서 역내경제협력의 구심체로 자리잡아 가고 있다. APEC은 그 동안 역내협력이 지속적으로 추진되어 지난 1994년 2차 정상회의에서는 역내정상들이 보고르선언을 통해서 2010/2020년에 역내무역 및 투자의 완전자유화를 선언하였다. 3차 정상회의에서는 역내자유화의 기준이 되는 일반원칙과 분야별 실행 과제를 명시한 오사카행동지침(OAA)을 채택하였고, 4차 정상회의에서 자유화의 구체적인 실천계획을 내용으로 하는 마닐라실행계획(MAPA)이 수립되었다.

MAPA는 개별실행계획, 공동실행계획, 그리고 경제 및 기술협력의 강화를 위한 선언 등 세 가지 부문으로 나누어 볼 수 있다. 5차 정상회의에서는 인프라개발, 부문별 조기자유화, 역내 통화안정문제 등이 다루어졌다. 이러한 APEC추진의 가속화는 그 동안 아 · 태지역을 대상으로 UR협상과 병행하여 역내무역자유화 관련 과제를 수립 · 추진하였던 것이 커다란 계기가 되고 있다.

APEC은 역내 상호의존성 증대 및 성장지속을 위하여 범세계적 자유무역 촉진 및 역내 무역자유화 그리고 주요 분야별 협력사업을 추진하여 왔다. 특히 APEC의 역내무역 및 투자자유화를 위한 협력방향은 WTO체제와 어긋나지 않고 역외국에 대해서도 비차별적이어야 한다는 입장에서 개방적 지역주의(open regionalism)를 추구하고 있다.

APEC은 연 1회 외무장관, 통상장관이 참가하는 각료회의를 개최하여 세계 경제 및 역내 경제협력을 위한 기본방향을 논의하며, 각료회의 전 2~3회에 걸쳐 차관보 또는 국장급이 참석하는 고위실무회의를 개최하여 각료회의 개최를 위한 준비를 하고 있다. APEC은 10개 협력사업별(무역 및 투자, 통계자료 검토, 무역진흥, 투자 및 기술이전, 인력자원개발, 지역 에너지 협력, 해양자원보존, 통신, 수산, 관광)로 수시로 실무회의를 개최하여 협력사업별 추진현황을 검토한다. APEC은 시애틀회의로부터 정상회담(지도자회의)의 개최 등 활발한 활동을 전개하고 있는데, 그 동안의 발전과정을 정리하면 <표 14-4>와 같다.

(나) APEC의 성과

그 동안 APEC 주요 활동 및 성과는 ① APEC 정상회담 개최, ② 분야별 각료회의 개최, ③ 다자간 무역체제발전에 기여, ④ APEC 역내차원의 무역·투자활성화 논의, ⑤ 분야별 협력사업의 추진, ⑥ 민간부문의 APEC 활동참여 확대 등으로 나누어 살펴볼 수 있다.

첫째, APEC 정상회담은 1993년 11월 20일 미국 시애틀회의에서부터 1998년 말레이시아 쿠알라룸푸르까지 모두 6차례에 이르고 있다. 이 정상회담은 경제적 상호의존성이 높고 가장 역동적 성장지역인 아·태지역 경제권의 단합을 과시하는 한편 협력확대를 논의할 수 있는 가장 최고의 위치에 있는 회담으로써의 성격이 굳어지고 있다.

즉, APEC은 아시아지역의 경제력부상을 바탕으로 아·태지역 국가들이 세계경제에서 경제적 지위에 상응하는 목소리를 낼 수 있는 기회를 만들어 가고 있다. 특히 제7차 회의인 오사카회의에서는 APEC 무역·투자자유화를 위한 행동지침을 채택하여 APEC이 아시아·태평양 국가들의 지역공동체로 발돋움 할 수 있는 발판을 마련하였다.

둘째, 분야별 각료회의는 재무, 환경, 통상, 중소기업 관련 부분으로 구분하여 역내현안과제에 대해서 분야별로 전문성 있는 토의를 거치고 있다. 앞으로 APEC지역 안에서 필요한 사회간접자본의 확충 등 프로젝트와 관련 재원조달(재무각료회담), 역내 환경보호를 위한 조치(환경각료회담), 역내무역의 활성화를 위한 협의절차개발(통상각료회담), APEC내 중소기업의 역할과 중요성을 강조하는 한편 중소기업 활동지원을 위한 정책방향(중소기업 관련 각료회담) 등을 제시하고 있다.

셋째, APEC은 1989년 11월 제1차 각료회의에서부터 UR의 조기타결을 촉구하는 APEC 선언문을 채택한 데 이어 제5차 APEC 각료회의는 추가적인 자유화제안을 채택하는 등 다자간 무역체제발전에 노력하고 있다. 즉, APEC은 역내 전체에 직접적인 영향을 미치는 무역현안에 대한 지속적인 대화와 무역투자위원회의 1994 작업계획(work program)의 하나인 무역정책대화 프로그램에서 NAFTA, AFTA 등 역내 소지역 협정, 미·일 포괄협상 등 다자적 또는 양자적 무역현안에 대한 진전

상황을 계속 토의함으로써 APEC 안에서 다자적 수단을 통한 문제의 해결을 유도하고 있다.

〈표 14-4〉 APEC 회의별 주요 합의 내용

개최 및 기간	주요 합의사항
제1차회의 호주 캔버라 1989.11.6~7	• UR의 성공적 타결을 위해 공동노력 • 역내무역·투자·기술이전 촉진을 위한 7개항의 공동협력사 업추진
제2차회의 싱가포르 1990.7.29~31	• UR의 성공적 타결을 위해 공동노력 • 공동협력사업에 관광·수송부문 추가
제3차회의 한국 서울 1991.11.12~14	• APEC의 목적과 활동분야·운여방식을 명문화 • UR의 성공적 조기타결을 위해 공동노력 • 중국·대만·홍콩의 신규가입 • 공동협력사업의 적극 추진
제4차회의 태국 방콕 1992.9.9~11	• UR의 성공적 타결을 위해 공동노력 • APEC의 상설기구화
제5차회의(제1차 정상회담) 미국 시애틀 1993.11.17~19	• UR의 연내 타결을 촉구 • APEC의 무역·투자 기본방향 선언 및 무역·투자위원 회설치
제6차회의(제2차 정상회담) 인도네시아 자카르타 (정상회담은 보고르) 1994.11.11~12	• 무역·투자위원회에 역내무역 및 투자자유화조치를 구체적으로 검토한 소위원회 구성 • 표준협정 및 투자원칙협정에 합의 • 칠레 신규가입
제7차회의(제3차 정상회담) 일본 오사카 1995.11.16~19	• 무역 및 투자자유화를 위한 9개항의 행동지침 채택 • 참가 각국이 초기 가시화 조치 발표 • APEC 경제인 자문회의 설치
제 8차회의(제4차 정상회담) 필리핀 마닐라 1996.11.21~22	• 마닐라 실행계획(MAPA) 채택 • 경제협력 및 개발 강화에 관한 선언 채택 • 민간부문의 APEC 활동 참여 확대
제 9차회의(제5차 정상회담) 캐나다 벤쿠버 1997.11.21~22	• APEC 회원국간의 무역·투자자유화 이행점검 및 조기 자유화 대상분야 발굴 • 신규회원국 가입기준 마련 • APEC 기업인 자문위원회와의 대화 개최
제 10차회의 (제6차 정상회담) 말레이시아 쿠알라룸푸르	• APEC의 운영개선 작업을 1999년까지 완료하고 2000년 부터 이행 • 아시아지역 성장을 위한 기반강화 등 8개분야 35개항으로 구성된 정상선언문 발표

넷째, APEC은 그 동안 역내 무역자유화를 위하여 GATT에 합치되고 역외국을 저해하지 않으며 역내국의 상호이익을 증대시키는 방향으로 추진하되 추진방식은 각국의 합의에 의해 결정되고 있다. 1993년 11월 개최된 제5차 각료 회의에서 APEC 무역·투자자유화를 위한 기본선언문을 채택하여 역내무역, 투자, 기술이전의 활성화에 관한 12개 항목의 기본원칙을 설정하는 한편 APEC 무역·투자위원회를 설치하기로 한 것 등이 대표적인 경우이다. 무역투자위원회(CTI)의 주요 역할은 각료회의가 부여하는 작업계획에 따라 무역 및 투자자유화 현안에 대한 의견을 개진하는 한편 역내무역 및 투자자유화를 위한 실질적 활동을 추진하는 데 그 목적이 있다.

다섯째, APEC 안에서 분야별 협력사업은 ① 고위간부회의(SOM)를 통한 협력사업을 총괄적으로 추진하고 이의 조정을 통해 각료회의에 보고하고, ② 협력사업별로 구성(10개)된 회의에서 세부 프로그램을 선정하여 추진하고, ③ 협력사업별로 1~9개 국가를 지정, 실무회의 기본운영방향 설립 및 실무회의개최 등을 간사국가(Shepherds)체제를 중심으로 추진하고 있다. 한국은 무역진흥 실무그룹과 인력자원개발 실무그룹의 간사국으로 활동하고 있다.

여섯째, APEC은 역내에서 민간부문의 활성화를 위해 1993년 11월 시애틀 제5차 각료회의에서부터 APEC의 각 사업과 관련되는 문제에 PECC(태평양경제협력위원회)를 통한 민간부문의 권고를 수용하고 있다. 즉, 1993년 11월 시애틀 제1차 정상회담에서는 태평양경제인포럼(PBF) 설립에 합의하고, PBF에 APEC활동과 관련한 역내업계의 건의사항을 1994년 11월 제2차 지도자경제회의에 제출토록 요청함으로써 민간부문의 활동참여가 본격화되고 있다.

또한 1994년 3월 자카르타에서 개최된 제6차 APEC 무역진흥 실무그룹에서는 아시아·태평양 기업인 네트워크(APEC-Net)가 발족되었다. 1994년 7월 개최된 제10차 방콕 APEC 전기통신 실무그룹에서는 APEC 사무국에서 구축중인 APEC 통신 및 데이터베이스시스템(ACDS)에 민간의 접근허용을 건의한바 있으며, APEC 사무국은 이를 긍정적으로 검토하고 있다. 앞으로 태평양경제협의회(PBEC) 옵서버 참여방안도 긍정적으로 검토될 것으로 예상되고 있다.

3. 지역경제통합과 통상정책문제

GATT 제24조는 지역통합의 형성으로 역외국에 대한 관세인상 및 수입수량규제의 강화에 의한 무역장벽의 강화를 금지하고 있다. 역내의 한 국가가 특정산업을 보호하는 경우에도 지역통합을 형성한 경우 지역통합전체로서 역외에 대한 관세 인상 등 대외장벽을 강화하는 것은 허용하지 않고 있다. 그 때문에 역내무역이 자유화되는 경우보다 무역장벽이 낮고 경쟁력 있는 산업을 보유한 역내 타국에서 당해 산업제품의 수입이 급증될 가능성도 있다. 그러한 역내산업 또는 역내기업을 보호하기 위해서 반덤핑의 남용과 각종 자율규제도치 및 원산지규정 등 GATT의 불투명한 규정의 운용을 통해서 역외제품을 지역전체로서 차단시키는 보호주의수단이 강구되는 것이 우려된다. 지역통합형성 이전에 비교열위에 있는 국가가 채택한 보호주의정책이 통합지역전체로서 확산될 경우 역외국에 대한 피해는 더욱 크게 될 것이다.

GATT 제24조의 정신에 비추어 볼 때 그러한 역외국에 대한 무역장벽이 강화되지 않도록 다자적 협상에서 감시하는 것이 필요하다. 그리고 현재의 국제화된 복잡한 세계에서 지역통합이 폐쇄적인 것으로 되는 것은 스스로 경제발전의 길을 막는다는 것을 인식할 필요가 있다. 지역통합이 폐쇄적으로 되면 역내산업이나 역외산업에 있어서 경쟁이 제한되고 세계의 산업발전이 저해될 가능성이 높다. 더욱이 자본부족과 기술낙후에 의해 역내산업의 국제경쟁력이 상대적 비교열위로 전락될 가능성도 있다.

기업은 이윤추구를 위해서 국경을 초월한 경영자원의 최적배분을 실현시키고 있다. 현재 다국적기업의 활동은 투자국경제에 있어서 중요한 부분을 점하고 있어 지역통합을 역내기업의 보호수단으로서 이용함으로써 다국적기업의 활동을 제한하는 것은 오히려 역내경제의 성장을 저해하는 측면도 있다. 그리고 보다 중요한 것은 지역통합이 폐쇄적인 블록경제로 되는 것은 역외의 저렴한 양질의 상품이 있더라도 역내소비자는 그것을 수입할 수 없거나 또는 수입재가 고가로 되어 물가상승을 야기하는 등 소비자에게 큰 손해를 가져다 줄 수도 있다.

다음 지역통합에 의해 역내유통의 자유화혜택을 받는 상품은 역내산품에 국한된다. 따라서 지역통합을 형성하는 경우 원산지규정을 제정함으로써 역내산품의 범위를 규정하는 경우가 대부분이다. 그 경우 역외기업에 있어 문제가 되는 것은 원산지규정이 자의적으로 제정, 운용되면 계속적 경영활동에 지장을 줄 가능성이 있고 또한 원산지규정을 제정하는 경우에 국산원료 사용비율(local content)을 인상시켜 역외기업의 원료조달에 제약을 가하게 된다. 국산원료 사용비율의 인상은 부품 등의 수입규제를 강화하는 것과 동일한 경제효과를 가져와 일종의 무역장벽의 강화라고 볼 수 있으며, 그것은 GATT의 규정에 위배되는 것이다.

높은 local content가 요구되고 역외로부터 수입과 동등한 관세를 부과하게 되면 현지 생산기업으로서는 국산원료 사용비율을 달성하기 위하여 역내에서 생산을 계속하는 것보다 임금이 저렴하고 생산조건이 유리한 역외국으로 생산거점을 이동시켜 거기에서 생산하여 수출하는 것이 이익이 될 가능성도 있기 때문에 결국 역내산업의 육성을 목표로 한 처음 의도와 반대로 오히려 자본을 유출시킬 가능성도 있다.

그러므로 GATT 등의 다자적 자유무역협상의 장을 통해서 세계의 자유무역체제의 구축이 이루어져 무역자유화가 실현되면 어떠한 지역통합형태보다도 공평성 등 여러 측면에서 우월한 것은 확실하다. 그러나 다자적 협상은 다수 참가국의 이해조정에 많은 시간이 소요되고 협상도 복잡하고 다양하다. 한편 지역경제통합은 먼저 특정지역에의 자유무역을 촉진하고 GATT 규정에서는 현재 불충분한 새로운 분야의 규정을 명확하게 함으로써 역내만이 아니라 세계무역을 확대하는 효과가 있어 세계적인 자유무역체제에 대한 현실적인 발판(stepping stone)으로서의 위치를 갖게 될 가능성도 있다.

역외국에 대하여 불이익을 주지 않는다는 조건으로 지역통합의 구조를 이용할 경우 보다 신속하고 광범위하게 무역자유화가 실현될 가능성도 배제할 수 없다. 특정의 지역통합을 주축으로 다른 국가도 새로운 지역협력협정을 체결함으로써 GATT체제와 마찬가지의 효과를 가져올 것을 기대할 수 있다. 다만 그러한 지역협력구조에서 제외된 저개발국이 존재하는 경우 어느 특정지역통합의 최적규정이 세계 전체적으로 최적이 되지 않는 한 거대화된 지역통합이 역외국과의 통상협상에서 자기들의 규정을 강요할 가능성 등의 문제가 남게 된다. 따라서 GATT로 대표되는 세계주의적 관점에서 경제후생의 최대화를 추구하는 접근방법이 최선책이고, 지역통합이 차선책이라는 것이 확실한 이상 지역통합은 다자적 무역체제를 대체하는 것이 아니라 보완하는 형태로 되는 것이 세계무역을 확대시키는 시나리오로 가장 바람직하다고 볼 수 있다.

요컨대 WTO와 OECD 등 다자적 협상체제에서 지역통합에 대한 기준과 규정이 한층 명확하게 되고 금후 모든 지역통합이 형성되고 확대・심화되는 과정에서 역외국에 대해서 불이익이 발생되지 않도록 감시하는 것이 필요하다. 더욱이 APEC 등 광범한 지역협력체제에서 참가국이 특정지역에 폐쇄적으로 되지 않도록 어떤 대책이 강구되는 것이 중요하다.

제15장 국제환경문제와 무역정책

15.1 국제환경문제의 의의

1. 환경문제의 제2파동

최근 세계적으로 환경문제의 제2파동이 일어나고 있다. 1972년 스톡홀름에서 개최된 UN인간환경회의는 그 정점이 되었다. 그 후 두 차례에 걸친 석유 파동으로 인한 불황탈출과 경제성장이 세계적인 우선순위로 됨에 따라서 자연히 환경보호를 위한 노력은 퇴조하였다. 지난 20여 년간 세계경제는 여러 가지 새로운 변화를 경험하였다. 다국적기업의 해외직접투자가 활발해지고, 일부 개도국으로 생산거점이 이전됨에 따라 오염물질의 발생원이 국제적으로 확산되었다. 또한 하이테크산업이 급속히 발전됨에 따라 유기용제 등 유해화학물질에 의한 새로운 공해문제가 발생하였다. 서비스화의 진전에 의해서 선진국에서는 중유와 철강의 소비량이 감소되어 아황산가스의 발생량은 줄어들었으나, 그 대신 컴퓨터용 기기의 소비량 급증에 수반된 새로운 자원폐기물문제가 대두되었다.

더욱이 정보공개의 진전으로 구소련연방 및 동구제국에서 심각한 환경파괴의 실태가 보다 상세히 전달되는 사태는 새로운 변화이다. 이와 같이 국제화, NIEs화, 하이테크화, 서비스화, 환경오염에 대한 정보화 등이 30여년 전과는 다른 경제사회 환경 속에서 국제환경문제의 제2파동으로 밀려오고 있다. UN이 주관하는 제2차 스톡홀름회의가 1992년 6월에 개최되었다. 그 회의의 성공적인 결과의 하나로 정부와 비정부단체(NEO)수준의 다양한 환경 관련활동이 전개되었다. 국제적으로는 세계도처에서 지구환경에 대한 국제조약과 환경보전기금의 설립 등이 결의되고 국제환경협력 체결도 이루어졌다.

2. 환경문제의 정의와 유형

현재 지구환경문제로서 취급하는 현안들은 실로 다양하고 그 정의와 범주에 대해서 아직 공통인식이 형성되지 못하고 있다. 일본의 경우 환경청은 환경문제를 오존층의 파괴, 지구의 온난화, 산성비, 열대림의 감소, 사막화, 개도국의 공해, 야생생물종의 감소, 해양오염, 유해폐기물의 국경이동 등 9개 문제로 범위를 한정해서 다루고 있다.[1] 또한 일부 문헌에서는 지구환경문제를 식료품공급과 인구문제, 개도국의 주택문제, 무역 분쟁에 의한 환경파괴, 원자력발전의 위험성, 재구축사회(recycling)의 전망, AIDS문제, 담수자원의 고갈, ODA관련 지역개발사업에 의한 환경파괴, 개도국의 임신중절문제 등을 포함시키고 있다. 지구환경문제는 실제로 개도국의 빈곤문제와 깊은 관련이 있고, 이른바 남북문제 및 인권문제와도 연결되기 때문에 그와 같은 광범위한 문제를 포함시키게 된다. 그 때문에 지금까지의 환경과 개발에 관한 포괄적 국제회의는 마치 세계인권회의와 같은 양상을 방불케 하였다.

환경문제의 연구자들 간에는 오존층파괴와 지구온난화 문제와 같이 그 원인에 있어서 선진국의 경제활동에 책임이 큰 문제와, 열대림의 감소 및 사막화와 같이 개도국의 경제활동과 연관되는 환경문제를 구별해서 전자를 지구 환경문제, 후자를 국제 환경문제라고 부르는 견해도 제시되고 있다. 국제환경 문제로는 환경문제를 지구환경을 파괴하는데 한정하지 않고 도로 공해, 소프트개발에 의한 환경파괴, 지역하천의 오염 등 주변문제도 포함해서 그것이 국제적으로 어떤 연관성이 있는가는 다루고 있다. 이상에서 제기된 여러 가지의 지구환경문제를 경제학의 체계로 그 개념규정을 시도한 최초의 학자는 일본의 植田私弘이다. 그는 지구환경문제를 다음과 같이 5개 유형으로 분류하고 있다. 즉,

- 제1유형 : 어느 한 국가의 경제활동에서 발생되는 오염물질이 다른 국가에 피해를 주는 경우로 국경을 초월하는 형태의 환경오염.
- 제2유형 : 환경규제가 완만한 지역으로의 기업진출 또는 직접투자에 수반된 공해수출이라고 부르는 형태의 환경파괴.
- 제3유형 : 선진국의 산업구조 및 생활양식과 관련해서 선진국과 개도국간의 경제관계 및 무역구조로부터 야기되는 형태의 환경파괴.

1) 日本環境廳編,「環境白書」, 平成3年版總論 , 文藏省印刷局, 1991, pp.3~29 참고

- 제4유형 : 절대빈곤국을 포함해서 일부 개도국에서 볼 수 있는 바와 같이 빈곤이 환경파괴를 조장하고 또한 환경파괴가 빈곤을 촉진시킨다고 하는 빈곤과 환경파괴의 악순환이 진행되는 형태의 환경파괴.
- 제5유형 : 오염 자체가 지구적 공동자원(global commons), 즉 대기 · 성층권과 해양과 같이 사람들이 공동 이용하는 것이 결과적으로 환경오염의 원인이 되어 자신과 다른 사람들에게 피해를 주는 형태의 환경오염이다.

위와 같은 다섯 가지 유형은 경우에 따라서는 상호관계를 갖고 복합적 현상으로 오늘날 지구환경문제를 야기시키게 된다. 그리고 그 근저에는 경제의 세계화(globalization)라는 문제와도 연관되고 있다. 예컨대 제1 및 제2유형의 환경파괴는 종래 한 국가 내에서 생긴 현상이 생산력발전에 따라서 공간적 규모를 확대한다는 문제이고, 제 5유형은 인간 활동의 수준이 지구공동자원의 재생산능력을 초월하는 단계에 도달하였기 때문에 발생되는 문제라고 볼 수 있다. 한편 제 2, 3, 4유형의 환경파괴는 세계경제의 상호의존성 및 긴밀화에 의해서 발생되는 문제이다. 위의 논의를 다시 정리해보면 오늘날 지구환경문제의 근저에는 경제의 세계화와 생산력의 왜곡발전 및 세계경제의 상호의존관계 심화라는 문제가 복합적으로 내재되어 있다고 할 수 있다.

15.2 국제 분업과 공해수출

1. 공해수출과 공해피난지 가설

공해수출은 외국(많은 경우 개도국)에 입지하는 다국적기업이 단독으로 또는 현지 외자기업과 합작으로 이루어지는 경제활동에 수반해서 발생되는 것으로 거기에서 제조 · 판매되는 유해상품과 환경오염물질 또는 불충분한 관리로 생기는 저장 · 폐기된 유해물질 등이 현지에서 공해를 발생시켜 자연환경을 파괴하고 현지 주민의 건전한 노동과 생활을 곤란하게 만들고 또한 건강에 피해를 주어 생명을 잃게 되는 경우를 가리킨다.

공해수출은 공해피난지(pollution heaven) 가설의 시비를 둘러싼 논의와 밀접하게 관련되어 있다. 공해피난지 가설은 선진국의 오염집약형 산업이 본국에서의 엄격한 공해규제 때문에 공해방지대책에 대한 법제도(공해배출 허용한도와 입지규제 등)와 사회적 환경(공해반대여론의 강도 등)이 느슨한 지역이나 국가를 선택하여 이전한다고 하는 산업입지론의 가설이다. 공해피난지에서는 환경기준과 반대여론이 엄격한 본국보다는 훨씬 적은 공해방지비용으로 경쟁상 우위를 확보할 수 있다. 공해 수출론은 그와 같은 공해피난지의 존재를 인정하는 견해를 부정하는 주장으로 볼 수 있다.

다국적기업의 공해수출 사례연구는 인도의 화학공장 폭발사고와 인도네시아의 열대림파괴 등에 대해서 선구적인 연구 활동을 한 Person이 세계자원연구소(WRI)의 협력을 얻어 작성한 「다국적기업, 환경 및 제3세계」라는 보고서를 들 수 있다. Person은 동보고서에서 환경보호에 대한 다국적기업과 현지정부의 책임에 대해서 구체적으로 논하고 다국적기업의 환경문제에 대한 기여도에 대해서 긍정적 측면과 부정적인 측면의 평가를 하고 권말부록인 '성장의 지침'에서는 오히려 낙관적인 전망을 피력하고 있다. 즉, 금후 개도국의 환경정책의 개선이라는 관점에서 다국적기업은 적극적인 역할을 수행 할 것이라는 견해를 피력하고 있다.[2)]

다음 공해피난지 가설을 둘러싼 논의를 살펴본다. 크라드윈은 개도국의 환경관리에 장애가 되는 10가지 문제를 지적하고 있다. 요약해 보면 개도국에 서는 ① 환경의 질의 감시가 불충분하기 때문에 규제가 철저하지 못하고, ② 광범한 빈곤으로 장기적 환경보호대책이 불비 되어 있고, ③ 자금이 부족하고, ④ 환경보전계획이 소득의 불평등을 확대하고, ⑤ 기술적 · 행정적 전문가가 부족하고, ⑥ 주민참가가 부재이고, ⑦ 경제 · 사회적 관련 자료가 부족하고, ⑧ 문화적 가치관이 다양화되는 등의 요인으로 환경보호정책의 추진이 곤란하다고 보고 있다. 즉, 크라드윈은 개도국의 정치 · 경제 · 사회의 내부요인으로부터 공해피난지의 환경관리의 불충분성을 설명하고 있다.

또한 크라드윈은 다국적기업의 불투명성에 기인하는 환경관리의 관련성에 대해서 다음 4가지 요인을 지적하고 있다. 첫째, 다국적기업의 유연성, 이동성이 높다는 점이다. 개도국정부가 엄격한 환경규제를 행하더라도 다국적기업은 언제라도 공장폐쇄와 해외이전을 시사함으로써 개도국의 환경규제 실시를 견제할 수 있다. 둘째, 모회사에 의한 자회사의 관리 · 통제의 긴밀도가 한결같지 않고 통신, 기타

2) Person, C. S.(ed), *Multinational Corporations, Environment*, and the Third World ;Business Matters, Duke University Press, 1987.

비용이 높은 경우에는 자회사 통제에 충분한 자금을 투입하지 않는다는 것이다. 그 때문에 모회사가 채용하는 고도의 공해방지대책이 자회사에는 적용되지 않는 경우가 많다. 기업 내 분업에 의한 국제적 생산망의 형성은 환경보전에 관한 통일적이라기보다는 분열적이고 볼 수 있다. 셋째, 다국적기업의 활동에 대한 정보공개가 아주 불충분하다는 것이다. 그것은 개도국정부의 환경감시에 필요한 자금부족과 국경을 초월한 정보공개에 대한 제도의 불비 등이 그 원인으로 볼 수 있다. 넷째, 자회사의 생산활동에 대한 모회사의 책임의 명확한 법적기준과 이론이 아직 국제사회에서 확립되지 못하다고 있다는 데 문제가 있다.

개도국에 존재하는 환경관리상의 장애와 다국적기업의 통제의 곤란성 모두를 고려하면 개도국은 분명히 공해피난지라고 생각할 수 있으나 크라드윈은 다음과 같은 긍정론도 병기하고 있다. 즉, ① 다국적기업은 현지의 민족계 기업보다 수익탄력성이 높고, 환경규제의 도입 및 강화에 대한 적응력도 높다. ② 다국적기업은 자사상품에 대한 현지의 여론과 평판에 대해서 민감하고 취약해서 소비자와 행정에 의해 엄격하게 감시되고 있다. ③ 다국적기업은 선진국에서 개발된 최첨단의 공해방지기술을 도입하는 경로를 가지고 있고, 현지기업에 대해서 모범적인 역할을 수행할 수도 있다. 이상과 같은 다국적 기업이 가지고 있는 공해방지를 위한 자료, 기술, 전문가 등에 기대하는 논거가 크라드윈 연구의 기초를 이루고 있다.

2. 국제분업과 NICs의 공해

국제 분업은 분할된 생산 공정을 외국에 부분적으로 이농 및 선개한나고 하는 사회적 분업의 국제적 전개를 의미한다. 최근 가장 중요한 국제 분업의 형태는 국제기업에 의한 정보·통신망의 발전과 각종 금융거래면의 통신·컴퓨터 혁명의 성과를 전면적으로 활용한 기업 내 국제 분업이다. 그것은 생산에 필요한 원료와 부품을 국내의 다른 기업으로부터 구입하는 종래의 생산시스템과는 달리 세계 각지에 설치된 자회사(부품공장 등)와 본사(조립공장 등)간에 유기적으로 결합된 국제분업 시스템이다. 자회사간 및 자회사와 본사간의 관계는 이른바 수직적 분업과 수평적 분업과를 연계한 복잡한 네트워크로 파악된다. 그와 같은 국제 분업을 행하는 기업은 복수국에 지사와 자회사를 배치하고 국경을 초월하여 생산 활동에 참여하는 다국적기업 또는 국제기업을 가리킨다.

다국적기업, 특히 공장 등 생산설비의 타국진출은 가격상승 이익과 배당수입을 목적으로 증권을 구입하는 증권투자에 대해서 직접투자라고 부르는 자본수출이다. 직접투자는 전후 활발하게 이루어진 현상으로 그에 관한 이론은 선진국간 투자와 대개도국간 투자로 구분된다. 선진국간 투자에 있어서는 미·일·구주 등 선진자본국간의 상호투자현상을 어떻게 설명하는가에 대한 논의가 전개되고 있고, 공해수출과 보다 밀접한 관련이 있는 남북 간 투자에 대해서는 신흥공업국을 둘러싼 논의가 활발히 이루어지고 있다. 특히 1960년대 이후 선진국은 공산품을 생산·수출하고 개도국은 원료를 공급하는 고전적인 국제 분업관계로부터 선진국은 신제품을 발명, 생산, 수출하고 일부 개도국은 표준화제품을 생산, 수출하며 나머지 개도국은 여전히 원료의 공급자로 머무른다고 하는 계층화·다양화된 국제 분업관계로 발전되고 있음을 볼 수 있다.

선진국의 다국적기업이 생산, 저장, 폐기, 배출하는 오염물질에 의한 개도국의 환경파괴의 배경으로서 특히 신흥공업국의 등장은 매우 중요한 의미를 갖는다. 여기에서 다루고 있는 공해수출문제도 실제로는 지역공해문제이고 NICs화 현상의 환경적 측면으로 그것이 21세기의 지구환경문제의 중심이 될 가능성도 전혀 도외시할 수 없다. 그러한 신흥공업국에 대해서 관심을 기울이는 것은 과거 30여년간 그들 국가에 생산이윤을 산출하는 기술은 이전되었어도 환경관리기술은 이전되지 않았기 때문이다.

거대한 잠재적 환경파괴력을 가진 생산력, 생산기술은 선진국의 경우 우수한 숙련·미숙련노동자, 발달된 여론과 시민의 감시능력, 극히 세부적인 감독규제가 가능한 관료기구, 변호사, 의사, 언론인의 활약 또는 자유 활동을 보장하는 언론·집회의 자유 등으로 어느 정도 환경문제가 관리·통제되고 있다. 그러나 그러한 선진국의 환경관리·통제력이 개도국에 충분히 이전되거나 발전되지 못하고 있는 것이 현실이다. 그 결과 개도국의 경우 많은 산업공해와 사고 및 기계조작의 오류 등이 발생되고 있다. 개도국에 있어서 공해방지가 실현되는 것은 생산기술의 이전만이 아니고 환경보전을 위한 다양한 기술과 사회적 환경이 개도국에 이전되어 발전되지 않으면 안 된다. 거기에서 근본적으로 개도국이 관리할 수 없는 오염물질을 배출하는 생산 활동은 금지하는 등 국제 분업체제의 구조화정책이 필요하다.

3. 빈곤과 환경악화의 「악순환론」

1) 개도국의 빈곤악순환론

개도국의 거대한 도시는 저수준의 거주조건으로 많은 시민들이 극히 열약한 공중위생상태에 방치되어 생활하고 있으며, 농촌부문의 환경문제도 마찬가지다. 개도국의 빈곤 악순환문제는 R. Nurkse 교수가 1952년 이집트의 카이로에서 행한 연설의 한 구절, 즉 "후진국은 빈곤하기 때문에 빈곤하다"는 표현에서 잘 나타나 있다. 또한 구약성서의 마태복음 제25장 29절에 "무릇 가진 자에는 줌으로써 점점 풍요해지나, 가지지 못한 사람은 가진 것조차 빼앗기게 될 것이다"라고 쓰여 있다. 그것은 진실을 나타내고 있으나 추상적인 표현에 불과하다고 불만을 가진 G. Myrdal은 신고전학파 경제학의 안정적 균형개념을 비판하고 사회적 변화의 과정을 '누적적이다'라고 술회하고 '순환적 인과관계'에 대하여 미국 흑인의 예를 설명하였다.3)

즉, 백인의 흑인에 대한 편견과 흑인의 빈곤한 생활은 백인들의 편견을 더욱 조장한다고 주장하고 있다. 미르달은 그 누적적 인과론에서 지역 간 격차의 확대현상을 해명하는데 유명한 역류효과(back wash effects)이론을 전개하였다. 즉, 자금, 노동, 업무 등이 집중되는 지역은 누적적으로 발전해서 파급효과가 주변에 미치지만 경제적 번영의 제요소로부터 격리된 지역은 負의 누적과정이 진행된다고 보고 후자를 미르달은 역류효과라고 불렀다. 또한 L. R. Brown의 「지구백서」에서는 빈곤한 사람들의 대부분은 문자의 해득력이 결여되고, 따라서 빈곤에서 탈출하는 데 도움이 되는 정보와 지식을 접할 기회를 갖지 못하기 때문에 빈곤이 지속된다고 말하고 지역수준의 빈곤구조를 형성하는 다음 4가지 요소를 지적하고 있다. 즉, 개도국의 빈민과 농민의 대부분은 ① 토지를 보유하지 못한 무산자이고, ② 신체적으로 허약하거나 병든 자가 많고, ③ 유아사망률이 높아 다출산으로 인구가 급증하여 취업기회가 적어 경쟁이 극심하고, ④ 문맹 때문에 불법의 계약서나 증서에 날인하게 된다고 주장하고 그러한 사실은 성서나 Nurkse가 지적한 바와 마찬가지로 사실상 빈곤의 악순환이 개도국에 아직 그대로 존하고 있음을 설명해 주고 있다.

남미 코스타리카의 경우 대규모 토지가 조방적으로 이용되고 영세농민의 생활은 궁핍하다. 과거 20년간 목축산업이 폭발적으로 발전되어 그 국가의 경작가능토

---

3) Myrdal, G.,(小原敬士譯), 「經濟理論と低開發地域」, 東洋經濟新聞社, 1959년.

지의 50%가 목초지로 전환됨에 따라 토양침식이 급속히 진행되었다. 목축산업을 지탱하는 것은 정치적으로 권력 있는 2,000호 정도의 대목장 경영농가와 국제농업 사업체 및 정부의 특별우대정책 때문이라고 할 수 있다. 코스타리카의 실태에서 여실히 나타난 바와 같이 개도국의 빈곤문제의 근저에는 특히 농촌의 경우 전근대적 토지소유형태와 그것을 지탱하고 있는 비민주적 정치구조의 문제라고 볼 수 있다. 더욱이 전근대적 대토지경영의 경우 대규모 경영에 의한 수출용 작물생산을 지원하는 다국적 농업의 이해관계가 얽혀있다. 개도국의 빈곤 악순환문제는 빈곤을 고정화시키고 있는 국내적 · 국제적 정치경제구조에 깊이 연계되어 있다고 볼 수 있다.

2) 빈곤 · 환경악화의 악순환론

빈곤과 환경악화의 악순환론은 지구환경문제를 다루는 데 간과하기 쉬운 남북문제의 논의대상에 포함시키는 데 의의가 있다고 하겠으나 환경악화를 산출하는 전제적 구조가 명확하지 않다는 비판도 받고 있다. S. M. LéLé는 빈곤만이 환경악화의 순환적 인과관계에 결부되는 것은 아니고 낭비적인 대량소비생활도 이미 많은 개도국에서 정착되고 있어, 풍요함이 환경악화의 중요한 원인이 되고 있다고 [그림 15-1]과 같은 도식을 제시하고 있다.

빈곤과 환경악화의 악순환이라고 하는 경우 빈곤을 극복하여 경제성장이 달성되면 환경문제도 해결될 수 있다는 성장우선의 발상이 포함되고 있으나 LéLé는 종래의 경제발전전략의

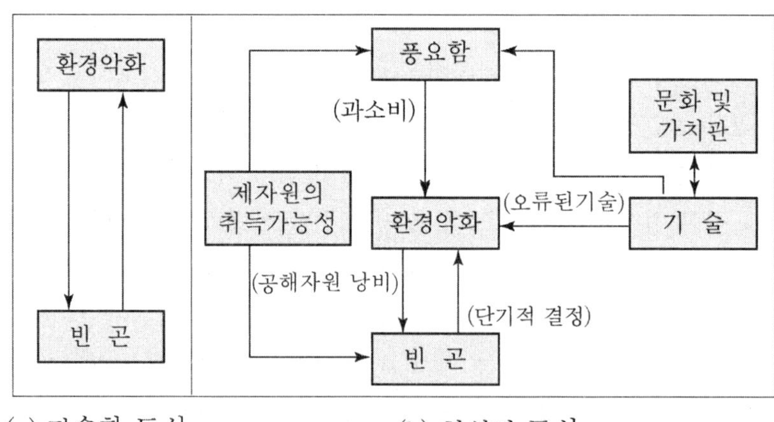

(a) 단순한 도식 (b) 현실적 도식

[그림 15-1] LéLé의 빈곤과 환경악화의 악순환도

배후에 있는 신고전파경제학의 개발사상 자체에 문제가 있다고 비판하고 있다.[4) 종래의 개발사상과 환경보전과의 관계에 대해서는 별도의 검토를 하지 않으면 안되지만 확실히 LéLé의 도식은 농촌을 염두해 둔 종래의 단순한 도식과는 다르게 도시부문에서의 환경악화도 사정거리에 포함시키는 현실적인 설명으로 평가되고 있다.

그러나 LéLé의 도식에도 한계가 있다. 그는 빈곤과 풍요함이라는 이분법의 도식으로 논의를 전개하고 있으나 오히려 빈곤으로부터 풍요함을 지향하는 과정에서(또는 자본축적과정) 시장의 실패(예컨대 환경의 가치가 제품가격에 내부화 되지 못함)로 환경파괴가 생기는 것이 아닌가. 또한 환경파괴를 초래하는 것은 빈곤과 풍요함과 같은 추상적인 개념이 아니고 구체적인 경제활동의 주체가 아닌가. 그와 같은 의문에 대한 해답이 LéLé의 도식에서는 포함되지 않고 있다. 개도국에 있어서 빈곤으로부터 탈출하려는 강한 빈곤이탈 드라이브가 작용하고 풍요화 추구과정에서 경제활동의 주체를 매개로 환경 악화가 진전된다. 여기에서 개도국의 빈곤이탈 드라이브가 발생되는 요인은 다음과 같은 것이라 할 수 있다. 예컨대 미국형 대량소비 생활양식의 도입·침투를 조장하는 해외정보가 가져오는 효과 등을 들 수 있다. 외적인 요인으로서는 세계시장이 점차 일체화, 균등화가 이루어지는 이른바 시위효과영향 등을 들 수 있다.[5)]

한편 국내요인으로는 빈곤의 해결을 파이의 재분배만이 아니고 파이전체의 증대에 의해서 실현시키려는 위정자들의 의지를 들 수 있다. 위와 같은 제 요인을 고려하여 개도국의 환경악화 순환관계를 中川信義는 다음 [그림15-2]와 같이 도식화하고 있다.

[그림15-2]에 나타난 경제활동의 주체로서 합성세제에 의한 하천과 호수의 오염을 예로 들면 세제의 소비자, 세제생산기업, 하수도행정을 담당하는 공공기관(지방자치단체의 사업국)의 삼자가 된다. 그 가운데서도 환경파괴형 상품을 제조, 판매하는 세제메이커의 사회적 책임이 크다고 할 수 있다. 일반적으로 말하면 자본주의사회에 있어서 환경악화를 초래하는 경제활동의 주체는 자본가 또는 이윤추구를 우선하는 민간기업이라고 할 수 있다. 아무래도 개도국의 환경악화는 국내의 경제사회 내부에서만의 악순환이 아니고 국제적 환경과 결부되어 순환적으로 누

4) LéLé, S. M., *Sustainable Development ; A Critical Review, World Development*, Vol. 19, No6, 1971.

5) Rostow, W.W., *The Stage of Economic Growth*, Cambridge University Press, 1960.

적되고 있다고 볼 수 있다. 따라서 개도국의 환경악순환을 단절시키기 위해서는 국내의 경제개혁만이 아니고 남북경제관계 또는 국제분업체제의 구조적 개혁이 필요하다. 또한 개도국은 빈곤이 심각하여 빈곤이탈 드라이브가 강하게 작용하여 환경보전이 경시되기 쉬운 경제사회환경 때문에 엄격한 환경규제를 실시하기 위한 보다 큰 노력이 경주되지 않으면 안 된다.

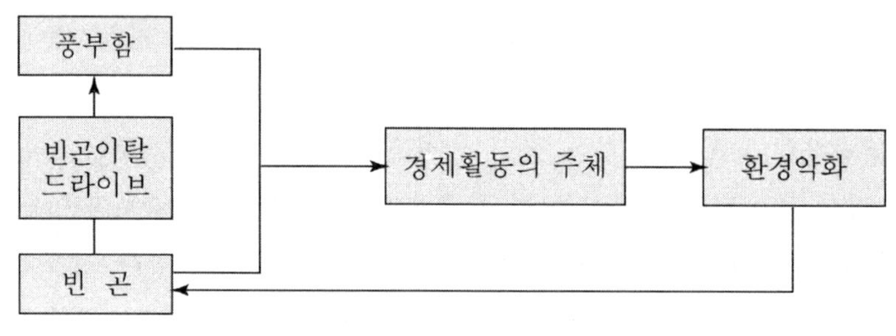

[그림 15-2] 경제주체를 도입한 모형

15.3 환경규제와 무역장벽

환경보호론자는 자유무역이 자연자원을 파괴하는 것을 염려하나 자유무역 지지자는 세계각국에 있어서 환경정책의 강화가 자유무역을 현저히 저해하지 않을까 우려하고 있다. 자유무역지지자들은 각국 정부가 환경목표를 달성하기 위해서 수입제한, 수출규제, 보조금 등의 수단을 사용하게 되면 막대한 노력을 경주하여 쟁취한 무역개혁이 근저로부터 동요될 것을 우려한다. 그에 대해서 환경보호론자들은 특히 경제와 환경의 global한 성격을 규명하고, 중요한 환경목표를 달성하기 위해서는 경우에 따라서는 무역제한수단을 사용할 필요가 있음을 강조한다. 분명히 특정의 경우에는 환경정책과 자유무역목표가 적어도 단기적으로는 충돌하는 것이 불가피하다. 어떠한 상황에서 환경 목표는 보통의 무역규정을 금지시키는 정당한 이유로 될 수 있을까. 그러한 결정은 누가 할 수 있는가. 최근 이런 문제들이 자주 국제무역분야에서 제기 되고 있다. 이런 문제들에 대해서 수입규제, 수출규제, 보조금 및 무역분쟁의 처리문제로 나누어 살펴본다.

1. 수입규제

수입규제를 수반하는 국제환경규제는 무역자유화를 위협할 우려가 있는 가장 전형적인 정책분야이다. 각국은 일반적으로 환경, 보건, 안전성에 관한 국내법규에 적합지 못한 생산물의 수입을 규제한다. 그렇지 않을 경우 그 법률은 즉시 실효성을 상실하게 될 것이다. 예컨대 미국시장에 진출하려는 외국의 자동차메이커는 미국의 배기가스 배출기준을 충족시키는 자동차를 제조하지 않으면 안 된다. 수출용 작물을 재배하는 농가는 잔류농약수준을 수입국의 허용기준에 맞추지 않으면 안 된다. 해외판매를 시도하는 맥주회사는 만약 현지법률이 병마개교체 가능한 용기를 사용하도록 규정하고 있다면 그를 준수하지 않으면 안 된다. 일반적으로 현행 무역협정은 수입국이 자국시장에 판매하는 상품에 대해서 국내생산자에 적용하는 조건과 동일조건을 외국메이커에게도 요구한다.

그러나 경우에 따라서는 환경보호의 이유로 문제되는 조건을 부과한다. 무역협정의 하나의 과제는 수입국이 취한 무역조치가 환경보호를 위장한 보호무역주의가 아니고 진정한 환경상의 동기에서 이루어진다는 점을 보장해야 하는 점이다. 각국 정부는 상호간에 환경보호를 은폐시키는 보호무역주의를 경계한다. 그러나 정당한 환경보호조치와 은폐된 환경보호조치를 구별하는 것은 아주 어려운 일이다. 그 때문에 GATT의 UR과 NAFTA에서는 몇 가지 환경법에 대하여 과학적 근거를 요구하고 있다. NAFTA는 잔여농약허용 기준과 같은 사람과 동식물의 건강을 보호하기 위한 환경기준이 '적절한 위험성평가'만이 아니고 과학적 원칙에 근거해서 설정할 것을 요구하고 있다. UR에서는 일보 전진하여 국제적 규범에서 이탈한 모든 환경법에 과학적 근거를 요구하는 제한을 하고 있다. 그러한 문제에 대해서 과학자들의 의견은 자주 엇갈린다. 환경보호론자는 일부 국가에서 국내환경법이 공격의 대상이 되지 않을까 염려하고 있다.

어느 한 정책이 진정으로 환경보호를 목적으로 하고 있다고 하더라도 그것이 결과적으로 국제무역을 저해하는 경우도 있다. 예컨대 병마개 대체가능한 용기의 사용을 의무로 부과하는 법률은 빈병의 회수에 고비용이 소요되는 것과 관련된 외국 음료메이커를 불리한 처지에 놓이게 한다. 그러한 경우 도대체 무역과 환경 가운데 어느 쪽의 정책목표가 우선되어야 하는가. 1980년대 말에 그와 같은 문제가 최초로 국제분쟁의 하나로 대두되었다. 덴마크는 캔맥주와 청량음료의 판매를 금지하고 병마개 대체 가능한 용기의 사용을 의무화하는 법률을 제정하였으나, 외국

음료메이커는 그 법률을 환경보호를 위장한 무역규제이고, 따라서 EC법에 위반된다고 주장하였다.

EC위원회는 그 분쟁의 해결을 위해서 최종적으로 구주사법재판소에 해결을 의뢰하였다. 구주사법재판소는 대체로 덴마크의 주장에 부합되는 판결을 내렸다. 동 재판소는 그 획기적인 재판에 있어서 덴마크의 법률은 확실히 외국 음료메이커를 불리한 입장에 놓이게 하나 그 법률이 가져오는 환경이익은 무역의 악영향보다 더 크다는 판단을 시사하였다. 또한 동재판소는 그 법률의 거의 중요하지 않은 측면(규격에 부합되는 용기의 사용의무부과)에 대해서 그것은 당면의 환경목표와 조화되지 않는다고 판단하였다. 일부 사람들은 그와 같은 판단이 용기회수만이 아니고 실제의 병마개 대체를 저해하는 것을 우려하였으나 실제로 그들 목표에 지장을 초래하지 않았다. 구주재판소의 판결은 EC법을 기초로 무역을 제약하는 환경법이 정당화되기 위해서는 환경이 가져오는 이익이 무역억제효과와의 균형유지, 즉 무역손실에 상응할 만큼의 충분한 가치를 갖지 않으면 안 된다는 사실을 시사하고 있다.

2. 수출규제

환경과 관련된 수출규제의 실시도 무역협정에 의해서 제한되고 있다. 그것은 에너지, 광물, 목재, 물 등 자원의 희소성에 직면한 국가가 자국민을 위하여 우선 공급을 확보하기 위한 목적에서이다. 자원에 대한 수출규제조치는 결핍된 자원을 국내소비용으로 확보하면서 자원기반을 보전하는 것이 가능케 되나 국내시장과 해외시장을 별도로 취급하는 것은 자유무역원칙에 위배되기 때문에 일부 국가의 무역기구는 그러한 수출규제에 엄격하게 대처하고 있다.

예컨대 정부가 환경상의 이유 때문에 가끔 이용하는 한 가지 수단은 미가공품의 수출을 금지시키는 것이다. 그 조치가 겨냥하는 것은 부가가치산업의 고용창출을 통해서 국내고용을 유지하고 자원의 소모를 방지함으로써 자원 관리를 용이하게 하기 위해서이다. 그러나 그와 같은 정책조치는 무역제한조치로서 비판의 대상이 되고 있다. 인도네시아, 필리핀, 태국, 우간다 등 일부 국가는 특정 상황하에서 미가공 통나무의 수출을 금지하고 있다. 그러나 EC는 인도네시아의 금수조치는 GATT규정에 위반된다고 주장하고 있다.

수출규제가 자유무역의 원칙에 반한다는 것은 의심할 여지가 없다. 경우에 따라서는 수출규제는 환경보호의 관점에서 보아도 최선의 정책은 아닐지도 모른다. 예컨대 개도국에서 이용할 수 있는 목재가공기술은 선진국에서 이용되는 기술보다 구식이고, 비효율적이어서 더 많은 공해를 배출할 수도 있다. 적절한 환경규제가 없는 한 그러한 목재가공으로부터 대규모 이익을 얻을 수 있다는 것은 자원채취를 억제하는 경우가 증가함을 의미한다. 그러한 한편 막대한 경제적 이익을 산출하는 자연자원을 보호한다는 동기가 유발될 가능성도 있다. 또한 수출규제는 지역사회 전체의 경제기반을 손상시키지 않도록 자원채취의 규제를 가능케 하는 것으로 그것은 정치적 관점에서도 자원보호목적을 위하여 더욱 효과적인 수단이 될 것이다.

만약 선진공업국이 자국의 가공산업을 보호하기 위하여 1차 산품보다 부가가치 제품에 보다 많은 관세를 부과하는 정책을 개정하면 개도국의 그와 같은 차선책에 의존할 필요가 없을지도 모른다. 예컨대 일본이 합판의 수입에 9%의 관세를 부과하고 있으나 통나무의 수입에는 관세를 부과하지 않는다. 선진국은 코코아, 어패류, 광물, 고무 등 다른 1차 산품에 대해서 보다 가공도가 높은 상품일수록 더 높은 수입관세를 부과하는 경향이 있다. 만약 선진국의 그러한 무역장벽이 제거된다면 개도국은 비교우위에 있는 가공산업을 국내에서 육성하는 것이 가능하게 되고, 그 결과 놀랍게도 자국의 자원기반을 보호하기 위한 법률제정에 국민의 지지를 얻는 것이 용이하게 될 것이다.

현재 유해폐기물의 국경이동에 관한 바젤조약이나 워싱턴조약의 경우 무역규제가 환경협정의 불가결한 요소로 되고 있다. 또한 오존층보호에 관한 몬트리올의정서를 비롯해서 몇 개의 국제조약에서 비성명국이 조약의 실효성을 손상시키는 것을 방지하기 위하여 또는 체약국의 조약준수를 보장받기 위한 수단으로 무역규제를 사용하고 있다, 그러한 상황은 법률상의 어려운 문제를 야기한다. 그것은 여러 가지 국제협정의 목표가 상충되고 있기 때문이다.

한편에서 무역규제를 원칙적으로 금지하는 GATT가 있고, 다른 편에서는 무역규제를 필요로 하는 국제환경조약이 존재한다. 어느 쪽이 우선되어야 하는가는 국제법에 근거해서 분쟁의 양당사국이 양조약에 모두 가맹하고 있는 경우에는 일반적으로 보다 최신조약이 우선한다. 그것은 대부분의 환경조약의 효력이 우선한다는 것을 의미한다. 그러나 만약 환경조약에 가입하지 않은 국가가 GATT규정의 적용을 주장한다면 난처한 문제가 발생될 것이다. 아직은 그러한 경우는 발생되지 않고 있다. 도한 NAFTA는 그 합의사항이 바젤조약, 몬트리올의정서, 워싱턴조약의 합의사항과 상충될 경우에는 환경 조약이 우선되어야 한다고 명기하고 있다.

그러나 또한 NAFTA가맹국 모두의 동의를 필요하게 되는 것으로 장래 조약가입을 둘러싼 분쟁의 소지가 우려된다.

3. 보조금

자유무역규정의 위반을 우려하는 도 하나의 정책수단은 환경목표를 달성하기 위하여 실시되는 보조금정책이다. 무역협정은 일반적으로 보조금조치를 바람직하지 않은 무역관행으로 간주하고 경우에 따라서는 그 계속적 실시에 대응하기 위하여 상계관세를 허용하고 있다. 전체적인 것을 감안하면 임업, 대규모 프로젝트, 채광, 집약농업과 같은 환경파괴적 경제활동에 대한 보조금이 철폐되면 그러한 규정은 환경이익에 기여하는 경향이 있다.

그러나 환경보호를 위한 자금지원을 목적으로 한 특정의 보조금 또한 공격의 대상이 될 우려가 있다. 예컨대 북미자유무역협정은 재생가능 에너지개발과 에너지효율개선에 대한 보조금의 지원을 금지하고 있다. 그러나 그 협정은 석유와 천연가스의 개발 및 생산에 대한 보조금지급은 계속 허용하고 있다. UR에서 검토되고 있는 GATT의 규정개정은 NAFTA보다는 어느 정도 환경보호에 접근하는 방향으로 이루어지고 있다, 미국의 토양보존계획(CRP)과 같은 농지휴경계획과 환경보호를 목적으로 한 특정한 연구개발비 지출은 상계관세의 위협에서 제외될 것이다. 그렇더라도 최근 GATT개정안에 기초해서 그 외의 다수 일반적인 환경보조금은 동규정 위반으로 간주될 우려가 남아 있다.

4. 무역분쟁의 처리문제

수출규제와 보조금과 같은 조치가 정말로 보호무역조치가 아니고 환경상의 이유로 되는지 여부와 그것이 현행 무역협정에 적합한가 여부를 둘러싼 의견이 불일치되는 것은 불가피한 문제이다. 따라서 무역협정에 포함되는 분쟁처리과정이 더욱 중요한 의미를 갖게 된다. 거시적 규정(macro rule)의 제정은 환경보호론자에게 GATT 분쟁처리기관의 권한을 재인식시키는 계기가 되었다. 환경보호론자들이 더욱 불만을 가지는 점은 GATT의 비민주적 심의과정이다. 또한 실제로 GATT의 패널보고서조차도 일반에게 공표되지 않는다. 그 위에 UR에서 검토되고 있는 다자적 무역기구(WTO)가 실현될 경우 각국의 국내법을 무효화시키는 강력한 권한을 갖게 될 것으로 보인다.

NAFTA는 환경분쟁처리에 관해서는 GATT보다는 어느 정도 진전된 것으로 볼 수 있다. 즉, NAFTA협정에서는 ① 환경기준의 우선순위를 주장하는 국가가 아니고, 그 법률을 무역규정위반으로서 제소하는 국가가 입증의 의무를 가진다. ② 분쟁처리를 위하여 설취된 전문가위원회는 필요에 따라서 환경전문가를 위원회멤버로서 참가시킬 수 있다. 또한 환경기준의 우선을 주장하는 NAFTA가맹국은 GATT규정과 NAFTA규정 중 어느 쪽에 의거해서 분쟁을 심의할 것인가를 선택할 수 있고 적어도 자국에 유리한 적용을 보장 받을 수 있다. 그러나 NAFTA규정에는 전문가소위원회에 환경보호자를 참가시키는 규정은 아직 없고 분쟁처리과정의 일반공개를 정하는 규정도 없다.

더욱 중요한 것은 장래의 분쟁처리에 있어서 환경문제가 승리하기 위해서는 무역협정 자체를 근본적으로 개정할 필요가 있다는 것이다. 특히 GATT의 개혁이 착실하게 진전될 필요가 있다. 현재 GATT협상에서 나타난 바와 같이 GATT의 무역촉진적 경향과 인간의 건강 및 자연자원에 대한 GATT의 규정은 상당히 제한적인 성격을 갖고 있기 때문에 GATT는 본래 환경보호를 위한 행동을 저해하는 것과 같은 구조를 갖고 있다. GATT의 긴 조문 가운데 어디에도 환경이라는 용어를 찾아볼 수 없다. 무역과 환경이 상충하는 경우 어떻게 해야 되는가를 명확하게 하기 위해서는 GATT의 환경규정(환경에 관한 국제규약)을 제정해야 할 것이다. 그것은 Green Round의 개최를 필요로 한다. 그러나 UR이 타결되고 WTO의 출범에 따라 환경협상이 본격적으로 논의되고 있다.

15.4 환경보전과 무역정책목표

놀랍게도 단기간에 환경문제가 세계의 무역협상에서 중요한 요소가 되고 있다. EU의 마스트리트조약과 NAFTA는 지속가능한 개발의 추구와 환경정책의 확대를 무역확대와 동등하게 중요한 협정목표로 고려하고 있다. 그것은 GATT가 아직 달성하지 못한 중요한 전진이다. 그러한 점은 장래 희망을 갖게 하는 것이다. 다음 단계, 즉 무역과 환경을 조화시키기 위한 구체적인 정책이 실시되는 것은 훨씬 중요한 과제이다. 다음에서 환경보전을 위한 무역정책목표의 설정문제를 ① 환경비용의 내부화문제, ② 공정경쟁의 실현문제, ③ 환경보전비용의 조달문제로 나누어 살펴본다.

1. 환경비용의 내부화문제

무역을 환경의 관점에서 지속가능한 것으로 만들기 위한 하나의 관건은 생산에 전체환경비용을 반영시키는 것이라고 하는 것이 경제학자나 환경보호론자들의 일치된 견해이다. 만약 세계 모든 국가가 생산의 환경비용을 내부화시킨다면, 무역은 세계자원을 효율적으로 분배하는 수단이 될 것이다. 어느 국가도 오염과 환경악화 가운데 비교우위를 실현하는 것은 불가능할 것이다. 환경비용의 내부화를 달성하기 위한 수단의 하나는 환경세의 신설이다. 예컨대 에너지에 과세되면 에너지 저소비형 수송수단의 사용이 촉진되고, 또한 경우에 따라서는 수입품보다 국산품쪽이 더 경제적이기 때문에 무역의 환경비용이 경감될 것이다. 원생림에서 채취된 목재에 과세하면 식림지에서 생산되는 목재의 사용이 억제되고 목재무역을 통한 삼림파괴를 방지할 수 있을 것이다.

경제학자는 전반적으로 경제효율의 관점에서 과세와 같은 경제적 인센티브가 바람직하다고 생각하고 있는데 그것은 규제와 비용의 내부화를 추진하는 유용한 수단이 되기 때문이다. 예컨대 대기오염을 방지하기 위한 엄격한 규제는 산업에 오염방지대책의 도입을 요구하게 되고 그 결과 인간의 건강과 사회 전체에 미치는 피해비용의 일부가 내부화되는 동시에 수출을 위한 생산 활동의 환경에 대한 영향이 감소된다. 환경보전적 무역을 촉진하기 위한 하나의 방법은 소비자가 기업에 대책을 강구하도록 압력을 가하는 데 도움이 되는 환경도전계획(rebeling program)인데 그 한 예로는 미국의 green seal운동 등이 있다. 환경정책수단으로 과세, 규제, 소비자압력 등 어느 것을 선택할 것인가는 상황에 따라 다를 것이다. 아무래도 중요한 점은 세계 각국이 지속가능한 개발에 기여하도록 무역패턴을 개혁하기 위해서는 국제환경 정책을 채용하지 않으면 안 된다는 사실이다.

2. 공정경쟁의 실현문제

현재 세계 각국이 추구하는 환경보호수준과 그 실시방법은 국가에 따라 크게 차이가 나기 때문에 산업은 그 경쟁자보다 더 엄격한 규제를 받아 불리한 처지에 놓

일 가능성도 있고 그것이 산업을 공해피난지로 탈출시키는 요인이 될 수도 있다. 현재의 상황에서 만약 어떤 국가가 환경비용의 내부화를 도모하면 적어도 단기적으로 그 국가의 국제경쟁력을 저하시킬지도 모른다. 그러한 점은 강력한 환경정책을 도입하는데 중요한 억제요인이 될 수도 있다. 예컨대 EU의 탄산가스세 도입계획은 일본과 미국이 동일조치를 취하지 않는 한 EU의 국제경쟁력이 약화된다는 우려 때문에 주저하게 한다.

그러한 문제에 대처하기 위하여 1972년 OECD제국은 '환경정책의 국제경제측면에 관한 기본원칙'이라는 지침을 결정하였다. 그 지침에 근거해서 OECD제국은 오염자부담의 원칙을 정하게 되었다. 그 원칙은 무역의 왜곡화를 방지하기 위한 수단으로서 환경비용의 내부화를 촉진시킬 것을 목표로 하고 있다.1992년 개최된 UN환경회의에서 채택된 리오선언은 국제수준에서의 오염자부담원칙을 확인하였다. 그러나 많은 연구사례에서 세계에서 심각화되고 있는 대기·수질오염과 폐기물의 생성, 지구규모로 진행되고 있는 자연자원기반의 파괴 등에 대해서 오염자는 오염비용을 부담하지 않고 있는 것으로 나타났다.

보다 광범위한 비용의 내부화를 촉진하기 위한 보다 공평한 방법은 국제적으로 공동환경정책을 제정하는 것이다. EU는 경제통합의 실현에는 어느 정도 정치통합도 필요하다는 것을 인식하고 그 방법을 강구하였다. 현재 EU는 생산물과 생산에 대한 수 백개의 공동최저허용 환경기준을 설정하고, 가맹국은 자유롭게 보다 바람직한 엄격한 기준을 설정하도록 조치하였다. 그러한 기준은 일반적으로 유럽 전지역의 환경조건을 개선하는 데 기여하게 되고, 각 가맹국이 덜 엄격한 환경법의 제정을 통해서 경쟁상 유리한 입장을 확보하는 것이 곤란하게 되어 있다.

EU법령은 구주사법재판소의 절차를 통해서 가맹국에 강제조치를 취할 수 있도록 되어있다. 비정부단체가 그 과정에서 적극적인 역할을 수행하고 있다. 비정부단체는 EU법령에 위반의혹이 있는 국가를 구주사법재판소에 제소할 수 있고 실제로 그 임무를 수행하고 있다. 구주사법재판소의 제소건수는 1984년의 11건에서 1990년 480건으로 급증하였다. 구주사법재판소는 위반국에 벌금, 기타의 형벌을 가하는 권한을 갖고 있지는 않으나 위반국에 불리한 판결을 내림으로써 국가적 체면을 손상시켜 위법행위를 개선하도록 압력을 가할 수 있다. 특별한 경우에는 가맹국의 국내재판소가 EU법령의 집행을 명령하게 되는데 많은 전문가들은 EU의 법집행과정을 강화할 필요가 있다고 주장한다.

또한 세계수준에서 환경문제에 관한 필요한 합의(consencers)를 달성하는 것은 무엇보다 어려운 일이다. 그러나 이미 170개 이상의 국제환경조약이 체결되고 있다는 사실은 그러한 방향에서 제1보의 전진을 나타낸 것이고 앞으로 그러한 환경조약이 더욱 증가될 것은 분명하다. 기술흡수능력은 국가마다 다르고 환경의 질에 어느 정도 중요성을 부여하느냐도 국가마다 상이하기 때문에 세계공통의 환경기준을 설정하는 목표는 무의미하다고 하는 일부 견해도 있다. 그러나 그러한 견해는 국경오염문제에서 볼 수 있는 것과 같이 모든 환경문제가 어떤 형태로든 다른 국가에 영향을 미친다는 사실과 산업의 공정한 국제경쟁의 장을 조성하는 것이 바람직하다는 점을 간과하고 있다고 볼 수 있다. 또한 그러한 견해는 취약한 환경규제는 비교우위를 획득하기 위한 정당한 수단이고 국제거래에 따른 인권과 노동기준을 무시하고 개발을 부당하게 촉진하는 수단이 아니라는 점을 반영하는 것이다.

3. 환경보전비용의 조달문제

세계에는 아직 공동환경정책이 없기 때문에 일부의 환경단체와 식자들 사이에 느슨한 환경법은 GATT규정에 근거해서 보조금으로 간주하고 환경을 무시한 정책에 의해서 경쟁상 우위를 획득하려는 국가에는 상계관세를 적용해야 한다는 주장도 나오고 있다. 보다 낮은 환경기준은 확실히 무역상 큰이점이 된다. 월터와 로든의 시산에 의하면 1980년 OECD제국에 수출한 개도국은 만약 미국이 그 당시의 환경기준을 충족시킬 것을 요구하였다면 개도국은 적어도 오염방지비용으로 55억 달러를 지출하지 않으면 안 되었을 것이라 평가하였다. 만약 환경보조금에 대한 상계관세가 적용된다면 환경비용을 내부화하는 국가들이 부당하게 불리한 입장에 처하게 될 것이다. 또한 만약 그 조치로부터의 수입이 부적절한 환경법을 시행하고 있는 국가에 환류된다면 상계관세는 개도국에 있어서 환경보전투자를 지원하기 위한 자금 지원수단으로 될 것이다.

그것과 유사한 또 하나의 가능한 방법은(이 방법이 GATT에 저촉될 우려가 적음)1차 산품의 수출국이 자국상품에 환경수출세를 부과하고 그 수입을 국내의 환경계획의 재원으로 충당하는 것이다. 그러한 조치를 도입한 국가들이 국제경쟁상 불리한 입장에 처하는 것을 방지하기 위해서 수입국이 시장진출의 조건으로서 그러한 수출관세의 부과를 각국에 요구하는 조치를 고려 할 수 있다. NAFTA는 환경충격을 경감시키기 위한 필요한 재원을 확보하기 위해서 관세가 철폐될 때까지의 경과조치로서 국경거래로부터 얻는 관세수입의 일부를 환경보호 조성기금으로 충당하는 방법이 고려되고 있다. 멕시코의 정부는 환경규제의 실시와 오염정화에 필요한 자금을 조달하기 위해서 수출입에 사용자 과징금을 부과하는 문제를 검토하고 있다.

물론 보다 전통적인 방법으로서 재원을 확보하는 것도 가능하다. EU는 남부가맹국(스페인, 포르투갈 등)몇 개의 환경사업을 지원할 목적으로 수십억 달러의 조성기금과 EU의 환경정책의 실시에 필요한 자금을 조달하기 위하여 3년간 5억 5천만 달러의 기금을 창설하였다. 또한 미국과 멕시코도 국경지대의 오염방지책과 환경협력계획의 조달자금으로 4년간 8억 5천만 달러의 기금을 조성하였다.

더욱이 1990년대에 들어와 환경은 세계무역문제의 초점이 되고, 무역은 또한 중요한 환경문제 중의 하나로 대두되었다. 그것은 상공회의소 간부로부터 환경단체의 간부에 이르기까지 많은 사람들의 공통된 견해이다. 또한 지역무역협정이 계속 추진되고 대다수 국가는 국내문제의 해결책으로서 무역확대를 적극적으로 촉진시키고 있다. 그 때문에 무역은 금후 환경에 더 큰 영향을 미치게 될 것은 확실하고, 무역협정이 국내적 및 국제적 환경정책을 유도하는 보다 강력한 수단이 될 것임은 틀림없다. 무역협정이 환경영향을 무시하면 중대한 결과를 초래할 우려가 있고, 환경문제를 무역협정에 포함시키게 되면 막대한 환경이익을 얻을 수도 있을 것이다. 무역은 장래 지속가능한 개발목표를 당성하기 위해서 건강한 생태계를 유지하는데 도움이 되는 생산과 기술을 촉진하기 위한 수단으로서 이용되지 않으면 안된다.

제 16 장 국제통상협상과 무역정책

16.1 국제협상과 무역협정

무역정책의 정치경제학에 관한 논의는 그다지 호평을 받지 못한다. 실제로 국민의 후생을 증대시키는 정책을 입안하는 것은 힘들고, 무역정책은 현실적으로 자주 이익단체의 정치력에 의해 결정된다는 논의도 많다. 미국이나 다른 국가의 경험에서 편익을 크게 상회하는 비용을 초래하는 무역정책에 대한 많은 사례가 지적된다. 실제로 1940년대 중반부터 1960년대에 걸쳐 미국과 다른 선진국은 점차 관세 및 기타 무역장벽을 철폐함으로써 국제적 통합을 진전시키는 데 크게 기여하였다. 대부분 경제학자는 그와 같은 점진적인 무역자유화는 대단히 유익하였다고 지적한다. 그러나 무역정책의 정치경제학에 관한 논의를 고려하지 않는다면 그와 같은 관세철폐는 어떤 이유에서 정치적으로 가능한가. 그에 대한 몇 가지 문제를 살펴본다.

1. 국제협상의 이점

일반적인 정책이 아니고 상호 합의에 의해서 관세율을 인하시키는 것이 용이하다는 데는 적어도 다음 두 가지 이유가 있다. 첫째는 상호 합의로 자유무역의 지지를 얻는 것이 보다 용이하다는 점이다. 둘째는 무역협상에 의한 합의는 정부가 파괴적인 무역전쟁에 연루되는 것을 회피시켜 준다는 것이다.

국제협상에서 자유무역에 대한 지지효과는 보다 단순·명료하다. 수입경쟁적 생산자는 소비자보다도 많은 정보를 가지고 있고, 또한 보다 효율적으로 조직되어 있다. 국제협상에서는 균형세력으로 국내수출업자를 등장시킨다. 예컨대 미국과 일본의 경우 일본이 미국의 농산품과 하이테크산품의 대일수출에 대한 일본의 무역장벽을 철폐하는 대신에, 미국은 일본의 경쟁으로부터 미국의 제조업자를 보호하기 위해 수입할당의 사용을 자제하는 데 합의하였다. 미국의 소비자는 설령 그 수입할당이 그들에게 손실이 크다고 하더라도 외국제품에 대한 수입할당문제에 정치적으로 효과적인 반대를 할 수가 없다. 그러나 외국시장에 진출을 희망하는 수출업자는 상호 수입할당을 철폐하도록 대처함으로써 소비자의 이익을 보호한다.

국제협상은 보다 자유로운 무역을 희망하는 단체에 영향을 주는 것만 아니고 무역전쟁을 회피하기 위한 협조행동으로서의 유용성도 있다. 무역전쟁의 개념을 구체적인 실례로 설명하는 것이 이해를 쉽게 할 것이다.

미국과 일본의 2개 국가에 의해서 세계경제가 구성되어 있고 그 국가가 자유무역과 보호무역의 두 가지 정책만을 선택한다고 가정한다. 또한 양국 정부는 특정 정책의 결과로서 요구되는 만족도를 명확하게 수치로서 표시될 수 있을 만큼 매우 명석한 두뇌를 소유하고 있다고 전제한다. <표 16-1>에서 제시되어 있는 손실과 이익의 수치는 두 가지 가정을 표시하기 위하여 선택되었다. 하나는 만약 다른 국가의 정책이 주어진 것이라면 각각의 정부는 보호 정책을 선택한다는 것이다. 즉, 일본이 어떤 정책을 선택하더라도 미국정부는 보호정책을 선택함으로써 이익을 얻을 수 있다. 그 가정은 결코 정당한 것이라고는 보기 어려우나 많은 경제학자들은 정부가 어떤 정책을 채택하는가에 관계없이 그 국가의 입장에서 자유무역이 최선의 정책이라고 주장한다.

그러나 정부는 일반대중의 이익을 위해서만 행동하는 것이 아니고 정부자체의 정치적 이익을 위해서 행동하지 않으면 안 되는 경우도 있다. 그것은 정부의 입장에서 어떤 특정그룹의 보호를 회피하는 것이 곤란한 경우도 있기 때문이다.

〈표 16-1〉 무역전쟁 문제의 사례

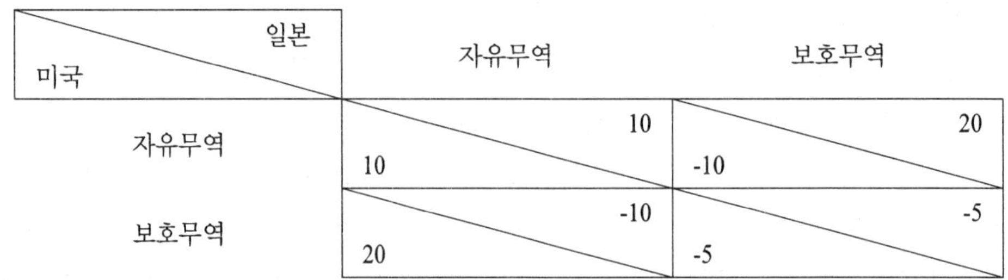

일본 / 미국	자유무역	보호무역
자유무역	10 / 10	20 / -10
보호무역	-10 / 20	-5 / -5

<표 16-1>에서 고려한 두 번째 가정은 각국 정부가 별도로 행동을 하면 보호정책을 취함으로써 보다 많은 이익을 얻게 되나 양국이 자유무역을 동시에 선택하면 양국이 모두 이익을 증대시킬 수 있다는 것이다. 즉, 미국정부는 일본시장이 개방되는 것보다 자국시장이 개방됨으로써 피해를 입는 이상으로 이익을 얻게 된다. 일본의 입장에서도 미국과 동일한 상황이 된다. 그 가정은 무역이익에 주목함으로써 정당화될 수 있다.

게임이론(Game Theory)을 공부한 사람은 '죄수의 딜레마'를 알고 있을 것이다. 각국의 입장에서 최선의 선택을 하는 정부는 보호무역을 선택한다. 그와 같은 선택은 <표 16-1>에서 우하박스의 결과를 얻게 된다. 그러나 양국 정부가 보호무역을 선택하지 않으면 보다 양호한 결과를 얻을 수 있다. 즉, 표에서 우상박스의 수치는 양국이 보다 높은 이익을 얻는 것을 나타낸다. 각국 정부가 자국의 입장에서 최대의 이익을 얻을 목적으로 독자적인 행동을 함으로써 양국 정부는 주어진 여건에서 최선의 결과를 획득할 수 없게 된다. 만약 양국 정부가 독자적으로 보호무역을 선택한다면 그것은 무역전쟁의 개시라는 나쁜 결과를 초래한다. 무역전쟁은 무기를 사용하는 전쟁보다 심각하지 않으나 그것을 어떻게 회피하는가 하는 문제는 무역에 의한 충돌이라든가 군비경쟁을 어떻게 회피하느냐 하는 문제와 유사하다.

확실히 미국과 일본은 보호정책을 선택하지 않는다고 하는 조약체결과 같은 합의가 필요하다. 각국 정부는 타국이 행동의 자유를 억제하게 되면 그 자신도 행동의 자유가 억제됨으로써 이익을 얻게 된다. 따라서 양국간 조약은 모두에게 이익을 가져다준다.

위의 설명은 아주 단순한 예에 불과하다. 현실세계에 있어서 무역정책은 다수국에 의해서 실시되고, 그것은 자유무역에서부터 수입에 대한 완전보호 정책에 이르기까지 많은 단계가 존재한다. 그러나 여기에서의 예는 국제적 합의에 의해서 무역정책을 조정할 필요가 있다는 점과 그와 같은 합의는 실제로 중요하다고 하는 점을 시사하고 있다. 실제로 현재의 국제무역제도는 일련의 국제적 합의에 의해서 성립된다고 볼 수 있다.

2. 국제무역협정

무역정책으로서 국제적 협조에 의한 관세인하의 기원은 1930년대로 소급된다. 미국은 1930년에 스모트-홀리법(Smoot-Hawley Act)이라고 하는 놀랄 만큼 무책임한 관세법을 제정하였다. 동법에 의해서 미국의 관세율은 급속히 인상되었고 따라서 무역도 급격히 감소되었다. 경제학자 중에는 스모트-홀리법이 세계공황을 더욱 심화시켰다고 주장하는 사람도 있다. 그 법률이 제정된 수년 후 미국정부는 관세율을 인하시킬 필요가 있다는 결론에 도달하였다. 그러나 그것은 정치적 연합의 형성에 의해서 심각한 문제를 야기시켰다. 어떤 관세율 삭감도 수입경쟁재를 생산하는 기업이 활동하는 선거구에서 선출된 의원들의 반대는 있어도 관세삭감으로부터 광범하게 이익을 얻는 선거구 의원으로부터의 찬성은 표면화되지 않는다. 관세율을 삭감하기 위해서는 개별관세율 인하를 수출업자들의 구체적 이익과 결부시키지 않으면 아니 된다. 그와 같은 정치적 문제에 대한 최초의 해결책은 2국간의 관세협상으로 이루어진다. 미국의 경우 어떤 재화, 예컨대 설탕의 주요 수출국이 미국 수출재에 대한 관세율을 인하하면 미국도 설탕에 대한 관세율을 인하한다고 제안한다. 미국은 자국의 수출업자에 매력적인 거래를 제공하는 것은 설탕산업의 정치력에 대항하는 힘이 된다. 외국의 경우 설탕수출업자에 매력적인 거래는 수입경쟁산업의 정치적 영향을 상쇄시키는 효과를 갖게 된다. 그와 같은 2국간 협상에 의해서 미국의 수입관세율은 1932년의 평균 59%에서 제2차 세계대전 직후에는 25%로 대폭 인하되었다. 그러나 2국간 협상은 국제적 협조의 기회를 충분히 이용한다고 볼 수는 없다.

그 이유의 하나는 2국간 협상에서 얻을 수 있는 이익은 아무런 양보도 하지 않는 국가에 유출되어 버릴지도 모르기 때문이다. 예컨대, 만약 미국이 브라질과의 협상결과로 커피에 대한 관세율을 인하시켰다면 콜롬비아도 커피의 세계가격이 상승됨에 따라 이익을 얻게 된다. 또 하나의 이유는 미국이 유럽에서 판매량을 확대하고, 유럽이 사우디아라비아에 대한 판매를 확대하고, 그리고 일본이 대미 판매량을 확대하는 것과 같이 국제협상은 기본적으로 3국 이상에 영향을 미칠 수 있기 때문이다. 이상과 같은 이유로 국제무역자유화의 다음 단계는 다수국가를 대상으로 한 다각적 협상으로 이행하는 것이다.

1945년 이후 7개의 주요한 국제무역협정이 체결되었다. 그 가운데 5개는 2국간 협상과 병행하는 형태를 취하였다. 그러한 협상은 각국이 동시에 다수국과 대등하게 협상을 진행시키는 것이다. 예컨대, 만약 독일이 프랑스와 이탈리아에 이익을 부여하는 관세율 인하를 고려한다면 독일은 양국에 대해서 호혜적 양보를 요구할 수 있다.

전후 세계의 경제발전과 함께 광범한 국제협상이 전개됨으로써 관세율의 대폭적인 인하가 실현되었다. GATT의 제6차 관세협상(케네디라운드)은 1967년에 종료되었는데, 그 성과는 세계의 평균관세율이 일률적으로 35% 인하되기에 이르렀다. 또한 동경라운드(1979년 종료)에서는 수출자율규제와 시장질서 유지협정 등과 같은 비관세장벽의 확산을 방지하기 위하여 새로운 규정을 제정하였다.

제2차 세계대전 이후 다각적 비관세인하는 GATT에 의해 주도되었으며 GATT 규정은 복잡하나 무역정책에 관한 다음과 같은 주요 규제를 실시하고 있다.

① 수출보조금 : GATT 회원국은 농산품을 제외한 수출보조금의 사용을 금지한다.

② 수입수량할당 : GATT 회원국은 수입이 '시장교란'의 위협을 초래하는 경우를 제외하고 일방적으로 수입품에 수량할당을 적용하는 것을 금지한다.

③ 관세 : 신규관세와 관세율의 인상으로 피해를 입는 수출국을 보상하기 위하여 여타 관세를 인하시키지 않으면 안 된다.

현재 세계 모든 국가가 GATT의 회원국은 아니며 특히, 개도국은 대체로 GATT 규정에 구애받지 않고 있다. 그러나 거의 모든 선진국은 GATT 회원국으로 그들 국가가 채택하는 무역정책은 어느 수준까지 GATT 규정에 부합되지 않으면 안 된다.

3. 차별적 무역협정

지금까지 국제무역협정에서 관세율의 무차별 인하문제를 다루었으나 당해 제국간에 타국의 수입품보다도 낮은 관세율을 적용하는 차별적 무역협정도 존재한다. 가장 단순한 예는 2개국 또는 그 이상의 국가가 상호 수입에 대한 관세를 철폐하나 타국에 대해서는 관세장벽을 유지하는 경우이다. 그와 같은 협정은 관세동맹, 공동시장, 자유무역지역 등으로 불리운다.

현재 세계에서 가장 중요한 관세동맹은 유럽경제공동체(EU)이고 회원국(15개국)간에는 관세와 수량할당을 철폐하는 형태로 통합되었다. 세계무역의 40% 이상이 EU에서 이루어지고 있으며, EU의 경제통합 진전은 세계경제에 중대한 영향을 미치고 있다. 그 외에도 북미지역에서는 북미자유무역협정(NAFTA)이 미국, 캐나다, 멕시코의 3국간에 체결되었고, 아시아・태평양지역에서는 AFTA, APEC 등의 경제통합이 진전되고 있어 세계경제는 지역주의 내지는 지역경제협정이 급속히 확대되고 있다.

이러한 차별적 무역협정이 경제에 미치는 영향을 관세동맹의 경제적 효과를 중심으로 살펴본다. 먼저 어느 국가가 관세동맹에 가입함으로써 손실을 입는 상황을 생각해본다. 영국, 프랑스, 미국의 3개국의 가상 예를 들어 설명해본다. 미국은 소맥의 최저비용 생산국(1부셸당 4달러), 프랑스는 중간비용 생산국(1부셸당 6달러), 그리고 영국은 최고비용 생산국(1부셸당 8달러)라고 가정하자. 영국과 프랑스는 모두 소맥수입에 대해서 관세를 부과하고 있다. 만약 영국이 프랑스와 관세동맹을 결성한다면 미국산 소맥수입에 대해서는 관세가 유지되나 프랑스산 소맥수입에 대해서는 관세가 철폐될 것이다. 그것은 영국의 입장에서는 좋은 것인가 또는 나쁜 것인가.

그 질문에 대답하기 위하여 다음 두 가지 경우를 생각해보자. 우선 영국의 최초 관세는 프랑스와 미국에서의 소맥수입을 배제할 정도로 높다고 가정하자. 예컨대 관세가 소맥 1부셸당 5달러가 부과된다면 미국산 소맥을 수입하는 데는 9달러, 프랑스산 소맥을 수입하는 데는 11달러가 소요되므로 영국의 소비자는 9달러인 미국산 소맥을 구입할 것이다. 그런데 프랑스산 소맥에 부과되는 관세가 철폐된다면 프랑스산 소맥이 미국의 소맥을 대체하게 된다. 영국에서 소맥 1부셸의 생산에 8달러의 비용이 소요되는 데 대해 프랑스산 소맥을 구입하기 위하여 6달러 가치의 수출품을 생산하면 되므로 영국의 입장에서는 그와 같은 정책을 채용함으로써 이익을 얻을 수 있다.

한편, 관세율이 3달러 정도로 낮고 관세동맹을 형성하기 이전에는 영국은 국산품이 아닌 미국으로부터 소맥을 (소비자는 1부셸에 대해 7달러의 가격) 구입 한다고 가정하자. 영국과 프랑스간에 관세동맹이 결성되면 영국의 소비자는 7달러 가치의 미국산 소맥을 구입하는 것이 아니고 6달러 가치의 프랑스산 소맥을 구입하게 된다. 따라서 미국으로부터 소맥수입은 중단된다. 그러나 실제로는 미국산 소맥이 프랑스산 소맥보다 더 가치가 있다. 말하자면 영국의 소비자가 지불하는 3달러의 관세는 정부수입의 형태로 회수되므로 영국경제에 순수비용은 발생되지 않는다. 따라서 영국은 소맥의 수입대가를 지불하기 위하여 수출상품생산에 더 많은 자원을 사용하지 않으면 안 되므로 관세동맹을 결성함으로써 이익을 향유하기보다는 손실을 입게된다.

그와 같은 손실의 가능성은 차선이론의 한 예이다. 영국이 처음에 미국산 소맥에 대한 관세와 프랑스산 소맥에 대한 관세로 인센티브를 왜곡하는 두가지 정책을 사용한다고 생각해보자. 프랑스산 소맥에 대한 관세는 인센티브를 왜곡하는 것으로 생각되나 보다 낮은 가격의 미국산 소맥의 소비를 촉진시킴으로써 미국산 소맥에 부과되는 관세에 의한 인센티브 왜곡을 상쇄시키는 효과를 갖게 된다. 따라서 프랑스산 소맥에 대한 관세를 제거할 경우 실제로는 후생을 저하시킨다.

위의 설명을 다음과 같이 정리할 수 있다. 만약 관세동맹을 결성함으로써 프랑스산 소맥이 미국산 소맥에 대체되는 새로운 무역이 개시되면 영국은 이익을 얻지만, 관세동맹 회원국간의 무역이 비회원국간의 무역으로 대체된다면 영국은 손실을 입게 되는데 전자의 경우를 무역창출효과라고 하고 후자의 경우를 무역전환효과라고 부른다. 결국 관세동맹이 바람직한가의 여부는 관세동맹에 의해서 발생되는 무역창출효과의 크기에 의존된다고 볼 수 있다.

16.2 통상정책의 목표와 관리

1. 통상정책의 성격과 목표

통상정책이란 국가가 통상과 관련한 자국의 이익을 극대화하기 위하여 행하는 정책이다. 보다 구체적으로 통상정책이란 국가가 통상과 관련된 특정목적을 달성하기 위하여 국내의 경제적 이해조정과 외국과의 이해조정을 통하여 행하는 정부의 활동이라고 할 수 있다. 어떤 국가이든 국가가 추구하는 목표가 있으며 이를 달성하기 위하여 정책을 수행하게 된다. 그 중 대외경제 관계와 관련된 목표를 달성하기 위한 정책이 통상정책이다.

일반적으로 무역정책이라고 할 때는 무역과 관련된 국내제도를 변경하거나 수출과 수입을 장려 또는 억제하는 정책이 중심이 되는 반면에, 통상정책은 무역정책을 포함하여 통상에 대한 국가전략이나 대외관계를 포함하는 보다 넓은 의미로 사용되고 있다.

통상정책은 시대와 국가의 상황에 따라 변화한다. 과거에는 통상관계가 물품의 수출입 위주였기 때문에 통상정책도 이에 대한 정책에 국한되었던 반면에, 최근에는 국제통상관계가 다양하고 복잡해지면서 물품, 서비스, 지적재산권, 생산요소 등에 대한 국가간의 교역뿐만 아니라 이에 관련된 국내제도에 이르기까지 그 범위가 확대되었다. 또한 무역에 직접적으로 관련되는 문제뿐만 아니라 환경, 노동기준, 부패 등의 사회적인 성격을 갖는 문제와 인류의 공동의 관심사에 이르기까지 그 범위가 점점 확대되는 추세에 있다.

이러한 통상정책의 결정에는 국가내의 경제정책, 국제경제환경, 국가의 정치·사회적 이념, 국가내의 이해관계자들의 관계, 국가의 정책결정형태, 교역상대국과의 관계 등 다양한 요소가 작용하게 된다.

1) 통상정책의 성격

국제통상정책은 다음 몇 가지의 성격을 가지고 있다.

첫째, 통상정책은 경제정책의 일종으로서 국내경제에 미치는 영향의 폭이 넓다. 통상이 국내산업을 기반으로 하고 산업에 큰 영향을 미치게 된다는 점에서 통상정책은 산업정책과 밀접한 관련을 가지고 있으며, 통상정책의 효과가 고용, 물가, 경제성장, 후생, 국제수지 등 국내경제 전반에 미치기 때문에 다른 대내경제정책들과도 상호 연관되어 있다.

둘째, 통상정책은 대외정책의 일종으로서 외국과의 상대적인 관계속에서 이루어진다. 통상정책은 개별국가에 의하여 독립적으로 수행되지만 정책의 대상이 되는 통상이 상대국과의 관계에 의하여 이루어지는 것이기 때문에 상대국의 입장을 고려해야 하는 상호성을 가지고 있는 것이다.

셋째, 통상정책은 많은 이해조정을 수반한다. 통상정책은 대외적으로 외국과의 이해조정을 필요로 하며, 대내적으로도 국내관계자의 많은 이해조정을 수반한다.

넷째, 경제적인 측면과 함께 외교적인 측면을 가지고 있다. 국제관계의 중심이 정치적인 관계에서 경제적인 관계로 진전되면서 외교도 경제외교의 중요성이 커져가고 있다. 이에 따라 통상관계는 외교정책의 중요한 부분으로 되어 통상정책은 경제정책인 동시에 외교정책의 성격을 가지고 있다.

다섯째, 규범적인 성격을 가지고 있다. 통상에 있어서 어떤 상태가 바람직하며, 그 바람직한 상태를 효율적으로 달성하기 위하여 어떤 수단을 사용해야 하는가를 다루게 된다. 바람직한 상태에 대하여 객관적인 하나의 해답은 없기 때문에 정책의 선택에는 항상 가치판단이 개입하게 된다.

2) 통상정책의 목표와 대상

(1) 통상정책의 목표

통상정책의 목표는 여느 정책이 그러하듯이 국민후생의 극대화이다. 타국의 이해와 국내이해가 충돌할 경우에는 당연히 국내이해를 우선하여 고려하게 된다. 통상정책을 국익극대화를 위한 적극적인 수단으로서 활용하고 있는 경향도 최근 높아지고 있다. 국가간 상호의존성이 심화되면서, 대외부문에서의 경제성과 여하에 따라 국민경제가 받게 되는 영향이 크기 때문에, 세계의 거의 모든 나라들은 통상정책의 운영을 통해 국가이익을 지키거나, 증대시키려는 노력을 하고 있다.

그런데 통상정책의 목표가 실제적으로 국민의 후생극대화라면 시장지향적인 소비자의 선택과정에서 다소의 문제가 나타날 수 있다. 소비자로서의 국민들이 시장경쟁에 따른 경제효율의 최적화나 국민총생산의 증대 등에 대해 어떠한 태도를 가지고 있으며, 이들 수량화될 수 있는 지표들에 대해 어느 정도의 가치를 부여할 것인가의 문제를 살펴보아야 한다. 더욱이 개인과 개인의 집합인 국가간에 기본적으로 효용개념이 다를 경우와 이들 효용이 물질적인 소비 이외의 것으로 구성되어 있는 경우에는 국민후생의 증진이라는 개념을 정립하기가 매우 복잡해진다. 예를 들어, 값싸고 질 좋은 제품을 소비하면 소비자의 효용도 극대화될 수 있으며, 나라 전체적으로도 시장경쟁을 정착시켜 결국 국민경제의 경쟁력을 높일 수 있다.

그런데 개도국의 일반적인 소비자들은 다소 비싸고 질이 떨어지더라도 국산품을 쓰는 것이 좋다라고 생각하고 있으며, 더욱이 값싼 외국제품의 수입을 정부가 막아주어야 한다는 일반 국민들의 '애국적인' 입장은 정부의 통상정책 운영에 영향을 미친다. 극단적인 경우가 되겠지만, 만일 국민들이 다소간의 후생 감소를 감수하더라도 계층간 및 지역간의 소외감을 줄이는 데서 더 많은 효용을 느낀다면 이러한 국민들의 가치판단에 따라 통상정책이 마련될 수밖에 없다.

아울러, 국가안보차원에서 통상정책이 운영될 수 있다. Adam Smith도 통상정책의 운영에 있어 국방의 개념을 고려할 필요가 있다는 점을 인식한 바 있다. 이러한 인식은 결국, 비교우위개념에 상관없이 국방과 관련된 산업의 보호를 위해 관세와 보호수단을 운영할 수 있다는 것이다. 우리나라에서도 UR협상과정에서 농업부문은 안보상 중요하기 때문에 보호되어야 한다는 주장이 제기된 바 있다. 그런데 안보차원에서 통상정책을 운영할 때 다음의 두 가지 문제를 충분하게 검토해야 한다.

첫째, 보호정책보다는 직접보조금이 보다 더 유용한 수단이라는 점이다. 또한 어느 산업이 국가안보에 필요한가에 대한 판단이 선행되어야 하며, 보호·육성되어야 할 기간산업에 있어 최소한의 생산능력을 어떻게 설정해야 하는가의 어려운 정책판단을 해야 한다. 둘째, 주권(sovereignty)의 문제를 고려하여 다른 국가에 너무 의존하는 것을 피하여야 한다는 점이다. 그런데 핵심(core)산업의 유지 등 경제적 목적이 아닌 경우, 즉 농업문제에 대한 정서, 고유문화의 육성·발전 등 비경제적 요인에 따른 산업보호에 대해서는 국민적 합의를 어떻게 도출할 것인가의 문제도 검토해야 한다.

최근 들어서는 앞서 설명한 국민후생의 극대화보다는 국내 및 세계경제의 총체적 후생극대화를 통상정책의 목표로 전환해야 할 필요성이 높아지고 있다. 세계화시대에는 외국과의 시장경쟁에서 이기기 위해 국내 정책운영상 조화만을 고려하거나, 어느 한 나라에서만 유리한 비대칭적 제로섬(asymmetrical zero-sum) 통상정책을 고집할 수 없게 되었기 때문이다. 이에 따라 상호이익이 되는 포지티브섬(positive-sum) 전략을 통해 경쟁과 협력의 통상정책을 펴나가야 하며, 이를 위한 국제적 정책조정에 더욱 정책주안점을 두어야 할 필요가 있다.

(2) 통상정책의 대상

통상정책은 상품, 서비스, 생산요소의 국제적 거래를 효율화하기 위한 정책이다. 즉, 유형의 상품과 무형의 서비스가 국경을 넘어 거래되는 규모와 흐름을 조절 및 통제하고, 노동, 자본, 기술 등 생산요소의 국가간 이동을 조정하는 정책이다. 종전의 통상정책은 유형의 제품을 외국에 얼마나 팔 것이며, 외국으로부터는 제품을 어느 정도 들여올 것인가에만 초점을 맞추었으나, 최근들어 무형의 서비스상품의 거래에 관한 국제규범이 정립된 이후 서비스거래에 대한 관심이 높아졌다. 또한, 세계화의 심화에 따라 국제투자 및 영업활동의 중요성이 커지고, 경제주체들은 상품교역과 아울러 서비스제품과 자본 및 기술의 이동에 대해 많은 관심을 가지게 된다.

아울러, 노동, 자본, 기술 등 생산요소의 국제적 거래는 노동·투자·기술정책적 논의에 국한되지 않으며, 세계화현상의 심화에 따라 국가간 이해조정의 필요성이 높아지게 되었다. 국제기업들은 기업인수 및 신규설립을 통해 새로운 시장에 원활하게 진입하기 위해서는 국가간 제도상 차이, 특히 국내규제, 지적재산권, 기술표준, 기타 규제사항 등의 차이가 축소되어야 한다고 보고 있기 때문이다.

즉, 종전에는 각국이 시장개방을 통해 국경장벽을 완화하는 연식통합(shallow integration)이 진행되었다고 한다면, 최근 맞이하고 있는 세계화시대에는 제도 및 규범을 국제적으로 조화시키는 경식통합(deep intergration)이 빠른속도로 진행되고 있다. GATT 체제하에서 8차례 걸쳐 이루어진 무역자유화를 통해 국경장벽의 제거, 즉 연식경합이 이루어져 왔는데, 생산시스템의 발전과 서비스투자의 촉진을 위해서는 국제적인 경식통합, 즉 국내제도 및 표준의 차이를 제거시키는 것이 필요하게 된 것이다.

한편, 통상정책이 대상으로 하여야 하는 기업과 제품의 국적에 관한 논란도 최근 들어 대두되고 있다. 즉, 기업소유의 국적, 생산지 생산요소의 국적 등에 따라 통상정책이 다르게 적용되어야 한다는 것이다. 종전에는 자국의 노동력과 자본을 이용하여 국내에서 생산된 제품이 국산이며, 외국에서 외국자본 등 생산요소를 이용하여 생산된 제품은 외국산이라는 인식이 있었다. 1960년대와 1970년대에는 외국자본을 이용하여 생산된 제품은 매판자본에 의한 제품이기 때문에 제품소비에 따른 이익이 외국으로 유출되므로 소비하지 말아야 한다는 주장도 제기되었다. 최근 들어서는 외국의 부품으로 조립된 제품은 비록 국내에서 최종생산된다고 하더라도 국산으로 볼 수 없다는 논란도 제기되고 있다.

이처럼 어느 제품을 국산으로 취급할 것인가의 문제는 통상정책의 운영에 있어 매우 중요한 문제이다. 미국에서 클린턴 행정부가 들어선 후 제기된 관리무역론도 이러한 국산논쟁과 밀접하게 관련이 있다. 미국 CEA 의장을 역임한 타이슨 박사 등은 첨단산업과 관련된 부문별 수입자율확대협정(VIE : Voluntary Import Expansion)을 국내시장이 폐쇄된 나라에 대하여 적극적으로 관철해야 한다고 주장하였으며, 다국간 관리무역협정을 체결해야 한다고도 주장하였다. 여기에서 문제가 되는 점은 기업의 국적을 기준으로서 관리하는가, 아니면 기업의 입지를 기준으로 관리하는가 하는 문제이다.

종전에 미국이 가져왔던 기본인식은 미·일 반도체협정을 통해 나타나듯이 기업의 국적기준을 중시해야 한다는 입장이었던 데 반해, EU는 역내에서 부가가치를 많이 창출하는 기업을 국내기업으로 취급하고 있다. 그런데 미·일 반도체협정처럼 기업의 국적기준을 택한다면 첨단산업이 지니는 외부효과를 최대한 활용하기는 어려운 것이 사실이다. 이러한 관점에서 기업의 입지가 기업의 국적보다 중요한 것으로 인식된다. 우리나라에서도 국내경제발전이 외국인기업의 발전과 양립되며 외국인투자의 긍정적인 측면이 많다는 점에 대한 인식을 제고할 필요가 있다.

2. 통상정책의 수립과 관리

1) 통상정책의 수립

국가가 통상에 대하여 어떠한 입장을 취할 것인가가 통상정책의 문제이다. 크게는 무역을 적극적으로 많이 할 것인가 소극적으로 필요한 최소한에 국한 시킬 것인가의 문제에서, 작게는 어떤 상품에 어느 정도 관세를 부과할 것인가의 문제 등과 같은 통상과 관련된 제반문제들을 국가가 결정해야 할 통상정책의 문제이다. 국가는 무역을 진흥시켜야 할 필요에 따라서 무역에 대한 제한도 하는 가운데 국가의 산업과 경제발전에 도움이 되는 방향으로 무역이 이루어지도록 하여야 한다. 이와 같이 자국의 경제적인 상황과 함께 국제적인 경제상황에 대한 제반요인을 고려하여 통상활동의 대내적인 면과 대외적인 면을 포괄하는 정책을 수립하고 이에 대한 집행이 필요하다.

통상정책은 일종의 경제정책이다. 통상정책은 다른 경제정책과 마찬가지로 국가경제의 발전과 국민복지를 향상시키기 위하여 국가가 결정하는 정책이다. 통상정책은 대외경제활동을 대상으로 하기 때문에 경제활동을 주요 대상으로 하는 다른 대내적 경제정책과 다르다. 그러나 통상정책의 목표를 달성하는 데에는 다른 대내적 경제정책과 조화와 균형을 유지하지 않으면 안 된다. 따라서 통상정책은 다른 경제정책과 유기적인 관계를 가지고 있다.

자원배분의 효율성을 생각한다면 국가의 개입 없이 자유롭게 무역이 이루어지도록 하는 것이 최선일 것이다. 그러나 국가는 다른 경제정책목표도 추구해야 한다는 면에서 통상정책의 복잡성이 있다. 예를 들어 국제수지의 개선이나 특정산업의 육성이 필요하다면 수입제한정책이 필요하고 가격안정, 국제수지 흑자시정 등이 필요하다면 수입확대정책이 필요한 것이다.

통상정책은 일종의 대외정책이다. 통상정책이 주권국가의 정책인 이상 국가의 정책방향에 따라 자주적으로 결정되는 것은 당연하다. 그러나 정책의 효과가 국내에만 미치는 것이 아니고 교역상대국에도 미치기 때문에 상대국의 입장과 정책도 고려하지 않으면 안 된다. 자국의 수출은 상대국의 수입이기 때문에 상대국에도 똑같은 통상상의 이해관계가 발생한다. 통상이 대외적인 활동이라는 측면에서 통상은 외국과의 대외관계의 일부분이 된다. 국가의 대외관계는 국가의 안녕과 발전에 매우 중요하며 통상관계는 이러한 대외관계의 일부분이 되는 것이다. 따라서 대외통상은 다른 대외정책과 조화와 균형을 이루지 않으면 안 된다.

오늘날처럼 국제적 관계가 긴밀하고 국제적인 질서가 형성되어 있는 상황에서 국제적인 제반요인을 무시한 채 독자적으로만 통상에 대한 문제를 결정 할 수 없다. 국제간에 형성되어 있는 다자간의 국제통상체제 속에서 국제적인 통상질서를 따르지 않으면 안 되고 이해관계가 있는 상대국과의 상호협조 속에서 통상관계를 이루어 나아가야만 한다.

2) 국가의 통상관리

(1) 대내적 통상관리

국가는 통상정책의 목표에 맞게 무역이 이루어지도록 국가행정상의 관리를 하게 된다. 무역의 대상인 상품에 대하여는 수출진흥을 위한 지원, 수입제한상품의 선정, 수입관세의 결정, 수출입 허가절차, 수출입 통관절차, 무역업자에 대한 관리, 무역방식에 대한 관리 등과 같이 통상에 관련되는 제반사항을 관리하게 된다. 즉, 국가의 통상정책에 부합하는 무역이 이루어지도록 하기 위하여 무역의 대상이 되는 상품의 측면에서 물적관리, 무역에 관계하는 사람의 측면에서 인적관리, 무역방식의 측면에서 행위적인 관리로써 다각적인 차원에서 무역에 대한 관리가 이루어지게 되는 것이다.

또한 외국의 상품이 국내에서 거래되는 데에 있어서도 국제적인 무역규칙과 상대국과의 대외적인 통상관계와 정책에 부합되도록 관리가 이루어지게 된다. 외국상품의 차별이나, 외국상품에 대한 지적재산권의 침해와 같은 권리 침해가 발생하지 않도록 해야 하는 한편, 덤핑수입과 같은 불공정한 수입이나 국내산업의 예기치 못한 수입피해에 대하여 소비자를 보호하기 위한 조치를 취하게 된다.

(2) 대외적 통상관리

국가는 대외적인 차원에서도 정부가 수립한 통상정책에 따라 통상이 이루어지도록 관리를 하게 된다. 통상협정을 체결하여 국가간의 통상관례를 수립하고 통상관계에 있는 구가 또는 통상관련 국제기구에 대하여 협력관계 속에 통상이 이루어지도록 관리하게 된다. 국가간에 통상상호이해의 조절이 필요한 경우나 통상마찰이 발생하는 경우에 당사국간의 협의나 협상을 통하여 해결해 나가는 한편, 국제적인 통상질서의 구축에 있어서 자국의 통상에 대한 이해를 반영하기 위하여 다자간의 통상활동을 하게 된다.

그리고 국가는 국제적 경제상황이나 교역상대국의 경제상황에 대하여 국내의 통상관련 경제활동이 적응하고 일치해 나갈 수 있도록 정보를 수집하고 분석하여 국내에 제공하는 역할을 한다. 또한 자국의 상품이나 기업이 외국에서 차별받거나 불이익을 당하지 않고 유리한 입장에서 활동할 수 있도록 해외경제활동에서 자국의 이익을 보호하는 제반활동을 하게 된다.

3. 통상정책과 통상협상

1) 통상정책의 범위와 특징

통상정책은 국가간 통상문제 및 대외협상과 관련된 전략적 차원의 입장수립을 포함한 포괄적 정책을 의미하는 것으로 무역정책보다 넓은 의미로 사용된다. 통상정책이란 자국의 비교우위체제를 토대로 교역상대국의 특수성과 세계경제여건 변화를 고려하여, 일국이 특정 경제목적을 달성하기 위해 양국간 또는 다국간 무역관계의 이해조정을 통해 자국의 이익을 극대화하기 위한 정책이다.

국제통상에서 다루는 범위가 확대되어 감에 따라 통상정책의 범위도 더욱 포괄적이 되어 갈 수밖에 없었다. 과거의 통상정책이 주로 재화의 자유무역확대를 위한 시장개방, 수입규제완화, 수출촉진 등과 관련된 무역정책 중심이었다면, 현재의 통상정책은 무역에 영향을 주는 산업정책을 비롯한 제반 국내 경제정책뿐만 아니라 인류의 보편적인 공동의 관심사(예컨대, 환경보존문제 등)를 해결하기 위한 정책까지도 포괄하게 되었다. 따라서 이러한 통상정책의 집행을 위한 수단 역시 단순한 관세 중심이 아닌, 여러 가지 형태의 비관세장벽 관련 조치들이 많이 사용되게 되었고 그 내용과 집행방법이 훨씬 복잡해져 가고 있다.

이상의 논의를 토대로 통상정책의 특징을 다음과 같이 정리할 수 있다.

① 복합성(interface) : 통상정책은 대외정책이면서 동시에 대내정책으로서의 성격을 지니고 있기 때문에, 타국과의 관계조정뿐만 아니라 국내 이해관계자들의 이해조정도 수반된다. 따라서 산업정책과 같은 국내경제정책과 상호 보완적이면서 때로는 상호 갈등적인 면을 지닐 수도 있는 유기적 관계를 형성하고 있다.

② 포괄성(comprehensive) : 과거 통상정책이 주로 유형재의 교역과 관련된 무역정책을 의미했던 것과는 달리 최근의 통상정책은 서비스교역, 자본이동과 노

동기준, 기술 및 투자관련 조치, 지적재산권 등 무형재를 포괄하는 국제교역과 관련된 정책을 의미하는 것으로 범위가 확대되었다. 또한 경제정책으로서의 성격만을 지니는 것으로 국한되지 않고 국제협상과 관련된 외교정책으로서의 성격도 지닌 것으로 해석되고 있다.

③ 상호성(interactiveness) : 각국의 통상정책은 기본적으로 독립적으로 결정되지만, 정책의 대상이 되는 통상이 상대국과의 관계에서 이루어지는 것이기 때문에 상대국과의 의사조종은 물론 상대방 국가의 경제적 · 정치적 상태를 고려해야 하는 상대성이 존재한다는 특성이 있다. 두 국가간 쌍무적인 통상관계의 경우 상대성이 더 크게 작용하는 것이 사실이긴 하지만, 많은 국가가 참여하는 다자간 통상관계의 경우에도 선진국과 후진국간, 또는 선진국과 선진국간 상대성이 집단적으로 혹은 개별적으로 작용한다는 사실을 간과해서는 안 된다.

④ 다중성(multiplicity) : WTO체제 출범 이후 경제활동의 범세계화가 확산되는 가운데서 한편으로는 경제블럭화가 진행되고 있는 것이 현재의 상황이기 때문에 한 국가가 참여하고 있는 국제기구나 협상이 여러 갈래로 동시에 진행되고 있다. 예컨대, 우리나라의 경우에도 WTO와 APEC에 주도적으로 참여해 왔음은 물론이고 최근 OECD에까지 가입하게 됨으로써 통상정책의 내용이 한층 다층적이면서 동시에 다면적인 성격을 지니게 되었다. 즉, 동일한 국제통상규범의 경우에도 어떤 기구에서 협의되고 있는가, 또는 어떤 국가와 협의하고 있는가에 따라 규범의 강도가 달라지고 양허내용 자체가 차이가 날 수 있다는 특성이 있다. 이러한 차이가 경우에 따라서는 국제규범간 상호충돌이 있는 것처럼 보일 수도 있지만, 기구별 참여국의 분포상태와 규범내용의 비교를 통해 다면적이기는 하지만 일관된 통상정책의 방향을 찾을 수 있다.

2) 국제통상과 협상

협상(negotiation)이란 어떤 특정사안에 대해 당사자들간에 이견이 존재할 때 상호 접촉을 통해 이를 해결해 나가는 과정이라고 할 수 있다. 이러한 협상은 우리가 사회생활을 영위하는 한 의식하지 못하더라도 일상생활 속에 항상 존재해 왔고 앞으로도 계속될 것이다. 다만 최근 들어 국제통상협상의 중요성이 크게 부각된 이유는 첫째, 앞서 논의된 국제화 및 세계화가 빠른 속도로 진행됨에 따라 협상의 대상이 국내에 국한되지 않고 국외의 경제주체들로 확대되고 그 비중이 증가했다는 점과, 둘째 통상범위의 확대와 포괄화에 따라 협상대상내용이 과거에 비해 크게 증가했을 뿐 아니라 협상을 통해 얻어지는 공동의 이득이 과거 어느 때보다도 크다는 점에서 찾을 수 있다.

일반적으로 특정 국가 또는 국가군의 통상정책과 다른 국가들의 통상정책이 합치되지 않는 부분이 있기 때문에 이러한 부분에 대해 통상협상을 거쳐 일국의 통상정책이 국제규범화 되어 왔음을 알 수 있다. 특히, 최근 국제통상 협상의 중요성이 커짐에 따라 과거에 한 국가의 경제력, 정치력, 군사력 등을 곧바로 그 국가의 협상력과 동일시하던 방식과는 다른 각도에서 국제통상협상 문제를 접근해야 할 필요성이 커지고 있다. 물론 아직도 쌍무적 협상을 통한 통상정책의 조정이 큰 비중을 차지하고 있고, 앞으로도 힘의 논리에 입각한 일방적 조치들이 지속적으로 취해질 가능성이 전혀 없는 것은 아니다. 그러나 새로운 국제교역질서 하 에서는 특정국가의 영향력이 과거에 비해 훨씬 줄어들 것이 확실하기 때문에 국제통상협상을 다자적인 관점에서 규범을 중시하는 방향으로 접근해야 한다.

국제통상협상의 가장 큰 특징으로 들 수 있는 것이 대내적인 협상의 경우보다는 불확실성이 훨씬 크기 때문에 고려해야 할 요소도 한층 많아진다는 점이다. 이러한 불확실성을 야기시키는 요인으로 가장 쉽게 떠올릴 수 있는 것이 협상대상국간 언어와 문화의 차이인데, 이에 대한 이해의 중요성은 아무리 강조해도 지나침이 없다고 할 수 있다.

16.3 국제통상협상의 유형과 특성

오늘날 국제통상협상이 더욱 빈번해지고 그 중요성도 증대하고 있다. 국가 간의 상호의존성이 심화되면서 국가간 경제적인 협력과 마찰이 더욱 증대되고 있기 때문이다. 지금 세계는 경제전쟁이라고 하리만큼 경제활동에서의 경쟁이 치열하다. 이러한 경제전쟁은 한편으로는 기업의 차원에서 이루어지고 있고 한편으로는 국가의 차원에서 이루어지고 있다. 국가의 차원에서 경제전쟁이 가장 치열하게 일어나는 곳이 통상협상의 장이라고 할 수 있다.

이 경제전쟁에서 자국의 기업과 국민의 경제적인 이익을 지키기 위해서는 통상협상을 잘하지 않으면 안 된다. 통상협상을 잘하기 위해서는 국가가 협상력을 발휘할 수 있어야 한다. 협상력은 국가의 경제력은 물론이고 정치, 군사, 외교, 정보 등의 국력을 형성하는 제반요소를 바탕으로 하여 협상을 유리하게 전개할 수 있는 능력이나 기술에서 나오기 때문에 협상자의 능력이나 기술도 협상의 결과에 큰 영향을 미치게 된다. 따라서 국제통상협상자는 체계적인 협상전략과 기술로써 자국이 갖고 있는 협상자원을 동원하여 협상력을 최대한 발휘함으로써 성공적인 협상을 하지 않으면 안 된다.

또한 국제협상은 문화, 가치관, 신념, 언어 등이 서로 다른 사람간의 협상이다. 이러한 문화적인 차이는 표면적으로 나타나지 않는 가운데 중대한 역할을 하기 때문에, 협상당사자는 상대국의 정치, 경제, 문화, 사회의 제반 배경을 충분히 이해하고 이러한 차이를 감안하여 협상에 임할 필요가 있다. 국가간의 협상은 어느 협상보다 중대하며 이러한 문화적 차이에 따른 문제 또한 있기 때문에 그 절차에 있어서도 국제적인 의전이나 예양을 갖추게 된다. 국제협상자는 협상사안에 대한 지식 외에도 언어와 의사소통문제, 문화적 차이에 따른 문제 등을 잘 통제할 수 있어야 하며 국제적인 예의와 같은 기본적인 능력을 갖춰야 한다.

국제협상에서는 상대방과의 의사전달에 있어서 명확성이 줄어들게 된다. 상대방이 표현하는 의사표시의 방법, 언어의 정확한 의미, 뉘앙스, 바탕으로 하고 있는 생각 등에 있어서 전달의 한계가 있게 된다. 문화 및 가치관의 차이로 인하여 동일사실에 대하여 인지의 차이가 있을 수 있고, 상대방의 제스처, 예법, 행동, 감정의 표시 등에 대하여 오해하거나 불편함을 느끼거나 감정적인 손상을 입을 수 있다. 따라서 당사자가 의도하지 않았거나 통제할 수 없는 요인이 발생할 가능성을 줄이기 위하여 혼동되는 용어의 사용이나 정치적, 종교적, 문화적으로 미묘한 문제는 피할 필요가 있는 것이다.

이러한 국제협상에서의 사회·문화적인 차이는 협상전략에도 고려되어져야 한다. 국가나 문화에 따라 협상에서 사안에 접근하는 방법이나 진행방법이 다를 수 있으며, 협상단의 역할분담이나 협상단내의 정보의 흐름이나 의사결정 형태가 다르다. 일반적으로 문화적인 배경에 따라 차이가 날 수 있고 따라서 협상전략에서 고려해야 할 상대방의 성향으로는 ① 명분을 중요시하느냐, 실리를 중요시하느냐, ② 당사자관계를 중요시하느냐, 협상내용을 중요시하느냐, ③ 원칙합의를 선호하느냐, 구체적인 합의를 선호하느냐, ④ 집단적인 결정을 하느냐, 단독결정을 하느냐, ⑤ 상향식 의사결정을 하느냐, 하향식 의사결정을 하느냐, ⑥ 연역적인 접근을 하느냐, 귀납적인 접근을 하느냐, ⑦ 입장을 은폐하고 표현을 삼가느냐, 입장을 공개하고 솔직히 표현하느냐, ⑧ 타협적이냐, 비타협적이냐 등을 들 수 있다.

1. 통상협상의 성격과 방법

1) 국제통상협상의 성격

국제통상협상의 목표는 국익의 수호 또는 증대이다. 통상협상에서 추구하는 가치는 경제적인 문제 이외에도 정치, 사회적인 문제와 같은 다른 많은 요인을 포함한다. 예를 들어 자유무역이 경제적인 차원에서 이익이 된다고 하여도 국내의 다른 사회적·정치적 사정이 자유무역을 허용할 수 없다면 무역개방이 협상의 목표로 될 수 없는 것이다. 따라서 협상의 목표는 경제적인 면을 포함하여 국가전반적인 차원에서 국가의 이익이 극대화될 수 있는 방향으로 설정된다.

통상협상이 갖는 이러한 성격으로 인하여 협상의 목표설정이 간단하지 않을 뿐만 아니라 협상과정에서 이해관계의 교환도 어렵다. 경제적인 면만이라면 쌍방에 이익이 증대되는 방안을 찾기가 보다 수월하겠지만 경제외적인 다른 면들도 고려하여야 하기 때문에 쌍방이 가지고 있는 복합적인 면을 상대방에게 이해시키기도 어렵고 이해관계의 교환도 어렵게 된다.

이와 같이 통상협상은 단순하지 않고 여러 가지 면에서 복잡성을 가지고 있는 것이다. 또한 국가는 다양한 이해관계를 가지는 국민들의 집합체이므로, 협상의 결과에 대한 국민 개개인의 이해관계는 달라질 수밖에 없다. 협상의 목표나 결과에 대하여 이익을 갖는 집단이 있는 반면 손해를 보는 집단이 있기 마련이다. 국가내의 이해집단은 협상내용에 대한 자기이해에 따라 찬성하기도 하고 반대하기도 하면서 사회여론을 환기시키거나 로비활동을 하는 등 자신의 이해를 반영하고자 노력하게 된다.

따라서 통상협상과 관련하여 그 국가의 국민들이 가지는 다양한 이해관계를 적절하게 조정하는 것이 중요하다. 그렇기 때문에 국제협상에서는 대외적으로는 외부협상(external negotiation)을 하면서 대내적으로는 국내의 의견조정을 위한 내부협상(internal negotiation)을 해야 하는 경우가 많다. 정부 내에서는 국내 사회집단이나 계층 간의 이해관계를 조정하고 국내정책 간에 상충되는 문제를 해결하기 위한 부처 간의 협의 과정이 따르게 되는 것이다.

2) 국제통상협상의 방법

흔히들 국가 간에는 영원한 우방도 영원한 적도 없다고 한다. 국가 간의 관계는 개인이나 다른 집단 간에 비하여 훨씬 냉정하며 그때 그때의 현실적 이해타산과 힘의 요인이 많이 작용한다. 국제통상협상에서는 냉정한 국가 간의 이해관계를 잘 파악하고 있어야 한다. 통상협상은 국제관계에서 중요한 부분이면서 국제경제관계를 대상으로 한다. 따라서 통상협상에는 국제관계에 대한 전문적인 지식과 함께 경제와 산업에 대한 전문적인 지식이 필요하게 된다.

그러므로 통상협상을 위해서는 이러한 측면을 전체적으로 포괄할 수 있는 협상팀이 구성되어야 협상력을 발휘할 수 있다. 통상협상에서 상대를 설득하기 위해서는 국제통상협상에서 통용될 수 있고 효과를 가져 올 수 있는 논리가 뒷받침되어야 한다. 국제적인 통상제도나 관행에 대해 지식을 갖추고, 상대국의 경제사정이나 통상관행 그리고 협상전략에 대하여 철저히 연구하고 대비해야만 많은 대안을 만들어 낼 수 있고 협상을 유리하게 전개할 수 있다.

국가의 통상정책에 대한 조정능력은 협상에서도 중요한 역할을 하게 된다. 협상자가 협상사안을 전체적인 차원에서 결정할 수 있는 능력이 있어야 다양한 협상전략을 구사할 수 있기 때문에 조정능력이 미흡하면 협상력을 극대화하기 어렵다. 따라서 정부 각 부처 정책의 수립과 집행과정에서의 원활한 조정이 뒷받침될 때 전체적인 차원에서 국익을 극대화하는 협상안과 협상전략을 마련할 수 있을 뿐만 아니라 상대국의 협상전략에 대해서도 효과적으로 대응할 수 있는 것이다.

통상협상에서는 정부기관 상호간의 조정뿐만 아니라 정부와 의회, 그리고 국가기관과 민간기업 등 국가의 여러 관계기관이 협력체제를 이룩하는 것이 중요하다. 대외협상에 대한 대비책의 마련이나 여론의 형성, 정보의 수집, 상내국에 대한 로비 등 여러 가지 측면에서 국가내의 유관기관의 협력이 필요한 것이다. 미국, 일본, EU, 캐나다, 호주 등의 선진국가들에 있어서 정부의 통상정책수행은 의회와 긴밀한 관계 속에서 이루어지고 있고 이를 배경으로 하여 대외협상력을 강화하고 있다.

한편 통상협상은 국가내부의 다양한 이해집단간의 이해조정을 수반하기 때문에, 상대국 내부의 이해관계가 협상을 자국에 유리하게 이끄는데 최대한 활용되어지기도 한다. 반대로 협상국은 자국의 여론을 통상협상에 이용하기도 한다. 즉, 상대국의 협상안에 반대하는 자국의 여론을 최대한 부각시켜서 이를 근거로 상대국의 협상안을 수락할 수 없음과 자국의 협상안이 수용되어야함을 주장할 수 있는 것이다.

2. 국제통상협상의 유형

1) 쌍무간 협상

쌍무적인 협상은 이해관계가 있는 양 당사국간에 협상을 행하는 것이다. 쌍무적인 협상은 다양한 형태와 내용으로 이루어지지만 기본적으로는 상호주의 하에서 양국간에 통상상의 이익을 서로 교환하는 것이다. 통상의 경우 이익의 연계교환은 상호주의에 의하여 받는 혜택과 주는 혜택을 균형되게 함으로써 달성되는 것이며, 서로에게 필요한 이익을 교환함으로써 전체로서의 이익을 증가시키게 하는 작업이라고 할 수 있다.

쌍무적인 협상에서는 다자간의 협상에서보다 개별국가가 가진 힘의 요인이 많이 작용하게 된다. 국제협상에서 소국은 대국과의 협상에서 협상력이 약하기 때문에 협상을 유리하게 이끌어 가기가 어려운 것이 일반적이다. 소국은 대국에 비하여 협상에서 사용할 수 있는 대안이 적고, 협상이 결렬될 경우에 발생하는 어려움이 대국보다 더 큰 경우가 많기 때문에 협상에서의 입지가 좁다. 국제통상협상에 있어서 상대국에 대한 자국시장의 폐쇄위협은 중요한 협상무기이다. 그런데 국제경제관계에 있어서 대국이 소국의 시장에 의존하는 것보다 소국이 대국의 시장에 더 많이 의존한다. 따라서 소국의 대국에 대한 시장폐쇄위협이 보다 약할 수밖에 없다는 점에서 협상력에서 균형이 유지되지 않는다. 뿐만 아니라 소국은 국제시장에서 가격결정력이 약하기 때문에 무역장벽을 극복할 수 있는 힘이 대국에 비하여 더 약하다는 점을 비롯하여 여러 가지로 불리한 요인이 많다.

실제 미국은 국제관계에서 힘을 가지고 있고 거대한 시장을 보유하고 있기 때문에 쌍무적인 협상에 있어서 그만큼 유리하게 협상을 이끌 수 있다. 특히 미국이 자국시장을 많이 이용하고 있는 아시아지역의 여러 국가들에게 통상압력을 쉽게 가하는 이유도 여기에 있다고 할 수 있다.

통상협상이라고 하더라고 경제외적인 문제가 작용하지 않는 것이 아니다. 그 한 예로서 한국은 경제적인 측면뿐만 아니라 정치나 국방과 같은 비경제적 측면에서도 미국과 우호적인 관계를 유지하는 것이 매우 중요한 입장에 있다. 그리고 정보에 있어서도 한국은 미국에 의존하는 경우가 많다. 이러한 요인으로 말미암아 한국은 대미 통상협력에서 적극적이고 능동적으로 대응하지 못하고 소극적이고 수세적인 자세로 일괄하는 경향이 있으며, 이러한 상황에서 협상에서 우위에 서기란 쉽지 않은 것이다.

이러한 요인으로 인하여 현재의 다자간 국제무역체제하에서도 ㅁ국은 대외 통상관계에 있어서 쌍무간의 협정을 통한 접근방법을 많이 활용하고 있다. 그것은 미국이 우위에 있는 협상력을 쌍무협상에서 최대한 활용할 수 있기 때문이다. 또한 다자주의체제하에서는 무임승차의 문제가 항상 발생할 수 있기 때문에, 미국이 세계의 통상관계를 주도하는 입장에서 개별국가와의 쌍무적인 관계로 상호주의적인 접근을 함으로써 무임승차를 방지하고 실질적으로 효과적인 무역규칙을 설정하고 유지할 수 있다는 주장도 있다. 그러기 때문에 이 같은 미국의 쌍무주의는 다자주의 무역체제의 약화를 막고 실질적으로 다자주의로 유도하는 역할을 한다는 것이다.

다자간 통상체제하에서도 다자간의 협상기간이 아닌 통상적인 시기에 양당사국간에 통상상의 협상이 필요한 경우에는 쌍무간의 협상이 이루어지게 된다. 다자간 통상관계도 그대로 쌍무적인 협상에서의 상대국에 대한 혜택은 이루어진다. 그래서 쌍무적인 협상에서 개방을 요구받는 국가는 그 만큼 상대국의 요구수용이 부담이 된다.

그리고 통상당사국중의 한 나라가 다자간 무역기구의 비회원국인 경우는 다자간 통상체제의 영역밖에 있으므로 쌍무적인 협상에 의한 통상관계가 성립한다. 또한 다자간 협정회원국간이라도 다자간협정의 범위 밖의 분야에 대해서는 쌍무적인 협상에 의존할 수밖에 없다. 이때는 다자간 관계의 최혜국대우원칙이 적용되지 않아 이때 주어지는 양허는 협상당사국에 대해서만 효력이 미치게 된다.

2) 다자간협상

다자간협상은 여러 국가들이 동시에 참가하여 협상을 하는 것이다. 다자간 협상도 기본적으로는 쌍무간의 협상과 마찬가지로 이익의 연계교환으로 이루어진다. 다자간의 협상은 다수의 주체가 참여하여 서로 간에 혜택의 교환(barter)을 하는 행위로 이루어지게 되며 다자간협상의 장은 이러한 거래가 이루어지는 하나의 시장이라고 할 수 있다. 이러한 시장에서 개별국가는 특정분야에서의 개방이나 관세인하를 bid하고 offer하는 것이다. 이는 혜택들의 물물교환과 같기 때문에 한 국가가 제시하는 혜택을 원하는 국가가 있어야 하고, 그것을 원하는 국가도 자국에 혜택을 주는 바로 그 국가에 주지는 않더라도 다른 국가가 원하는 것을 줄 수 있어야 한다.

그리고 주고받는 것의 가치의 동등성이 보장되어야 한다. 다자간체제에서 혜택의 제공 없이 받기만 하는 무임승차의 발생을 방지하는 것은 그 체제의 유지와 관리에 있어서 매우 중요한 것이다. 그래서 이러한 가치의 교환을 기반으로 하는 상호주의는 무임승차자를 방지하는 역할을 한다. 그러나 대가의 동등성을 유지한다는 것은 매우 어려운 문제이다. 관세의 경우는 어려움이 덜 하지만 비관세장벽의 경우에는 이러한 동등성을 유지하거나 매우 어렵게 된다. 비관세장벽은 수량적인 측정이 불가능하기 때문이다. 따라서 다자간협상은 다수 주체간에 동등한 가치의 교환이 이루어지도록 해야 한다는 점에서 성립되기가 결코 쉬운 거래는 아닌 것이다.

한편 다자간협상은 강대국과의 1 대 1 협상에서 유리하게 협상을 이끌 수 없는 소국들에게 연합하여 힘을 발휘할 수 있는 기회를 제공한다. 그리고 다자간 체제의 무차별원칙은 소국에게 더욱 소중한 것이다. 자국의 힘으로는 얻을 수 없는 혜택을 다른 국가가 얻어내면 그것을 동등하게 누릴 수 있기 때문이다. 세계에는 세계무역을 주도하는 경제대국보다 경제소국의 수가 압도적으로 많다. 따라서 다자간협상에서는 비슷한 입장에 있는 많은 수의 후진국들이 공동의 입장을 취함으로써 소국의 불리한 입장이 다소 완화될 수 있다. 그러나 후진국들은 개별국가의 경제사정과 이해관계가 매우 다양하다. EH한 경제대국에 정치적, 경제적으로 종속되거나 대국의 요구를 정면으로 거부할 수가 없다. 따라서 소국들이 결집된 힘을 발위하기가 쉽지 않은 것도 현실이다.

다자간협상에서는 협상을 주도하는 국가들이 있게 되는데 주로 미국을 비롯한 선진국들이다. 다자간의 협상에서는 이미 개방정도가 높은 선진국들이 보다 개방적인 통상관계의 틀을 제시하고, 이에 대하여 후진국들은 어쩔 수 없이 참여하여 다자간협정을 체결하는 경우도 많다. 반면에 선진국의 입장에서도 많은 국가들이 참여하는 다자간의 협정이 되기 위해서는 후진국의 입장을 반영하지 않을 수 없다. 그래서 후진국의 개발을 지원하거나, 후진국이 다자간 무역체제에 참여하여 경제적인 발전과 이익을 누릴 수 있도록 GSP의 예와 같이 후진국에 특혜를 주는 방향으로 다자간 무역규칙을 설정하게 되기도 한다.

이러한 다자간협상은 ① 쌍무적인 협상으로는 수십 회의 협상으로도 이루기 어려운 많은 범위의 무역자유화를 이룰 수 있다는 점, ② 전 세계가 공통적으로 직면하고 있는 문제를 해결할 수 있다는 점, ③ 제3국의 중재가 가능하고 다른 국가와 보조를 맞추어야 한다는 부담으로 합의가 쉬울 수 있다는 점, ④ 약소국의 입장에서 같은 입장에 있는 국가들이 협조하여 강대국과 교섭할 수 있기 때문에 쌍무적인 협상에서보다 공평한 결과를 도출할 있다는 점 등에서 장점을 갖는다.

반면에 ① 양허의 효과가 다른 모든 국가에 미치므로, 양허가 자국경제에 미칠 영향의 불확실성 때문에 양허를 쉽게 할 수 없다는 점, ② 자국은 작은 양허를 하면서 다른 국가들의 많은 양허를 누리는 무임승차국이 생길 수 있으며 이를 이용하려는 유혹이 따른다는 점, ③ 모든 당사자의 이해를 맞추기 어려워 합의가 어려울 수도 있다는 점, ④ 협상이 복잡하고 오래 걸린다는 점 등의 단점도 있다.

3. 국제통상 협상의 중요성

경제의 범세계화추세가 심화되면서 국제적인 상품거래가 많이 이루어지고 국제적인 투자나 서비스교역이 중요해지면서 국제적인 거래를 규율하기 위한 국제통상규범의 중요성도 증대되고 있다. 이에 따라 국제통상규범을 확립하기 위한 국제협상이 더욱 활발히 진행되고 있으며, 경제가 복잡해짐에 따라 국제협상의 내용도 포괄적인 동시에 복잡해지고 있다.

이와 같이 국제통상과 협상이 서로 밀접한 관계를 갖고 있는 것은 국제적인 거래가 협상의 결과로 이루어지기 때문이기도 하지만 기본적으로는 국제통상협상의 산물이기 때문이기도 하다. 예를 들면, 관세 및 부역에 관한 일반협정(GATT)은 제2차 세계대전 직후 서방국가들의 경제발전이라는 공동의 목표 아래 이루어진 다자간협상의 산물이며, GATT에 이어 1995년 출범한 세계무역기구(WTO)는 제8차 다자간 무역협상인 우루과이라운드 협상에서 진행된 수많은 양자간, 다자간 협상의 결과로 탄생한 것이다. 또한 OECD, UN 등 많은 다자간 협력기구 및 APEC, EU 등의 지역적 협력기구 등도 국가간의 대화와 협상을 통해 만들어진 것이다. 이들 국제기구들에서는 지금도 많은 국제통상협상이 진행 중에 있다. OECD산하 여러 위원회에서는 공개적・비공개적 협상이 진행 중에 있으며, WTO는 과거에 합의된 협정을 바탕으로 무역관련 의제에 대해 계속해서 협상이 이루어지는 장소 및 근거가 될 것이다.

국제통상에 있어서 이와 같이 많은 협상이 이루어지고 있는 가장 근본적인 이유는 전쟁 등 물리적인 힘을 통한 문제의 해결보다는 공동의 번영을 달성하기 위하여 협력이 필요하다는 데에 모든 국가들이 공감하고 있기 때문이다. 협상은 최소한의 공동의 이해관계 또는 공동의 목표가 존재하는 가운데 당사자간의 이해가 충돌하는 경우, 이를 합의를 통해 해결하는 과정으로 이해될 수 있다.

따라서 국제통상에 있어서 협상이 중요한 역할을 담당하고 있는 것은 국제무역의 활성화가 모든 국가에게 이익이 되며, 통상협상을 통해 당사자 모두가 이익을 얻을 수 있다는 데에 의견을 같이하고 있기 때문이라고 할 수 있다. 물론 개별국가의 입장에서는 상대국의 무역자유화를 주장하는 반면, 자국의 이익을 위해 자신은 무역자유화에 소극적인 자세를 나타내기가 쉽다. 그러나 모든 국가가 보호무역주의를 채택하는 경우 모두에게 손해가 되기 때문에 많은 국가들은 이와 같은 이해의 충돌을 합의를 통해 해결하고 무역자유화 또는 국제적인 무역규범에 대해 협상할 필요를 느끼게 되는 것이다.

그러나 국제통상협상이 항상 만족스러운 결과를 가져오는 것은 아니다. 우선 국제통상협상이 합의를 도출하지 못하는 경우도 존재한다. 협상이 실패로 돌아가 상호간에 이익이 되는 국제거래가 일어나지 않는 경우도 있으며, 국제 통상협상이 결렬되는 경우 때로는 연속되는 무역보복조치에 의해 해당국가들 모두가 피해를 보기도 한다. 또한 무역협상의 타결이 지연되어 더욱 발전된 형태의 국제통상규범의 제정이 늦어지기도 하다. 예를 들면, 1986년 시작된 우루과이라운드 협상은 당초 1990년 12월까지 끝나기로 예정되어 있었으나 특히 농산물부문을 둘러싼 미국과 프랑스의 힘겨루기로 말미암아 3년 뒤인 1993년 12월이 되어서야 타결되었다. 새로운 국제통상규범 제정의 지연은 그 만큼 모든 국가에게 손해를 가져다주었다고 할 수 있다.

또한 국제통상협상에 있어서 협상의 기술이 부족한 기업은 협상에서 불리한 결과를 얻을 수밖에 없다. 국가의 경우도 마찬가지여서 협상을 제대로 이해하지 못하는 국가는 협상에서 좋은 결과를 얻어내기 어렵게 되어있다. 협상에서의 불리한 결과는 외부적으로 주어진 낮은 협상력 또는 외교력 때문이기도 하지만, 때로는 협상에 대한 준비가 부족하거나 협상을 제대로 이해하지 못하는 국가는 협상에서 좋은 결과를 얻어내기 어렵게 되어있다. 우리나라의 경우, 대미협상에 있어서 양보만을 해왔다는 비판이 많이 제기되고 있는데, 이것은 우리의 협상력이 부족해서일 수도 있으나 우리나라 협상담당자들의 협상에 대한 이해가 부족했기 때문일 수도 있는 것이다. 그만큼 국제통상에 있어서 협상은 중요한 역할을 담당하고 있으며, 국제통상을 올바로 이해하고 국제통상협상에서 더 좋은 결과를 얻어내는 데 있어 협상에 대한 이해는 필수적이다.

4. 국제통상협상의 특성

국제통상규범 제정을 위한 국제통상협상은 보통의 협상이 갖는 특성에 대해 나름대로의 개념적 특성을 지니고 있다. 이를 차례대로 정리해 보면 다음과 같다.

1) 국제통상협상의 필요성[1)]

국제통상협상이 필요한 이유는 범인의 딜레마를 이용하여 쉽게 설명할 수 있다. 무역을 행하고 있는 A, B 두 나라가 자유무역정책과 보호무역정책 중 어느 것을 선택할 것인지 고민하는 상황을 생각해 보자. A국과 B국은 상대국의 자유무역정책에 의해 P만큼의 이득을 보고 자기자신의 자유무역정책에 의해 c만큼의 비용을 지불한다고 가정하자(또한 자유무역이 보호무역보다 바람직하게 되기 위해 P 〉 c 〉 0 라고 가정하자). 이 경우 각국은 자유무역정책과 보호무역정책간의 선택에 따라 <표 16-2>에 나타난 바와 같은 보수를 받게 된다. 예를 들면, 두 국가 모두가 자유무역정책을 채택하는 경우, 두 국가는 모두 P-c의 보수를 받게 되며, 두 국가가 모두 보호무역정책을 채택하는 경우, 두 국가는 모두 0의 보수를 받게 된다.

또한 A국이 자유무역정책을 채택하고 B국이 보호무역정책을 채택하는 경우, A국은 -c, B국은 P의 보수를 받게 된다. 이와 같은 상황에서 각국이 비협조적으로 행동할 경우, 범인의 딜레마에 있어서와 마찬가지로 두 국가 모두는 상대국이 어떤 정책을 선택하건 간에 보호무역정책을 채택하게 된다. 이는 상호간에 바람직하지 않은 보호무역정책을 채택하게 되는 딜레마에 빠지게 됨을 의미한다. 따라서 두 국가는 각자 독립적인 정책결정을 하는 것보다 정책협조를 위한 국제통상협상을 필요로 하게 되며, 협상에서 정책협조가 도출되는 경우 자유무역이 가능하게 됨으로써 양국이 모두 이득을 보게 되는 것이다.

1) B. M. Hoekman and M. Kostecki, *The Political Economy of the World Trading System* : From GATT to WTO, p.58.

〈표 16-2〉 무역정책의 딜레마

		B국	
		자유무역정책	보호무역정책
A국	자유무역정책	P-c, P-c	-c, P
	보호무역정책	P, -c	0, 0

2) 국제통상협상과 국가의 선호

한 국가는 하나의 구성원으로 이루어져 있지 않고 다양한 의견과 선호를 가진 다양한 구성원들로 구성되어 있다. 따라서 한 국가의 선호는 완전히 획일적이지(monolithic)않으며, 국제통상협상에 앞서서 대내적인 협상은 필수적이게 된다. 정부는 다양한 이익집단의 로비대상이 되어 이들에 의해 커다란 영향을 받으며, 자유무역을 추구하는 통상협상의 경우에도 자유무역을 지지하는 이익집단 간에 힘겨루기가 진행되는 것이 일반적이다. 따라서 사회적인 후생을 극대화하는 협상결과가 있다고 하더라도 때로는 그와 같은 협상결과가 정치적으로 받아들여지기 어려운 경우도 많이 있다.

예를 들면, 우루과이라운드 협상에서 우리나라가 가장 적극적으로 반대하였던 쌀시장개방의 경우 결국 2004년까지 국내소비량의 4%까지 수입을 개방하게 되었는데, 4% 쌀시장개방의 경제적인 효과가 다른 서비스시장의 개방(예를 들면, 금융시장의 개방이나 통신시장의 개방)에 비해 적을 것이라는 데 대부분의 협상참가자들은 의견을 같이하고 있었다. 그럼에도 불구하고 그와 같은 쌀 시장개방에 마지막까지 결사적으로 반대한 이유는 쌀시장개방이 다른 서비스 시장의 개방보다 정치적으로 받아들여지기 어렵기 때문이었다. 따라서 협상은 협상가능집합 가운데 정치적으로 받아들여지기 어려운 것들을 제외한 대안 가운데 이루어지게 된다.

실제로 국제협상에 있어서는 대내적 협상과 대외적 협상이 동시에 진행되는 경우가 많이 있다. 국제협상에 있어서 정부 내 부처 간에 이익이 상충되는 경우가 많이 발생하며, 이를 해결하기 위해 대외적인 협상이 진행되는 가운데 대내적인 협상이 동시에 진행되는 경우가 많이 있다. 또한 정치적으로 받아들일 수 없는 영역은 로비에 의해 영향 받기도 하기 때문에 국제적인 로비도 많이 이루어지고 있다. 때로는 이와 같이 통일적이지 않은 국가의 선호는 협상에서 활용될 수도 있다.

예를 들면, 미국이 한국으로부터의 반도체수입을 제한하려고 하는 경우, 우리나라 정부 또는 기업은 반도체를 수입하여 컴퓨터를 제조하는 미국업자들을 통해 수입제한을 막기 위한 로비를 전개할 수도 있는 것이다.

3) 국제통상협상의 의제

국제통상협상에서 하나의 의제만을 다루는 경우, 협상이 결렬될 위험이 크다. 그것은 가격을 흥정하는 경우와 마찬가지로 한 국가가 이익을 보면 다른 국가는 손해를 보기 때문이다. 이와 같은 사실은 선진국의 시장개방압력과 이에 대항하는 개도국의 자존심 싸움에서도 잘 드러나며, 1997년 미・일간의 코닥-후지(Kodak-Fuji) 분쟁과 같이 때로는 선진국간의 협상에서도 잘 나타난다. 따라서 한 품목의 관세율에 대해 협상하는 경우보다는 여러 의제를 동시에 다루는 경우가 협상의 타결 가능성이 높다.[2)]

이와 같이 여러 의제를 관련지어 동시에 다루는 것은 협상에 있어서 그 혜택이 협상국 모두에게 골고루 돌아갈 수 있도록 한다는 점에서 바람직할 수 있다. 물론 의제를 잘못 관련시킬 경우, 협상이 더욱 어려워질 수도 있다. 그러나 협상에 있어서 상대국이 일방적인 요구를 하도록 용인하지 않고 자신도 상대국에 어떤 사항을 요구하지 않는 자세는 협상에서 이익의 균형을 가져옴으로써 협상의 타결 가능성을 높이는 동시에 상호 이익의 증진을 가져올 수 있는 것이다. 과거 대부분의 한・미간의 협상은 미국의 일방적인 시장개방요구와 이에 대한 우리나라의 방어로 이루어져 왔다. 이와 같은 협상자세는 상호간에 바람직하지 않으며, 우리에게도 나름대로 필요한 협상의제의 개발이 요구되는 것이다.

국제협상은 포지티브섬(positive-sum) 게임인 경우가 많다. 국제협상은 가격을 단순히 흥정하는 것과 달리 서로의 이익을 위해 택할 수 있는 많은 선택변수를 갖고 있다. 따라서 국제협상은 한쪽만이 이익을 얻는 윈-루즈(win-lose) 게임보다는 양쪽이 모두 이익을 얻는 윈-윈(win-win) 게임인 경우가 많다는 사실을 인식하는 것이 국제통상협상에서는 매우 중요하다.

한편, 국제통상협상에는 다수의 협상국이 참여하는 경우가 많다. 즉, 양자간에 협상이 이루어지는 경우도 있으나, 지역내 국가들간, 복수국간, 다자간에 협상이 이루어지는 경우도 많이 있다. 이 경우 국제통상협상은 협상참가자가 많음으로 인해 협상의 과정이 복잡하고 타결 또한 더욱 어려워지기 쉽다. 또한 국제통상협상

2) 강인수 외, 국제통상론, 박영사, 1998, p.587.

은 형식적으로나마 만장일치제에 의해 모든 국가들의 동의를 얻어야 타결되는 경우도 있다. 이 역시 협상의 타결을 어렵게 하는 요인 가운데 하나가 되고 있다.

이와 같은 다자간협상의 어려움을 해결하기 위해 국제협상에 있어서 제3자가 개입되는 경우가 많이 존재한다. 한 예로는 우루과이라운드 협상에 있어서도 제3자의 개입으로 인하여 협상타결의 실마리가 제공되었던 것이다. 개입된 제3자의 역할에 따라 이를 다시 알선자(facilitator), 조정자(mediator), 중재자(arbitrator)로 나눌 수 있는데, 알선자란 협상당사자들을 한 테이블로 불러 들임으로써 협상을 시작할 수 있는 여건을 만들어 주는 사람으로써, 때로는 협상당사자들의 진정한 이해관계와 우선순위 등에 관한 의견을 양측으로부터 듣고 이를 상대방에게 전달해 주는 역할도 담당한다. 그러나 알선자는 중재안을 제시한다거나 협상타결에 압력을 넣는 역할은 하지 않는다. 조정자는 협상 당사자들의 진정한 이해관계와 우선순위 등에 관한 의견을 양측으로부터 듣고 이를 상대방에서 전달해 줄뿐만 아니라 여러 대안들 가운데 어느 대안이 우수한지를 설명하는 역할을 담당한다.

협상이 교착상태에 빠지는 경우, 때로는 협상참여자들에게 타협안을 제시하고 협상타결을 위한 압력을 행사하기도 한다. 예를 들면, 우루과이라운드 협상이 별다른 진전을 보지 못하자 던켈(Dunkel) 당시 GATT 사무총장은 협상의 초안이라고 할 수 있는 던켈초안(Dunkel text)을 만들어 협상국에게 제시하고 협상타결을 위한 압력을 행사하기도 하였다. 이 던켈초안은 우루과이라운드 협상의 결과인 WTO협정의 골격이 되었던 것이다. 그러나 GATT 사무총장의 예에서와 같이 조정자가 타협안을 강제할 수는 없다. 반면에 중재자는 앞에서 설명한 역할은 물론 이에 더해 중재안을 만들어 제시하고 중재안을 받아들이도록 압력을 행사한다. 노동위원회의 중재나 법원의 중재와 같은 경우에는 중재자가 내놓은 중재안이 때로는 구속력을 가지기도 한다.

다자간협상에서 협상을 자국에게 유리하게 이끌기 위해서 일부 국가들은 연합(coalition)을 이루기도 한다. 국제협상에 있어서의 협상력은 일반적으로 국력에 비례하기 때문에, 특히 소규모국가들이 협상에서 좋은 결과를 도출하는 데 있어서 다른 국가들의 협조는 필수적이다. 연합은 공동의 통상·외교정책을 펴는 EU의 경우와 같이 공식적이고 강한 결속력을 나타내는 경우도 있지만, 때로는 매우 느슨한 형태의 연합이 시도되기도 한다. 우루과이라운드 농산물협상에서의 케언즈그룹(Cairns Group)이 후자의 대표적인 예라고 할 수 있다. 연합은 국제통상협상뿐만 아니라 만장일치제를 채택하고 있는 OECD와 같은 국제기구에 있어서도 다른 국가들의 정책결정에 압력으로 작용하기도 한다.

마지막으로 앞에서 설명한 바와 같이 다자간협상에 있어서 언어 및 문화의 차이는 협상을 어렵게 하는 요인으로 작용하게 된다. 언어 및 문화의 차이는 협상당사자의 커뮤니케이션을 어렵게 하며, 때로는 많은 오해와 의도하지 않았던 결과들을 초래하기도 한다. 예를 들면, 거대한 다국적기업의 하나인 맥도널드사는 인도네시아에 진출한 지 1년이 못되어 인도네시아로부터 철수할 수밖에 없었는데, 이는 다름 아닌 현지문화를 이해하지 못한 종업원의 사소한 실수 때문인 것으로 나타나고 있다.

그것은 인도네시아에서 왼손은 화장실에서 주로 사용하는 손으로 식사시에 사용하지 않는다는 것을 모르고 왼손으로 햄버거를 손님에게 건네주는 사건에서 비롯되었는데, 인도네시아 국민들은 이를 건방지고 무례한 행동으로 받아들이고 보이콧운동을 벌였던 것이다. 반대로 다른 문화에 대한 올바른 이해는 협상을 좋은 분위기로 이끌기도 하며, 협상에서 상대방의 양보를 가져오기도 한다. 따라서 국제협상을 시작하기 위해서는 사전에 협상 상대방의 문화, 가치 등에 대한 철저한 분석이 요구되는 것이다.

16.4 국제통상협상의 주요사례

1. 한 · 미 자동차협상

1) 협상의 배경 및 과정

미국정부가 한 · 미간 자동차협상을 요구하게 된 것은 기본적으로 한국 자동차산업이 일본과 같이 경쟁력을 갖게 될지도 모른다는 미국 자동차업계의 우려 속에서 미국 자동차 3사가 한국의 자동차시장 개방을 꾸준히 주장하여 왔기 때문이다. 또한 이와 같은 미국의 요구는 1994년 미국시장 내 한국자동차의 점유율은 1.9%였던 데 반해, 한국시장 내 미국자동차의 시장점유율은 0.17%에 불과하였다는 사실에 의해서도 그 이유를 찾을 수 있었다.

이에 따라 미국은 한국의 자동차시장 개방을 위한 실무협의를 지속적으로 추진해 왔으며, 1994년 10월 슈퍼 301조에 의한 우선협상대상국을 발표하면서 한국 자동차시장을 '관심분야'로 지정함으로써 한국에 대한 개방압력을 가중시켜 왔다. 이에 따라 1995년 9월 워싱턴에서는 한・미 자동차협상이 개최되었는데, 협상의 주요 내용은 자동차 관련세제, 수입행정절차, 성능 및 소음 기준, 방송광고, 할부금융 등이었다. 결국 이 협상은 4차례에 걸친 대표단회의와 5차례에 걸친 수석대표회의 결과 타결되었다.

2) 협상에 대한 평가

한・미 자동차협상은 협상에 있어서 한국측의 명분이 약했다는 점도 작용했지만, 협상준비 및 협상과정에서 한국측이 많은 문제점을 드러냄으로써 협상에서 한국측에 불리한 결과가 초래되었던 것으로 평가되고 있다. 첫째, 한국은 수입행정절차, 광고, 할부금융에 관한 의제들에 대해 협상의 초반부터 양보의 여지가 있다는 인상을 줌으로써 미국으로 하여금 협상을 유리하게 이끌도록 만들었다. 둘째, 협상의 최종안이 미리 유출되었다는 의혹이 제기되는 등 한국측의 보안문제가 여실히 드러났다. 협상의 결과가 최종안과 완전히 일치했다는 사실이 이를 뒷받침해주고 있다. 셋째, 독자적으로 추진한 2,000cc이상의 승용차에 대한 특별소비세 인하시기를 미국과의 협상 이후로 늦추어 협상에 있어서의 지렛대로 사용할 수도 있었을 것이다. 그러나 실제로는 특별소비세의 인하를 협상 이전에 실시함으로써 협상에서 또 다른 양보를 할 수 밖에 없었던 것이다. 넷째, 한국의 자동차세제 자체가 매우 불합리하게 이루어져 있다는 사실은 한국측 주장의 정당성을 매우 낮게 만들었다. 이는 자동차세의 누진구조가 특정제품에 유리하게 이루어진 데서도 잘 나타나고 있었다.

2. UR의 통신서비스협상

1) 협상의 배경

서비스분야를 협상의제로 처음 포함시켰던 우루과이라운드 협상은 7년 반의 긴 협상 끝에 1993년말 타결되어 세계무역기구(WTO)를 발족시키기에 이르렀다. 그러나 몇몇 서비스분야의 자유화에 대해서는 세계무역기구의 발족 이후에까지 협상이 계속되었는데, 그 중의 하나가 통신서비스에 대한 자유화 협상이다. 기본통신

협상으로 불리는 통신분야에 있어서의 이 협상은 당초 UR협정문이 조인된 1993년 4월부터 시작되어 1996년 4월까지 진행될 예정이었으나, 결국은 협상시한을 약 1년 넘긴 1997년 2월에 타결되었다.

2) 통신서비스 협상에 있어서 미국의 전략

UR서비스협상에서 미국이 주도권을 잡았던 것처럼 기본통신서비스 협상도 미국의 주도하에 이루어졌다. 미국은 선진국 가운데 가장 먼저 통신산업의 구조조정을 마치고 가장 경쟁적인 통신사업자를 갖고 있는 국가였다. 미국에서는 사기업을 중심으로 한 통신서비스 제공이 이루어져 왔으며, AT&T의 독점적인 지위도 계속 약화되어 지역전화사업에서 1982년 손을 떼었을 뿐만 아니라 장거리전화에 있어서도 MCI, SPRINT 등 경쟁사업자와의 경쟁을 지속해 왔다. 이와 같은 자국기업의 경쟁력을 바탕으로 미국은 다른 국가들에 대해 통신서비스에 대한 시장접근을 요구하게 되었다. 미국이 기본통신서비스협상에서 얻고자 했던 것은 외국시장에의 시장접근과 이를 보장하기 위한 세이프가드의 마련으로 요약될 수 있다.

우루과이라운드 서비스협상그룹(GNS)은 서비스협정의 부속표(annex)의 하나로 통신부속표를 작성하였는데, 미국은 통신부속표만으로는 통신시장에의 접근이 충분치 않다고 보고 상호 접촉, 경쟁, 세이프가드, 투명성, 독립적인 규제기관이라는 4가지 원칙을 담은 새로운 협정을 추진하였다. 이는 시장접근을 보다 효과적으로 보장하려는 의도에서 나온 것이다.

미국이 다른 협상국들의 통신시장개방을 얻어내기 위해 사용한 협박수단은 기본 장거리통신 서비스에 대한 시장접근과 내국민대우가 이루어지지 않는 국가 등에 대해 최혜국대우(MFN)를 적용하지 않겠다는 것이었다. 이는 GATT의 기본원칙의 하나인 최혜국대우원칙을 항공산업의 경우와 마찬가지로 적용하지 않겠다는 것으로, 협상이 결렬되었을 경우 협상 상대국의 피해가 매우 크다는 것을 의미한다. 이와 같은 협박수단은 협상에 있어서의 미국의 입지를 강화시켜 주었던 것으로 평가된다.

3) 협상의 방법

미국의 이와 같은 움직임에 따라 협상은 1년 이상 교착상태에 빠지게 되었다. 이와 같은 교착상태에서 벗어나기 위해 협상당사자들은 협정문을 개발하기 위한 소그룹을 만들었다. 이 소그룹은 먼저 기본통신서비스에 대한 시장접근과 내국민

대우를 효과적으로 보장하기 위한 몇 가지 기본적인 원칙에 합의 한 후, 이를 바탕으로 중요한 사항을 괄호로 남겨둔 협상기초안을 협상시한을 불과 두 달 정도 남긴 1996년 3월에 도출하는 데 성공하였다. 이후 많은 국가들이 참여하는 대그룹 협상을 통해 괄호가 없는 최초의 협정문안을 도출하였는데, 이와 같은 다자간 협상방법은 참여자가 많고 의제도 많은 협상에서 자주 응용되고 있다.

4) 협상의 결과 및 평가

최초의 협정문안이 도출된 후 기본통신협상을 마무리짓기 위한 많은 양허가 이루어졌으며, 협상은 당초 계획대로 타결되는 듯 했다. 그러나 협상의 타결을 바로 눈앞에 둔 순간, 국제통신 서비스요금의 배분문제와 인공위성과 관련된 문제가 부각되면서 협상은 다시 교착상태에 빠지게 되었다. 특히 미국은 외국에서의 효과적인 경쟁기회에 따라 미국내 사업권을 거부할 수 있는 경쟁 세이프가드를 주장하였는데, 이는 다른 국가들이 도저히 받아들일 수 없는 것이었다.

미국은 이와 같은 교착상태에서 벗어나고자 그 동안 유지해 온 지역사업자와 장거리사업자간의 벽을 허물고 라디오에 대한 외국인투자제한을 철폐하겠다는 자국의 개방안을 제시하였으며, 다른 선진국들도 이에 상응하는 자유화 조치를 취할 수밖에 없었다. 경쟁력이 뒤져 미국 통신시장의 개방의 혜택을 누릴 수 없는 개도국들도 통신서비스 협정이 규제의 투명성과 경쟁촉진을 가져온다는 점을 알고 있었을 뿐만 아니라, 보다 근본적으로 WTO체제를 받아들일 수밖에 없었기 때문에 결국 통신서비스 협정에 동의하기에 이르렀다.

UR 기본통신서비스 협상을 돌이켜 보면 선진국들이 자국의 거대한 통신시장의 기회를 놓칠 수 없는 것을 간파하고(관심사항의 파악) 미국은 자국 통신시장에 대한 추가적인 자유화를 대가로 다른 선진국들의 양보를 도출한 다음, 이를 바탕으로 WTO체제에서 벗어날 수 없다는 약점을 갖고 있는 개도국의 양보를 받아내는 전략을 택하였던 것으로 풀이된다. 이와 아울러 통신서비스 협정이 개도국 통신정책에 있어서의 투명성을 가져오고 경쟁을 촉진하는 긍정적인 효과가 있다는 미국의 주장이 설득력을 지녔던 것(정당성 확보)도 미국이 협상에서 좋은 결과를 얻는 데 커다란 도움이 되었던 것으로 평가되고 있다.

3. WCO의 원산지규정 협상

1) 협상의 배경

1995년 2월 벨기에의 수도 브뤼셀에 위치하고 있는 국제관세기구(World Customs Organization : WCO)에서는 WTO와의 협조하에 비특혜 통일원산지규정의 작성을 위한 작업이 진행되고 있다. 세계경제가 글로벌화함에 따라 원산지의 판정문제는 더욱 복잡해지고 있고, 따라서 판정기준에 따라 무역 및 투자의 흐름에 상당한 변화가 초래될 수 있음을 볼 수 있다. 협상에 참여하고 있는 WTO회원국들은 자국의 산업 및 무역구조에 따라 특정제품의 원산지 판정기준에 매우 상이한 입장을 갖고 있으며 이를 관철하기 위하여 협상에 상당한 노력을 기울이고 있다.

품목별 판정기준은 원산지규정 협상의 기술적 어려움을 잘 보여준다. 각 품목의 특성을 결정짓는 소위 '실질적 변형'이 무엇인가에 관한 논의에 집중되고 있으나 이를 결정짓는 기술적 측면에 대한 견해가 각국의 통상정책적 관점에 좌우되고 있다. 특히 제조공정이 비교적 간단한 농산물, 광산물 등의 경우 천연자원을 생산하는 국가와 이를 가공하는 국가간의 입장대립이 분명히 드러나고 있다. 그러나 복잡한 국제분업과정을 거치는 전자제품, 기계류 등에 관한 원산지 판정기준은 각 생산공정에 개입된 국가들의 다양한 견해가 표출되고 있어 협상의 기초마저 형성되지 않은 상태이다. 이하에서는 신발, 철강, 시계에 관한 원산지규정 협상의 시사점을 살펴보기로 한다.

(1) 신발

신발의 원산지 판정기준의 설정에 있어서 상반된 입장이 나타나고 있는데, 이는 신발산업의 성격변화와 국제분업구조의 변화가 잘 반영되어 있다. 오늘날 신발을 종래의 단순한 기능에서 나아가 인체공학적 기능이 강조되는 매우 고부가가치 제품적인 성격을 띠고 있음은 주지의 사실이다. 반면에 신발산업의 메카라고까지 불리우던 우리나라는 가격경쟁력의 상실로 생산기지가 급격히 해외로 이전하거나 해외로부터의 부품조달비율을 증가시키고 있는 추세이다.

신발은 크게 갑피(Upper)와 밑창(Sole)의 두 부품으로 구분된다. 대체로 신발의 형태를 결정하는 갑피는 봉제 등 노동집약적인 성격을 지니고 있는 반면에 충격흡수 등 기능성이 강조되는 밑창은 기술 및 자본집약적인 성격이 강하다. 또한 갑피와 밑창을 정교하게 결합시키는 공정도 매우 높은 기술의 수준이 요구되는 것으로 알려져 있다. 우리나라는 주로 중국에서 갑피를 주문하여 국내에서 생산된 밑창을 조립한 후 주로 외국에 수출하고 있다. 따라서 최종제품인 신발의 원산지를 결정해야 하는 문제가 발생하는데 우리나라로서는 한국산(made in Korea)의 원산지표시가 가능해야만 높은 수출단가를 보장받을 수 있다는 점에서 갑피와 조립과정이 발생한 국가에 원산지를 부여해야 한다는 입장을 취하고 있다. 반면에 여타 국가들은 분명한 이해관계가 없다 하더라도 전통적인 관점에서 갑피의 제조국이 원산지라는 입장을 취하고 있는 상황이다.

(2) 철강

철강제품에 대한 원산지 판정기준 관련쟁점은 원산지규정이 통상정책의 목표와 직결되어 있음을 잘 보여 준다. 본 쟁점의 핵심은 특정국가에서 특정의 생산공정이 발생하였을 경우 원산지를 인정할 것인지 여부이다. 구체적으로 열연, 냉연, 각종 표면처리강판을 생산하는 공정의 결과로 생산된 제품에 있어서 이러한 공정이 수행된 국가에 원산지를 부여할 것인가라는 쟁점에 있어서 한국, 일본, EU 등은 이를 찬성하는 입장에 있으나 미국과 캐나다는 강력한 반대의사를 표명하고 있다.

미국은 전통적으로 한국이나 일본에서 생산된 철강제품이 제3국에서 높은 부가가치가 발생하는 공정을 거친 후 미국으로 수출되는 경우 제3국 원산지를 부여하지 않으려는 경향을 띠어왔다. 예를 들어, VER의 대상인 일본의 냉연강판이 뉴질랜드에서 전기도금공정을 거쳐 아연도금강판을 생산한 후 미국으로 재수출할 경우 미국의 관세청은 이를 일본제품으로 간주하고 VER의 대상이므로 수입을 규제하고자 하였다. 따라서 이러한 공정을 원산지를 부여하기에 충분한 '실질적 변형'으로 간주할 경우 미국의 통상정책을 근본적으로 무력화하는 결과를 가져온다.

반면에 세계의 중요 철강수출국인 일본과 한국으로서는 자국의 제품이 제3국으로 수출되었음에도 불구하고 미국시장에서 VER, 반덤핑 및 상RP관세 등의 무역제재를 받을 가능성을 제거하고자 시도하는 것은 당연하다. EU 역시 역내 국가간의 분업구조를 감안할 때 이에 동조하는 입장을 취하고 있다.

(3) 시계

철강이 주로 무역규제와 관련하여 상반된 입장이 대립하고 있는 경우라고 하면 시계는 국제분업구조를 반영하는 것이다. 시계를 제작하는 공정은 크게 무브먼트

(Movement)와 조립공정으로 나눌 수 있다. 무브먼트는 시계가 작동하는 데 핵심적인 부품이며, 시계의 형태와 가치는 주로 조립공정에서 발생한다고 볼 수 있다. 무브먼트의 주요 생산국은 스위스와 일본이며 미국, 홍콩 그리고 한국 등이 이를 수입하여 조립생산하는 국가들이다.

시계의 원산지규정에 관한 핵심쟁점은 원산지를 무브먼트 제조국에 부여할 것인지 아니면 조립공정을 거친 국가에 부여할 것인지에 관한 것이다. 이러한 쟁점의 배경은 간단하다. 무브먼트 제조국에 원산지를 부여할 경우 홍콩이 이를 수입한 후 시계를 최종적으로 조립한다면 이 제품에 대해서 made in swiss로 표시하여 판매가 rksmwd해진다. 홍콩에서 조립된 시계에 이러한 원산지표시가 가능해질 경우 제품의 가격에 커다란 영향을 미칠 것은 자명한 일이다. 따라서 일본과 스위스는 강력하게 조립국이 원산지가 되어야 한다고 주장하고 있으며 조립국들은 무브먼트 제조국에 원산지가 부여되어야 한다고 맞서고 있다.

2) 협상의 경과

(1) 신발

신발의 원산지 판정기준을 정하는 데 있어서 우리나라의 입장을 관철시키기가 상당히 어려운 상황에 있음은 분명하다. 실제로 국제관세기구 기술위원회에서는 이러한 입장차이로 인하여 아직도 판정기준이 결정되지 않은 상태이다. 수적으로 매우 불리한 상황에 있는 우리나라는 협상과정에서 다음과 같은 협상방식을 시도하였다. 1997년 9월 어느 날, 오후까지 정규회의에서 결론이 내려지지 않자 회의가 끝난 후 관심 있는 국가들끼리 논의를 진행하는 작업반을 구성하고 밤늦게 회의를 진행하게 되었다. 우리나라는 여기서 종래의 주장을 되풀이하는 대신에 미리 준비한 국내산 농구화의 부품을 각국의 대표들에게 회람시켰다. 그리고는 각 부품이 최종제품에서 차지하는 비중, 공정상의 특징을 자세히 설명해 주었다. 말할 것도 없이, 농구화에서 바닥의 처리가 제품의 특성을 어떻게 결정되는지 대표들을 이해시키는 데에는 많은 시간이 소요되지 않았다. 막연하게 신발의 외형만을 생각하고 있던 각국의 대표들은 신발이 만들어지는 구체적인 공정을 이해하면서 한국의 주장, 즉 밑창과 조립의 중요성에 대하여 어느 정도 공감을 갖게 된 것이다.

(2) 철강

당초 미국의 반대에도 불구하고 열연, 냉연, 각종 표면처리 공정이 실질적 변형으로 인정되게 된 데에는 무엇보다도 신발의 경우와 같이 기술적인 정당성을 인정받았다는 것이다. 그러나 이러한 정당성을 입증하기 위하여 각국은 자국의 입장을 직접적으로 개진하기보다는 민간업계의 전문가를 초청하여 객관적으로 기술적은 측면을 기술위원회에서 소개하는 방식을 적극적으로 채택하였다. 이러한 접근방식은 기술위원회 내에서 직접적인 이해당사국이 아닌 국가들로부터 많은 공감대를 도출해 냄으로써 수출국의 입장이 잘 반영되는 결과를 가져온 것으로 보인다.

물론 위와 같은 협상과정 뿐만 아니라 미국도 이미 철강의 원산지규정에 관한 한 행정부의 입장을 끝까지 관철해야 할 동기가 비교적 작았던 것도 큰 요인이었다. 앞에서 언급한 바 있는 VER의 케이스에서 미국의 세관이 뉴질랜드에서 도금공정을 거친 제품에 대하여 원산지불인정 판정을 내렸음에도 불구하고 이에 불복한 일본측이 미국국제무역재판소(USITC)에 제소한 결과는 오히려 일본측의 승소로 끝난 바 있다. 따라서 이미 국내적으로 자국 철강업계의 압력수준이 그만큼 약화되어 있는 상황이기 때문에 협상과정에서 비교적 융통성 있는 태도를 가질 수 있었던 것으로 보인다.

(3) 시계

시계의 원산지에 대한 뚜렷한 입장차이 때문에 현재까지 시계 자체(HS9101-9107)에 대한 원산지 판정기준은 합의되지 않은 상태이다. 다만 시계의 핵심 부품인 무브먼트는 여타 부분품인 HS 9114를 제외한 4단위의 세 번 변경기준으로 결정되었다. 그러나 HS 9114fmf 제외한 부분품에서 무브먼트로 제조될 가능성은 거의 없기 때문에 무브먼트 자체를 생산하는 국가에게만 원산지를 부여하는 기분이라고 할 수 있다. 즉, 무브먼트 자체의 원산지판정에는 기술적으로 문제가 없지만 무브먼트와 여타 부분품이 결합되어 완전 또는 불완전 시계가 만들어지는 공정에 대해서는 여전히 절충이 되지 않고 있음을 말해 준다.

시계의 원산지 판정기준에 관한 논의에 있어서도 신발 및 철강의 경우와 같이 객관적인 기준의 제시를 통하여 공감대를 형성하려는 노력이 없었던 것은 아니다. 주요한 시계조립국인 홍콩은 시계의 제작 전과정과 시계의 본질적인 기능을 실물 및 도안을 통하여 각국 대표에게 수 차례에 걸쳐서 설명한 바 있으며, 이를 APEC을 이용한 비공식 Workshop에서도 보여 주는 등 상당한 노력을 기울였다. 그러나 시계의 본질적 기능보다 디자인, 부가기능 등 시계의 용도에 대한 최근의 변화를 강조하는 스위스와 일본의 주장도 상당한 공감을 불러일으킨 것도 사실이다. 즉,

시계라는 제품이 갖고있는 양면성으로 인해 특정 주장이 객관성을 일방적으로 부여받지 못하고 있는 경우인 것이다.

3) 협상에 대한 평가

신발의 원산지 판정기준에 관한 한국대표의 시도는 비록 한국의 입장이 바로 관철되는 결과로 이어진 것은 아니지만 각국 대표의 공감을 획득함으로써 향후 동조입장을 확보하는 데 커다란 성과를 거둔 것으로 평가된다. 그리고 이러한 성과는 자신의 입장을 되풀이하면서 획득한 것이 아니라 다음과 같은 전략적 요인에 기인하는 것으로 볼 수 있다. 첫째, 전체회의가 아닌 작업반회의에서 자신의 이해관계를 전달함으로써 쟁점을 단순화시킬 수 있었다. 둘째, 농구화의 실물을 협상파트너에게 보여주고 제조과정을 이해시킴으로써 한국의 주장을 효과적으로 전달하는 의사소통(communication)의 성공에 의한 것이었다. 셋째, 이와 같은 객관적인 논의를 전달하는 접근방식으로 인하여 자신의 입장에 대한 정당성(legitimacy)을 확보하는데 주력하였다.

이러한 평가는 철강의 경우에도 거의 동일하게 적용된다고 할 수 있다. 예컨대, 민간전문가의 기술적 의견이 제시되었을 때, 미국이 다자간협상에서 민간의 참여자체에 상당한 반감을 나타낸 것도 특정입장의 정당성획득이 갖는 위력을 역설적으로 보여 주는 증거가 아닐 수 없다. 그러나 시계의 경우에서 얻는 시사점은 모든 제품에 대한 원산지 판정기준이 기술적인 측면에서의 정당성을 획득할 수 없다는 사실이다. 시계의 경우, 시간측정이라는 본래의 기능과 장식품으로서의 새로운 기능이 제품에 따라 각기 다른 비중을 차지하고 있기 때문에 어느 한 쪽의 기능을 아무리 객관적으로 증명한다 할지라도 이에 상응하는 다른 기능에 대한 정당성이 훼손되는 것이 아닌 사례인 것이다. 따라서 입장이 상반된 국가간의 절충이 가능하기 위해서는 부가가치기준을 활용하는 등의 우회적 접근이 반드시 필요한 것으로 보인다.

이상의 사례를 통하여 얻을 수 있는 교훈을 요약하자면 협상과정에서 각자의 입장(position)은 이를 강하게 주장한다고 관철되는 것이 아님을 잘 보여준다. 즉, 입장에 대하여 협상할 것이 아니라, 이러한 입장의 배경이 되는 이해관계의 효과적 전달과 공감을 얻는 것이 지름길이 될 수 있다는 것이다. 협상당사자간의 공감대 형성은 상대편이 자국의 진정한 이해관계를 한번쯤은 다시 생각해 보게 하는 출발점이며, 이것이 없이는 협상의 타결은 기대하기 힘들다고 할 수 있다.

제 17 장 WTO 체재와 FTA 정책

한국 무역의 주요 기조는 1970년대까지 수출지향적 공업화정책 이었다. 협소한 내수시장 대신 수출시장 확대에 의존한 경제발전을 이루기 위하여 한국은 1967년 GATT에 가입하면서 세계경제에 편입하게 된다. 이를 바탕으로 하여 1960년대와 1970년대에 한국은 수출 촉진으로 공업화에 성공하며 경제발전을 위한 토대를 구축하게 되었다. 이 시기 한국은 수입장벽을 제거하지 않은 채 수출보조를 확대하는(수출보조를 통한 대외지향) 무역정책에 초점을 맞추었다. 즉, 국내 산업 보호를 위하여 무역장벽을 높이고 수출을 통한 공업화에 중점을 둔 결과 수입에는 많은 제한이 있었다.

그러나 한국경제가 성장하면서 보호무역에 바탕을 둔 경제성장전략은 미국과 EU등 주요 교역국과의 마찰요인이 되었다. 따라서 정부는 1980년대 산업과 무역 정책기조를 정부주도형에서 탈규제화의 경쟁촉진으로 방향을 전환하였다. 1990년대 초 우루과이라운드 협상 타결로 인해 세계무역기구(World Trade Organization: WTO)가 설립되고 세계적으로 무역장벽이 완화되는 상황에서 한국은 GATT/WTO의 다자체제에 바탕을 두고 1980년대부터 추진했던 시장 개방과 탈규제화, 무역자유화를 추구하는 정책을 더욱 강화하였다. 1990년대에 접어들어 한국 정부는 전반적인 관세율인하와 더불어 일부 농산물까지 포함한 본격적인 수입자유화를 이루었다. 특히 우루과이라운드 협상으로 대표되는 무역자유화 움직임은 시장 개방을 거스를 수 없는 추세로 정착시켰다. 이와 더불어 2000년대 들어 한국 정부의 수입자유화 노력은 FTA 협정 추진으로 더욱 가속화되었다. 2004년 4월 한・칠레 FTA 발효는 진정한 의미의 자유무역에 한걸음 다가서는 계기가 되었으며, 2007년 4월에 타결된 한・미 FTA는 종전의 FTA와는 그 무게가 다른, 단순히 관세 및 비관세 장벽의 철폐를 통한 교역의 확대라는 수준을 넘어서는 것이었다. 이와 같이 한국의 무역정책에 있어서 GATT/WTO 및 FTA 정책은 매우 중요한 의미를 가지고 있다. 다음에서는 한국의 이러한 GATT/WTO 및 FTA 정책에 대해서 살펴보고자 한다.

17.1 WTO 체제와 New Round 과제

1. UR 협상 이전의 GATT

인류 역사상 가장 많은 인명과 재산피해를 남긴 제2차 세계대전이 끝난 후 세계가 당면한 가장 큰 문제는 국제질서의 확립을 통한 경제적 안정과 번영의 발판을 만드는 일이었다. 전후 국제질서 설계자들은 황폐화된 세계경제의 복구와 발전은 세계무역의 점진적 자유화를 통해 이루어질 수 있다고 믿었다. 그리고 세계무역질서의 안정성과 예측 가능성은 모든 회원국에게 적용되는 다자간 협정을 통해 가능하다고 생각하였다.

자유무역의 신장을 구현할 국제기구의 설립은 전후 미국을 중심으로 활발하게 논의되었는데, 많은 협상과 우여곡절 끝에 1948년 1월 1일 제네바 회의 참가 23개국 중 8개국의 서명을 얻어 관세 및 무역에 관한 일반협정(General Agreement on Tariffs and Trade : GATT)이 정식 발효되어, 이후 1995년 세계무역기구(World Trade Organization : WTO)가 출범하기 전까지 세계무역질서의 기틀이 되었다. GATT는 제2차 세계대전 직전의 세계적인 보호무역전쟁에 대한 반성에서 출발한 다국 간 협정으로 무역장벽 완화와 차별대우의 폐지를 통하여 세계무역을 확대한다는 설립 목적을 달성하기 위해 최혜국대우(Most Favoured Nation : MFN)와 다자주의를 그 기본원칙으로 한다. 최혜국대우는 일명 무차별원칙이라고도 하여, 한 나라가 어떤 외국에 부여하고 있는 가장 유리한 대우를 상대국에도 부여하는 원칙을 말한다.

GATT는 우루과이라운드 전까지 7차례의 협상을 거쳐 세계무역의 자유화에 이바지 하였다. 1950~60년대 GATT의 활동은 6차례에 걸친 일반관세협상을 중심으로 전개되었다. 그러나 1970년대 들어 각국의 보호주의 경향이 강화되면서 무역규제수단으로 비관세장벽이 높아지는 소위 신보호주의가 대두되었다. 이 추세에 대응하여 GATT에서는 비관세장벽을 포함한 총괄적인 세계무역자유화의 실현을 위해 1973년부터 1979년까지 6년에 걸쳐 동경라운드를 마무리지었다.

한국은 1967년 제6차 케네디라운드 때 GATT의 71번째 회원국이 되었다. 한국의 GATT 가입은 1962년부터 시작된 제1차 경제개발5개년계획 이후 정부가 조심스럽게 검토해 온 사항이었다. 그러나 GATT 가입방침이 결정된 후 한국의 GATT 가입은 신속히 이루어졌다. 1966년 5월 20일 한국정부는 GATT에 가입신청을 하였고, 이후 5개월의 협상을 통해 1967년 4월에 한국의 GATT 가입이 결정되었다. 당시 한국 총수출액의 약 80%가 케네디라운드에 참여한 주요 선진 15개국에 수출되고 있음을 감안할 때 한국은 케네디라운드에 더욱 관심을 갖지 않을 수 없었다.

1960년대에는 UNCTAD가 신설되어 개도국 지원을 위해서는 원조가 아닌 무역이 반드시 필요하다는 데 국제적인 합의가 이루어졌기 때문에 개도국 우대를 위한 특혜관세제도(Generalized Special Preference : GSP)가 운영되는 등 개도국으로서 한국에게는 유리한 무역환경이 조성되어 있었다. 그러나 선진국이 제시하고 있는 완전인하 품목, 부문인하 품목, 예외품목을 면밀히 검토해 보면 한국의 수출구조가 자본집약적인 2차산품으로 크게 전환되지 않는 한 GATT 가입으로 인한 큰 혜택을 기대하기 어려운 실정이었다. 그러나 케네디협상을 통한 한국의 GATT 가입은 한국이 세계무역질서에 편입되었다는 점에서 중요한 의미를 가졌다.

1967년 4월 한국은 GATT에 가입하여 전 세계적인 자유무역체제에 편입됨으로써 대외지향적 경제체제를 공고히 하였다. GATT 가입 이후 한국은 무역자유화와 자유무역체제를 바탕으로 수출드라이브정책을 수행하여 수출 증대의 기반을 조성하였으며, 수출 증대의 중요성에 대한 국민적 인식이 제고되었다. 그러나 당시 세계무대에서 한국의 초라한 위상으로 인해 GATT 협상에서 한국이 적극적 역할을 할 수는 없었다. 케네디협상에서 한국은 총 60개의 항목에서 관세를 양허하였는데, 이 중 17개 항목에서는 관세 완화, 41개 항목에서는 현 관세 수준으로 양허, 나머지 2개 항목에서는 양허관세의 상한을 설정하였다. 17개 관세 완화 품목의 1965년 총수입규모는 그 해 한국 총수입의 0.2% 정도로, 미화 100만달러가 채 되지 않는 미미한 수준이었다.

동경라운드는 1966년 6월부터 발효된 GATT 제4부(제36~38조)의 도입으로 개도국들이 GATT 체제에 적극적으로 참여해온 이후 처음으로 열리는 다자간 무역협상이라는 점에서 기대가 높았다. 그러나 동경라운드의 결과는 개도국의 입장에서 미흡한 점이 많았다. 한국과 같은 선발개도국의 입장에서는 실제로 불리하게 작용할 수 있는 결과들이 많이 나왔다고 평가할 수 있다. 특히 졸업개념의 도입과 긴급세이프가드에 대한 합의의 실패는 한국 수출에 불리하게 작용하였다. 미국은 동경라운드에서 채택된 허용조항(Enabling Clause)에 포함되어 있는 개도국졸업조항에 따라 1981년부터 졸업정책(graduation policy)이라는 개념을 도입하여 GSP의 주요 수혜대상국인 한국·대만·홍콩·브라질·멕시코 등에 대해 일방적으로 일부 품목에 대한 GSP 수혜를 정지시켰다.

한국은 동경라운드에서 657개의 항목에 대해 관세양허를 하였다. 이는 총 관세 항목의 10%에 해당하는 것으로 케네디협상과 비교하면 그 규모가 매우 컸다. 657개의 항목에서는 고기, 화학, 산업용 기계 등이 포함되어 있었고, 그 규모는 한국 총수입의 30%에 육박하였다. 한국은 또한 수출대상국에 대해 의류, 신발, 가죽제품, 철강, 가정용 전자제품 등에 대해 양허 요청을 하였으나, 의류, 신발, 가죽제품 등에 대해서는 큰 성과를 얻지 못하였다. 비관세장벽 협상에서 한국은 세이프가드 협상에 적극 참여하였으나 별 성과를 얻지 못하였다. 한국은 또한 관세평가협정과 보조금 및 상계관세협상 등에도 참가하였고, 동경라운드 후 보조금 및 상계관세협정(1980년 6월), 기술장벽협정(1980년 9월), 관세평가협정(1981년 1월) 등에 가입하였다.

2. UR 협상과 WTO 출범

1970년대 중반 이후 전 세계적인 서비스무역과 투자의 증가는 서비스무역, 지식재산권, 무역 관련 투자 등에서 새로운 규범의 필요성을 야기했다. 그러나 상품교역 및 관세를 중심으로 다루는 GATT 내에서는 이런 신교역분야를 적절히 다룰 수 없었기 때문에 미국 등 선진국을 중심으로 이들 신교역분야에 대한 국제교역의 규범을 만들기 위한 새로운 협의의 장에 합의하였다. 이에 따라 우루과이라운드에서는 이들 신교역분야의 교역에 관한 국제적 규범을 축조하는 것을 주요 의제로 다루게 되었다.

우루과이라운드는 이전의 일곱 차례 GATT 다자간 협상과 비교할 때 다음의 특징을 갖는다. 첫째, 전통적인 상품분야의 시장 개방 확대를 넘어 GATT 규율 강화와 서비스 교역 및 지식재산권 등 새로운 분야에 대한 국제규범의 정립에 이르기까지 협상의제가 광범위하였다. 둘째, 과거에는 좀처럼 다루기 힘들었던 농산물과 섬유교역의 자유화, 반덤핑 및 긴급수입제한제도의 개선 등 개도국의 관심사항이 협상의제에 포함되었다.

이와 같이 협상의제가 광범위하고 참가국들의 이해가 복잡하게 얽혀 있어 우루과이라운드에서는 어느 한 의제의 협상만이 독립적으로 빠르게 진전될 수 없는 실정이었다. 즉, 신분야와 전통분야, 수입국 관심분야와 수출국 관심분야, 개도국 관심분야와 선진국 관심분야, 협상주도국인 미국의 특정 관심분야 등 협상의제 간에 밀접한 상호의존관계가 존재하고 있었던 관계로 당초 협상시한이었던 1986년 9월부터 1990년 12월까지의 4년을 훨씬 초과하여 1994년 4월에야 종료될 수 있었다. 협상 결과는 최종적으로 「우루과이라운드 최종협정서」에 의하여 정리되었다.

우루과이라운드 결과 GATT는 GATT 1994를 통해 회원국들의 새 의무를 추가했다. 이 중 가장 중요한 것이 세계무역기구(World Trade Organization : WTO)의 창립이었다. 기존 GATT 체제는 국제무역거래의 감독 및 분쟁해결기능에서 한계를 가졌었다. 이러한 취약점을 극복하기 위해서 우루과이라운드 협상 결과에 따라 이 협상 결과를 집행하고 감독하는 WTO가 설립됨으로써 국제무역질서를 규율할 수 있는 체제가 마련되게 되었다. 우루과이라운드에 참여한 각국은 WTO 협정을 국내에서 비준함으로써 WTO 회원국이 되었다. WTO 창립으로 1995년 12월 31일, GATT 1947 체제는 종식되었다.

한국은 우루과이라운드의 개시와 협상기간 중 적극적 역할을 수행하였다. 한국이 우루과이라운드에서 더욱 적극적 역할을 수행할 수 있었던 이유는 1980년대 들어 정부가 간섭보다는 시장 친화적 정책을 기조로 삼아 시장 개방을 추진한 점을 들 수 있다. 한국은 1970년대의 중화학육성정책으로 인한 시장 왜곡을 시정하기 위해 정책기조를 시장 친화적으로 바꾸었다. 그리고 1970년대 이후 한국 제품에 대해 증가되는 보호주의 압력과 미국의 개방 압력에 대처하기 위해서도 새로운 무역장벽 완화 협상이 필요하였다. 우루과이라운드에서 한국은 특히 GATT 분쟁해결기능 강화, 선별적 세이프가드와 반덤핑조치 남용 반대, 그리고 GATT 체제의 섬유무역 포함 등에 관심이 있었고, 다양한 분야에 제안서를 제출하였다. 반면 쌀 등 일부 농산물 제품에 관해서는 강력한 보호조치가 유지되기를 원했다.

우루과이라운드 결과 한국의 관세양허율(tariff binding)은 24%에서 90%로 증가하였고, 관세는 54% 감축되었다. 이에 따라 한국의 기준관세가 2004년에 8.3%로 감소하게 되었다. 또한 보조금 및 상계관세협정(Agreement on Subsidies and Countervailing Duties)의 결과 수출 및 생산 보조금을 단계적으로 철폐할 의무를 지게 되었고, 수입허가협정(Agreement on Import Licensing)의 결과 일본 제품에 대한 수입을 제한하기 위해 1978년부터 시행하였던 수입선다변화제도를 철폐할 의무를 지게 되었다. 서비스의 경우 총 155개 부문 중 78개 부문을 양허하였다. 그러나 건설과 엔지

니어링 서비스를 제외한 금융과 통신 서비스 등의 양허 폭은 크지 않았다. 농업분야의 경우 쌀을 관세화에서 제외하였지만 쇠고기, 닭고기, 돼지고기 등에 대한 관세를 높이는 대신 양적 규제를 해제하기로 하였다. 우루과이라운드 협상 결과와 국내법을 합치시키기 위해 한국은 1995년 12월까지 총 24개의 법령을 개정하였다.

우루과이라운드는 한국 제조업에 새로운 수출기회를 조성하였다고 평가할 수 있다. 선진국의 관세 철폐율은 35%에 달하였고, 개도국들도 상당한 수준의 관세 철폐 및 양허를 하였다. 한국도 우루과이라운드에서 상당한 수준의 관세양허를 하였다. 그러나 한국은 이미 1980년대에 자발적 시장 개방정책을 추진하였기 때문에 우루과이라운드가 한국 관세체계에 미친 영향은 크지 않았다. 규범과 분쟁해결절차부문의 강화는 당시 시장 개방 압력과 동시에 보호무역의 대두로 어려움을 겪고 있었던 한국에게 긍정적으로 인식되었다. 그러나 보조금협정의 결과 한국은 일부 수출 및 생산 보조금을 철폐하여야 했고, 일본을 겨냥해 시행하고 있었던 수입선 다변화제도를 단계적으로 폐지하여야 했다. 이러한 제도의 변화는 한국 내의 저항을 가져오기도 하였으나 궁극적으로 한국 제품의 경쟁력을 강화시키고 새로운 제품의 탄생에 기여하는 긍정적 역할도 하였다.

서비스의 경우 총 155개 부문 중 78개 부문을 양허하여 그 영향이 클 것으로 예상하였으나 금융, 통신서비스 등 핵심 서비스 양허폭이 크지 않아 그 영향은 제한적이었다. 반면 우루과이라운드 협상이 한국의 사회와 정치에 미친 영향은 지대하다고 할 수 있다. 우루과이라운드 협상 이전에 GATT는 한국 언론의 중심에 있지 않았다. 한국 통상관계의 주된 관심은 미국 등 양자와의 관계였다. 그러나 우루과이라운드 이후 GATT/WTO는 한국 NGO들의 주된 관심사가 되었다.

WTO는 GATT 체제보다 더욱 강화된 분쟁해결절차를 도입하였다. 이에 따라 WTO 분쟁해결기구에 제소한 분쟁 건수도 큰 폭으로 증가하였고, 한국과 관련된 분쟁도 2009년 8월 말 현재 총 27건에 달하고 있다. 이는 GATT 체제하에서 단 3건에 불과하였던 한국관련 분쟁과 비교하면 커다란 변화가 아닐 수 없다. 한국은 1997년에 미국 정부의 한국산컬러TV에 대한 반덤핑조치를 WTO 분쟁기구에 제소함으로써 비로소 피제소대상국가에서 벗어나는 계기를 마련하였다.

한국은 1997년까지 주로 피제소국으로서 WTO 분쟁해결기구에 참여하여 왔다. 한국은 1995년 4월 미국으로부터 부패성 수입농산물 검사·검역제도를 제소받은 이후, 소주-위스키 차등 과세와 관련한 주세분쟁(EU, 1997. 4; 미국, 1997. 5), 혼합분유에 대한 세이프가드(EU, 1997. 8), 쇠고기 수입수량제한 및 수입쇠고기 구분

판매제도(미국, 1999. 2; 호주, 1999. 4), 인천 신공항건설 관련 정부조달문제(미국, 1999. 2) 등 총 14건의 피소를 당하였다.

한편, 한국은 1997년 GATT/WTO 체제에 가입한 이후 처음으로 미국을 상대로 컬러TV와 반도체(DRAM)에 대한 반덤핑조치를 제소하면서 각국의 불합리한 조치로 인해 야기된 분쟁에 대해 WTO 분쟁해결절차를 적극적으로 활용하기 시작하였다. 한국산 컬러TV에 대한 미국의 반덤핑조치와 관련한 분쟁은 미국이 조사를 종결하고 반덤핑조치를 철회함에 따라 한국도 관련된 제소를 철회하여 패널절차를 거치지 않고 양자 간의 협의를 통해 원만한 해결을 볼 수 있었다. 비록 WTO 패널절차를 통해 공식적으로 미국의 패소를 이끌어 낸 것은 아니지만 WTO 분쟁해결기구를 통해 한국의 입장을 적극 관철시켰다는 점에서, 본 건은 한국의 통상정책이 수세적・피해자적 자세에서 적극적・공세적 형태로 전환되었음을 보여주는 중요한 사안으로 평가된다. 2009년 8월 말 현재 WTO 분쟁해결기구에 한국과 관련된 WTO 분쟁 건수가 총 29건이고, 이 중 한국이 제소한 건수가 총 13건에 달해 이러한 추세 전환을 보여주고 있다.

3. 도하개발라운드의 출범

도하개발라운드(Doha Development Agenda: DDA)는 1995년 WTO 출범 이후 첫 번째 다자무역협상이다. 2001년 11월 카타르 도하에서 개최된 제4차 WTO 각료회의에서 도하개발라운드 출범을 공식 선언하였고, 개도국의 이해를 반영하여 개발(development)이 포함된 도하개발라운드로 명칭을 정하였다.

우루과이라운드 협상국들은 1993년 여름 이후 가능한 빠른 시일 내에 협상을 마무리하려고 노력하였다. 물론 실질적인 개방을 추구하기 위하여 지속적으로 협상할 수도 있었지만 7년 이상에 걸친 협상피로(negotiation fatigue) 때문에 추가적인 시장 개방은 다음 협상에서 추진하기로 하였던 것이다. 본격적인 시장 개방을 위하여 협상자들은 우루과이협정문 내에 다음 협상이 자동적으로 개시되도록 하였다. 협상시간이 부족하였던 농업과 서비스분야 협상을 WTO 설립 후 5년 내에 다시 시작하도록 우루과이라운드 협정문에 포함시켰던 것이다. 도하개발라운드의 시작은 다음과 같다.

우루과이라운드 타결 당시 개도국들은 불만이 많았다. 우선 우루과이라운드 당시 자신들이 비교우위가 없는 서비스분야도 개방하고 공산품의 관세도 인하해야 했고 또 WTO 협정이 복잡하고 방대해지면서 이를 이행하는 데에 많은 어려움이 예상되었기 때문이었다. 예를 들어, 관세평가와 같은 협정을 이행하기 위하여 개도국들은 관세행정의 정보화를 추진하지 않을 수 없었는데, 이들은 정보화 능력도 부족하였고 또한 그에 소요되는 비용도 조달할 수가 없었다. GATT 전문가 사이에서도 WTO 협정은 너무 방대하여 협정문 자체를 이해하는 데에도 엄청난 비용과 노력이 필요하여 한 나라가 모든 분야의 전문가를 보유하기가 어려울 것이라는 견해가 지배적이었다.

이런 개도국들의 염려에 대해 선진국들은 섬유협정 등에서 개도국이 많은 혜택을 보게 될 것이라고 설득하였다. 그러나 WTO가 설립되고 나서 개도국들은 협정의 이행이 어려웠다는 것을 깨닫게 되었고 섬유분야에서도 선진국들이 자유화의 속도를 늦추면서 불만이 쌓여가고 있었다. 섬유협정은 10년에 걸쳐 균등하게 섬유분야의 제한사항을 폐지하도록 되어 있었다. 그러나 선진국들은 이미 실질적으로 개방한 품목을 먼저 개방한 것으로 하거나 또는 민감한 품목의 개방을 뒤로 미루는 방법 등을 통하여 실질적인 개방의 효과가 반감되도록 하였던 것이다.

이에 따라 우루과이라운드 이후 새로운 시장 개방 협상을 시작하려는 시도는 개도국의 커다란 반대에 부딪혔다. 이 당시 시애틀 각료회의장 앞에서 매우 격렬한 반대시위가 벌여졌다. 전 세계에서 소위 신자유주의 및 시장 개방에 반대하는 시민단체들이 집결하여 격렬한 시위를 벌였던 것이다. 일부에서는 이러한 시민단체의 반대 때문에 각료회의가 실패한 것으로 평가하지만 실제로는 그렇게 결정적인 요인은 아니었다고 판단된다. 시애틀 각료회의를 통한 새로운 협상 출범이 실패한 것은 WTO 출범 이후 개도국의 목소리가 더욱 커졌고 또 그들의 반대가 거세었기 때문이며, 지난 번 우루과이라운드가 종료된 지 불과 5년밖에 되지 않았기 때문이라 하겠다. 이후 2년간에 걸쳐 선진국들은 개도국을 설득하기 위하여 개도국의 이해에 부합하는 의제를 많이 개발하고 협상 이름도 개발의제(Development Agenda)로 명명하였다.

그러나 WTO 회원국의 동의에 의한 새로운 협상을 시작하기 위해서는 가능한 한 많은 의제를 포함시켜 주고받기가 가능하도록 할 필요성이 있었다. 1996년 12월에 처음 개최된 싱가포르 각료회의에서 이미 이러한 노력이 시작되어 신통상의제라는 것이 발굴되었고, 1998년 5월 제네바에서 개최된 각료회의에서는 이를 더욱 구체화하였다. 그리고 1999년 11월 시애틀에서 개최된 각료회의에서 최종적으로 새로운 협상을 시작하려 하였다. 그러나 이러한 노력이 개도국들의 지지를 받지 못하였기 때문에 시애틀 각료회의에서의 새로운 협상 시도는 실패로 돌아갔다.

이후 2001년 11월 카타르 도하에서 개최된 제4차 WTO 각료회의에서 도하개발라운드가 공식 선언되었다. 출범 당시 협상일정은 2003년 3월에 세부원칙(modality)을 도출하고, 2003년 9월에 각 회원국이 이행계획서를 제출하며, 2004년 12월에 협상 종결을 목표로 하였다. 한국은 도하개발라운드를 적극 지지하는 입장이며, 농업분야에서는 수세적이나 다른 분야에서는 공세적인 입장으로 협상에 적극 임하고 있다. 그러나 2009년 7월 말 현재까지 세부원칙에 대해서도 합의에 이르지 못하는 등 도하개발라운드의 진전은 지지부진한 상황이다.

도하개발라운드는 총 9개의 주요 협상의제를 포함하고 있다. 협상의제 중 비농산물시장접근(Non-Agricutural Market Access: NAMA)·농업·서비스 등이 가장 핵심적인 분야이다. 그리고 규범·무역원활화·무역과 개발 등도 중요한 이슈로 인식되고 있다. 2000년 초부터 협상이 시작된 농업 및 서비스분야는 기설정의제로 채택되었다. 농업과 서비스 외 기설정의제로는 포도주 및 증류주의 지리적 명칭 보호를 위한 다자등록시스템 설치 협상(TRIPS 협정 23조), 보조금협정 일부 규정의 한시적용 및 재검토(보조금협정 31조), 동식물에 대한 특허 가능성 및 TRIPS 협정 재검토 등이 있다. 새로운 의제인 싱가포르 이슈에 대해 2004년 8월 WTO 일반이사회는 4가지 이슈 중 무역원활화만 도하개발협상의제로 다루기로 결정하였다.

〈표17-1〉 도하개발협상 주요 의제

		의 제
시장 개방 관련 의제		농업, 비농산물시장접근(NAMA: 공산품, 임·수산물), 서비스
규범 관련 의제	기존 협정 개정	규범[반덤핑, 보조금(수산보조금 포함), 지역무역협정], 분쟁해결양해
	신규 규범 제정	싱가포르 이슈(투자, 경쟁정책, 무역원활화, 정부조달 투명성)
기 타		무역과 환경, 지식재산권
비 고		협상과 병행하여 개도국 개발 문제를 별도로 검토

자료 : WTO(2001)

2001년 11월에 발표된 도하각료선언문은, 첫째 농업의 협상목표를 관세·비관세 장벽의 실질적 감축, 둘째 폐지를 궁극적 목표로 수출보조금의 대폭 감축, 셋째 농업보조금의 실질적 감축을 설정한 내용을 담고 있다. 한국은 농업분야에서는 수입개도국으로서 점진적인 시장 개방이 바람직하다는 입장을 견지하면서 협상에 대응하고 있다. 특히 관세감축이나 다른 무역장벽을 자유화함에 있어서 가국의 민감성을 충분히 감안해야 하고, 특히 개도국에게 허용되는 특별한 예외가 충분히 주어져야 한다는 입장이다. 또한 농업개혁에 필요한 보조금제도도 유지되어야 한다는 입장이다.

서비스의 경우 회원국들은 2005년 5월에 이미 2차 양허안을 제출한 상황이고 최종양허안을 2006년 10월까지 제출하기로 결정하였지만 2005년 이후 별 진전이 없는 상황이다. 한국은 통신, 유통, 해운, 금융, 건설 등 우리가 경쟁력 있는 분야에 있어 해외 진출 기반을 확보하기 위해 적극적으로 타 회원국에 대해 시장 개방을 요구해 왔으며, 앞으로도 이들 분야들을 중심으로 개방 요청을 강화해 나갈 계획이다. 아울러, FTA 등을 통해 이미 양자적으로 개방이 이루어진 분야 중 다자적으로 개방이 가능한 분야, 개방을 통한 경쟁력 강화효과가 높을 것으로 예쌍되는 분야를 중심으로 시장 개방 계획안을 준비해 나갈 예정이다.

분야에서 한국은 협상을 통해 전 세계적으로 실질적인 시장 개방이 확대될 것으로 기대하고 있다. 이러한 맥락에서 관세감축공식을 통한 과감한 관세감축을 지지하고 있다. 또한 한국의 수출전략 및 경제성장동력에 중요한 산업분야를 중심으로 분야별 자유화 논의에 적극 참여하고 유통분야의 비관세장벽 해소에도 역량을 집중하여 우리 기업의 해외시장 진출에 도움이 되고자 노력 중이다. 동시에 한국의 취약한 분야에 대해서는 시장 개방의 충격이 가급적 완화되도록 협상전략을 마련하고, 우리나라와 비슷한 입장에 있는 WTO 회원국들과의 협조체제를 구축하여 한국의 입장을 적절히 전달되는 노력도 동시에 진행 중이다.

4. WTO의 통상분쟁문제

(1) WTO 분쟁해결 과정

우리나라는 1980년대 후반기 경상수지 흑자를 기록하면서 주요국으로부터 시장개방을 위한 통상압력을 받아 왔다. 그럼에도 불구하고 WTO가 출범하기 이전인

1994년까지 한국과 관련하여 다자통상체제인 GATT에 공식 제기된 무역 분쟁은 거의 없었다. 그러나 WTO 출범 이후 한국관련 무역 분쟁의 발생빈도 및 양상은 크게 달라졌다. 분쟁의 빈도가 잦아졌을 뿐만 아니라 관련 분야도 매우 다양해진 것이다. 한국은 WTO 출범이후 10년 동안 총 20건(독립사안 기준 11건)의 제소를 하고, 13건(독립사안 기준 10건)의 피제소를 당했다. 이는 총 WTO 제소 및 피제소 건수의 10% 이상을 차지하는 것으로, 한국의 통상규범이 전 세계의 WTO제소의 표적이 되고 있으며 한국 또한 우리 통상이익 보호를 위해 WTO분쟁절차를 적극적으로 활용해왔다고 종합적으로 평가할 수 있다.

우리는 초기 10년 동안 패널보고서를 기준으로 할 때, 제소 6건에서 모두 최소한 부분 승소하였다. 또한 한국이 피소된 5건 중 미국을 상대로 신공항건설공단 정부조달 분쟁을 성공적으로 방어하고, EU를 상대로 한 조선분쟁에서는 소기의 성과를 달성한 것은 일반적으로 제소국의 승률이 압도적임을 감안할 때 이례적인 성과로 알려지고 있다. 그러나 초기에 한국이 피소된 5건의 분쟁에서 모두 한국측에서 양보를 하고 분쟁을 양자타결 했음을 감안하면 한국이 피소되었을 경우의 전반적 방어율은 일반적인 경우와 같이 매우 낮은 편이라고 평가해야 할 것이다.

WTO설립 초기 3년간 우리정부는 전통적 힘의 논리를 벗어나는 것과 변화된 통상 분쟁 해결체제를 활용하는 것에 대한 막연한 두려움에 휩싸여 있었고, 미국을 비롯한 열강들은 우리 측이 지니고 있었던 이러한 두려움을 최대한으로 이용했다. 특히 우리의 영원한 우방인 미국을 상대로 한 통상 분쟁의 경우, 한-미 안보 및 경제관계에 미치는 파장을 최소화하기 위해 더욱 타협에 의한 타결이 필요하다는 논리가 압도적이었다. 정부 내 관련부처에서는 패널 설치는 막아야 한다는 일종의 강박관념이 지배적이었고, 이러한 사고방식은 한-미관계의 정치적 측면에 더욱 신경을 쓰는 고위층에게 더욱 깊게 자리 잡고 있었다. 이러한 상황에서 우리나라는 최초의 WTO 분쟁인 한-미 농산물 검사 및 검역분쟁을 맞이할 수밖에 없었고, 뒤이은 한-미 식품 유통기한 분쟁, 한-캐나다 먹는 샘물 분쟁, 한-EU 통신장비 조달분쟁, 그리고 한-미 · EU 주세분쟁에 직면하였던 것이다.

이러한 피소 과정을 통해 우리 측은 WTO분쟁해결 절차의 진행에 대한 소중한 경험을 쌓게 되었고, 7차례 피소를 통해 한국은 농산물 수입제도, 식품 관리제도, 통신장비 조달제도, 주세제도 등 광범위한 분야에 대한 열강들의 파상적이고 전략적인 공격에 직면하여, 이를 오히려 개혁의 압력으로 삼아 우리 제도의 선진화라는 장기적 목표를 추진할 수 있다는 것을 학습하게 되었다. 그리고 무엇보다도 통상 분쟁의 해결에 있어서 한-미관계의 특수성에 얽매일 필요가 없다는 것을 비로소 깨닫게 되었다. 사실, WTO분쟁해결 절차라는 구속력 있는 절차를 통하여 문제를 해결하는 것이 국내 이익집단의 압력을 극복하는 한편 무역상대국과의 불필요한 대립관계를 효과적이고 종국적으로 해소할 수 있는 방안인 것이다. 이러한 점에서 소위 특수관계에 있는 국가일수록 더욱 WTO 패널절차를 많이 이용할 필요가 있는데, 이는 통상문제의 통상문제화(depoliticization of international commercial disputes)의 혜택이 특수 관계에 있는 국가 간에 더욱 크기 때문이다.

이러한 과정을 겪었기에 한국은 1997년을 기점으로 WTO분쟁해결 절차를 특수관계에 있는 한-미 통상관계에도 자연스럽게 적용할 수 있게 된 것이다. 한국은 미국을 상대로 최대 통상현안이었던 칼라TV 반덤핑 및 DRAM반덤핑 문제를 제소하였으며, 스테인레스 철강제품에 대한 반덤핑 조치 및 탄소강관제품에 대한 긴급수입제한 조치에 대해 패널절차를 진행하였다. 때마침 한국의 통상교섭기능이 통상교섭본부(1998년 3월)로 통합됨으로써 단일화 된 조직적 기반위에서 WTO분쟁을 효과적으로 수행할 수 있게 된 것도 적극적인 제소에 기여하였다. 그 후 버드 수정법(Byrd Amendment), 철강세이프가드 및 DRAM 상계관세에 대한 한국의 제소 및 패널설치 요청은 비교적 자연스러운 상태에서 진행되었음을 볼 때, 변화된 한-미 통상관계의 성숙된 면모, 즉 통상분쟁의 통상분쟁화 경향을 피부로 느낄 수 있다. 이에 더 나아가 한국정부는 미국의 철강세이프가드 조치에 대하여 2002년 5월 WTO세이프가드협정에 따른 보상을 요구하였으며, 2004년 1월에는 미국의 Byrd수정법 분쟁 패널판정의 불이행에 대해 WTO분쟁해결절차(DSU)에 따른 보복을 미국에 대해 요청하는 과감성을 보였다.

이렇게 한-미관계에 대한 부담을 떨쳐버린 상황 하에서 한국이 EU에 대해 DRAM 및 조선보조금 문제를 제소하고 일본 및 필리핀을 상대로 수산물 수량규제 및 합성수지 반덤핑 건을 주저함이 없이 각각 제소한 것은 당연한 것이었다. 필리핀에 대한 제소는 한국이 개도국을 상대로 제소한 첫 번째 경우에 해당하며, 한국정부가 특별히 중소기업들이 직면하고 있는 해외 수입규제에 대한 적극적 대응 프로그램을 운영한 결과물이기도 하다.

(2) 문제점 및 대응 방안

이상에서 살펴본 것처럼 한국이 적극적으로 WTO분쟁해결 절차를 활용하고 그 판정을 이행하는 정책으로 전환하였고, 제소 및 피제소 품목 및 분야가 다양화하고 있는 추세는 높이 평가될 수 있다. 그럼에도 불구하고, 사실상 분쟁의 내용 및 진행과정 측면에서 나타난 문제점도 적지 않다.

우선, 한국의 제소가 주로 무역구제조치의 부당성에 대한 이의제기에만 집중된 데 비해, 한국은 다양한 분야에 있어서 법·제도 운영의 투명성 결여에 근거하여 피소를 당하고 있는 점을 지적할 수 있다. 이는 개방된 통상국가로서의 이미지 제고에 주력하고 있는 한국으로서는 큰 문제점이 아닐 수 없다. 특히 주세분쟁, 쇠고기 수입제한 분쟁, 신공항건설관련 조달분쟁, 캐나다 쇠고기 분쟁 등에서의 핵심 이슈가 내국민대우 원칙 또는 위생분야의 비차별 원칙의 위배여부였다는 점은 시사하는 바가 크다. 내국민대우 원칙을 비롯한 비차별대우 원칙은 가장 기본적인 다자원칙중 하나인바, 법제도의 공정성 및 투명성 결여는 국내산업보호를 위한 부당한 차별이라는 이미지를 곧바로 자아내게 되어 국제사회의 표적이 되는 것이다. 따라서 향후 한국은 국내법·제도의 투명성과 공정성 제고에 주력하여 WTO분쟁해결 절차에서의 전반적 이미지 제고를 이루어야 할 것이다.

이와 관련, 정부가 미국, EU, 중국, 일본 등 주요 교역상대국의 대외통상 정책에 대한 조사·분석 기능을 강화함으로써, 일정한 분야에 대해 적극적이고 다발적인 WTO제소를 취하는 국가의 동향을 수시로 점검하고, 통상분쟁을 예방하기 위한 조기경보 체제를 구축하는 것이 필요하다. 정부나 관련 연구소에서 정기적으로 발간하는 보고서 등을 통해 이러한 경보가 충분히 이해 관계자들에게 전달되도록 해야 하며, 경보의 내용이 상당한 대중적 권위와 공신력을 확보할 수 있도록 지원해야 할 것이다. 해당 분쟁 사안에 대하여 우리와 유사한 이해관계를 갖는 국가군을 파악하여 통상압력이나 WTO피소시 공동으로 대응할 수 있는 시스템을 구축하는 것도 시도해볼 만하다.

둘째로 한국이 WTO 패널에서 패소한 경우에는 적극적으로 판정을 이행하였는데 반해, 한국이 승소한 분쟁의 경우 패소국의 이행 확보에 어려움을 겪고 있다는 점이다. DRAM 반덤핑 및 탄소강관 세이프가드 분쟁 건은 미 측의 조치 유효기간이 만료되어 철회된 것이나 다름이 없는 것이었다. 그리고 Byrd 수정법 분쟁은 한국 측이 미국을 상대로 DSU상의 보복권을 실제로 실행한 것인가의 선택의 문제를 야기했다. 한국의 제소 대상국이 주로 미국이나 EU와 같은 강대국들이므로 이러한 보복조치의 유효성의 문제는 향후 계속 제기될 것으로 보인다. 특히 이제 중국을 상대로 한 지재권 분야 등에서의 제소가 본격화될 것인바, 상대국의 의무 이행을 어떻게 확보할 것인가 하는 문제는 한국이 WTO분쟁해결 과정에서 풀어야할 숙제가 아닐 수 없다.

셋째로 한국정부가 국내 이해관계인들의 요구를 체계적으로 수렴하여 WTO분쟁해결절차와 연결시키는 시스템이 갖추어져 있지 못하다는 점을 문제점으로 지적할 수 있다. 현행 우리 국내법에 따르면 대외무역법상의 특별조치제도(제5조), 관세법상의 보복관세제도(제63조), 통상절차법상의 상응조치 제도(제20조) 등이 규정되어 있으나, 그 시행주관기관이 각각 지경부장관, 기재부장관 그리고 외교통상부장관으로 다원화되어 있고, 이들 제도간의 연관성이 결여되어 있는 문제점을 지니고 있다. 또한 해당 법령이 조사개시, 판정 및 조치의 시행에 있어 많은 재량권을 주관기관장에게 부여하고 있을 뿐 조사를 위한 세부 규정, 조치를 취해야 하는 기한 및 그 조치내용에 대한 규정이 불충분하여 사실상 동 제도를 시행하는 것이 어렵다. 이와 같은 문제점을 제거하기 위해서는 통상분쟁에 관한 청원 및 무역보복조치 관련 규범의 재정비 작업을 통한 권한과 기능의 재조정이 이루어져야 할 것이다. 이러한 개편의 기본 방향은 EU의 TBR제도를 기본 모델로 삼아야 할 것이며, 효과적인 민간과 정부 간의 통상분쟁 해결 협조체제를 구축해나가는 방향으로 실체・절차법규정을 갖추어 나가야할 것이다.

정부가 주요 교역상대국의 대외통상 정책에 대한 조사・분석 기능을 강화하게 되면, 상대국의 교역장벽에 대한 체계적이고 심층적인 분석을 통해, 민간과 정부 간의 통상 분쟁 해결 협조체제의 효율성을 높이는데 기여할 수 있을 것이다.

한국의 교역규모가 계속 증가하고 있고 적극적인 국제 통상분쟁 해결 정책을 추구하고 있으므로 향후 한국관련 무역분쟁이 더욱 증가할 가능성은 매우 높다. 한국과 미국 간에는 자동차, 의약품, 지적재산권보호, GMO관련 문제가 언제라도 무역분쟁으로 발전할 수 있을 만큼 중요한 양자 간 통상현안으로 남아 있으며, 유럽연합과도 보조금, 화장품, 대형수퍼마켓(SSM)의 영업제한, 그리고 지리적표시 보호 관련 체제적 이슈가 WTO분쟁으로 발전할 가능성이 상존하고 있다. 또한 최근 들어 일본과 중국을 비롯한 아시아 국가들도 한국에 대해 통상정책을 강화하는 조짐을 보이고 있다, 특히 중국과는 중국의 WTO가입의정서 이행문제, 지적재산권 보호 문제, 자의적인 무역구제 발동, 불투명한 국내법규 및 제도 등이 다발적 분쟁의 대상이 될 가능성이 높다. 또한 이미 한국이 필리핀에 대해 합성수지 반덤핑 건을 제소하였고, 인도네시아가 한국의 제지 반덤핑조치를 WTO제소하였음에 비추어 볼 때, 향후 한국과 개도국간의 WTO분쟁해결도 본격화될 것으로 보인다. 이에 대한 대비에 만전을 기해야 할 것이다.

(3) 한국 통상마찰의 배경

우리 정부는 1960년대와 70년대에 강력한 수출촉진 정책을 채택했다. 주요 정책 수단은 수출기업들에 대한 특혜 융자, 세금 감면, 수출 손실보상, 수입통제로부터의 면제 등이었다. 수출용 산업단지와 자유수출지역을 조성하고, KOTRA, KITA 등의 조직 구성을 통한 제도적 지원도 제공했다. 이러한 정책적 지원은 농업사회로부터 제조업 경제로의 급속한 변화를 유도했다. 선진경제로의 개발단계를 빠른 시일 내에 밟아가기 위해 정부는 중화학산업 육성정책을 펼쳤으며, 그 주요 수혜부문은 철강, 기계, 석유화학, 조선, 금속 및 전자산업이었다. 이들 산업을 지원하기 위해 자금융자, 조세혜택, 투자유치, 컨설팅 제공, 해외부채에 대한 정부 보증 등의 형태로 체계적 통상지원정책이 추진되었다. 이러한 의도적 정책의 결과 노동집약적 산업에서 자본집약적 산업으로의 급속한 산업구조의 전환을 이루게 되었다.

그 결과 수출은 괄목할만한 성과를 거두게 되었으나, 과잉 생산, 인플레이션, 자원배분의 왜곡, 부정부패, 외채 누적 등의 문제점도 쌓여갔다. 이러한 문제점들을 해결하기 위해, 1980년대에와 90년대에는 수입자유화와 산업구조 합리화에 목표를 둔 종합적인 산업 안정화 프로그램이 시행되었다. 그 정책 수단으로는 시장개방(상품, 서비스, FDI 및 금융시장 포함), 양자 및 다자통상협상에의 적극적 참여, 특혜 융자프로그램의 폐지, 산업지원 은행의 민영화, 각종 규제 완화, 그리고 반도체 산업과 숙련노동 집약 산업(기계, 전기 장비, 자동차 등)의 육성정책이 사용되었다.

1995년 WTO가 설립된 이후, 우리 정부는 좀 더 개방된 통상체제를 구축해 나가기 위해 노력했는바, WTO양허 사항의 성실한 이행, DDA협상에의 적극적인 참여, FTA협상의 본격적인 추진(1999년 칠레와 FTA협상을 개시한 이후, 2003년 FTA로드맵을 채택, 동시다발적 FTA체결 정책 추진), 동아시아 경제통합 구상(East Asian integration initiatives) 추진, 외국인투자촉진법개정(2008), 수입선 다변화 정책 폐지(1998), 수출부문에 대한 간접적 지원정책으로의 전환, 금융 및 공기업 부문에 대한 추가적 자유화 시행 등이 그 주요 결과물이었다.

이렇게 우리의 통상정책이 점차로 개방된 경쟁체제로 나아간 것은 정부의 의도적인 산업구조 합리화 정책과 글로벌 기업정책에 기인한 바도 있지만, 각 정책 전환기 마다 발생한 적지 않은 대외 통상마찰의 결과물이었다고 볼 수 있다. 미국과의 양자관계에서 주기적으로 발생한 농산물, 자동차, 담배 등 상품시장 개방과 비관세 장벽 제거 압력은 대표적인 예이다. 또한 스크린쿼터 축소 문제를 초점으로 한 영화부문 시장구조 개선과 통신시장 개방 등의 서비스시장 개방을 둘러싼 마찰과 지적재산권 보호의 전방위적 압력도 이러한 정책전환의 직접적 계기로 작용했다.

이러한 우리 통상정책의 전개과정들의 공통적인 특징은 정치적으로 강력한 목소리를 내는 국내의 산업보호 요구가 해외로부터의 시장개방의 압력이라는 반작용과 구조적으로 충돌을 일으키고, 그것이 통상마찰과 분쟁으로 이어져 국가 이미지를 훼손하며 국가이익에 적지 않은 영향을 미치게 되면, 개방과 구조조정을 통해 통상정책을 전환해왔다는 점이다. 비록 이러한 순환과정이 산업보호 요구와 시장개방 압력간의 극단적인 대립과 충돌이 고착화되는 악순환으로 이어지지는 않았지만, 무역 2조 달러 시대로 향하는 한국 경제의 현주소에는 맞지 않는 과거의 유산이 아닐 수 없다. 서구 선진국의 경우에도 국내산업 보호 요구는 항시 존재해왔으나, 그것이 의회의 합리적인 이익집약 기능과 대국민 토론 과정을 거쳐 제도화된 틀 속에서 순화되고 정책화되는 시스템이 자리 잡고 있다. 대외무역 의존도가 90%를 넘어서고 있는 한국 경제가 하루속히 합리적이고 효율적인 대외 통상마찰 대응 체제를 갖추는 일은 국가적인 핵심 과제가 아닐 수 없다.

최근 들어 거대경제권과의 FTA협상, 수입농산물의 식품안전 논란 등을 겪으면서 반개방 운동은 산업보호주의와 반재벌정서와 결합하면서 점점 과격해지고 조직화되고 있다. 아울러 개방과 국제 친화주의로 나아가려는 중앙정부의 기본 정책방향이 경제민주주의와 영세민 보호를 외치는 지방정부의 노선과 체제적인 갈등을 불러일으키고 있다. 이것은 본격적인 통상마찰 시대의 도래를 예견하고 있는 것이다. 국내 이익집단들의 이익표출은 점점 다양해지고 전문화되어 가는데, 우리 국회의 합리적 이익집단을 위한 준비와 자세는 과거의 정치수준에 머물고 있다. 정부 또한 밀려드는 통상현안의 처리와 대국민 홍보업무에 매몰되어, 예견되는 통상분쟁에 대한 체계적 대응과 예방 노력은 뒷전으로 밀려나 있는 상황이다.

17.2 FTA 정책의 추진 배경 및 과제

1. 한국의 FTA 추진 배경

지역무역협정(Regional Trade Agreements: RTA)의 지속적인 확산은 1980년대 이후 세계무역질서의 가장 특징적인 트렌드로 자리매김하였다. 유럽에서는 EU가 동유럽권으로 회원국을 확대하고 있으며, 미주대륙에서는 34개국을 포괄하는 미주자유무역지대(Free Trade Areas of the Americas: FTAA)가 구체화되고 있다. 2000년 이후에는 일본, 중국, 싱가포르 등 다수의 동아시아 국가들의 FTA 체결을 위해 전력을 투구하며 상호 경쟁하는 양상을 보이고 있다. GATT/WTO에 보고된 FTA 수는 2008년 말 총 227건에 달한다.

외환위기 이전에 한국은 전통적으로 다자주의 통상정책을 선호하였다. 그러나 외환위기와 함께 국내 산업의 구조조정 및 개방정책을 본격적으로 추진하게 되면서, FTA는 한국경제의 체질을 바꿀 핵심 정책수단으로 등장하게 되었다. 당시에 한국이 FTA 체결에 적극적으로 뛰어들어야 했던 이유는 크게 세 가지를 생각할 수 있다.

첫째, 경쟁상대국들의 잇따른 FTA 체결로 한국이 FTA를 통한 개방에 적극적으로 동참하지 않을 경우 단기적으로는 경쟁국에 비해 상대적 차별을 받고 장기적으로는 성장잠재력이 훼손당할 수 있는 위기에 직면해 있었다. FTA 체결을 통해 회원국 내 무역상벽이 완화 혹은 칠폐되면시 체결국 간의 무역은 증가하게 된다. 이는 수출국의 경쟁력이 높은 산업의 생산이 증가한다는 의미이고, 국가 전체적으로 볼 때 경쟁력이 약한 산업에서 경쟁력이 높은 산업으로 자원이 이동함에 따라 자원 배분의 효율성이 증대된다고 볼 수 있다. 무역이 증가하고 자원배분의 효율성이 향상되면 국내총생산(GDP) 및 소득이 증가하는데, 이렇게 증가된 소득은 다시 국내 산업으로 투자되고 또다시 국내총생산과 소득이 증가하는 선순환구조를 가져오게 된다. 이러한 일련의 FTA 체결에 따른 효과를 고려해 볼 때 약한 산업이 FTA에 동참하지 않을 경우, 이는 역외에서의 상품의 가격경쟁력 저하 그리고 교역조건 약화에 따른 경쟁력 상실만을 의미하는 것이 아니라 중장기적으로 한국의 성장잠재력을 훼손할 수 있다는 점에서 FTA 추진의 필요성이 더욱 강조된다.

둘째, 한국의 대외경제규모가 국내총생산(GDP)의 80% 이상을 차지하고 있다는 점을 고려해 볼 때 한국이 기존의 수출시장을 유지하고 새로운 시장에 진출하기 위해서는 FTA 추진이 불가피하였다.

셋째, 더욱 적극적인 시장 개방과 자유화를 통해 국가 전반의 시스템을 선진화하고 한국경제가 질적인 발전을 통해 진정한 선진경제로 거듭나기 위한 정책수단으로 FTA 추진이 결정되었다. 과거에 체결된 협정이 회원국 간 관세인하와 원산지규정, 통관절차 등 시장접근에 관련된 내용이 주를 이루었다면, 1990년대 이후에는 무역장벽의 완화 및 철폐를 통한 시장접근의 확대뿐 아니라 서비스, 투자, 지식재산권, 경쟁정책 및 정부조달 등 대부분의 통상규범을 포함하는 포괄적 FTA가 체결되고 있다. 포괄적이고 높은 수준의 FTA는 FTA를 통한 산업구조의 효율적 조정 및 경쟁력 제고뿐만 아니라 투자 활성화나 제도와 규율의 선진화와 같은 긍정적인 파급효과를 가져올 수 있다. 이러한 긍정적인 파급효과는 한국이 FTA를 통해 이룩하려는 중요한 목표가 되었다. 이렇듯 FTA가 산업경쟁력과 국가경쟁력을 신장하는 중요한 정책수단이라는 인식하에 한국 정부는 FTA 추진을 통해 효율적인 통상체계를 구축함으로써 21세기 동북아 중심국가로 도약한다는 목표로 적극적으로 FTA를 추진하게 되었다.

한국의 첫 FTA 체결국은 칠레이다. 1999년 12월 칠레와 첫 협상을 시작하여 2002년 10월 협상을 타결하였으며, 2004년 4월부터 양국 간의 FTA가 발효되었다. 칠레와의 FTA 타결 후, 한국 정부는 2003년 9월 한국의 주요 교역국가 · 지역인 거대경제권과 동시다발적인 FTA 추진을 골자로 하는 FTA 추진 로드맵을 작성하여 발표하였다. 급격한 추진으로 비춰질 수 있는 거대경제권과의 동시다발적인 FTA 추진전략 설정에는 크게 두 가지 이유가 작용하였다. 첫째로는 그동안 경쟁국에 비해 지체된 FTA 체결 진도를 단기간 내에 만회하여 세계적인 FTA 확산 추세에 따른 한국 기업들의 기회비용을 줄인다는 점이다. 동시에 여러 개의 FTA를 동시다발적으로 추진하여 발효시킴으로써 각 협상별로 발생되는 부정적인 효과를 상쇄하여 전체적인 이익을 극대화하려는 의도도 주요 배경이 된다.

또한 FTA 추진 로드맵은 FTA 추진방식 및 내용에 대한 전략과 추진대상국 선정에 대한 내용을 담고 있다. FTA 추진방식 및 내용 면에서 한국 정부는 한국이 체결할 FTA에서는 상품관세 철폐, 서비스 · 투자, 지식재산권, 경쟁, 정부조달 등을 포함한 포괄적이고 수준 높은 FTA를 지향하는 정책을 추진한다고 명시하고 있다. 이는 WTO/GATT 및GATS상의 규정과 일치하는 높은 수준의 FTA 추진을 지향함으로써, 다자주의를 보완하고 FTA를 통하여 국내 제도의 개선 및 선진화를 도모하겠다는 한국 정부의 의도가 반영된 것이라 하겠다. 추진대상국 선정에 있어서는, FTA 추진의 궁극적인 목표가 한국경제의 선진화와 경제적 이익을 극대화하는데 있는 만큼 거대경제권과의 FTA 네트워크를 형성하는 것을 목표로 하였다.

이러한 FTA 추진 로드맵에 따라 한국은 2010년 1월 현재까지 총 7개의 FTA가 체결되었고, 5개 FTA가 발효에 들어갔다. 또한 협상 중에 있는 FTA와 한국 정부가 추진을 준비하고 있는 FTA까지 고려한다면 총 FTA 건수는 20여 개에 달하며 한국 총교역에서 FTA 체결국과의 교역이 차지하는 비중도 80%를 넘어설 것으로 예쌍되고 있다. 현재까지 체결된 혹은 추진 중인 FTA가 한국 FTA 추진 로드맵을 얼마나 충실히 반영하고 있는지는 개인적인 주관에 따라 평가가 엇갈릴 수 있다. 하지만 협상이 한국의 일방이 아닌 협상대상국이 있고, 협상대상국도 각각 자국의 FTA 추진의 목표와 비전을 견지한다는 점을 고려했을 때, 현재까지의 FTA 추진 결과는 당초의 목표가 충실히 반영 된 것으로 판단된다. 특히 이미 발효된 한・ASEAN FTA 및 한・인도 CEPA, 한・미 FTA, 한・EU FTA 등은 적극적인 FTA 추진을 통한 선진 통상국가 수립의 의지를 대외적으로 제시한 계기가 되었다는 점에서 긍정적인 평가를 내릴 수 있다.

반면에 FTA로 인해 유발되는 국내 산업구조조정의 조화롭고 효과적인 운용은 커다란 숙제로 남아 있다. 또한 FTA 등을 통한 대외개방이 중산・서민층 및 중소기업의 후생 증대로 연계되도록 하는 국내 정책과의 유기적 연계도 향후 중요한 과제이다. 동시다발적인 FTA 추진과정에서 국내 산업구조조정은 불가피하게 동반된다. FTA 추진 초기에 비해 FTA의 필요성에 대해 공감하는 국민이 늘어나고는 있으나 농민, 수산업을 비롯해 산업구조조정의 압력이 가중되는 일부 세조업 등 취약산업부문의 반발은 여전하다. 특히 한・미 FTA가 발효될 경우 국내 산업구조조정의 폭과 깊이는 기존의 FTA와 비교할 수 없을 만큼 깊고 넓을 것으로 예상되며, 한・EU FTA, 그리고 중국 및 일본과의 FTA 까지 고려할 경우 그 충격을 가늠하기 어려울 정도이다. 정책적으로도 FTA를 통한 글로벌 통상네트워크 구축이 중소기업의 역량 강화, 성장프론티어 확충 등으로 연결되도록 하여 대내외정책의 시너지 효과를 제고하는 것도 중요하다. 향후 FTA지속 추진에 있어 이러한 과제들을 얼마나 지혜롭게 해결하는가가 한국정부의 적극적인 역할이 필요한 부분이며 FTA 추진에 있어 중요하고도 어려운 도전이 될 것으로 여겨진다.

2. 세계 FTA의 확산 추세

(1) 지역통합과 FTA의 확산

자유무역협정(FTA; Free Trade Agreement)으로 대표되는 지역주의는 역설적으로 다자주의를 대변하는 세계무역기구(WTO)가 출범한 1995년을 기점으로 확산되기 시작했다. 이는 WTO 출범 이후 이어진 다자주의 논의가 진전을 이루지 못하는 등 다자주의를 통한 추가 개방이 어려움을 겪었기 때문으로 분석된다.

FTA 체결국은 FTA를 체결하지 않은 국가에 비해 보다 유리한 조건의 통상환경을 구축하게 된다. 때문에 세계 각국은 보다 유리한 교역환경을 조성하기 위한 FTA를 추진한다. 또한, 다른 한편으로는 FTA를 체결하지 못해서 겪게 되는 상대적인 불리함을 보완하기 위한 움직임도 FTA 확산의 주요 동인으로 작용하고 있다. FTA 확산이 또 다른 FTA 추진으로 이어지는 연쇄작용이 나타나고 있는 것으로, 이로인해 FTA 등 지역주의 추구는 세계적 추세로 자리매김하게 된다.

일반적으로 FTA로 대표되는 지역무역협정(RTA; Regional Trade Agreement)은 FTA는 물론 서비스협정(EIA; Economic Integration Agreement), 개도국 간 특혜협정(PSA; Partial Scope Agreement), 관세동맹(CU; Customs Union) 등을 포괄하고 있다. WTO에 통보된 RTA 발효 건수는 2011년 12월 31일 기준으로 총 322건에 달한다.

〈표17-2〉 시기별 RTA 발효건수

(단위 : 건, %)

연도	'58-'94	'95-'00	'01-05	'06-11	계
발효건수	43	52	90	137	322
비중 (%)	13.4	16.1	29.0	42.5	100.0
	13.4	86.6			100.0

자료 : WTO자료를 바탕으로 작성

시기별로 보면 RTA가 처음 발효된 1958년 이후 WTO 출범 직전인 1994년까지 43건이 발효된 가운데, 1995년 WTO 출범 이후 전체 발효된 RTA의 86.6%에 달하는 279건이 발효되었다. 특히 1995년 이후에도 90년대 중반 이후 2000년까지 52건,

2000년대 들어 2000년대 중반까지 90건, 2006년부터 2011년까지 137건의 RTA가 발효되는 등 최근으로 갈수록 RTA 발효 건수가 급증하는 것을 확인할 수 있다. 세계적 추세로 자리 잡은 지역주의 움직임은 최근 들어 확산 속도가 더욱 빨라지고 있는 것이다.

RTA를 협정 유형별로 보면 역시나 FTA가 가장 많은 비중을 차지하고 있다. FTA는 전체 322건 가운데 58.1%를 차지하는 187건이 발효된 것으로 나타났다. 이어서 서비스 협정은 98건으로 30.4%를 차지하고 있고, 관세동맹은 22건으로 6.8%, 개도국 간 협정은 15건, 4.7%를 차지하고 있다.

〈표17-3〉 유형별 RTA 발효건수

구분	FTA	관세동맹	개도국 간 협정	서비스 협정	계
건수	187	22	15	98	322
비중(%)	58.1	6.8	4.7	30.4	100.0

자료 : WTO 자료 정리

협정 체결 상대국 간의 상품무역 개방을 다룬 FTA가 보편적으로 확대되고 있고, 상품무역이 아닌 서비스 등 포괄적인 분야의 개방을 다룬 서비스 협정도 확산 추세에 있는 것이다. 이러한 서비스 협정의 경우 서비스 협정만을 단독으로 추진하지 않고 일반적으로 FTA와 함께 추진되고 있다. 예를 들어 일반적으로 한·칠레 FTA라 하면 이 FTA 안에는 상품무역협정은 물론 서비스 협정도 포괄하는 경우가 많다. 즉, WTO 집계 방식에 따르면 일반적으로 알려진 한·칠레 FTA 1건은 FTA 1건, 서비스 협정 1건으로 집계되고 있는 것이다. 이를 통해 상품무역협정만을 추진하는 FTA와 서비스 협정도 포괄하는 FTA를 구분하는 것이 가능해진다. 때문에 최근에 서비스 협정이 확산되는 것을 보면, FTA 추진이 과거와 비교할 때 양적인 확대는 물론 경제 통합 및 자유화 논의가 범위와 내용 면에서 심화되고 있는 것을 간접적으로 확인할 수 있다.

관세동맹은 역내 시장의 자유화는 물론 대외적으로 공동 관세 정책을 채택하는 등 FTA보다 경제 통합 수준이 높다. 개도국 간 협정은 일부 품목에 대하여 제한적인 관세인하 혹은 일방 당사국의 개방 등의 형태로 추진되고 있고 경제통합 정도는 FTA보다 낮다고 할 수 있다.

EU, 미국이 주도하는 NAFTA 등 종전의 FTA는 EU와 미국 등 거대경제권이 주도했지만 유럽자유무역연합(EFTA; European Free Trade Association), 캐나다, 멕시코, 칠레, 호주, 뉴질랜드 등도 FTA를 적극 추진하고 있다. 또한, 최근 들어서는 한국, 중국, 일본, 동남아시아 국가연합(ASEAN; Association of Southeast Asian Nations), 인도 등 아시아 국가와 페루, 콜롬비아 등 중남미 신흥국이 FTA 추진을 가속화하고 있다. 이외에도 러시아·카자흐스탄·벨라루스, 걸프협력회의(GCC; Gulf Cooperation Council), 남미공동시장(MERCOSUR; Mercado Común del sur), 아프리카 국가 등은 지역 내 경제 통합을 공고히 하고 있으며 일부는 역외 국가와의 FTA도 추진 중이다.

2011년도에 발효된 주요 FTA로는 한·EU FTA, 한·페루 FTA, 일본·인도 FTA, 중국·코스타리카 FTA, EFTA·페루 FTA, EFTA·콜롬비아 FTA, 인도·말레이시아 FTA, 뉴질랜드·홍콩 FTA, 캐나다·콜롬비아 FTA, 터키·칠레 FTA, 터키·요르단 FTA 등이 있다. 앞서 언급한 것처럼 이 가운데 터키·칠레 FTA, 터키·요르단 FTA, EFTA·페루 FTA 등을 제외한 FTA는 서비스 협정을 합께 발효했다.

(2) 주요국의 FTA 추진동향

가. 일본

〈표17-4〉 일본의 FTA 추진동향

추진단계	추진 내용
발효-12건 14개국	싱가포르('02.11, '07.9 개정), 멕시코('05.4, '07.4 개정), 말레이사아('06.7), 칠레('07.9), 태국('07.11), 인도네시아('08.7), 브루나이('08.7), 필리핀('08.12), ASEAN('08.12), 스위스('09.9), 베트남('09.10), 인도(2011.8)
서명 및 타결-1건 1개국	페루(2011.5 공식서명)
협상 중	호주('07.4. 개시), GCC('06.9. 개시)
추진검토	한국('08.6 협상재개 실무협의 개시), 한중일(2011.12 산관학 공동연구 종료), TPP 확대(2011.11 참가의사 표명), EU(2011.5 정상회의시 예비교섭 개시 합의), 몽골(2011.3 공동연구종료), 캐나다(2011.3 공동연구 개시), 콜롬비아(2011.11 공동연구 개시)

자료 : KITA

일본은 2010년 11월 새로운 FTA 정책인 「포괄적 EPA에 대한 기본방침」을 발표한 뒤에 FTA 추진을 위해 활발한 움직임을 나타내고 있다. 일본이 이처럼 활발한 움직임을 보이는 것은 한 · EU FTA 등으로 인한 위기감과 함께 생존을 위한 발판으로 삼고자 하는 의도 때문인 것으로 보인다.

2011년 3월 동일본 대지진 발생 이후 전력난과 생산 차질 등 일본 내 기업 경영 환경이 악화되었다. 또한, 장기화되고 있는 엔고 현상이 겹치면서 일본 기업의 해외 투자 확대 및 이전 등으로 산업공동화에 대한 우려도 상당하다. 이러한 위기 속에서 FTA를 탈출의 돌파구로 삼고자 하는 것이다.

2011년 8월 일본은 인도와의 협상을 발효했고, 그 이전인 5월에는 페루와는 FTA에 공식서명했다. 또한, 새로운 FTA 추진을 위해 3월에는 캐나다와 11월에는 콜롬비아와 FTA 추진을 위한 공동연구를 개시했고 3월에는 몽골과 FTA 공동연구를 종료한 바 있다. 또한, EU와는 5월에 개최된 정상회의를 통해 FTA 본협상을 시작하기 전에 준비 장업의 개시를 합의하여 논의가 진행 중이다.

또한, 미국과의 FTA 추진을 위해 미국이 주도하고 있는 협상인 TPP 확대 협상에 참가할 의사를 적극 표명하고 있다. 현재 TPP 협상에는 미국, 칠레, 브루나이, 뉴질랜드, 싱가포르, 호주, 페루, 베트남, 말레이시아 등이 참석하고 있다. 당초 일본은 2011년 6월까지 협상 참가 여부를 결정할 예정이었지만 동일본 대지진의 여파로 연기된 바 있다. 일본 정부는 11월에 캐나다, 멕시코와 함께 TPP 참가 의사를 재차 밝혔다. 현재 협상 참가국들과 관련 논의를 진행 중이다. 하지만 TPP 협상 추진에 대한 일본 내부 반발과 갈등도 상당해 실제 협상 개시 여부는 미지수이다.

아시아 국가인 한국과는 한 · 일 FTA협상 재개를 위해 실무협의를 진행 중이고 한 · 중 · 일 3개국이 참여하는 한 · 중 · 일 FTA에 대한 공동 연구를 2011년 12월에 종료됐고 공식협상의 출범을 준비 중이다.

나. 중국

2011년 중국의 FTA 추진에서 가장 주목해야 될 FTA는 중 · 대만 경제협력기본협정(ECFA; Economic Cooperation Framework Agreement) 조기철폐프로그램(EHP; Early Harvest Programme)의 발효이다. 1월 1일 양안(兩岸)간 협력의 상징이라 할 수 있는 중 · 대만 ECFA EHP가 발효되었다. FTA 본 협상 추진 이전에 양국 간 806개 품목에 대해서만 관세 인하 및 철폐를 시작하는 주요 내용으로 하고 있다. 양국은 ECFA의 발효를 바탕으로 향후 양국 간 경제협력을 FTA 수준으로의 확대해 나갈 방침이다.

〈표17-5〉 중국의 FTA 추진 현황

추진단계	추진 내용
발효-9건 17개국	홍콩('04.1), 마카오('04.1), ASEAN('04.1 EHP, '05.7 상품, '07.7 서비스, '09.8 투자 공식서명), 칠레('06.10 상품, '10.8 서비스, '10. 투자협상 진행 중), 파키스탄('06.1 EHP, '07.7 상품, '09.10 서비스), 뉴질랜드('08.10), 싱가포르('09.1), 페루('10.3), 코스타리카(2011.8)
협상 중	SACU('04.6 개시선언), GCC('05.4 개시), 호주('05.5 개시), 노르웨이('08.9 개시), 아이슬란드('07.4 개시), 스위스(2011.4 개시)
추진검토	한국('10.5 공동연구 종료 MOU, '10.9 정부 간 사전협의), 한중일(2011.12 산관학 공동연구 종료), 인도('07.10 공동연구 종료)
기타	대만('10.6. ECFA 서명, '10.9.ECFA 발효, 2011.1 ECFA 발효)

자료 : KITA

중국은 2011년 12월 한・중・일 FTA에 대한 공동연구를 종료하고 공식협상의 출범을 준비중인 한편, 5월 한국과 그동안 결론을 내리지 못했던 한국과 중국 간의 FTA에 대한 공동연구를 종료하기로 합의하고 본 협상을 추진하기 위해 정부 간 사전협의를 시작했다. 한・중・일 FTA와 한・중 FTA 모두 경제규모, 교역 및 투자 규모, 양국 간 심화된 경제 관계 등을 고려 할 때 그 영향력이 상당할 것으로 보인다.

이외에도 중국은 중남미 국가와의 세 번째 FTA인 중・코스타리카 FTA를 8월에 발효하고, 그 이전인 4월에는 스위스와 FTA 협상을 개시했다. 또한, 미국이 TPP 주도하며 그 영향력을 넓혀가는 것에 대응하기 위해, 동아시아 국가들을 중심으로 경제협력 논의를 확대해 나가고 있다.

다. 미국

미국은 국제사회에서 갈수록 세게 커지고 있는 중국을 견제하고 아시아 태평양 지역에서의 영향력을 확대하기 환태평양경제동반자 협정(TPP; Trans-Pacific Strategic Economic Partnership Agreement)을 주도해 가고 있다. 동 협정을 위한 협상에는 미국을 비롯하여 칠레, 브루나이, 뉴질랜드, 싱가포르. 호주, 페루, 베트남, 말레이시아 등 9개국이 참여하고 있다. 또한, 일본을 비롯하여 멕시코와 캐나다가 참가 의사를 보이고 있다.

〈표17-6〉 미국의 FTA 추진 동향

추진단계	추진 내용
발효-11건 17개국	이스라엘('85.8), NAFTA('94.1), 요르단('01.12), 싱가포르('04.1), 칠레('04.1), 호주('05.1), 모로코('06.1), 바레인('06.8), CAFTA-DR('06.3), 오만('09.1), 페루('09.2)
서명 및 타결 -3건 3개국	콜롬비아('06.11. 공식서명), 파나마('07.6. 공식서명), 한국('07.6. 공식서명, '10.12. 추가협상 타결)
협상 중	TPP확대('10.3. 개시)

자료 : KITA

TPP 협상 추진 외에 현재 몇 년간 비준 절차가 지연되고 있는 한국, 콜롬비아, 파나마와의 FTA도 상당한 진전을 보이고 있다. 특히 한국과의 FTA는 2010년 12월 추가 협상을 통해 비준 절차를 위한 발판이 마련되었고, 2011년 동안 양국에서 발효를 위한 국내절차가 진행되었다. 그 결과 2011년 10월 미국 의회에서 먼저 한・미 FTA 발효를 위한 법안이 통과되었고, 이어지는 11월에는 한국에서 관련 법안이 국회를 통과하며 FTA발효를 위한 양국 내 절차가 모두 마무리되었다. 미국과 콜롬비아, 파나마와의 FTA관련 법안도 2011년 한・미 FTA와 함께 미국 의회를 통과하였다.

라. EU

EU는 FTA 확대를 지속 추진하면서 유럽 역외 국가로 그 세력을 넓히고 있다. 특히 아시아에서의 영향력 확대를 위해 노력 중이다. 특히 ASEAN과는 경제블록과 경제블록 간 협상이 ASEAN 측의 인권문제와 경제격차, 의견차이 등으로 속도가 나지 않자 경제블록 간 협상을 중단하고 개별국과의 협상 추진을 진행 중이다. 2010년 들어 ASEAN 회원국 가운데 싱가포르, 말레이시아와의 협상을 개시하고, 베트남과 협상 개시에 합의하고 본 협상 개시를 추진 중이다. 또한, 한국과는 2011년 7월 FTA를 발효했다. 한・EU FTA는 EU가 유럽 역외국가와 추진한 FTA 가운데 규모 면에서 가장 큰 편에 속한다. 이외에도 일본과 FTA 본 협상 개시 이전에 사전 준비단계의 논의를 진행 중이다. EU는 일본의 비관세 장벽 철폐에 상당한 관심을 보이고 있는 것으로 알려졌다.

〈표17-7〉 EU의 FTA 추진 현황

추진단계	추진 내용
발효-29건 27개국 (63개국)	OCT('07.1), EFTA 개별국('73.), EFTA 전체('77.), 시리아('77.7), 안도라('91.7), 산마리노('92.12), EEA('94.1), 터키('95.12), 이스라엘('95.잠정 '00.6.), 페로제도('97.1), 팔레스타인 자치정부('97.7 잠정), 튀니지('98.3), 남아프리카공화국('00.1), 모로코('00.3), 멕시코('00.7 상품, '00.10 서비스), FYROM('01.6 잠정, '04.4), 크로아티아('02.3 잠정, '05.2), 요르단('02.5), 칠레('03.2 상품, '05.3 서비스), 레바논('03.3 잠정, '06.4), 이집트('04.1 상품, '04.4), 알제리('05.9), 알바니아('06.12 잠정, '09.4), 몬테네그로('08.1 잠정, '10.5), 보스니아헤르체고비나('08.7 잠정), 세르비아('10.2 잠정), 한국(2011.7)
서명 및 타결 -4건 10개국	시리아('04.10 타결), 페루・콜롬비아(2011.3 가서명), 중미(2011.3 가서명), 우크라이나(2011.12 타결)
협상 중	인도('07.6 개시), 캐나다('09.10 개시), 싱가포르('10.3 개시), 말레이시아('10.3 개시), MERCOSUR('00.10 개시, '10.5 협상재개), 리비아(2011.2 중단), GCC(-), CAN(-)
기타	ACP EPA
추진검토	일본(2011.5 정상회의 시 예비교섭 개시 합의), 베트남('10.3 추진합의), 아르메니아, 아제르바이젠, 그루지아, 브루나이, 인도네시아, 태국, 필리필, 몰도바

자료 : KITA

EU는 아시아 외에도 중남미 지역에서도 FTA 추진이 활발했다. 2011년 3월 페루 및 콜롬비아와 FTA에 가서명했고, 중앙아메리카 6개국과도 FTA에 가서명했다. 중남미 최대 경제권인 MERCOSUR와도 FTA 협상을 진행 중이지만 협상이 10년 이상 장기간 지연되고 있다. 한편 북미 지역의 캐나다와 협상을 진행 중이고, 유럽 내에서는 우크라이나와 협상을 타결했다.

더불어 EU는 과거 유럽의 식민지 국가였던 아프리카・지중해・카리브연안 국가(ACP; African, Caribbean and Pacific Group of States) 77개국에 대해 일방적으로 특혜무역을 제공하던 코토누(Cotonou) 협정을 상호 상품 시장 개방으로 대체하기 위한 FTA를 추진 중이다.

3. 한국의 FTA 추진 성과와 과제

(1) 한국의 FTA 추진동향

한국은 2011년 말 현재 칠레, 싱가포르, EFTA, ASEAN, 인도, EU, 페루 등 44개국과 총 7건의 FTA를 발효 중이다. 2011년 추가로 발효된 FTA는 EU, 페루와의 FTA다. EU와의 FTA는 2009년 7월 협상이 타결된 후, 2010년 10월 서명되었고, 2011년 2월과 5월에 각각 EU와 우리나라의 국회를 통과하여 2011년 7월 1일 발효되었다. 한・페루 FTA는 2010년 8월 협상을 타결하고, 11월 가서명되었던 것이, 2011년 3월 양국간 정식 서명을 거쳐 6월 비준 동의안이 통과됨으로써 8월 1일 발효되었다. 한・미 FTA는 2007년 협상을 마쳤으나, 양국 입법부의 비준동의 과정이 지연되던 중 2010년 12월 추가 협상을 개최하여 자동차, 돼지고기 등 일부 분야를 수정하는 내용에 합의하였다. 우리나라에서 비준 절차가 먼저 개시되었으나, 번역 오류 문제로 인해 다소 지연되던 중, 2011년 10월 미국에서 먼저 비준되었다. 이후 11월 우리 국회에서도 비준 동의안이 통과되어 2012년 초 발효를 앞두고 있다.

현재 협상이 진행 중인 FTA는 캐나다, 멕시코, GCC, 호주, 뉴질랜드, 콜롬비아, 터키 등 7건이다. 2011년에 새롭게 협상이 개시된 FTA는 없으며, 협상 중인 FTA 가운데 콜롬비아, 터키와의 협상이 타결에 근접한 상태이다. 이 밖에 일본과의 협상재개를 위한 사전협의는 큰 진전이 없었고, 몽골, 중미 6개국(파나마, 코스타리카, 과테말라, 온두라스, 도미니카공화국, 엘살바도르)과의 공도연구도 개시되었다. 이밖에 러시아, MERCOSUR, SACU, 이스라엘과의 FTA 추진도 별다른 진전이 없었다. 이에 비해 한・중 FTA와 한・중・일 FTA는 상당한 진전을 보였다. 한・중 FTA 경우 2011년 말 국내에서의 협상 준비가 본격화되었고, 한・중・일 FTA의 경우 2010년 5월 개시된 산관학 공동연구가 2011년 12월 종료되었다. 2012년 초 개최되는 3국 정상회의에서 중요한 의제로 다뤄질 예정이다. 또한, 인도네시아, 베트남과 개별적으로 FTA를 체결하기 위한 공동연구가 종료되어 11월 보고서가 채택되었고, 이어서 인도네시아와의 CEPA 체결을 위한 공청회가 개최되었다. 말레이시아와의 FTA 타당성 연구도 5월부터 개시되었다.

〈표17-8〉 한국의 FTA 추진 현황

(2011년 말 현재)

	발효	타결/서명	협상 중	협상검토 중
국가	칠레('04.4.) 싱가포르('06.3.) EFTA('06.9.) ASEAN('07.6.) 인도('10.1.) EU('11.7) 페루('11.8)	미국('07.6서명, '11.2 추가 협상 결과 서명, '11.10 미의회 통과, '11.11 한국 국회 통과)	캐나다('05.7. 개시) 멕시코('06.2. 개시) GCC('08.7. 개시) 호주('09.5. 개시) 뉴질랜드('09.6. 개시) 콜롬비아('09.12. 개시) 터키('10.4. 개시)	일본, 중국, 한중일, 러시아, MERCOSUR, SACU, 이스아엘, 인도네시아, 베트남, 말레이시아, 몽골, 중미

자료 : KITA

2010년까지 우리나라 전체 무역에서 FTA 체결국과의 무역 비중은 약 15%에 불과했다. 2004년 한・칠레 FTA 발효로 0.6%에서 시작한 이 비중은 ASEAN과의 FTA 발효로 10%대로 증가했고, 2010년 인도와의 CEPA 발효로 15% 가까이까지 증가했다. 2011년 EU, 페루와의 FTA가 발효되면서, 이 비중은 25%에 근접했고, 2012년 미국과의 FTA까지 발효되면 35%까지 늘어날 것으로 예상된다.

(2) 주요 FTA추진 성과

〈표17-9〉 FTA 발효 전후 교역액 비교

(단위 : 백만 달러)

구분	발효 전	발효 후	무역 증가율 (%)	동기간 대세계 교역증가율
칠레	1,575	7,239	359.6	189.7
싱가포르	12,725	29,805	134.2	97,9
EFTA	2,908	6,995	140.6	97.9
ASEAN	61,809	124,931	102.1	70.1
인도	12,155	20,548	69.0	55.9
EU	92,227	103,150	11.8	21.1
페루	1,983	3,318	67.3	21.1

자료 : KITA

FTA 체결국과의 무역은 발효 전보다 큰 폭으로 늘어나, FTA가 무역확대에 상당히 긍정적인 영향을 끼친 것으로 평가된다. FTA 발효국과의 무역은 협정 발효 전에 비해 1.1배~4.6배 증가했다. 이는 같은 기간 한국의 대세계 무역이 1.2배~2.9배 늘어난 것을 큰 폭으로 상회하는 수치이다. 특히 2008~2009년 글로벌 경제위기에도 불구하고, 우리 경제가 신속히 위기로부터 벗어나는 데에는 무역이 매우 큰 역할을 했으며, 이러한 무역 확대에 FTA가 긍정적 기여를 했음이 확인된다.

가. 칠레

2011년 대칠레 수출은 전년 대비 19.2% 감소했다. 전체 수출의 절반 가까이 차지하는 자동차는 10.9% 증가했고, 합성수지(43.6%), 무선통신기기(30.6%), 건설광산기계(24.3%), 정밀화학 원료(179.1%), 자동차 부품(21.8%), 컴퓨터(3.5%) 등의 수출은 증가했으나, 석유제품의 수출이 84.1%나 줄어들었고, 철강판의 수출도 13.3% 감소했다.

반면 수입은 15.1% 증가했다. 수출에서 자동차가 절반을 차지한다면, 수입에서는 동제품이 절반을 차지한다. 또한, 동광이 나머지 수입의 절반을 차지한다. 즉, 동관련 수입이 전체 대칠레 수입의 75.5%를 차지하였다. 2011년 동제품과 동광의 수입은 각각 18.4%, 33.9% 증가하여 대칠레 수입 증가를 이끌었다. 이 밖에 제지원료(2.6%), 육류(7.2%), 곡실류(35.8%), 정밀화학 원료(32.2%), 목재류(58.7%) 등의 수입이 늘어났다. 반면 기타 금속광물(-39.0%), 아연광(-54.8%)의 수입은 감소하였다.

나. 싱가포르

2011년 대싱가포르 수출은 36.7% 증가했다. 주력 수출 품목은 석유제품, 선박, 반도체로 각각 1/3씩을 차지한다. 이들 제품은 각각 69.3%, 59.4%, 4.2%씩 증가하여 수출 확대에 기여했다. 10대 수출 품목 중 컴퓨터만 11.7% 감소하는 등 전반적으로 수출이 늘어났다. 그러나 싱가포르는 극소수의 품목을 제외하고 관세를 부과하지 않기 때문에 대싱가포르 수출 증가의 원인을 모두 FTA 때문이라고 보기는 어려울 것이다.

대싱가포르 수입은 14.2% 증가했다. 무선통신기기(-12.5%)와 석유화학 중간원료(-27.2%)의 수입은 감소했으나, 전체 수입의 절반 가까이를 차지하는 반도체 수입이 6.2% 증가했고, 석유제품과 반도체 제조장비의 수입도 각각 75.7%, 76.9% 증가하여 수입 증가를 주도했다.

다. EFTA

2011년 대EFTA 수출은 전년 대비 48.4% 감소했다. EU 재정위기의 여파가 EFTA 회원국인 스위스, 노르웨이, 아이슬란드, 리히텐슈타인까지 영향을 미친 것으로 풀이된다. 특히 전체 EFTA 수출의 약 2/3을 차지하는 선박의 수출이 60.8% 감소했고, 무선통신기기(-28.3%)와 고무제품(-19.6%)의 수출도 감소했다. 그러나 자동차(96.1%), 농약 및 의약품(107.1%), 금, 은 및 백금(867.3%), 기타 석유화학 제품(680.8%)의 수출이 크게 늘어났다. 다만, EFTA는 싱가포르와 같이 사실상 무관세 국가이기 때문에 FTA가 수출확대에 기여했다고 보는 것에는 한계가 있다.

대EFTA 수입 역시 2010년에 비해 9.1% 줄어들었다. 농약 및 의약품(13.7%), 시계(41.5%), 천연가스(231.0%), 정밀화학 원료(107.6%) 등의 수입은 증가하였으나, 원동기 및 펌프(-6.7%), 기타 기계류(-50.5%), 선박(-41.9%), 계측제어 분석기(-18.9%), 정전기기(-40.7%) 등의 수입은 감소했다.

라. ASEAN

ASEAN으로의 수출은 35.0% 증가했다. EU, 미국 등으로의 수출이 어려운 가운데 아시아 지역의 견조한 성장세와 한·ASEAN FTA이 수출 증가에 기여한 것으로 분석된다. 10대 수출 품목 중 디스플레이가 23.4% 감소한 것을 제외 하고, 석유제품(80.9%), 반도체(9.4%), 선박(49.6%), 철강판(46.9%), 합성수지(18.9%), 무선통신기기(43.6%), 자동차(15.8%), 편직물(22.1%), 금, 은 및 백금(72.2%) 등이 모두 상당한 증가세를 보였다.

2011년 대ASEAN 수입은 20.5% 증가해 수출 보다는 다소 낮은 증가율을 기록했다. 컴퓨터(-2.6%), 동광(-16.8%)을 제외하고 천연가스(47.3%), 반도체(1.2%), 원유(22.9%), 석탄(19.6%), 석유제품(8.2%), 임산부산물(61.6%), 의류(101.9%), 식물성물질(46.8%) 등의 수입이 모두 증가했다.

마. 인도

인도로의 수출은 전년 대비 10.7% 증가했다. 10대 수출 품목 중 무선통신기기(-10.4%), 선박(-20.0%)을 제외한 자동차 부품(13.6%), 철강판(11.6%), 석유제품(28.9%), 합성고무(50.6%), 석유화학 합섬원료(17.4%), 기타 석유화학 제품(6.3%) 등의 수출이 증가했다.

인도로부터의 수입은 39.1% 증가하여 수출 증가율을 월등히 앞섰다. 대인도 수입의 약 59%를 차지하는 석유제품의 수입이 51.3% 증가하는 등 합금철 선철 및 고철(39.1%), 식물성물질(55.3%), 알루미늄(5.8%), 기초유분(99.8%), 철광(141.2%), 정밀화학 원료(23.6%), 아연제품(33.3%) 등의 수입이 모두 증가했고, 10대 수입 품목 중 천연섬유사(-12.9%)만이 감소했다.

바. EU

대EU 수출은 2011년 전년 대비 4.2% 증가했다. 남유럽 국가들로부터 시작된 재정위기가 EU 전체에 영향을 미치면서 대폭적인 수요 감소로 우리의 대EU 수출에도 영향을 미쳤다. 실제로 대EU 수출 중 가장 큰 부분을 차지하는 선박은 7.8% 감소했고, 디스플레이, 무선통신기기, 반도체 컴퓨터는 각각 29.5%, 33.3%, 32.1%, 19.9% 감소했다. 그러나 이들 제품은 대부분 이미 무관세인 제품이어서 FTA의 직접적인 혜택을 받는 품목들은 수출이 증가하였다. 특히 자동차 수출이 68.0% 증가하였고, 자동차 부품 수출도 19.2% 증가하였다. 석유제품, 합성수지도 44.1%, 34.4% 증가하였다.

대EU 수입은 2011년 22.5% 증가하여 대EU 수출 증가율을 압도했다. 10대 수입 품목 중 반도체 제조장비(-1.4%), 반도체(-9.5%)만 감소하고, 자동차(34.0%), 원동기 및 펌프(14.7%), 농약 및 의약품(6.3%), 자동차 부품(22.8%), 기계요소(15.8%), 계측제어 분석기(25.8%), 항공기 및 부품(504.4%), 정밀화학 원료(25.8%) 등 대부분의 품목들의 수입은 크게 늘어났다. 다만 신형 초대형 항공기의 수입이 이 시기에 이루어진 점이 적지 않은 영향을 미쳤다.

사. 페루

대페루 수출은 2010년 보다 44.8% 증가했다. 최대 수출 품목인 자동차 수출이 34.3% 증가하여 수출 증가를 주도하였고, 특히 영상기기(1,693.0%), 공기조절기 및 냉난방기(540.4%), 주단조품(1,869.4%) 등은 압도적인 수출 증가율을 기록하였다.

2011년 대페루 수입은 87.7% 증가했다. 페루로부터 수입하는 품목은 거의 대부분 천연자원이다. 전년도 수입이 없던 천연가스도 수입되었고, 동광(26.8%), 기타 금속광물(120.8%), 아연광(30.6%) 등 석유제품(-84.2%)을 제외한 10대 수입 품목 대부분의 수입이 크게 증가하였다.

(3) 향후 전망 및 과제

2011년의 최대 성과는 한 · EU FTA의 발효와 한 · 미 FTA의 비준이라 할 것이다. 이를 통해 2012년 우리 무역 중 최대 35%에 가까운 무역이 FTA 체결국과의 무역이 될 것으로 예상된다. 또한, 터키, 콜롬비아 등과의 협상도 타결 될 것으로 예상된다. 한편, 중국과의 FTA 협상도 개시될 것으로 예상되며, ASEAN 회원국으로 이미 FTA를 체결하고 있으나 아직 FTA 활용도가 낮고 향후 시장 전망이 밝은 인도네시아, 말레이시아, 베트남 등과의 양자 FTA 협상도 개시될 것으로 보여, 2012년에도 FTA 추진은 지속될 것이다.

거대 선진 경제권과의 FTA 체결은 기존에 추진된 FTA보다 훨씬 더 빠른 속도로 우리 무역에 영향을 줄 것으로 보인다. 그러나 글로벌 경제위기로부터 완전히 회복되지 않은 가운데 EU 재정위기가 확산됨에 따라 보다 적극적인 FTA 활용이 요구되는 상황이다. 이미 체결된 FTA에서도 상호 합의에 의해 아직 관세가 철폐되지 않은 품목의 자유화를 앞당기는 노력도 필요할 것이다.

17.3 한국의 FTA 추진 현황과 과제

1. FTA 확대와 경제성장

1929년 대공황은 미국은 물론 세계경제에 엄청난 충격을 주었다. 주식시장의 주가는 폭락하고 경기침체의 깊은 늪에 빠져 실업자가 급증했다. 많은 사람들이 큰 고통을 겪었다. 미국 루즈벨트 대통령은 경제불황을 타개하기 위해 정부지출을 증대시키는 등 뉴딜 정책을 실시했지만 큰 효과를 거두지 못했다. 루즈벨트의 뉴딜 정책이 당시의 대공황을 극복하는데 성공을 거둔 것으로 소개되기도 했지만, 케인즈 등 많은 경제학자들이 심도 있게 분석한 결과는, 재정지출 확대정책은 올바른 정책방향 이었지만, 뉴딜정책은 대공황을 극복할 만큼 규모가 크지도 못해 별다른 효과가 없었다는 것이 공통된 견해다. 그 결과 세계경제는 1945년 제2차 세계대전이 발발할 때까지 대공황의 그늘에서 침체된 모습을 보였다.

대공황을 해결하기 위해 미국을 비롯한 각국의 노력에도 불구하고 오랫동안 경기침체가 지속된 것은 보호무역주의 때문이다. 미국은 대공황이 발생하자 1930년 수입을 줄여 경기회복을 하겠다는 잘못된 정책을 채택했다. 즉 관세를 인상하는 내용의 스무트-흘리 관세법(Smoot-Hawley Tariff Act)을 제정하는 등 보호무역 정책을 추진했다. 그러자 다른 나라들이 미국의 보호무역주의에 반발하여 보복적인 관세인상을 실시하게 됐고, 이에 따라 미국의 수출도 급격하게 줄어들었다. 미국이 대공황의 충격에서 우선적으로 자국만 살겠다는 욕심으로 보호무역 정책을 추진한 결과 곧 다른 나라들의 보복적인 보호무역 정책 추진으로 세계경제는 더욱 나빠지게 된 것이다.

(1) 보호무역은 세계경제 침체의 주범

선진국들은 대공황시기에 추진했던 보호무역정책으로 세계경제 회복이 더디었다는 사실을 통해 보호무역주의의 폐해를 잘 깨닫게 되었다. 보호무역의 피해에 관한 경험을 통해 좋은 교훈을 얻은 선진국들은 2차 대전 후에 자유무역을 통해 세계경제를 활성화시키기 위한 목적으로 1947년에 관세 및 무역에 관한 일반협정(GATT)을 체결했다.

그 후 GATT는 관세율 인하 등 자유무역을 확대하는 제도를 추진해 세계경제는 비교적 순조로운 모습을 보였다. 세계적인 무역의 자유화 추진은 1986년 우루과이에서 시작되어 1994년에 타결된 우루과이 라운드에서 더 큰 빛을 보기 시작했다. 우루과이 라운드에서는 공산품 관세의 대폭적인 인하와 그동안 제외되었던 서비스, 지적재산권, 농업분야까지 무역자유화에 포함시켰다. 그리고 우루과이 라운드 협정의 이행과 분쟁의 해결을 위하여 1995년 1월 세계무역기구(WTO)가 탄생했다. WTO 출범으로 세계는 획기적인 무역자유화 시대가 열리게 되었다.

일반적으로 자유무역을 하게 되면 교역 상대국 모두가 이익을 얻게 된다. 경제학의 아버지인 아담스미스는 일직이 1776년 출간한 국부론에서 자유무역론을 주장했으며, 리카도는 자유무역 이론을 더욱 발전시켰다. 오늘날 국제무역이 무역상대국 모두에게 이익을 준다는 것은 모든 경제학자가 인정하는 사실이다. 이론적으로 무역의 이득을 지적해 보면 크게 2가지로 요약하여 설명할 수 있다.

첫째는 절대적 우위, 또는 비교우위 산업에 특화·전문화 할 경우, 기술향상과 생산성 증대효과를 가져온다. 그리고 특화된 제품을 무역을 통해 교환하면 무역상대 국가들의 이익이 증가한다. 한 나라가 섬유산업에서 다른 나라보다 생산성이 더 높고, 다른 나라는 전자산업에서 생산성이 더 높다면 각국이 우위산업에 특화하여 생산하고 무역에 의해 교환하면 양국이 모두 이익을 얻게 되는 것이다.

둘째로 무역으로 인해 교역상대국 시장에 진입하게 되기 때문에 시장이 확대된다. 시장이 확대하면 기업의 단위당 생산비용이 감소하고, 기업의 수가 증가하게 되며 경쟁으로 인해 제품의 가격이 인하되고, 또한 제품의 다양성이 증가하여 소비자에게 큰 이득이 된다.

(2) 자유무역이 세계경제 회복의 주역

이렇게 자유무역이 교역상대국 모두에게 이득이 된다는 이론은 현실에서는 그렇지 않은 경우가 많다. 자유무역의 이익은 국가 간에 경제발전의 격차가 크게 없고, 경쟁시장의 기능이 작동하는 등 시장의 역할이 제대로 이뤄지는 경우에 발생하는 것이기 때문이다. 산업의 발전이 이뤄지지 않은 개발도상국의 경우 선진국과 자유무역을 하면 특화된 산업이 없어 1차 산업 위주로 특화되어 공업화 기회를 놓치게 되며, 자국의 시장만 빼앗길 우려가 높다. 그래서 개발도상국들은 자국의 유치산업을 보호하기 위해 보호무역 정책을 추진하게 된다. 국제무역기구인 GATT나 WTO도 이와 같은 사실을 알고 있기 때문에 개발도상국에게는 어느 정도 유치산업 보호와 수출주도 정책을 인정해주고 있다. 그러나 개도국이 상당한 수준의 경쟁력을 가지게 되면 그 혜택에서 졸업을 하도록 하고 있다.

우리나라가 1960년대 이후 수출주도의 무역정책을 통해 높은 경제성장을 달성할 수 있었던 것도 GATT체제 아래 세계적인 자유무역이 추진되어 온 덕택이다. 세계적인 자유무역의 추진으로 우리나라 상품들이 다른 나라 시장, 특히 미국의 시장에 별다른 제한 없이 진출할 수 있었다. 그리고 개발도상국의 지위를 인정받아 우리나라 시장은 미온적으로 열고 다른 나라 시장은 적극 진출할 수 있었다.

이와 같은 자유무역주의 환경 속에서 우리나라는 수출중심의 공업화 정책추진으로 산업의 경쟁력을 높일 수 있었으며 세계 9위의 무역대국 위치에 올랐다. 그 결과 농업 등 취약산업을 제외하고는 개도국 지위를 졸업할 수밖에 없는 상황이다.

그동안 수출과 다른 나라 시장을 이용해 높은 경제성장을 달성한 우리나라가 앞으로도 계속 우리 시장은 개방하지 않고 다른 나라 시장에 수출만 하겠다는 이기적인 행동을 한다면 무역대국으로서의 국제적인 위상은 추락하고 신뢰성을 얻기도 어려울 것이다.

한편 세계 무역자유화를 선도적으로 추진하는 WTO는 2001년 시작된 도하라운드의 협상 부진으로 세계적인 무역자유화 움직임은 한계에 이르게 되었다. 세계 각국의 경제 상황이 크게 차이가 나고 있기 때문에 세계가 함께 무역자유화를 추진하는 것도 문제가 발생할 수밖에 없다. 세계적인 무역자유화 움직임이 한계에 부딪치자 두 국가 또는 같은 지역에 있는 몇 개의 국가들이 서로 자기네 국가들간에 무역자유화를 추진하는 움직임이 일어나고 있다.

이것이 자유무역협정(FTA, Free Trade Agreement)이다. FTA는 자유무역을 추진하기 위한 새로운 대안으로 세계 각국이 적극적으로 추진하고 있다.

(3) FTA는 교역시장 확대를 위해 불가피

WTO 조사에 의하면 이미 2006년 7월말 현재 전세계에서 발효되고 있는 FTA는 197개나 된다. 가장 중요한 문제는 전세계 무역량의 50% 이상이 FTA 체결국가 대상 무역으로 나타나고 있다는 점이다. 이는 앞으로 FTA체결 국가를 대상으로 하는 무역의 비중은 더욱 커질 것을 의미하며 FTA 체결의 확대 없이는 무역을 확대하기 어렵게 된다는 것을 말해주는 것이다.

우리나라는 전세계적인 FTA 움직임에 비교적 늦게 참여했다. 최초의 FTA는 한-칠레 FTA로 2004년 4월에 발효되었다. 처음 추진되는 한-칠레 FTA가 우리나라 농업에 대한 피해 우려로 상당한 반대시위에 부딪쳤다. 격렬한 FTA 반대시위로 FTA 체결은 늦어지고 찬성측과 반대측간 갈등을 빚는 등 사회적 비용을 많이 치렀다.

한-칠레 FTA 발효 후, 반대측 주장과는 달리 양국간 교역이 급속도로 증가하고 우리나라 기업의 칠레시장 점유율이 상승하는 등 긍정적 효과를 얻었다. 그 후 우리나라는 싱가포르. ASEAN, 페루, 인도, EFTA, EU, 그리고 미국 등 총 8건의 FTA를 성사시켰다. 최근 우리나라 경제의 최대 이슈로 떠오른 한-미 FTA도 양국간 무역확대를 통해 경제를 활성화 시키고, 자유무역의 이익을 함께 향유할 수 있는 윈-윈전략이다.

우리 주변국의 FTA 체결현황을 살펴봐도 FTA는 거스를 수 없는 대세다. 일본은 ASEAN, 말레이시아, 멕시코, 인도, 베트남, 칠레, 태국 등 12건의 FTA가 체결돼 발효됐다. 중국은 ASEAN, 싱가포르. 칠레, 파키스탄, 페루 등 9건의 FTA가 체결돼 발효됐고, 싱가포르는 한국, 미국, 인도, 일본, 중국, 뉴질랜드 등 14건의 FTA가 체결, 발효되어 무역국가로서의 면모를 갖추고 있다.

우리나라는 앞으로도 FTA체결을 확대하는 정책을 적극 추진할 수밖에 없다. 무역으로 먹고 사는 나라로서 FTA체결의 확대 없이는 수출의 증대를 이루기 어렵기 때문이다. FTA체결이 세계적으로 확산되면서 FTA 체결 국가간에는 관세면제 등의 혜택을 주고 있지만, FTA 역외국가에 대해서는 고관세 부담은 물론 경쟁국에 비해 차별적 대우를 하고 있다. 때문에 FTA의 확대 없이는 우리나라 기업들의 수출 경쟁력이 상실될 우려가 크다.

따라서 우리나라는 다른 나라 또는 경쟁국보다 FTA를 먼저 추진하여 관세장벽을 제거하고 무역 상대국의 시장진출에 유리한 위치를 확보해야 한다. 자원 빈국인 우리나라는 무역 말고는 경제성장과 국민들에게 풍요로운 삶을 보장하는 방도는 없으며 무역을 확대하기 위해서는 해외시장의 확보는 필수적이기 때문이다.

FTA확대로 인한 우리나라 시장 개방에 대해서도 지나치게 불안해할 필요는 없다. 시장 개방으로 국가 전체의 시스템을 선진화하고 경제체질을 강화하며 경쟁의 촉진으로 경제의 효율성이 증대하기 때문이다. 물론 시장개방으로 일부 취약한 산업부문에서 피해를 보는 등 어려움을 겪을 수 있다.

이들 피해산업에는 일정한 기간 동아 높은 관세부과와 단계적 개방을 통해 국내상품을 보호하고 보조금을 지급하는 등 산업피해를 최소화하는 노력을 해야 할 것이다. 그러나 근본적으로는 시장개방에 대응하기 위한 혁신을 통해 경쟁력을 높이는 방법으로 해결해야 한다.

또한 무역을 통한 이익을 최대화하기 위해서는 우리가 미래에도 경쟁력을 가질 수 있는 산업을 발굴하고 육성해나가야 한다. 경쟁력이 부족한 산업이나 제품은 경쟁력이 있는 산업으로 신속하게 전환하는 산업구조조정을 적극 추진하는 방향으로 시장개방에 대한 충격을 극복해야 할 것이다.

(4) FTA는 교역 상대국과의 윈-윈 전략

우리나라가 1960년대 세계 최빈국에서 2011년 12월 무역규모 1조 달러 이상으로 세계 9위의 무역대국으로 성장한 잠재력을 고려할 때 FTA체결 확대에 따른 시장개방의 충격은 극복할 수 있을 것으로 보인다. 시장개방에 대한 피해를 감소시키기 위해 투철한 의지로 각 분야에서 혁신을 추진하게 되면 우리나라 산업의 경쟁력을 훨씬 강화될 수 있다. 물론 FTA 확대가 우리나라에 독이 될 수도 있다. 산업혁신이 이뤄지지 않고 구태의연한 자세로 안주할 경우 큰 피해를 볼 수도 있다. 그러나 그것은 우리나라 경제주체들이 어떻게 하느냐에 달려있다.

세계는 단일시장이 형성되는 등 국제경쟁이 더욱 치열해지고 있기 때문에 어느 나라나 경쟁력이 없는 국가는 도태할 수밖에 없도록 냉엄한 것이 국제적 현실이다. 무역규모 세계 9위, 수출규모 세계 7위국인 우리나라가 시장개방이 두려워 FTA를 체결할 때마다 반대 시위가 격렬하게 벌어지는 것은 사회적 갈등과 혼란을 초래하는 안타까운 일이다.

다른 나라 시장에 진출해 세계 7위의 수출 규모를 달성하고도 자국의 시장은 열지 못하겠다고 FTA 반대시위를 벌이는 것은 무역을 통해 상개국가와 윈-윈하는 페어플레이를 하지 않고 우리만 계속 이익을 챙기겠다는 것으로 국제적으로 신뢰성을 얻기 어려운 행동이다. 시장개방에 따라 피해를 보는 계층이 정부의 보호와 지원을 더 끌어내기 위해 시위를 하는 것은 이해가 된다. 그러나 FTA 자체를 무조건 반대하는 움직임은 무역을 통해 먹고 살아온 우리나라에서 국제정서를 정확하게 이해하지 못 하거나 FTA에 대한 올바른 이해가 부족한 탓이라 할 수 있다.

한-미FTA에 대해 아직도 반대의견이 일고 폐기가 되야한다고 시위를 벌이고 있는 것은 여간 안타까운 일이 아니다. 우리는 이미 유럽 선진국으로 구성된 EU와 EFTA국가와 FTA가 체결돼 발효됐다.

우리 외교 당국도 그동안 8차례의 FTA를 체결하면서 체득한 경험과 노하우가 있다. 한-미 FTA도 기본 골격과 내용이 한-EU, 한-EFTA간 FTA와 큰 차이가 없다. 한-미 FTA 체결과 발효로 우리나라는 13조달러 규모의 시장통합 효과를 얻게 되는 것을 생각해보자. 우리나라 기업의 수출시장을 크게 확대시켜주는 좋은 기회다.

물론 한-미 FTA는 거대시장에 접근하는 기회임과 동시에 냉혹한 도전이기도 하다. 쇠고기 등 농산물, 문화산업, 의약품 등에선 우리나라가 취약해 손해를 볼 것으로 전망되고 있다. 그러나 자동차, 섬유 등 대부분의 산업에서 경쟁력을 가지고 있어 이익이 있을 것으로 전망된다. 산업 전체를 종합적으로 판단할 때 미국이나 한국이나 서로 이득을 보는 윈-윈 게임이라는 것이 대부분의 전문가와 기업가들의 공통된 견해다.

(5) 한-미 FTA도 양국간 무역이익 극대화

한-미 FTA에서 ISD(투자자 국가소송제도)조항이 문제가 된다는 의견도 강하다. ISD는 외국인 투자자가 투자유치국의 협정의무 위반 등으로 피해를 입을 경우 투자유치국 정부를 상대로 직접 별도의 중재기관에 손해배상을 청구할 수 있는 분쟁해결 제도다. 강대국인 미국이 ISD조항을 이용해 우리나라의 법과 제도까지 문제삼아 사법주권을 잃을 수도 있다고 우려한다.

그러나 그것은 지나친 기우다. 이미 한-EU간 FTA에서도 ISD 조항은 들어가 있으며, 여러 국가간 FTA에서 분쟁을 조정하기 위해 이를 해결하는 방안으로 ISD조항이 들어가는 것이 일반적인 사례다. 우리나라는 그동안 체결하여 발효된 85개의 투자협정에도 ISD조항이 들어가 있다. 전 세계적으로 2500여개의 투자관련 국제협정에도 ISD조항이 들어가 있어 ISD조항은 글로벌 스탠다드다.

또한 WTO를 통한 국제분쟁의 사례를 보더라도 국제무역에 있어서 강대국이라고 일방적으로 자기국가에 유리하게 분쟁을 해결하는 시대는 지났다. 국제 무역분쟁의 해결이 중립적으로 이루어지고 있는 것이 요즈음의 추세다.

ISD조항은 미국기업이 우리나라에 진출해서 부당한 대우를 받을 때 분쟁의 해결수단이 되는 것과 마찬가지로 우리나라 기업들이 미국에 진출해 부당한 대우를 받을 때 이를 해결하는 중립적인 수단으로도 사용될 것이다.

미국이라는 세계 최대 강대국과 FTA를 하는 것은 결국 미국경제에 종속이 된다는 의견도 있다. 이것 또한 기우다. 과거 남미 각국에서 유행하던 경제종속론은 낡은 이론이라는 것이 증명됐다. 브라질이나 아르헨티나, 그리고 멕시코에서 미국과의 경제협력이 강화 될수록 미국경제에 종속된다는 이론이 한 때 성행했다. 과거 남미국가들이 국가부도 상태인 모라토리움을 선언하는 등 경제적 위기에 봉착했던 것은 각종 부패와 경제정책을 잘못 운용한 탓이지 미국과의 경제협력 탓이 아니다.

미국과의 북미자유무역협정(NAFTA)을 체결한 멕시코가 NAFTA 체결 이후 지속적인 경제성장을 이룩하면서 경제종속론은 설 땅이 없어졌다. 미국과 FTA를 체결한 국가들, 즉 모로코, 바레인, 싱가포르, 오만, 요르단, 이스라엘, 칠레, 콜롬비아, 파나마, 페루 등의 국가의 면모를 보도라도 이들 국가들은 우리나라보다 공업화가 덜 된 국가들이며 경제규모도 우리나라보다 훨씬 작은 국가들이다. 그러나 미국과 FTA를 체결했다고 이들 국가들이 미국경제에 종속돼 있다고 말하지 않는다.

이들 모든 국가들은 FTA를 통해 미국이라는 거대시장에 가깝게 접근하여 자국의 경제발전에 긍정적인 효과를 이끌어 내고 있다. 우리나라도 미국과 FTA를 체결한 작은 국가들과 마찬가지다. 우리가 잘만하면 13조 달러나 되는 거대시장에서 우리의 산업경쟁력을 높이고 모든 분야에서 글로벌 스탠다드의 도입을 통해 우리 국가와 사회를 한 단계 업그레이드 시킬 수 있는 좋은 기회가 될 것이다.

(6) 한 · 중 · 일 FTA도 적극 검토해야

우리나라는 FTA 체결을 확대하기 위해 현재 멕시코, 캐나다, 터키, 호주, 콜롬비아, 아랍의 걸프협력회의 6개국(GCC) 등 6건의 FTA가 협상 중이다. 또한 남미국가들의 경제동맹(MERCOSUR), 남아공(SACU), 러시아, 베트남, 인도네시아, 말레이시아와 FTA 협상을 검토하고 있다. 우리나라와 가장 인접국인 중국, 일본과도

FTA를 추진하기 위한 협상을 검토하고 있는 중이다.

이중에서 가장 중요한 FTA는 단연 중국과 일본과의 FTA다. 현재 세계경제의 주축은 유럽연합인 EU와 북미자유무역협정인 NAFTA, 그리고 한국, 중국, 일본으로 이뤄진 동북아시아의 3개의 지역축으로 구성되어 있다. 이중에서 아직도 경제동맹 체제가 이뤄지지 못하고 있는 지역이 동북아시아다. 한국과 중국, 그리고 일본은 가까우면서도 경제발전의 수준에 큰 차이가 있고 주력 수출품목도 유사하고 비교우위 산업보다는 상호간 산업 경쟁이 극심해 FTA 체결에 따른 이익과 손실을 분석해 내기가 어렵다.

따라서 한, 중, 일간의 FTA는 신중하게 접근 및 검토되고 있는 상황이다. 그러나 세계 3대 경제축의 하나인 동북아시아 지역의 경제발전을 위해서 FTA 추진은 역시 불가피한 선택이 될 수밖에 없을 것이다.

앞으로 이뤄질 한, 중, 일간 FTA에 대응하기 위해서는 무엇보다도 현재 경쟁력이 취약한 산업의 구조조정과 더 생산성이 높은 첨단 산업으로 우리의 인력과 자원 및 에너지를 결집시키는 산업혁신이 신속하게 이뤄져야 할 것이다.

우리나라는 모든 산업을 끌고 가려는 것보다는 한·중·일 3국간 비교우위에 입각해 경쟁력이 취약한 분야를 과감히 포기하고 경쟁력이 있는 산업으로 특화하는 전략을 취해야 한다.

세계 최빈국이었던 우리나라가 무역을 통해 세계 무역 9위국에 오른 것을 돌이켜 보아도 우리가 살길은 무역뿐이다. 지속적인 무역의 증대를 위해서는 우리는 끊임 없이 해외시장을 확대해 나가야 한다. 그리고 FTA 확대가 해외시장 확대의 가장 좋은 수단일 수밖에 없다. FTA 확대는 우리 시장을 여는 개방성책 없이는 이렵다. 시장 개방에 따르는 위험은 혁신을 통해 극복해야 한다.

자원 빈국인 우리나라는 결국 개방과 혁신으로 글로벌 스탠다드를 앞서 도입하는 것이 살길이다. 시장개방을 두려워해 FTA를 반대하는 소극적인 자세로는 생존하기 어려운게 국제정세이며 우리의 현실이다.

2. 주요국과의 FTA 추진현황

1) 한·미 FTA 현황

2011년은 우리나라 FTA 역사의 큰 획을 긋는 한해이다. 2004년 한-칠레 FTA를 시작으로 추진한 FTA가 싱가포르('06.3.2), EFTA('06.9.1), 아세안('07.6.1), 인도('10.1.1), EU('11.7.1), 페루('11.8.1)등 7개 협정, 44개국과 FTA 무역을 시작하게 되었다. 특히 올해는 거대 수출시장인 EU(27개국)와의 FTA가 발효되었고, 한-미 FTA의 양국간 국내 비준절차를 마치고 본격적인 발효를 앞두고 있다. <표17-10> 과 같이 우리나라가 미국과의 FTA가 발효되면 FTA국가와의 교역은 35%, 경제영토는 61%로 넓어져서 명실상부한 FTA를 선도하는 국가로 자리 잡을 것이다.

〈표17-10〉 FTA 추진현황 교역 비중

구 분	발 효 중 (44개국)	협상타결 (1개국)	협 상 중 (12개국)	여건조성 (20개국)
FTA 상대국가	칠레, 싱가포르, EFTA, 아세안, 인도, EU	미국	콜롬비아, 캐나다, 맥시코, 호주, 뉴질랜드, 터키 등	중국, 일본, 러시아, MEROCOSUR 등
교역비중(누적)	25%(25%)	10%(35%)	15%(50%)	36%(86%)
경제영토(누적)	37%(37%)	24%(61%)	10%(71%)	26%(87%)

자료 : KITA

대 미국과의 교역은 감소하고 있는 추세지만, 미국은 GDP가 우리나라의 16배에 이르며, 최근 5년간 국가경쟁력 부문에서 1위를 차지하고 있는 경제대국으로 우리나라가 체결한 FTA중 가장 영향력이 큰 협정이다.

한-미 FTA가 우리 경제에 미치는 영향을 살펴보면, 먼저 긍정적인 효과로 자동차, 섬유 등 제조업 부문이 미국시장에서 선전할 것으로 기대되고, 금융, 법률 등 선진적인 서비스기법이 도입되고 경쟁이 강화됨에 따라 우리와 치열한 경합이 있을 것으로 예상된다. 그러나 농축산물과 의약품 부분의 일부에서 피해가 예상되므로, 이를 최소화하기 위해 경쟁력을 향상시킬 수 있는 기회로 삼아야 할 것이다.

한-미 FTA에서 가장 중요한 축을 이루고 있는 상품교역분야를 보면 특혜관세를 적용 받기 위한 원산지 증명철차와 통관절차가 민간기업의 자율적인 측면이 강조되었다. 정부의 규제보다는 수출입 기업이 자유롭게 증명서를 발급하고 특혜를 받을 수 있도록 제도화 하였다. 단, 특혜를 받는 절차는 수출입 기업의 자율이지만, 향후 수출국 세관의 직접검증이 예상되어 철저한 규정준수와 원산지 관리가 절대적으로 필요하다.

(1) 한-미 FTA 협정문 주요 내용

가. 한-미 FTA 협정문 개요

한-미 FTA 협정문은 방대한 분량이다. 이 글에서는 협정문 중에서 통관과 관련된 부분만 추출하여 대략 여섯 가지 정도로 구분하였다. 우선 협정문의 전반적인 개요에 대하여 설명하고, 다음으로 관세양허 유형, 원산지 규정, 수출입 통관절차, 원산지 검증절차로 나누어 설명을 하였다.

한-미 FTA 협정문(이하 협정문)은 전체 24장과 2개의 부속서로 구성되어 있다. 다른 협정과 마찬가지로 WTO무역협정의 내용을 기본으로 하고, 양 당사자에 필요한 조항을 가감하여 구성하였다. 제1장은 정의조항으로 협정의 범위 영역에 대하여 규정하고 있다. 제2장은 상품에 대한 관세철폐 규정을 규정하고 있다. 한국과 미국의 관세 철폐 유형과 일시반입, 수리 또는 개조 후 반입되는 상품 등 관세철폐와 관련된 규정을 두고 있다. 2장은 2개의 부속서를 두고 있다. 부속서 2-가는 관세철폐에 따른 조치사항을 규정하고 있고, 부속서 2-나는 관세철폐 유형을 규정하고 있다. 부록2-나-1에는 수량별 차등관세가 적용되는 물품의 추천방식과 구체적인 물품을 나열하고 있다.

〈표17-11〉 한-미 FTA 협정문 개요

제1장 : 최초규정 및 정의	제12장 : 국경간 서비스 무역
제2장 : 상품에 대한 내국민 대우 및 시장접근	제13장 : 금융서비스
제3장 : 농업	제14장 : 통신
제4장 : 심유 및 의류	제15장 : 전자상거래
부속서 4-가 : 섬유의류 원산지기준	제16장 : 경쟁 관련 사안
부속서 4-나(부록4-나-1)	제17장 : 정부조달
제5장 : 의약품 및 의류기기	제18장 : 지적재산권
제6장 : 원산지규정 및 원산지 절차	제19장 : 노동
부속서 6-가 : 품목별원산지기준	제20장 : 환경
부록 6-가-1 : 신발에 대한 상관관계표	제21장 : 투명성
부속서 6-나 : 최소허용기준 예외	제22장 : 제도규정 및 분쟁해결
제7장 : 관세행정 및 무역원활화	제23장 : 예외
제8장 : 위생 및 생물위생 조치(SPS)	제24장 : 최종규정
제9장 : 무역에 대한 기술장벽(TBT)	부속서 Ⅰ (서비스/투자)
제10장 : 무역구제	부속서 Ⅱ (서비스/투자)
제11장 : 투자	서 한

자료 : 관세청

제3장은 농산물에 관한 규정으로 관세율 할당의 운영 및 이행에 관한 사항과 농산물 긴급수입제한 조치를 두고, 부속서 3-가에 농산물 긴급관세 발동물량을 정하여놓고 있다.

제4장은 섬유의류에 관련한 사항으로, 미국의 경우 섬유·의류 제품에 대한 높은 관세로 인하여 긴급관세조치와 원산지규정, 그리고 품목별 원산지 결정기준을 부속서로 두고 있다. 또한 상업적 물량으로 이용가능하지 아니한 섬유원료, 원사 및 원단에 관한 규정을 두고 있고, 부록4-나-1에는 양국의 목록에 대하여 규정하고 있다. 제6장은 다른 협정과 마찬가지로 원산지 규정과 원산지증명절차를 규정하고 있다. 한미FTA의 가장 중요한 절차로 제1절에는 완전생산물품, 부가가치 계산 방법, 원산지 특례규정, 정의조항 등 6.14조까지 규정되어 있고, 6.15조부터 6.22조 까지는 원산지증명절차와 정의조항을 두고 있다. 부속서 6-가에는 섬유·의류를 제외한 품목별 원산지결정기준이 나열되어 있고, 부속서 6-나에는 최소허용기준에 대한 예외조항이 규정되어 있다. 제7장에서는 관세행정 및 무역원활화와 관련된 규정으로 상품의 통관, 관세협력 분야에 대하여 규정되어 있다. 제8장 이하 위생검역, 투자. 서비스 관련조항은 설명을 생략한다.

나. 관세양허

① 상품 양허 현황

관세 철폐는 협정문 부속서 2-나에 규정되어 있다. 협정문상 양허계획을 보면 우리측은 발효즉시 77.9%의 물품이 즉시 철폐가 되고 미국 측은 85.5%의 품목이 발효와 동시에 철폐된다. 우리측은 민감 수산물 및 임산물에 대하여 10년 이상 장기철폐와 관세추천물량(TRQ) 제도를 도입하여 개방에 따른 피해 최소화하면서 우리나라 공산품에 대한 관세 인하 혜택을 폭넓게 받도록 하였다. 한-미 FTA 양허세율은 FTA특례법 시행령 별표에 포함된 사항으로, 발효일자가 확정되면 기획재정부에서 공표할 예정이다.

② 관세율할당 제도(협정문 제2장 부록)

한-미 FTA에서는 우리나라로 수입되는 수량에 따라 관세율이 달라지는 관세율 할당품목(TRQ 품목)을 운영하고 있다. 구체적인 적용방식은 크게 세 가지로 나누어 선착순 배분 방식, 수입권 공매 방식, 그리고 수입권 배분방식으로 구분하고 있다. 선착순 배분방식은 해당 물품을 수입하는 순서에 따라 배분하는 방식으로 별도 추천서가 필요 없다. 실제 수입통관단계에서는 관세청 홈페이지에 일자별 통관 누계수량과 잔여수량을 공개하고 있고, 마지막 수입신고 물량이 잔여수량을 초과하는 경우에는 수입신고한 수량비율로 나누어 배정할 예정이다.

대상 품목은 3가지 품목으로 넙치(1,530톤), 명태(4,000톤), 민어(1,000톤) 등이다. 수입권 공매방식은 추천기관(공매기관)이 해당 물품에 대해 높은 가격으로 응찰하는 수입자에게 수입물량을 배분하는 방식으로 추천기관의 추천서가 필요하다. 대상 품목은 분유·연유, 버터, 천연꿀, 감자, 오렌지, 인삼 등 6개 품목이다. 마지막으로 수입권 배분방식은 배분기관이 해당 물품을 전년도 수입량등을 기준으로 배분하는 방식으로 추천서가 필요하다.

대상품목은 식용유장, 치즈류, 보리, 맥주맥, 옥수수전분, 식용대두, 사료용 식물, 조제분유, 보조사료, 덱스트린 등 10개 품목이다. 수입권 공매방식과 수입권 배분방식은 주무부 장관(추천대행기관 포함)의 추천을 받은 후 추천서를 수입신고 수리전까지 세관장에게 제출해야한다. 이 과정에서 주의할 점은 반드시 협정에서 정한 원산지 증명서를 첨부하여 추천을 받고, 수입신고를 할 경우에도 협정에서 정한 원산지증명서를 구비하고 있어야 한다.

③ 기타사항

제2장에서는 상품교역과 관련된 다양한 내용이 규정되어 있다. 원산지에 관계없이 일시 반입하는 물품에 대한 무관세 일시반입 규정(제2.5조), 수리 또는 개조를 위하여 미국으로 수출되었다가 다시 우리나라로 재 반입되는 상품에 대한 관세 면제 규정(제2.6조) 무시할만한 가치의 상업용 견본품과 인쇄된 광고물의 무관세 반입에 대한 규정(제2.7조) 자동차 배기량에 대한 기준 조세(제2.12조)등에 규정 되어 있다. 또한 제2.15조에는 상품교역과 관련된 정의조항이 규정되어 있다.

〈표17-12〉 양국 상품 양허 현황

(금액 억원, %)

단 계	우리나라 양허 현황				미국 양허 현황			
	품목수	비 중	수입액	비 중	품목수	비 중	수입액	비 중
즉시철폐	9,061	80.5	218.5	77.9	8,628	82.1	349.5	85.5
2~3년	765	6.8	33.6	12.0	370	3.5	28.2	6.9
3년 이내	9,826	87.3	252.1	89.9	8,998	85.7	377.6	92.4
5년	509	4.5	7.6	2.7	746	7.1	13.7	3.4
5년 이내	10,335	91.8	259.7	92.6	9,744	92.8	391.3	95.7
6~7년	64	0.6	1.3	0.5	92	0.9	0.3	0.1
9~10년	669	5.9	12.4	4.4	587	5.6	17.2	4.2
10년 이내	11,068	98.3	273.4	97.4	10,423	99.2	408.9	100
10년 초과	161	1.4	4.8	1.7	82	0.8	0.02	0.0
계절관세	17	0.1	2.1	0.8	-	-	-	-
제 외	16	0.1	0.3	0.1	-	-	-	-
합계	11,261	100	208.6	100	10,505	100	408.9	100

*수입액 : 2003~2005년 3개년 평균
자료 : 관세청

다. 원산지 규정

① 한-미 FTA 원산지 규정의 특징

한-미 FTA는 원산지 규정에 있어 다른 협정과 큰 차이점으로는 부가가치 계산방식에 순원가법이 도입되었다는 점이다. 순원가법은 모든 상품에 적용되는 것은 아니고, 제8407.31호 내지 제8407.34호(엔진), 제8408.20호(자동차를 위한 디젤엔진), 제8409호(엔진 부품), 제8701호 내지 제8705호(자동차), 제8706호(샤시), 제8707호(차체) 및 제8708호(자동차 부품)에만 적용된다. 다시 말하면 상기 품목에 대해서는 순원가법만 사용하여 부가가치를 계산하는 것이 아니라, 공제법과 직접법, 순원가법 3가지 방식중 택일하여 적용할 수 있다는 뜻이다. 또한 품목별원산지결정기준(PSR2)) 일반물품과 섬유・의류물품으로 달리 규정되어 있어 주의가 요구된다.

② 원산지 결정기준

한-미 FTA에서는 원산지 상품을 다음과 같이 규정하고 있다. (협정문 제6.1조)

- 어느 한 쪽 또는 양 당사국의 영역에서 완전하게 획득되거나 생산된 상품인 경우 또는 전적으로 어느 한 쪽 또는 양 당사국의 영역에서 생산된 제품이거나,
- 2개국 이상에서 생산된 경우 부속서 4-가(섬유 · 의류 제품) 또는 부속서 6-가(일반물품) 기준에 따라 세번변경, 역내 가치포함 비율 또는 특정 기준을 충족시킨 경우 또는
- 원산지 재료로만 전적으로 어느 한 쪽 또는 양 당사국의 영역에서 생산된 경우 등 이다.

이 세 가지 기준중 하나를 충족해야 원산지 제품으로 인정받을 수 있다. 세 번변경 기준과 부가가치 포함비율, 또는 가공공정 요건에 해당하는 기준은 각각 품목별 원산지 결정기준에 규정하였다.

③ 역내가치 포함비율

협정문에는 부가가치 계산방법을 다음과 같이 규정하고 있다. (제6.2조)

첫째, 공제법은 조정가치에서 비원산지재료의 가격을 제외한 나머지 부분을 역내가치로 보는 방식으로 원산지재료비 비율이 낮고 가공비 비율이 높은 경우에 적용하면 유리하다. 계산방식은 아래와 같다.

$$\text{부가가치비율} = \frac{\text{조정가치} - \text{비원산지재료가치}}{\text{조정가치}} \times 100$$

둘째, 집적법(Build-up Method)이다. 집적법은 생산자가 상품의 생산에 사용한 원산지재료비가 상품의 조정가치에서 차지하는 비율을 역내가치로 보는 방식으로 원산지재료의 비중이 높은 경우 계산하는 절차가 유리하다.

$$\text{부가가치세율} = \frac{\text{원산지재료가치}}{\text{조정가치}} \times 100$$

셋째로 순원가법(Net Cost Method)이다. 순원가법은 공제법의 일종으로 총원가에서 판매비용 등 일정비용을 공제하여 계산한다.

$$\text{부가가치세율} = \frac{\text{순원가} - \text{비원산지재료가치}}{\text{순원가}} \times 100$$

순원가는 총원가에서 "로열티 · 운송 · 포장 관련 비용 및 비허용이자비용, AS비용, 마케팅비용"을 공제한 원가를 말한다.

④ 원산지 특례(보충적) 기준

한-미 FTA에서도 다른 협정과 마찬가지로 원산지 규정에 대한 특례 즉 보충적 기준을 두고 있다.

- 누적기준(협정 제6.5조)

  한-미 FTA에서는 재료누적과 공정누정을 인정하고 있다. 재료누적은 상대국 원산지 재료를 상품 생산국 재료로 인정해준다는 개념이고, 공정누적은 상대국에서 수행한 생산공정을 자국에서 수행한 생산공정으로 인정해 준다는 개념이다.

- 최소허용기준(협정 제6.6조)

  최소허용기준은 미소기준(De minimis) 또는 Tolerance rule이라고도 하며, 세번변경 기준을 충족하지 않는 비원산지재료가 있다고 하더라도 그 가치가 일정수준 이하이면 비원산지 재료가 세번변경 기준을 만족하는 것으로 인정해준다는 기준이다. 한-미 FTA의 경우 세번변경이 이루어지지 않는 모든 비원산지재료의 가치가 상품의 조정가치의 10%를 초과하지 않는 경우 인정해주게 되어있다. 주의할 점은 앞서 설명한 바와 같이 부속서 6-나에 HS 24류 이하 특정품목군에 대해서는 별도로 규정하고 있어 자세한 규정검토가 필요하다.

- 대체가능 상품 · 재료(협정 제6.7조)

  대체가능상품(Fungible goods or materials)이란 상품의 특성이 본질적으로 동일하여 상업적으로 대체사용이 가능한 상품 또는 재료를 의미한다. 제품 생산과정에서 역내산 재료와 역외산 재료를 함께 사용하지만 재료별로 물리적으로 구분하여 보관하는데 어려움이 있는 경우, 기업의 재고관리기법(선입선출법, 후입선출법, 평균법)에 따라 재료의 원산지를 구분할 수 있도록 인정해주는 기준이다. 이 때 재고관리기법은 일정 회계연도 동안 지속적으로 사용해야 인정을 받을 수 있다.

- 부속품 · 예비부품 및 공구(협정 제6.8조)

  수출입하는 완성품에 부속되어 인도되는 부속품, 예비부속품, 공구는 해당 완성품이 원산지결정기준을 충족하는 경우, 특히 세번변경 기준을 충족할 경우 그 부속품 등을 모두 함께 원산지 상품으로 인정해주는 기준이다. 해당되는 품목은 전자제품코드, 덮개, 매뉴얼, 에어콘 먼지수집기, 예비 타이어, 자전거 도구세트 등이 해당된다. 그러나 완성품이 부가가치 기준이 적용되는 경우 부속품 등은 각각 원산지 성질별로 구분해서 계상해야 한다.

- 상품의 세트(협정 6.9조)

  세트물품이란 서로 상이한 세번에 해당되는 2개 이상의 물품이 조합에 대하여 해당 세트의 기능, 용도 등에 따라 구성물품 전체를 하나의 세번으로 분류한 물품을 의미한다. 한-미 FTA에서도 세트내의 각 상품이 원산지 상품인 경우 세트를 원산지상품으로 인정하도록 규정되어 있다. 단, 세트의 모든 비원산지 상품의 가치가 해당 상품의 조정가치의 15%(섬유 관련 제품은 10%)를 초과하지 아니한 경우 원산지로 인정한다.

- 소매용 · 수송을 위한 포장재료 · 용기(협정 제6.10조, 11조)

  물품의 소매판매를 위한 포장에 사용되는 포장재료 및 용기(단, 통합품목분류표상 해당물품과 함께 분류되는 경우에 한함)는 해당 제품이 세번변경기준이 적용되는 경우에는 포장재료 및 용기의 원산지는 고려되지 않고, 해당 물품이 부가가치 기준이 적용되는 경우 원산지를 고려된다. 즉, 포장재료 및 용기에 대한 재료비를 산정하여 반영한다, 단, 수송용 포장재료 및 용기 포장재료 및 용기는 그 물품의 원산지를 결정하는데 있어 고려대상에 포함되지 않는다.

- 기타 정의조항(협정 제6.22조)

  한-미 FTA의 경우에는 완전생산 기준을 별노 상이 아닌 정의조항에 규정하고 있다. 또한 상품의 순원가, 재생용품, 총원가 등은 정의조항에서 기술하고 있으므로 관련된 부문의 참고가 있을 경우 살펴볼 필요가 있다.

라. 수출입 통관절차

① 원산지 증명제도

한-미 FTA에서는 앞서 설명한 바와 같이 통관절차 대부분을 수출입 기업들 스스로 발급할 수 있는 자율방식을 도입하고 있다. 다른 협정과 달리 수출자와 생산자 이외에 수입자도 원산지증명서를 발급할 수 있도록 규정되어 있으며, 일정한 서식이 아닌 필수 기재항목만 협정문에 정해놓았다. 원산지증명서의 유효기간도 4년으로 우리나라와 맺은 FTA중에서 가장 오랜 기간 사용할 수 있다. 원산지 증명 절차에 대해서는 협정문 제 6.15조의 특혜관세 대우 신청 조항에 규정되어 있다.

우선 <표17-13> 주요 협정별 원산지 증명제도 현황과 같이 한-미 FTA의 경우 상당히 자율을 강조한 측면이 있다. 수입자도 원산지증명서를 발급할 수 있어 특수조건이나 본·지점 거래와 같이 원산지 정보를 공유할 수 있는 경우에는 보다 더 편리하게 원산지증명서를 발급하고 특혜관세 적용 신청을 용이하게 할 수 있다.

〈표 17-13〉 협정별 원산지증명제도 현황

구 분	미 국	칠 레	싱가포르	EFTA	아세안/인도	페 루	E U
증명방식	자율증명	자율증명	기관증명	자율증명	기관증명	기관+자율증명	자율증명
발급자	수출자, 생산자, 수입자	수출자	세관, 상공회의소 자유무역 관리원	수출자	세관, 상공회의소	세관, 상공회의소 + 수출자	수출자
서식	정형화된 양식 없음	양국간 통일증명 서식	국가별 증명서식	송품장 신고방식	통일증명 서식	통일증명 서식 또는 송품장 신고방식	송품장 신고방식
유효기간	4년	2년	1년	1년	6개월	1년	1년
사용언어	영어, 한글 (요구시 번역본 제출)			영어 사용원칙			
분할수입	가능			가능			
사용회수	12개월 내에 포괄발급 가능			1회 사용원칙			

자료 : 관세청

단, 수입자가 원산지증명서를 제출하는 경우에는 당해 수입물품이 원산지 제품인지 여부와 직접 운송되었는지 여부를 서류로 제출할 수 있어야 한다. 원산지증명 서식도 정형화된 서식을 두고 있지 않고 8가지 정보가 기재되어 있으면 특혜적용을 받을 수 있도록 규정하였다. 8가지 정보는 아래 <표 17-14>와 같다.

원산지 증명서식의 유무에 따라 집행상 큰 혼선은 없으나, 되도록 적정한 원산지를 관리 할 수 있도록 FTA 특례법 시행규칙에 권고서식을 만들어 활용하도록 하였다. 이는 말 그대로 필수적인 양식이 아니라 발급권자의 선택에 따라 선택할 수 있다. 아울러 동 권고서식은 미국측과 협의되지 않고, 우리나라 법규에 따른 국내 이행절차로 적용될 예정이다.

또한 서식이 없는 형태에서 집행상 편의를 제공하기 위하여 한-EFTA, EU 처럼 송품장등 상업서류에 기재하거나 별도의 원산지 증명서를 작성해도 적용 가능하도록 규정하였다. 한-미 FTA의 경우에는 원산지증명서 유효기간이 발급한 날로부터 4년 동안 유효하다. 타 협정과 마찬가지로 원산지증명서의 유효기간이 지나기 전에 물품이 수입항에 도착하거나 천재지변 등 불가항력에 따라 운송이 지연된 경우에도 원산지증명서의 효력을 인정하도록 하여 특혜적용을 받는데 어려움이 없도록 하였다. 아울러 원산지 증명과 관련된 세부적인 사항은 EU, 페루와의 협정과 마찬가지로 협정 발효일 전에 별도 지침을 시행할 예정이다.

② 원산지증명서 발급 면제

다른 협정과 마찬가지로 한-미FTA에서도 수입물품 관세가격이 미화 1천달러 이하의 소액물품에 대해서는 원산지 증명서 발급이 면제된다.(협정 제6.16조) 이는 상업용 여부와 관계없이 미화 1천달러 이하의 여행자휴대품, 우편물, 특송물품에 대해서도 원산지증명이 면제될 수 있으므로 구매영수증, 제품의 원산지 표기 등을 통하여 원산지를 간이하게 확인 후 협정을 적용할 수 있도록 하였다.

다만 당사국 법의 준수를 회피하기 위한 목적이나, 수입물품이 사전에 계획된 일련의 수입의 일부분으로 활용되는 경우에는 면제되지 않는다.

〈표17-14〉 한-미 FTA 원산지 증명서 기재 내역

• 필요한 경우 연락처 또는 그 밖의 신원확인 정보를 포함하여, 증명인의 성명 • 상품의 수입자 (아는 경우에 한한다) • 상품의 수출자 (생산자와 다른 경우에 한한다) • 상품의 생산자 (아는 경우에 한한다) • 통일 상품명 및 부호체계에 따른 품목분류와 품명 • 상품이 원산지 상품임을 증명하는 정보 • 증명일, 그리고 • 제4항 나호의 규정에 따라 발급되는 포괄증명의 경우, 증명 유효기간 ◎ 관련근거 : 한-미FTA협정 제6.15조 제2항

자료 : 관세청

③ 운송원칙 (제3국 통과 및 환적물품)

한-미 FTA에서는 칠레와 마찬가지로 제3국 통과 및 환적화물도 특혜관세를 적용받을 수 있도록 규정하였다. 그 요건으로는 비당사국에서 하역 · 재선적 또는 상품을 양호한 상태로 유지하기 위해 필요한 공정 이외의 공정을 거치는 경우와 비당사국의 영역에서 세관당국의 통제하에 머물러 있지 아니하는 경우를 제외하고는 협정관세를 적용할 수 있도록 규정하였다. 협정관세 적용을 신청하는 자는 세관의 요청이 있는 경우 상기사항에 모두 해당하지 않음을 서류로 입증하여야만 특혜관세를 적용받을 수 있다.

④ 원산지 사전심사(협정 7.10조)

FTA특례법에서는 수입자, 수출자 또는 생산자는 수입신고를 하기 전에 원산지결정 등에 관한 사전심사를 요청할 수 있도록 규정되어 있다. 한-미 FTA에서는 기존 원산지 결정 기준 충족여부 이외에도 관세환급 · 감면, 원산지표시 등 도 포함되었다. 확대된 분야에 대한 사전심사는 한-미 FTA 대상 수입물품에만 적용되도록 절차를 마련하였다. 각 분야에 대해서는 현행 업무를 담당하는 본청 또는 관세평가 분류원에서 담당하도록 하였다. 세부적인 절차와 처리담당부서는 한-미 FTA 통관지침에서 규정할 예정이다.

⑤ 수출자 및 수입자 의무사항

한-미 FTA에서는 다른 협정과 다르게 수출자와 수입자에 대한 의무사항을 별도로 협정문에 규정하였다. 이는 증명절차의 자율성을 보장하는 대신, 관

련 거래 당사자에게 의무를 부여함으로써 협정의 적정이행 근거를 마련하는 데 있다. 수입자 의무사항(협정 제6.19조)의 주요내용을 살펴보면 수입자가 협정관세 적용을 신청함에 있어 유효하지 아니한 신청을 하였음에도 신청시 과실 · 중과실 또는 사기행위에 관여하지 않고 자발적으로 정정 후 관세를 납부하는 경우에는 처벌할 수 없도록 규정하였다. 또한 수입자는 수입국 세관이 해당 물품의 특혜대상 여부를 판단하기 위하여 요구하는 경우에는 자료를 제공하여야 한다고 규정되어 있다.

수출자에 대한 의무도 별도로 규정되어 있다. (협정문 제6.20조) 원산지증명서 발급과 관련하여 수출국 세관에서 관련 자료를 요구시 제출해야 하고, 원산지 증명서 내용이 변경된 경우에는 해당 거래 당사자에게 신속히 통보 의무 등을 규정하고 있다.

마. 원산지 검증

① 원산지 검증 개요

원산지 검증이란 협정 또는 국내법에서 정한 원산지결정기준 · 원산지증명서류 등 충족 여부를 확인하여 잘못된 것을 바로 잡거나, 위반자에 대하여 제재조치를 취하는 일련의 행정절차를 말한다. 광의의 뜻으로는 원산지 요건 이외에 관련 협정 및 국내법에서 정한 모든 특혜 요건(거래당사자 · 세율 · 운송경로 · 신청절차 등) 또는 허위표시 여부를 확인하고, 필요한 조치를 말한다.

원산지 검증의 목적은 우선 FTA로 인한 관세인하를 이용하여 불공정 무역을 방지하고, 제 3국을 통한 우회수출입 방지를 통한 국내 산업을 보호하고 협정의 적정 이행을 유지하는데 있다.

〈표17-15〉 협정별 원산지 검증방법 비교

FTA	미 국	칠레 / 싱가포르	아세안 / 인도	EFTA / EU	페 루
검증 방식	직접(수입국) 섬유 : 간접	직접(수입국)	원칙 : 간접(수출국) 예외 : 직접(수입국)	간접(수입국)	직 · 간접 중 선택가능
입 회	수입국 입회가능	수출국 입회불가	입회불가	수입국 입회가능	수입국, 수출국 입회가능

② 원산지 검증 방식

한-미 FTA는 품목에 따라 두 가지 방법의 검증방식을 규정해 놓고 있다. 섬유·의류 제품은 상대국 세관을 통한 간접검증 방식을 규정하고 있고, 일반물품은 직접검증 방식을 채택하고 있다. 또한 직접 검증시에 수입국 세관의 입회가 가능하다.

③ 일반물품에 대한 원산지 직접 검증 절차(협정 6.18조)

한-미 FTA는 직접검증(일반 물품)의 경우 우선 수입국 세관에서 수입자, 수출자 또는 생산자에게 서면으로 관련 정보를 요청하거나, 수입자·수출자 또는 생산자에게 서면으로 질의할 수 있다. 이에 대한 소명이 충분하지 않은 경우 다른 쪽 당사국 영역에 소재하는 수출자 또는 생산자의 사업장 방문하여 원산지 검증을 실시할 수 있다. 서면 또는 정보를 요청하는 경우에는 수입 당사국은 수입자가 수출자 또는 생산자로 하여금 수입 당사국에게 정보를 직접 제공하도록 주선요청이 가능하다. 검증 결과 원산지상품이 아니라고 판단한 경우, 그 당사국은 수입자에게 예비 결정내용을 제공하고 추가 정보를 제출할 수 있는 기회를 제공하며, 검증에 대한 최종 결과를 수입자에게 서면으로 제공한다.

직접검증 절차를 수행한 결과 ①수입자·수출자 또는 생산자가 원산지를 입증하는 정보 또는 질의에 대한 답변을 제출하지 못하는 경우나, ②수입당사국의 사업장 방문에 수출자·생산자가 기록 또는 시설에 대한 접근제공을 거부하는 경우 ③수입자·수출자 또는 생산자가 원산지상품이라는 허위 또는 근거 없는 신고나 증명을 제출하였음을 당사국이 적발한 경우, ④수입자가 제6장(원산지 규정 및 원산지 절차)의 요건을 준수하지 못하는 경우에는 특혜관세를 대우를 배제한다.

또한 수입자·수출자 또는 생산자의 허위·근거 없는 신고·증명이 적발된 경우, 원산지를 준수하고 있다고 결정할 때까지 진술·신고·증명되는 동일상품에 대하여 특혜 관세적용의 중지할 수 있다. 원산지 검증결과 수입자가 신청을 함에 있어 과실·중과실 또는 사기행위에 관여하지 아니하였고 납부하여야 할 모든 관세를 납부한 경우나, 수입자가 신청이 유효하지 아니함을 인지하여 신속하고 자발적으로 그 신청을 정정하고 납부하여야 할 모든 관세를 납부하는 경우에는 수입자에 대한 처벌을 면제할 수 있도록 규정되어 있다. 또한 수출자 또는 생산자도 증명을 제공받은 모든인에게 증명이 부정확하다는 것을 서면으로 자발적으로 통보한 경우에는 부정확한 증명을 이유로 벌칙을 부과할 수 없도록 규정하였다.

④ 섬유·의류 물품에 대한 원산지 간접 검증 절차(협정 4.3조)

한-미 FTA는 섬유·의류 제품의 경우 수출당사국에 의한 간접검증을 채택하고 있다. 수출당사국은 수입당사국의 요청이 있는 경우 해당 수출물품에 대한 원산지가 정확하다는 것을 결정할 수 있도록 검증을 수행한다. 또한 수출당사국은 해당물품에 대해 수입자가 협정관세적용을 신청했는지 여부에 상관없이 검증업무 수행이 가능하고, 수출 당사국은 자체적인 발의에 의해서도 검증 수행이 가능하도록 규정되어 있다. 또한 수출당사국에 수출자, 생산자 뿐만 아니라 운송인에게도 검증을 요청할 수 있다.

섬유·의류제품에 대해서는 수입당사국과 수출당사국이 공동으로 현지검증을 수행할 수 있다. 이 경우 수입당사국은 수출자·생산자 등에게 사전에 통보하는 것을 불허하였다. 방문시점에 있어 현장방문 요청 불허시 협정 관세 적용을 배제할 수 있어 검증절차 및 방법에 유의할 필요가 있다.

수입당사국은 해당물품의 검증이 진행되는 동안에 특혜관대우의 적용 중지가능하고, 수입당사국은 검증요청 후 12월 이내에 원산지를 결정할 수 없거나 원산지를 불인정하는 경우 특혜관세를 부인하는 것을 포함하여 자국법에 합치되게 적절한 조치를 할 수 있다.

⑤ 검증결과 조치사항

검증절차 수행이후 수입자, 수출자·생산자가 원산지 상품이라는 것을 증명하는 정보를 제출하지 못한 경우나, 수출자나 생산자가 시설에 대한 접근 제공을 거부하는 경우, 그리고 수입자·수출자 또는 생산자가 당사국의 영역으로 수입된 상품이 원산지 상품이라는 허위 또는 근거 없는 신고나 증명을 제출하였음을 나타내는 행위유형을 적발하는 경우에는 특혜관세적용이 배제되고 부당으로 얻은 이득은 추징된다.

한-미 FTA 협정문은 방대한 분량이지만, 상품교역에 있어 특혜관세를 적용하고, 원산지증명서를 발급하고 검증하는 기본적인 절차는 다른 협정과 크게 다르지 않다. 한-미 FTA가 발효가 확실시 되면서 어느 때보다 전문 지식을 겸비한 관세사의 역할이 절실히 필요한 시점이다.

우리나라가 맺은 FTA별로 각기 다른 원산지증명방식과 절차를 운영하고 있다. 아세안, 인도, 싱가포르의 경우에는 기관증명방식을 통하여 기업들이 확인절차를 거치고 있고, EU와의 협정은 원산지인증수출자를 통하여 어느 정도 원산지를 관리할 수 있는 기본적인 시스템이 가동되고 있다.

하지만 한-미 FTA의 경우에는 원산지증명에서부터 특혜적용 신청 절차 등 대부분의 절차가 기업들 스스로 관리해야 한다. 기업들이 자율관리를 통하여 간편한 절차나 저비용으로 관리는 할 수 있으나, 지속적인 수출이 이루어지고, 물품도 확대되고, 원산지를 전담할 인력이 퇴직하거나, 인사이동 되었을 경우에는 증명서 발급, 서류보관 등 전체적인 관리에 있어 아무런 통제절차 없이 이루어질 가능성도 있다.

또한 원산지 검증은 특혜관세를 적용받는 기업에서 위험도가 높은 분야이다. 섬유ㆍ의류를 제외하고는 미국 세관당국에서 수출기업에게 직접 원산지 확인절차에 대한 요청이 있을 것이고, 이러한 요청에 대해서 우리나라 세관에서 사전에 알 수도 없고, 대책을 마련할 수 있는 시간적인 여유도 없다. 이러한 수출기업의 특혜 관세를 받을 수 있도록 지원하고, 원산지 검증에 대한 마지막 보류 역할을 하는 가장 큰 조력자가 바로 관세사라고 볼 수 있다.

한-미 FTA가 발효되고 FTA체결국가와 교역이 늘어가면서 품목분류에 대한 중요성이 점점 커지고 있다. 한-미 FTA 품목별 원산지 결정기준을 HS6단위별로 분석해보면, 세번변경기준(단일기준) 61%, 부가가치(단일기준) 0.6%, 조합기준 1.1%, 선택기준 10.5%, 기타 가공공정기준 26.8%로 부가가치 기준은 0.6%로 미미한 수준이다.

또한 부가가치 기준의 경우 평균법을 사용해서 일정기간 동안 비원산지와 원산지의 비율을 점검하여 큰 차이가 있을 경우 일정부분 조정이 가능하다. 그러나 세번변경 기준을 적용할 경우에는 차원이 다르다. 한 품목의 세번분류가 잘못된 경우 수출물품 전체에 대한 원산지 결정기준이 불충족되는 경우도 발생 할 수 있다. 그리고 현재 한-미FTA 협정문의 양허세율표와 원산지 결정기준은 HS2006년도 기준으로 서명된 상태이다.

발효전 까지 HS2012로 변경되겠지만 협정 당시 상황과 현재 상황을 연계하여 판단하기 위해서는 기존의 품목분류에 대한 지식이 필요하다. 지금은 기본으로 돌아가 품목분류에 대한 전문지식을 얻고 그것을 기본으로 모든 협정을 이해해야 하는 때라고 볼 수 있다.

2) 한 · EU FTA 현황

(1) 개관

지금까지 우리나라는 총 8건의 자유무역협정(FTA)을 체결하였으며 FTA 파트너 국가의 수는 45개국에 달한다. 우리나라의 FTA 체결에 관한 역사는 길지 않다. 2000년대 초반에 들어서야 우리나라는 비로소 FTA에 관심을 가지기 시작하였다. 초기 우리나라는 우리나라와의 교역 규모가 크지 않거나 우리 경제, 특히 농수산업분야에 부정적인 영향을 크게 주지 않는 국가들을 위주로 FTA협상 대상 국가를 선정하였다. 그래서 선택된 FTA 협상 국가들이 칠레, 싱가프로, EFTA, ASEAN 등이었으며, 성공적으로 FTA체결 · 발효 중에 있다. 하지만, 협상의 노하우가 축적되고 개방에 대한 내성이 점점 커져감에 따라 FTA의 기수를 거대 선진경제권으로 돌리게 된다.

그 결과 우리나라는 2007년과 2009년에 각각 미국과 EU와 FTA를 체결하게 되며, 미국과 EU와 FTA를 체결한 세계의 유일한 국가로 기록되고 있다. 그 중에서도 EU와의 FTA는 세계 최대 규모 단일경제권과의 FTA로서 의의를 가질 뿐만 아니라, 한 · 중 · 일 삼국이 FTA를 통한 해외시장 확보 전쟁 중인 현 시점에서 중국과 일본을 따돌리고 EU시장을 선점할 수 있는 좋을 계기를 마련해주는 뜻 깊은 역사적 사건이다.

27개 회원국으로 이루어진 EU는 약 5억 명의 인구를 보유하고 있으며, 세계 전체 GDP의 30%에 해당하는 약 18조 달러 규모의 거대경제권이다. EU의 상품규모는 세계 전체 교역액의 약 17%에 해당하는 42조 달러로서 미국의 34조 달러, 중국의 26조 달러를 능가하는 규모를 보여준다.

〈표17-16〉 우리나라의 주요국간 상품교역 규모 (2008년 기준)

(단위 : 억 달러)

구 분	수 출	수 입	상품 무역수지
중국	913.9	769.3	144.6
EU	583.7	399.8	183.9
일본	282.5	609.6	-327.0
미국	463.8	383.6	80.2

자료 : 한국무역협회 무역통계(KOTIS)

우리나라와 EU와의 교역은 꾸준히 증가하는 추세이다. 2008년 기준 상품 교역액(수출액+수입액)은 약 984억 달러로서 우리나라 전체 교역액의 11.5%를 차지하고 있을 뿐만 아니라, 우리나라는 EU로부터 184억 달러의 무역 흑자를 시현하는 등 EU는 우리나라에게 있어서 상당히 중요한 경제권이다.

우리나라의 주요수출품으로는 선박, 무선전화기, 승용차, 평판디스플레이, 자동차부품 등이 있으며, EU로부터는 의약품, 반도체 제조용장비, 자동차부품, 승용차, 정밀화학 원료 등을 주로 수입한다. 10대 품목의 수출비중이 63%나 차지하는 등 수출품목이 일부 품목에 한정되어 있다는 단점이 있는 반면, EU로부터 수입되는 주요 10대 품목이 차지하는 비중은 그 절반인 31%에 그치고 있어 우리나라가 EU보다 상대적으로 다양한 품목을 수입하는 것으로 나타난다.

(2) 한-EU FTA 주요 내용

한-EU FTA는 우리나라 통상정책의 기조인 폭 넓고 수준 높은 (comprehensive and high level) FTA를 제대로 반영한 FTA이다. 즉, EU와의 FTA는 상품분야의 관세 철폐 의제와 함께 비관세장벽, 서비스, 투자 등 경제 전반에 걸친 자유화를 추진하는 개방의 폭이 넓은 FTA일뿐만 아니라, 양국 간 합의된 관세인하의 폭이 아주 높아서 사실상 완전자유화에 가까운 수준 높은 FTA로 평가된다.

7. 1부터 발효된 한-EU FTA에서 우리나라는 대EU 전체수입액의 약 67%에 해당되는 품목의 관세가 즉시 철폐되어, 이는 EU로부터 수입하는 전체 품목 수의 82%에 해당된다. 그리고 EU는 대한국 전체수입액의 약 77%에 해당되는 품목의 관세가 즉시 철폐되며, 전체 수입 품목 수의 94%에 해당되는 수준 높은 FTA가 발효되는 것이다.

제조품에 대한 관세를 EU는 5년 이내, 한국은 7년 이내에 모두 철폐하기로 합의하였다. 발효와 동시에 관세가 사라지는 품목의 비율이 한국 91%, EU 97%에 이른다. 5년 이내 철폐 되는 품목의 비율이 한국 99.5%, EU 100%에 이르러 실질적으로 양측의 관세가 5년 이내에 대부분 사라짐을 알 수 있다.

주요 품목별로 살펴보면, 자동차부품, 냉장고 등의 제품의 관세가 즉시 철폐되고, 1,500cc를 초과하는 중대형 자동차는 3년 이내, 1,500cc 이하의 소형자동차의 관세는 5년 이내 점진적으로 철폐된다.

반면 농업과 수산업과 같이 우리나라의 가격 경쟁력이 약한 품목에 대해서는 개방의 폭과 시기를 달리한다. 제조품의 관세가 7년 이내 모두 사라지는데 반하여 농수산물의 관세는 10년 이상의 기간에 걸친 관세철폐 품목도 존재하며, 관세할당(TRQ)부여, 계절관세부과 등 보호 장치를 마련하고 있다.

농산물 관세의 즉시 철폐율은 품목 수 기준 약 42%, 수입액 기준 약 20%에 그친다. 그리고 제조업과 달리 5년 이내에 철폐되는 품목의 비율도 63%에 그치고 있다. 이와 같이 농산물 개방의 시기와 폭을 상당히 제한하였음을 확인 할 수 있다. 반면, EU는 우리나라 농산물에 대한 5년 이내 개방비율이 98%에 달하는 등 상당히 높은 수준의 개방정도를 보여준다. 품목별로 살펴보면, 우리나라는 쌀을 양허대상에서 제외시켰으며, 감귤, 고추, 마늘, 양파 등 양념 채소류와 감자, 대두, 보리 등은 현행관세를 유지할 수 있게 된다.

〈표17-17〉 한-EU FTA 개방화의 정도(%)

구 분		한국		EU	
		품목수 기준	수입액 기준	품목수 기준	수입액 기준
제조업	즉시 철폐	90.7	69.4	97.3	76.7
	5년 이내	99.5	98.7	100.0	100.0
농업	즉시철폐	42.1	19.5	91.9	99.3
	5년 이내	62.5	65.3	98.1	99.5
수산업	즉시 철폐	12.3	6.8	40.8	25.3
	5년 이내	67.2	78.0	100.0	100.0

자료 : 한-EU FTA의 경제적 효과 분석(대외경제정책연구원 외, 2010)

우리나라의 대EU 수산물에 대한 개방의 정도는 어느 산업의 생산품보다 낮다. 수산물 관세의 즉시 철폐율은 품목수 기준 약 12%, 수입액 기준 약 7%에 그치고 있으며, 5년 이내의 관세가 사라지는 품목비율 또한 약 67%에 그친다. EU 또한 제조업, 농산물과 달리 상당히 자국의 수산업을 보호하려는 경향을 보인다. 하지만 결국 5년 이내까지 모든 관세율을 인하하기로 합의하였다. 품목별로 살펴보면, 냉동오징어, 냉동명태, 냉동민어에 대한 현행 관세율을 그대로 유지하게 되었다.

위와 같은 상품 분야의 전면적 개방뿐만 아니라 서비스 시장의 개방도 대폭 이루어진다. 우리나라와 EU는 총 155개 서비스 분야 중에서 각각 115개, 139개 분야의 서비스 시장을 개방하기로 합의하였다. 저작권 보호 기간 연장(현행 사후 50년에서 사후 70년으로), 기간통신 사업자에 대한 외국인 간접 투자비율 100% 허용,

금융시장의 개방 등이 대표적 합의 사항이다.

(3) 경제적 효과

가. 거시경제적 효과

정부 연구기관의 발표에 따르면 한-EU FTA가 발효와 함께 우리나라의 실질 GDP가 단기적으로는 0.1%, 중장기적으로는 0.6% 증가하는 걸로 나타난다. 즉, 관세인하로 인한 순수 경제적 효과는 그리 크지 않지만(0.1%), 축적된 자본이 재투자되는 과정을 걸쳐 생산이 증대되는 파급 효과까지 고려하면 그 효과는 0.6%까지 확대된다. 더 나아가서 선진 경제권과의 FTA에 따른 국내제도 개선 등으로 파생되는 생산성 향상 효과까지 고려한다면 실질 GDP가 5.6% 가까이 증가하는 걸로 추정하고 있다. GDP증가에 따라 고용에도 변화가 예상된다. 청년실업률이 7.3%에 육박한 현 경제상황을 고려하면 가뭄의 단비와 같은 소식이기도 하다. 동 연구 결과에 따르면, EU와의 FTA로 인해 창출되는 고용이 최대 25만 명에 달할 것임을 예측한다. 대부분의 고용창출은 서비스업에서 이루어지는 반면 취약산업으로 여겨지는 농수산업에서의 고용은 오히려 감소할 것으로 예측된다. 제조업 및 서비스업에서는 고용창출 효과가 발생하지만, 농수산업에서는 오히려 반대현상이 나타날 것이므로 이에 따른 피해 대책마련이 필수적이다.

한-EU FTA발효 이후, 한국의 대EU 수출은 25.3억 달러, 수입은 21.7억 달러 확대되어, 대EU 무역수지 흑자가 연평균 3.6억 달러 확대될 것으로 전망하고 있다. 경쟁력이 취약한 농수산업에서는 무역수지가 연평균 약 3,340만 달러 적자가 예상되는 반면, 제조업에서는 연평균 약 4억 달러의 흑자가 확대될 것으로 예상 된다.

나. 산업별 효과

다음에서 한-EU FTA로 인한 농수산업, 제조업, 서비스업에 파급되는 생산효과, 수출입효과를 살펴본다.

먼저, EU와의 FTA로 인하여 농업 및 수산업에 미치는 영향은 부정적으로 나타난다. 우리나라 농업 생산은 연평균 1,800억 원, 수산업의 생산은 연평균 94억 원에 이를 것으로 추정된다. 특히 축산업에서는 약 1,650억 원에 달하는 생산 감소가 매년 이어져서 가장 타격을 크게 받을 것으로 분석된다. 수산업에서는 넙치류의 생산 감소가 발생할 것으로 분석된다.

반면 한-EU FTA로 가장 큰 수혜를 얻게 될 분야는 제조업이다. 제조업의 연평균 생산은 1조 5천억 원이 될 전망이며, 수출 증가액이 수입 증가액을 초과하여 매년 4억 달러의 무역수지 흑자가 추가로 발생할 전망이다. 제조업 중에서도 가장 큰 수혜 분야는 자동차, 전기전자, 섬유산업인 것으로 나타난다. 매년 자동차는 14억 달러, 전기전자는 4억 달러, 섬유는 2.2억 달러의 수출증가가 기대된다. 반면 기계(3.8억 달러), 정밀화학(2.9억 달러) 등에서는 수입증가세가 이어질 전망이다.

서비스산업의 파급효과를 정량적으로 분석하는 데에는 한계가 있으나, 여러 기관에서 정성적 분석과 함께 정략 분석을 제시하고 있다. 저작권 보호기간이 저작자 사후 50년에서 70년으로 20년 연장됨에 따라 해외 저작권자에게 추가로 지불할 비용이 발행하게 된다. 추가적 비용은 연평균 22억 원일 것으로 추정하고 있다. 현재 통신서비스업종에 대한 외국인의 직접투자는 49%까지 가능하다. 하지만 한-EU FTA에서는 외국인의 간접 투자 허용 범위를 100%확대 하였다. 외국인 사업자의 진입으로 요금 인하경쟁이 일어남에 따라 가입자들에게 혜택으로 돌아갈 것이다. 금융부분의 시장개방은 한-미 FTA 수준을 넘지 않는 것으로 관측되어 별다른 추가적 영향은 없을 것으로 판단된다.

〈표17-18〉 한-EU FTA의 산업별 영향 (연평균)

구 분	생산액 변화 (억 원)	수출액 변화 (백만 달러)	수입액 변화 (백만 달러)
농 업	-1,776.0	7	38
수산업	-9.4	10	13
제조업	15,156.0	2,520	2,125
합 계	13,370.6	2,537	2,175

자료 : 한 · EU FTA의 경제적 효과 분석(대외경제정책연구원 외, 2010)

한-EU FTA의 발효에 따라 우리나라 제조업은 전반적으로 이익을 보는 반면, 농축수산업 등은 피해를 볼 것으로 예측된다. 전통적으로 우리나라 농축수산업은 개방에 취약하고 민감한 산업이다. 칠레와의 FTA를 시작으로 타국가와의 FTA가 논의 때마다 국민들이 가장 염려하는 산업이기도 하다. 향후 한-미 FTA가 발효된다면 동산업에 미치는 파급효과는 더 커질 것이다. 이들 산업에 대한 피해가 발생한다면 동 산업분야 종사자들에게 피해를 보전해주고, 필요하다면 새로운 삶의 터전을 마련토록 해주는 장치가 반드시 필요하다.

한-EU FTA는 거대 선진 경제권과의 첫 FTA 발효라는 점에서 큰 의의를 지닌다. 4년 전에 타결되었지만 국회 비준조차 이루지 못하고 있는 한-미 FTA의 조속한 비준 및 발효에 큰 역할을 할 것으로 기대된다. 한-미 FTA비준에 대해 미온적인 태도를 보이던 미국 행정부 및 의회의 최근 행보에 변화가 일어나고 있다. 최근 미국은 무역조정지원(TAA; 무역자유화로 인하여 피해를 보는 노동자 및 기업을 대상으로 정부가 지원해주는 제도)제도를 2013년까지 연장하기로 합의하는 등 한-미 FTA의 신속한 비준을 위한 준비 절차를 밟아나가고 있다. EU와의 FTA발효, 미국과의 FTA비준 절차가 마무리 되면, 주변국들로부터 상당한 FTA 러브콜을 받게 될 것이다. 특히, 해외시장에서 끊임없이 경쟁을 펼치고 있는 중국 및 일본과의 FTA 논의가 더욱 활기를 띌 것으로 보인다. 일본과는 2004년에 FTA 협상이 중단된 이후 별다른 진전이 없는 상태이며, 중국과는 작년 산관학 공동연구가 끝난 이후 실무회담에서 가끔 논의가 되긴 하지만 특별한 진전은 없다. 하지만 이번 EU와의 FTA발효를 계기로 양국의 우리나라와의 FTA에 관심이 고조될 가능성이 크다. 이에 대한 철저한 준비를 통하여 성공적인 FTA 협상 결과를 기대해 본다.

3) 한 · 콜롬비아 FTA 현황

(1) 개관

커피와 미녀의 나라 또는 마약과 테러로 얼룩진 나라로 인식되어온 지구 반대편의 나라 콜롬비아가 우리에게 다가오고 있다. 지난 3월 한-미 FTA 발효로 북미시장 공략의 교두보를 마련한 정부가 이번엔 칠레, 페루에 이어 남미 핵심시장인 콜롬비아를 FTA영토로 확보하게 됐다. 6월 25일(현지 시간) G20 정상회의 직후 콜롬비아의 수도 보고타에서 한-콜롬비아 FTA가 정식 타결되었다.

한번도의 5배 영토와 4600만의 인구를 보유한 중남미에서 브라질, 멕시코 다음으로 큰 시장이면서, 특히 최근에는 BRICs에 이어 떠오르는 시장을 지칭하는 CIVETS(콜롬비아, 인도네시아, 베트남, 이집트, 터키, 남아공)의 첫 나라로 국제적으로 주목받고 있는 나라이기도 하다.

광활한 영토와 풍부한 지하자원을 보유한 콜롬비아는 성장잠재력이 풍부함에도 불구하고 그동안 게릴라 준동에 따른 치안불안으로 국내외 투자가 억제되어 왔다. 하지만 2002년에서 2008년까지 집권한 우리베 정부의 게릴라 진압노력의 결과로 치안상황이 급속히 개선되고 있으며, 그 결과 정부 개발정책과 외국인투자라는 두 가지 성장동력이 정상 가동되면서 고도성장을 지속되고 있다.

콜롬비아는 우리나라와는 특별한 관계를 유지해 왔다. 중남미 국가 중 유일하게 한국 전쟁 당시 4,300여명의 군대를 보낸 참전국이라는 역사적 특수성을 바탕으로 국제사회에서 혈맹국으로서 전통적 우호관계를 유지하고 있으며, 양국관계에서는 한국이 콜롬비아를 중점원조대상국으로 지정하여 교육, 보건사업 등을 지원해 왔다.

최근 영국의 민간 싱크탱크 신경제재단은 전 세계151개국의 삶의 만족도, 기대수명 등을 측정한 결과 "가장 행복한 나라" 순위에서 코스타리카, 베트남에 이어 콜롬비아를 3위에 올려놓았다.

(2) 한 · 콜롬비아 FTA의 주요 내용

가. 상품양허

협정문에 따르면 협정 발효 후 10년 이내에 품목 수 기준으로 우리나라 96.1%, 콜롬비아 96.7%에 대한 관세가 철폐된다. 한국의 주요 수출품인 승용차 관세율은 현 35%에서 10년간 점진적으로 철폐되고 SUV 차량은 9년내에 관세가 사라진다. 콜롬비아의 관심 부분인 커피류는 현 관세율 2~8%가 품목에 따라 즉시 또는 3년내에 없어지고, 꽃은 3~7년, 바나나는 5년 후 관세가 철폐된다.

가장 큰 걸림돌이었던 쇠고기는 뼈 없는 정육 2개 부위와 우족, 꼬리 등 SRM이 아닌 3개 특수부위만 19년내 관세를 철폐키로 하였고 나머지 부위는 협상대상에 포함되지 않았다. 쌀과 분유, 고추, 마늘, 양파, 인삼, 명태, 민어 등 153개 농수산물도 협정대상에서 제외했다. 그리고 284개 민감 농수산물은 10년초과 장기 관세철폐로 합의점을 찾았다.

나. 상품 협정문

양측 관심사항에 대해 상호 양보하여 타결하였다. 우선, 수출입제한조치의 예외를 규정하여 재제조품에 대해서 수출입제한조치가 적용되지 않음을 규정하기로 합의하였다. 또한, 우리 농산물 교역에 거의 영향을 미치지 않는 92개 품목에 대해서 안데안 가격밴드 시스템을 적용하는데 합의하였다.

다. 투자

공채 및 세이프가드 관련 문안에 우리측 입장을 상당부분 반영하여 협상을 타결하였다. 우선, 공채를 투자범위에서 제외하되, NF 및 MFN에 한하여 협정상 의무를 부여하고, 동의무 위반으로 ISD 중재판정부에 회부시 투자자의 입증책임을 명시하였다. 한편, 세이프가드 발동기간은 1년으로 하되, FDI 유출(outward) 지급 및 송금은 세이프가드 조치에서 제외하였다.

〈표17-19〉 한-콜롬비아 FTA 협상 품목 및 합의 내용

구 분	품 목	합의 내용
콜롬비아측	자동차 (35%)	10년내 관세철폐
	자동차 부품(5~15%)	즉~5년내 관세 철폐
	타이어(15%)	5년내 관세철폐
	섬유·의류(15~20%)	즉시~7년내 관세철폐
우리측	쇠고기 5개품목(18~40%)	19년내 관세철폐 + ASG
	낙농품(탈·전지분유) (16~176%)	연간 1010톤 TRQ 제공

자료 : 관세청

라. 위생 및 생물위생조치(SPS)

우리측의 강한 입장 견지에 따라 지역화 관련 조항을 삭제하기로 합의하였다.

마. 개성공단 생산물품의 원산지 인정

개성공단에서 수행된 공정을 국내 공정으로 간주하여 개성공단에서 생산된 제품에 대하여 원산지를 인정(국내 생산제품과 동일하게 품목별 원산지 결정기준 충족 필요) 및 개성공단 부속서의 일방폐기 조항 미포함으로 한-페루 FTA 보다 진전된 문안으로 타결되었다.

(3) 의의와 시사점

우리나라와 9번째로 체결된 콜롬비아와의 FTA는 · 안정적인 현지 자원투자 · 중남미 핵심 내수시장 확보 · 자동차 및 부품 수출 극대화 등 경제적 효과가 상당해 연내 발효시 유럽 재정위기 속에 우리 경제의 중요한 돌파구가 될 전망이다.

양국 교역 현황을 보면 한국은 자동차 · 화학 · 조선 등을 주력 수출품목으로 2009년 6억 7200만달러, 2010년 9억 5700만달러, 그리고 작년에는 12억 3400만달러로 증가해 매년 무역흑자를 기록하고 있다. 이처럼 아직까지는 교역규모가 크지는 않지만 콜롬비아 경제가 빠르게 성장하고 있어 중남미 내수시장 공략의 중요한

전초기지라는게 정부와 우리 업계의 공통된 기대다.

지난해 대 콜롬비아 주요 수출입 품목을 보면 한국의 수출품목으로는 승용차와 부품, 합성수지, 화물자동차 및 원동기 등이 주력품목이었고, 커피류, 원유, 합금철, 유연탄과 구리 등이 주요 수입품목 이었다.

양국은 지난 2008년 11월 아시아 · 태평양 경제협력체(APEC) 정상회담에서 FTA 추진 필요성에 합의한 후 이듬해 12월 첫 협상을 시작했다. 이어 올해 4월까지 총 6차례의 본 협상 과정을 통해 서비스 · 정부조달 · 전자상거래 · 통관 · 무역구제 · 경쟁 · 무역관련 기술장벽(TBT) 등 13개 챕터 문안에 합의했다.

콜롬비아는 중남미에서 가장 활발하게 FTA를 추진하는 나라 중 하나라는 점도 우리에게 유리하다. 지난 5월 미국과의 FTA가 발효된 것을 비롯해 캐나다, 멕시코, 칠레 등 9개국과 FTA를 체결했고 4개국과 FTA 협상을 진행 중이다.

한-콜롬비아 FTA를 통해 콜롬비아로 수출 뿐 아니라 콜롬비아와 FTA를 맺고 있는 나라에 우리가 진출하기도 한층 수월해질 수 있다. 특히, 콜롬비아는 우리 주력 수출품목인 자동차에 대해 고관세(35%)를 유지하고 있어 협정 발효 시 상당한 수출 증대 효과가 기대된다.

정부와 통상전문가들은 한국이 그간 체결한 주요국과의 FTA 중에서도 한-콜롬비아 FTA가 양국 산업간 가장 이상적인 상호 보완성을 갖고 있다고 평가하고 있다.

또한, 콜롬비아는 석유, 동, 니켈 등 품부한 광물자원을 보유하면서도 중남미 국가 중 가장 우호적인 외국인 투자 환경을 갖춘 나라로 꼽힌다. 정부 관계자는 중남미 자원부국들이 까다로운 외국인직접투자 제한 소치를 취하는 반면 콜롬비아는 오히려 외국인 직접투자의 50% 이상을 자원분야 유치에 힘쓰고 있다고 전했다.

대외경제정책연구원 관계자는 콜롬비아의 대 한국 수출 품목이 커피, 바나나, 석유, 광물, 의류 등 1차 상품에 집중되는 반면 한국은 자동차, 휴대전화, 석유화학제품, 선박 등 기술 · 자본집약적 상품이 월등히 높아 전형적인 산업간 무역(Inter-Industry Trade)의 형태를 보인다고 설명했다.

3. 한 · 중 FTA 추진 방향

(1) 한 · 중 FTA 추진 배경

한 · 중 자유무역협정(FTA) 논의가 공식적으로 거론된 것은 2004년 한 · 중 통상장관 회담에서였다. 중국이 먼저 원했고 한국도 맞장구를 쳤다. 민간 공동연구부터 하기로 합의했다. 이듬해부터 2년간 대외경제정책연구원과 중국의 국무원발전연구중심(DRC)이 민간 공동연구를 했다. 그 이후 2007년부터 2년간은 산 · 관 · 학 공동연구를 했다. 5차에 걸친 산 · 관 · 학 공동연구를 마치고 2년이 지난 2010년에야 양국은 공동연구를 끝냈다. 그후 양국은 민감한 분야 처리 방안을 논의하기 위해 사전협의를 이어갔다. 그리고 2012년 초 한 · 중 정상회담에서 한국은 FTA 협상 개시를 위한 국내 절차를 시작하겠다고 밝혔다.

노무현 정부 때 시작된 양국의 FTA 논의가 실제 협상 개시로 이어지기까지 7년 넘게 걸린 셈이다. 그동안 중국 정부는 원자바오 총리를 비롯해 당국자들이 이명박 대통령, 김황식 국무총리 등 국내 인사들을 만날 때마다 FTA의 적극적 추진을 요구해 왔다. 그러나 농산물 등 민감 분야를 감안해야 하는 한국 정부는 신중한 입장을 견지해 왔다. 지리적으로 인접해 있는 중국에서는 냉장 · 냉동상태의 농수산물이 아닌 신선식품이 수입될 수 있어서다.

분위기가 달라지기 시작한 건 2011년 7월쯤이었다. 박재완 기획재정부 장관이 한 · 중 FTA에 대해 입장을 정리해야 할 시점이라고 말해 관심을 끌었다. 한 · 중 FTA에 부정적이었던 농림수산식품부에서도 진전된 반응이 나오기 시작했다. 지난해 8월 서규용 농식품부 장관은 우리나라는 수출입 의존도가 87%이기 때문에 FTA를 추진해야 한다며 한 · 중 FTA도 추진하는 게 트렌드라고 말했다.

분위기가 왜 달라졌을까. 정부 내에서 다양한 해석이 나왔다. 정부 고위 관계자는 중국이 자국 지도부가 바뀌기 전에 한국과의 FTA 협상을 시작하기를 강력하게 원했고, 한국도 북한 등 정치적인 문제를 감안했을 때 협상 개시를 더 이상 미루기 힘들다고 판단했다고 말했다. 그래서 정부는 2011년 말까지 협상을 개시하겠다는 계획을 세워두고 있었다. 하지만 한 · 미 FTA 비준이 예상보다 지연되고 찬반 논쟁이 거칠어지면서 여론이 나빠졌다. 결국 협상 개시 선언이 2012년으로 연기됐다.

〈표17-20〉 한국의 최대 수출·수입 지역

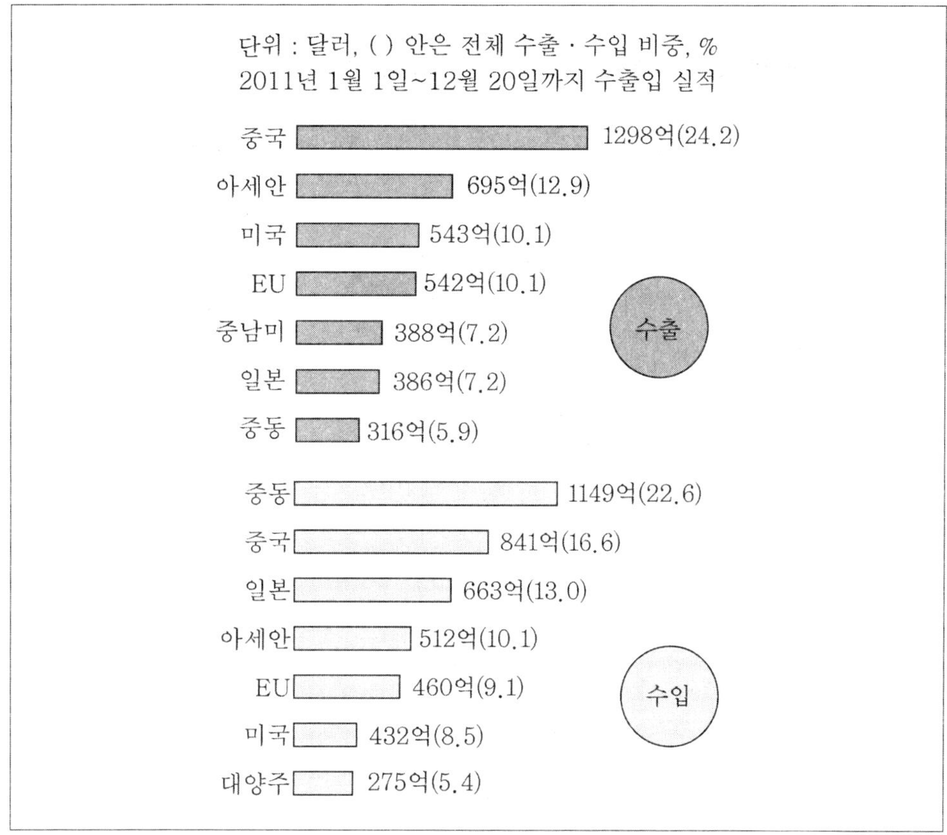

이에 대해 통상교섭본부 고위 관계자는 정부 입장이 달라진 것은 없다며 유럽연합(EU)·미국과의 FTA가 마무리되면 중국·일본과 FTA를 추진한다는 게 정부의 일관된 입장이라고 말했다.

한·중 FTA 민간 공동연구에 참여했던 연구진은 양국의 비교우위가 3년 전과 비교해 많이 달라졌다고 했다. 민간 연구를 할 당시만 해도 한국은 자동차 등 제조업 분야가 상대적으로 강했다. 하지만 이제는 양국의 제조업 격차가 빠르게 사라지고 있다. 그는 이런 점 때문에 학계에서도 어차피 할 거면 빨리 하자는 목소리가 커지기 시작했다고 말했다.

국내 경제연구기관들은 한·중 FTA 체결에 따른 농업 피해가 한·미 FTA의 서너 배 수준이 될 것으로 전망했다.

이런 점을 감안할 때 한·중 FTA는 EU나 미국과의 FTA에 비해 민감 분야 때문에 개방도가 떨어지는 FTA가 될 것으로 보인다.

(2) 한 · 중 FTA 추진 과제

〈표17-21〉 한국의 3대 교역권과 한 · 중 FTA 경제효과

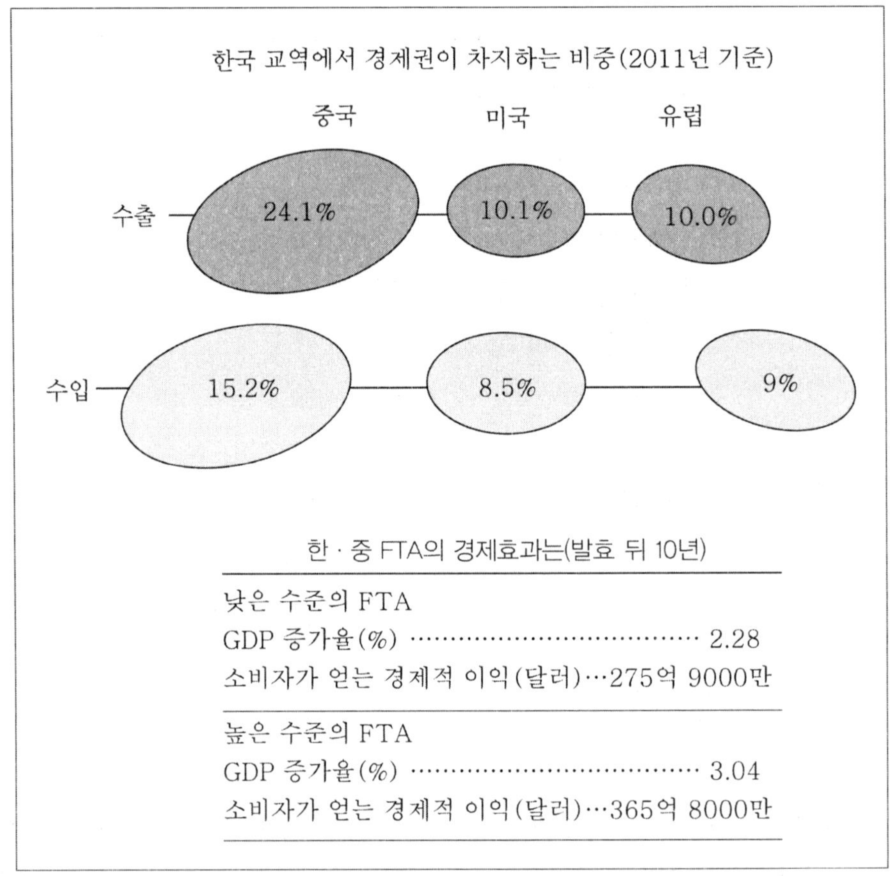

한국과 중국이 2012년 12월 자유무역협정(FTA) 협상 개시를 공식 선언했다. 두 나라가 한 · 중 FTA 민간 공동연구를 시작한 지 7년 만이다. 박태호 통상교섭본부장과 천더밍(陳德銘) 중국 상무부장은 이날 공동성명을 통해 "협상 개시는 양국 모두에 역사적인 일"이라고 말했다. 하지만 한 · 중 양국은 FTA를 언제까지 체결할지는 논의하지 않았다. 우리 정부는 서두르지 않겠다는 입장이다. 반면 천 상무부장은 "개인적으로 2년 내에 (FTA 체결이) 될 수 있기를 희망한다"고 말했다.

우리나라가 중국과 FTA를 체결하면 세계 3대 경제권(미국 · 중국 · EU)과 모두 FTA를 맺은 유일한 아시아 국가가 된다. 우리나라의 경제영토도 2010년 세계 국내총생산(GDP) 기준으로 66.7%를 차지하게 돼 세계 2위로 올라선다.

'FTA 허브' 전략도 힘을 받게 된다. 한 · 중 FTA는 한 · EU, 한 · 미 FTA와의 시너지 효과는 물론 한 · 일 FTA 협상도 자극할 전망이다. 중국 시장에 진출하려는 선진국 기업을 한국으로 끌어오거나 미국 · EU에 진출하려는 중국 기업의 투자를 이끌어 낼 수도 있다. 이를 모두 고려할 때 한 · 중 FTA 발효 시 실질 GDP가 10년 뒤엔 2.28~3.04%까지 늘어난다는 게 대외경제정책연구원(KIEP)의 전망이다. 고용효과도 24만~33만 명에 이를 것이란 계산이다. 이런 'FTA 허브' 전략의 뿌리는 노무현 정권이다. 김현종 당시 통상교섭본부장은 "한 · 미 FTA를 지렛대로 한 · 중, 나아가 남북 FTA를 체결하자"는 구상을 내놓기도 했다.

하지만 한 · 중 FTA 체결에 대한 우려도 적지 않다. 중소기업연구원 오동윤 책임연구원은 "우리 경제 전체엔 플러스지만 일부 산업에선 혼란이 클 것"이라고 말했다. 대기업이 수입처를 중국으로 돌린다면 중소기업의 타격이 클 수 있다는 것이다.

농수산업의 반발 강도는 어느 FTA 때보다 세다. 한국농촌경제연구원에 따르면 한 · 중 FTA 발효 시 농수산 수입액은 108억 달러 늘고, 농업 생산액은 14.7% 감소할 것으로 전망된다. 수산업은 더 강경하다. 수협 수산연구원 김현용 연구실장은 "중국은 어장이 사실상 같고, 통영이나 중국 산둥성이나 유통시간이 차이가 없다"며 "한 · 중 FTA가 체결되면 수산업 기반이 무너질 것"이라며 반대했다.

양국 정부가 2단계로 나눠 협상을 진행하기로 한 건 이런 우려 때문이다. 두 나라는 우선 1단계 협상에서 보호해야 할 '민감품목군'을 정한 뒤에야 2단계 협상으로 넘어간다. 기존에 맺었던 FTA엔 없던 협상 방식이다. 민감품목군 중 '초민감품목'은 아예 협정에서 제외한다. 쌀은 여기에 포함된다. '일반민감품목'은 관세를 10년 이상에 걸쳐 폐지하거나 부분적으로만 감축할 계획이다. 어떤 품목을, 얼마나 민감품목에 넣을지는 이달 중 시작될 1단계 협상에서 결정한다. 박태호 본부장은 "농수산물만이 아니라 일부 취약한 공산품과 서비스 쪽도 민감품목이 될 것"이라고 말했다.

이날 양국 정부는 지정된 역외가공지역에서 생산한 제품에도 FTA 특혜관세를 적용키로 합의했다. 최석영 FTA교섭대표는 "개성공단을 비롯한 북한에 있는 역외가공지역을 의미한다"며 "한반도 평화와 북한의 개혁 · 개방을 유도하는 데 효과적일 것"이라고 설명했다.

한 · 중 FTA 논의는 2012년 1월 9일 이명박 대통령과 후진타오(胡錦濤) 국가주석 간 정상회담을 계기로 속도가 붙었다. 중국이 내수 중심으로 경제 기조를 바꾸면서 그간 소극적이던 한국이 적극적으로 바뀌었다. 중국 시장 선점을 위해서다.

"일본이 외톨이가 됐다." 일본의 유력지 니혼게이자이신문은 12월 2일자 3면에서 한국과 중국의 자유무역협정(FTA) 협상 개시 소식을 이같이 전했다. 한국에 또 뒤처지게 된 일본의 답답한 심정을 드러낸 것이다.

일본은 그동안 한·중·일 3국 간 FTA를 추진해왔다. 또 "중국에 대항하기 위해선 먼저 한국과 일본 양국이 제휴하는 게 어떠냐"고 한국에 추파를 던져왔다. 이런 상황에서 경쟁국 한국이 세계 최대 시장으로 떠오르는 중국과 먼저 FTA 협상에 뛰어든 것에 일본은 당혹스러워 하고 있다.

니혼게이자이는 "한국 정부가 중국과 먼저 협상하기로 한 것은 일본 정부의 굼뜬 대응 때문"이라며 "FTA 논의 재개를 위한 한국과의 실무협의는 전혀 진전이 없었고, (한국이 요구해온) 비관세장벽의 철폐 문제에도 일본은 명확한 답변을 주지 않았다"고 지적했다.

아사히(朝日)신문은 "한·중 FTA가 먼저 체결되면 일본 기업들은 한국과의 경쟁에서 크게 불리해질 것"이라고 전망했다.

제18장 한국의 선진무역정책

18.1 국제 경제 환경의 변화

1. 대내외 무역 환경의 변화

(1) WTO DDA협상의 부진

WTO DDA(Doha Development Agenda, 도하개발의제) 협상은 2002년 개시되었다. WTO DDA 협상은 크게 ① 상품 및 서비스 시장개방 관련 분야로서 농업(보조금 및 농산물 관세 감축), 비농산물 시장접근(공산품, 임수산물 관세감축) 및 서비스(법률, 교육, 시청각, 의료 서비스 등)가 있고, ② 무역규범 관련 분야로서 기존의 협정 개정 분야인 반덤핑, 보조금/수산보조금, 지역협정, 분쟁해결 규범 개정협상과 신규범 제정분야로서의 싱가포르 이슈(투자, 경쟁정책, 무역원활화, 정부조달 투명성)가 있다.

DDA 협상 기한은 당초 2002년 1월 1일부터 2004년 말까지 3년간 협상을 통하여 타결하기로 예정하였으나, 2003년 9월 멕시코 칸쿤 각료회의에서 협상타결이 결렬되기도 하고, 2004년 8월 WTO 일반이사회에서 협상기한을 연장하였으나, 2006년 협상이 중단되기에 이르렀다. 협상의 좌초는 세계 경제에 미치는 파장이 클 것이라는 우려로 인해 재개되기는 하였으나, 선진국의 농업보조금 감축과 개도국의 공산품 관세감축 폭을 놓고 대립이 유지되었다.

라미 WTO 사무총장은 2008년 12얼 4차 의장수정안을 배포하고 당초의 수정안에 대해 검토 후 12월 13일~15일경 각료회의를 개최, 협상세부원칙(modality) 합의를 시도할 예정이었으나 면화산업 보조금문제, NAMA 분야별 자유화협상, 개도국의 농산물 SSM 발동 관련 이슈 등에 대한 당사국 간 입장차이를 해소하지 못하여 각료회의 개최에 실패하였다. 2010년에 이어 2011년에도 DDA 협상에는 큰 진전이 없었다. 서울 G20 정상회의에 참가한 주요국 정상들은 2011년은 협상타결의 중요한 기회임을 감안하여 막바지 협상에 경주해줄 것을 촉구하였으나, 2011년 4월 라미 사무총장은 사실상 협상의 연내 타결이 어렵하고 선언하기에 이르렀다.

라미 사무총장 등 협상의 진전을 위해 노력하는 측에서는 전체를 일괄 타결하는 방식으로는 조기 타결이 어려운 만큼 소위 소규모 패키지(Small package) 방식으로 가능한 분야부터 타결해 나가는 방식을 추진하였다. 그러나 이 패키지 안에 무엇을 담을 것인가를 두고 개도국과 선진국의 대립이 해소되지 않아, 결국 이 방식도 실패하였다. 다른 대안으로 자유화 의지를 가진 일부 국가들끼리 참여하는 복수국간 협정을 추진하는 방식이 제시되었다. 이 방식은 WTO 출범 당시 쇠고기, 낙농, 민간항공기, 정부조달 4개 분야에서 도입된 바 있으며, 현재는 민간항공기와 정부조달 분야에만 적용되고 있다. 또, WTO가 출범한 이후 정보기술협정(ITA : Information Technology Agreement)이 체결되어 IT 제품에 대한 무관세가 적용되고 있다. ITA를 확대하는 ITA 2나 서비스협정(GTAS : General Agreements on Trade in Services)만 다루는 협상도 제안된 바 있다. 아예 관세감축이나 서비스 개방과 같은 자유화를 제외하고 분쟁해결, 모니터링, 규범 등의 분야에 대한 협상만 진행하자는 아이디어도 제시되었다. 그러나 DDA 협상은 2011년에도 별다른 진전을 보이지 못한 채 해를 넘겼다. 또한, 2012년에는 50여개 국에서 선거가 실시되는 등 국내정치 여건 상 협상의 동력을 얻기 어려운 상황이어서 앞으로의 협상 타결 전망도 매우 불투명한 상황이다.

(2) 러시아 WTO 가입과 정부조달협정 개정

WTO 회원국은 수년간 153개국에 머물러 있었으나, 2011년 12월 WTO 각료회의에서 러시아, 몬테네그로, 사모아의 가입 협상이 완료되었다고 발표되었다. 러시아의 경우 가장 큰 걸림돌이었던 조지아가 반대의사를 철회했기 때문이다. 이미 WTO 회원국인 조지아(그루지아)는 2008년 조지아로부터 독립을 선언한 지역을 여전히 자국 영토로 주장하며 러시아와 대립을 보여 왔다. 2011년 10월 스위스 중재안을 조지아가 수용함으로써 양자 협상이 완료된 것이다. 새로운 회원국의 최종 가입은 국내 비준절차가 완료되어야 하므로, 2012년 중에 이루어 질 것으로 예상되며, 이로써 WTO 회원국 수는 156개국이 될 예정이다.

러시아의 WTO 가입은 단순히 회원국 숫자가 늘어난 것에 그치는 것이 아니라, 러시아라는 거대 시장이 가입함으로써 국제 무역에 새로운 기회가 창출되며, 공통의 국제규범이 적용되는 시장이 확대됨을 의미한다. 우선 러시아는 관세를 현재 평균 10.0%에서 7.8%로 점진적으로 인하한다. 공산품의 경우 평균 9.5%에서 7.3%로 인하하는데, 컴퓨터에 대한 관세는 5.4%가 3년 내로 철폐되며, 무선전화기는 2013년까지 철폐된다. 의약품에 대한 10~15%의 관세도 5~5.6%로 인하되고, 의료기기에 대한 관세 10%도 5%로 인하된다. 또한, 러시아는 고철, 구리, 목재, 펄프 등 700여 개 품목에 대한 수출세를 양허하게 되어, 러시아산 원자재를 수입하는 기업의 부담이 덜어질 예정이다.

〈표18-1〉 대러시아 주요 수출 품목과 WTO 가입에 따른 관세율 변화

품목	실행세율	가입첫해	최종 양허세율	이행완료 시점
승용차	30%	25%	15%	2019
자동차부품	5~15%	5%	0~10%	2012~2018
TV 부품	10%	10%	0	2015
합성수지	5~10%	5~10%	4~6.5%	2013~2014
냉장고	20%	20%	5~13%	2015~2017
철강제품	15~20%	5~15%	5~7.5%	2012~2015
의료기기	10%	10%	5%	2015년
플라스틱	10~20%	10~20%	5.5~6.5%	2015~2017
제지	15%	5%	5%	2012
커피	15%	15%	10%	2016
쥬스	15%	15%	8%	2015
의류	10%	10%	5~8%	2014~2015
가방	15~20%	15~20%	6.5~10%	2012~2017

자료 : 한국무역협회

2011년 우리나라와 러시아와의 무역은 211.5억 달러로 전체 무역의 약 2%정도를 차지하는데 그쳐, 러시아의 WTO 가입이 큰 영향을 미치지는 않을 것으로 예상된다. 대외경제정책연구원에 따르면 러시아 WTO 가입으로 관세인하에 따른 대러시아 수출 증가는 약 3,200만 달러로 추산되었다. 그러나 천연가스 등 자원 수출을

통해 경제가 안정적으로 성장하고 있으며, 인구도 꾸준히 증가하고 있어 향후 시장전망이 높다. 또한, 서비스 시장 개방과 각종 제도의 투명성이 제고되어 우리 기업의 투자 여건도 개선될 것으로 기대된다. 1993년 GATT 시절부터 진행되어 온 가입작업이 마무리됨에 따라 불확실성이 제거된 점도 중요한 의미를 갖는다고 평가할 수 있을 것이다. 현재 28개국이 가입작업을 계속 진행 중이어서, WTO 가입을 통한 안정적 시장개방이 기대된다.

한편 2011년 WTO를 통한 세계 무역에서의 또다른 진전은 정부조달협정의 개정이다. 정부조달 분야에서의 복수국 간 협정인 WTO 정부조달협정(GPA : Government Procurement Agreement)의 개정 협상은 지난 1997년부터 시작되어 오랜 세월 진행된 끝에 2011년 12월 타결되었다. WTO 사무국에 따르면 개정된 정부조달협정이 발효될 경우 연간 8백 억~ 1천 억달러 규모의 시장이 추가로 개방될 것으로 추산하고 있다. 다만, 이 협정은 당사국의 2/3가 일종의 비준서를 기탁한 다음에야 발효되며, 약 2년 가량의 시간이 소요될 것으로 예상된다. 또한, 중국이 WTO에 가입한 지 10년이 경과하였는데, 아직 당초 약속한 정부조달협정에 가입하지 않고 있어 이에 대한 주요국과의 협상이 지속되고 있다. 가까운 시일 내에 타결되기는 어려우나 협상이 상당히 진전되고 있어, 2012년 타결 가능성도 점쳐지고 있다.

(3) 보호무역 분위기 팽배

글로벌 금융위기가 2008년 실물경제로 전이되며 보호무역주의의 확산을 우려한 G20 국가들은 첫 번째 정상회의에서 수위(Stand-Still)를 선언하였다. 이는 현재 수준에서 무역과 투자를 제한하는 조치를 취하지 말자는 정치적 선언이었다. 이후 WTO, OECD, UNCTAD와 같은 국제기구가 보호무역 조치 모니터링을 지속해와 급격한 보호무역의 확산은 어느 정도 막은 것으로 평가된다. 그러나 경제위기가 회복되지 못한 채 남유럽을 중심으로 한 재정위기가 EU전역과 EU로의 수출에 대한 의존도가 높은 국가로까지 영향을 미치면서 다시 한번 보호무역 조짐이 나타나고 있다.

반덤핑 조치와 세이프가드 조치는 2011년에 감소하고 있는 것으로 확인된다. 반덤핑 조치의 경우 2008년 213건이 개시되었고, 2009년 141건의 조치가 발동된 후 감소하여 2011년에는 155건 개시 98건 발동으로 확인되었다. 세이프가드 조치의 경우에도 2009년 25건이 개시되어 최고조에 달했으나 2011년에는 11건 개시에 그쳤다.

〈표18-2〉 전 세계 무역구제조치 발동 추이

(단위 : 건)

		2007	2008	2009	2010	2011
반덤핑	개시	165	213	209	171	155
	조치	108	139	141	123	98
상계관세	개시	11	16	28	9	25
	조치	2	11	9	19	9
세이프가드	개시	8	10	25	20	11
	조치	5	6	10	4	11
계	개시	184	239	262	200	191
	조치	115	156	160	146	118

자료 : WTO 홈페이지상의 조치별 통계

반덤핑 조치나 세이프 가드 조치와 달리 상계관세 조치의 개시는 증가했다. 2009년 28건을 기록한 후 2010년 9건으로 감소했으나 2011년 다소 25건으로 증가했다. 일부 증가한 조치도 있고, 감소한 조치도 있으나, 이 수치는 언제든지 다시 늘어날 수 있다. 조사개시 후 약 1년이 경과해야 조치 발동으로 이어지는 절차를 고려하면 개시 건수의 흐름도 중요하며, 개시 자체만으로도 무역 기업에게는 상당한 압박을 가할 수 있다는 점에서도 더욱 중요하다.

2011년 우리나라를 대상으로 한 무역구제 조치는 반덤핑 외에는 큰 변화가 없었다. WTO 통계를 통해 반덤핑 조치와 상계관세 조치를 확인한 결과 상계관세 조치는 1건 개시되는 것에 그쳤다. 그러나 반덤핑 조치는 개시 11건. 발동 4건으로 상당한 증가세를 보였다. 계속되는 경제위기 속에서도 우리 수출은 지속적으로 증가하고 있기 때문에 이에 대한 견제심리가 작동했다고도 볼 수 있다. 대표적인 것이 미국이 한국산 냉장고와 세탁기를 대상으로 반덤핑 및 상계관세 조치를 개시한 것이다. 실제 시장에서는 한국산 제품과 미국산 제품을 동종 제품이 아닌 것으로 인식되고 있음에도 불구하고, 자국 기업의 매출 부진의 원인을 수입의 증가로 연계하여 조치를 개시한 것이다.

〈표18-3〉 우리나라를 대상으로 한 무역구제조치 발동 추이

(단위 : 건)

		2007	2008	2009	2010	2011
반덤핑	개시	13	9	7	9	11
	조치	6	8	7	3	4
상계관세	개시	0	0	1	0	1
	조치	0	0	0	0	0
계	개시	13	9	8	9	12
	조치	6	8	7	3	4

자료 : WTO 홈페이지상의 조치별 통계

또 하나의 불안 요소는 미·중 간의 무역마찰 심화이다. 미국은 중국산 상품에 대해 반덤핑, 상계관세 등 무역구제조치 발동을 꾸준히 하고 있다. 2007년 전체 35건의 조사개시 중 19건이 중국을 대상으로 한 것이며, 2008년에는 22건 중 15건, 2009년에는 34건 중 22건, 2010년에는 6건이 모두 중국을 대상으로 한 것이었다. 2011년 상반기에도 13건 중 8건이 대중국산 제품에 대한 조사개시로 전체의 61.5%를 차지했다. 미국은 중국 위안화 평가절하 문제를 지속적으로 제기해왔고, 이에 대한 만족할만한 답을 얻지 못하자 무역구제조치를 적극적으로 취하고 있는 것으로 보인다. 또한, 시장경제 지위를 부여하지 않은 이른바 비시장경제국(Non Market Economy, NME)에 대해서 상계관세 조사개시가 집중되고 있어, 중국, 베트남 등이 타겟이 되고 있다.

중국이 2001년 가입한 이래 총 26건의 WTO 분쟁해결 제소를 당했다. 이 중 절반인 13건을 미국으로부터 제소 당했는데, 특히 2010년 이후에만 4건의 제소를 미국으로부터 당했다. 중국은 주로 미국의 제소나 무역구제조치에 대해 보복성 제소를 하는 것으로 볼 수 있다. 총 8건을 제소했는데, 이 중 6건이 미국을 상대로 한 것이라는 점에서도 확인된다.

동시에 미국은 중국 위안화의 저평가 문제를 놓고 갈등을 벌이고 있다. 위안화 문제는 미국 뿐 만 아니라 브라질로까지 문제 시 하고 있으며, WTO 차원으로 확산시키려고 하고 있어 주의가 요구되고 있다.

2. 거시적 경제환경의 변화

기술혁신과 무역장벽 철폐에 따른 급속한 국제거래비용의 감소는 기업의 해외투자전략을 수평적 FDI에서 수직적 FDI로 전환시켜왔다. 그 결과, 국제분업구조가 생산공정간 국제분업이 심화되는 분절화현상(Fragmentation)이 확산되는 형태로 전개되어, 국제무역에서 기업내 무역(Intra-firm)이 급증하는 추이를 보이고 있다.

이와 같이 국제분업구조에서, 분절화 현상이 심화된 결과 나타나는 기업내 무역의 확대(전체 무역의 30% 상회, OECD국가간 교역의 경우, 50%를 상회)는 결과적으로 완제품 시장의 과점화를 심화시키는 결과를 낳고 있다. 즉 Global value chain의 확산에 따라 각 생산공정별로 Agglomeration Effect까지 가중되어, 규모의 경제효과와 그에 따른 주요산업의 과점화 현상이 더욱 확산되는 결과를 초래하였다.

세계산업구조 및 국제분업구조의 분절화 확산에 따른 산업전반에 걸친 과점적 기업들의 시장지배력 확대에 따른 추가적인 과점화 현상을 고려 할 때, 해외시장에서의 과점기업들의 시장지배력에 대응할 수 있도록, 우리기업들의 경쟁력 확보를 위한 기술적 우위 및 규모의 경제 실현을 전략적 산업정책이 필요하다.

즉 경제 민주화 정책은 모든 경제주체들에게 공정한 기회를 제공해주는 작동하는 사회안전망 구축에 초점을 맞추어야 하고 경제민주화라는 이름으로, 기업의 외형규모제한 등 양적 규제에 치중하여, 우리기업들의 기술 축적 및 규모의 경제 실현을 통한 국제 경쟁력 확보를 억지해서는 안된다고 생각한다.

또한 현재의 중소기업 육성정책은, 중소기업요건(고용규모 300인 이하, 자본금 80억원 이하)만 충족시기면 일괄적으로 지원이 이루어지는 복지정책적 측면이 강하고, 그 결과, 중소기업들이 국제 경쟁력을 갖춘 중견기업으로 성장할 유인보다는 정부지원을 받는 중소기업 수준에 안주할 인센티브가 더욱 강한 가운데, 분절화를 통해 규모의 경제를 실현한 해외경쟁기업에 대해서는 영원히 경쟁력과 자생력을 확보하지 못하는 정부지원의존형 기업으로 전락시키는 측면이 있다. 따라서 향후의 중소기업 중심의 경제민주화 정책은, 기술적 효율성을 갖춘 중소기업의 국제 경쟁력제고와 규모의 경제 효과 실현을 위한 전략적 산업정책으로 전환되어야 할 것으로 본다.

한편 복지정책적 차원의 중소기업지원은, 작동하는 사회안전망 구축정책으로 전환하고, 중소기업정책은 효율성과 경쟁력 개선에 초점을 맞추는 산업정책으로 전환되어야 한다. 일자리 창출정책 역시 향후 더욱 심화될 분절화를 통한 국제분업구조재편이 심화될 경우, 중장기적으로 우리 한국경제가 상대적으로 경쟁력을 확보할 수 없는 단순생산 및 조립공정에서의 일자리는 지속가능성이 매우 취약해 질 것으로 보인다. 장기적으로 지속 가능한 일자리는 한국경제와 산업이 상대적으로 비교우위를 확보할 수 있는 기술집약적 고부가가치 생산공정(R&D 공정, 핵심부품 생산공정, 기술서비스 공정 등) 관련 일자리이어야 할 것이다. 따라서 중소기업들의 고용창출효과가 지속 가능한 고용창출이 되기 위해선 중소기업의 업종 및 생산공정이 국제 경쟁에서 생존할 수 있는, 즉 한국 중소기업이 중국기업에 대하여 비교우위를 확보할 수 있는 기술력 및 부가가치구조 제고에 정책의 초점을 맞추어야 한다. 이러한 국제분업구조재편 추이를 고려할 때, 중소기업들을 저부가가치 산업에 안주하도록 유도하는 중소기업 고유업종정책 등은 국제분업구조 재편 추이를 전혀 고려하지 못한 정책으로, 장기적으로 중소기업의 붕괴를 초래할 수 있는 만큼, 조속히 중소기업의 기술력제고 및 국제경쟁력 제고정책으로 전환되어야 한다.

Fragmentation 및 Agglomeration 효과에 의한 세계산업의 과점화 현상을 고려할 때, 내수주도형 경제성장 정책은 중국과 같이 실질적인 규모의 경제 실현이 가능한 경제규모에서 가능한 접근이다. 특히 우리나라의 주력수출산업인 반도체, 자동차, 휴대폰 등 제조업의 경우, 우리 내수시장규모로서는 규모의 경제실현이 전혀 불가능한 만큼, 산업적 특성을 무시한 내수주도형 경제안정화정책 논의는 그 실효성이 없는 것으로 보인다. 또한 생산공정간 국제분업이 심화되면서, 지속적으로 저부가가치 생산고정에 특화하는 국가들은 장기적으로 고부가가치 공정에 특화하는 국가들과의 장기균형 달성이 불가능함이 최근의 Euro 위기에서도 확인 되고 있다. 즉 그리스, 포르투갈 등은 저부가가치 관광업 및 단순조립업에 특화화면서, 모든 기술집약적 제조업 및 고부가가치 산업은 독일 및 북부유럽에 특화된 상황에서 Euro화 도입에 따른 명목구매력 증가로 인한 거품발생은 필연적으로 재정위기를 낳을 수 밖에 없었음을 볼 수 있다.

장기적으로 그리스 및 포르투갈도 비교우위를 가진 고부가가치 산업을 육성할 때에만 장기균형이 달성가능하며, 현재와 같이 저부가가치 산업 및 생산공정에 특화한 형태의 국제분업구조를 유지하기 위해서는 미국수준의 Fiscal Federalism이 필요한 것으로 사료된다.

예컨데 미국의 North Dakota주가 상대적으로 부가가치가 낮은 감자 및 콩 등 저부가가치 농산품 생산에 완전특화하고도 장기적인 균형을 유지할 수 있는 것은 연방정부의 fiscal federalism에 의한 막대한 fiscal transfer가 이루어지기 때문이다.

현실적인 국제정치적 여건에서, Fiscal Federalism의 실현이 어려울 경우, 국제무역체제 및 국제경제구조의 안정화를 위해서는 저부가가치 산업 및 생산공정에 비교우위가 있는 국가 및 지역, 혹은 기업이 장기적으로 부가가치 구조를 개선할 수 있는 기술지원 및 기술이전정책이 적극적으로 이루어져야 할 것으로 사료된다.

18.2 선진무역정책의 과제

1. FTA 활용도 제고

(1) FTA 활용도 현황

2011년 한국의 세계 주요국과의 FTA 체결은 외형적으로 상당한 성과를 서둔 것으로 평가된다. EU, ASEAN, 인도 등 발효 중인 44개국(7개 협정)과의 교역 비중을 볼 때, 전체 교역의 24.7%이며, 미국을 포함할 경우 34.0%를 차지한다. FTA 활용률 역시 2010년에 비해 개선된 것으로 관찰된다. 하지만 선진국의 FTA 활용률과 비교할 때, 그 수준은 여전히 낮은 것으로 파악되고 있어 내연적 성장을 이루었다고 평가하기에는 조심스럽다.

한-칠레 FTA의 경우 수출 85.5%, 수입 95.8%로 FTA 활용률이 상당히 높은 수준으로 나타났다. 관세청에 따르면, 한-ASEAN FTA 활용률은 수출 33.1%, 수입 73.8%로 2010년 말, 수출 29.0%, 수입 59.0%에서 증가하였고, 한-인도 CEPA 역시 수출 35.8%, 수입 53.6% 수준으로 2010년 말, 수출 16.0%, 수입 45.0%보다 개선되었다. 2011년 7월 발효된 한-EU FTA 경우 수출 65.7%, 수입 47.1%를 기록하였으며, 2011년 8월 발효된 한-페루 FTA 활용률은 수출 61.3% 수입 52.6% 수준으로 나타났다.

〈표18-4 〉 기발효 FTA 활용률

FTA (발효일)	구분	활용률	FTA (발효일)	구분	활용율
칠레 ('04.4)	수출	85.5%	인도 ('10.1)	수출	35.8%
	(1년 차)	86.0%		(1년 차)	17.7%
	수입	95.8%		수입	53.6%
싱가포르 ('06.3)	수출	무관세	한-EU (2011.7)	수입	65.7%
	(1년차)			(1년 차)	
	수입	56.8%		수입	47.1%
EFTA ('06.9)	수출	27.5%	한-페루 (2011.8)	수출	61.3%
	(1년 차)	-		(1년 차)	
	수입	55.7%		수입	52.6%
ASEAN ('07.6)	수출	33.1%			
	(1년 차)	3.5%			
	수입	73.8%			

자료 : 관세청(2011.12.31., 칠레 수출 활용률은 2010.10. 기준)

FTA 활용률이 전년 대비 증가한 것은 사실이지만, ASEAN과 인도의 수출 활용률은 여전히 저조한 상황이다. 선진국의 FTA 활용률이 약 60~70% 수준인 것을 고려할 때, FTA 활용 제고를 위한 다양한 노력이 수반되어야 할 것이다.

(2) 인증수출자 현황

2011년 7월부터 발효된 한-EU FTA 활용 제고를 위한 키워드는 원산지인증수출자 자격 취득이었다. 원산지인증수출자제도는 관세당국이 원산지증명 능력이 있다고 인증한 수출자에게 원산지 증명서 발급절차 또는 첨부서류 제출 간소화 혜택을 부여하는 제도로서, 한-EU FTA가 아닌 경우에도 원산지증명서 기관발급시 시간과 비용을 절감할 수 있다. 한 -EU FTA에서는 6,000유로 이상 수출자에 대한 인증을 의무화하고 있기 때문에 특혜관세 적용을 위해서는 필수적이다.

한-EU FTA 수출 활용도는 다른 협정의 발효 1년차(ASEAN : 3.5%, 인도 : 17.7%)와 비교할 때 발효 초기임에도 긍정적으로 평가되는데 이는 인증수출자 지정 등의 이행준비를 차질 없이 진행한 결과로 분석된다.

관세청 자료에 의하면 건당 6,000유로 이상 대EU 수출업체 8,043개 중 인증수출자 지정 업체 수는 발효 전 1,026개사(2011.5.27 기준)에서 4,202개사(2011.12.31 기준)로 증가하여 대상업체의 52.2%를 차지한다. 인증수출자는 업체별 인증수출자와 품목별 인증수출자로 나뉘는데 인증받은 4,202개사 중 업체별 인증수출자를 취득한 업체는 359개사에 불과하며 이는 대상업체의 4.5%로 매우 저조한 수준이다. 업체별 인증수출자는 모든 품목에 대해 인증수출자 혜택을 받을 수 있는데 반해 품목별 인증수출자는 해당 품목(HS 6단위)에 대해서만 혜택을 적용할 수 있기 때문에 매우 제한적이다. 따라서 품목별 인증수출자 취득을 한 업체라도 업체별 인증을 받아야만 해당 업체의 대EU 수출 품목 전부에 대해 특혜관세를 적용받을 수 있다. 결국, 한-EU FTA 활용 확대를 위해서는 품목별 인증을 받은 업체라도 업체별 인증을 다시 받는 것이 시급하다.

협정관세 적용을 위해 인증수출자 취득을 필수 조건으로 제시하는 협정은 한-EU FTA가 유일하지만, 그 외에도 한-페루 FTA는 인증수출자 지정을 받을 시 원산지증명서 자율발급이 가능하며, 기관발급(ASEAN, 인도, 싱가포르) FTA 하에서도 인증수출자제도를 활용하는 것은 업무의 효율성을 높일 수 있다.

〈표 18-5〉 인증수출자의 협정별 혜택

협정	인증 전	인증 후
한-EU	① 6,000유로 이하의 수출물품에 대하여만 원산지 신고서 작성 가능	① 6,000유로 초과 물품을 수출할 경우 인증 수출자에 한하여 원산지 증명서 발급 가능 (특혜관세 적용 가능)
한-아세안 한-싱가포르 한-인도	① 원산지증명서 발급 신청서작성 ② 첨부서류 제출 - 수출신고필증 사본, 송품장 또는 거래계약서, 원산지소명서, 원산지 확인서, 그밖의 원산지 증빙자료 ③ 현지 확인(필요한 경우)	① 원산지증명서 발급신청서 ② 첨부서류 제출 생략 ③ 현지 확인 생략 가능
한-EFTA	① 자율발급 원산지증명 서로 수출자의 서명 필요	① 자율발급 원산지증명 서로 수출자의 서명 생략
한-페루	① 미화 2,000달러 초과 물품을 수출할 경우 원산지증명서 기관발급만 가능	① 미화 2,000달러 초과 물품을 수출할 경우 원산지증명서 기관발급 및 자율발급 모두 가능
기타	동 제도 미적용	

자료 : 관세청

(3) FTA 활용도 제고 방안 및 원산지 관리와 사후검증대응 역량 배양

FTA 활용률이 낮은 이유는 다양한 데에서 찾을 수 있겠지만, 특혜관세 활용방법및 절차가 기업들에게 낯설고 복잡하게 느껴진다는 점을 우선적으로 고려해야 할 것이다. 한국무역협회에서 2011년 FTA 관심업체를 대상으로 한 설문조사에 의하면 FTA 활용 시 가장 큰 애로사항을 묻는 질문에 대해 가장 많은 업체가 특혜관세 활용방법 및 절차 복잡(28.6%)이라고 응답하였다. 동일품목이라 할지라도 협정별로 적용되는 원산지 규정이 다르며, 원산지 증명을 위한 발급방식, 관련서식, 작성절차 및 유효기간 등이 상이할 수 있어 활용에 어려움을 느낀다. 이러한 문제는 수출업계에 FTA 전문 인력 양성이라는 필요를 발생시킨다.

다른 협정들의 발효 1년 차 수출 활용률에 비해 한-EU 수출 활용률이 양호한 이유는 발효 전 인증수출자 자격 취득 관련하여 다양한 교육 및 설명회가 진행되었고, 대 EU 수출기업대상으로 많은 홍보 및 FTA 전문가 컨설팅을 통해 FTA 활용방법 및 절차에 대한 상세한 안내가 제공되면서 기업들의 체계적인 준비를 지원했기 때문으로 풀이된다. 따라서 기업들의 FTA 활용에 활용방법 및 절차 복잡이 활용 정체의 원인이 된다면 FTA 전문 인력 양성에 힘쓰고, 활용 방법 및 절차 간소화를 위한 제도 개선 노력 역시 동시에 지속되어야 할 것이다.

〈표 18-6〉 상대국의 수출·수입 검증 요청

(단위 : 건)

구분	'07	'08	'09	'10	'11
수출 검증	6	7	7	15	93
수입 검증	12	26	43	45	44

자료 : 관세청

또한, 원산지 사후검증 대응에 초점을 맞추어야 한다. 검증은 수출입 물품에 대해 원산지 증빙서류의 진위여부와 그 정확성을 조사하는 것을 의미하여 원산지 검증 시 증빙자료를 제시하지 못할 경우 그동안 적용받은 협정관세와 벌금을 추징당하게 된다. 뿐만 아니라 수출자의 입장에서 원산지 검증에 대응하지 못한다면 상대국 바이어와의 관계가 악화되는 불이익을 경험할 수 있다.

관세청에 의하면, 2011년부터 상대국의 수출 검증 요청은 폭증하여, 2011년 총 93건(전년 대비 520% 증가)을 기록하였다. 44%를 차지하는 EU 수출 검증요청 중

유형별로 볼 때, 무작위 방식(한-EU FTA는 무작위 선별에 의한 원산지 검증을 인정, 한-EU FTA 제27조 제2항)에 의한 것이 61%, 합리적 의심에 의한 것이 29%이다. 향후 유럽 재정위기가 개선되고, EU 회원국들과 FTA 교역이 증가할수록 EU의 검증요청도 늘어날 것이라 예상된다. 또한, 2011년 양 국회에서 비준동의안이 통과된 한-미 FTA가 2012년 발효되면 한-미 FTA 직접검증에 대해서도 대비를 해야 한다. 따라서 우리 기업들의 체계적인 원산지 관리와 원산지 검증 대응역량 배양이 절실하다.

결과적으로, FTA 활용을 확대하여 그 효과를 극대화하기 위해서는 FTA 전문인력 양성을 통한 체계적인 원산지 관리로 FTA 활용률을 제고하고 사후검증 역량을 강화하는 것이 중요한 과제라 하겠다. 이를 위해 정부 및 유관기관이 협력하여 다양한 방법으로 지원책을 강구하고 있다.

품목분류, 원산지기준 및 원산지증명서류 작성 등 전문가들의 FTA 활용 현장 컨설팅 제공지원과 상대국 정보를 입수하여 원산지사후검증 대비책을 마련할 필요가 있다. 정부 및 무역 아카데미, 대학, 대한상의, 세관 등 유관기관에서 FTA 전문 인력 양성을 위해 지속적인 교육과 홍보 및 성공사례 공유 등 다양한 채널을 통해 FTA 지원을 수행 중이다. 뿐만 아니라 서류 및 절차 간소화 등을 위한 제도 개선을 위한 협의가 진행 중이며, 효율적인 사후검증에 필수적인 원산지시스템구축 지원을 통해 중소기업에 실요성 있는 지원을 도모하고 있다.

2. 신흥시장 및 자원 부국 진출확대

유럽재정위기의 여파에도 불구하고 우리 수출은 다른 나라에 비해 안정적 성장세를 유지하였다. 2011년 우리 수출은 전년 대비 19.0% 증가한 5,552억 달러로 경제위기 이전의 수출 증가율을 유지하였으며 세계 수출 순위는 2009년 9위에서 2010년 이탈리아, 벨기에보다 앞선 7위를 기록한 이후 2011년에도 세계 7대 수출대국을 유지하고 있다. 무역흑자도 안정세를 보이며 308억 달러를 기록하였다.

이러한 기록적인 수출성과를 기록하는 데는 여러 가지 요인이 있겠으나, 신흥개도국 및 자원부국으로의 수출이 크게 늘어난 점을 빼놓을 수 없다. 글로벌 금융위기와 유럽재정위기의 영향으로 선진국으로의 수출이 둔화되거나 감소된 데 반해 중동, 동남아 등 신흥시장과 자원 부국으로의 수출은 사상 최대 수출실적을 시현하였다.

〈표 18-7〉 한국의 대개도국 수출 품목

(백만 달러, %)

품목명	2009		2010	
	금액	증가율	금액	증가율
합계	334,573	29.3	402,044	20.2
선박	33,784	-0.2	43,979	30.2
반도체	40,594	68.4	42,005	3.5
석유제품	21,093	38.6	35,489	68.3
평판디스플레이 및 센서	30,283	27.7	30,139	-0.5
자동차	21,517	50.9	26,354	22.5
합성수지	15,062	28.5	16,910	12.3
자동차부품	12,743	56.7	15,671	23
철강판	12,708	34.6	15,323	20.6
무선통신기기	12,825	-14.3	12,190	-5.0
건설광산기계	4,698	92.9	6,200	32.0

자료 : 한국 무역협회

과거 우리나라의 주요 수출시장은 주로 미국, EU, 일본 등 선진국에 국한되어 있었다. 80년대 중반까지만 하더라도 우리나라의 대선진국 수출은 전체 수출의 80%를 넘었다. 그 중에서도 미국으로의 수출 비중은 그 절반인 40%에 육박하였다. 그러나 2011년 우리나라 총수출에서 미국으로의 수출 비중은 10.1%로 낮아졌다. 대신 신흥개도국으로의 수출이 72.4%로 증가하였으며, 특히 대중국 수출 비중이 24.2%로 증가하였다.

품목별로 보면 우리의 대개도국 수출은 주로 선박, 반도체 , 석유제품, 평판디스플레이 및 센서, 자동차 등이다. 대선진국 수출과 비교하면 순위와 수출규모 및 비중에서는 조금씩 차이가 있지만 대부분의 품목이 일치하고 있다. 즉 신흥개도국의 경제성장으로 신흥개도국과 선진국의 수요가 빠르게 동질화되고 있다는 것이다.

신흥개도국 중에서도 특히, 중국으로의 수출 비중은 매년 크게 늘어나고 있다. 1990년대 초 한·중 수교 당시만 해도 우리의 대중국 수출 비중은 1.4%에 불과하였다. 그러나 불과 10년만에 수출 비중이 12.1%로 확대되더니 급기야 2003년에는 우리의 최대 수출시장이었던 미국을 제치고 최대 수출시장이 되었다. 2011년에는 우리의 대중국 수출 비중이 24.2%로 대미국 수출 비중 101.%를 두 배 이상 상회하면서 우리의 최대 수출시장으로서 확고하게 자리매김하였다.

〈표 18-8〉 한국의 대선진국 수출 품목

(백만 달러, %)

품목명	2010		2011	
	금액	증가율	금액	증가율
합계	131,792	25.9	152,615	15.8
자동차	13,892	24.6	18,952	36.4
석유제품	10,437	34.8	16,111	54.4
무선통신기기	14,792	-7.7	15,135	2.3
선박	15,328	35.8	12,098	-21.1
반도체	10,113	45.8	8,141	-19.5
자동차부품	6,220	73.8	7,416	19.2
철강판	3,880	48.2	5,649	45.6
컴퓨터	3,298	20	3,106	-5.8
고무제품	2,441	35.6	2,989	22.5
철강관 및 철강선	2,048	88.4	2,877	40.5

자료 : 한국무역협회

2011년 유럽재정위기 등 선진국 수출이 둔화된 바면, 아세안 35.0%, GCC 38.1%, 대양주 27.4%, 아프리카 49.7% 등 신흥국과 자원부국으로의 수출이 크게 증가하였다.

이렇게 우리나라의 대신흥국 수출이 크게 늘어난 데는 우리 제품의 품질경쟁력 향상을 통해 개도국에서의 인지도를 높여간 것이 매우 중요한 요인이다. 또한, 신흥개도국들이 빠른 경제성장을 통해 수입수요를 크게 확대한 것도 우리의 대신 신흥개도국 수출이 늘어나는데 일조 한 것으로 분석된다. 또한 1990년대 중반부터 선진국들의 경제가 매년 2%대의 성장에 머물고 있었던 반면, 신흥개도국들은 8%에 육박하는 고성장을 시현하였다. 특히 최근 금융위기 이후 신흥개도국들은 빠른 회복세를 보인 반면 선진국들은 2%대 성장에 머물렀다.

2010년 이와 같이 우리의 대 신흥개도국 시장 공략이 성공적으로 진행된 또 한

가지 이유로 전 세계 자원부국으로의 수출확대를 들 수 있다. 2000년 들어 세계적인 경기호황기를 맞이한 각국은 자원에 대한 수요가 크게 증가하였다. 그 결과 풍부한 자원을 보유한 자원부국들은 자원가격 상승에 따라 큰 이익을 실현하였다. 유가 등 원자재 가격 강세에 따라 자원부국들의 자원수출 규모가 급증하였으며 이에 힘입어 큰 폭의 경상수지 흑자를 기록하며 고성장 국가로 탈바꿈하게 되었다. 2000년대 초반 10% 부근에 머물렀던 자원부국 GDP의 전 세계 비중은 2007년 15.0%까지 상승하였으며 2010년에는 16.7%에 이르렀다.

〈표 18-9〉 우리나라의 대자원부국 수출 추이

(백만 달러, %)

	2010			2011		
	금액	증가율	비중	금액	증가율	비중
전체	466,384	28.3		55,214	19	
인도네시아	8,897	48.3	1.9	13,564	52.5	2.4
브라질	7,753	46	1.7	11,821	52.5	2.1
러시아 연방	7,760	85	1.7	10,305	32.8	1.9
아랍에미리트 연합	5,487	10.2	1.2	7,268	32.5	1.3
사우디아라비아	4,557	18.2	1	6,964	52.8	1.3
이란	4,597	15.2	1	6,068	32	1.1
캐나다	4,102	19.3	0.9	4,928	20.1	0.9
나이지리아	806	-1.3	0.2	2,487	208.7	0.4
칠레	2,947	32.2	0.6	2,381	-19.2	0.4
남아프리카	1,668	54.2	0.4	2,255	35.2	0.4
우즈베크	1,439	25.1	0.3	1,719	19.5	0.3
쿠웨이트	1,048	40.9	0.2	1,432	36.6	0.3
페루	944	47.2	0.2	1,368	44.8	0.2
알제리	1,496	36.6	0.3	1,122	-25	0.2
우크라이나	714	67.5	0.2	1,023	43.2	0.2
오만	664	25.2	0.1	907	36.6	0.2
카자흐	604	96.2	0.1	757	25.2	0.1
노르웨이	2,801	74.4	0.6	666	-76.2	0.1
베네수엘라	644	82.1	0.1	615	-4.5	0.1
카타르	473	-63.9	0.1	469	-0.8	0.1
자원부국소계	59,401	-	12.7	78,119	31.5	14.1

자료 : 한국무역협회

또한 자원의 수출이 크게 증가하면서 자원부국들은 사회간접자본 건설, 공장설비 건설, 자원채굴 등에 재투자하였으며 민간소비도 크게 확대되어 전 세계 수입도 크게 증가하였다. 아시아의 자원부국인 인도네시아의 경우 2001년 수입 규모는 347억 달러에 머물렀으나 10년간 3.7배 증가하여 2010년에는 1,217억 달러를 기록하였다.

자원부국에 대한 우리나라의 수출 역시 이들 국가의 수입수요 확대에 힘입어 빠르게 증가하였다. 2010년 594억 달러로 우리나라 대세계수출의 약 12.7%에 달하던 대자원부국 수출은 선진국의 경기침체에도 불구하고 2011년 31.5% 증가하여 전체 수출의 14.1%를 차지하게 되었다.

자원부국 중 가장 많은 대인도네시아 수출을 살펴보면 2001년 전년 대비 5.25% 증가한 135.6억 달러를 기록하였다.

글로벌 금융위기 이후 선진국의 경기침체가 장기화되고 신흥국의 경제성장이 빠르게 진행되면서 신흥개도국과 자원부국의 중요성이 부각되고 우리의 새로운 수출대안으로 떠오르고 있다. 그 밖에 우리의 수출 품목이 고도화, 다양화되고 수출시장이 전 세계로 다변화되면서 미국, 일본, EU 등 선진국 비중이 점진적으로 감소하고 중국, 인도 등 신흥개도국의 비중이 증가하고 있다.

3. 녹색성장의 촉진

(1) 녹색시장이 성장

세계적으로 녹색시장은 점차 확대되고 있다. 영국기업연합은 2009년 발간한 「기후변화대응 보고서」에서 확고한 녹색협약이 체결된다면 시행 5년 안에 1조 달러 상당의 저탄소 기술시장이 생겨날 것으로 전망하였다. 대표적인 녹색 기술 분야인 태양광, 풍력, 바이오매스 등을 포함하고 있는 신재생에너지 시장은 2004년~2009년 까지 지난 5년간 연평균 28.2%의 성장세를 기록했으며, 2009년도 1,620억 달러에서 2020년엔 최대 1조 달러까지 급격히 성장할 전망이다.

(2) 주요국의 녹색투자액 규모

미국발 금융위기, 유럽 재정위기 등의 여파로 경제적 위기가 급속히 확대되면서, 에너지 위기, 기후변화, 세계적 경기 침체를 극복할 대안으로 각국은 지금 녹색산업 발전에 역점을 두고 있다. 미국 퓨(Pew) 환경그룹이 2011년 3월 G20 국가를 중심으로 조사한 결과에 따르면 2010년도 세계 녹색투자액은 2,403억 달러로 2009년도 대비 약 30%, 2004년에 비해 무려 630%나 증가한 것으로 나타나 녹색투자가 급속도로 증가하고 있음을 여실히 보여주고 있다(무역환경정보네트워크 홈페이지 www.ten-info.com). 이러한 녹색경쟁(green race)에 선진국과 후진국의 구별이 없이 모든 나라들이 앞 다투어 진출하고 있는데, 특히 중국은 2010년 한해만 544억 달러를 투자하여 전 세계에서 가장 많은 투자를 한 국가로 조사되었다. 뒤이어 독일, 미국, 이탈리아, 브라질, 캐나다 순으로 많은 예산을 녹색산업에 투자하고 있는 것으로 나타났다.

우리나라는 2010년 G20 국가 중 녹색투자액 17위를 기록했으며 2009년보다 약 58%가 감소한 3억 5,600만 달러를 녹색산업에 투자하였고, 이는 G20 전체 투자액의 0.17%를 차지하는 수준이다. 우리나라의 녹색투자액은 1위를 기록한 중국과 비교할 때 약 1/150에 불과한 수준이다. 또한, 2008년 기준으로 한국의 녹색 시장 규모는 전 세계 녹색 시장의 약 1.63% 해당하는 704억 달러에 불과해 국내 기업에게 해외 시장 진출은 필수적이라 하겠다(Department for Business, Enterprise and Regulatory Reform, 2009). 2011년 기준 96.7%의 무역의존도를 보이는 등 수출에 전적으로 의존하는 우리나라를 녹색시장에서 살아남기 위한 전략을 넘어 시장선점을 위한 전략이 필요하다.

(3) 녹색산업 수출 활성화를 위한 정책제언

우리나라의 경우 전술한 것처럼 녹색산업 육성방안으로 내수시장에만 의존할 경우 규모의 경제를 시현할 수 없기 때문에 수출이 주요 핵심 정책이 되어야 한다. 또한, 신흥시장이라는 녹색시장의 특성으로 인해 기존의 패스트 팔로우(Fast Follower) 전략으론 성공할 수 없으며, 새로운 퍼스트 무버(Forst Mover) 전략이 필요하다. 즉, 수출정책에 있어서도 패러다임의 전환이 필요하며 이러한 관점에서 녹색산업 수출 활성화를 위한 5가지 과제를 제안한다.

첫째, 정책 수요자의 요구를 반영한 실질적인 제도를 만들어야 한다. 기존의 수출지원 정책들은 수출지원 정책을 수립하고 의사결정을 하는 정책입안자들인 공급자의 입장에서 마련된 것들이 대부분이다. 제도 수요자 관점에서 기업 요구를 반영한 실질적인 지원정책을 만들기 위한 생각의 전환이 필요하다. 예를 들어 신청한 기업만을 대상으로 지원하는 기존의 수동적 방식이 아닌 녹색제품의 수출실적이 우수한 기업을 자체 선정하여 지원하는 능동적 제도를 들 수 있다. 중소기업의 경우 어떠한 정책이 있는지 모르는 경우가 많으며, 알아도 혜택을 받기 위한 시간과 노력을 할애하기가 사실상 힘든 업체가 대부분인 실정이다. 그리고 녹색산업 해외 동반진출 기업 섭외 정보, 분야별 M&A에 유용한 우량 기업 정보, 수출 시 필요한 제품별・국가별 인증 정보 등의 시장정보에 대해 공급자와 수요자가 서로 역할을 바꾸어 가며 정보를 제공할 수 있는 선순환 발전체제를 마련하는 것이다. 공급자가 모든 내용을 기획하여 제공하는 방식이 아닌 수요자 간의 유용한 정보를 나눌 수 있는 장을 마련해 주고 활성화시키는 것만으로도 급변하는 시장정보를 제공해 주는 것이 가능하게 될 것이다.

〈표 18-10〉 주요국 녹색투자액 규모 및 순위 (2010년 기준)

순위	국가	투자액(10억달러)	
		2009	2010
1	중국	39.1	54.4
2	독일	20.6	41.2
3	미국	22.5	34
4	이탈리아	6.2	13.9
5	기타 EU	13.3	13.4
6	브라질	7.7	7.6
7	캐나다	3.5	5.6
8	스페인	10.6	4.9
9	프랑스	3.2	4
10	인도	3.2	4
11	일본	3.2	3.5
17	한국	0.847	0.356

자료 : Pew Environment Group(2011), www.ten-info.com 재인용

수요자 중심의 제도 마련이라는 패러다임의 전환은 장단기, 중앙・지자체, 원칙과 세칙 등 녹색산업 수출 활성화 전방위 모든 정책과 제도에 있어서 새로운 패러다임이 반영될 때 성공할 수 있다. 따라서 패러다임의 전환과 함께 녹색산업의 수출 활성화를 위한 국가로드맵과 이를 달성할 수 있는 방안이 담긴 전략 수립이 필요하다. 이것이 두 번째 과제이다.

신흥시장이라 각종 연구기술 개발이 요구되며, 장기적이고 대형 사업이 많은 녹

색산업의 특성을 고려했을 때 정부의 장기적인 비전과 명확한 전개방향의 자세는 기업에 있어 무엇보다 중요하다. 기업은 이를 근거로 투자와 사업 전환 및 확장 등에 대한 리스크를 가늠하며 의사결정을 할 수 있기 때문이다. 정부 정책에 대한 확신이 없는 상황에서 기업들은 투자를 꺼리게 되며, 결국 기술 개발이 늦어져 시장선점의 기회를 놓치는 결과를 초래하게 된다. 국가의 녹색산업 육성을 위한 장기적인 로드맵과 전략마련의 중요성은 한국무역협회가 녹색산업에 종사하는 기업들을 대상으로 실시한 설문조사 결과에도 잘 나타나 있다. 설문응답 기업 중 32.1%가 정부의 가장 중요한 역할도 자금지원이나 시장정보제공이 아닌 수출 활성화 전략 수립을 지적한 것으로 조사되었다.(한국무역협회, 2010).

저탄소 녹색성장을 국가 비전으로 선포 후 녹색산업 육성 등 이를 실천하기 위한 다양한 정책이 마련되었으나, 녹색산업 분야 수출 활성화를 위한 국가 전략은 부재한 실정이다. 미국은 청정에너지 수출 촉진을 위해 신재생 에너지 및 에너지 효율 기술의 수출전략을 수립하고 범부처 간 협력 체제를 구축하는 등 선진국들은 녹색시장 선점을 위해 수출확대 전략 하에 체계적으로 기업을 지원하고 있다. 우리 기업들에게 장기적인 비전과 방향을 제시하기 위해 정부 차원의 수출 활성화 전략이 조속히 마련되는 것이 중요한 과제가 될 것으로 보인다.

셋째, 실행기관의 일원화와 전문성 강화가 필요하다. 우리나라는 시기별 필요에 따라 기존 정책에 추가하여 수출지원제도가 마련되어 온 까닭에 다수 다종의 지원정책이 있다. 한국무역협회 국제무역연구원의 설문조사 결과에 따르면 58.1%의 기업들이 정부 정책에 대해 불만족한 사유 1위로 기관별 몇 개에서 수십 개에 이르는 제도를 파악하기가 어렵다는 것을 지적했다.(한국무역협회 2010). 이처럼 양적인 증가와 함께 기관별로 따로 추진되는 사업으로 인해 중복해서 시행되는 경우가 다반사이다. 중기청, 지자체, 유관기관에서 모두 나름의 해외 마케팅 지원 방안을 마련하는데 주체만 다르지 내용은 유사한 경우가 많다. 예를 들어 외국어 통번역 사업, 해외전시회 참가 지원 사업 등은 수출역량강화 사업에서도 지원해 주고 지자체 사업에서도 지원해 준다. 그러다 보니 어떤 사업은 신청 기업이 부족한 지경에 이르기도 하며 같은 사업에 대한 수혜를 받으려 해도 기관 별로 서류가 상이하고 신청절차가 복잡하여 기업들의 불만을 사기도 한다. 기관별로 전문성을 높이고 수요중심의 실행을 위해 제도별 전담기관을 일원화하는 등 활용도를 증대시키기 위한 근본적인 노력이 모색되어야 한다.

녹색산업 수출 활성화를 위한 네 번째 방안은 체계적인 녹색산업 통계자료의 구축이다. 녹색산업 분야별 발전 수준과 미흡한 부문, 개선이 필요한 사안 등 모든 것은 이를 파악할 수 있는 자료에서부터 출발한다. 그러나 현재의 통계시스템에서는 이를 확인할 방법이 없다. 고식지계로 해당 산업에 종사할 것으로 유력 시 되는 일부 기업들에게 설문조사를 통해 해당 산업의 수출입 자료를 획득하고 있는 것이 현재 상황이다. 이렇다 보니 녹색산업에 대한 구분도 애매하고, 통계도 없으니 녹색산업 수출을 활성화하기 위한 평가와 개선이 애초부터 기대하기 힘든 실정이다.

녹색산업은 신재생에너지 산업을 포함 기존의 철강, 화학, 전기전자, 반도체, IT 등 모든 산업이 연관되어 있어 정책마련의 기본인 자료 체계를 구축하기란 결코 쉬운 일이 아니다. 기존에 갖고 있는 시스템과 전혀 다른 새로운 체제가 필요할 정도로 어려운 일이다. 그러나 그 필요성이 분명한 만큼 단기간 내에 성과가 나지 않더라도 조금씩 그 해답을 찾기 위한 고민과 노력이 반드시 있어야 한다. 녹색산업의 범위를 정하고 이에 해당하는 품목과 제품을 정의하며, 수출입 통계를 잡을 수 있는 해결책을 내놓기 위한 구체적이면서도 지속적인 작업에 착수해야 한다.

마지막으로 녹색산업 수출은 국가 차원의 적극적인 대외 홍보와 외교 채널을 통한 기업의 프로젝트 수행 지원이 필요하다. 녹색시장은 앞서 언급한 것처럼 국가별 육성정책과 밀접하게 연관되는 특성이 있으므로 정책계획단계부터 시장선점을 위한 노력이 요구된다. 또한, 신흥 산업인 만큼 기술, 제품규격 등과 관련하여 표준화 작업을 위한 국제적인 논의가 활발하다. IRENA(국제재생에너지기구), IEA(국제에너지기구) 내 REWP(신재생에너지 실무그룹), BIO(바이오 에너지 그룹), PVPS(태양광 그룹), SolarPACEs(태양열 발전), Wind(풍력), Hydrogcn(수소) 등 신재생에너지 분야만 하더라도 다양한 국제기구 차원의 논의가 진행 중이다.

정부는 기업의 해외진출 지원을 위해 보다 적극적인 국가별 맞춤형 홍보와 외교 채널을 구축하는 등 전략적인 외교정책 노력을 강화해야 할 것이며, 국제기구 대응 체계를 전문화 하는 것에도 만전을 기해야 한다. 국제기구에서 결정된 결과를 충족하는 제품을 만들기 보다 우리 기업이 만든 제품의 기술과 규격이 국제표준으로 선정될 때 시장에서는 몇 배의 큰 효과를 창출할 것이기 때문이다. 녹색산업은 이제 막 표준화를 위한 논의가 진행되고 있는 경우가 많으므로, 적극적인 의견개진과 참여확대를 위한 다자간 협력사업의 국가대표단의 전문성 강화가 요구된다.

4. 서비스 수출의 확대

서비스 무역은 고용은 물론 경상수지에 미치는 영향이 지대함에도 불구하고 그동안 제조업 위주의 발전 전략으로 인해 그 중요성이 상대적으로 조명 받지 못하고 있다. 상품무역수지는 흑자를 지속하는 반면 서비스 무역수지는 적자를 벗어나지 못하고 있다.

〈표 18-11〉 우리나라 서비스무역 수출입 추이

(단위 : 억 달러)

구분	2003	2004	2005	2006	2007	2008	2009	2010	2011
수출	349.7	445.4	497.4	568.4	729.9	906.3	735.8	873.2	950.0
수입	407.7	505.0	597.0	701.7	849.6	963.7	802.2	959.1	993.8
수지	-57.9	-59.6	-99.5	-113.3	-119.7	-57.3	-66.4	-85.9	-437.7

자료 : 한국은행

이는 상품수지를 통해 벌어들인 재원이 서비스 무역을 통해 유출되고 있는 상황이다. 따라서 우리나라가 진정한 선진국으로 발돋움하기 위해서는 현재의 서비스 무역수지 적자구조를 획기적으로 개선하여 흑자구조로 전환하는 것이며 이는 다음과 같은 중요한 의미를 가진다. 우선 첫째, 최근 우리나라의 잠재성장률이 저하되는 가운데 새로운 성장원천으로서의 서비스산업의 중요성이다. 제조업의 육성이 일정수준에 오르고 향후 발전 속도가 느려질 수밖에 없는 상황에서 서비스업은 훌륭한 성장대체산업이다. 두 번째로는 현재 글로벌 서비스산업의 트렌드는 제조업의 경쟁력과 서비스산업의 수준을 분리해서 생각하기 어렵다는 것이다. 제조업의 경쟁력 향상을 위해서도 서비스산업의 수준을 분리해서 생각하기 어렵다는 것이다. 제조업의 경쟁력 향상을 위해서도 서비스산업의 발전이 필요한 것이다. 세 번째로는 내수활성화이다. 현재 우리 경제가 안고 있는 주요 문제점 가운데 하나는 내수의 취약으로 해외경제에 지나치게 좌우되는 천수답 경제라는 것이다. 그런데 서비스산업의 육성은 내수를 충실히 하여 우리나라의 독자적인 성장을 어느 정도 보장한다는 점에서 중요성을 가진다. 마지막 다섯째로는 청년층 실업이 사회문제가 되는 상황에서 서비스 산업은 재능과 적성을 가진 젊은이들에게 매력적인 일자리를 제공할 수 있다는 점에서 그 육성이 시급한 과제라 할 것이다.

(1) 서비스 수출의 효과

이는 서비스 수출의 국민경제효과를 가지고도 확인할 수 있다. 2010년 우리나라 서비스 수출의 산업연관효과를 분석한 결과 생산유발효과는 서비스산업의 특성을 반영하여 제조업 수출의 85%에 불과하다. 그러나 소득유발효과(부가가치 유발효과)는 5% 정도 초과하며 특히 취업유발효과는 제조업을 무려 128% 상회하는 것으로 나타났다. 이것이 우리 경제가 이제 글로벌 시장을 무대로 서비스 수출에 나서야 하는 절실한 이유가 된다.

(2) 개별 서비스 수지에 대한 분석

① 운송서비스 수출 : 우리나라는 세계 2위의 운송서비스 수지 흑자국이다. 운송서비스 수지의 결정 요인으론 해운산업의 발전, 항만 및 지리적 입지, 무역규모 등의 영향을 받는다. 우리나라는 세계 5위의 해운산업을 보유하고 있으며 3면이 바다로 둘러싸인 반도국으로서 더구나 동북아시아 지역의 중앙부에 위치하고 있어 해운산업 육성에 더할 나위 없이 좋은 위치를 차지하고 있다. 우리나라의 운송서비스 수지흑자는 이러한 상황을 반영한 것으로 볼 수 있다. 또한, 우리나라의 세계교역 수준이 세계 9위에 해당하는 것도 그 요인이 될 것이다.

② 여행서비스 수지 : 여행서비스 수지는 인구밀도, 관광자원, 1인당 국민소득 등이 결정요인으로 작용한다. 우선 우리나라는 인구밀도 면에서 세계 33위로 불리한 여건을 가지고 있다. 또한, UNESCO, 지정 세계문화유산을 기준으로 관광자원도 부족한 상황이다. 1인당 국민 소득과 여행수지의 상관관계를 보면 여행수지 흑자국들은 1인당 국민소득(GDP) 증가에 따라 흑자도 증가하지만 적자국은 오히려 적자가 증가하는 상관관계를 가지고 있는 것으로 나타나고 있다. 따라서 우리나라의 여행수지는 적자를 면치 못하고 있다.

③ 사업 서비스 수지 : 사업서비스는 기업경영의 거의 모든 부문에 대한 질적제고를 지원하는 생산자 지원 서비스의 성격을 가지고 있다. 품질향상, 기업경영 개선, 제품광고, 기업의 보조관리 업무 등을 지원하는 사업서비스는 경제성장 및 경제전체의 혁신에 기여도가 매우 큰 산업이며 지식집약적이며 고용창출 효과가 큰 전략산업이다. 따라서 사업서비스는 제조업의 생산성 향상에 필수적인 증폭가치(Augmented value)를 창출하는 전략사업으로 새로운 성장동력으로 인식되고 있다. 과거에는 제조업이 발달한 곳에 서비스산업이 따

라갔으나 지금은 서비스산업이 발달된 곳으로 제조업이 이동하고 있다는 말이 나올 정도이다.

이러한 사업서비스의 결정 요인은 해당국의 국력과 사업서비스의 경쟁력, 해외투자 및 수출입 활동 등인데 우리나라는 사업서비스 산업 자체의 경쟁력이 열위인 데다 우리 기업들의 활발한 해외투자로 사업서비스 수지는 적자를 면치 못하고 있는 상황이다.

⑶ 우리나라 서비스 수출육성방안

이상에서 살펴본 바와 같이 우리나라 서비스 수지는 흑자와 적자부문이 혼재되어 있는 상황이다. 따라서 운송서비스 수지의 경우처럼 우리의 환경과 강점을 살린 서비스산업을 육성하여 흑자구조로 전환함으로써 서비스산업도 우리 경제의 캐쉬카우 산업으로 시급히 전환시켜야 할 것이다.

이에 따라 운송서비스 산업의 고도화, 제조업의 장점을 살린 서비스산업 경쟁력 강화, 사업서비스 산업의 경쟁력 제고, 핵심원천기술의 확보를 통한 투자지원 강화 등의 시책이 강구되어야 할 것이다.

5. 수출 강소기업 육성[1)]

대내외 불안정한 여건에도 불구하고 2011년 우리나라는 세계에서 9번째로 무역 1조 달러를 달성하였다. 그러나 최근 중소기업의 수출 비중은 34.7%로 2000년대 초반 수준(43%)를 하회하는 등 대기업 위주의 불균형 성장을 보이고 있다. 중소기업 수출은 국가 경제의 역동성 제고, 고용창출, 생산성 향상 등 국민경제에 큰 영향을 미치기 때문에 수출경쟁력 강화는 앞으로 우리 경제가 당면한 가장 큰 문제일 것이다. 그럼에도 불구하고 우리나라에서 세계 수출시장 점유율 1위를 기록하는 제품을 생산·수출하는 '한국형 수출 강소기업'의 수는 점점 증가하고 있으며 이들은 각 기업만의 독특한 강점을 갖고 해외 기업들과의 글로벌 경쟁에서 매해 괄목한 성장을 보이고 있다.

1) 수출 강소기업이란? 우리나라가 세계 수출시장에서 점유율 1위를 기록하는 품목(HS 6단위)를 생산 및 수출하는 기업

〈표 18-12〉 한국형 수출 강소기업의 특징

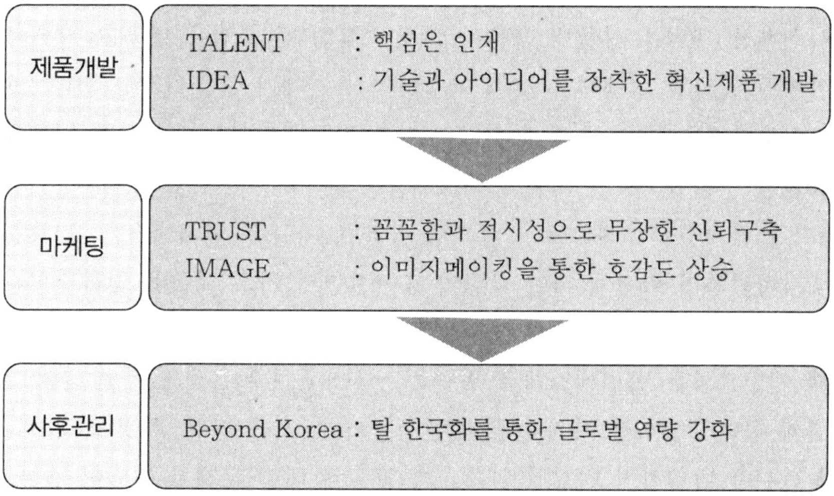

구분	내용
제품개발	TALENT : 핵심은 인재 IDEA : 기술과 아이디어를 장착한 혁신제품 개발
마케팅	TRUST : 꼼꼼함과 적시성으로 무장한 신뢰구축 IMAGE : 이미지메이킹을 통한 호감도 상승
사후관리	Beyond Korea : 탈 한국화를 통한 글로벌 역량 강화

우리나라의 수출 강소기업은 ▲지속적인 인재육성(TALENT) ▲혁신제품 개발(IDEA) ▲바이어 신뢰 구축(TRUST) ▲제품홍보 강화(IMAGE) ▲탈한국화(BEYOND KOREA) 등을 통하여 한국무역 발전에 이바지하고 있는 것으로 나타났다. 수출 강소기업은 또한, 철저한 품질관리와 적시 납기를 통해 바이어와의 신뢰 구축에 상당한 노력을 기울이고 있으며, 수출 대상국의 특성을 파악하기 위해 제품 개발부터 사후관리에 이르는 전 과정을 철저하게 현지화하는 탈한국화의 특징도 보였다.

(1) TALENT

우리나라 수출 강소기업 300개사를 대상으로 설문조사를 한 결과 응답기업의 약 16%가 당사의 수출 활동 중 연구 개발에 가장 중점을 둔다고 응답했다. 특히 연구 개발에 중점을 둔다고 응답한 업체의 절반 이상이 매출액 대비 R&D에 대한 높은 관심을 알 수 있었다. 또한, 교육에 대한 아낌없는 투자는 직업 개개인의 역량을 키워 업무 효율을 높이는 유인으로 작용한다고 응답한 기업도 많았다.

대표적 기업으로는 염색기 전후 열가공 기계(HS845 180)를 생산하는 (주)이화글로텍으로 기업 내 별도의 연구소를 운영하고 있었다. 특히 전체 직원 중 약 10%의 인력을 배치하여 한국 표준과학연구원, 한국생산기술연구원 등과 함께 정부과제를 수행하고, 세계 여러 국가 및 다양한 원단에 대한 특이사항을 분석해 맞춤형 열가공 기계를 제작하는 업무를 맡아 하고 있다.

(2) IDEA

최근 신제품 개발은 상품내 혹은 상품 간 '융합'에 초점을 맞추고 있으며 이를 적극 반영한 글로벌 경쟁력을 갖춘 기업들이 증가세가 두드러지고 있다. 기존 소비자는 필요로 하는 기능에 따라 각각의 상품을 구매하였으나 최근에는 통합된 기능의 제품을 구입함으로써 지출을 최소화 하고자 하는 경향을 보이고 있다. 특히 금융위기 이후 하나의 제품을 중심으로 다양한 기능을 연계시키는 '기능융합'이 크게 증가하였으며 환경에 대한 관심이 높아지면서 기존 제품에 친환경적인 요소를 가미하여 제품 경쟁력을 높이는 사례도 많이 증가한 것으로 조사되었다. IDEA의 대표 기업으로는 폴리에스테르 원단을 생산하는 (주)을화로 주요 수출 시장은 기업 전체 수출의 99%를 차지하고 있는 중동이다. 최근 건강, 환경에 대한 시장의 높아진 관심을 반영하여 염료의 알레르기 반응에 대한 문제를 면밀히 검토하였으며 이를 바탕으로 기존 제품에 건강/환경에 대한 아이디어를 덧붙인 에코염료는 유럽, 미국 시장의 주목을 받고 있어 시장 다변화에 청신호로 작용할 것으로 기대되고 있다.

(3) TRUST

우리 수출 강소기업들은 제품 생산 및 마케팅 활동 중 거래 상대방의 신뢰 획득에 가장 많은 역량을 투입하고 있는 것으로 나타났으며, 해외 바이어의 관심을 단순 일회성 구매가 아닌 지속적인 구매로 이어질 수 있도록 다각적인 측면에서 노력을 경주하고 있는 것으로 나타났다. 특히 우리 기업들은 '품질'과 '납기일'에 대한 신뢰 구축에 가장 큰 비중을 두고 있으며 향상된 기술력을 바탕으로 품질경쟁력 확보를 통해 신뢰를 획득하였다. 또한, 가격경쟁력 측면에서 우리 제품은 중국 등 개도국 제품에 비해 다소 불리했으나, 정확한 납기로 바이어 신뢰를 확보하여 개도국의 가격프리미엄을 상쇄시키는 성과를 달성했다. 대표적인 기업인 타이어몰드(HS848079)를 생산하는 (주)세화 아이엠씨는 '자주검사원제'를 통해 납품 전 내부적으로 각 공정당 두 번 이상의 자체 검사 실시하는 것으로 유명하다. 이러한 품질관리는 불량 부품 회수율을 줄임으로써 바이어에게 큰 신뢰를 주어 재구매율을 높이는 결과를 가져오게 하고 있다.

(4) IMAGE

우리 수출 강소기업들은 해외 유명 전시회에 반복적으로 참가하여 브랜드를 노출, 제품/기업에 대해 이미지화시키고자 노력하는 경향을 보이고 있다. 특히 해외 전시회 참가 시 제품 기능 설명에 주안점을 두는 것보다 제품/기업에 대한 '좋은 이미지'를 남기려고 하고 있으며 지속적인 전시회 참가는 해외바이어에게 당 기업이 시장에서 도태되지 않고 활발한 생산 활동을 하고 있다는 신호로 작용한다는 점에서 기업들의 주요 마케팅 수단이 되고 있다. 또한, 해당 산업에서 뛰어난 성과를 보이고 있는 국내외 유명 대기업과의 협력을 인용하여 '건실한 기업'이라는 이미지로 이어질 수 있는 방법을 모색하고 있다.

(5) Beyond Korea

마지막으로 우리 수출 강소기업들은 수출 대상국 특성을 파악하기 위해 제품 개발부터 마케팅, 사후관리에 이르는 전 과정을 현지화하고 있다. 이는 해외바이어의 요구사항을 즉각적으로 반영할 수 있으며, 수출국 시장 상황을 효율적으로 파악할 수 있어 우리 수출 강소기업들이 가장 주력하고 있는 부분으로 조사되었다. 특히 해외전시회 참가 시 한국관 이외의 별도 독립부스 참가, 현지 에이전트 적극 활용 등을 가장 많이 이용하고 있으며 제품 개발 단계부터 현지화 전략을 이용하여 국가 간 문화의 차이로 인한 시행착오를 최소화하고 있다. 대표적인 기업으로는 섬유기계용 침(HS844851)을 생산하는 (주)삼성제침이다. 이 기업은 침의 허용오차를 최소화할 수 있는 기술력을 바탕으로 중국 등 경쟁국에 비해 고품질 제품을 생산하는 것으로 평가 받고 있다. 특히 각 국가마다 주로 쓰이는 원단의 종류가 상이하기 때문에 현지 실사를 통해 원단의 종류와 특징을 파악하여 국가/문화권에 맞춘 20,000여 종류의 의류 기계용 바늘을 생산하여 해외로부터 좋은 반응을 얻고 있다.

글로벌 경쟁이 심화되며 국가 내에서 중소기업의 역할이 점차 커질 것으로 예상되는 가운데 기업의 경쟁력 강화는 필수적이다. 글로벌 기업으로 성장하기 위해 우리 중소기업들은 사례를 통해 도출된 한국형 수출 강소기업들의 성공 요인을 그대로 모방하기보다 각 기업의 성격과 특성에 맞게 적용한 장·단기 전략을 세워야 할 것이다. 덧붙여 정부 및 유관기관 역시 우리 기업들이 핵심 경쟁력을 갖춘 글로벌 기업으로 발돋움할 수 있도록 제반 시설 및 여건 조성에 매진해야 할 것으로 보인다.

18.3 선진무역정책의 추진전략

1. 무역 1조 달러 달성과 정책 과제

2011년 한국 무역은 수출 5,552억 달러, 수입 5,244억 달러를 기록하여 세계에서 9번째로 무역 1조 달러 고지를 넘어섰다. 1966년 10억 달러에 불과했던 우리나라의 무역규모는 반세기도 지나기 전에 1,000배 증가하였으며, 지금까지 네 차례를 제외하고 무역규모가 매년 증가세를 기록해왔다. 무역 1조 달러는 2008년 글로벌 금융위기 이후 지속되고 있는 세계경제의 불확실성 속에서 달성한 성과이기에 더욱 값진 것이며, 한국 무역의 저력을 확인하는 계기가 된 것으로 평가된다. 이처럼 위기에 더 강한 모습을 보여준 우리 무역은 2010년에 이어 2011년에도 세계 수출 7위. 무역 9위의 자리를 유지했다.

(1) 무역 1조 달러 달성의 의미

가. 글로벌 교역무대의 조연에서 주연으로

무역 1조 달러는 숫자에 불과하지만 전 세계 200여 개 국가 중 무역규모 1조 달러를 달성한 국가가 우리나라 이외에 8개 국가에 불과하다는 점에 있어서 그 의미를 찾을 수 있다. 그 동안 1조 달러 클럽의 국가들(미국, 중국, 독일, 일본, 프랑스, 네덜란드, 이탈리아, 영국)은 전 세계 무역의 50%가량을 차지하면서 세계시장에 대한 제품 공급 측면뿐 아니라 수요 차원에서 큰 역할을 담당하고 세계 무역질서를 주도해왔다. 한편, 한국은 세계 교역무대에 늦깎이로 등장하였으나 이제는 무역 1조 달러 달성과 함께 앞선 교역 대국들과 어개를 나란히 하고 세계무역 질서를 만들어가는 과정에서 스스로의 목소리를 낼 수 있는 주연이 될 것으로 기대되고 있다. 즉, 국제사회에서의 한국의 위상이 변화하면서 세계 교역무대의 조연에서 주연으로 등극하게 된다는 것을 의미한다. 특히, 2008년 말 글로벌 금융위기 이후 적어도 향후 몇 년간은 선진국 시장의 성장이 부진할 것으로 예상됨에 따라 중국과 함께 우리나라가 세계무역의 활력소 역할을 담당할 수 있을 것으로 기대된다. 1980년대 이후 한국은 홍콩, 싱가포르, 대만과 함께 아시아의 네 마리 용으로 인식되어왔으며, 아직까지도 한국은 아시아 신흥국이라는 꼬리표가 달려있다. 그러나 2000년대 이후 한국 무역은 싱가포르와 대만과의 격차가 커지기 시작했으며,

2000년대 중반부터는 홍콩을 앞서고 있다. 앞으로는 한국이 아시아의 네 마리 용이 아닌 한국의 독자적인 위상과 경제적 영향력이 부각되어 신흥국 대열에서 무역 분야의 선도국가로 도약하고 강소국에서 무역대국으로 변모할 것으로 기대된다.

나. 한국형 무역모델정립을 위한 출발점

한국 무역은 1조 달러를 달성하기까지 앞선 무역대국의 발자취를 따라왔으며, 특히 일본을 벤치마킹하여 산업 및 무역 구조가 상당히 유사하다. 다른 무역대국과 비교하여 한국 무역의 특징은 상대적으로 자본재 수출 비중이 높은 반면, 소비재 수출 비중은 낮고, 신흥개도국 수출 비중이 60% 이상을 차지한다는 점을 꼽을 수 있다. 이는 60년대 이후 중화학공업 육성 정책으로 발전하기 시작한 철강, 석유화학, 조선, 자동차 산업 등이 최근 질적인 성장을 바탕으로 우리 수출을 견인하고 있기 때문이다. 또한, 선진국 시장에 안주하지 않고 신흥개도국 시장으로의 다변화에 주력하여 무역 1조 달러 클럽 국가 중 신흥개도국 수출 비중이 가장 높게 나타나고 있다. 따라서 앞으로는 선진국 형 산업 및 무역구조를 맹목적으로 따르기보다는 우리의 장점을 살리고 단점을 보완하여 지속가능한 성장을 바탕으로 하는 한국형 무역모델을 구축해야 할 것이다. 이미 한국은 중국을 제외하고 신흥개도국 중 최초로 무역 1조 달러를 달성하여 무역을 통한 경제성장의 유효성을 입증하기도 했다. 이러한 한국형 무역모델은 향후 후발 주자들의 롤모델(role model)이 될 수 있을 것으로 기대된다.

(2) 무역 2조 달러 달성을 위한 과제

가. 소수 주력품목 구조 탈피

현재 우리 수출은 6개 주요 품목(선박, 석유제품, 반도체, LCD, 자동차, 휴대폰)의 비중이 높은 소수 주력품목 구조이다. 다른 국가들에 비해 우리나라의 수출 품목 구조가 소수 품목에 집중되어 있으며, 이들 품목의 수출 비중은 각각 6~10% 내외를 차지하여 전체 수출에 대한 영향력이 상대적으로 크다. 주요 6개 품목을 포함한 상위 10대 품목이 우리 수출에서 차지하는 비중이 50%를 초과하며, 이는 다른 국가들의 10대 품목 비중에 비해 월등히 높은 수준이다.

최근 몇 년간 6개 주요 수출 품목은 각 품목별 경기순환에 따른 보완작용을 통해 우리 수출의 견조한 성장을 가능케 하였다. 그러나 소수 주력품목 수출구조가 보완적인 측면이 있는 반면, 대내외 환경의 영향으로 동시에 하락 기조로 접어들 경우 총수출이 급감할 수 있는 취약점도 지닌다. 따라서 이러한 소수 품목에 대한 집중도를 낮춰 우리 수출구조의 취약점을 보완하기 위해서는 기술력과 창의력을 갖춘 수출 강소기업이 다양한 분야에서 육성되어야 할 것이다.

나. 중국의 비상(飛上)에 대비해야

이미 진부한 표현이 되어버렸지만, 중국은 앞으로도 우리에게 위협이자 기회가 될 것이다. 중국은 90년대 의류, 완구, 신발류 등 경공업 제품 위주의 수출구조에서 2000년대는 컴퓨터, 가전, 선박 등 IT 및 중화학 제품으로 빠르게 전환되고 있다. 아직까지 글로벌 기업의 제조 공장으로서의 역할이 크지만, 앞으로는 기술력을 갖춘 중국 자생 기업들이 늘어날 것으로 예상된다. 이러한 상황에서 현재 중국과 수출구조가 가장 유사한 국가가 한국이기 때문에 중국 수출산업의 발전은 우리나라 무역에 있어서 주요 위협 요인의 하나임이 틀림없다. 따라서 중국의 비상에 따른 위협에 대비하기 위해서는 원천기술을 확보하고 FTA와 마케팅 전략을 통해 시장을 선점하는 한편, 한 · 중 · 일 산업 간 무역 구조를 활용한 윈-윈 전략을 세워야 할 것이다.

다. 지속적인 수출시장 다변화

한국은 1조 달러 클럽 국가들, 특히 유럽의 무역대국들에 비해 수출지역이 상당히 다변화 덕분에 글로벌 금융위기 시 우리 수출의 상대적 호조가 가능했다. 그러나 우리 수출이 앞으로 신흥국 시장의 견조한 경제성장에 편승하기 위해서는 부품 및 중간재 수출뿐 아니라 현지 내수시장에 대한 수출도 증대시켜 나가야 할 것이다. 잠재력이 큰 신흥국 시장으로의 다변화는 중국에 대한 무역 의존도를 낮추는 데도 크게 기여할 것이다.

한국은 상대적으로 빠른 기간 동안 무역 1조 달러의 고지에 올라섰다. 고지에 오르기까지 여러 번 위기를 맞이했으나 위기를 겪으면서 체질은 더 강화되었다. 2000년대 이전까지 한국 무역이 양적인 성장에 경도되어 있었다고 한다면, 2000년대 이후부터는 질적인 성장을 통해 도약하는 시기였다고 평가할 수 있다. 질적인 성장이 시작되면서 글로벌 금융위기를 조기에 벗어났을 뿐 아니라 무역 1조 달러의 고지에 오르자마자 더 험난한 길이 우리 앞에 펼쳐져 있다.

선진국 시장의 저성장이 지속되는 한편 중국을 비롯한 신흥개도국과의 경쟁은 더 치열해질 것이다. 다음 고지를 향한 가파른 절벽을 오르기 위해서는 지금까지 앞만 보고 뛰어왔던 것과는 달리 심사숙고해서 한발 한발 딛고 나아가야 할 것이다. 이제는 오르는 속도보다는 어떻게 올라가느냐가 더 중요하기 때문이다.

(3) 선진무역정책의 방향

가. 개관

2013년에는 글로벌 재정위기 지속, 중국경제 둔화, 가격변수의 불확실성 등 위기 요인과 FTA 효과 가시화, 제2의 중동붐, 한류 확산 등 기회 요인이 모두 존재할 것으로 전망된다. 위기 요인으로는 첫째, 그리스의 유로존 탈퇴 우려 등으로 인해 EU 경제의 어려움이 지속적으로 가중되어 우리의 대EU 수출이 감소할 것으로 예상된다. 둘째, 중국의 수출, 투자, 소비 등이 모두 부진하여 중국경제가 둔화될 수 도 있을 것으로 예상된다. 이에 따라 EU 의존도가 높은 중국의 수출이 부진해지면 우리의 대中 중간재 수출도 둔화될 것으로 예상된다. 다만, 중국정부의 금융완화, 보조금 정책 등을 통해 추가적인 성장률 하락은 방지될 가능성도 있다는 점은 주목할 만하다. 글로벌 경기침체 우려가 확대되는 경우 국제유가가 하락될 가능성이 높다. 다만 추세적으로 하락할 지는 귀추를 주목할 필요가 있다. 환율 또한 가변성이 확대되는 등 불확실성이 커질 것으로 예상된다. 기회 요인으로는 첫째, 미국, EU 등 거대 경제권과의 FTA가 글로벌 경제환경 악화에 따른 급격한 충격에 대한 완충기제로 작용할 것으로 전망된다. FTA 발효 이후 수혜품목이 비혜택 품목에 비해 상대적으로 높은 수출 증가율을 기록하게 되면서 대미국과 EU 수출을 견인할 것으로 예상된다. 둘째, 오일달러 축적과 경제개발을 위한 재정지출 확대가 예상되는 중동지역이 신흥 수출 유망지역으로 부상할 것으로 전망되고, 한류, 국가 브랜드 제고 등으로 우리 소비재 수출이 증가할 것으로 전망된다.

여러 전문가들에 따르면 2013년에는 세계경제의 변동성 확대에 따른 소비와 투자심리 위축, 세계교역 증가율 하락 등에 따라 우리의 수출입 증가율은 2012년 대비 둔화될 것으로 예상되고 있다. 품목별로 자동차 · 일반기계 · 석유화학 등은 다소 안정적인 수출 증가세를 이어갈 것이나, 선박 · 무선통신기기 등은 수출이 감소될 것으로 예상되고 있다.

정부는 2012년 2월 3일 제113차 비상경제대책회의에서 우리나라가 작년에 무역 1조 달러를 달성한 이후, 어디로 어떻게 나아 가야하는 지에 대한 방향과 추진과제를 제시하기 위해 「무역 2조 달러 도약전략」을 관계부처와 합동으로 발표하여 2012년을 무역 2조 달러 도약의 원년으로 삼았다. 2012년도에는 유로존 위기, 중국경제 둔화, 국제유가와 환율 등 가격변수의 불확실성 확대 등이 전망됨에 따라 글로벌 리스크에 적극 대응하기 위해 정부·무역유관 공공기관과 민간기관 간 유기적 협조를 통한 총체적 지원을 통해 위기 요인을 슬기롭게 극복하고 기회 요인을 적극 활용해 나가기로 하였다. 또한, 어려운 여건 속에서 무역흑자와 무역규모 확대 기조를 유지하기 위해 FTA 효과 조기화, 신흥시장 공략 등을 추진하고, 해외마케팅 등 수출지원 역량을 상반기에 집중 시행하가로 하였다. 또한, 중장기적으로 무역 2조 달러 달성을 위해 2012년부터 그간 지적되어 온 우리 무역의 약점을 극복하고 무역환경 변화에 적응할 수 있는 패러다임을 새롭게 디자인하기 위해 수출상품 측면에서 수출 품목의 다양화, 중소기업의 글로벌화, 중간재 수출의 확대, 주력품목의 입지 강화 등을 추진하고, 시장·인프라 측면에서는 전략적으로 해외시장을 경영하고 지속가능한 성장을 위한 무역인프라 또한 갖추어 나가기로 하였다.

나. 주요 무역 정책 방향

정부는 그동안 우리 기업이 변화하는 무역환경 속에서 무역활동의 효율성을 제고하여 기업 경쟁력을 유지할 수 있도록 다양한 정책적 노력을 기울여 왔다. 무역 2조 달러 도약 원년인 2013년도에 집중적으로 추진할 정책을 다음과 같다.

첫째, 미국·EU 등과의 FTA 발효 효과를 극대화함으로써 우리 기업의 새로운 수출증대의 견인차로서 활용할 계획이다. 2012년 2월에 한국무역협회 내 민관합동 「FTA무역종합지원센터」를 출범시켜 자동차부품, 전기전자, 섬유 등 수혜가 기대되는 업종에 대해서는 해외마케팅을 통해 성과를 조기에 창출할 예정이다. 이를 위해 FTA수혜품목에 대한 수출선도기업을 선정하고, 컨설팅과 시장진출 연계를 통해 수출 전과정에 걸쳐 통합 지원을 할 예정이다. 또한, 체결 국가별 여건을 고려한 차별화된 FTA 활용 전략을 추진하여 EU의 경우 경기위축에 따른 저가제품 선호 확산추세에 대응해 한-EU FTA에 따라 가격이 인하된 우리 제품의 수출을 확대할 계획이다. AMS(네덜란드, 세계 최대 공동 구매업체) 초청 전문유통상담회(7월), 중동부 유럽 전자부품 아웃소싱 플라자(9월, 헝가리)등과 같은 EU 현지 Big Buyer 초청 구매 상담회를 개최할 예정이다. 미국의 경우 수혜업종의 현지 FTA 시장진출 기반 강화와 시장성장이 예상되는 신재생에너지, 의료, 조달 등 유망분야에 대한 진출 확대를 도모할 예정이다. 이를 위해 Korea Auto Parts Park(5월, 디트로이트)개소, Texworld USA 2012(7월, 뉴욕) 참여, 태양광전시회 참가(9월), 플로리다 의료기기 Expo(8월) 참여 등을 추진할 예정이다.

둘째, 어려운 대외여건 속에서 우리 기업의 신흥시장에 대한 수출을 돕기 위해 무역금융, 해외마케팅 등 지원 역량을 상반기에 집중 지원할 계획이다. 중소기업의 신흥시장 수출 확대를 위해 2012년 무역보험의 60%를 상반기에 집행하고, 무역관의 신흥시장 배치(8개), 국내외 전시회 개최 등도 상반기에 집중하며, 해외 전시회 지원기관 간 상호협력으로 지원 효과를 극대화할 예정이다. 무역보험의 경우 선진국 시장을 대체할 중동, 아프리카 등 7대 신흥시장에 대한 진출 지원규모를 2011년 810억 불에서 2012년 862억 불로 확대하고, 신흥시장 진출을 위한 금융지원을 위해 신흥시장에 대한 거래실적, 시장지위 등 非재무적 요소의 반영 비중을 늘려 나가면서 아프리카·중남미 등 신흥국은행과 MOU 체결을 통해 심사절차 간소화를 추진함으로써 현지 금융기관과 협력을 강화해 나갈 계획이다. 또한, 해외전시회는 BRICs 등 신흥시장 중심으로 참가 지원을 확대하고 코트라의 전시전담관과 전시전담요원을 각각 9개 지역본부와 30개 전시거점에 전진 배치할 예정이다. 아울러 무역사절단 파견 확대, 해외 바이어와의 비즈니스 상담기회 확대, 올림픽·월드컵 특수 활용과 선진시장 경기침체에 따른 대체시장 공략 활동 등을 통해 신흥시장과 틈새시장 개척 지원을 강화해 나갈 예정이다.

셋째, 무역보험공사·수출입은행 등 공적금융기관을 통해 유럽 재정위기 등 금융시장 경색에 대비하여 무역금융을 집중 지원할 계획이다. 2012년 무역보험은 197조 원(2011년 190조원 대비 3.7%↑), 수출입은행의 총수출금융은 70조 원(2011년 67조 원 대비 4%↑)을 지원할 예정이다. 특히 자체금융 조달능력이 상대적으로 취약한 중소기업 지원을 위해 무역보험은 중소기업 직접지원을 2011년 19조 원에서 23.5조 원으로 확대하고, 단기수출보험(EFF)의 이용요건 완화 등 제도개선을 지속적으로 추진하며, 지방 중소기업 지원을 위해 시역특산물 생산기업의 수출기업화 지원과 지역별 특정산업이 일정비율을 초과하는 업종에 대한 한도 등을 우대해 나갈 예정이다. 수출입은행은 금융시장 위축시 민감한 영향을 받는 취약 부문인 중소기업 여신규모를 2011년 14조 원에서 15조 원으로 확대하고, 히든챔피언 지원을 위해 2011년 2.9조 원에서 .35조 원으로 확대하며 대·중소기업 상생발전 지원 프로그램을 도입하여 해외동반진출 중소기업과 신성장 수출중소기업을 지원해 나갈 것이다.

넷째, 수출의 일자리 창출 역량을 제고하기 위해 고용증가가 높은 수출기업에 대한 무역금융 우대와 대중소 기업의 해외 동반진출을 본격 추진할 계획이다. 무역보험은 2011년 대비 10~20% 고용이 증가한 기업에 대해 보험료를 10~20% 할인하는 시한을 2012년까지 연장하고, 수출입 은행은 대출금리를 0.5~0.7%p 차감할 뿐만 아니라 대출한도를 50%에서 80%로 확대하며, 신용평가 시 가산점도 부여할 예정이다. 대중소 기업 동반진출과 관련해서는 2012년 하반기 '제2차 동반진출 포럼'을 개최하여 동반진출 성과를 점검하고 공감대를 확대해 나갈 예정이다.

다섯째, 기업들이 언제 어디서든지 은행등의 무역 관련기관 방문 없이도 무역 전과정을 온라인 기반 전자무역을 통해 무역 부대비용을 절감할 수 있도록 온라인 기반의 전자무역서비스를 활성화할 계획이다. 우선 내국신용장 통합관리시스템 구축과 국가전자무역서비스(uTtradeHub) 고도화를 통해 전자무역인프라를 고도화하고, e-Nego(전자 수출환어음 매입) 서비스 이용을 확산하기 위해 신규 유망업체를 발굴하고 「e-Nego 선도기업」10개를 지정하여 상용화를 지원할 예정이다. 또한, 전자선하증권(e-B/L) 이용을 활성화하여 무역거래 안정성을 확보하고 효율성을 제고해 나갈 예정이다. 아울러 중소기업에 대한 국가전자무역서비스(u-TH) 활용을 지원하고 글로벌 전자무역 구현을 위한 국제협력도 확대해 나갈 것이다.

여섯째, 무역 1조 달러의 글로벌 무역 강국에 부합하는 새로운 전략물자 패러다임과 무역안보 인프라를 조성해 나갈 계획이다. 우선 전략 기술 관리 강화를 위한 인프라 조성을 위해 대학, 출연연 등 전략기술 보유기관의 이행편의 증진을 위한 전략기술 확인도구 고도화와 관리체계 구축을 지원하고, 대학 내 연구자 대상 전략기술 관리교육, 의무이수제를 운영하여 전략 기술 확인 능력 강화와 제도 이행률을 향상시키며, 전략기술 이행지수를 개발하여 전략기술을 취급·보유하는 산·학·연에 적용·평가하고 기술관리의 질적 향상을 유도해 나갈 예정이다.

또한, 전략물자 집중 홍보와 통관관리 강화를 통해 위법수출을 예방하기 위해 전략물자 위법수출 선별을 위해 관세청 우범물품선별시스템(Cargo Selectivity)의 전략물자 Screening 기능을 강화하고, 관세청과 전략물자관리원 간 공조체계를 마련하여 통관 중 선별된 우범물품에 대한 신속 판정체계를 구축·운영할 것이다.

마지막으로 무역피해 구제제도를 개선하고 취약분야를 보완해 나갈 계획이다. 원산지제도와 관련하여 원산지 표시만으로는 원산지 정보가 부족한 경우 보완적인 사항도 표시하는 방안을 강구하여 원산지제도의 실효성을 제고하고, 과징금 부과 강화, 원산지 위반물품의 판매금지, 원산지증명서 허위발급에 대한 과징금 부과, 시정조치와 과징금부과의 병과 등 원산지제도 운영과정에서 도출된 문제점을 보완해 나갈 예정이다. 무역구제 서비스 관련하여 특허청, 경찰청 등 지재권 유관기관과 긴밀한 네트워킹을 통한 지재권 침해 조사 활성화, 수출입 금지명령을 어긴 경우 이행강제금 부과, 무역위원회 조사관 전문교육 강화, 변호사·변리사 특채 등 전문 조사인력 확충 등을 통해 지재권·영업비밀 침해 조사제도의 내실을 강화하고 업종별 단체, 전문가 협의를 통한 FTA,별 민감품목 선정 등을 통해 FTA의 피해를 사전에 진단하고 신속히 지원하는 시스템을 구축하며, 아울러 중소기업 전담 데스크를 마련하여, 중소기업 CEO 대상 무역구제제도 홍보, 신청서 작성 지원 등 추진을 통해 중소기업의 무역구제제도 이용을 활성화할 것이다. 무역클레임 예방과 해결과 관련하여 개정 중재규칙(2011.9.1.개정 시행) 활용도 증대, 중재법 개정(안) 수립 및 중재규칙(국내·국제) 해설서 발간 등을 통해 중재제도 이용자들의 편의제공을 위한 각종 제도를 정비하고, 국제중재센터 건립 추진 등 국제중재 활성화를 위해 국내·외 네트워크 강화를 통한 효율적 분쟁해결시스템을 구축해 나갈 것이다.

또한, 2020년까지 무역 2조 달러 달성을 위해 2012년부터 중장기적으로 새로운 패러다임으로 우리 무역을 디자인하기로 하였다. 새로운 무역 패러다임이 구체화된 무역 2조 달러 도약전략을 다음과 같다.

첫 번째, 전략을 기존의 주력 수출산업 외에 새로운 미래 수출산업을 창출하는 것이다. 바이오헬스, 나노융합, 그린에너지 등의 산업에서 R&D와 전략적 해외시장 개척을 통해 새로운 시장을 선점해 나갈 계획이다. 특히 원전 분야는 신규 원전 수주활동을 적극 전개하고 전문인력 양성에 주력할 예정이다.

또한, SW산업은 처음부터 기업의 글로벌화에 초점을 맞춰 개방형, 네트워크형 해외진출이 되도록 할 것이다. 이와 같은 성과가 본격적으로 창출되도록 R&D와 시장창출 지원을 강화해 나갈 필요가 있다. 바이오·나노, 로봇, 신재생에너지 등의 상용화에 박차를 가할 계획이다. 또한, 장의석이고 도진적인 R&D를 과감히 수행하도록 정부 R&D 성공률을 현재 98%에서 2012년까지 50%대까지 단계적으로 낮추는 한편, 대기업의 SI참여 제한 등 SW산업의 체질을 강화하는데 역점을 둔 정책을 추진함으로써 하드파워에 비해 취약한 우리의 소프트파워를 새로운 차세대 강자로 육성해 나갈 계획이다. 아울러 농식품은 수출 전략품목을 중심으로 선택과 집중을 통해 스타품목을 육성하고, 문화 콘텐츠는 킬러콘텐츠 발굴, 해외진출 지원 등을 통해 한류와 전통문화를 확산시킬 것이다.

두 번째로 중소기업의 성장단계별 수출지원 프로그램을 통해 자체 브랜드를 수출하는 글로벌 강소기업을 육성 할 것이다. 내수기업을 2020년까지 10만개 수출기업으로 성장시키고, 수출 5백만 달러를 목표로 하는 수출 선도기업과 수출 5천만 달러를 목표로 하는 수출 강소기업을 적극 육성할 계획이다. 이를 위해 전력, IT등

분야별로 특화된 지원 프로그램 제공하고 기존의 일반적 마케팅 지원 방식에서 벗어나 우수 중소·중견기업의 해외진출 로드맵 수립과 맞춤형 마케팅 서비스 제공을 본격 지원 할 계획이다. 아울러 중소·중견기업이 FTA 체결국과 신흥국을 중심으로 자체 브랜드 마케팅을 확대할 수 있도록 지원해 나갈 계획이다.

세 번째로 글로벌 가치사슬을 선도할 수 있도록 소재·부품 글로벌 역량을 배양할 계획이다. 소재 분야는 2020년까지 소재 R&D 비중을 60%까지 확대하여 경쟁력을 강화할 계획이다. 부품 분야는 SW 융합형 부품과 신뢰성이 체화된 명품부품을 개발하기 위해 2020년까지 기계, 조선, 전기전자, 자동차 부품과 소프트웨어를 결합한 미래 성장동력형 100대 핵심부품을 개발하고, 2012년 SW 융합형 부품개발사업에 기술개발 단계별로 신뢰성 검증 프로세스를 개발·적용하여 2012년부터 전분야로 확대할 계획이다. 아울러 글로벌 연계 강화를 위해 새로운 해외 비즈니스 모델 발굴, M&A, 투자유치 확대 등을 추진할 것이다.

네 번째로 미래 수출 경쟁력을 지속적으로 유지하기 위해 새로운 수출산업 육성 못지않게 중요한 것이 현재 주력 수출산업을 고도화하는 것이다. 조선분야는 에너지절감형, 그린선박 개발을 통해 제품과 기술을 차별해 나가고, 자동차분야는 친환경차 초기시장을 창출할 계획이다. 정보통신분야는 시스템반도체 등의 국산화, 모바일용 SW와 서비스 경쟁력 확보등을 끊임없이 추진해 나가는 한편, 석유화학, 섬유패션 등의 분야는 고부가가치 산업구조로 전화해 나갈 것이다.

다섯 번째로 해외사장을 전략적으로 경영할 계획이다. 우선 전략적 동반자인 신흥국과 'UAE' 원전수주와 같은 성공사례를 지속적으로 창출하기 위해 인도네시아·베트남·콜롬비아·UAE 등과 정부 간 포괄적 산업협력을 강화하여 민간부문의 비즈니스 기회를 확대하는 한편, 발전소·석유화학·플랜트 등 프로젝트 수주의 토대가 될 수 있도록 ODA(EDCF, KOICA) 활용을 확대할 계획이다. 또한, FTA의 외연 확장을 통한 경제영토 확대를 위해 성장잠재력이 높은 신흥국, 동북아국 등과의 FTA 체결을 확대하여 글로벌 FTA 네트워크 대동맥을 구축하고, 이미 체결한 FTA의 내실화와 활용을 통해 FTA의 혜택이 확대될 수 있도록 할 것이다.

마지막으로 무역확대를 뒷받침할 무역 인프라와 제도를 선진화시킬 계획이다. 중소기업과 신흥시장에 대한 무역금융 강화를 위해 무역보험공사, 수출입은행 등 공적 금융기관의 역량을 강화해 나갈 계획이다. 또한 해외인턴사업 등을 통해 해외경험이 풍부한 청년들을 무역인력으로 양성하고, 글로벌 무역전문가 양성사업을 개편하여 지방대 학생의 참여를 확대해 나갈 것이다. 그리고 CES와 같은 세계 최고 수준의 국가브랜드 전시회를 육성하고 킨텍스를 세계적 수준의 전시산업 허브로 발전시켜 나가고, 모든 무역절차가 국내에서 해외까지 실시간 처리되는 One-Stop Smart 전자무역서비스를 구현할 계획이다. 아울러 선진화된 무역구제제도 운용과 무역피해기업에 대한 지원을 통해 우리 기업에게 튼튼한 무역 안전망을 제공할 계획이다.

2. 선진무역정책의 거시적 추진전략

한국무역은 2011년에 이어 2012년에도 1조 달러를 실현함으로써 세계 9대 무역국에서 이태리를 제치고 8대 무역국으로 도약하였다. 이제 남은 과제는 1인당 국민 소득 4만달러와 무역 2조 달러 달성을 통한 명실상부한 통일된 선진복지국자를 구현하는 것이다. 이러한 목표 작성을 위해서는 다음과 같은 5가지의 거시적 · 혁신적 신무역정책의 전략이 효과적으로 추진되어야 할 것으로 사료된다.

첫째, 범국민적공감대의 확보전략이다. 이익 실현을 위해서는 ① 무역확대 필요성의 설득 ② 무역을 통한 후생증대노력의 강화 ③ 무역 · 산업 · 노동 등 연관정책의 조화론을 추진한다.

둘째, 주력 산업의 고도화와 미래산업의 창출전략이다. 이를 효과적으로 실현하기 위해서는 ① 주력산업의 융합기술 접목 ② 서비스 · 농식품 · 문화콘텐츠, 소프트웨어(SW), 그린에너지, 항공, 방위산업, 바이오헬스, 로봇, 나노융합 등 미래산업의 적극적 창출이 중요하다. ③ 부품 · 소재 산업의 글로벌 역량 배양 ④ 역동적 글로벌 기업의 전면확대 추진이 필요하다.

셋째, 무역의 새로운 지평을 확대하는 전략이다. 이를 위하여는 ① 무역의 한류 등 문화의 연계 ② 무역과 자원개발의 연계 ③ 무역과 국제개발협력의 연계 ④ 무역과 방위산업과의 연계전략을 효과적으로 추진하는 것이 요구된다.

넷째, 인프라의 재정비전략추진이다. 이를 위하여는 ① 프로젝트 파이낸싱(PF)의 역량구축 ② Package Deal 체제 구축 ③ 국가 마케팅을 위한 선진 인프라 구축 ④ 무역 안전망 및 위기 관리 체제를 구축하여 효과적 운용하는 것이 필요하다

다섯째, 전략적 세계시장경영을 추진하는 전략이다. 이를 위하여는 ① 골드만삭스와 김우중의 세계경영추진 ② 주요교역상대국과 장기적 파트너쉽 구축 ③ 무역의 지속성장을 위한 Smart 통상 전략 ④ 국가 브랜드역량 강화를 효과적으로 추진

하는 정책을 추진해야 할 것으로 사료된다.

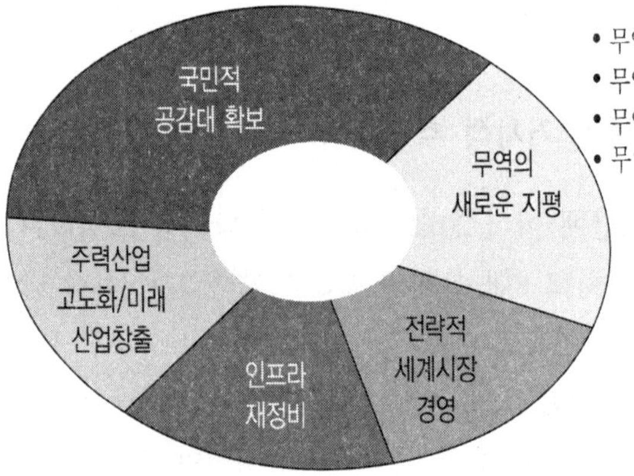

〈표 18-13〉 선진무역정책의 종합추진전략

참고문헌

제1부 관세정책

고우복, 관세이론과 통관실무, 두남, 2005.
남풍우, 무역실무, 두남, 2011.
류수현, 관세법론, 무역경영사, 2010.
박남규, 무역상무론, 두남, 2012.
박민규, 관세환급특례법, 우용풀판사, 2012.
박정호, 박정호관세법, 세학사, 2008.
박형래 · 라공우, 관세론, 두남, 2006.
석종현, 일반행정법(상), 삼영사, 1995.
여주호 · 편창헌, 논술관세법, 문형사, 2013.
오철환, 오! 관세법, 세학사, 2012.
이기웅 · 신민호 · 박호신, 내국소비세법, 두남, 2002.
이상옥, 국제무역의 이해, 두남, 2009.
이제홍, 관세법, 청람, 2011.
장병철, 관세법, 무역경영사, 1992.
정재완, 관세법, 무역경영사, 2011.
______, 관세환급특례법, 두남, 2001.
제갈현근, 지평관세법, 비선에듀테인먼트, 2013.
한국관세무역개발원, 수출입통관편람, 2013.

제2부 무역정책

강인수외, 한국경제의 이해, 박영사, 2008.
김난도외, 트랜드코리아, 미래의창, 2012, 2013.
김세원, 국제경제의 이론과 현실, 서울대출판부, 1998.
매경에코노미, 2013대예측, 매일경제신문사, 2012.
송병락, 한국경제의 길, 박영사, 2007.
이남구, 국제무역정책, 무역경영사, 1994.
______, 국제통상정책, 삼영사, 2000.
______, 글로벌경쟁시대 한국무역, 무역경영사, 2001.
______, 글로벌지역경제, 무역경영사, 2008.

이남구 · 송희영, 무역학원론, 탑북스, 2010.
이남구 · 임천혁, 한국무역(재2판), 무역경영사, 2012.
이남구외, 글로벌경쟁과 한국경제, 두남, 2005.
_______, 디지털시대 세계무역, 무역경영사, 2001.
이민화 · 차두원, 창조경제, 북콘서트, 2013.6.
이헌재, 경제는 정치다, 로도스, 2012.
장하준, 그들이 말하지 않는 23가지, 부키, 2010.
최배근, 한국경제의 새로운 길, 박영사, 2008.
한국경제60년사 편찬위원회, 한국경제60년사(Ⅲ), 대외경제, 2010.
한국국제경제학회, 무역2조 달러 달성을 위한 정책과제, 2012.10.
한국일보경제산업부, 한국의 작지만 강한 기업, 굿모닝북스, 2008.
한순구, 대한민국이 묻고 노벨경제학자가 답하다, 교보문고, 2012.
Daniel Altman, Outrageous Fortune, 청람출판, 2011.
Economist, 세계경제전망 2013, 현대경제연구원, 2012.
GBN(글로벌비즈니스네트워크), What's Next? 2015, 청년정진, 2005.
Georgy Friedman, Next 100years, 김영사, 2010.
KDI, 동아시아 경제통합 국제학술세미나 논문집, 2012.11.
KITA, 무역연감 2012, 한국무역사, 2006.
Paul krugman, End this Depression now, 엘도라도 2013.

찾아보기

| 가 |

가격조사 ········· 29
가산금 ········· 80
가산세 ········· 81
가산요소 ········· 29
가치산업(merit industry) ········· 276
간이세율 ········· 64
감면 ········· 103
감사원 심사청구 ········· 171
개발의제(Development Agenda) ········· 414
개방적 지역주의(open regionalism) ········· 343
개항 ········· 177
게임이론(Game Theory) ········· 371
견본품반출 ········· 196
결손처분 ········· 92
경매 ········· 223
경식통합(deep intergration) ········· 378
경쟁입찰 ········· 223
경정청구 ········· 75
경세동맹(economic union) ········· 317
경제적 세계주의(economic cosmopolitanism) ········· 317
계절관세 ········· 60
고발 ········· 252
고부가가치산업 ········· 288
공동기술정책 ········· 333
공동농업정책(Common Agriculture Policy : CAP) ········· 332
공동시장(common market) ········· 316
공해피난지(pollution heaven) ········· 351
과세가격 ········· 29
과세물건 ········· 23
과세전 적부심사 ········· 162
과세표준 ········· 28
관세동맹(customs union) ········· 316
관세법상 환급 ········· 142
관세법의 목적 ········· 15
관세법의 성격 ········· 15
관세부과권 ········· 97
관세양허율(tariff binding) ········· 411
관세조사 ········· 156
관세징수권 ········· 99
관세징수의 우선 ········· 85
관세채권의 확보 ········· 190
관세충당 ········· 96
관세포탈죄 ········· 250
관세행정벌 ········· 247
광역중국경제공동체 ········· 341
국가전자무역서비스(uTtradeHub) ········· 508
국내판매가격 ········· 33
국민경제의 전체이익(social benefit) ········· 305
국제관세기구(World Customs Organization : WCO) ········· 401
국제협력관세 ········· 61
규모이익(scale economies) ········· 324
기간 ········· 19
기술유출(spill-over) ········· 263
기술혁신(innovation) ········· 308
기업가정신(entrepreneurship) ········· 280
기업내 무역(Intra-firm) ········· 481
기용품 ········· 18
기한 ········· 19
긴급관세 ········· 52

| 나 |

남미공동시장(MERCOSUR) ········· 337
납부기한 ········· 20
납세고지 ········· 78
납세의무의 소멸 ········· 95
납세의무자 ········· 25

납세자 권리 ··· 151
납세자권리헌장 ··· 151
내국물품 ··· 17
내부협상(internal negotiation) ··· 386
내부화이론(theory of internalization) ·· 305
내항기 ··· 17
내항선 ··· 17
녹색경쟁(green race) ··· 492
농림축산물에 대한 특별긴급관세 ··· 55

| 다 |

다중성(multiplicity) ··· 383
담보의 관세충당 ··· 90
담보제도 ··· 86
던켈초안(Dunkel text) ··· 396
덤핑방지관세 ··· 39
동아시아경제협의체(EAEC) ··· 341
동종 · 동질물품 ··· 31

| 마 |

매각공고 ··· 223
매각방법 ··· 223
명단공개 ··· 160
몰수 ··· 248
무조건 감면 ··· 106
물품의 하역 ··· 182
미주자유무역지대(FTAA) ··· 335
민족주의적 입장(nationalism) ··· 278
밀수출입죄 ··· 249

| 바 |

반송 ··· 16
버드 수정법(Byrd Amendment) ··· 418
벌칙 ··· 247
보복관세 ··· 51
보세건설장 ··· 214
보세공장 ··· 210
보세구역 ··· 177
보세구역 반입명령 ··· 238
보세운송 ··· 225
보세전시장 ··· 213
보세제도 ··· 190
보세창고 ··· 209
보세판매장 ··· 215
보수작업 ··· 193
보정 ··· 73
보조금 및 상계관세협정 ··· 411
복합성(interface) ··· 382
복합환적 ··· 18
부과고지 ··· 77
부정감면죄 ··· 250
부정수입죄 ··· 250
부정수출죄 ··· 250
부품현지조달률(local content) ··· 316
북미자유무역협정(NAFTA) ··· 315
분절화현상(Fragmentation) ··· 481
분할납부 ··· 137
분해공학(reverse engineering) ··· 293
불복청구 ··· 166
비경제적 가치(non-economic merits) ·· 272
비대칭적 제로섬(asymmetrical zero-sum) ··· 378

| 사 |

사회적 파급효과(spill-over effect) ··· 307
사후관리 ··· 132
산업내무역(intra-industry trade) ··· 308
산정가격 ··· 33
상계관세 ··· 48
상호성(interactiveness) ··· 383
상호주의 ··· 245
서비스협상그룹(GNS) ··· 399
선박 ··· 178
선용품 ··· 18
성실성 추정 ··· 156
세계무역기구(WTO) ··· 391
세계주의적 입장(cosmopolitanism) ··· 278
세관검사장 ··· 202
세액심사 ··· 72
세율불균형 물품의 면세 ··· 118
소극적 구조조정(negative adjustment) ··· 299
소극적 통합(negative integration) ··· 317
소급과세의 금지 ··· 19
소멸시효 ··· 99
소액물품 등의 면세 ··· 108
손상감세 ··· 114

수의계약 ············ 223
수입 ············ 16
수입 또는 반송신고기간 ············ 242
수입신고수리 전 반출 ············ 243
수입신고전 물품반출 ············ 243
수입으로 보지 아니하는 소비 또는 사용 ············ 239
수입자율확대협정(VIE) ············ 379
수입허가협정(Agreement on Import Licensing) ············ 411
수정신고 ············ 75
수직무역(vertical trade) ············ 306
수출 ············ 16
수출입의 금지 ············ 236
수출입의 의제 ············ 240
수평무역(horizontal trade) ············ 307
순무역지향적 구조변동 ············ 301
스모트-홀리법(Smoot-Hawley Act) ············ 371
시간의 이익(time economies) ············ 324
시장실패 ············ 263
시장지배력(market power) ············ 309
신고납부 ············ 71
신의성실 ············ 19
실제지급금액 ············ 30
심판청구 ············ 174

▌아▐

아 · 태경제협력체(APEC) ············ 340
아세안자유무역지대(AFTA) ············ 340
알선자(facilitator) ············ 396
양벌규정 ············ 247
여행자 휴대 · 이사물품 등의 면세 ············ 110
역무역지향적 구조변동 ············ 301
연식통합(shallow integration) ············ 378
예치 ············ 221
온실효과(green house effect) ············ 281
외교관용 물품 등의 면세 ············ 106
외국무역기 ············ 17
외국무역선 ············ 17
외국물품 ············ 17
외부협상(external negotiation) ············ 386
요소부존이론(factor proportion theory) ············ 307
용도세율 ············ 66
우범물품선별시스템(Cargo Selectivity) 508
우편물 ············ 246
운송수단 ············ 177
운영인 ············ 18
원료과세 ············ 213
원산지의 결정 ············ 230
원산지증명서 ············ 233
월별납부 ············ 20
위탁판매 ············ 224
윈-루즈(win-lose) 게임 ············ 395
윈-윈(win-win) 게임 ············ 395
유럽경제공동체(EEC) ············ 313
유럽경제지역(EEA) ············ 315
유럽자유무역연합(EFTA) ············ 313
유사물품 ············ 32
유치 ············ 221
유치 및 예치 ············ 220
유통이력조사 ············ 241
의무이행 ············ 229
의사소통(communication) ············ 405
이의신청 ············ 173
일반특혜관세(GSP) ············ 63
입출항절차 ············ 178

▌자▐

자유무역지역(free trade area) ············ 316
잠정가격 ············ 28
잠정조치 ············ 42
장치물품의 폐기 ············ 195
재수입 면세 ············ 112
재수출 감면세 ············ 128
재수출 면세 ············ 126
적극적 구조조정(positive adjustment) ············ 299
적극적 통합(positive integration) ············ 317
전략적 무역정책(strategic trade policy) ············ 305
전자문서 위조 변조죄 ············ 249
전자상거래물품 ············ 244
정당성(legitimacy) ············ 405
정부실패(Government failure) ············ 285
정부용품 등의 면세 ············ 108
정정 ············ 73

제척기간 ··· 97
제품과세 ··· 212
조건부 감면 ··· 118
조사 ··· 251
조사권 남용 금지 ··· 154
조정관세 ··· 57
조정자(mediator) ··· 396
졸업정책(graduation policy) ··· 410
종교용품 · 자선용품 · 장애인용품 등의 면세 ··· 121
종합보세구역 ··· 216
중복조사의 금지 ··· 155
중재자(arbitrator) ··· 396
지식재산권 보호 ··· 236
지정보세구역 ··· 199
지정장치장 ··· 200
직접운송원칙 ··· 232

▌차▐

차량 ··· 186
차량용품 ··· 18
차선책(second best) ··· 273
처분 ··· 252
초국가적 통합(supper-national integration) ··· 317
최적개입의 무역정책(optimal trade intervention) ··· 272
최적관세 ··· 262
최혜국대우(Most Favoured Nation : MFN) ··· 408
추징 ··· 248
충당 ··· 148

▌카▐

카리브공동시장(CARICOM) ··· 337
케언즈그룹(Cairns Group) ··· 396

▌타▐

탁송품 ··· 244
탄력관세 ··· 37
태평양경제협의회(PBEC) ··· 346
통고 ··· 222
통고처분 ··· 252
통관 ··· 18, 229
통관의 예외 ··· 239
통관제한 ··· 232
통관표지 ··· 230
통합조사 ··· 152
특정국물품 긴급관세 ··· 53
특정국물품의 면세 ··· 122
특허보세구역 ··· 202
특혜관세제도(Generalized Special Preference : GSP) ··· 409

▌파▐

편익관세 ··· 60
포괄담보 ··· 87
포괄성(comprehensive) ··· 382
포지티브섬(positive-sum) ··· 378
포지티브섬(positive-sum) 게임 ··· 395
품목분류 ··· 67
품목분류의 사전심사 ··· 68
프로젝트 파이낸싱(PF) ··· 511
필수불가결한 산업(essential industries) ··· 276

▌하▐

학술연구용품의 감면세 ··· 120
할당관세 ··· 58
합리적 기준 ··· 34
합의에 의한 세율 ··· 66
항공기 ··· 178
해외임가공 물품 등의 감세 ··· 115
해체 절단 등의 작업 ··· 194
행정소송 ··· 172
행정심판 ··· 165
허용조항(Enabling Clause) ··· 410
협상(negotiation) ··· 383
협상피로(negotiation fatigue) ··· 413
협정관세 ··· 61
환경오염 방지물품 등에 대한 감면세 ··· 124
환급청구권 ··· 149
환적 ··· 18

기타

Agglomeration 효과 ········· 482
Beyond Korea ········· 501
CU; Customs Union ········· 426
Doha Development Agenda: DDA ········· 413
e-Nego(전자 수출환어음 매입) ········· 508
East Asian integration initiatives ········· 421
EIA; Economic Integration Agreement ········· 426
EU의 공동산업정책 ········· 331
Fiscal Federalism ········· 483
fiscal transfer ········· 483
Fragmentation ········· 482
GATT-IMF체제 ········· 314
IDEA ········· 500
IMAGE ········· 500
Non-Agricutural Market Access: NAMA ········· 415
One-Stop Smart 전자무역서비스 ········· 511
Package Deal ········· 511
Pareto최적 ········· 271
PSA; Partial Scope Agreement ········· 426
Regional Trade Agreements: RTA ········· 423
Rome조약 ········· 313
RTA; Regional Trade Agreement ········· 426
Smart 통상 전략 ········· 511
TALENT ········· 499
TRUST ········· 500
WTO세이프가드협정 ········· 418

■ 저자약력

이 남 구

건국대학교 법경대학 경제학과 졸업
건국대학교 대학원 경제학과 수료
한국생산성 본부(KPC)연구원
해외경제연구소. 주임조사역
국제경제연구원(KIEI)책임연구원
건국대학교 사회과학대학 국제통상전공 교수
건국대학교 제2교무처장
건국대학교 사회과학대학 학장
건국대학교 사회과학대학원 원장
건국대학교 중원지역발전연구원 원장
건국대학교 관세무역연구소 소장
일본중앙대학 객원교수
한국공정가격협회회장
한국관세학회 회장
관세청 정책자문위원

현) 건국대학교 명예교수
한국관세학회 고문
복합무역포럼 대표

[주요저서]
국제지역경제, 무역경영사, 1988.
무역학개론, 진성사, 1989.
한 · 중관계론, 지영사, 1993.
국제무역정책, 무역경영사, 1994.
국제무역개론, 삼영사, 1995.
21세기 APEC의 비전, 서울프레스, 1995.
세계지역경제, 무역경영사, 1999.
국제통상정책, 삼영사, 2010.
디지털시대 세계무역, 무역경영사, 2001.
한국을 빛내는 CEO(I . II.) 명경사, 2002, 2004.
글로벌경쟁시대 한국무역, 무역경영사, 2004.
글로벌경쟁과 한국경제, 두남, 2005.
글로벌 지역경제, 무역경영사, 2008.
무역학원론, 탑북스, 2010.
한국무역(제2판), 무역경영사, 2012.
관세무역정책, 두남, 2013.

이 기 웅

건국대학교 사회과학대학 무역학과 졸업(상학사)
건국대학교 대학원 국제무역학과 졸업(경제학석사)
건국대학교 대학원 국제무역학과 졸업(경제학박사)
1997년 제14회 관세사 일반시험 합격
월드관세사무소 대표
월드세운관세사법인 대표
반도관세사무소 대표
한국관세사회 교육·홍보위원
인천공항세관 품목분류협의회 위원
관세사시험 출제위원
한국관세학회 사무국장

현) 건국대학교 국제통상학전공 주임교수
한국무역상무학회 이사
한국관세학회 감사

[주요저서]
내국소비세법(공저), 두남, 2000.
관세율표 및 상품학(공저), 한국교육문화원, 2000.
관세사 완벽가이드(공저), 지원미디어, 2000.

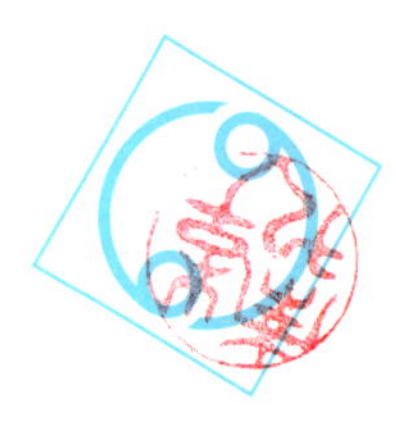

관세무역정책

초 판 1쇄 인쇄 —— 2013년 9월 6일
초 판 1쇄 발행 —— 2013년 9월 10일
지은이 —— 이 남 구 · 이 기 웅
펴낸이 —— 전 두 표
펴낸곳 —— 도서출판 두남
서울시 강동구 성내로6길 34-16 두남빌딩
신 고 : 제25100-1988-9호
TEL : 02) 478-2065, 2066, 2067, 2311
FAX : 02) 478-2068
E-mail : dunam1@unitel.co.kr
http://www.dunam.co.kr

정가 31,000원

ISBN 978-89-6414-462-6 93320